Geschichte der deutschen Literatur
von den Anfängen bis zum Beginn der Neuzeit

Herausgegeben von Joachim Heinzle

Band II/1

Geschichte der deutschen Literatur
von den Anfängen bis zum Beginn der Neuzeit

Herausgegeben von Joachim Heinzle
unter Mitwirkung von Wolfgang Haubrichs, Johannes Janota, L. Peter Johnson,
Gisela Vollmann-Profe, Werner Williams-Krapp

Plan des Gesamtwerks:

Band I: Von den Anfängen zum hohen Mittelalter
Teilband I/1: Die Anfänge: Versuche volkssprachiger Schriftlichkeit im frühen Mittelalter
Von Wolfgang Haubrichs
Teilband I/2: Wiederbeginn volkssprachiger Schriftlichkeit im hohen Mittelalter
Von Gisela Vollmann-Profe

Band II: Vom hohen zum späten Mittelalter
Teilband II/1: Die höfische Literatur der Blütezeit
Von L. Peter Johnson
Teilband II/2: Wandlungen und Neuansätze im 13. Jahrhundert
Von Joachim Heinzle

Band III: Vom späten Mittelalter zum Beginn der Neuzeit
Teilband III/1: 14. Jahrhundert
Von Johannes Janota
Teilband III/2: 15. Jahrhundert / Perspektiven des 16. Jahrhunderts
Von Werner Williams-Krapp

Geschichte der deutschen Literatur
von den Anfängen
bis zum Beginn der Neuzeit

Herausgegeben von Joachim Heinzle

Band II:
Vom hohen zum späten Mittelalter

Teil 1:
Die höfische Literatur der Blütezeit

von L. Peter Johnson

(1160/70–1220/30)

Max Niemeyer Verlag Tübingen
1999

Quellenverzeichnis der Abbildungen

Umschlag, Abb. 1, 2, 4, 5, 8, 9, 12, 13, 14: Bildarchiv Foto Marburg
Abb. 3: H. Heger, Das Lebenszeugnis Walthers von der Vogelweide, Wien 1970, Tafel I
Abb. 6: Die Große Heidelberger Liederhandschrift. In Abb. hg. von U. Müller, 1971
Abb. 7: Nationalbibliothek Budapest
Abb. 10: Österr. Nationalbibliothek Wien
Abb. 11, 15: Staatsbibliothek zu Berlin
Abb. 16: Universitätsbibliothek Heidelberg

Umschlagbild: Walther von der Vogelweide, Autorbild in der ‚Großen Heidelberger Liederhandschrift C' (Heidelberg, Universitätsbibl., Cpg 848, Bl. 124$^r$)

Die Deutsche Bibliothek – CIP-Einheitsaufnahme

**Geschichte der deutschen Literatur von den Anfängen bis zum Beginn der Neuzeit**
/ hrsg. von Joachim Heinzle. – Tübingen : Niemeyer.
    Früher im Athenäum-Verl., Frankfurt am Main

ISBN 3-484-10700-6

Bd. 2. Vom hohen zum späten Mittelalter
Teil 1. Die höfische Literatur der Blütezeit : (1160/70 – 1220/30) / von L. Peter Johnson. – 1999

ISBN 3-484-10703-0

© Max Niemeyer Verlag GmbH, Tübingen 1999
Das Werk einschließlich aller seiner Teile ist urheberrechtlich geschützt. Jede Verwertung außerhalb der engen Grenzen des Urheberrechtsgesetzes ist ohne Zustimmung des Verlages unzulässig und strafbar. Das gilt insbesondere für Vervielfältigungen, Übersetzungen, Mikroverfilmungen und die Einspeicherung und Verarbeitung in elektronischen Systemen. Printed in Germany.
Satz: Anne Schweinlin, Tübingen
Druck: Gulde-Druck GmbH, Tübingen
Einband: Heinr. Koch, Tübingen

# Inhaltsverzeichnis

Vorwort .................................................... IX

Einleitung .................................................. 3

„Blütezeit"? ................................................ 3
„Höfisch"? ................................................. 5
Der Hof und die Schriftlichkeit ............................. 7
Der Begriff des „Höfischen" und seine Verwendung ........... 10
Das „Höfische" und die Periodisierung der mittelhochdeutschen Literatur 11
„Ritterlich" oder „Staufisch"? ............................. 22
Das Mäzenatentum und die Literaturgeschichtsschreibung ..... 27

**Modelle literarischer Interessenbildung** .................... 30

Deutsche Literatur im Umkreis Landgraf Hermanns von Thüringen 30

Deutsche Literatur im Umkreis Bischof Wolfgers von Erla .... 39

**Die literarischen Formen** .................................. 45

Formen der Lyrik ........................................... 45

  Allgemeines .............................................. 45
  Voraussetzungen und Vorbehalte ........................... 48
  Minne und Minnesang: Anfänge und Ursprünge ............... 56
  Die Handschriften ........................................ 63
  Liedtypen ................................................ 65
  Aufführung ............................................... 71

  Die Frühgruppe ........................................... 73

  Hoher Minnesang I: Romanischer Einfluß ................... 92
  *Verbindungswege* ........................................ 92
  *Auswirkungen* ........................................... 96
  *Minnesang am Rhein* ..................................... 104
  *Minnesang am Niederrhein: Heinrich von Veldeke* ......... 107
  *Minnesang am Oberrhein: Die „Hausen-Schule"* ............ 114

Hoher Minnesang II: Eigenständigkeit und Eigenwege .............. 129
*Überblick: Grundlinien der Entwicklung* ........................... 129
*Die Dichter: Biographisches* ...................................... 131
*Die Weiterentwicklung der Liedtypen: Charakteristika – Chronologie – Geographie* . 134
*Die einzelnen Dichter* ............................................ 144
*Heinrich von Rugge, Hartmann von Aue, Albrecht von Johansdorf* .... 144
*Heinrich von Morungen und Reinmar (der Alte)* .................... 157
*Wolfram von Eschenbach und das mittelhochdeutsche Tagelied* ...... 173

Spruchdichtung vor und neben Walther ............................. 188
*Allgemeines* ..................................................... 188
*Die Dichter* ..................................................... 191

Walther von der Vogelweide:
Grenzüberschreitung, Aneignung, Integration ...................... 196
*Walthers Leben* .................................................. 196
*Walther der Spruchdichter: Literatur als Beruf?* ................. 199
*Walthers Lieder: Der Hof als Instanz* ............................ 210

# Formen der Epik ................................................. 225

Überblick ........................................................ 225

Der höfische Roman I ............................................. 228
*Heinrich von Veldeke und der Antikenroman* ...................... 231
*Epik um oder nach Veldeke* ...................................... 240
*Chronologie* .................................................... 240
*Die frühen Romane* .............................................. 243
*König Artus der Eroberer* ....................................... 245
*Artus in Deutschland: Hartmann von Aue* ......................... 251
*Der Roman neben Hartmann* ....................................... 272

Heldenepik: Das Nibelungenlied ................................... 290

Der höfische Roman II ............................................ 305
*Gottfried von Straßburg* ........................................ 305
*Wolfram von Eschenbach: Die epischen Dichtungen* ................ 324
*Romandichter neben und nach Wolfram* ............................ 365

Das Tierepos ..................................................... 378

Kleinepik ........................................................ 385

| | |
|---|---|
| Geistliche Epik | 392 |
| *Legenden* | 393 |
| *Heiligenlegenden* | 395 |
| *Visionsliteratur* | 414 |
| *Bibelepik* | 419 |

Formen der Rede .......................................... 430

    Allgemeines .......................................... 430

    Predigt .......................................... 432

    Verhaltenslehre .......................................... 434
    *Minnereden* .......................................... 434
    *Allgemeine Sittenlehre* .......................................... 441

    Wissenschaft .......................................... 447

Literaturhinweise .......................................... 451

Register .......................................... 459

# Vorwort

Obwohl es am Anfang steht, ist das Vorwort die letzte Gelegenheit eines Verfassers, Rechenschaft abzulegen, Rechtfertigung zu versuchen, Schulden anzuerkennen und Dank zu sagen. Im Falle einer Literaturgeschichte nehmen Rechenschaft und Rechtfertigung eine eigene Färbung an, da verehrte Kollegen eingehend nachgewiesen haben, daß es unmöglich ist, Literaturgeschichte zu schreiben. Unter ihnen sind paradoxerweise einige, denen das Unmögliche am besten gelungen ist. Da es aber zu spät und dies nicht der Ort ist, die Möglichkeit oder Unmöglichkeit von Literaturgeschichtsschreibung noch einmal theoretisch zu erörtern, bleibt mir nur, den Weg, den ich eingeschlagen habe, wenn nicht zu rechtfertigen, so doch wenigstens zu erläutern.

Wenn das grundsätzliche Problem darin besteht, Geschichtsforschung und Literaturwissenschaft zu verbinden – sie zu verschmelzen, wäre ein unerreichbares Ideal –, so hat, wie ich meine, die (sogenannte) Literaturgeschichte das Hauptgewicht entschieden auf die Literatur zu legen. Geschichtswerke, die den Akzent auf Politik, Recht, Institutionen, Gesellschaft, Wirtschaft usw. legen, gibt es reichlich. Deshalb – und angesichts der Unmöglichkeit von Literaturgeschichte an sich – läßt sich dieser Band am besten charakterisieren als eine nach Gattungen geordnete Beschreibung der Literatur der mittelhochdeutschen Blütezeit, in deren einzelnen Abschnitten Dichter und Werke in (hoffentlich) mehr oder weniger zeitlicher Reihenfolge besprochen werden. Das ist eine sehr bescheidene Zielsetzung. Trotzdem nötigt sie zu nicht selten schwindelerregenden Spekulationen über so elementare Sachverhalte wie die chronologische Reihenfolge, die Zeit der Tätigkeit der Dichter und der Entstehung der Werke.

Gemäß dem Leitprinzip des Gesamtwerks wird auch hier der Versuch unternommen, die Literaturproduktion auch als einen sozialen und wirtschaftlichen Vorgang zu verstehen, soweit das innerhalb der Grenzen möglich ist, die durch die Art und die Spärlichkeit geeigneter Quellen, Zeugnisse und Indizien gesetzt sind. Aber auffällig stärker und in dem Maße zunehmend, in dem ein literarisch anspruchsvolleres Corpus von Texten sich bildet und vorliegt, machen sich in dieser Epoche ästhetische Momente geltend. Mehr als je zuvor – vielleicht zum ersten Mal in der Geschichte der deutschen Literatur – muß eine historisch angelegte Schilderung sie in den Mittelpunkt stellen. Auch für historische Zwecke!

Solche ästhetischen Überlegungen betreffen Produktion wie Rezeption: also die Dichter, die Gönner und das Publikum. Da aber nur gesellschaftlich und politisch bedeutende Dichter in zeitgenössischen Quellen wie Urkunden und Chroniken auftreten, hat der Verfasser der (chimärischen) Literaturgeschichte für chronologische Fragen an erster Stelle von den –

allzu oft unsichtbaren – Auftraggebern auszugehen. Die Lyriker allerdings nehmen hier eine Sonderstellung ein, denn diese literarischen Amateure sind vielfach bedeutendere Mitglieder der damaligen Gesellschaft und geben daher dem Historiker gewisse Chancen, weil ihr Status dafür sorgt, daß sie in Urkunden erscheinen.

Verteidigen muß sich der Verfasser schließlich gegen die zu erwartende Kritik, daß so viele Seiten dieses Bandes der Lyrik gewidmet sind. Dies ergibt sich nicht allein aus jenen historischen Gegebenheiten und auch nicht nur aus einer persönlichen Vorliebe des Verfassers. Es spiegelt die Tatsache wider, daß es sich um rund dreißig mit Namen bekannte Dichter und um rund sechshundert Werke handelt. Die zehn erhaltenen Lieder eines Lyrikers lassen sich unter Umständen schwerer zusammenfassen und sinnvoll in Kürze besprechen als ein Roman von zehntausend Versen – wie die Schilderung eines Atoms mit Recht soviel Raum in Anspruch nehmen darf wie die einer Galaxie. Für den Chronisten leidet die Literatur der Blütezeit ohnehin an einer unbequemen Vielzahl von Stars. –

An Schulden erkenne ich zuerst meine generelle Verpflichtung gegenüber der älteren und neueren Forschung an. Der Verfasser einer Literaturgeschichte ist so sehr auf so viele andere angewiesen, daß man zögert, ob man von ‚Anlehnung' oder ‚Anleihe' sprechen soll – vielleicht wäre ‚Anlehen' das richtige Wort. Seine Vorgehensweise ist nicht so sehr Plagiat (ein dem Mittelalter ohnehin fast fremder Begriff) als (dem Mittelalter durchaus gemäß) Plünderung. Darüber hinaus denke ich aber gern und dankbar zurück an das Wohlwollen und die Geduld sovieler freundlichen Kolleginnen und Kollegen in verschiedenen Ländern, die mich über all die Jahre hin in Gesprächen und Briefen selbstlos und großzügig belehrt haben. Ihre große Zahl erlaubt mir nur, ihnen allen gemeinsam, aber deswegen nicht weniger von Herzen, zu danken.

Schwer zu schildern und schwerer zu ermessen ist meine tiefe Schuld an Karl Bertau. Sie gilt sowohl der bewundernswerten Breite seiner Kenntnisse der Geschichte und Literatur des europäischen Mittelalters als auch der frühen Anregung und Aufmunterung, die er einem (damals jüngeren) ausländischen Germanisten zuteil werden ließ, der der Neigung erlegen war, mittelalterliche Literatur als Literatur zu lesen und besprechen. Die Freundschaft kennt keinen Dank über die Freundschaft hinaus, aber sie kennt ihn.

Keinem, der sich für Eigenart und Geschichte der mittelalterlichen deutschen Literatur interessiert, kann unsere tiefe Schuld den grundlegenden Arbeiten Joachim Bumkes gegenüber entgangen sein. Seine scharfsinnigen Einsichten in literarische und historische Aspekte der mittelhochdeutschen Literatur und des mittelalterlichen Lebens – die romanisch-deutschen Literaturbeziehungen, die höfische Kultur, das Mäzenatentum usw. – sind schlechterdings unverzichtbar. Beinahe ebenso wichtig wie seine grundsätzlich neuen Einsichten sind die zahllosen Fälle, in denen er dunkle Vermutungen, die wir gehegt hatten, durch seine Forschungen widerlegt oder

– noch willkommener, denn die menschliche Natur ist schwach – bestätigt hat, indem er mit festem Wissen untermauert und auf ein sicheres Fundament gestellt hat, was wir mit unruhigem Gewissen nur vermuteten. Meine persönliche Dankesschuld an ihn zeigt sich auf vielen Seiten dieses Bandes, ohne daß ich sie abtragen kann.

Auf unmittelbare, tatkräftige Weise hat Klaus Klein in Marburg frühere und spätere, längere und immer kürzer werdende Versionen des Textes mehrmals zügig und großzügig durchgearbeit, ver- und gebessert. Ihm, seinen scharfen Augen, seiner sicheren Urteilskraft und seiner stets freundlichen Hilfsbereitschaft danke ich von Herzen.

Sachlich, fachlich und persönlich schulde ich meinem langjährigen Kollegen und Freund Dennis Green soviel, daß ich es nicht ermessen, geschweige denn ausdrücken kann. Außer Anregung, Rat und selbstlosen intensiven Bemühungen bei der Durcharbeitung des Typoskripts verdanke ich ihm über längere Zeit Unterstützung und Mahnungen, Ermunterungen und Bedrohungen, die endlich diesen manchmal unschlüssigen, von dem Alb der Wichtigkeit des zu Behandelnden erschrockenen und vor den Alpen der Literatur darüber zurückschreckenden Autor dazu verholfen haben, daß er schließlich angekommen ist – ob am Ziel, ist die Veranwortung des Autors und eine andere Frage.

Diese Literaturgeschichte ist in ihrem Gesamtkonzept wie in der Verteilung der einzelnen Bände das Werk Joachim Heinzles, ‚the onlie begetter'. Daß er an mich als Autor dieses Bandes vor – für mich beschämend – vielen Jahren gedacht hat, war eine Ehre, deren Größe nur ihre Unerwartetheit übertroffen hat. Keiner von uns hat geahnt, daß wissenschaftlich und persönlich eine so tiefe Freundschaft daraus erwachsen würde, zu deren langer Dauer nicht zuletzt die kleinmütige Langsamkeit dieses Verfassers beigetragen hat, ohne daß die Freundschaft je dadurch gefährdet wurde. Joachim Heinzles Wahl des ‚Kauderwälschen Gastes' und sein Vertrauen zu ihm haben ihm als Herausgeber zusätzliche Anstrengungen bei der Vorbereitung und Herstellung des Typoskripts abverlangt, die selbst bei einem so renommierten Vorfechter der Dietrichepik als riesen- und heldenhaft zu bezeichnen ist. Darin wie in vielem anderen kennt mein Dank an ihn weder räumliche noch zeitliche Grenzen.

Die genannten guten Geister, die mich vor manchem Fehler bewahrt haben, sind an den verbliebenen Fehlern nur insofern schuld, als sie mir noch fester hätten zureden sollen. –

In dieser Beziehung ganz ohne Schuld ist die Gestalt, die am meisten gelitten und mir am meisten geholfen hat. Rosemary, meine liebe Frau, ist allmählich dazu gekommen, ‚Literaturgeschichte' als endlose Gefängnisstrafe zu verstehen. Durch ihre stetige liebevolle Unterstützung bin ich doch fertig geworden, so daß nicht die Strafe, sondern nur die Dankbarkeit lebenslänglich ist. Aus diesem Grund – und anderen – widme ich ihr dieses Buch.

Cambridge, im Mai 1999   L. Peter Johnson

TEIL 2

# Die höfische Literatur der Blütezeit
(1160/70−1220/30)

von L. Peter Johnson

# Einleitung

Der Titel dieses Teils unserer Literaturgeschichte lautet: „Die höfische Literatur der Blütezeit". Am liebsten hätten wir die Wörter „höfisch" und „Blütezeit" vermieden. Daß der Teil trotzdem so heißt, bedarf mithin einer Erklärung.

Zunächst einmal ist es keineswegs erwiesen, daß wir einen Ersatztitel brauchen, das heißt: der Entschluß, beim Alten zu bleiben, hängt nur zu einem geringen Teil mit der Schwierigkeit zusammen, einen neuen zu finden. Wir kommen auf diese Frage: ob wir für den Zeitraum über die einfachen Jahreszahlen hinaus überhaupt einen Namen benötigen, später zurück, wenn wir versuchen, unsere chronologische Einteilung zu rechtfertigen. Zweitens bleiben wir bei der alten Bezeichnung, weil eine neue oder gar keine dem Leser die Anknüpfung an andere Darstellungen erschweren würde. Drittens haben die beiden Begriffe: „höfisch" und „Blütezeit" durchaus eine gewisse Berechtigung und einen beschränkten Nutzen. Sie radikal abzuschaffen, hieße also, wenn nicht das Kind, so doch die Seife mit dem Bade ausschütten. Worin bestehen also die Vor- und Nachteile des Titels?

## „Blütezeit"?

Obwohl der Begriff „Blütezeit" etwas Natürlich-Organisches zu bezeichnen scheint, haftet ihm ein so starkes Element des Wertenden an, daß seine Verwendung leicht der vorhergehenden und der nachfolgenden Literatur unrecht tut und uns den Blick für ihr Wesen und ihre Eigenwerte verschließt. Wir müssen allerdings eingestehen, daß die späteren Dichter dieser Wertung insofern Vorschub leisten, als viele sich selbst sozusagen einer „Welkezeit" zurechnen. Inwieweit solche Aussagen als bloße Demutsformeln zu interpretieren sind, muß dahingestellt bleiben: d a ß man die „alten Meister" bewunderte, steht außer Zweifel, gleichgültig wie die Schmälerung der eigenen Gegenwart gemeint war. Der normale chronologische Gang der Geschichte erspart uns zum Teil die Frage, ob die früheren Dichter sich entsprechend als bloße Vorläufer der Blütezeit betrachtet haben. Nur zum Teil allerdings, weil auch Dichtergenerationen sich überschneiden und wir die historische Realität verfälschten, wenn wir an einen sauberen Ablösungsprozeß denken und die Generationen scharf voneinander trennen wollten. Daß wir keine Dichteraussagen über die folgende Generation besitzen, liegt weniger an der chronologischen Unmöglichkeit als daran, daß wir für die mhd. Blütezeit nur in beschränktem Maße überhaupt Aussagen von Dichtern über Dichter besitzen und nur solche innerhalb der Dichtung selbst. Aus der früheren Zeit liegen so gut wie keine vor. (Natürlich gilt das hier und auch sonst in dieser Einleitung Gesagte nur für die Literatur in der Volkssprache.)

Der Terminus „Blütezeit" ist aber nicht nur anrüchig, weil er anderes abwertet, sondern auch, weil er die Leistungen der Blütezeit selbst unterschätzt. Dem Literarhistoriker obliegt die unerfüllbare Pflicht, ein angemessenes historisches Verständnis für die Phänomene zu gewinnen, die er zu schildern hat, aber er darf dem Problem der Wertung nicht den Rücken kehren und so tun, als seien alle Dichter gleichbegabt und alle Werke gleichgelungen. Es gibt so etwas wie zweit- oder drittrangige Werke. Es gibt auch große Werke, und von diesen hat die Blütezeit einen gewiß unfair hohen Anteil. Gerade diesen Werken, oder vielmehr ihren Dichtern, tut der Terminus „Blütezeit" unrecht, denn ihre Leistungen sind nicht das Endergebnis eines unabänderlichen Fortschreitens, sondern ein mühselig Errungenes. Mit Nietzsches Bildungsphilistern (aus der ‚Ersten unzeitgemäßen Betrachtung') die großen Dichter der Vergangenheit zu „Klassikern" stempeln, heißt, ihre Neuerungen in Form, Inhalt und Fragestellung zu ignorieren und dadurch ihre möglicherweise beunruhigende oder gar erschütternde Wirkung zu dämpfen: die Philisterbildung „nimmt sie einfach als Findende und scheint zu vergessen, daß jene selbst sich nur als Suchende fühlten".

Sehen wir in Hartmann, Gottfried, Wolfram, Walther, dem Nibelungendichter einfach fertige Meister der Blütezeit, so übersehen wir das Neuartige, Experimentelle, Waghalsige an ihren Werken. Bei dem hohen künstlerischen Wert der dichterischen Erträge der Blütezeit, und vorausgesetzt, daß man einen Namen wünscht, der diesen Wert zum Ausdruck bringt, wäre „Erntezeit" vorzuziehen, insofern der Begriff auf die kunstfertige Arbeit und zugleich auf das mühselige Einbringen abzielt.

Daß wir gerade bei der Wertung verzerrenden Vorurteilen ausgesetzt und geneigt sind, die Werke höher zu schätzen, die unserem eigenen Geschmack und unserem eigenen Zeitalter unmittelbar zusagen, ist kein Grund, von jeder Wertung abzusehen, sondern mahnt nur zur Vorsicht. Trotz der Neigung, das höchste Lob den Werken zu zollen, in denen wir unsere Gegenwart am leichtesten wiederfinden, gibt es Werke aus allen Zeiten, die uns mehr als alle anderen beinahe direkt ansprechen, und es hat durch die Zeiten hindurch einen überraschenden Konsens bei der Rezeption dieser Werke gegeben. Dieser Konsens mag eine gewisse Garantie sein, daß unsere Bevorzugung nicht n u r auf narzißtischem Selbstbespiegelungswillen beruht, sondern auch etwas Wesentliches, Allgemeinmenschliches erfaßt. Auch mit Nietzsches Warnung im Ohr dürfen wir die Schöpfer solcher Werke im guten Sinne „Klassiker" nennen. Diese Werke setzen nur ein Mindestmaß an historischen Spezialkenntnissen voraus, damit man sie genießen kann. Gerade die mhd. Blütezeit bringt eine erstaunliche Reihe von Werken hervor, die uns, wenn wir nur über diese Minimalkenntnisse verfügen, kräftig und unmittelbar ansprechen und – wie es bei Rilke (in der ersten ‚Duineser Elegie') von der Musik heißt – einen Teil jener Schwingung bilden, „die uns jetzt hinreißt und tröstet und hilft". Schon aus diesem Grund verdienen diese Werke das Preisende, das der Begriff „Blütezeit" in sich birgt.

## „Höfisch"?

Bei unserem zweiten Begriff sind Mängel und Vorteile noch verwickelter als beim ersten. Peter Ganz hat die Geschichte des Begriffs eingehend behandelt und das Mehrdeutige, Verworrene seines Gebrauchs mustergültig dargestellt. Wir stehen etwa vor den folgenden Problemen:

„Höfisch" wird sowohl objektiv als auch mit einem stark wertenden und idealisierenden Beigeschmack verwendet. Zweitens wird er sowohl für das Leben als auch für die Literatur gebraucht, was zu verschwommenen Vorstellungen und Ergebnissen führt. Drittens müssen wir nach der Brauchbarkeit des Begriffs für die Charakterisierung und Periodisierung der mhd. Literatur fragen. Wir versuchen, diese Punkte möglichst in dieser Reihenfolge zu behandeln, obwohl sie nicht immer streng zu trennen sind.

Neutral verwendet, ist „höfisch" einfach eine Ableitung von „Hof" und müßte dann entsprechend der Funktion des Adjektivsuffixes *-isch* „hofgemäß" heißen. Aber was ist dem Hof gemäß und nach welchen Kriterien soll es dem Hof gemäß sein? Bei Adjektivableitungen aus Substantiven, die das dem Substantiv Innewohnende bezeichnen, ist ein Hang zum Idealisierenden nicht ungewöhnlich. „Kaufmännische Fähigkeiten" werden nicht als die Kunst des Pleitemachens verstanden, sondern als das Geschick, das man mit einem erfolgreichen Kaufmann assoziiert. Bei einem neutralen Wort wie etwa „Hof" entwickelt die adjektivische Ableitung billigende Töne. „Höfisch" heißt dann nicht nur: „dem Hof gemäß", sondern auch „den g u t e n Eigenschaften und Gewohnheiten und Sitten des Hofes gemäß". Es liegt aber auf der Hand, daß ein Hof – aufgefaßt als „Herrensitz, Fürstenwohnsitz" bzw. als Gemeinschaft der dort lebenden Menschen („der Herr und das ihn umgebende Gefolge") – sehr stark der Veränderung, sogar der Mode, ausgesetzt ist, und daß sich das Höfische deswegen von Menschenalter zu Menschenalter oder noch schneller ändern kann. Von einem methodischen Gesichtspunkt aus müssen wir entweder „höfisch" im inhaltlich allgemeinen Sinn von „dem Hof gemäß" verwenden oder, dem herrschenden Gebrauch folgend, das Wort in einem zeitlich begrenzten und inhaltlich verengten Sinne benutzen. Wenn wir dazu neigen, „höfisch" im zweiten, engeren Sinn zu verwenden, hängt das mit der Frage der Periodisierung und der Epochencharakterisierung zusammen (s. S. 11 ff.).

Eine tiefgreifende und rasche Veränderung des Hofes und des Höfischen, wie sie oben als grundsätzliche Möglichkeit erwogen wurde, fand nun im letzten Drittel des 12. Jahrhunderts statt. Damals drang von Frankreich her eine Welle des „Höfischen" in die deutschen Länder. Dieser Einfluß überschwemmte förmlich Kultur, Sprache, Literatur, Architektur, Mode, Sitten, Waffen, Kunst, Essen usf. und reichte von den trivialsten Kleidungsstücken und Anstandsregeln bis zu den Kathedralen und zu Gottfrieds ‚Tristan'.

Selbst wenn wir versuchen, den Begriff „höfisch" möglichst objektiv zu gebrauchen, müssen wir der Tatsache Rechnung tragen, daß das, was hofgemäß war, sich im 12. Jahrhundert erstaunlich rasch und stark veränderte. Daß diese Veränderung je nach der Stärke der Beziehungen zu Frankreich in verschiedenen Teilen Deutschlands zu verschiedenen Zeiten stattfand, kompliziert das Bild noch mehr. Die weitere Tatsache, daß wir ganz verschiedene Höfe – etwa den des Kaisers, die der weltlichen Fürsten, der geistlichen Fürsten oder gar des niederen Adels – ins Auge fassen könnten, trägt nicht zur Klärung bei. Der Bedeutungsrahmen von „höfisch" ist „dem Hof gemäß", aber wir können diesen Rahmen nur ausfüllen, indem wir das Wort immer auf spezifische Höfe und Zeiten einschränken oder aus dem vollen Spektrum der Höfe eine allgemeine Essenz zu destillieren versuchen. Aus welchen Quellen sollen wir aber das Destillat ziehen? Die historischen Quellen, die wir aus dem 12. Jahrhundert besitzen, lassen wenig vom täglichen Leben am Hof oder anderswo erkennen. Nur gelegentlich erlauben sie nebenbei Schlüsse über das Hofleben und die Hofsitten, wie sie der Sozialhistoriker oder der Literarhistoriker sich wünscht. Es bleiben die literarischen Quellen, die Auskünfte der erwünschten Art bieten, deren Zuverlässigkeit im Hinblick auf Lebenswahrheit aber zweifelhaft ist und die die Gefahr in sich bergen, daß wir uns eines Zirkelschlusses schuldig machen, indem wir uns der Literatur als historischer Quelle für die Literaturgeschichte bedienen.

Ist der Begriff „hofgemäß", der auf das Leben am Hof bezogen so vieldeutig und fragwürdig ist, für die Literatur legitim oder sinnvoll anzuwenden? Wenn „ja", wie? Wollen wir unter „höfischer Literatur" im engeren Sinne Literatur verstehen, die am Hof, für den Hof geschrieben wird? Oder wollen wir auch oder nur solche Literatur „höfisch" nennen, die den Hof und das Leben dort darstellt und zum Inhalt macht, wobei das möglicherweise stilisiert und idealisiert dargestellte Leben mit dem realen Hofleben verwechselt wird? Und wenn das höfische Leben in hohem Maße als eine Frage des Stils betrachtet wird, verlangen wir dann von der Literatur einen irgendwie entsprechenden Stil, ehe wir bereit sind, das Wort „höfisch" zu billigen?

Diese Fragen sind dringend. Wir müssen sie stellen, selbst wenn wir keine befriedigenden Antworten wissen. Es ist aber erlaubt, Antworten zu geben, die spekulativ sind, solange wir dies offen zugeben und die „Lösungen" als pragmatische und nicht als dogmatische verstehen. Wir versuchen im folgenden, eine brauchbare Verwendungsmöglichkeit des Wortes „höfisch" zu finden, einen Anhaltspunkt für die Periodisierung zu gewinnen und zu einer empirischen Lösung für die Ordnung des Stoffes zu gelangen. Stehen wir am Ende mit einer etwas unscharfen und unordentlichen Einteilung da, so dürfen wir uns damit trösten, daß die Welt selbst nun einmal eine recht unordentliche Stätte ist.

## Der Hof und die Schriftlichkeit

Die Forschung hat zeigen können, daß sich im 12. Jahrhundert die literarische Tätigkeit vom Kloster, vom Stift oder von der Domschule allmählich zum weltlichen Hof hin verlagert. Die wachsende Macht, der neue Reichtum und die Zunahme der Bevölkerung in den landesfürstlichen Territorien machten es wünschenswert, die Verwaltung immer mehr mit Hilfe der Schrift zu bewältigen (vgl. Bd. II/2, S. 8). Früher hatten die Geistlichen den Schriftlichkeitsbedarf der großen Dynastien gedeckt, hatten Geschichtswerke (z. B. Genealogien der Herrscherfamilie) oder Briefe und Urkunden für sie verfertigt. Im späteren 12. Jahrhundert kann man beobachten, wie mit dem Zuwachs der Verwaltungsangelegenheiten das Bedürfnis entsteht, eine kanzleiartige Verwaltung am Hof selbst aufzubauen. Das zeigt sich zum Teil in der Anlage neuer landesfürstlicher Sitze, die nach königlichem Muster zu Residenzen ausgebaut wurden, aus Repräsentationsgründen, aber eben auch, um den mit den Verwaltungsaufgaben zunehmenden Hofstaat unterzubringen. Beispiele wären etwa Heinrichs des Löwen Burg Dankwarderode in Braunschweig, Heinrichs II. (Jasomirgott) Burg in Wien (beide aus den siebziger Jahren) oder der Umbau der Wartburg unter den ludowingischen Landgrafen von Thüringen, Ludwig III. (1172–90) und Hermann I. (1190–1217).

Es wird immer mehr geschrieben, und zugleich wächst der Prozentsatz des am oder für den Hof Geschriebenen. Die langsame Verlagerung des Schreibbetriebs vom Kloster zum Hof begleitet auch eine fortschreitende Wendung vom Latein zur Volkssprache (freilich wurde nach wie vor in den Klöstern auch Deutsch und an den Höfen auch Latein geschrieben). Man muß damit rechnen, daß im 12. Jahrhundert in Deutschland die adligen Laien in der Regel Analphabeten waren. Es gab allerdings zwei Gruppen von Ausnahmen: die Frauen und die jüngeren Söhne des Adels. Die Frauen konnten oft nicht nur Deutsch lesen und schreiben, sondern z. T. auch einfachere Texte und die Psalmen auf Latein lesen. Die zweite Gruppe bildeten diejenigen Söhne, die für eine geistliche Laufbahn vorgesehen waren, die aber später in den Laienstand zurückgekehrt sind. Jüngere Söhne ohne Aussicht auf Land oder Lehen wurden vielfach auf die geistlichen Schulen geschickt; bei der hohen Sterblichkeit im Mittelalter war aber nicht leicht vorauszusehen, wer zum Schluß, d. h. beim Tod des Vaters, am Leben bleiben würde. Mancher jüngere Sohn wurde auf diese Weise wieder Laie und weltlicher Herr. (Ein extremes Beispiel wäre Philipp von Schwaben, der es vor der Umschulung zum Kaiser bis zum Aachener Dompropst gebracht hatte.) Vorsichtshalber wurden daher die jüngeren Söhne mit den älteren zusammen erzogen, mindestens in den ersten Jahren, wobei auch sie adlige Tätigkeiten wie Jagd, Waffenkunst usw. übten. Da auch geistliche Würdenträger häufig politische Machthaber waren, haben diese Wechselfälle dazu geführt, daß mancher Abt oder Bischof auf dem Schlachtfeld gefallen ist und daß einige weltliche Herren lesen konnten.

Allein die Knappheit der kostspieligen Handschriften hätte dazu geführt, daß die höfische Literatur vor allem öffentliche Vortragskunst vor einem adligen Publikum am Hof geblieben wäre, selbst wenn die Mehrzahl des Publikums hätte lesen können. Nur die wenigen privilegierten lesekundigen u n d zahlungsfähigen Großen durften sie auch für sich lesen.

Lesen und Schreiben müssen wir getrennt sehen. Die beiden Tätigkeiten unterscheiden sich grundsätzlich dadurch, daß das Lesen eine passive, das Schreiben aber eine aktive ist. Daß die Kunst, schön zu schreiben, so wichtig war, erklärt sich aus dem Wunsch der Herren, Prachthandschriften zu besitzen. Solche Handschriften waren für ihre Auftraggeber Mittel der Repräsentation, die ihre politische Macht und ihre soziale Stellung ausdrücken und festigen sollten, oder sie wurden zur Ehre Gottes einem Kloster oder einer Kirche geschenkt, wobei man hoffte, daß ein Abglanz auf den Schenkenden falle. Während eine etwas größere Gruppe die Möglichkeit hatte, vom Pergament zu lesen, war es nur den wenigen Kunstfertigen gegönnt, es mit Tinte und Farbe zu bedecken. Das Lesenkönnen gehörte deshalb zur Gelehrsamkeit, das Schreiben eher zu den bildenden Künsten. Daher kam es im Hochmittelalter häufiger vor als heute, daß ein Mensch lesen, aber nicht schreiben konnnte. Es wird sich zeigen, wie verschieden sich die erzählenden Dichter der Blütezeit, bei denen man die Kunst des Lesens geradezu als conditio sine qua non erwarten würde, zu der Frage des Analphabetentums verhalten.

Zu derselben Zeit, in der die Menge des am Hof Geschriebenen zunimmt, können wir dort eine Steigerung des literarischen Interesses bemerken. Es scheint uns, daß der Hof immer mehr zu einem Ort literarischer Tätigkeit wird und daß das literarische Leben dort wächst, denn der Prozentsatz des am Hof Geschriebenen, das in einem engeren Sinne zur Literatur zu zählen wäre, nimmt zu. Selbst wenn wir das Argument bewußt mildern, sehen wir in der zweiten Hälfte des 12. Jahrhunderts an deutschen Höfen die Entstehung eines schriftlichen Literaturbetriebs, dessen Ausmaß entweder auf eine Zunahme des Interesses oder auf eine Umsetzung von mündlicher Literatur in schriftliche oder – am wahrscheinlichsten – auf beides deutet.

Es ist vielleicht ein Indiz für den Zusammenhang zwischen neuer Schreibtätigkeit am Hof und neuem literarischen Interesse, daß auch in Frankreich und im anglo-normannischen Königreich dieselben Phänomene zusammengehen, freilich etwa anderthalb Generationen früher. Der Normannenstaat England bietet ein extremes, eigenartiges, aber gerade deswegen einleuchtendes Beispiel für den Zusammenhang zwischen den Schreibtätigkeiten einer „modernen" Staatsverwaltung und der Ausbildung einer schriftlichen Literatur in der Volkssprache. Mit der Energie ihrer wikingischen Vorfahren gründeten die Normannen in England wie in Süditalien und auf Sizilien die ersten „modernen" Staatsverwaltungen Westeuropas seit dem Verfall des römischen Reiches. Für die Normannen war England Besatzungsgebiet und künftiger Kolonialboden. Trotz der Einschmelzung angelsächsischer öffentlicher Einrichtungen in die neue Staatsordnung konnten die Normannen in einem für das Hochmittelalter ungewöhnlichen Maße politische Neuordnungen schaffen. Dieser Neuanfang basierte auf einer schriftlich geführten Staatsverwaltung, die sich z.B. vornahm, das ganze Land, Leute, Vieh etc. zu registrieren. (Daß die Registratoren Aussichten hatten, einen Teil des Registrierten zu bekommen, wirft zwar ein eigentümliches Licht auf ihre unermüdliche Dienstbeflissenheit, tut aber dem Wert ihrer Arbeit keinen Abbruch.) Als Folge davon besitzen wir eine einmalige Sammlung von Zeugnissen, die wertvolle sozial- and wirtschaftsgeschichtliche Auskünfte gibt. Im Vergleich mit den zentralen Königshöfen Frankreichs und Englands ist die Lage des deutschen Kaisertums mit seinen Kaiserwahlen und seinem Wanderhof eine wesentlich andere. Festzuhalten bleibt, daß im späteren 12. Jahrhundert in den deutschen Territorien ein ähnliches Zusammentreffen von gesteigerter Schreibtätigkeit in der Verwaltung und in der Literatur wie zuvor in Frankreich und in England spürbar wird.

Nirgends begegnen wir einer stärkeren Konzentration der verschiedenen Arten von Schreibtätigkeit als am Hof Heinrichs II. von England (1154–89) und seiner Gemahlin, Eleonore von Aquitanien. An diesem Hof war eine glänzende Gruppe von Gelehrten aller Art versammelt, Theologen, Staatsmänner, Juristen, Staatswissenschaftler und Dichter. Beinahe wichtiger als die Existenz dieses Hofes ist für uns die Tatsache, daß wir in seinem Falle über die Persönlichkeiten verhältnismäßig gut informiert sind: daher kann er uns als Modell dienen, das Schlüsse über andere, schlechter dokumentierte Höfe ermöglicht. Das wenigste wissen wir leider über die Dichter, jene schattenhaften Gestalten – eine Erfahrung, die wir immer wieder machen werden.

Das Zusammengehen von Verschriftlichung der Verwaltung und Aufblühen der Literatur am Hof in England, Frankreich und Deutschland bestärkt die Vermutung, daß die beiden Erscheinungen zusammenhängen. Daß sich die neue Literatur zunehmend als eine geschriebene versteht, hat Folgen für die dichterische Technik, vor allem für den höfischen Roman.

## Der Begriff des „Höfischen" und seine Verwendung

Da wir wenig über das wirkliche Leben am Hof, aber vieles über die literarische Darstellung des Hoflebens wissen – durch und durch Fiktives, halb Fiktives oder durch und durch Wahres –, haben wir vier Möglichkeiten, das Wort „höfisch" zu gebrauchen: 1. wir verwenden es für das wirkliche Leben am Hof, gestehen aber ein, daß die Einzelheiten für uns meistens unbekannte Größen sind; 2. wir beziehen es auf das Leben und auf die Literatur; 3. wir beschränken den Gebrauch des Wortes auf die Literatur, die für den Hof geschrieben wird, und auf das darin dargestellte Leben und die darin geschilderten Sitten allein; 4. wir schaffen das Wort ab.

Wenn wir von „höfischem" Leben – das per definitionem existiert, seitdem es Höfe gibt – ohne Rücksicht auf geographische Unterschiede und Unterschiede der historischen Entwicklung sprechen, dann besagt „höfisch" nichts, was nicht durch „Hofleben", „Hofsitten" usw. gedeckt wäre. Es fragt sich, ob eine Vokabel von einer solchen semantischen Allgemeinheit überhaupt als Terminus technicus geeignet ist. Das macht es ratsam, die erste Möglichkeit auszuschließen.

Die zweite Möglichkeit: die Anwendung des Wortes auf Leben und Literatur, begegnet demselben Einwand und birgt zudem das Risiko, daß wir das wirkliche Leben dem zugegeben idealisierten Bild, das wir aus der Literatur gewinnen, gleichsetzen. Das führt bestenfalls zu Verwirrung, schlimmstenfalls zu Irrtümern.

So bleibt die Wahl, das Wort abzuschaffen oder es nur auf die Literatur zu beziehen, und zwar auf die Literatur einer begrenzten Epoche (und das heißt, obgleich Epoche und Typus nicht notwendig kongruent sind, auf eine ganz bestimmte Literatur, die sich durch einen ganz bestimmten Stil auszeichnet). Da in den letzten dreißig oder vierzig Jahren des 12. Jahrhunderts auffallende Veränderungen in der deutschsprachigen Literatur stattfinden und mit den Höfen verbunden sind oder an den Höfen bemerkbar werden, scheint es geboten, „höfisch" in diesem Sinne zu verwenden. Wollten wir das Wort abschaffen, wären wir gezwungen, einen neuen Terminus zu finden oder uns mit den Jahreszahlen zu begnügen, und zwar mit Jahreszahlen, die entweder grob oder höchst spekulativ oder beides zugleich wären.

Wir benutzen aus praktischen Gründen das Wort „höfisch" für Literatur eines bestimmten Typs in einem bestimmten Stil, die in der zweiten Hälfte des 12. Jahrhunderts in Deutschland aufkommt. Diese Literatur darf nicht automatisch mit einer bestimmten aristokratischen Lebensform gleichgesetzt werden, obwohl Querverbindungen bestehen. Die Natur dieser Verbindungen, die wesentlichen Elemente dieser Literatur, die Grenzen der Periode und die Basis der chronologischen Einteilung gehören in den nächsten Abschnitt.

## Das „Höfische" und die Periodisierung der mittelhochdeutschen Literatur

Es ist in der Geschichte der Literatur möglich, die Kerne bestimmter Bewegungen, Epochen, Entwicklungen zu profilieren, ihre Ränder, ihren Anfang und ihr Ende meistens nicht. Zu diesem Problem ist weise bemerkt worden, daß die Geschichte so wenig von Jahrhunderten weiß wie der Erdball von Breitengraden. Deshalb müssen wir uns auf Schwerpunkte konzentrieren. Jede Ordnung ist gegenüber der Wirklichkeit ungerecht, keine Ordnung dem Menschengeist unfaßbar.

Die erste Frage, der wir uns zuwenden, ist die, ob die beobachtete Verlagerung des Schrifttums zu den Höfen hin und die Verschriftlichung der Verwaltung Änderungen bewirken in dem, was geschrieben wird, oder in der Klasse der Schreibenden oder in der Gruppe derer, für die geschrieben wird. (Es sollte bemerkt werden, daß noch in der zweiten Hälfte des 12. Jahrhunderts nur zwei Stände als Produzenten oder Rezipienten geschriebener Literatur in Frage kommen: der Klerus und der weltliche Adel.) Eine solche Veränderung des Publikums, der Dichter und des Geschmacks wäre tatsächlich ein triftiger Grund, eine neue Periode der Literaturgeschichte beginnen zu lassen.

Als Ausgangspunkt vergleichen wir die jeweilige literarische Situation in den Jahrzehnten vor und nach der mutmaßlichen Änderung. Ein Jahrzehnt ist eine beinahe zu feine Einheit, da wir selten in der Lage sind, die einzelnen Werke so präzise zu datieren. Wenn wir uns auf die Züge konzentrieren, die die Kerne der Perioden auszeichnen, sieht das vereinfachte Epochenbild so aus:

In der ersten Hälfte des 12. Jahrhunderts begegnen wir Werken in deutscher Sprache, die von geistlichen Verfassern geschrieben wurden und sich an ein Laienpublikum wandten. Die Auswahl der Stoffe lag anscheinend in den Händen der Dichter oder vielleicht ihrer geistlichen Vorsteher und Auftraggeber. Der Zweck der Auswahl war meistens die Festigung des Glaubens (Predigt, Gebet, Bibeldichtung, Bibelkommentar, Heiligenlegende) oder die Belehrung (Natur- und Tierkunde, Geschichte). Da das Hochmittelalter Geschichte primär als Heilsgeschichte verstand und die Wunder der Tier-, Stein- und Pflanzenkunde die eingeweihten Gläubigen unmittelbar zu ihrem Schöpfer hinführten, waren die beiden Gruppen von Literatur näher miteinander verwandt, als es für den modernen Menschen den Anschein hat. Daß diese Literatur in der Volkssprache geschrieben ist, macht es wahrscheinlich, daß sie für ein Laienpublikum verfaßt wurde, aber es gab Übergänge, und keineswegs alle Priester oder sogar Bischöfe konnten so gut Latein, wie sie es sollten. Wir müssen deshalb mit einem gemischten Publikum rechnen, das hauptsächlich aus Laien, aber auch aus Geistlichen bestand.

Ungefähr um die Mitte des Jahrhunderts entsteht dann ein Werk, das trotz deutlicher Zugehörigkeit zum Alten Neues ankündigt, das ‚Alexanderlied' (Vorauer Fassung) des Pfaffen Lamprecht (vgl. Bd. I/2, S. 163ff.). Mit ihrem exemplarischen Charakter ist diese Lebensbeschreibung Alexanders des Großen noch fest in der Tradition des moralisierenden und erbaulichen Schrifttums verankert. Auch hier wird die „geschichtliche" Handlung als Heilsgeschichte interpretiert, werden die Wunder, denen Alexander auf seinen Reisen begegnet, wie in den naturkundlichen Schriften als symbolhafte Zeichen der geheimnisvollen Allmacht Gottes gesehen und wird aus dem Ganzen eine Moral abgeleitet wie in den erbaulichen lehrhaften Werken.

Seien sie aber noch so oberflächlich und vielleicht zufällig: es ist möglich, im ‚Alexanderlied' Züge zu entdecken, die in die Zukunft weisen. Die Reisen und Abenteuer erhalten einen etwas stärkeren Akzent, der Dichter läßt sie etwas länger auf der Zunge zergehen, und sie nehmen romanhaftere Züge an. Auch die Wahl der Quelle hat etwas Prophetisches an sich: zum ersten Mal sucht ein deutscher Dichter seinen Stoff im franko-okzitanischen Sprachraum. Die Literatur als Unterart der Sprache ist wie ihre Erzeugerin ein System der Beziehungen und Kommunikationswege. Bei Lamprechts ‚Alexanderlied' ist es aber nicht möglich zu entscheiden, ob die Wahl einer Quelle aus diesem Sprachbereich ein Einzelfall und Zufall ist oder ein erstes Zeugnis des kommenden französischen Einflusses und des zukünftigen Netzes der literarischen und kulturellen Beziehungen zwischen den beiden Ländern. Lamprechts Wahl ist entweder symbolisch oder prophetisch.

Wurde die frühere Stufe der mhd. Literatur von Geistlichen hauptsächlich für Laien geschrieben, so markiert Lamprechts ‚Alexander' vielleicht einen weiteren, wenn auch kleinen Schritt in der Entwicklung der literarischen Interessenbildung. Daß Reisen, Kämpfe, Reichtum, das Fabelhafte eine größere Rolle spielen und daß man dem Diesseitigen mehr Aufmerksamkeit widmet (selbst da, wo es angeblich geschildert wird, um in Zweifel gezogen zu werden): das könnte man vielleicht als zögernde Kenntnisnahme der Interessengebiete eines Laienpublikums verstehen. Der geistliche Dichter bestimmt noch immer den Stoff, aber er nimmt dabei mehr Rücksicht auf seine weltlichen Zuhörer.

Einen weiteren Schritt beobachten wir beim deutschen ‚Rolandslied' des Pfaffen Konrad. Auch hier sehen wir einen geistlichen Dichter eine französische Quelle benutzen. Neu ist, daß wir aus dem Epilog den Namen des Auftraggebers erfahren: Herzog Heinrich, der mit der „Tochter eines mächtigen Königs" verheiratet war. Höchstwahrscheinlich bezieht sich diese Stelle auf den Welfen Heinrich den Löwen, der mit der Tochter Heinrichs II. von England verheiratet war (vgl. Bd. I/2, S. 103). Dann wäre das Gedicht um 1170 entstanden. Der „Fortschritt" gegenüber dem ‚Alexanderlied' besteht darin, daß jetzt der Auftraggeber, der den Stoff bestimmt, ein

Laienfürst ist. Wie im ‚Alexanderlied' zielt die thematische, inhaltliche Entwicklung, etwa in den Kampfschilderungen, trotz der wiederholten geistlichen Auslegung spürbar auf weltliche Interessen.

Gegen diese Einschätzung der beiden Texte ließe sich manches einwenden. Nicht, daß sie in sich unstimmig wäre oder etwas Auffallendes gegen sie spräche, sondern nur, daß ein so spärliches Material sich auch anders beurteilen ließe. So können wir nicht sicher sein, daß der Pfaffe Lamprecht für ein (hauptsächlich) weltliches Publikum schrieb; auch ist nicht sicher, daß nicht auch er, wie der Pfaffe Konrad, einen weltlichen Auftraggeber hatte; und die Wahl einer französischen Quelle beim ‚Rolandslied' und beim ‚Alexander' könnte aus völlig unterschiedlichen Gründen erfolgt sein, so daß die beiden Fälle nichts miteinander zu tun hätten und keine Vorzeichen des kommenden französischen Einflusses wären. Auch die relative Chronologie der beiden Werke besitzt nur einen hohen Grad an Wahrscheinlichkeit. Lehnen wir solche Vermutungen ab, dann dürfen wir bloß konstatieren, daß der Stoff jeweils aus Frankreich kommt und seine Behandlung Ansätze einer Orientierung auf das Diesseits erkennen läßt, daß wir für das ‚Alexanderlied' keinen Auftraggeber, für das ‚Rolandslied' einen adligen Auftraggeber kennen usw. Wir riskieren es trotzdem, den Sachverhalt als eine allgemeine zeitliche Entwicklung zu interpretieren, weil wir glauben, daß die Tatsachen diese Auslegung zumindest gestatten und weil die Skepsis überall bremsen muß, aber nirgendwo lähmen darf.

Der französische Einfluß wird im jetzigen Zusammenhang nur deshalb so hervorgehoben, weil er das Neue ist, das die höfische Literaturperiode einleitet und später wesentlich zu ihr gehört. Die alte Schuld der deutschen Literatur dem Latein gegenüber wächst weiter an, wenn auch langsamer und trotz gelegentlicher Rückzahlungen, die nicht einmal die Zinsen decken. Über die Rhetorik trägt der lateinische Einfluß noch zur Verfeinerung des deutschen Stils bei. Direkte stoffliche Entlehnung beschränkt sich auf religiöse, theologische, philosophische, juristische, historische und naturwissenschaftliche Schriften. Die zögernden Rückzahlungen liegen gerade in der stofflichen Sphäre, in der volkssprachliches Material den Weg ins Latein findet. Schon der ‚Waltharius' (um 930?), dann Arnolds von Lübeck ‚Gregorius peccator' (ca. 1210 – eine lateinische Übersetzung des ‚Gregorius' Hartmanns von Aue) und die verschiedenen lateinischen Vers- und Prosaübersetzungen des ‚Herzog Ernst' (ab 1206) weisen in diese Richtung.

Der nächste Schritt – mit dem wir den eigentlichen Bereich dieses Bandes betreten – ist der, daß auch Laien als Dichter in Erscheinung treten. Dies ist zweifellos ein Zeichen der höfischen Literatur in dem Sinne, in dem wir das Wort gebrauchen wollen. Wir betonen: e i n Zeichen, denn es wäre eine übertriebene Vereinfachung zu glauben, daß Laien oder Ritter die geistlichen Dichter ablösen. Selbst wenn wir uns auf deutschsprachige Schriften beschränken, dauert es noch lange, bis die Laiendichter in der Mehrzahl sind. Auch in der Blütezeit schreiben noch geistliche Verfasser geistliche oder lehrhafte Werke: so der Priester Wernher sein ‚Marienleben', Albertus seine ‚Ulrichslegende', Thomasin von Zerklaere den ‚Welschen Gast'. Und es schreiben geistliche Dichter auch weltliche Werke: so sind beispielsweise die Spielmannsepen wahrscheinlich zum Teil das Werk von

Geistlichen; Heinrich von Veldeke (der Vater des mhd. höfischen Romans!) war ein Geistlicher oder hatte zumindest eine klerikale Schulung; weitere Beispiele wären Herborts von Fritzlar ‚Trojaroman' und Albrechts von Halberstadt ‚Metamorphosen'. Auf der letzten Stufe, die die eigentliche Blütezeit vertritt, schreiben weltliche Dichter weltliche Dichtungen, aber auch Werke lehrhafter und religiöser Art, wobei Weltliches und Geistliches manchmal nur durch eine schwierige und oft tödliche Operation zu trennen ist. Für diese Gruppen lassen sich etwa nennen: Hartmanns von Aue ‚Gregorius', Wolframs von Eschenbach ‚Willehalm', Konrads von Fußesbrunnen ‚Kindheit Jesu'.

Es zeigt sich also, daß das Bild einer strikten Ablösung schief ist, welches dann entsteht, wenn wir ausschließlich die neuen Gattungen der höfischen Periode, die Lyrik und den höfischen Roman in ein helles Licht rücken. Das Unterscheiden wird ohnehin dadurch erschwert, daß der Minnesang und noch mehr der höfische Roman didaktische Züge aufweisen, die sie mit der früheren Literatur verbinden. Allerdings ist dieses Lehrhaft-Erbauliche während der Blütezeit in höherem Maße als früher nur e i n Moment unter anderen. Dem thematischen Ineinandergreifen der weltlichen und der geistlichen Sphäre begegnen wir vor allem bei den großen Dichtern. Darüber hinaus sind beinahe alle Dichter der Blütezeit je nach Geschmack und Können durch ein Weiteres verbunden, nämlich durch den neuen Stil, den wir „höfisch" nennen. Sowohl im Sprachlich-Stilistischen als auch im Inhaltlichen sind sie bei der altfranzösischen und der okzitanischen Literatur in die Schule gegangen.

Die Änderungen, die diese Bewegung im mhd. Stil bewirkt, sind stärker und wichtiger als die, die eine neue Epoche normalerweise mit sich bringt. Sie schaffen ein Fundament, auf dem die Sprachmeister des ausgehenden 12. und beginnenden 13. Jahrhunderts aufbauen und vielleicht zum ersten Mal in der Geschichte des Deutschen eine Sprache schaffen, die fähig ist, auf geistreiche, subtile, ironische, variantenreiche, humorvolle, erschütternde, distanzierte, rührende Weise die Gedanken, Hoffnungen und Gefühle einer gespannten, unberechenbaren, gläubigen, furchtsamen, leidenschaftlichen, zarten, mutigen, grausamen Zeit in Sprache umzugießen und festzuhalten. Die Sprache, die so lange die Herrin der Dichter war, wird jetzt ihre Dienerin.

Der literarische Sprachstil eines jeden Zeitalters ist zu einem Teil persönlicher und zu einem anderen Teil überpersönlicher Natur, aber die Gewichte können von Fall zu Fall anders verteilt sein. In der Literatur vor der Blütezeit überwiegt eine kollektiv zu bewältigende Aufgabe; entsprechend tritt das Individuelle zurück. Die Blütezeit aber sieht als Ergebnis und Fortsetzung des kollektiv Erarbeiteten die Schaffung eines neuen Instruments, auf dem die Meister auch individuelle Töne hervorbringen können.

Überpersönlich sind etwa die Merkmale des entstehenden neuen Verses, z. B. die immer stärker geregelte Abwechslung von Hebung und Senkung und der reine Reim. Während sie heranreifen, gehören solche allgemeinen Charakteristika noch stark zum individuellen Stil: zum einen in dem Sinne, daß auch sie in ihren jungen Tagen die Schöpfungen individueller Dichter sind und selbst dann, wenn sie aus einem anderen Land übernommen werden, über eine gewisse Zeit hin gelernt und vervollkommnet sein wollen; zum anderen in dem Sinne, daß die Entscheidung, sie anzuwenden oder nicht, solange auch eine individuelle Entscheidung sein kann (und nicht unbedingt eine Frage des Könnens sein muß), bis sie allgemeine Geltung erlangen. Im allgemeinen wird der Stil ästhetisch anspruchsvoller. Das tritt nirgends deutlicher hervor als in der neuen Beherrschung der Satz- und Versführung. Enjambement, Zäsur und syntaktische Freiheit bewirken hier ein elegantes, flüssiges, manchmal spannendes In- und Auseindergehen von Satz und Vers, wie es das vorhergehende Zeitalter nicht kannte und das der neuen Eleganz der Kleider, Architektur und Zeremonien würdig ist.

Einmal etabliert und Teil des stilistischen Kanons geworden, werden solche Erscheinungen zu Kennzeichen des herrschenden kollektiven Zeitstils, bis auch dieser abgelöst wird und ihre Beibehaltung eine individuelle Entscheidung sein kann. Jede Epoche bringt Neues, aber die Neuerungen der Blütezeit sind weitreichend und dauerhaft in ihrer Wirkung. Das gilt wie für den Stil auch für den Stoff.

Der Stil der Epoche vor der Blütezeit war in hohem Grad ein Kollektivstil und wurde anscheinend auch von den Dichtern selbst als solcher empfunden. Wollen wir literarischen Beziehungen und Abhängigkeiten nachspüren, so sind wir in manchen Fällen auf die Entdeckung praktisch wörtlicher Entlehnungen in Sprache und Stil angewiesen. Anscheinend gelten deutsche Literatur und Literatursprache damals als ein gemeinsam Errungenes, dessen man sich bedient, ohne Abhängigkeit zuzugeben oder anzudeuten. Man nennt andere Dichter nicht, wie man auch selbst in den Werken nicht als Persönlichkeit auftritt (abgesehen von gewissen konventionellen Stellen wie etwa dem Epilog, wo persönliche Visitenkarten gestattet sind). Die Praxis des Entlehnens setzt sich in der Blütezeit fort, aber daß Sprache und Stoff immer mehr als individuelles Eigentum betrachtet werden – wenn auch keineswegs im heutigen Ausmaß – und daß der Dichter sich zunehmend als Individuum ernst nimmt, zeigt sich ironischerweise spiegelbildich darin, daß er andere Dichter jetzt beim Namen nennt. Dies ist ebenso neu wie der Grad, in dem er selbst als *persona* hervortritt. Die neue Einstellung ist nicht nur auf die zahlreichen Fälle beschränkt, wo andere Dichter direkt genannt werden; es kommt häufig vor (besonders in der Lyrik), daß durch wörtliche Entlehnung auf einen anderen Dichter bloß angespielt wird. Die Anonymität besagt nicht wie früher, daß man die Dichtung als Gemeingut betrachtet, und auch nicht, daß man ein Plagiat vertuschen will. Im Gegenteil: da es sich oft um Rivalitäten und Sticheleien zwischen den Dichtern handelt, waren diese darauf angewiesen, daß das Publikum die Entlehnungen als solche erkannte. Die Möglichkeit, daß dieses Spiel funktionierte, beweist ebenso wie die Namensnennung, daß die Dichter beim Publikum Kenntnisse des literarischen Kanons voraussetzen konnten.

Mußten in unserer Darstellung Reim, Metrik und Syntax für alle stilistischen Züge herhalten, so müssen zwei Themen einen ähnlichen Dienst für den Inhalt leisten: *minne* und *âventiure*. Über die semantischen Feinheiten des Begriffs *minne* berichten wir unten (S. 59ff.), aber zum Gesamtphänomen muß schon hier etwas gesagt werden, weil das Thema in einem Versuch, die mhd. Literatur zu periodisieren und das Phänomen des „Höfischen" zu charakterisieren, von größter Bedeutung ist. Die Frage hat zwei Aspekte: das Aufkommen der Liebe als Zentralthema der Dichtung, und die besonderen Schattierungen des Themas, die mit dem Wort *minne* verbunden sind.

Schon die frühere Literatur – besonders die Spielmannsepik – kennt das Erzählmotiv der Brautwerbung. Vergleicht man diese Werke aber mit einem Roman Hartmanns oder gar mit Veldekes ‚Eneas' oder Gottfrieds ‚Tristan', dann fällt sofort auf, daß es in der Spielmannsepik darum geht, wie man erfolgreich um eine berühmte Schönheit wirbt, die man vom Hörensagen kennt. Man fährt hin, man überzeugt sich, daß die Berichte noch hinter der Wirklichkeit zurückbleiben, man überwindet alle Hindernisse und holt sie heim. Die Erfahrungen eines mutigen Herrschers – es handelt sich immer um Herrscher – formieren sich zu einem Schema, das gleichgesinnten Herrschern als Vorbild für eine erfolgreiche Werbung dienen kann. Von Gefahren für Leib und Leben ist überall die Rede, von den Gefahren des Herzens aber schweigen diese Werke. Dem „Romantischen" und Romanhaften zum Trotz, das den adligen Helden umgibt, wirken sie auf dem Gebiet der Gefühle eher wie praktische Handbücher, die darlegen, wie eine standesgemäße Ehefrau zu gewinnen ist, und das Schwert des Mars zieht mehr Aufmerksamkeit auf sich als der Pfeil Amors.

Um die ganz andere Einstellung zu ahnen, die die höfische Literatur der Liebe gegenüber einnimmt, braucht man nicht an Extremfälle wie Veldekes ‚Eneas' zu denken, wo Amor keine Redewendung ist, sondern als handelnde Person auftritt und wo die Darstellung der seelischen Qualen der Liebe und deren physische Symptome als psychologische und stilistische tour de force thematisiert werden. Die Minne wird eingehend und „liebevoll" dargestellt und diskutiert. Sie ist ein Hauptthema, oft d a s Hauptthema. Wenn sie früher nebenbei etwas Gewicht bekommen hatte, handelte es sich meistens um ihre Wirkung auf hochgestellte höfische Damen (*frouwen*). Im höfischen Roman und im Minnesang schlägt die Minne nun bei den Rittern noch verheerender zu als bei den Damen. Ursache ist, daß die Dichter ausschließlich und die Figuren, von deren Standpunkt aus erzählt wird, überwiegend Männer sind. Die Dichter bürgen am ehesten für die Gefühle ihrer männlichen Helden, während ihnen (im Minnesang) angeblich die Gefühle der ablehnenden, zumindest sich zurückhaltenden Dame verschlossen bleiben.

Den zweiten Aspekt des Minne-Problems können wir auf die Frage reduzieren, ob „Minne" und „Liebe" Synonyme sind. Insofern sowohl „Liebe" als auch „Minne" gegenseitige Zuneigung und sexuelle Anziehungskraft zwischen Frau und Mann bezeichnen kann, steht nichts im Wege, sie als Synonyme zu betrachten. Wenn wir aber den sozialen Faktor berücksichtigen – die Sprachebene, auf der die beiden Begriffe im Leben oder in der Literatur verwendet werden, oder die gesellschaftliche Klasse, die sie benutzt oder der sie in der Literatur in den Mund gelegt werden –, zeigen sich hier und da Unterschiede im Sprachgebrauch. Trotzdem dürfen wir behaupten, „Minne" sei immer „Liebe", „Liebe" aber durchaus nicht immer „Minne".

Mit „Minne" ist in der Mehrzahl der Fälle ein gesellschaftliches, höfisches Moment verbunden; der Begriff wird von höfischen Dichtern, die am Hof und für den Hof schreiben und vor dem Hof auftreten, für eine Art des Werbens verwendet, die im Normalfall höflich und respektvoll, gemäßigt und zurückhaltend, aristokratisch und verfeinert ist. Auch der Begriff „Liebe" kann so verwendet werden, aber es geschieht seltener. Versuche, exakt zwischen „Liebe" und „Minne" zu unterscheiden, sind von vornherein zum Scheitern verurteilt – zum einen, weil Dichter nicht so konsequent zwischen Begriffen von solcher semantischer Affinität unterscheiden; zum anderen, weil wir aus der historischen Entfernung heraus nicht fähig sind, uns in die dargestellte Situation hineinzuversetzen, um sie mit der nötigen Einsicht von innen heraus zu analysieren. Ob das zeitgenössische Publikum selber eine solche Unterscheidung durchführen konnte oder mußte, um die Werke genießen zu können, bleibe dahingestellt.

Als zweites Thema, das als Charakteristikum der sich entwickelnden höfischen Literatur gelten kann, nannten wir *âventiure*. Das französische Lehnwort kann man grob mit „Abenteuer" übersetzen, kann aber auch in einer Weise gebraucht werden, die das nhd. Wort nicht deckt, und es entwickelt im Mhd. Nuancen, die selbst das altfranzösische Wort nicht kennt.

So pflegen zum Beispiel die Verfasser mhd. höfischer Romane, die aus dem Französischen übersetzen, den altfranzösischen Abenteuerroman, den sie adaptieren, die *âventiure* zu nennen; da dieser Abenteuerroman aber ihre Quelle ist, entwickelt *âventiure* bei wiederholter Berufung darauf die Nebenbedeutung „Quelle".

Im Mittelhochdeutschen wie im Altfranzösischen meint das Wort *âventiure* einen gefährlichen Zwischenfall, der für jeden Ritter, der auf sich hält, eine Herausforderung darstellt, der er nicht widerstehen kann. Aber es meint auch, seiner etymologischen Grundbedeutung entsprechend: „etwas, das unvorhergesehen auf einen zukommt", „Zufall". Das Zufällige dieses Risikos, das einem zustößt, gehört zum Begriffskern von *âventiure*, wie ja für den Außenstehenden einem solchen „Zufall" leicht etwas Sinnloses anhaftet.

Auch in der Spielmannsepik gibt es Abenteuer, aber sie sind meistens zweckbezogen: die Helden, die sie bestehen, haben irgendeinen Vorteil im Auge, die Gewinnung der Braut, die Rettung von Bedrängten oder die Verteidigung des eigenen Lebens. Das blinde Wagnis und den unprovozierten Angriff auf unbekannte Gegner (die man attackiert, bloß weil sie da sind): das bringt erst der höfische, vor allem der arthurische Roman. Oft, aber keineswegs immer, erweist sich das Bestehen des Abenteuers am Ende doch als sinnvoll (z. B. als Hilfe für Bedrängte). Aber das ändert wenig an dem Sachverhalt, denn der Sinn wird erst im nachhinein enthüllt, und es bleiben als ursprüngliche Beweggründe nur bedingungslose Tapferkeit, furchtlose Neugier, vielleicht eine allgemeine Nächstenliebe.

Es ist der auserwählte Held, den solche Abenteuer erwarten. Wir wissen, wie es geschieht: Er reitet vom Hof weg, und kaum ist Er um die Ecke und hat den Wald erreicht, da ist Er auch schon an der Stelle, wo Es auf Ihn wartet. Die Atmosphäre des Jenseits, des *other world* oder *autre monde*, die bei Chrestien de Troyes und erst recht in den keltischen Erzählungen noch stärker ausgeprägt ist als in den deutschen Romanen, bezieht ihre Wirkung zu einem großen Teil aus unserer Vorahnung, daß das Abenteuer auf Ihn allein lauert (mögen auch andere zusammen mit dem Helden damit konfrontiert werden). Als Darstellungsmoment der anspruchsvolleren Romane erledigt gerade dies zum größten Teil (wenn auch auf unerwartete und alogische Weise) den Vorwurf der Sinnlosigkeit, der sich uns aufdrängt.

Minne und Abenteuer gehören zur idealisierten, stark stilisierten, romanhaften Seite der höfischen Literatur, aber sie sind nur Teil einer umfassenderen Neigung, das Leben der Hofgesellschaft zum Stoff der Literatur zu machen. Immer mehr werden das Hofleben, seine Freuden, Hoffnungen, Gefahren, Enttäuschungen und Probleme thematisiert. Dabei wird alles, selbst potentiell Politisches, auf der persönlichen Ebene dargestellt und interpretiert. Wenn die Fragen und Probleme des Hoflebens in übertriebener oder einseitiger Form präsentiert werden, dann zwingt uns das ebensowenig, die Darstellung als völlig unwahr abzulehnen, wie uns die phantasiereiche Schilderung materieller Pracht veranlaßt, die Existenz solchen Reichtums, von dem ja hier und da Reste erhalten sind, zu leugnen.

Als Themen sind Minne und Abenteuer neu. Sie erscheinen erst mit der höfischen Literatur, sind für diese wesensbestimmend und gehören zu ihren Kennzeichen. Von Minne ist hauptsächlich im Minnesang und im höfischen Roman die Rede. Auch die beiden Gattungen selbst, die gewissermaßen als solche diese Themen verkörpern, sind Hervorbringungen der höfischen Blütezeit. Sie bieten sich daher als Merkmale für die chronologische Abgrenzung an. Doch sind die beiden Gattungen – zufolge der besonderen Umstände ihrer Überlieferung und Entwicklung – jeweils in einem anderen Sinne neu.

Der Minnesang ist in einem noch prägnanteren Sinne als der höfische Roman etwas Neues. Das gilt für die mhd. Lyrik – Minnesang, geistliche Lyrik, Spruchdichtung – überhaupt, und zwar aus Gründen, die man zufällig nennen könnte. Die älteste mhd. Lyrik, die überliefert ist, entstand etwa in den fünfziger oder sechziger Jahren des 12. Jahrhunderts. Die Handschriften, in denen die Texte des ältesten namentlich bekannten Lyrikers, des Kürenbergers, enthalten sind, stammen erst aus dem späteren 13. bzw. dem frühen 14. Jahrhundert: Budapester Fragmente einer Liederhandschrift und die sog. Große Heidelberger Liederhandschrift (oder Liederhandschrift C bzw. Manesse-Codex: s. u. S. 63ff.). Selbst unsere älteste vollständige Liederhandschrift, die sog. Kleine Heidelberger Liederhandschrift (oder Liederhandschrift A), ist nicht vor dem Ende des 13. Jahrhunderts zu datieren, und sie enthält gerade nicht die Lieder, die wir für die frühesten halten. Wenn wir sagen, daß der Kürenberger um 1150/60 dichtete, dann beruht das lediglich auf einer historischen Rekonstruktion. Abgesehen von nicht genau interpretierbaren Anspielungen auf Liebeslyrik früherer Jahrhunderte (meist tadelnden Äußerungen aus der Feder von Geistlichen) und vielleicht mit Ausnahme einiger schwer datierbarer anonymer Strophen kennen wir keine Vorfahren der (Liebes-)Lyrik: diese erscheint plötzlich und in voller Blüte (wenn auch kurz vor der vollen Blütezeit) bald nach der Mitte des 12. Jahrhunderts. Trotz des etwas Unverbindlichen, das diesem plötzlichen Erscheinen anhaftet, fühlen wir uns berechtigt, das Aufkommen des Minnesangs im besonderen und der mhd. Lyrik im allgemeinen als ein Kriterium für den Beginn der höfischen Literatur in Anspruch zu nehmen.

Beim höfischen Roman liegen die Dinge anders. Hier haben wir keine Schwierigkeiten, literarische Vorfahren in Deutschland zu entdecken, von denen die neue Gattung einzelne Züge geerbt hat. Das ‚Alexanderlied‘, die Spielmannsepik, die stärker epischen oder legendenhaften Teile der ‚Kaiserchronik‘, dazu lateinische Reflexe volkssprachiger Erzählungen wie der ‚Waltharius‘ oder der ‚Ruodlieb‘ bezeugen die Erzählmöglichkeiten der Volkssprache vor der Einführung des höfischen Romans. Hier besteht der literaturgeschichtliche Einschnitt nicht im plötzlichen Auftauchen eines Wesens, das es vorher überhaupt nicht gegeben hat, sondern in der Tatsache, daß e i n Elternteil aus Frankreich geholt wurde. Solche Mischehen wurden im ‚Alexanderlied‘ und im ‚Rolandslied‘ vorweggenommen. Die Sprößlinge waren da aber keine höfischen Romane: entweder hatte der französische Elternteil nicht die richtige Abstammung oder in der betreffenden Literaturlandschaft war das Klima (aus zeitlichen oder geographischen Gründen) der Aufnahme französischer Kultur noch nicht günstig. Die Voraussetzungen waren offenbar erst im Fall von Veldekes ‚Eneas‘ (seit etwa 1170) gegeben.

Wenn wir den höfischen Roman und die höfische Lyrik als epochenkonstituierende Erscheinungen der höfischen Blütezeit namhaft machen, erweckt das erneut den Eindruck des Zirkelschlusses, der sich so oft beim Gebrauch des Wortes „höfisch" einstellt. Sprechen wir von der „höfischen Blütezeit", weil es sich um die Zeit der „höfischen Lyrik" und des „höfischen Romans" handelt, oder sprechen wir von „höfischer Lyrik" und von „höfischem Roman", weil die Gattungen während der „höfischen Blütezeit" blühen? Eine ehrliche Antwort müßte „beides" lauten.

Es ist vielleicht hilfreich, wenn wir die genannten Hauptkriterien in Tabellenform zusammenfassen. Wir zählen sie in zwei Spalten auf, numerieren die einzelnen Punkte in jeder Spalte aber nicht, weil dies die falsche Vorstellung hervorrufen könnte, sie seien exakt voneinander zu trennen, während sie in Wirklichkeit ineinander übergehen.

*Leben*
Es wird immer mehr am Hof geschrieben, unter anderem deshalb, weil die kompliziertere Verwaltung auf das Hilfsmittel der Schrift angewiesen ist.

Der Prozentsatz des in der Volkssprache Geschriebenen nimmt zu.

Die Menge des Geschriebenen, das man als „Literatur" bezeichnen könnte, nimmt zu.

Die Kunst des Lesens verbreitet sich allmählich unter den adligen Laien.

Starker französischer Einfluß macht sich auf allen Gebieten des Hoflebens und der Hofkultur bemerkbar; französische Sitten, Kleider, Bauten, Musik, Essen, Waffenkunst werden nachgeahmt.

Kunstwerke, darunter Dichtungen, werden zunehmend von Adligen in Auftrag gegeben.

*Literatur*
Geistliche Dichter nehmen mehr Rücksicht auf die Interessengebiete eines adligen Laienpublikums.

Französische Werke werden zunehmend als Quellen benutzt.

Das höfische Leben, idealisiert und mit romanhaften Zügen ausgestattet, wird zum Hauptthema der Dichtung.

Als neue Themen erscheinen Minne und Abenteuer, als neue Gattungen Minnesang und höfischer Roman.

Ein neuer Stil entfaltet sich; vor allem hinsichtlich Reim und Versbau werden höhere ästhetische Ansprüche gestellt.

Als Dichter betätigen sich zunehmend Laien oder am Hof tätige Kleriker.

Die Dichter treten als individuelle Persönlichkeiten hervor und nehmen in ihren Werken zueinander Stellung. Unter den Auftraggebern finden sich in größerer Zahl namhafte und namhaft gemachte weltliche Fürsten.

Es fällt auf, daß die beiden Spalten nicht nur gegenseitig durchlässig sind, sondern daß die einzelnen Kriterien sich oft zwanglos in die andere Spalte versetzen ließen. Solche Querverbindungen überraschen nicht, denn auf der einen Seite bilden die Literatur und alle mit ihr verbundenen Tätigkeiten schlicht einen Teil des Lebens. Auf der anderen Seite gehörte alles, was in der linken Spalte aufgeführt ist, zum potentiellen oder tatsächlichen Stoff der höfischen Literatur. Die Gefahr von Verwechslungen oder Zirkelschlüssen entsteht nur, wenn wir ungenau sind und das „Höfische" des Hoflebens ohne weiteres mit dem „Höfischen" des in der Literatur dargestellten Lebens gleichsetzen. Daß sie manches Gemeinsame haben, ist b e i n a h e  selbstverständlich, denn es ist e i n e  Funktion der höfischen Literatur, ein Gefühl der ständischen Solidarität zwischen Dichter und Publikum, zwischen den Mitgliedern des Publikums selbst und zwischen dem Publikum und den dargestellten Personen, Handlungen und Lebensweisen zu stiften.

Innerhalb unseres Zeitraums entwickelt sich das Leben am Hof so, wie es in der linken Spalte dargestellt ist, wobei wir solche Momente ausgewählt haben, die für die Literatur von Bedeutung gewesen sein könnten. Diese Entwicklungen stehen in einem engen, oft ursächlichen Zusammenhang mit denen, die die rechte Spalte erfaßt: z. B. sind der neue Stil und der neue Inhalt der höfischen Literatur, die aus Frankreich importiert wurden, nur ein Aspekt des allgemeinen französischen Einflusses, der in einem weiteren politischen und kulturellen Zusammenhang steht, für dessen Kennzeichnung ein paar Stichworte wie: Kreuzzüge, Kirche, Universitäten, Lehnswesen und Handel genügen müssen. Was sich da entwickelt, berechtigt durchaus dazu, eine neue Literaturperiode beginnen zu lassen, und die neuen Beziehungen der Literatur zum Hof, die neue Art der Interessenbildung, die vom Adel ausgeht, und die Thematisierung des Hofes und des Hofpersonals in der Literatur berechtigen weiter dazu, das Etikett „höfisch" zu verwenden. Deshalb also heißt der höfische Roman „höfisch", und wir dürfen sagen, daß er thematisch und stilistisch hinreichend verschieden von allem Vorhergehenden ist, um einen neuen und gerade diesen Namen zu verdienen. Dasselbe gilt mutatis mutandis für die anderen Gattungen der Blütezeit.

Wir nennen also ein Literaturwerk „höfisch", wenn es einigen der hier aufgezählten Kriterien entspricht. Es ist unmöglich anzugeben, wieviele oder welche dieser Kriterien unentbehrlich sind. Chemisch gesehen, ist die Literatur der höfischen Blütezeit – wie die einer jeden Periode in der Literaturgeschichte – kein Element, aber auch nicht einfach eine Mischung von isolierten Elementen. Es gibt ältere Werke, in denen einige der genannten Elemente auftreten, ohne daß deren Verknüpfung so eng und ihre Auswahl so überzeugend wäre, daß wir uns berechtigt fühlen könnten, das Wort „höfisch" zu verwenden. Am passendsten ist vielleicht der Vergleich mit einer chemischen Verbindung oder mit einer Reihe von eng verwandten, aber verschiedenen Verbindungen, denn einige der Elemente erscheinen beinahe immer eng verbunden, z. B. französisch inspirierter Stil und Inhalt oder Minne und Abenteuer. Andere Elemente treten zwar häufig auf, reihen sich aber in etwas lockerem Zusammenhang an die anderen an. Im Minnesang finden wir eine Verbindung von einigen Elementen, im höfischen Roman von anderen, doch mit vielen Gemeinsamkeiten zwischen den beiden Gattungen. Mehrere der möglichen Verbindungen verdienen das Etikett „höfisch", und obwohl es Grenzfälle gibt, ist die Anwendung in der Praxis meistens einleuchtend. Es handelt sich ja nicht um Definitionen, sondern um Beschreibungen.

„Ritterlich" oder „Staufisch"?

Wir haben bis jetzt einen Komplex von Ideen bewußt ausgeklammert, der häufig mit dem Begriff des Höfischen assoziiert wird: das sog. „ritterliche Tugendsystem". Zuerst etwas zu dem schwierigen Begriff „Ritter" selbst.

Das mhd. Wort *ritter* (*rîter*) scheint von früh an zwei Hauptmomente enthalten zu haben: die Idee des Dienstes und die Vorstellung des berittenen Kriegers mit Panzer. Im Laufe des 12. Jahrhunderts verdrängt es allmählich ältere Bezeichnungen (*degen, recke, wîgant*) und wird während der Blütezeit zur vorherrschenden Bezeichnung für den berittenen, gepanzerten Krieger. Gleichzeitig ändert sich offenbar etwas am Wort selbst. Es wird allmählich zu einem idealisierenden, fast ideologischen Begriff; und es dehnt seinen Anwendungsbereich über den Kreis der wirklich dienenden (unfreien und halbfreien) Krieger und Ministerialen hinaus auf den Adel aus.

Was wir beobachten, ist ein kompliziertes Geflecht von sozialhistorischen Vorgängen und wortgeschichtlichen Entwicklungen, die jene Vorgänge zum Teil widerspiegeln, zum Teil aber auch rein sprachlich bedingt sind. Die Schwierigkeiten häufen sich, wenn wir das Phänomen „Rittertum" im europäischen Rahmen sehen. In Deutschland und auch Frankreich findet eine ähnliche Entwicklung statt, und zwar in etwa demselben zeitlichen Abstand, den wir bei „höfisch" bemerkt haben. Frankreich geht voran, Deutschland folgt – wobei „folgt" zum Teil auf das rein Zeitliche und zum Teil auf kulturelle Abhängigkeit hinweist. Es handelt sich aber um eine ähnliche Entwicklung, nicht um die gleiche: es bestehen große Unterschiede zwischen den politisch-gesellschaftlichen Verhältnissen in Deutschland und Frankreich. Der Sprachgebrauch kann solche Unterschiede zudecken, da die Schriftsteller gezwungen waren, z. B. altfranzösisch *chevalier* und mhd. *ritter* als Äquivalente zu gebrauchen. Besonders tückisch ist das lateinische Wort *miles*, weil es sowohl für frühere Verhältnisse als auch für die neueren verwendet wird, und dies in so unterschiedlichen Ländern wie etwa Italien, Deutschland, Frankreich, Spanien. Es erscheint als selbständiges lateinisches Wort und als Äquivalent von *ritter, chevalier* usw., so daß diese Länder sozusagen durch eine gemeinsame Sprache getrennt werden (wie man von den USA und England sagt). Die einzelnen Fäden dieses Geflechts zu entwirren, ist eine Aufgabe, die noch der Bewältigung harrt – und möglicherweise unlösbar ist. Welche Schwierigkeiten da zu bewältigen sind, kann man ermessen, wenn man sich klarmacht, daß wir kaum in der Lage sind, derartig komplexen gesellschaftlichen und sprachlichen Entwicklungen selbst in der heutigen Welt zu verfolgen, geschweige denn zu erklären.

Was nun den Prestigezuwachs von *ritter* im späten 12. und frühen 13. Jahrhundert betrifft, so war man der Ansicht, er erkläre sich aus dem sozialen Aufstieg einer mit ihm bezeichneten Klasse. Die Ansicht wird heutzutage kaum noch vertreten. Wir haben gelernt, daß sich das Wort nicht eindeutig mit einer bestimmten sozialen Gruppe identifizieren läßt, daß es eine „Ritter-Klasse" oder einen „Ritter-Stand" nicht gegeben hat. Man neigt zu der Annahme, daß es sich eher um eine lexikalische Entwicklung handelt als um einen sozialhistorischen Prozeß. So sind die Gründe für die Aufwertung dieses Wortes an anderer Stelle zu suchen.

Was verband die Krieger, die man früher *ritter* nannte, mit den Mitgliedern des hohen Adels, die sich später anscheinend gern so bezeichnen ließen? Gemeinsam waren ihnen Panzer und Pferd und wohl auch ein Kriegerethos, auch wenn die adligen Herren bei all ihrer Waffenkunst das Schlachtfeld schwerlich als den Hauptschauplatz ihres Lebens angesehen haben.

Im 12. Jahrhundert wendet sich die Kirche immer mehr gegen das rauhe Kriegertum und versucht, dessen Grausamkeit ein neues Kriegerethos entgegenzustellen, das Schutz der Kirche, der Frauen, der Kinder und der Schwachen vorschreibt. Dieses Ethos findet allmählich Eingang in das didaktische Schrifttum und erscheint auch in der erzählenden Literatur, z. B. in Szenen, die die Schwertleite junger Adliger schildern. Entsprechende Ermahnungen bei der Schwertleite sind in der Literatur und in den historischen Quellen belegt. Diesem Idealismus steht der Kreuzzugsgedanke zur Seite, der in der Literatur, in Predigten und in historischen Quellen begegnet. Er suchte die Kampfeslust nicht zu dämpfen, sondern zu lenken, und bot so den Rittern eine willkommene Möglichkeit zur Rechtfertigung ihrer sonst von einem christlichen Standpunkt aus verwerflichen kämpferischen Leistungen.

Diese Gedanken und Gefühle erscheinen auch (sogar vorwiegend) in der Literatur. Hier wird dieses aufgeklärte verchristlichte Kriegerethos am eifrigsten propagiert. Gerade der höfische Roman lebt davon, und das edle, tapfere „Rittertum", welches da geschildert wird, stellt, so sehr es ein Phantasiegebilde ist, doch ein erstrebenswertes Ziel für unfreie oder halbfreie „Ritter" und für Adlige zugleich dar. Im Roman werden Grafen und selbst Königssöhne Ritter genannt und als solche dargestellt. Ob die Literatur hierin die Aufwertung des Ritterbegriffs im wirklichen Leben nachzeichnet oder ob sie diese geschaffen hat, läßt sich schwer entscheiden. Wir müssen mit einer Wechselwirkung rechnen. Jedenfalls steht fest, daß der Adel – weit davon entfernt, einer niedrigeren Schicht die Möglichkeit zum sozialen Aufstieg einzuräumen – bereit war, ein Wort, das das Kriegerische, Vornehme und Menschliche eines idealisierten Dienstadels ausdrückt, auf sich zu beziehen und es sich als halbspielerisches Wunschziel zu stecken. Sogar das Ideal des Dienstes wird auf den Adel bezogen, hauptsächlich Dienst für hochgeborene Damen, besonders im übertragenen Sinne des Minnedienstes. Jenes chimärische Kampfethos konnte diese „Ritter", deren Abstammung so ungleich war, in einem Teilbereich ihres Lebens zusammenführen und bei Turnieren und in Schlachten (oder bei deren Darstellung) ein Gefühl der Solidarität in ihnen erwecken, wie etwa der Begriff „Sportler" Amateure und Profis, Millionäre und Studenten verbinden kann – aber nur im Sport.

Früher galt, daß jede Einführung in die Literatur der mhd. Blütezeit mit einer systematischen Erörterung der Hauptbegriffe des „ritterlichen Tugendsystems" zu beginnen habe, die als Termini technici des postulierten Systems dargestellt wurden: *triuwe, staete, êre, mâze, hôher muot* und andere. Dieses Vorgehen ist bedenklich, weil die Begriffe so in ein Schlaglicht gerückt werden, das ihre Wichtigkeit ungebührlich betont. Das zeitgenössische Publikum kannte diese Termini und verstand sie beim Hören, so daß der Kontext genügte, sie für die Zuhörer selbst da verständlich zu machen, wo sie eher literarisch als wirklichkeitsbezogen waren.

Auch sind die Begriffe keineswegs ausgefallen oder esoterisch. Daß *triuwe* („Treue, Anhänglichkeit, Liebe", *caritas*) zwischen Liebenden oder Lehnsherren und Vasallen erwartet und hochgeschätzt wird, oder daß eine aristokratische Gesellschaft Wert auf *êre* („gesellschaftliches Ansehen, Ehre") legt, scheint beinahe selbstverständlich; *mâze* („Maßhalten, sittliche Mäßigung, Bescheidenheit") dürfte nur um ein geringes ungewöhnlicher sein.

Soweit hermeneutische Bedenken. Andere haben mit der inhärenten Natur dieser Konstruktion zu tun. Die Rede vom „Tugendsystem" unterstellt, daß es ein System gegeben hat, und eben das ist bezweifelt worden. Wir fragen, was man sich unter diesem System vorstellte: etwas, das im Bewußtsein der Menschen als System existiert hat? Oder eine Hilfskonstruktion unseres historischen Denkens? Und wir fragen weiter, ob sich diese Forschungsrichtung für das ritterliche Tugendsystem als Phänomen des Lebens oder der Literatur interessiert oder ob wir wieder das Niemandsland zwischen beiden betreten.

Wir sind auch hier auf die Literatur als Quelle angewiesen und deshalb nicht in der Lage, eine Antwort auf die letzte Frage zu geben. Auf die erste können wir nur antworten, daß die literarischen Gestalten und fiktiven Erzähler zusammen mit den durch sie redenden Dichtern zeigen, daß sie sich der Werte, die das System impliziert, durchaus bewußt sind. Wie sollte es anders sein, wo sie doch die Wörter gebrauchen? Aber sie zeigen nirgends, daß sie sich eines Systems bewußt sind. Sie diskutieren es nicht. Die Dichter gehen ebenso großzügig mit moralischen Mahnungen an das Publikum um wie die literarischen Personen mit Mahnungen untereinander. Beide Arten von Mahnungen entspringen dem jeweiligen Vortrags- oder Erzählkontext und werden lediglich in der Weise systematisiert, daß etwa einem Jüngling an der Schwelle des Rittertums gesagt wird: „Das Rittertum erwartet ...", woraufhin eine Auswahl von höfischen Tugenden folgt.

Der Mangel wird durch keine historische Quelle behoben. So halten wir die Forschungen über das Tugendsystem für Versuche, eine Verhaltensnorm theoretisch zu systematisieren und ihre Fundamente genetisch-historisch zu erklären. Soweit sich die einzelnen Begriffe ohne weiteres aus dem Christentum und den Verhaltensnormen einer adligen Gesellschaft ergeben, erscheinen solche Erklärungsversuche gekünstelt. Jenes höfische Zivilisiertsein war etwas Oberflächliches, das vor allem in der Literatur erschien – mit erzieherischer oder bloß schmückender Funktion. Und die „Einsichten", die man etwa durch die Rückführung des „ritterliche Tugendsystems" auf das klassische Altertum gewonnen hatte, zeigen im Grunde nur, daß das hochmittelalterliche Europa im allgemeinen in der Ethik wie in der Religion und der Kultur manches dem klassischen Altertum und dem Christentum verdankte, das seinerseits wiederum tief in der Schuld des klassischen Altertums steht.

Für nicht empfehlenswert halten wir den Ersatz von „höfisch" durch „staufisch", den die Überschrift dieses Abschnittes in Aussicht zu stellen scheint. Die Gründe für unsere Ablehnung sind nicht solche der Begrifflichkeit, sondern historische.

Wollte man den Begriff „staufisch" einheitlich gebrauchen, dann müßte man die staufische Literaturperiode mit dem ersten Stauferkaiser, Konrad III. (1138−52), beginnen lassen. Es ist nicht ungewöhnlich, eine Literaturperiode nach einem Herrscherhaus zu benennen, aber dem Verfahren haftet doch etwas Willkürliches an, wenn nicht das Herrscherhaus der Periode seinen Stempel aufprägt oder der Regierungsantritt eines Herrschers einen kulturellen Einschnitt bedeutet. Es gibt aber keinen zwingenden Grund, eine Literaturperiode im Jahre 1138 mit Konrad beginnen zu lassen. Ein Neuanfang in der Literatur zu diesem Zeitpunkt ist nicht auszumachen, und man kann auch nicht behaupten, die Staufer hätten der zeitgenössischen Literatur ihren Stempel aufgeprägt. Versuche, literarische Charakteristika zu entdecken, die mit den Staufern in Verbindung gebracht werden könnten, überzeugten nicht.

Wenn wir einen echten chronologischen Einschnitt suchen, der mit den Staufern zusammenhängt und ein Ereignis markiert, das politisch und kulturell folgenreich war, dann können wir freilich einen finden – aber einen paradoxen. Der jähe Tod Heinrichs VI. (1197) hatte eine erschütternde Wirkung auf allen Gebieten des Lebens. Die Wahl zweier konkurrierender Könige, zu der er geführt hat, und seine politischen und sozialen Folgen werden in der Literatur (z. B. in den Sprüchen Walthers von der Vogelweide) greller beleuchtet als je ein politisches Ereignis zuvor. Heinrichs Tod liegt aber mitten in der Blütezeit und beinahe in der Mitte der 112 Jahre Stauferzeit (wenn wir diese 1250 mit dem Tod des letzten Stauferkaisers, Friedrich II., enden lassen). Der immer düsterer werdende Ton, der in den späten Jahren der Blütezeit bei Walther, in Wolframs ‚Willehalm' und ‚Titurel' und in Gottfrieds ‚Tristan' das Heitere und Strahlende des Menschenbildes verfinstert, ist vielleicht mit dem Umschwung der Stimmung nach dem Tod Heinrichs VI. in Zusammenhang zu bringen. So bleibt ironischerweise das Ereignis, das die Stauferdynastie und die Literaturgeschichte vielleicht zusammenbringen und so zur Periodisierung verwendet werden könnte, eines, das sowohl die Blütezeit als auch die Stauferzeit in der Mitte durchtrennt. Wollte man daraus die Konsequenz ziehen, dann müßte man den Begriff Blütezeit aufgeben oder ihn chronologisch einengen. Es empfiehlt sich aber weder das eine noch das andere, denn selbst wenn der Stimmungsumschwung noch so stark und der Zusammenhang mit dem Tod des Herrschers und der Doppelwahl über allen Zweifel erhaben wäre, verbände doch soviel Gemeinsames in stofflicher und stilistischer Hinsicht das Frühere mit dem Späteren, daß es absurd wäre, hier einen Trennungsstrich zu ziehen.

Nur im Vorübergehen weisen wir darauf hin, daß sich der „Wanderhof" der deutschen Kaiser durchaus nicht als Stätte literarischer Produktion eignete.

Interessanterweise schildert eines der lateinischen Werke (denn lateinische Schriften kennen wir aus diesem Umkreis), die ‚Memoria seculorum' Gottfrieds von Viterbo, anschaulich und im Detail die S c h w i e r i g k e i t e n, die dieses unstete Hofleben dem Autor bereitete.

Was die deutschen Dichter betrifft, so können wir allenfalls eine Verbindung zwischen Friedrich von Hausen (sowie einigen anderen, die den gleichen Stil pflegen) und dem Stauferhof postulieren. Für alle liegt es nahe, oberrheinische Beziehungen zu vermuten. Hausen bildet die Brücke zum Stauferhof, weil er mehrmals in Zeugenlisten staufischer Urkunden erscheint, die in Frankreich, Italien und Deutschland ausgestellt wurden. Seine Lieder und sein Tod auf dem Kreuzzug, der auch Friedrich Barbarossa (1190) zum Verhängnis wurde, bestätigen dieses Bild.

Eine Verbindung anderer Art zwischen den Staufern und dem Minnesang ist es, wenn Heinrich VI. selbst als Minnesänger hervortritt (falls die wenigen Lieder, die die Liederhandschrift C unter „Kaiser Heinrich" überliefert, wirklich von ihm sind). Der altertümliche Charakter der Lieder macht es wahrscheinlich, daß sie aus seinen jüngeren Jahren stammen, und vielleicht gehörte die Hausen-Gruppe zu der Zeit zum Hofkreis Heinrichs, als dieser noch König war. Alles bleibt Hypothese.

Mit einer weiteren Hypothese könnte man staufischen Einfluß beim Import von provenzalischem Liedgut aus Südfrankreich hin zum Oberrhein vermuten. Die 1156 geschlossene Ehe zwischen Friedrich I. und Beatrix von Burgund, durch die Hochburgund und ein Teil der (heutigen) Provence in die Hände des Kaisers kamen, hat den Blick nach Westen und Süden geöffnet und möglicherweise zur Einfuhr von modischen Liedern als Teil des allgemeinen Kultureinflusses aus der Provence beigetragen.

Bei alledem ist es nicht ausgeschlossen, daß während der Stauferzeit, vor allem unter Friedrich I. (1152–90) und Heinrich VI. (1190–97), ein lebensfroher Zeitgeist herrschte, der im vielbeschriebenen und von Dichtern vielgefeierten Mainzer Hoffest von 1184 seinen optimistischen symbolischen Ausdruck fand. Soweit wir sehen, berechtigte damals auch die wirtschaftliche Lage des Reiches zu solchem Optimismus. Die Schwierigkeit besteht darin, diese geistige Haltung irgendwie mit den Staufern in Verbindung zu bringen und für die Chronologie zu nutzen. Wir begeben uns hier allmählich auf das gefährliche Gebiet der sog. „Mentalitätsforschung".

Wenn uns auch der Beweis dafür fehlt, daß die Staufer Dichtwerke in deutscher Sprache anregten, so können wir wenigstens sehen, daß sie durch

Geldmittel die Literatur indirekt förderten. Ihre Italienpolitik, die Doppelwahl und die Auseinandersetzungen mit dem Papsttum führten dazu, daß sie, um sich in Deutschland den Rücken freizuhalten, Land, Rechte und Geld unter die deutschen Fürsten verteilen mußten (vgl. Bd. II/2, S. 19ff.). Diese begannen damals, ihre Stellung auszubauen, wirkliche Territorialherren zu werden und als Auftraggeber literarischer Werke hervorzutreten. Wenn der größte literarische Mäzen der Zeit, Landgraf Hermann I. von Thüringen (1190–1217), die enormen Summen, die er als Beruhigungsmittel von den Staufern erhielt, zum Teil zugunsten seiner literarischen Interessen verwendet haben sollte, dürfte das nicht überraschen. Bei anderen Herrschern wird es ähnlich gewesen sein.

## Das Mäzenatentum und die Literaturgeschichtsschreibung

Vorerst behandeln wir kurz einige allgemeine Aspekte der Frage des Mäzenatentums: Die Herstellung eines Manuskripts war mit erheblichen Unkosten verbunden, die nur die Vermögendsten bestreiten konnten. Der Unterschied zwischen der modernen und der mittelalterlichen Herstellung und Verbreitung von Büchern könnte kaum größer sein. Es gab keine Massenherstellung, keine identischen Exemplare und für beinahe die gesamte Bevölkerung keine Bücher. Nicht nur waren Pergament und die anderen Materialien teuer, mußten Schreiber und Dichter ihren Unterhalt und ihren Lohn bekommen. In Deutschland kamen meistens noch Sonderkosten dazu, da man nicht selten zwei dieser kostbaren Manuskripte benötigte: neben dem deutschen Manuskript zusätzlich eine französische Vorlage, die man kopieren lassen oder kaufen mußte, wenn man sie nicht ausleihen konnte oder keine Gelegenheit hatte, sie zu stehlen (was unerhört, aber nichts Unerhörtes ist [s. S. 31]). Nicht jeder hat Glück wie die Auftraggeber von Ulrichs von Zatzikhoven ‚Lanzelet‘, dessen Quelle Hugh of Morville, eine der vornehmen englischen Geiseln für Richard Löwenherz, quasi als Zellenlektüre mitbrachte (vgl. S. 285).

Was die Unkosten betrifft, die der Dichter verursachte, so muß man nach Gattungen unterscheiden. Lyriker benötigen kaum mehr als ihren Unterhalt, da ihre Liedkomposition weder stille, arbeitsfreie Monate oder Jahre noch kostspielige Quellen, Pergament und Schreiber verlangte. Bei den Epikern war es anders, und man hat einen Zusammenhang zwischen den vielen unvollendeten erzählenden Werken und dem möglichen Verlust des Gönners vermutet (Bumke). Wir wissen so gut wie nichts über die Stellung eines Dichters am Hof, weder über seinen gesellschaftlichen Status, der wohl durch Geburt und Beförderung bedingt war, noch über die Dienstleistungen, die von ihm erwartet wurden.

Am einen Ende der Skala der Möglichkeiten stehen Fürsten, Grafen, die sowohl Liebhaber als auch Minnesänger waren und die mit ihrer Kunst mehr ihre Unterhaltung als ihren Unterhalt bestritten. Diese Kunst war eine soziale Fertigkeit, die Ansehen in der höfischen Gesellschaft einbrachte. Am anderen Ende befinden sich Berufsdichter, die im Auftrag gedichtet haben oder auf Einladung aufgetreten sind und die für ihre Existenz auf die Gunst ihrer Gönner angewiesen waren. Zwischen den Extremen liegt aber ein weites Feld, in dem wir Männer vermuten dürfen, die – ohne von ihrer Dichtkunst völlig abhängig zu sein – u. a. durch sie Aufmerksamkeit auf sich gelenkt haben und dann Aufgaben zugeteilt bekamen, die höchstens indirekt mit ihren dichterischen Fähigkeiten zusammenhängen und die zum Aufstieg im Dienst ihres Herrn führten. Selbst bei einem Friedrich von Hausen ist es denkbar, daß sein Minnesang die Aufmerksamkeit auf seine Person gelenkt und nahegelegt hat, daß seine Redegewandtheit ebensogut im Staatsdienst (auf diplomatischen Missionen) wie im Minnedienst zu verwenden sei.

Hartmann und Wolfram betonen, daß sie Ritter sind, und Wolfram spricht in ironischem Ton von Damen, die ihn möglicherweise wegen seines (Minne-)Sangs mehr lieben als wegen seiner ritterlichen Leistungen und betont, daß der ritterliche Kampf seine Natur und sein Beruf ist: *schildes ambet ist mîn art* ('Parzival' 115,11).

Hat es Dichter gegeben, die n u r gedichtet haben? Wenn wir annehmen, daß Wolfram im Alter von zwanzig Jahren zu dichten angefangen hat und mit vierzig gestorben ist, und wenn wir ihm zwei Wochen Urlaub im Jahr gönnen, dann hat er, um seine gesamte überlieferte Produktion von etwas mehr als 40'000 Versen zu erreichen, etwa vierzig Verse pro Woche dichten müssen. Im Falle Walthers, der von sich behauptet: *wol vierzec jâr hân ich gesungen unde mê* (66,27), wäre die Zahl bedeutend niedriger. Eine solche dichterische Produktion ist, modern gesprochen, keine Ganztagsaufgabe.

Aber diese Ausdrucksweise und die Vorstellung sind modern und irreführend. Die mittelalterlichen Dichter waren nicht nur Dichter, sie waren auch Sänger, Schauspieler und Vortragskünstler, und zwar im Falle Wolframs und Walthers begabte und raffinierte Vortragskünstler. Von Walther könnten moderne Kabarettisten vieles lernen. Obwohl eine „Aufführung" des 'Parzival' nicht so lange dauert wie seine Herstellung, braucht man auch für sie eine erhebliche Zeit. Das Vortragen oder -singen hat Männer wie Wolfram und Walther sicher sehr in Anspruch genommen. Aber es verfälscht noch immer das Bild, wenn wir die Sache so sehen. Man hat die Texte nicht faute de mieux vorgetragen, weil das Publikum nicht lesen konnte oder Handschriften zu teuer waren. Im Vortrag lag vielmehr die Existenzberechtigung einer Literatur, die in und von der öffentlichen Spannung lebte und für uns diese Öffentlichkeit noch atmet. Oft genug ist der öffentliche Schauplatz selbst, an dem vorgetragen wird, auch der Inhalt des Vorgetragenen, von dem wiederum ein großer Teil aus öffentlichen Handlungen besteht.

Wir müssen dennoch damit rechnen, daß ein Wolfram oder ein Walther möglicherweise auch für andere Aufgaben am Hof oder für den Hof in Anspruch genommen wurden. Man könnte an den Kriegsdienst denken, an diplomatische Missionen, wie sie die Urkunden für Friedrich von Hausen nahelegen, oder an eine Aufgabe, die einige Sprüche Walthers vielleicht zu erfüllen hatten: nämlich die oft brüchigen Bündnisse der Zeit zu festigen, oder das Solidaritätsgefühl bei den eigenen Anhängern zu stärken usw. Gewiß war die Gewichtsverteilung zwischen den verschiedenen Pflichten eines Friedrich von Hausen und eines Walther von der Vogelweide sehr verschieden. Es scheint aber, daß die Mäzene oft nicht nur Kunstwerke verlangt haben.

Warum nimmt die Gönnertätigkeit in der zweiten Hälfte des 12. Jahrhunderts in Deutschland so sehr zu, und warum übt der Adel diese Funktion aus? Ob die Menschen im Hochmittelalter es wußten und ob die Forschung, die gern von Überbevölkerung spricht, es wahrhaben will oder nicht: wenn man einen höheren Lebensstandard haben wollte, brauchte man mehr Menschen, um technische und landwirtschaftliche Fortschritte ausnutzen und durch größere Spezialisierung der Berufe eine höhere Produktion erreichen zu können. Zwischen etwa 1100 und 1350 stiegen die Bevölkerungszahlen in England und Frankreich auf das Dreifache. Für Deutschland sind wir nicht so gut unterrichtet, aber die Lage wird sich nicht stark unterschieden haben (vgl. Bd. II/2, S. 6). Noch im 12. Jahrhundert fiel ein beträchtlicher Teil des so entstehenden neuen Reichtums dem Adel in die Hände, der ihn, um seine Stellung zu festigen, für Repräsentationszwecke ausgab, für Architektur, Kunst und eben Literatur.

Heute benutzen Ökonomen die Zahl der neugebauten Wohnungen pro Jahr als ungefähre Meßlatte für den Wohlstand eines Landes. Solche Wohnungsstatistiken gibt es für das Mittelalter nicht, aber wir können auf ein Phänomen verweisen, das entsprechend auf wirtschaftliche Prosperität deutet: die plötzliche Zunahme von Kathedralen und größeren Kirchen, die seit dem Anfang des 12. Jahrhunderts von England und Frankreich ausgeht.

Zweifelsohne hat das Aufblühen der höfischen Literatur in der zweiten Hälfte des 12. Jahrhunderts mit einer geistigen Bewegung zu tun: man nennt sie die „Renaissance des 12. Jahrhunderts" und bringt sie gern mit der Schule von Chartres und später der Universität von Paris in Verbindung. Daß aber die wirtschaftliche Blüte die Voraussetzung war, daß sie die physische Grundlage für die geistigen Kräfte schuf, für die Schulen von Chartres und Paris und für das deutsche Mäzenatentum, das steht außer Zweifel.

# Modelle literarischer Interessenbildung

## Deutsche Literatur im Umkreis Landgraf Hermanns von Thüringen

Das Material reicht nicht aus, um ein detailliertes Bild von den Auftraggebern der Literatur der höfischen Blütezeit zu zeichnen, und es bleiben viele Höfe, mit denen wir kein literarisches Werk in Zusammenhang bringen können, und viele Werke, die mit keinem Hof zu verbinden sind. (Es wird auch Höfe bzw. Herrscherhäuser gegeben haben, die kein Interesse an der Literatur hatten, und andererseits Werke, die unabhängig von einem Hof entstanden sind.)

Den Thüringer Hof Landgraf Hermanns I. haben wir als Modell gewählt: erstens, weil die Lücken in unseren Kenntnissen hier e t w a s geringer sind; zweitens, weil die Aussagen der Dichter die Annahme nahelegen, daß Hermann der bedeutendste Gönner im literarischen Leben der Bütezeit gewesen ist, sowohl was die Zahl als auch was die Qualität der Werke betrifft.

Wenn die Blüte der Literatur um die Wende des 12. Jahrhunderts insgesamt als Ergebnis des wirtschaftlichen Aufschwungs anzusehen ist, dann zeigen die Entwicklung der Ludowinger zum mächtigsten Fürstenhaus Mitteldeutschlands und ihr literarisches Mäzenatentum denselben Prozeß am konkreten Einzelfall. Was als unbedeutende Rodungsherrschaft begonnen hatte, endete mit dem Aufstieg des letzten Ludowinger Landgrafen, Heinrich Raspe († 1247), zum Gegenkönig.

Hermann wurde um 1155 geboren. Von seiner Jugend wissen wir nichts. Wir hören von ihm erst 1179, als er und sein älterer Bruder Ludwig III. (seit 1172 Landgraf) in welfische Gefangenschaft gerieten. Aus geographischen Gründen konnte sich Thüringen nicht aus den Feindseligkeiten zwischen Welfen und Staufern heraushalten, und Ludwig setzte die Politik seines Vaters fort, indem er die Sache der Staufer vertrat. Nach Barbarossas Sieg über Heinrich den Löwen (1181) befreit, erhielt Ludwig auf dem Reichstag zu Erfurt Thüringen zurück und bekam Hessen dazu, während Hermann mit der Pfalzgrafschaft Sachsen belehnt wurde. Nach dem Tode Ludwigs auf dem Kreuzzug (1191) fiel auch die Landgrafschaft Thüringen an Hermann. Kaiser Heinrich VI. versuchte, Ludwigs Lehen einzuziehen, mußte aber nachgeben, obwohl Hermann einige Gebiete verlor. Das dämpfte seine Stauferfreundlichkeit, und nach dem Tode des Kaisers (1197) versuchte er, die Rivalität zwischen Philipp von Schwaben und Otto von Braunschweig auszunutzen: er ließ sich von beiden Seiten bestechen und betrieb bei wiederholtem Parteiwechsel, eine Politik, deren Skrupellosigkeit von keinem übertroffen wurde. Hermanns politische Kunst reichte über opportunistisch eigennützige Realpolitik nicht hinaus, und nach der Beilegung des Thronstreites zugunsten Friedrichs II. spielte Hermann kaum noch eine Rolle in der Reichspolitik. Er starb 1217.

Hermanns Karriere zeigt (wie die der Medici), daß für die Künstler der Reichtum ihrer Mäzene wichtiger war als deren Rechtschaffenheit. Hermann hat seinen unrechtmäßigen Gewinn u. a. in die Anlage von Residenzen, in Prachthandschriften, in die Unterstützung von Dichtern und in Literaturwerke gesteckt.

Die Neuenburg an der Unstrut (bei Naumburg) im Osten, die 1171 Friedrich Barbarossa beherbergte und wo Heinrich von Veldeke seinen ‚Eneas'-Roman vollendete (vgl. Abb. 1), die Wartburg in der Mitte und Burg Weißensee im Westen des Territoriums wurden ausgebaut. Mit dem Umbau der Wartburg hatte wohl Ludwig III. begonnen. Hermann leitete nach dessen Tod eine zweite Umbauphase ein, in deren Verlauf auch der große Saal entstand, den man sich gern als Rahmen für die Auftritte Wolframs und Walthers vorgestellt hat: wohl zu unrecht, denn er wurde verhältnismäßig spät fertiggestellt. Die Bildhauerarbeiten – etwa die Säulenkapitelle – in der Wartburg (Landgrafenzimmer und Hofarkaden) und in der Neuenburg sind äußerst aufwendig und kunstvoll. Auch eine Schule der Buchmalerei hat zu Hermanns Zeit in Thüringen existiert. Man hat sie nicht lokalisieren können, denkt aber mit guten Gründen an Reinhardsbrunn, das Hauskloster und die Grablege der Ludowinger. Dort wären dann wohl auch zwei prächtige bebilderte Psalter entstanden: der ‚Landgrafenpsalter' (heute in Stuttgart) und der ‚Psalter der heiligen Elisabeth' (heute in Cividale), in dem Hermann und seine Gemahlin abgebildet sind (vgl. Abb. 2). Auch diese Prachthandschriften mit ihren (byzantinisch beeinflußten?) Illuminationen bezeugen den Reichtum des Landgrafen und sein Interesse an der Kunst. Weiter erzählt die Reinhardsbrunner Chronik, daß Hermann sich vor dem Schlafengehen immer eine Stelle aus der Heiligen Schrift oder etwas über die ruhmreichen Taten früherer Helden vorlesen ließ. Was an dieser Mischung aus Frömmigkeit und Kampfeslust der Realität entsprach und was daran Wunschdenken oder Schmeichelei ist oder dem klösterlichen Selbstinteresse des geistlichen Verfassers entspringt, ist nicht zu sagen.

Viele Dichter erwähnen Hermann und den Thüringer Hof in ihren Werken. Keine Urkunde Hermanns erwähnt diese Dichter. Das überrascht nicht, denn keiner der betreffenden Dichter wird sonst irgendwo in einer Urkunde erwähnt – mit der einen Ausnahme Walthers (S. 41).

Wir zählen die Zeugnisse auf: Der Epilog von Heinrichs von Veldeke ‚Eneas' – vielleicht nicht von ihm selbst – berichtet (v. 13'429ff.), daß der Dichter das Werk, das etwa zu vier Fünfteln fertig war, der Gräfin (Margarete) von Kleve lieh. Dieser wurde es bei ihrer Hochzeit mit dem Landgrafen (Ludwig III. von Thüringen) vom Grafen Heinrich (dem Bruder Ludwigs) gestohlen und nach Thüringen gebracht. Erst neun Jahre später erhielt Meister Heinrich sein Buch wieder, als er nach Thüringen kam, wo es ihm Hermann, der Pfalzgraf von Sachsen, zurückgab und ihn beauftragte, es zu vollenden. – Herbort von Fritzlar erzählt (v. 92ff.), er habe auf Geheiß Hermanns, dem der Graf von Leiningen das Original geschickt hatte, sein ‚Liet von Troye' aus dem Französischen übersetzt. – Anders ist die Lage bei Albrechts von Halberstadt Übersetzung der ‚Metamorphosen' Ovids: Albrecht widmet das Werk mit lobenden Worten dem Landgrafen

Hermann, in dessen Land er es auf der Jechaburg (südlich von Nordhausen) verfaßt habe, bezeichnet ihn aber nicht als Gönner. – Die Hauptjuwelen in der Krone von Hermanns Mäzenatentum sind Walther von der Vogelweide und Wolfram von Eschenbach, deren Anspielungen auf den Landgrafen z.T. ähnlich sind. Walther preist Hermann in zwei Sprüchen wegen seiner Großzügigkeit (20,4; 35,7); im zweiten präsentiert er sich sogar als Angehöriger des landgräflichen Gefolges: als *des milten lantgrâven ingesinde* – eine Bezeichnung, die er auf sein Verhältnis zu keinem anderen Gönner anwendet; ohne Hermann beim Namen zu nennen, beschwert er sich im ersten Spruch über das laute und rohe Treiben am Thüringer Hof (wie er sich auch in weiteren Sprüchen im sog. Atze-Ton beschwert: vgl. S. 207f.). – Auch Wolfram weist im ‚Parzival' (v. 297,16ff.) lobend auf Hermanns Großzügkeit hin und tadelt die Zustände am Thüringer Hof. Seine Formulierungen (*ingesinde, milte, dringen*) sind unmittelbares Zitat von Walther, den er auch mit Namen nennt. Diese Worte, dazu eine Anspielung auf die neuesten modischen Tänze aus Thüringen (v. 639,11f.) zeigen, daß Wolfram wahrscheinlich nicht nur einen Topos von Walther aufgenommen hat, sondern den Thüringer Hof persönlich kannte. Erst sein ‚Willehalm' aber deutet auf ein mögliches Gönnerverhältnis zwischen ihm und dem Landgrafen, der auch hier wegen seiner Freigebigkeit gelobt wird (v. 417,22ff.). Allerdings besagt die Stelle im ‚Willehalm'-Prolog nur, daß er Hermann die Kenntnis der französischen Geschichte von dem „Conte Guillaume d'Orange", verdankte (v. 3,8ff.). Auch hier wird nicht von einem Auftrag gesprochen, auch wenn wahrscheinlich sein mag, daß Hermann einen solchen erteilt hat. Schließlich enthält eine Strophe von Wolframs ‚Titurel' (82a), die nur fragmentarisch in den Münchner Bruchstücken M, aber vollständig im ‚Jüngeren Titurel' erscheint, eine Lobrede auf Hermann.

Soweit die „Tatsachen". Man hat versucht, weitere Werke mit dem Thüringer Hof in Zusammenhang zu bringen, aber die Indizien sind undeutlicher.

Überblicken wir die Gönnerzeugnisse, so läßt sich kategorisieren, was über die Beziehungen zwischen den Dichtern und Hermann gesagt wird. Nur bei Herbort und Veldeke kann man tatsächlich von einem Auftrag Hermanns sprechen. Für Veldeke kam der Auftrag recht spät, und wir müßten nach einem früheren Auftraggeber Umschau halten (Margarete von Kleve?).

Die Aussagen des ‚Eneas'-Epilogs sind an mehreren Stellen undeutlich. Das betrifft vor allem den Status des gestohlenen „Buchs": handelte es sich um Veldekes unfertiges Manuskript oder um seine französische Vorlage? Diese war Eigentum der Gräfin von Kleve, falls sie die Auftraggeberin war. Doch ist es kaum anzunehmen, daß Graf Heinrich sich eines Diebstahls gegenüber seiner Schwägerin, der Frau seines älteren und mächtigeren Bruders, des Landgrafen, schuldig machte. Wahrscheinlich handelte es sich um Veldekes Handschrift, vielleicht ein Arbeitskonzept, worauf vielleicht die Lesart *buchelin* der Handschrift M weist. Es liegt einfach näher, daß ein Graf einem kleinen Dichter eine Handschrift entwendet als einer einflußreichen Landgräfin, und es ist plausibler, daß der Verlust seiner unersetzlichen eigenen Arbeit den Dichter „neun Jahre" aufgehalten hat, als der Verlust eines französischen Originals, das ein(e) Auftraggeber(in), erst recht eine „zornige Gräfin" (v. 13'457), letzten Endes hätte ersetzen können.

Von den übrigen Aussagen kommt denen Herborts und Veldekes die des ‚Willehalm' wohl am nächsten. Hier hören wir nichts von einem Auftrag, und nichts davon, daß gerade dieser Stoff von Hermann bevorzugt wurde.

Noch lockerer ist das Verhältnis im Falle von Albrechts Ovid-Übersetzung. Die ‚Willehalm'-Stelle deutet zumindest darauf hin, daß zwischen Wolfram und Hermann ein persönliches Verhältnis bestand (Wolframs zweites Lob für Hermanns Freigebigkeit verstärkt diesen Eindruck: ‚Willehalm' 417,22ff.). Die Albrecht-Stelle aber enthält nichts Persönliches. Die Beziehung Albrechts zum Landgrafen besteht lediglich darin, daß der Dichter zu Hermanns Zeit in Hermanns Land schreibt und der Überzeugung Ausdruck gibt, Hermanns Tüchtigkeit sei weit und breit bekannt. Immerhin hat Albrechts allgemeinere Widmung mit der ‚Willehalm'-Stelle gemein, daß beide – im Prolog – an exponierter Stelle stehen.

Daß dies bei unserer vierten Art der Anspielung auf Hermann, wie sie der Lyriker Walther bietet, nicht möglich ist, liegt auf der Hand. Aber auch im ‚Parzival' steht die Anspielung nicht im Prolog, und auch da ist nicht von einem Auftrag die Rede. Der Bedarf (nicht das Bedürfnis!) der Minnesänger und Spruchdichter war im Vergleich mit dem der Epiker gering: er ging kaum über Vollpension hinaus. Anders als für einen Roman ist für ein Lied Pergament kaum nötig und ein Auftrag und längeres Arbeitsverhältnis erst recht nicht. Der Sänger wartet mit einem fertigen Lied auf (was nicht ausschließt, daß ein Gönner gelegentlich Wünsche äußert). Bei Minnesängern und Spruchdichtern werden die Beziehungen zu den Mäzenen also nicht so eng gewesen sein. Dies zeigt sich etwa auch darin, daß Walther im Verhältnis zum Umfang seiner literarischen Produktion sehr viele bedeutende historische Persönlichkeiten nennt, die wir wohl als Gönner zu betrachten haben. Dasselbe gilt, in noch stärkerem Maße, für den Spruchdichter Herger.

Daß wir gleichwohl geneigt sind, Walther in einem engeren Sinne mit dem Hof Hermanns verbunden zu sehen, hat mehrere Gründe. Da ist zuerst die – bei aller Kritik am Thüringer Hof – für Walther ungewöhnliche Wärme des Tons, mit der er von Hermann spricht. Dazu kommt die rhetorische Kraft der direkten Aussage: *Ich bin des milten lantgrâven ingesinde* (35,7). Schließlich gibt er zu erkennen, daß er über eine intime Kenntnis der Verhältnisse am Hof verfügt (so handeln z. B. die Sprüche 104,7 und 82,11 von einer Auseinandersetzung Walthers mit einem Herrn Gerhart Atze in Eisenach – und tatsächlich erscheint ein Mann dieses Namens als Zeuge in einer Urkunde Hermanns von 1196 [vgl. S. 207f.]).

Ähnliche Erwägungen kann man bei der Beurteilung der Beziehung Wolframs zu Hermann aufgrund des ‚Parzival' anstellen. Wir finden dieselbe Mischung von Humor und Kritik in der Haltung, die der Dichter dem Hoftreiben gegenüber einnimmt (direkte Anspielung auf Walthers Klage!), und dieselbe Vertrautheit mit den Verhältnissen (die Erwähnung der neuesten Tänze aus Thüringen und Anspielung auf die zertretenen Erfurter Weingärten, die  n o c h  den Schaden zeigen [379,18f.]). Schließlich k ö n n t e  die direkte Anrede: *von Dürgen fürste Herman* (297,16) darauf hinweisen, daß dieser Teil des ‚Parzival' am Thüringer Hof geschrieben wurde, oder zumindest darauf, daß Wolfram hier eine Passage eingeschoben hat, um die Wirkung eines Vortrags am Thüringer Hof zu erhöhen. Der humorvolle Ton und das Lob von Hermanns Freigebigkeit dürften der Kritik die Spitze genommen haben.

Wir haben uns auf Werke beschränkt, bei denen eine Beziehung zum Thüringer Hof durch Nennung dieses Hofs oder seiner Mitglieder ausdrücklich hergestellt wird oder direkte, zu entschlüsselnde Anspielungen auf sie vorliegen. Es gibt auch andere Möglichkeiten, Verbindungslinien zwischen bestimmten Werken und bestimmten Höfen zu ziehen, aber wir haben auf sie verzichtet, weil die Ergebnisse zumeist unsicher und oft subjektiv sind. Wir denken z.B. an Versuche, Werke aufgrund ihrer Sprache oder aufgrund von vermeintlichen Vorlieben einzelner Fürsten für bestimmte Stoffe oder einen bestimmten Stil mit dem oder jenem Hof in Zusammenhang zu bringen. Man hat auch versucht, Figuren der Epik als verschlüsselte Porträts historischer Persönlichkeiten zu sehen, die auf Beziehungen zu einem bestimmten Hof hindeuten: so hat Wolfgang Mohr behutsam versucht, hinter Wolframs besonderer Gestaltung des Charakters und der Handlungen des Landgrafen Kingrimursel (‚Parzival', Buch VIII) Züge des Landgrafen Hermann sichtbar zu machen.

Wir erlauben uns einen längeren Exkurs über einige Grundsätze der Gönnernennung in den erzählenden Werken der Blütezeit.

Wenn wir eine entwickelte Konvention der Gönnerzeugnisse in der volkssprachigen Literatur erwarten, dann scheint der erste Grundsatz der zu sein, daß es keinen gegeben hat. Selten wird die Erwartung erfüllt, daß der Dichter im Prolog oder im Epilog seinen Auftraggeber nennt, ihn lobt und sich bei ihm bedankt.

Auch bei Chrestien de Troyes gibt es keine Norm. Im ‚Erec' und im ‚Yvain' hören wir weder im Prolog noch im Epilog von einem Gönner. Im Prolog zum ‚Cligés' berichtet er nur, daß er seinen Stoff aus einem sehr alten Buch der Dombibliothek zu Beauvais bezogen hat. Ergiebiger ist der Prolog zum ‚Lancelot', denn hier schildert Chrestien, wie die Gräfin (Marie?) von Champagne das Unternehmen befohlen hat, lobt ihre Schönheit und ihren Vorrang vor anderen Damen, erzählt, daß die Gräfin ihm den Stoff vermittelte, und gibt vor, sie hätte ihm vorgeschrieben, wie dieser Stoff zu behandeln sei, was er jetzt ohne eigenes Zutun auszuführen gedenke. (Der ‚Lancelot'-Epilog hilft nicht weiter, weil das Werk nicht von Chrestien selbst beendet wurde). Im Prolog des ‚Perceval' verfährt Chrestien wie beim ‚Lancelot': er lobt die Tugenden des Grafen Philipp von Flandern (Vetter der Marie von Champagne) und erklärt, dieser habe die Vorlage beschafft und ihm den Auftrag gegeben. Da Chrestien den ‚Perceval' nicht vollendet hat, sind wir auch hier ohne Epilog – Philipps Aufbruch zum Dritten Kreuzzug im September 1190 und sein Tod am 1. Juni 1191 vor Akkon könnten der Grund für die Nichtvollendung des ‚Perceval' sein, aber andere Erklärungen, etwa Chrestiens eigener Tod, wären ebenso vorstellbar: das Licht der zeitgenössischen Historiker, das das Leben eines Philipp erhellt, fällt nicht auf das Leben eines Dichters, und sei er der größte seiner Epoche.

Chrestiens verschiedene Verfahrensweisen bei der (Nicht-)Benennung seiner Auftraggeber entsprechen denjenigen, die wir bei den Dichtern aus dem Umkreis Hermanns kennengelernt haben, und auch die anderen Dichter der Blütezeit verfahren nicht anders. Am überraschendsten ist, daß Hartmann von Aue in keinem seiner vier erzählenden Werke einen Gönner erwähnt. Insofern folgt er in den beiden höfischen Romanen seinen Quellen, Chrestiens ‚Erec' und ‚Yvain' (allerdings fehlt der Anfang von Hartmanns ‚Erec'). Auch Veldeke folgt seiner Vorlage, denn wie der ‚Roman d'Eneas' erwähnt er einen Gönner weder am Anfang noch am Ende (den informativen Epilog lassen wir außer acht, da er vielleicht nicht von Veldeke stammt und seine Entstehung dem merkwürdigen Zufall verdankt, daß die Handschrift gestohlen wurde).

Anders gelagert sind Fälle, bei denen zwar auf die Existenz eines Gönners hingewiesen, der Name aber entweder vermieden oder durch rätselhafte Angaben halb verheimlicht wird. Die erste Möglichkeit findet sich im Epilog des ‚Lanzelet' Ulrichs von Zatzikhoven (v. 9342ff.), wo wir von Freunden hören, die Ulrich dazu überredeten, das Gedicht zu übersetzen, und von einem Unbekannten, um dessentwillen Ulrich die Aufgabe übernommen hat und der ihn wahrscheinlich belohnen wird (v. 9434ff.). Einer Verschleierung des Gönnernamens begegnen wir in Gottfrieds von Straßburg ‚Tristan', falls sich *Dieterich*, der sich aus dem Akrostichon des strophischen Prologs ergibt (v. 5–37), tatsächlich auf Gottfrieds unidentifizierten Gönner bezieht (ein Kunststück, das nur bei lesenden Publikumsmitgliedern wirken konnte).

Wenn sich in den besprochenen Texten überhaupt so etwas wie eine historische Entwicklungslinie abzeichnet, so scheint sie in die Richtung zu gehen, daß Gönnerzeugnisse allmählich häufiger und präziser werden.

Wir wissen nicht, wie ein bestimmter Stoff gewählt wurde. Als Extreme können wir uns vorstellen, daß ein mächtiger Mäzen einem Dichter eine gewisse Geschichte aufoktroyiert hat oder daß ein gerissener Dichter, der ein bestimmtes Werk übersetzen oder adaptieren wollte, gewußt haben wird, wie er einen Mäzen davon überzeugen konnte, daß ihm gerade dieses Werk fehlte. Meistens wird die Wirklichkeit zwischen den Extremen gelegen haben. Aber wenn Dichter eine aktive Rolle spielen konnten, dann geht es nicht an, aus der Wahl eines Stoffes automatisch auf den Geschmack des Gönners zu schließen. Daß Landgraf Hermann Wolfram mit der ‚Willehalm'-Geschichte bekannt machte (v. 3,8f.), besagt keineswegs, daß nicht Wolfram zuerst den Wunsch ausgesprochen hat, die Bearbeitung zu unternehmen, und könnte dies somit einfach eine tarnende Schmeichelei sein. Ob die Idee nun aber von Wolfram oder von Hermann stammte, es ist klar, daß der ‚Willehalm', wie er vorliegt, keinen Bruch in Wolframs Opus darstellt, sondern durchaus als folgerichtige Entwicklung sowohl in der Stoffwahl als auch in der Erzähltechnik zu begreifen ist.

Wie wird der Dichter gewählt? Ehe er bekannt war, mußte er selbst den „Antrag" auf Förderung bei einem Gönner stellen. War er aber einmal bekannt, dann mögen umgekehrt die Gönner versucht haben, ihn an ihre Höfe zu locken. Solange die Verhältnisse überschaubar und der Literaturbetrieb klein waren, werden viele Dichter einfach für den Hof ihres eigenen Herrn gedichtet haben. Dies könnte erklären, warum im Frühstadium der höfischen Dichtung die Dichter oft keinen Gönner nennen. Es erübrigt sich und könnte peinlich wirken, wenn der Gönner selbst beim Vortrag gegenwärtig ist und jeder Zuhörer genau weiß, wie und von wem der Dichter unterstützt worden ist.

Das bisher Gesagte beleuchtet die Entwicklung nur von der Seite des Individuums, des Gönners oder des Dichters. Aber dem Dichter entgegengebrachte Wertschätzung setzt nicht nur voraus, daß er berühmt und wichtig geworden ist, sondern auch, daß Literatur wichtig (geworden) ist. Es scheint tatsächlich so zu sein, daß die Bedeutung der Literatur am Hof in den letzten Jahrzehnten des 12. Jahrhunderts gestiegen ist – und in dem Maße, in dem Literatur und andere Künste wichtiger werden, werden auch Künstler gesuchter. Ein Fürst, dem es gelungen ist, einen berühmten Dichter für sich zu gewinnen, will sein Mäzenatentum im Text selbst kundgetan wissen.

Es ist ebenso denkbar, daß Dichter gern den eigenen Namen im Zusammenhang mit den Namen der Großen des Reiches gehört haben, gleichviel ob sie wirklich in Beziehung zu diesen standen oder es sich nur wünschten. Das könnte „Fernwidmungen" erklären, zu denen eventuell die Nennung Hermanns durch Albrecht von Halberstadt gehört.

Die Frage nach dem literarischen Geschmack der verschiedenen Höfe ist mit der Frage nach den Literaturlandschaften verbunden. Man hat erkannt, daß in verschiedenen Gegenden verschiedene Gattungen bevorzugt wurden, so etwa die Heldenepik im bairisch-österreichischem Raum. Da die Lokalisierung vieler Werke schwierig und meistens nur als Lokalisierung an einem bestimmten Hof möglich ist, besteht die Gefahr, daß wir regionale Unterschiede als Folge des Geschmacks eines bestimmten Fürsten oder Fürstenhofes auslegen und umgekehrt. Ein verzerrtes Bild dieser Art entsteht um so leichter, als unsere Kenntnis der damaligen Literatur und der damit verbundenen sozialen Verhältnisse punktuell ist und sich zudem die Produktion und Rezeption der Literatur auf einige wenige Zentren konzentriert haben dürften. Auch wenn unsere Kenntnis vollständig wäre, erschiene uns die damalige Literatur wahrscheinlich inselartig und spärlich. Unter solchen Umständen geschieht es leicht, daß wir in unserer Interpretation der Indizien das Allgemeine und das Individuelle durcheinander bringen.

Man spricht von der Vorliebe des Wiener Hofes der Babenberger für lyrische Dichtung, weil man zu wissen glaubt, daß Walther, Reinmar (der Alte), Neidhart und der Tannhäuser Beziehungen zu diesem Hof hatten. Anders als bei der Spruchdichtung und der Epik, wo die Textaussagen weitere Anhaltspunkte liefern (können), läßt sich beim Minnesang der historische Ort der Entstehung nur indirekt feststellen oder vermuten. Daß der Babenbergerhof am Minnesang besonders interessiert war, schließen wir zunächst aus Walthers Spruchdichtung und seinen literarischen Anspielungen auf Reinmar (und aus Reinmars Anspielungen auf ihn); dazu kommt das Zeugnis späterer Lyriker wie Neidhart und Tannhäuser (vgl. Bd. II/2, S. 8ff.), die mit Informationen persönlicher und faktischer Art in ihren Liedern und Leichs freigebiger sind als die „klassischen" Minnesänger.

Als Vorliebe kann man diese Liebe zur Lyrik aber nur im Hinblick auf die Produktion auslegen, denn nur sie ist zu lokalisieren. Die weitergehende Annahme, daß die Liebe zum Minnesang g e g e n den Vortrag von Epik oder gar f ü r eine Abneigung gegen diese spreche, ist nicht zulässig. Uns von dem, was an einem bestimmten Hof a u f g e f ü h r t wurde, ein Bild zu machen, ist ein schwierigeres Unterfangen.

Wir wenden uns wieder dem Thüringer Hof Hermanns zu. Die Werke, die wir mit Sicherheit mit Hermann verbinden können, scheinen eine Vorliebe für antike Stoffe zu verraten: Veldekes ‚Eneas‘, Herborts ‚Lied von Troja‘, Albrechts Ovid-Übersetzung. Wir finden am Thüringer Hof keinen Artusroman, und wenn Hermann endlich ein Werk bei Wolfram von Eschenbach bestellt, ist die Vorlage kein höfischer Roman, geschweige denn ein Artusroman, sondern eine Chanson de Geste. Man ist versucht, diesen Sachverhalt als Beweis dafür zu interpretieren, daß Hermann antike Romane vorzog, vielleicht eine Abneigung gegen den Artusroman hatte.

Der Befund läßt sich auch ganz anders deuten. Wir könnten unterstreichen, daß Hermann erst durch einen sonderbaren Zufall – daß sein Bruder die ‚Eneas‘-Handschrift gestohlen hatte – auf seinen geliebten Stoff gekommen ist. Irgendwo mußte er ja anfangen, und selbst ein Zufall kann ein echtes Interesse erwecken oder aufdecken. Den nächsten Schritt, den Hermann wohl unternommen hat, die Bestellung des Troja-Romans bei Herbort, kann man als typische Reaktion eines Sammlers verstehen, der, nachdem er einmal zufällig einen ‚Eneas‘ bekommen hatte, seine Sammlung um ein ‚Lied von Troja‘ ergänzt sehen wollte.

Was aber Hermanns Verhältnis zum Artusroman betrifft, so müssen wir fragen, was an wertvollen französischen Artusromanen vorhanden und nicht schon „vergeben" war, als der Landgraf Wolfram mit dem ‚Willehalm‘ beauftragte.

Das Fehlen von Dubletten scheint darauf hinzudeuten, daß man in den Kreisen der Mäzene weitgehend wußte, was schon übersetzt worden war oder gerade übersetzt wurde. Das Nebeneinander von Gottfrieds ‚Tristan‘ und Eilharts von Oberg ‚Tristrant‘ spricht nicht dagegen, denn Gottfrieds Fassung ist als ausgesprochene Berichtigung der Eilhartschen zu verstehen. Auch der Sonderfall der ‚Erec‘-Fragmente braucht nicht dagegen zu sprechen (s. S. 257ff.). Chrestiens ‚Erec‘, ‚Yvain‘

und ‚Perceval' kamen nicht mehr in Frage. Bei der Unsicherheit, die über die ‚Cligès'-Fragmente (vgl. S. 256) herrscht, läßt sich kaum sagen, ob dieses Werk zur Zeit Hermanns noch „frei" war, aber es würde nicht überraschen, wenn dieses wohl sonderbarste Werk Chrestiens auch außerhalb Thüringens etwas länger auf einen interessierten deutschen Gönner hätte warten müssen. Schließlich war der Lancelot-Stoff schon von Ulrich von Zatzikhoven bearbeitet worden, freilich nicht Chrestiens Version, aber es fehlte anscheinend ein Dichter, der für den ‚Lancelot' das hätte tun können oder wollen, was Gottfried für den ‚Tristan' tat. Es gab auch weitere Möglichkeiten, wie Wirnt von Grafenberg, der Stricker und andere zeigen, aber es springt uns kein weiteres Meisterwerk aus dem Artus-Kreis ins Auge, das in Frage gekommen wäre.

Die Angelegenheit betrifft nicht nur den wohl größten Gönner der mhd. Literatur, sondern auch den wohl größten erzählenden Dichter der Zeit. Wir können uns der vertrackten Frage nach Hermanns Einstellung zum Artusroman auch von einer anderen Seite her nähern. Wie hat Wolfram den Landgrafen von seiner Begabung als epischer Dichter überzeugt? Wohl nur durch den Vortrag des ‚Parzival'. Der ‚Parzival' läßt erkennen, daß er höchstwahrscheinlich am Thüringer Hof und in der Gegenwart Hermanns vorgetragen wurde. Ist es plausibel, daß Hermann aufgrund des Vortrags aus einem Stoffbereich, der ihm nicht gefiel, den Dichter beauftragte, ihm eine neues Werk zu verfassen? Wir möchten aber nicht nur ex negativo argumentieren.

Hermanns Liebe zu antiken Stoffen, die die Reihe der unter seinem Patronat entstandenen epischen Werke bezeugt, entsprang möglicherweise auch einer Vorliebe für Stoffkreise, die eher als historisch und wahr gelten konnten als die Artusgeschichten (eine Auffassung, die nicht für das anglo-normannische Königreich zutrifft, dem Chrestiens Werk zum Teil galt). Der ‚Willehalm', der auf einer Chanson de Geste beruht, konnte diesen Anspruch eher erfüllen, zumal er als Kreuzzugsdichtung gewiß das besondere Interesse des ehemaligen Kreuzfahrers Hermann gefunden haben dürfte.

Es war nicht die Absicht, den Gedanken, Hermann habe sich besonders für die Antike interessiert, ad absurdum zu führen, denn er findet in gemäßigter Form unsere Zustimmung. Wir wollten zeigen, daß man, ohne dem Beweismaterial Gewalt anzutun, auch zu völlig anderen Ergebnissen kommen kann.

Ebenso im Nebel liegt die Antwort auf die Frage nach der Bedeutung des Minnesangs an Hermanns Hof. Außer Walther können wir mit diesem Hof keinen Sänger verbinden, und von dieser Verbindung wissen wir nur aus seinen S p r ü c h e n. Aber es wäre überraschend, wenn ein berühmter Sänger wie Walther in Thüringen keine Minnelieder gesungen hätte. Wer weiß, ob er nicht viele sogar in Thüringen komponiert hat (was mit den neuesten Tänzen in Zusammenhang zu bringen wäre, von denen Wolfram spricht). Auch Wolfram dürfte den bescheidenen *teil mit sange* (‚Parzival' 114,13), den er konnte, dort gesungen haben, und es würde zumindest nicht überraschen, wenn Heinrich von Morungen aus dem benachbarten Meißen (wo Hermanns Schwiegersohn Dietrich regierte), gelegentlich mit sängerischer Lust Streifzüge gegen Thüringen unternommen und das Land mit seinem Minnesang überfallen hätte.

Zuletzt haben wir zu fragen, was ein Gönner wie Landgraf Hermann von der Dichtung und seinem Mäzenatentum profitiert hat. Erstens, wie jeder andere Literaturfreund: Unterhaltung und Belehrung. Zweitens denken wir an die gesellschaftsstärkenden Kräfte der höfischen Dichtung, Kräfte, die einem Lehnsherrn wie Hermann nur willkommen sein konnten. Drittens sehen wir in Hermanns Mäzenatentum einen Ausdruck seines Repräsentationswillens, der seine Stellung als Landesfürst eines stets nach größerer Unabhängigkeit strebenden Territoriums zu festigen hatte. Daß diese Beweggründe auch anderswo miteinander verquickt sind, zeigen Verse aus Goethes ‚Tasso':

> *Er will hinweg, er will nach Rom; es sei!*
> *Nur daß mir Scipio Gonzaga nicht,*
> *Der kluge Medicis ihn nicht entwende!*
> *Das hat Italien so groß gemacht,*
> *Daß jeder Nachbar mit dem andern streitet,*
> *Die Besseren zu besitzen, zu benutzen.*
> *Ein Feldherr ohne Heer scheint mir ein Fürst,*
> *Der die Talente nicht um sich versammelt:*
> *Und wer der Dichtkunst Stimme nicht vernimmt,*
> *Ist ein Barbar, er sei auch, wer er sei.*
> *Gefunden hab' ich diesen und gewählt,*
> *Ich bin auf ihn als meinen Diener stolz.* (V, 1)

Es ist denkbar, daß Hermann von Thüringen diesen Gedanken des Alfons von Ferrara nicht völlig verständnislos gegenübergestanden hätte.

## Deutsche Literatur im Umkreis Bischof Wolfgers von Erla

Der Fall Wolfgers von Erla (den man früher irrtümlicherweise Wolfger von Ellenbrechtskirchen genannt hat) bildet eine interessante Parallele und einen instruktiven Kontrast zu dem des Landgrafen Hermann. Wir geben zunächst einen Abriß von Wolfgers Leben.

Bevor er als Propst von Zell am See 1191 auf den Passauer Bischofsthron erhoben wurde, wissen wir von ihm außer Einzelheiten über seine Abstammung nur wenig, z. B. daß es sich bei denen von Erla um kein hochstehendes Geschlecht handelte und daß ihr Stammsitz an der Donau in der Nähe von Linz lag. Wolfgers Geburtsdatum kennen wir nicht; man vermutet 1136 oder 1146. Er war also etwa fünfundvierzig, als er „unter einhelligem Jubel" Bischof von Passau wurde, mußte sich aber noch zum Priester weihen lassen, da er erst nach dem Tode seiner Gemahlin Geistlicher geworden war und anscheinend nur die niederen Weihen besaß. Die peinliche Genauigkeit, mit der er zuerst um die königliche Einwilligung und dann um die kirchliche Konsekration nachsuchte, charakterisiert den Mann und seine zukünftige Karriere, die ihm das Vertrauen geistlicher und weltlicher Herrscher, unter ihnen Päpste und Kaiser, gewann. In der Passauer Diözese erlangte er bald den Ruf eines gerechten Richters, der immer eine friedliche Lösung suchte, schließlich aber auch mit energischer Härte gegen Rechtsbrecher einschreiten konnte. So hat er z. B., nachdem alle Versuche einer schiedlichen Lösung gescheitert waren, die Grafen von Ortenburg ausgerottet, die raubend und brandschatzend den Frieden störten.

Bald setzte man Wolfger für heikle diplomatische Aufgaben auf höchster Ebene ein, so 1195 bei der Aufhebung des Interdikts über den Babenberger Herzog Leopold V. von Österreich, der 1192 den heimkehrenden Kreuzfahrer Richard Löwenherz, König von England, gefangen genommen hatte. In den Jahren 1197–98 war Wolfger auf dem Kreuzzug im Heiligen Land, wo er tapfer gekämpft haben soll. Nach seiner Rückkehr diente er wiederholt als Vermittler zwischen König Philipp und dem Papsttum, eine Rolle, die er auch später zur Zeit Ottos IV. und Friedrichs II. spielte. Die Dankbarkeit, die er dadurch erntete, benutzte er, um die territoriale und gerichtliche Macht des Passauer Bistums zu festigen. Dieselbe Politik setzte er dann fort, als seine diplomatischen Erfolge dazu führten, daß er 1204 mit päpstlicher Zustimmung zum Patriarchen (d. h. Metropoliten) von Aquileia, dem bedeutenden Grenzterritorium Friaul, gewählt wurde. Das Land war finanziell und auch sonst sehr geschwächt, und Wolfger, der hohen Wert auf schriftliche Verwaltungsmethoden legte, ließ einen Kataster aufstellen, der Einkünfte usw. registrieren sollte. (Dieses typische Verfahren Wolfgers ist für uns von besonderem Interesse.) Sein Hof war hauptsächlich in Cividale zu finden, da Aquileia damals fast zum Dorf herabgesunken war. Von hier aus hat er die Macht und den Reichtum des Patriarchats durch kluge Politik vermehrt und gefestigt. In den folgenden vierzehn Jahren ist er, schon längst nicht mehr jung, wiederholt auf Reisen, die mit der kaiserlichen und päpstlichen Politik auf höchster Ebene zu tun hatten. Ob er nun diese oder jene „vertreten" hat: er scheint das Vertrauen beider Parteien genossen zu haben. Im Jahr 1218 ist er gestorben. Seine Grabinschrift, die überliefert ist, obwohl das Grab nicht mehr existiert, lautet: „Wolfger, der Ansehen und Macht des Patriarchats wiederherstellte. Unter all dem vielen, was er klug betrieb, hat er die Menschen aus Padua und Treviso wieder mit der Stadt Venedig versöhnt" (Goez). Ein passendes Urteil, das auch Wolfgers Wert für die Literaturgeschichtsschreibung symbolisch illustriert, indem es plastisch eine einzige Tat herausgreift, die das Wesen des Mannes veranschaulicht.

Vergleichen wir Hermann und Wolfger, so lassen sich folgende Parallelen und Gegensätze feststellen: Laie – Geistlicher; Mitteldeutschland – Süddeutschland/Italien; nahezu gleiche Lebenszeit; der eine ist ein mächtiger Herr, der andere wird es, und beide versuchen, ihren Reichtum zu vermehren, wobei die von ihnen angewandten Methoden konstrastieren (Wolfger hat seine Ziele bei allem Eigennutz durch kluge Diplomatie und – soweit wir sehen – auf gerechte Weise verfolgt); beide haben auf einem Kreuzzug gekämpft; beide benutzten ihren neuen Reichtum für Repräsentationszwecke und unterstützten damit als Gönner die Literatur; beide werden wegen ihrer Freigebigkeit von Walther von der Vogelweide gelobt.

Wenn wir, wie bei Hermann, zunächst versuchen, die Äußerungen der Dichter aufzuzählen, die Wolfger als Gönner rühmen, so erleben wir eine Überraschung.

In einem Spruch (34,34) sagt Walther, es werde ihm nie an Lebensunterhalt fehlen, solange es die Höfe von drei lobenswerten Herren noch gebe: er nennt Leopold VI. von Österreich (gest. 1230) und dessen *veter* (d. h. ‚Onkel' oder ‚Vetter'), womit wohl Herzog Heinrich von Mödling (gest. 1223) oder dessen gleichnamiger Sohn (gest. 1236) gemeint ist, an erster Stelle aber steht der *biderbe patriarche missewende vrî*, „der edle Patriarch ohne Fehl und Tadel" (34,36), mit welchem Walther Wolfger meint (kaum dessen Nachfolger Berthold von Andechs, gest. 1251).

Damit sind die deutschsprachigen Gönnerzeugnisse für Wolfger erschöpft. Walther allein bezieht sich auf ihn, aber ohne ihn zu nennen – was vielleicht für Wolfgers Ruhm und Ruf spricht.

Dieses dürftige Bild läßt sich aber ergänzen, und zwar auf eine Weise, die die bisher angewendeten Möglichkeiten des Gönnernachweises prinzipiell erweitert. Unsere Annahme, daß die Aussagen der Dichter über ihre Gönner trotz der fehlenden Bestätigung von seiten der Gönner eine gewisse Wahrheit besitzen, wird von dem Ausnahmefall Wolfger aufs schönste unterstützt. Auf seinen Reisen hat er genauestens über seine Ausgaben Buch führen lassen, und Teile der Rechnungsbücher sind erhalten.

Neben Vermerken über zwei Schillinge für einen alten *ioculator* in einer roten Tunika zu Ferrara, zwei Pfennige für einen Mann, der ein Hündchen aus Passau brachte, ein Talent für den Jongleur Flordamor in Bologna und dieselbe Summe für einen, der dem Bischof Würfel (!) aus Elfenbein brachte, finden wir die einzige unkundliche Erwähnung Walthers, die die Geschichte zu bieten hat (s. Abb. 3): *Sequenti die [= post sanctum Martinum] apud Zei[zenmurum] Walthero cantori de Vogelweide pro pellicio .v. sol. longos* („Am folgenden Tag [d. h. nach Martini, also am 12. November 1203] in der Nähe von Zeiselmauer dem Sänger Walther von der Vogelweide fünf Doppelschillinge für einen Pelzrock"). Für mittelalterliche Verhältnisse ein nobles Geschenk, vor allem für einen, der *den hornunc [Februar] an die zêhen* (28,32) zu fürchten hatte.

Endlich das bestätigende Echo. Walthers Lob des (kunstfreudigen) *biderben patriarchen* findet auf Wolfgers Seite seine Entsprechung. Dies erhöht wiederum die Wahrscheinlichkeit, daß Walthers Patriarch Wolfger ist, denn obwohl Walther sich recht vielen Gönnern gegenüber als dankbar erweist, erwähnt er Wolfger sonst nirgends. Wir haben uns wahrscheinlich kein Dienstverhältnis von Dauer vorzustellen, sondern eher wiederholte Treffen zwischen den beiden.

Wir wissen so gut wie nichts über Walthers Leben, kennen nicht einmal die groben Züge, aber hier bekommen wir plötzlich mit der frischen Plastizität eines Stillebens, das die Zeit selbst einfriert, Kunde von Walthers Aufenthaltsort an einem bestimmten Tag – am Tag nach Martini, der für die Schenkung auch eines ganzen Mantels vorzüglich geeignet ist – und über das, was ihm dort in Zeiselmauer widerfahren ist. Wer den beredten Bettler der Waltherschen Sprüche und die Wolfgerschen Reiserechnungen kennt, weiß, daß weder die Vorsehung noch menschliche Absicht uns mit einem Genrebild hätte versehen können, das für die beiden Hauptakteure typischer gewesen wäre.

Wolfgers Reiserechnungen bestätigen unsere weiteren Vermutungen über sein Mäzenatentum um so überzeugender, als dies nicht ihre Absicht ist. Wir erhalten im Mittelalter die Art Auskunft, die u n s besonders interessiert, nur nebenbei. Was wir nebenbei erfahren, ist aber nicht nur vielseitiger, sondern oft auch zuverlässiger, da die Autoren ihre Augen hauptsächlich auf das Eisen zu richten pflegen, das sie im Feuer haben, und geneigt sind, wenn überhaupt etwas, gerade dieses zu biegen. Wolfgers Reiserechnungen bestätigen sein Interesse für die Literatur ähnlich wie die Reinhardsbrunner Chronik dasjenige Hermanns. Aber da der Verfasser dieses Werkes unter Umständen (eigennützige) panegyrische Absichten hatte, Wolfgers Eintragungen dagegen auf die haushälterische Sorgfalt der Verwaltung zielen, sind wir eher geneigt, die Reiserechnungen für bare Münze zu nehmen.

Wenn sich Wolfgers Mäzenatentum auf Walther beschränkte – so wichtig dies auch sein mag –, dann wären wir kaum berechtigt, es als Modellfall zu sehen. Wir haben aber Gründe, Wolfger über Walther hinaus mit Dichtung zu verbinden.

Der Minnesänger Albrecht von Johansdorf wird im Zusammenhang mit Wolfger gesehen, obwohl keiner den anderen nennt. Albrecht – falls es sich tatsächlich um unseren Dichter handelt – erscheint 1201 und 1204 in den Zeugenlisten von Urkunden Wolfgers und schon früher in solchen von Wolfgers Amtsvorgänger Diepold. Wie wir es von einem vornehmen Dilettanten erwarten, erwähnt Johansdorf an keiner Stelle Wolfger und bedankt sich nicht bei ihm, denn im Gegensatz zu den Spruchdichtern nennen die Minnesänger der Blütezeit keine Gönner. Ein Mann in Johansdorfs sozialer Stellung hatte auch Spenden als Anerkennung seiner Kunst nicht nötig und dementsprechend Wolfger keinen Grund, ihn in seine Reiserechnung einzutragen. Trotz dieses gegenseitigen Schweigens ist es nicht unwahrscheinlich, daß Johansorf im Dienst der Passauer Bischöfe stand und seine Lieder am Hofe Wolfgers gesungen hat. Die Passauer Urkunden aus Wolfgers Zeit, in denen Johansdorf erscheint, umgrenzen zeitlich die Nachricht über das Geschenk an Walther. Dieses Geschenk bestätigt Wolfgers Interesse an der mhd. Lyrik. Darüber hinaus dürfen wir annehmen, daß Johansdorfs Lieder, von denen die erhaltenen zum großen Teil Kreuzzugslieder sind, bei einem kunstfreudigen Kirchenfürsten, der selbst an einem Kreuzzug teilgenommen hatte, nicht auf steinigen Boden gefallen sind.

Wieder anderer Art sind die Argumente, die versuchen, das ‚Nibelungenlied' mit Wolfger in Zusammenhang zu bringen. Die Heldenepik wurde hauptsächlich im bairisch-österreichischen Gebiet gepflegt. Es gibt auch Indizien, die noch präziser auf Passau als möglichen Entstehungsort des ‚Nibelungenliedes' hinweisen, z. B. kennt sich der Dichter in Bayern und Österreich wesentlich besser aus als in der Gegend um Worms.

Über geographische (Un-)Kenntnisse hinaus weist vielleicht die Gestalt des Bischofs Pilgrim (Bischof 971–991), dessen Rolle im Werk nicht zum sonst überlieferten oder erschlossenen Stoffkreis gehört, auf Passau und Wolfger hin. Man ist geneigt, in der Gestalt von Wolfgers Vorgänger Pilgrim, der im Epos als Onkel Kriemhilts und der burgundischen Könige eine ehrenvolle Rolle zu spielen hat, eine verschleierte Huldigung an Wolfger zu sehen. Die Gattungskonvention, derzufolge das Heldenepos, dessen Stoff als Gemeingut betrachtet wird, anonym überliefert wird, hat wohl auch dazu geführt, daß kein Auftraggeber genannt werden durfte. Dann hätte ein dankbarer Bearbeiter durchaus einen Grund gehabt, seinen Auftraggeber in der Gestalt Pilgrims hineinzuschmuggeln, um ihm gehörig zu huldigen. (Wolfger verdiente seit seiner Teilnahme am Kreuzzug auch tatsächlich den Namen *Pilgrim*, d. h. „Pilger".)

Der Dichter der ‚Klage' berichtet weiter, daß Bischof Pilgrim von Passau diese Geschichte in lateinischer Sprache (*latînischen buochstaben*) aufschreiben ließ um seiner lieben Neffen willen, und daß alles so, wie es ein „Fiedler" dem Pilgrim erzählte, von einem Schreiber, Meister Konrad, niedergeschrieben wurde (2145ff.). Falls Wolfger wirklich die Niederschrift des ‚Nibelungenliedes' in Auftrag gegeben hat, dann wäre die Mitteilung des ‚Klage'-Dichters eine weitere Huldigung an ihn, die die Bestellung und Entstehung des erhaltenen ‚Nibelungenliedes' widerspiegeln würde.

Auch die übliche Datierung des ‚Nibelungenliedes' „um 1200" bzw. „vor 1204" paßt zu Wolfgers Zeit als Passauer Bischof. Dies, die genauen Ortskenntnisse und die Einführung der Gestalt Pilgrims bilden das allgemeine Argument dafür, die Entstehung des ‚Nibelungenliedes' mit Passau und Wolfger zu verbinden, obgleich der Hof der Babenberger in Wien (bzw. Klosterneuburg) auch nicht auszuschließen ist.

Das ‚Nibelungenlied' und Albrecht von Johansdorf werden mit Wolfgers Passauer Zeit assoziiert. Walther kennt ihn schon als den *biderben patriarchen* (von Aquileia), und von einem weiteren „deutschen" Dichter vermuten wir, daß er für Wolfger und an seinem Hof im sprachlichen Schmelztiegel Friaul gedichtet hat. Es handelt sich um Thomasin von Zerklaere, der ein langes Sittengedicht, den ‚Welschen Gast', verfaßt hat. „Deutsch" haben wir in Anführungsstriche gesetzt, weil Thomasin ein Italiener war, *von Friûle geborn*, der auf Deutsch dichtete (v. 69ff.). Die Sprache am Hofe Wolfgers war wohl Deutsch. Wegen der geographischen Grenzlage Friauls und seiner politischen Bedeutung dürfen wir annehmen, daß der Deutschsprachigkeit des Patriarchen eine verbreitete Zweisprachigkeit der adligen Oberschicht entsprach.

Thomasin kann man nicht mit Sicherheit urkundlich identifizieren, aber die größte Wahrscheinlichkeit besitzt die Annahme, daß er der *canonicus* (Domherr) *Thomasinus de Corclara* ist, dessen Tod eine undatierte Urkunde aus Udine vermeldet. Wir stellen uns daher vor, daß Thomasin als (junger) Kleriker im Dienste Wolfgers in Aquileia den ‚Welschen Gast' verfaßt hat. Das Bild dieses Hofes als literarisches Zentrum wird abgerundet durch das Lob des Rhetorikers Boncompagno da Signa (gest. um 1240), der in Bologna und Florenz unterrichtete: er preist seine großzügige Behandlung an Wolfgers Hof und dankt ihm überschwenglich (Goez).

Was wir von Wolfgers klugen Versuchen wissen, seine Territorialmacht in Passau und Aquileia auszubauen, läßt vermuten, daß politische Repräsentation – wie bei Hermann von Thüringen – e i n e Funktion seines literarischen Mäzenatentums gewesen ist. Das soll nicht heißen, daß er die Literatur nicht geliebt hat. Gerade bei Wolfger spricht der unauffällige Maßstab vieler Ausgaben in den Reiserechnungen, von denen er sich keine prunkhafte Wirkung versprechen konnte, für Interesse am „Künstlerischen", ob es sich um Gaukler oder um den größten mhd. Lyriker handelte. Fehlen für Wolfger – mit Ausnahme von Walther und Boncompagno – die vielen guten Referenzen von seiten der Dichter, wie sie für den Landgrafen Hermann vorliegen, finden wir an ihrer Stelle die wiederholten praktischen Beweise von Wolfgers Interesse, die dem Zerstreuten und Unverbindlichen, das wir bei den Dichtern finden, den Grad an Wahrscheinlichkeit verleihen, mit dem wir uns vorläufig begnügen müssen.

Wir hätten auch den Wiener Hof der Babenberger als Modell nehmen können, und auch da wäre das Ergebnis schattenhaft und unsicher geblieben. Es fällt aber auf, daß es sich bei diesem Hof wie bei den von uns gewählten Modellen um Höfe handelt, die zu den größten der Zeit gehören.

Für kleinere Höfe wäre das hier unzulänglich Geleistete schier unmöglich gewesen. Vor der Mitte des 13. Jahrhunderts ist in Deutschland nur am Niederrhein literarisches Interesse an kleineren Höfen zu entdecken. Für das normannische England wie für Frankreich kann man es dagegen wesentlich früher nachweisen. Liegt das an den Urkunden, die in Frankreich und England besser erhalten sind als in Deutschland oder liegt es an der literarischen Situation selbst?

# Die literarischen Formen

## Formen der Lyrik

### Allgemeines

Die volkssprachige Lyrik Westeuropas ist entweder eine Erfindung des Hochmittelalters oder sie erreichte erst in diesem Zeitalter ein Niveau und eine gesellschaftliche Bedeutung, die es erforderlich machten, daß sie auf dem Pergament festgehalten wurde. Ihre neue Wichtigkeit drückt sich schon durch die bloße Existenz von Handschriften aus. Diese haben aber auch eine praktische Bedeutung, denn ohne schriftliche Fixierung wären die zunehmend kunstvolleren Gebilde kaum möglich gewesen. Das Erscheinen dieser Lyrik – in Südfrankreich der Lieder des ersten Troubadours, dessen Werk überliefert ist, Wilhelms IX. (1071–1127), Herzogs von Aquitanien, Grafen von Poitou, und der des ersten Minnesängers in deutscher Sprache, des Herrn von Kürenberg (um 1160?) – ist ein Ereignis von nicht zu überschätzender Bedeutung für die kulturelle Entwicklung Europas über viele Jahrhunderte hin. Von Dante, Petrarca, dem europäischen Petrarkismus, der elisabethanischen Liebeslyrik Englands etc. bis hin zu Ezra Pound im 20. Jahrhundert zehrt man vom Erbe der Troubadours des 12. und 13. Jahrhunderts und ihrer italienischen Nachfolger. Die Liebe und die eigene Haltung dem geliebten Anderen gegenüber werden durch den Einfluß dieser Poesie zum ersten Mal seit der Antike – und auch da ist manches nicht vergleichbar – zu einem annehmbaren und darstellenswerten Thema der Literatur, das in der Lyrik alle anderen Themen überschattet.

Die Bedeutung dieser Lyrik der Blütezeit geht über das Literarische hinaus. Wir heben drei Punkte hervor:

Erstens sind der Minnesang und die Spruchdichtung wie der höfische Roman Indizien der wachsenden sozialen Bedeutung, die der Literatur i n d e r V o l k s s p r a c h e zukommt, und der Tatsache, daß man bereit war, einen zunehmend größeren Teil des (steigenden) Sozialprodukts auf eine derart verschwenderische Luxustätigkeit zu verwenden.

Zweitens tritt die Lyrik in Frankreich und Deutschland von vornherein als das Werk von namentlich genannten Individuen auf. Die Sammelhandschriften unterstreichen die Bedeutung, die sie dem Persönlichen zumessen, indem sie die Dichternamen als Überschriften zu den einzelnen Abschnitten verwenden (und zwar mit einer Konsequenz, die erstaunlich ist, wenn man den zeitlichen Abstand zwischen ihnen und den Dichtern bedenkt). Noch dezidierter weisen einige okzitanische Handschriften die Lieder dadurch als persönlichen Besitz des Dichters aus, daß sie den Dichternamen vor jedes Lied setzen. Das Verständnis von Dichtung als Kollektivbesitz tritt allmählich zurück. Die volkssprachigen Literaturen nähern sich dem Usus der (mittel)lateinischen Literatur und bahnen die Renaissance und die Moderne an. Die Literatur wird zur persönlichen Leistung.

Nicht nur in den äußeren Umständen der mittelalterlichen Lyrik macht sich das Individuelle bemerkbar. Ein modernes Lexikon definiert Lyrik als eine „literarische Gattung, in der mit den formalen Mitteln von Reim, Rhythmus, Metrik, Takt, Vers, Strophe, u. a. bes. subjektives Empfinden, Gefühle, Stimmungen od. Reflexionen, weltanschauliche Betrachtungen o. ä. ausgedrückt werden ..." (Duden: Das große Wörterbuch der deutschen Sprache, Mannheim 1978). Eine solche Definition darf nicht ohne weiteres auf die mittelalterliche Lyrik übertragen werden, man kann sie aber auch nicht einfach pauschal verwerfen.

Vorerst verweisen wir aber auf einen weiteren Punkt in der Definition von Lyrik, der auf die französischen und deutschen Texte des Mittelalters besonders zutrifft: „Lyrik" geht auf eine griechische Ableitung von „Lyra" zurück, und die Benennung nach dem Musikinstrument zeigt, daß die Lyrik ursprünglich zum Gesang bestimmt war und erst später eine Lesegattung wurde. Minnesang und Spruchdichtung haben dieses Stadium noch nicht erreicht: die Texte müssen durchweg als sangbare Lieder gelten. Wann man angefangen hat, sie mit Sprechstimme vorzutragen, anstatt sie vorzusingen, und seit wann man sie dann in der Stille privat gelesen hat, bleibt im dunkeln.

Man liest, die Lyrik der okzitanischen Troubadours, der Trouvères (ihre nordfranzösischen Kollegen) und der Minnesänger sei keine Lyrik im modernen Sinn. Doch ist keiner der Punkte aus der Duden-Definition auf den Minnesang bzw. die Spruchdichtung völlig unanwendbar. Die Einschränkungen beziehen sich auf die Notwendigkeit einzelner Züge als Definitionskriterien, auf ihre Prominenz und auf die Wirkung, die sie erzielen. Letztlich läuft alles darauf hinaus, in welchem Grad sie vorhanden sind und — eine höchst verfängliche Frage — was die Dichter bewirken wollten.

Die „formalen Mittel": Reim, Rhythmus usw. sind da, aber der Gesamteindruck schafft weniger „Stimmung", als es in der modernen Lyrik der Fall sein k a n n. Der Klang — Reim, Alliteration, Takt, Rhythmus — trägt weniger zur Stimmung bei (was a u c h vorkommt) als zur Struktur und zur Argumentation, denn Spruch und Minnelied diskutieren eher als daß sie evozieren: sie sind ausgesprochen diskursive Gedichttypen. Wie etwa Parallelismus oder Antithese dienen die Reimgefüge der Strukturierung und Untermauerung der Argumentation; Alliteration dient ihrer Betonung: der Inhalt hat den Vorrang, nicht nur im Spruch, sondern auch im Minnelied. Stimmung, soweit es sie gibt, wird durch einige wenige Motive hervorgerufen, z. B. eine kurze Naturschilderung am Anfang (den sogenannten Natureingang), die mit einigen wenigen Requisiten arbeitet, die dem Hörer vertraut sind, so daß er die Kurzschrift entschlüsseln und mit persönlich Erfahrenem ausfüllen kann. Das Musikalische des Textes liegt nur in Reim, Takt und Rhythmus, die aber kaum zu expressiver Lautmalerei verdichtet werden. Es wäre ein Fehlschluß zu vermuten, daß die Melodie solches leistete. Vielleicht liegt es an unseren Erwartungen, aber die wenigen erhaltenen Melodien zu Liedern der Blütezeit wirken kaum expressiv im Sinne der neuzeitlichen Musik. Die hochmittelalterliche Melodie scheint durch rhythmische und klangliche Unterstreichung und eine musiksyntaktische Gliederung der Aussage des Textes gedient zu haben.

Was die Duden-Definition über den Inhalt der Lyrik sagt, gilt mutatis mutandis für die mittelalterlichen Texte. Wir möchten nur die Rangordnung der Möglichkeiten umkehren: „Reflexionen" und „weltanschauliche Betrachtungen" an die Spitze stellen und dann „Gefühle", „subjektives Empfinden" und „Stimmung" folgen lassen. Dabei ist es nicht so, daß es Gefühle und subjektives Empfinden nicht gibt; nur werden sie im Minnelied durch den engen thematischen Rahmen und im Spruch durch Konformität fordernde gesellschaftliche Kräfte eingeengt, typisiert und konventionalisiert. Einige Dichter sprengen freilich den Rahmen, aber das ist eher Nebenprodukt als Endzweck.

Ein weiteres Moment, das dagegen sprechen könnte, den Minnesang als Lyrik im modernen Sinne aufzufassen, ist seine öffentliche Aufführung: solche Öffentlichkeit scheint auf den ersten Blick der Pflege eines „subjektiven Empfindens" nicht eben förderlich zu sein. Trotz aller Konventionalität, seiner gesellschaftlichen Funktion und der öffentlichen Aufführungsweise p r ä s e n t i e r t aber das Minnelied seinen Inhalt als individuelles Erlebnis.

Mag die allgemeine gesellschaftsbildende Funktion der Aufführung noch so ausgeprägt sein: die einzelnen Mitglieder der Zuhörerschaft werden sich mit der im Lied dargestellten Rolle identifiziert haben, und zwar als Individuen, nicht als Kollektiv. Die konventionelle, allgemein ausgedrückte Darstellung besagt nicht notwendigerweise, daß sie a l l g e m e i n war. Personenbeschreibungen in der Epik und Lyrik werden ebenso wie Darstellungen in der bildenden Kunst aus typischen, immer von neuem wiederholten Motiven zusammengebaut, aber es ist unwahrscheinlich, daß man sie so erlebt hat. Der Zuhörer oder Zuschauer mußte auch hier das seine tun und das „Porträt" abrunden, dazu wurden ihm Andeutungen gegeben, damit ein Individuum nach den Vorstellungen des Künstlers erstehen konnte. Es fehlte weniger das Interesse am Individuum – denn es nahm während unserer Periode stark zu – vielmehr fehlten die künstlerischen Mittel, um das Porträt des Menschen in seiner Einmaligkeit zustandezubringen. Für die Entwicklung dieser Mittel kommt der mhd. Literatur eine entscheidende Rolle zu, und das führt zum letzten unserer drei Punkte.

Die Beschäftigung mit der Minne läßt, drittens, ein Instrumentarium entstehen, das imstande ist, auch andere Gemütsregungen zu artikulieren. (Die Beschäftigung mit der Religion und der Seelsorge spielte eine vergleichbare Rolle.) Das Interesse an den Gefühlen entdeckt die sprachliche Not, und die Not schafft die Sprachmittel, sie aufzuheben.

In diesen drei Punkten leisten die Minne und ihre literarische Bewältigung einen bedeutenden Beitrag zur Entwicklung des europäischen Selbstverständnisses und der Fähigkeit, es auszudrücken. Neben so Gewichtigem dürfen wir indessen Wichtigeres nicht vergessen: der Minnesang und die Spruchdichtung sind geistreiche Unterhaltung und subtiler Ausdruck des Geistes und Gemüts der mittelalterlichen Menschen, der auch uns direkt ansprechen und bewegen kann, wenn wir das Interesse und die Geduld haben, uns mit aufnahmebereiter Bescheidenheit in ihn zu vertiefen.

## Voraussetzungen und Vorbehalte

Eine historische Darstellung der Lyrik der mhd. Blütezeit ist mit Schwierigkeiten verbunden, die eine Lösung, die allem gerecht würde, unmöglich machen. Wir skizzieren daher zunächst diese Probleme, um den eingeschlagenen Weg als e i n e mögliche Lösung zu rechtfertigen und ihn zugleich durch Kennzeichnung seiner Grenzen zu relativieren. Es handelt sich bei der Lyrik um Probleme, die unserer mangelnden Kenntnis der Geschichte, der Gesellschaft und der Lebensbedingungen der Dichter entspringen.

Eine Gruppe von Problemen betrifft die Genese und die frühe Entwicklung des Minnesangs. Das neue Thema der Minne und die Gattung, in der es eine Schlüsselstellung innehat, der Minnesang, entstehen nicht allmählich vor unseren Augen, sondern sie treten um die Mitte des 12. Jahrhunderts in plötzlicher Vollendung unvermittelt in Erscheinung. Selbstverständlich entwickelt sich die Lyrik weiter, aber sie ist schon beim ersten Erscheinen in Form und Inhalt weit über das Anfangsstadium hinaus, und Minne ist von Beginn an und schon vor jedem nachweisbaren Einfluß aus romanischen Ländern als Hauptthema der deutschen Lyrik gegenwärtig. Was unmittelbar vor dem uns überlieferten Minnesang liegt, gehört daher zur – nicht überlieferten – Frühgeschichte der deutschen Lyrik und nicht zu ihrer Vorgeschichte. Daß eine nicht erhaltene frühe Liebeslyrik existiert haben muß, ergibt sich zum einen aus der Kunstfertigkeit, die die Dichter der ältesten überlieferten Texte verraten, zum andern aus zeitgenössischen Anspielungen auf solche Dichtung.

Die älteste Anspielung findet sich in einem vielzitierten Kapitular Karls des Großen von 789: dort wird Frauen, die ein religiöses Gelübde abgelegt haben, verboten, *winileodos* zu dichten oder zu versenden. Das ahd. Wort *winileod* heißt soviel wie „Geliebten-Lied". Es kann, muß aber nicht sein, daß wir hier eine Vorstufe unserer frühesten Überlieferung fassen. Die *troutliet* – ebenfalls „Geliebten-Lieder" –, deren Gesang der sog. Heinrich von Melk wahrscheinlich im letzten Viertel des 12. Jahrhunderts in seiner ‚Erinnerung an den Tod' den Rittern der Zeit als einen Teil ihres gottlosen Treibens vorwirft (vgl. Bd. I/2, S. 130 ff.), dürften der überlieferten frühen Lyrik näher gestanden haben. Es liegt leider in der Natur der früheren Perioden: an ihrer Einstellung dem Profanen und vor allem dem Volkssprachlich-Profanen gegenüber, daß Verbote und Verhöhnungen häufiger den Weg aufs Pergament finden als Spuren des verpönten Gegenstandes selbst.

Die Behauptung, die frühe Lyrik erscheine etwa ab der Mitte des 12. Jahrhunderts, ist hypothetisch. Vom Sonderfall der ‚Carmina Burana'-Handschrift (s. S. 51 f.) und einigen verstreuten Aufzeichnungen abgesehen, setzt die handschriftliche Überlieferung erst in der zweiten Hälfte oder im letzten Drittel des 13. Jahrhunderts mit dem Budapester Fragment und der Handschrift A, der Kleinen Heidelberger Liederhandschrift, ein. Vom frühen

Minnesang erscheinen in A jedoch nur Lieder des Burggrafen von Regensburg, zum Teil Leuthold von Seven zugeschrieben, und – unter dem Namen *Heinrich von Veltkilchen* (d. h. Veldeke) – einige Lieder, die man sonst Dietmar von Aist zuweist. (Auch frühe Sprüche sind in A unter den Namen *Spervogel* und *Der Junge Spervogel* enthalten.) Für die wohl frühesten Lyriker, den Kürenberger, den Burggrafen von Regensburg, Meinloh von Sevelingen und das Hauptkorpus der Dietmar von Aist zugeschriebenen Lieder sind wir also mit Ausnahme der wenigen Strophen des Kürenbergers und des Burggrafen von Regensburg/Rietenburg aus dem Budapester Fragment auf die um 1300 entstandenen Handschriften B, die Weingartner, und C, die Große Heidelberger Liederhandschrift angewiesen.

Hinzu kommt noch die Schwierigkeit, die genannten Dichter mit historisch bezeugten Personen in Verbindung zu bringen. Inwieweit uns das gelingt, hängt von der soziopolitischen Bedeutung des Individuums ab. Und selbst wo der Dichtername in Urkunden aufzustöbern ist, bleibt oft unsicher, ob es sich um den Dichter selbst handelt. Dies ist besonders dann der Fall, wenn der Personenname durch einen Ortsnamen („... von ...") ergänzt ist, der für verschiedene Ortschaften gebraucht wird, und wenn der Vorname weit verbreitet ist. Hinderlich ist auch, daß in manchen Geschlechtern die Vornamen für Vertreter verschiedener Generationen gebraucht wurden. Das erschwert die Datierung und läßt die Gefahr eines Zirkelschlusses entstehen: Wir wollen den Dichter datieren können, um die literarische Entwicklung darzustellen. Bei gleichnamigen Mitgliedern desselben Geschlechts aber sind wir oft dazu geneigt, den Dichter im Vertreter jener Generation zu sehen, die am besten in unser vorgefaßtes Bild der Entwicklung hineinpaßt.

Schließlich verquicken sich die Probleme der geographischen und chronologischen Einordung der Dichter dadurch, daß sich die Literaturlandschaften Deutschlands im Hinblick auf den Geschmack und das Maß, in dem sie romanischem Einfluß ausgesetzt gewesen sind, sehr stark unterscheiden. So kann etwa ein in „altertümlichem" Stil verfaßtes Lied entweder früh oder in einem wenig fortschrittlichen Gebiet oder in bewußt traditioneller Manier verfaßt sein.

Die durch politische Spaltung und mangelnde Kommunikationsmittel verursachte Kleinräumigkeit der deutschen Kulturlandschaften bedeutet am Anfang unserer Periode, daß die Gegenden mit den besten Verbindungswegen nach Frankreich am frühesten französischer Kultur zugänglich waren, als erste die neuen Stile, Stoffe und Gattungen angenommen und eine führende Rolle in der literarischen Entwicklung gespielt haben. Etwa nach der Mitte des 12. Jahrhunderts gingen die Niederlande und der Niederrhein voran, aber bald verlagerte sich der Schwerpunkt zum Oberrhein und später weiter nach Osten in den mittel- und oberdeutschen Raum. Die Gründe hierfür sind politischer, ökonomischer und kultureller Natur, d. h. sie sind in hohem Maße vom Interesse und von der Macht individueller Gönner und von der geographischen Verteilung ihrer Höfe abhängig. Da wir aber auch hier die Verbindungswege nicht kennen, fällt es schwer, die Stufen der Gewichtsverlagerung chronologisch und geographisch zu verfolgen.

Aber selbst wenn alle unsere Dichter aufgrund von Urkunden zeitlich einzuordnen wären, blieben immer noch Unsicherheiten für die Literaturgeschichte. Einerseits sagt das spärliche Auftreten der Dichternamen in Urkunden wenig über das Alter der gestaltlosen Gestalten, und andererseits haben wir in den Liedern der Blütezeit eigentlich nur bei Walther von der Vogelweide Indizien, die etwas über das Alter des Dichters oder über Schaffensperioden verraten. Und wo wir mit einiger Sicherheit sagen können, daß ein Dichter älter als ein anderer sein muß, hilft die Feststellung uns kaum, das rege literarische Leben an den Höfen zu erhellen. Die Entwicklung verlangt ein eingeschachteltes In- und Nebeneinander des Dichtens und Vortragens, in dem die Dichter auf die denkbar bunteste Weise einander anregen, und hin und her aufeinander reagieren. Das gilt besonders für das kleinformatige Genus der Lyrik, doch nehmen wir auch im Falle des Romans an, daß die Werke stückweise bekannt gemacht wurden und möglicherweise Bearbeitungen erfuhren, so daß Dichter Gelegenheit hatten, einander wechselseitig zu kommentieren.

Eine weitere Frage, auf die wir nur hypothetische Antworten wissen, ist die nach der Existenz der Lieder zwischen Entstehung und Niederschrift in den erhaltenen Handschriften des späteren 13. und des 14. Jahrhunderts. Wir besitzen keine Handschrift, die ausschließlich aus den Liedern eines einzigen Dichters besteht. Selbst die Kleine Heidelberger Liederhandschrift A, die den geringsten Umfang hat, enthält die Lieder von 34 namentlich genannten Dichtern. Einige Dichter erscheinen an zwei Stellen mit leicht veränderten Namen, z.B. Heinrich von Rugge als *Heinrich der Riche* und *Heinrich von Rvcche*, bei anderen kann man im Zweifel sein, ob es sich wirklich um Dichter handelt oder nur um Vortragskünstler (s. S. 54) – aber wie wir uns auch entscheiden mögen: wir begegnen hier den Liedern von 25 bis 30 Dichtern. Da zwischen der Tätigkeit der Minnesänger und Spruchdichter bis Walther und der Niederschrift von A eine Lücke von achtzig bis möglicherweise hundertfünfzig Jahren klafft, müssen unsere Lieder trotz der zweifellos außerordentlichen Gedächtniskraft eines Liebhaberkreises, dessen Speicherkapazität noch nicht durch Abhängigkeit von der Schrift geschwächt worden war, irgendwie und irgendwo schriftlich gelebt haben.

Man könnte vermuten, daß sich bei einer Gattung vom Kleinformat der Lyrik die schriftliche Fixierung erübrigte und die Texte, auswendig gelernt, mündlich weitergegeben wurden. Doch spricht einiges dagegen. Die hochentwickelte Strophenkunst mancher Lieder wäre ohne schriftliche Unterstützung kaum denkbar. Des weiteren stimmen die Texte, bei allen Schwankungen der Lesarten, in den verschiedenen Handschriften in einem Grad miteinander überein, der bei mündlicher Tradierung über eine so lange Zeit erstaunlich wäre. Dasselbe gilt für die Zuschreibung der Lieder zu den einzelnen Dichtern, die relativ einheitlich ist. Die Differenzen, die es hier gibt, betreffen oft Dichter oder Lieder, bei denen wir sie leicht als Folge stilistischer oder thematischer Ähnlichkeiten oder als Reflex der Vermengung divergierender s c h r i f t l i c h e r Quellen verstehen können. Gerade die Zuweisung der Lieder zu den Dichtern läßt keineswegs das heillose Durcheinander erkennen, das zu erwarten wäre, wenn sie während etwa der ersten hundert Jahre ihrer Existenz nur mündlich eine Art Waisendasein gefristet hätten.

Wir fragen nach der Natur der verschollenen Zwischenstufen. Man vermutete, daß es zuerst weniger umfangreiche Handschriften gab, die aus der Produktion eines einzigen Dichters bestanden. Aus diesen habe anfangs der Dichter allein vorgetragen; später seien sie dann von Kollegen oder fahrenden Berufssängern (okzit. *joglar*, afrz. *jongleur*) benutzt worden. Die Berufssänger hätten sich allmählich etwas größere Sammlungen angelegt, „Liederbücher", die ihr Repertoire darstellten. Diese Liederbücher wiederum sollen in den großen Sammelhandschriften zusammengeflossen sein. Das klingt plausibel, aber gibt es noch Spuren der Liederbücher, und wenn nicht, warum? Um der Vollständigkeit willen verweisen wir zunächst auf die deutschen Strophen der ‚Carmina Burana', die tatsächlich in der Zeit zwischen der Entstehung der Lieder und der der erhaltenen deutschen Sammelhandschriften niedergeschrieben wurden (s. Bd. II/2, S. 86f.).

Die Sammlung trägt ihren Namen nach dem ehemaligen Aufbewahrungsort der Handschrift, dem Kloster Benediktbeuern. Es kann als sicher gelten, daß sie nicht dort entstanden ist, sondern – in der ersten Hälfte des 13. Jahrhunderts – im Südosten des deutschen Sprachgebiets, vielleicht an einem bischöflichen Hof. Sie ist systematisch nach vier Werkgruppen geordnet: moralisch-satirische Dichtungen, Liebeslieder (die bei weitem größte Abteilung), Trink- und Spiellieder, geistliche Dramen. Die Einteilung ist weder völlig konsequent noch eindeutig durchgeführt. Die große Mehrzahl der Gedichte ist mittellateinisch, doch gibt es – neben Gedichten, die nebeneinander Latein und Mhd. gebrauchen – eine Reihe deutscher Strophen, die meist einzeln einem mehrstrophigen lateinischen Gedicht angehängt sind (überwiegend im Abschnitt der Liebeslieder: vgl. Abb. 4). Lateinisches und Deutsches ist ohne Dichternamen eingetragen, aber wie man unter den lateinischen Gedichten einige als Werke namhafter Dichter, z. B. Petrus' von Blois, Walthers von Châtillon oder des Archipoeta, auch Ovids oder Ausonius', hat erkennen können, so wurden einige der mhd. Strophen als Eingangsstrophen von Liedern Reinmars des Alten, Dietmars von Aist, Neidharts, Walthers von der Vogelweide, Ottos von Botenlauben und Heinrichs von Morungen identifiziert. In der Regel stimmt die mhd. Strophe in der Metrik und im Reimschema mit dem lateinischen Lied, dem sie angehängt ist, ziemlich überein. Die herrschende Meinung ist, daß in einigen Fällen die lateinischen Strophen eine – gewöhnlich bloß formale – Nachbildung der jeweiligen deutschen sind, in anderen umgekehrt. Man vermutet, daß die jeweilige anderssprachige Nachbildung dem praktischen musikalischen Gebrauch entsprang: daß es sich etwa um virtuose Kontrafakturen handelte oder daß es darum ging, einer Zuhörerschaft, die des Lateins nicht mächtig war, ein ungefähres Gefühl für die Stimmung und den Ton des Textes zu vermitteln und dadurch ihren musikalischen Genuß zu erhöhen.

Gesprochen auf die Zeit der Niederschrift sind die rund fünfzig deutschen Strophen der ‚Carmina Burana' die älteste erhaltene Minnesangsammlung in deutscher Sprache. Obwohl sie aber in die zeitliche Überlieferungslücke zwischen den frühen Dichtern und den Sammelhandschriften fallen, helfen sie nicht, sie zu füllen. Denn die Strophen, die als Werke von bekannten Minnesängern zu erkennen sind, bringen nichts Neues, während die anonymen *ipso facto* nicht in die Kette eingeordnet werden können.

Wenn sie auch unsere überlieferten Lieder nicht erhellen, so werfen die deutschen Strophen des Codex Buranus doch ein Licht, wenn auch ein dunkles, auf die Geschichte der mhd. Lyrik. Einer der Gründe, warum wir sie in die geschichtliche Entwicklung nicht so einfügen können, wie wir sie uns vorstellen, ist der, daß viele von ihnen lyrische Typen und Untertypen vertreten, die nicht bezeugt sind: volkstümlichere Stücke, zum Teil vielleicht Tanz- oder Festlieder aus dem brauchtümlichen Zusammenhang von Frühlingsfeiern u. ä., um die der Hauptstrom der höfischen Lyrik anscheinend einen Bogen gemacht hat. Die erfrischende Direktheit dieser Strophen und die Rolle der Natur in ihnen hat zu der Annahme geführt, es handle sich um alte, archaische Stücke, um Repräsentanten der frühesten überlieferten Stufe oder sogar der Vorstufe der mhd. Lyrik. Inzwischen scheint es aber wahrscheinlicher, daß sie eben eine sonst unbekannte lyrische Schicht vertreten und zeitlich wohl nicht über unsere frühesten Minnesänger zurückreichen, z.T. sogar jünger sein können.

Wenn das richtig ist, lehren uns die ‚Carmina Burana' doch etwas über die Überlieferung der höfischen Lyrik – *ex silentio*: die Sammelhandschriften des späten 13. und frühen 14. Jahrhunderts oder ihre Quellen haben eine Auswahl getroffen. Welcher Art war sie?

Die Handschriften A, B und C (s. S. 64) z. B. scheinen das Minnelied auf Kosten der didaktischen oder politischen Sprüche zu bevorzugen. Diese sind vornehmlich in der Jenaer Handschrift J (um 1330/40) vertreten. Von der Abneigung gegen Spruchdichtung abgesehen, scheint es, daß die Kompilatoren von B und C bemüht waren, innerhalb ihres Interessengebietes ein größtmögliches Korpus zusammenzubringen, vielleicht sogar nach Vollständigkeit gestrebt haben. Was die in diesem Band zu behandelnden Dichter betrifft – und gerade sie sind zeitlich von den Handschriften am weitesten entfernt –, so stellen wir fest, daß sie um so stärker vertreten sind, je später die Handschrift angelegt wurde (und zwar sowohl die Dichter überhaupt als auch ihr jeweiliges Œuvre): B übertrifft A, und C übertrifft B.

Man kann die Frage von einer anderen Seite betrachten: C bevorzugt Dichter aus dem Südwesten; diese im Vergleich mit A und B zusätzlichen Dichter stehen oft chronologisch der Entstehungszeit der Handschrift näher. C wurde um die Wende zum 14. Jahrhundert in Zürich geschrieben (daher auch die Bezeichnung „Manessische Handschrift": nach dem mächtigen Züricher Patriziergeschlecht der Manesse, die vielleicht die ersten Besitzer waren). Deshalb könnte man die überproportionale Repräsentanz dieser Zeit und Gegend als selbstverständliches Zeichen des Geschmacks der Kompilatoren oder ihres Auftraggebers verstehen. Der Tatbestand läßt sich aber auch anders interpretieren und ist kein Beweis, daß eine Auswahl nach geographischen und zeitlichen Prinzipien stattgefunden hat.

Ein Kompilator, dem größtmögliche Vollständigkeit als Ziel vorschwebte, hatte den leichtesten Zugang zu Dichtern aus der eigenen Zeit und aus seiner Heimat. Aber obwohl C die s p ä t e s t e der drei großen Liederhandschriften ist und einen hohen Prozentsatz von späteren Minnesängern aus dem Südwesten aufweist, ist sie doch auch – neben dem Budapester Fragment, das einige Strophen bringt – die einzige Handschrift, die unseren frühesten mit (Orts-)Namen bekannten Minnesänger überliefert, der eher aus dem bairisch-österreichischen Raum stammt: eben den Kürenberger. Ob C als eine bewußt getroffene Auswahlsammlung zu betrachten ist, d. h. als Anthologie, oder als Sammelhandschrift, in die aufgenommen wurde, was die Sammler finden konnten, bleibt also vorläufig offen. Es kommt die Frage hinzu, ob nicht schon die Quellen unserer Handschriften eine Auswahl getroffen haben, und wenn ja, welcher Art. Selbst wenn wir, vereinfachend, mit nur zwei Stufen der Überlieferung rechnen, ergeben sich logisch vier Möglichkeiten: die erste Stufe war selektiv, die zweite nicht; erst die zweite Stufe war selektiv; beide waren selektiv; keine war selektiv. Es wäre zu untersuchen, ob der Codex Buranus, unser einziger nennenswerter Zeuge aus der Zwischenzeit, hier Klarheit schaffen kann.

Die deutschen Strophen der ‚Carmina Burana' weisen zum Teil auf die Existenz von Liedtypen hin, die in den großen Lyriksammlungen fehlen. Im Gegensatz hierzu bietet die Handschrift keine deutschen Gegenstücke zu den lateinischen Typen der Trink- und Spiellieder und der deftigen erotischen Lieder. Auf den ersten Blick bietet sich als Erklärung hierfür an, daß es keine mhd. Lieder dieser Art gegeben hat. Wir kennen aus dem neunten Jahrhundert Otfrids von Weißenburg Anspielung auf „obszöne" Lieder der Laien (*laicorum cantus obscenus*: vgl. Bd. I/1, S. 310), die in ahd. Zeit nicht alleinsteht. Daß von „Laien" die Rede ist, macht es beinahe sicher, daß es sich – wie bei jenen *winileodos* (s. o.) – um volkssprachige Lieder handelt. Aber waren diese Lieder, falls mit ihnen mehr als nur epische Gedichte gemeint waren, der derb-deftigen Art, die wir bei den lateinischen ‚Carmina Burana' finden und bei den deutschen Minneliedern vermissen (von dem Typus also, den Arno Holz schön als „Freß-, Sauf- und Venus-Lieder" bezeichnet), oder können wir nicht eine harmlosere Erklärung finden? Es wäre d e n k b a r, daß im Munde des frommen Mönches Otfrid oder des asketischen Eiferers Heinrich von Melk der erhaltene Minnesang selbst als gottloses Teufelswerk und obszön gelten konnte.

Wir stoßen da wieder auf die prinzipielle Schwierigkeit, daß wir über die Beweggründe für die Aufzeichnung der deutschen Strophen der ‚Carmina Burana' nicht unterrichtet sind. Wenn es stimmt, daß sie zumindest die Atmosphäre des vorangehenden lateinischen Liedes dem nicht lateinkundigen Zuhörer vermitteln sollten, dann bietet sich eine Erklärung für das Fehlen deutscher Strophen dieser Art an. Möglicherweise erachtete der Klerikerkreis, aus dem wohl die eigentlichen Rezipienten der Sammlung bestanden, gerade die erotischen, derben und trinkfreudigen Lieder als wenig geeignet zur Verdeutlichung für Laien. Zweierlei hätte sie dazu bewegen können: erstens moralische Bedenken; zweitens, und dies dürfte schwerer gewogen haben, aus sprachlich-stilistischen Gründen, weil sie sich die literarische Behandlung von Themen dieser Art nicht vorstellen konnten ohne das Urbane, Elegante und Geistreiche des vor allem an Ovid geschulten Lateins, das der esoterischen Unterhaltung einer exklusiven „Gelehrtenclique" erst ihren Reiz verlieh. So kann man das Fehlen deutscher Lieder dieses Typs in den ‚Carmina Burana' hinreichend erklären, ohne annehmen zu müssen, daß volkssprachige Gegenstücke zu den lateinischen nicht existierten.

Kehren wir zu den mutmaßlichen „Liederbüchern" zurück. Es weist vieles in den Sammelhandschriften darauf hin, daß kleinere schriftliche Sammlungen in ihnen aufgegangen sind, die unter dem Namen des jeweiligen Kompilators – wahrscheinlich des Sängers, der sie vortrug – im Umlauf waren. Es handelt sich um Namen wie Niune, Alram (Waltram) von Gresten, Gedrut (Geltar), Leuthold von Seven, denen die Handschriften Lieder zuweisen, die aber als Dichter verdächtig sind, weil „ihre" Lieder in anderen Handschriften und gelegentlich anderswo in derselben Handschrift unter den Namen anderer Dichter erscheinen. Vom Leich und von den 60 Liedstrophen, die A unter dem Namen Niune bringt, sind nur 7 Strophen nicht anderswo zu finden. Die übrigen 53 verteilen sich auf die Œuvres von ungefähr 15 anderen „Dichtern" (auch hierunter sind verdächtige Namen oder Zuweisungen). Diese Verteilung ergibt nur dann einen Sinn, wenn man annimmt, daß Niune die Strophen anderer gesammelt hat. Daß seine Lieder eine so zersplitterte und dünne Übernahme bei so vielen anderen Dichtern gefunden haben sollten, ist unwahrscheinlich. Wichtig ist der Befund nicht zuletzt deshalb, weil er zeigt, daß Niunes Repertoire in Form einer s c h r i f t l i c h e n Aufzeichnung existiert haben muß, die später ganz oder teilweise von anderen Handschriften übernommen wurde.

Kleinere Dichter- oder Sängerhandschriften waren wohl schlicht in der Aufmachung und wurden beim Vortrag, für den sie bestimmt waren, regelrecht verbraucht. (Ein ähnliches Schicksal haben die Handschriften des antiken Dramas erlitten, das bekanntlich viel schlechter überliefert ist als die antike Epik und Lyrik, deren Handschriften weniger Gebrauchsgegenstände waren.)

*Voraussetzungen und Vorbehalte* 55

Eine weitere Erklärung für das Verschwinden der Sängerhandschriften glaubt man in der Entdeckung von Fragmenten einer Handschrift von Reinmar von Zweter (s. Bd. II/2, S. 23ff.) erkennen zu können. Die Reinmar-Fragmente lassen vermuten, daß sie Teile einer Schriftrolle, eines Rotulus, sind (ähnliche Rollenfragmente sind aus Berlin und Basel bekannt.) Wenn die Sänger tatsächlich aus solchen Rotuli vorsangen, würde das manches erklären. Rotuli müssen ständig aus- und eingerollt werden und nutzen sich dadurch besonders rasch ab; man kann sie nicht wie die Codices mit einem schützenden Einband versehen. Die Bilder der Sammelhandschriften, die den Dichter beim Vortrag oder vielleicht beim Dichten darstellen (z.B. Rudolf von Fenis und Ulrich von Gutenburg in der Liederhandschrift B), zeigen manchmal Objekte, die wie Rotuli aussehen, vielleicht Pergamentstreifen, die den Gebrauch von Rotuli im Minnesang bezeugen k ö n n t e n.

Ironischerweise ist in diesem Zusammenhang gerade die Abbildung Reinmars von Zweter in C besonders interessant (vgl. Abb. 5). Sie zeigt ihn mit zwei Mitarbeitern: einem Jungen, der auf Wachstafeln schreibt, und einem Mädchen, das einen Streifen der Art, die wir diskutieren, bearbeitet. Ob damit dargestellt sein soll, daß er den beiden gleichzeitig diktiert, oder ob Stufen in der Herstellung einer Sängerhandschrift gezeigt werden sollen, ist nicht zu entscheiden. Doch ist Zurückhaltung geboten: man m u ß diese Streifen in den Miniaturen der Handschriften nicht so realistisch interpretieren; sie sind leer, und es sieht so aus, als hätten die Künstler die Absicht gehabt, vielleicht Worte des Dichters einzutragen. Dann könnten die Streifen als eine Art ikonographische Warenmarke gemeint sein, durch die der Dichter gekennzeichnet wurde.

Als weniger anspruchsvolle Gebrauchsgegenstände – ob Rotuli oder Codices – wurden solche Sängerhandschriften nicht zu antiquarischen Wertobjekten, die man sorgsam aufbewahrte.

Neben der Schwierigkeit, die Dichter historisch zu identifizieren und ihren zeitlichen und geographischen Wirkungskreis zu bestimmen, verbietet es ein weiterer Faktor, über den Minnesang so zu schreiben wie etwa über die Lyrik des 19. Jahrhunderts: die Produktion der einzelnen Dichter bzw. was uns davon erreicht, ist so verschwindend klein, daß sich das Bild einer dichterischen Persönlichkeit kaum abrundet. Bei allen Dichtern muß man mit Verlusten rechnen, aber gerade bei den ritterlichen Dilettanten ist es durchaus möglich, daß sie nie mehr als das jetzt Vorhandene geschaffen haben. Von den 21 Minnesängern bis Wolfram von Eschenbach, die in der Sammlung ‚Des Minnesangs Frühling' vertreten sind, besitzen wir von jedem, grob gerechnet, im Durchschnitt jeweils 40 Strophen. Nur bei Heinrich von Morungen (116) und Reinmar dem Alten (252) kommen wir auf mehr als hundert, und wenn wir sie ausschließen, fallen auf jeden übrigbleibenden Dichter im Durchschnitt nur 25. Von Walther von der Vogelweide besitzen wir, abgesehen von den Sprüchen, etwas über 300 Strophen. Erst bei ihm und Neidhart (s. Bd. II/2, S. 9ff.) begegnen wir einem Korpus, das mit einem modernen vergleichbar ist.

Die Schwierigkeit, ein individuelles Bild von den Dichtern zu zeichnen, liegt aber nicht nur an der geringen Produktion. Ein Kürenberg mit nur 15

Strophen am Beginn und ein Wolfram mit nur 34 am Ende unseres Abschnittes treten doch als ausgesprochene poetische Individuen hervor. In der Überlieferung steht der Kürenberger dem Typus nach allein, und vielleicht war er es auch zu seiner Zeit. Daß andere weniger profiliert sind, liegt am konventionellen Inhalt des hohen Minnesangs. Es ist beinahe so, als wären „Handlung", Inhalt, Einstellung und *dramatis personae* im voraus schon weitgehend bestimmt gewesen, und als hätten die Dichter die Aufgabe gehabt, allein durch andere Formen und Melodien, durch geistreich neue Verwendung vorgeschriebener Topoi, Redewendungen und Motive etwas Neuartiges und Unterhaltendes zu schaffen. Nicht allen ist dies gelungen, jedenfalls nicht für unseren Geschmack, aber wir dürfen nicht vergessen, daß der Zufall der Überlieferung sogar die erhaltenen Lieder der differenzierenden Dimension ihrer Melodien beraubt hat. Es wird modernen Schlagern oft eine undifferenzierte Eintönigkeit vorgeworfen, aber wie stünde es ohne ihre Melodien?

Also kann man zwar in groben Zügen eine Art kollektive stil- und motivgeschichtliche Entwicklung des Minnesangs skizzieren, beim einzelnen Dichter aber nur in den seltensten Fällen eine Entwicklung verfolgen.

Der vorhergehende Abschnitt wimmelt von „vielleicht", „wohl" und „wahrscheinlich" und klingt negativ, unentschlossen und ergebnislos. Es ging darum, das wenige, aus dem wir manchmal so viel machen müssen, klar zu zeigen; dies war notwendig, um die Grenzen unserer Darstellung deutlich zu machen. Das erlaubt uns, die folgenden Ausführungen von e i n i g e n  der lästigen Einschränkungen zu entlasten, die der Leser indes als bremsende Kraft stets mitzudenken hat.

## Minne und Minnesang: Anfänge und Ursprünge

Nicht anders als in Süd- und Nordfrankreich ist die volkssprachige Lyrik in Deutschland schon bei ihrem ersten Erscheinen Liebeslyrik. Wir haben daher zwei Fragen genetischer Art zu stellen: die nach der Entstehung der Lyrik als Lyrik und die nach dem Aufkommen der Liebe als dem zentralen literarischen Thema. Dabei ist nicht auszuschließen, daß erst das glückliche Zusammentreffen des ansprechenden Themas und der gewinnenden Form den Triumphzug der neuen Gattung erklärt.

Daß die Liebe ein interessantes Thema ist, versteht sich von selbst – aber die Liebe als Hauptinhalt und Essenz einer ganzen Literaturgattung: das war im Mittelalter nicht selbstverständlich und bedarf der Erklärung. Um ihr plötzliches Erscheinen in den volkssprachigen Literaturen zu erklären, hat man auf den möglichen Einfluß der arabischen Poesie der iberischen Halbinsel, der klassischen und der mittellateinischen Dichtung, der christlichen (vornehmlich mariologischen) Dichtung und der volkstümlichen Dichtung hingewiesen. Keine der erwähnten Einflußmöglichkeiten reicht aus, um die Ursprünge der hochmittelalterlichen Liebeslyrik zu erklären. Es wäre naiv anzunehmen, es könne für ein so komplexes Phänomen e i n e Erklärung geben oder wir seien aus so großer Entfernung dem Puls jener Zeit nahe genug, um die richtige(n) Erklärung(en) zu erkennen. Wer kann behaupten, er könne die Ursprünge des Jazz oder des Fußballs, ihren Erfolg und ihre internationale Verbreitung auch nur annähernd ergründen, geschweige denn auf e i n e n Grund oder e i n e n Ursprung zurückführen? Und doch sind die beiden Phänomene ausgezeichnet dokumentiert, und ihre Ursprünge liegen nicht weit zurück. (Fußball und Jazz wurden wie die Turniere des Mittelalters und der Minnesang aus dem Ausland nach Deutschland importiert, und die Herkunft der modernen Importe gibt sich auf genau dieselbe Weise durch die Terminologie zu erkennen: das Fremdwort „Jazz" bzw. die Lehnübersetzung „Fußball".) Wir konzentrieren uns auf Hauptpunkte der erwähnten Erklärungsversuche.

Die Verfechter der hispano-arabischen These berufen sich darauf, daß Liebeslyrik auf der iberischen Halbinsel – wenn auch in verstümmelter und schwer deutbarer Form – sehr früh überliefert ist, und sie versuchen, damit zweierlei zu ergründen: erstens die Existenz der Liebeslyrik als Gattung und zweitens das Verhältnis der Liebespartner in den Liedern der hohen Minne, in denen die Dame als überlegene Lehnsherrin und der Liebende als ihr Lehnsmann oder Diener dargestellt werden. Die Hauptbeweisstücke sind die sog. *kharjas* aus Kastilien, die teilweise in die erste Hälfte des 11. Jahrhunderts zu datieren sind, und insgesamt wohl noch älter sein dürften. Das *kharja* erscheint als letzter Teil eines *muwassaha*, einer hispano-arabischen Gedichtform, die von hispano-hebräischen Dichtern übernommen wurde. Die Form besteht aus mehreren Strophen, von denen sich jede in zwei Teile gliedert; der eine Teil weist nur ihm eigene Reime auf, während der zweite gemeinsame Reime mit jeder Strophe hat. Das Gedicht als ganzes ist im klassischen Arabischen oder Hebräischen verfaßt, die gemeinsamen Reime der letzten Strophe aber, die einen Höhepunkt des ganzen Gedichtes bilden, sind vulgärarabisch oder spanisch. Diese Verse nennt man *kharja*, und sie sind die frühesten bekannten Liebesverse in einer europäischen Volkssprache. Man hat in ihnen frühe Indizien dafür gesehen, daß die höfische Liebeslyrik auf einen Einfluß des maurischen Spanien auf das benachbarte Südfrankreich zurückgeht, das sie wiederum nach Nordfrankreich und Deutschland weitergegeben hätte. Mittlerweile sieht man aber umgekehrt das *muwassaha* als am ehesten unter dem Einfluß westeuropäischer volkstümlicher Typen entstanden. Es spricht mithin – zusammen mit Erscheinungen aus anderen Sprachgebieten – für die Existenz einer frühen Schicht volkstümlicher Dichtung. Diese und die *kharjas* stellen zumeist den Schmerz einer von ihrem Geliebten verlassenen Frau dar, aber bei den *kharjas* scheint das eher metaphorisch gemeint zu sein. Das *muwassaha* ist oft an den Gönner oder Beschützer des Dichters gerichtet, von dem sich zu trennen dem Dichter denselben Kummer bereitet wie der Liebenden die Trennung vom Geliebten. Ein solches Gedicht zielt also auf einen Vergleich mit der Liebe zwischen Frau und Mann ab und bezieht sich allenfalls auf ein homosexuelles Verhältnis zwischen dem Gönner und dem Dichter, was nicht für einen Zusammenhang mit der höfischen Liebeslyrik spricht.

Der Einfluß der klassischen und der mittellateinischen Literatur im Hochmittelalter ist derart umfassend, daß man seine Existenz nicht erst zu beweisen braucht und die Einflußwege, die ihm offenstanden, kaum aufzuzählen vermöchte. Es genügt das Stichwort: Latein im Unterricht in Schulen und Hochschulen. Die Beschäftigung mit lateinischen Liebesdichtern, z. B. Catull oder Ovid, kann natürlich die Übernahme der Liebe als Thema von literarischem Interesse mitbestimmt haben, aber die direkte sexuelle Erotik der antiken Dichter erklärt nicht den Minnedienst und die für ihn charakteristische Verehrung der Minneherrin.

Der im Mittelalter zunehmende Kult der Jungfrau Maria und seine literarischen Manifestierungen hingegen können sehr wohl die Art der Verehrung der Minneherrin beeinflußt haben. Daß immer wieder typische Vergleiche, die man für die Muttergottes gebrauchte, auf die Geliebte des Minnesangs angewendet werden, unterstützt die These. Einschränkend ist jedoch zu sagen, daß der wirkliche Kult für die ersten Phasen der Troubadourpoesie und damit des von ihr abhängigen Minnesangs etwas spät kommt; daß es noch der Erklärung bedarf, woher man den Mut nahm, diese Ausdrucksformen auf die weltliche Geliebte anzuwenden; und daß die verehrende Liebe aus der Ferne nicht einmal den Hauptteil der höfischen Minne ausmacht, wenn man etwa das Bild, das das Tagelied oder die Epik bieten, neben das des Werbungsliedes (s. S. 99–103) stellt.

Die Annahme, daß es an vielen Orten Europas eine frühe volkstümliche Lyrik gegeben hat, die Gemeinschaftssituationen wie der Arbeit, der Hochzeit, der Feier der Jahreszeiten usw. entsprungen ist, wird heutzutage kaum bestritten. Es leuchtet auch ein, daß Lieder, die etwa die Trauer eines verlassenen Mädchens ausdrücken, wahrscheinlich bei der Frauenarbeit gesungen wurden und daß sie die soziale Rolle der Frau in einer Gesellschaft widerspiegeln, in der dem Mann allein die Freiheit oder die Pflicht zu reisen zufiel. Auch diese Dichtung kann zur höfischen Dichtung höchstens ein paar Züge beigesteuert haben.

**Spezifische Verbindungswege für die skizzierten Einflüsse lassen sich schwerlich nachweisen. Alle dürften je nach Zeit und Gegend ihren Teil zu dem Mischprodukt beigetragen haben, das wir Minnesang nennen.**

Von anderer Art ist der Versuch, den Minnedienst und die unterwürfige Haltung der Dichter in ihren Liedern aus der sozialen Realität zu erklären, wie sie an den Höfen vor allem Südfrankreichs in der ersten Hälfte des 12. Jahrhunderts gegeben war. Die Vertreter dieser Forschungsrichtung nehmen an, für die Darstellung der Liebe in Form eines demütig geleisteten Dienstes sei eine Gruppe von jungen Männern (*joven*) verantwortlich, die, überwiegend dem niederen Adel angehörend, wenig Aussicht auf den Aufstieg in den höheren Adel gehabt hätten: ganz von der Gunst ihrer hochadligen Herren abhängig, hätten diese Männer gehofft, durch den Dienst am Hof ihre Lage zu verbessern. Minnedienst und Werbung, wie sie in den Liedern dargestellt werden, wären demnach metaphorischer Ausdruck ihrer Hoffnungen auf sozialen Aufstieg; die Gunst der Dame symbolisierte ihr wahres materielles Ziel (und könnte bisweilen das tatsächlich Erstrebte sein, wenn der reale Lehnsherr – was vorkam – eine Frau war).

Dieses Bild wird jedoch dadurch gestört, daß die Mehrzahl der Dichter, deren soziale Stellung wir bestimmen können, weder in Südfrankreich noch in Deutschland aus dem niederen Rittertum stammt. Große Herren sind unter ihnen (z. B. Wilhelm IX. von Aquitanien, Graf Rudolf von Fenis und sogar Kaiser Heinrich VI.), und wo es sich in Deutschland tatsächlich um Ministerialen handelt, sind diese oft keineswegs besitzlose Ritter, sondern bedeutende Reichsministerialen wie Friedrich von Hausen. Daß solche hohen Herren anscheinend Demut, Dienst und unerschütterliche Treue auch ohne Lohn als Lebens- oder Liebesideal propagieren, kann man bestimmt nicht als politischen oder ökonomischen Aufstiegswillen auslegen. Vorab ein sprachliches Problem: die Bedeutung der Termini *liebe* und *minne* und das Verhältnis, in dem sie zueinander stehen. Im Okzitanischen entwickelte sich vom Anfang des 12. Jahrhunderts an – der Zeit des ersten Troubadours, Wilhelms IX., Herzogs von Aquitanien und Grafen von Poitou (1071–1127) – jenes Phänomen, das die Zeitgenossen und die Dichter selbst *fin'amors* („feine, vornehme, aristokratische Liebe") nannten.

Höfische Liebe dieser Art zeigt sich in der Rücksicht, die der Mann der Dame erweist, und die sich in eleganten, zurückhaltenden Manieren und einem entsprechenden Umgangston äußert; die Liebe muß im Prinzip verheimlicht werden, aber da dies die Kräfte des Sängers übersteigt, hat er wenigstens über die Identität der Dame zu schweigen; die Werbung des Sängers hat die Form des (be-)ständigen Dienstes für die Dame, die als seine (Lehns-)Herrin geschildert wird. E i n e Form des Dienstes ist das Verfassen der Lieder selbst, die, frei von allem Triebhaften, an die höheren Eigenschaften der Dame appellieren; selbst dann, wenn der Sänger die Liebe oder zumindest den Gruß der Dame nicht gewinnt, erhöhen ihre mannigfaltigen Tugenden ihn ethisch, und falls sie ihm gegenüber sich als gleichgültig erweisen, erhöhen ihn die eigenen besseren Eigenschaften, die durch seine Liebe entwickelt wurden.

Nach der ersten vorhöfischen Welle der deutschen Lyrik, dem sog. „donauländischen Minnesang", verbreitet sich in Deutschland eine neue Auffassung der Liebe, die mit der des *fin'amors* verwandt ist und offensichtlich aus der Provence und Frankreich übernommen wurde. Eine Analyse der Entwicklung wird indes durch zweierlei erschwert: erstens sind einige Eigenschaften des *fin'amors* bzw. der höfischen Liebe oder der hohen Minne Selbstverständlichkeiten, die man auch ohne Einfluß von auswärts erwarten würde; zweitens begegnet man in den deutschen Liedern von Anfang an zwei Termini, *minne* und *liebe*.

Eine Beschreibung des Verhältnisses, in dem diese zueinander stehen, muß neben der Semantik auch die Morphologie beachten. Die beiden Substantive sind von früh an in Teilbereichen ihrer semantischen Paletten gleichwertig. Die Wahl des einen oder des anderen kann durch Verschiedenes bedingt sein: durch stilistisch-rhetorische Überlegungen (wenn der Dichter z. B. mittels des Anklangs zwischen *minneclîch* – „schön, anmutig" – und *minne* ein Muster, eine Emphase, oder eine inhaltliche Pointe erzielen will); durch die Erfordernisse des Reims; durch persönliche Vorliebe des Dichters. Wir interessieren uns hier für den Teil der semantischen Paletten, der die Anziehungskraft bezeichnet, die ein Mensch bei einem Angehörigen des anderen Geschlechts spürt. Unbeschadet der Vorlieben einzelner Dichter wird sowohl *minne* als auch *liebe* im Minnesang von Anfang an für dieses Verhältnis gebraucht.

Die Äquivalenz wird durch zweierlei gestört: erstens sind die Verben *lieben* und *minnen* im Gegensatz zu den Substantiven weder semantisch noch syntaktisch gleichwertig. Während sich *minnen* mit persönlichem Akkusativ durchaus mit nhd. „lieben" übersetzen läßt, kann das mhd. Verb *lieben* kein persönliches Akkusativobjekt regieren, sondern ist, wenn es mit dem Akkusativ gebraucht wird, mit „erfreuen" oder „beliebt machen" wiederzugeben; intransitiv gebraucht, heißt es „*liep* sein/werden, behagen". Das fehlende Transitivum „lieben" wird durch Kollokationen wie *liep sîn* oder *holt sîn* ersetzt; auch *meinen* kann wie *minnen* gebraucht werden.

Der zweite störende Umstand ist der, daß *liebe* vieldeutiger als *minne* ist. Das Adjektiv *liep* heißt sowohl „lieb, teuer" als auch „angenehm, erfreulich", und diese Doppeldeutigkeit erscheint auch in dem Substantiv *liebe* und dem substantivierten Adjektiv (*daz*) *liep*. Angemessener gesagt: *liep* hat zwei Antonyme, die mit dem Wort selbst in einem Dreiecksverhältnis stehen, das im Nhd. nicht direkt wiederzugeben ist: *leit* („Leiden, Schmerz") ist das Gegenteil von: *liebe* („Freude, Wohlgefallen; Liebe") ist das Gegenteil von: *nît, haz* („Haß, Feindseligkeit; Neid").

Die erste Folge ist, daß beide Wörter nicht jedesmal in gleichwertigen lexikosemantischen Umgebungen auftreten; die zweite, daß *liebe* sich leicht anbietet, wenn ein Dichter die Liebe als etwas Erfreuliches und Erwidertes darstellen will – aber eher, weil es als Gegensatz zu *leit* fungiert, als aus dem Grunde, daß die Vokabel an sich die Bedeutung „erfolgreiche Liebe" hat. Entsprechend bietet sich *minne* eher als neutrale Bezeichnung oder für ein unerwidertes Liebesverhältnis an, aber auch das keineswegs durchgehend und eher aus Opposition als aufgrund einer wesenhaften Bedeutung. *Diu liebe* kann zweideutig sein: entweder Abstraktum („Liebe") oder Femininum des Adjektivs („die Geliebte"). Persönlich gebraucht, ist *diu liebe* daher entweder als Artikel und Adjektiv zu verstehen oder als Personifizierung des Abstraktums, bezogen auf die Figur der Geliebten. Wird *minne* personifiziert, so neigt es dazu, nicht die Geliebte, sondern die als Person aufgefaßte Kraft der Liebe selbst zu bezeichnen. Die Grenzen sind jedoch fließend.

Die Verteilung der Substantive *minne* und *liebe* bei den Liederdichtern zwischen dem Kürenberger und Hartmann von Aue zeigt, daß *minne* etwa zweimal so häufig gebraucht wird wie *liebe*. (Wir versuchen Fälle auszuklammern, wo *liebe* „Freude" u. ä. ausdrücken soll.) Es ist nicht so, daß *liebe* zunächst vorherrscht und dann unter romanischem Einfluß von *minne* zurückgedrängt wird. Bei den frühesten Dichtern – dem Kürenberger, Meinloh von Sevelingen, Dietmar von Aist und den beiden Burggrafen von Regensburg und Rietenburg – belaufen sich die *minne*-Belege auf etwa das Dreifache der *liebe*-Belege, während umgekehrt von einem der spätesten Dichter der Gruppe, Reinmar dem Alten, *liebe* zweimal so oft gebraucht wird wie *minne*. Friedrich von Hausen, Bernger von Horheim, Rudolf von Fenis und Heinrich von Veldeke, die frühen Hauptvertreter und zum Teil Begründer der angehenden romanischen Richtung, benutzen fast ausschließlich *minne* an den Stellen, an denen man den Sinn auf nhd. „Liebe" festlegen kann.

Die Zahlenverhältnisse sind bei Albrecht von Johansdorf und Heinrich von Morungen ausgeglichener, und dies gilt auch für Heinrich von Rugge, sehen wir von einer spielerischen Strophe ab, in der 13 von seinen 19 *minne*-Belegen vorkommen. Im allgemeinen werden beide Termini weniger benutzt, als wir vielleicht erwarten würden. In den 57 Strophen Hartmanns finden wir nur zehn Belege für *minne* und zwei sichere für *liebe* (in dem zur Debatte stehenden Sinn); von diesen erscheinen fünf *minne*- und die beiden *liebe*-Belege in dem einen Lied (MF 218,5), so daß nur fünf *minne*-Belege auf die übrigen 54 Strophen fallen. Der von der Literaturwissenschaft so häufig gebrauchte Terminus „hohe Minne" kommt bis Walther in der Lyrik nur einmal bei diesem und einmal bei Hausen vor. Erst bei Walther zeichnen sich Ansätze zu einer polemisch programmatischen Unterscheidung zwischen *minne* und *liebe* ab, in der dem Steif-Ständischen des höfischen Minnedienstes ein natürlicheres Verhältnis zwischen den Geschlechtern entgegengesetzt wird (s. S. 214–221).

Die Auffassung der Minne als treuer Dienst für eine gesellschaftlich höherstehende (Lehns-)Herrin bildet einen Hauptteil des adligen Wesens der Minne, etwas, das zwischen aristokratischem Verhaltenskodex und höfischem Gesellschaftsspiel schillert. Solcher Dienst wird außerdem als erzieherische Kraft verstanden, durch die der sehnsuchtsvolle Dichter ethisch geläutert wird, selbst wo der Lohn der Dame – entgegen den Ansprüchen des Lehnsrechts – ausbleibt.

Das Gebot, die Identität der Geliebten zu verheimlichen, ist kulturell so verbreitet, daß wir bezweifeln, ob es als Moment höfischer Minneauffassung bzw. als Indiz für romanischen Einfluß gelten darf. Von jeher gibt es kein Gebiet der zwischenmenschlichen Beziehungen, auf dem die Betroffenen fester der Meinung sind, es gehe sie allein an, und auf dem zugleich die Öffentlichkeit wißbegieriger und überzeugter ist, daß sie das Recht hat, alles zu wissen.

Noch heikler ist unser letzter Wesenszug der höfischen Minne: die Frage, ob die Dame verheiratet sein muß und ob der (potentielle) Ehebruch deshalb conditio sine qua non ist. Wir müssen zwischen Süd- und Nordfrankreich, zwischen Frankreich und Deutschland und zwischen Lyrik, Epik und der wohl einzigen in Frage kommenden ‚theoretischen' Schrift, dem mittellateinischen Traktat ‚De amore' („Von der Liebe") des Andreas Capellanus, unterscheiden.

In der okzitanischen Lyrik können wir mit einiger Sicherheit den Ehebruch als literarisches Thema entdecken. Es gibt dort zum Beispiel die in der *Alba* (dem Tagelied) erwähnte, wenn nicht auftretende, Gestalt des *gilos*, des „Eifersüchtigen", mit der vermutlich der betrogene Gatte gemeint ist. Auch weitere okzitanische Liedtypen legen bisweilen die Annahme nahe, die Dame sei verheiratet. Die nordfrz. Lyrik dagegen thematisiert den Ehebruch nicht oder läßt zumindest die Frage offen. In der Epik ist die Lage wieder anders: der höfische Roman Nordfrankreichs stellt ehebrecherische Verhältnisse dar, ohne daß diese die Norm, geschweige denn unerläßliche Voraussetzung für die höfische Liebe sind. Der geduldige Minnedienst kann dort selbst zur Ehe führen.

In der deutschen Lyrik fehlt jedes Anzeichen dafür, daß die dargestellte Liebe ehebrecherisch ist. Im deutschen Roman gibt es wie im nordfranzösischen neben ehebrecherischen unschuldige Liebesbeziehungen, die über Ritterdienst zur Ehe führen. Den Ehebruch kennen Ottes ‚Eraclius' und selbstverständlich die Tristan-Romane, wie im Altfranzösischen Chrestiens ‚Lancelot' und der ‚Prosa-Lancelot' (vgl. Bd. II/2, S. 179ff.). Deutschland dagegen zeigt eine größere Zurückhaltung insofern, als es z. B. keine Lieder oder Sprüche gibt, die den Ehebruch erörtern, und – bis ins Spätmittelalter – keine deutsche Übersetzung des Traktats des Andreas Capellanus bzw. kein Gegenstück zu ihm. Der Vorstellung, daß (vermeintliche) deutsche Scheu vor der literarischen Behandlung des Ehebruchs das Fehlen einer Übersetzung von Chrestiens ‚Lancelot' erkläre, widerspricht die Existenz von Ottes ‚Eraclius', der beiden Tristan-Romane und des ‚Moriz von Craûn'. Ton und Moral des letzten Werkes weisen weniger mit dem höfischen Roman Verwandtschaft auf als mit der Schwankdichtung, in welcher der Ehebruch zum festen Motivinventar gehört. Als Kronzeugen dafür, daß die höfische Liebe definitionsgemäß ehebrecherisch sei, führte man wiederholt Andreas Capellanus an.

Über die Identität des Andreas und den Ort seiner Tätigkeit sind wir schlecht informiert. Es ist wahrscheinlich, daß er Hofkaplan war und sein ‚Tractatus de Amore' um die Mitte der achtziger Jahre des 12. Jahrhunderts entstanden ist. Manches spricht dafür, daß er für die Gräfin Marie de Champagne geschrieben wurde, die als Witwe dem Hof in Troyes vorstand (1181–1187). Als Tochter der Eleonore von Aquitanien aus deren erster Ehe und als (mutmaßliche) Gönnerin von Chrestien de Troyes käme Marie auch dann als potentielle Auftraggeberin des Traktats in Frage, wenn sie – falls die Identifizierung stimmt – keine prominente Rolle in dem Werk selbst spielte. Der Traktat will ein Handbuch der Liebe für einen unerfahrenen Jüngling sein. Von den drei Büchern erklärt das erste, welches die Natur der Liebe ist und wie man sie gewinnt (Regeln werden formuliert und fiktive Dialoge zwischen Liebespaaren erfunden); das zweite unterrichtet darüber, wie die Liebe aufrechtzuerhalten sei, und bringt neben theoretischen Erörterungen fiktive kasuistische Probleme, als Gerichtsfälle präsentiert, in denen – z. B. von der „Gräfin von Champagne" – Urteile gefällt werden; das dritte nennt sich ‚Die Verurteilung (Verwerfung) der Liebe', die den Jüngling, nachdem er zuvor in die Liebe eingeweiht wurde, von ihr und der mit ihr verbundenen Sünde abhalten soll. Die Struktur des Traktats ist ebenso rätselhaft wie sein Sinn. Widersprüche kommen vor und eine zusammenhängende Gesamtlehre läßt sich nicht entdecken.

Daß Andreas in der Diskussion über die Bedeutung des Ehebruchs im höfischen Minnewesen eine besondere Rolle spielt, liegt daran, daß er oft beteuert, edle Liebe zwischen Verheirateten sei nicht möglich, etwa weil ohne Leiden, Gefahr oder Eifersucht der echte Antrieb zur Liebe fehle. Eine solche Ansicht k ö n n t e mit der der okzitanischen Lyrik übereinstimmen.

Wenn wir jedoch von den deutschen Verhältnissen sprechen, ist zuerst zu bedenken, daß Andreas in Deutschland kaum rezipiert wurde, zumindest nicht während der Blütezeit, daß der höfische Roman Frankreichs und Deutschlands Verhältnisse zeigt, die als höfische Liebe dargestellt werden, auch wenn sie zwischen – miteinander – Verheirateten bestehen, und daß die deutschen Tagelieder kein Gegenstück zum *gilos* der okzitanischen kennen. Man nimmt an, daß die drohende Gefahr, die die Liebenden des Tagelieds zwingt, sich beim Tagesanbruch zu trennen, auf den Ehebruch hinweist. Adlige junge Damen waren indes, wenn sie Jungfrau blieben, für ihre Verwandten kostbares Besitztum und ein willkommenes Mittel, durch kluge Ehestiftung Einfluß und Macht zu gewinnen. Wehe dem Liebhaber und dem Mädchen, wenn irrelevante Liebesgefühle einer klugen Heiratspolitik in die Quere kamen. Der Zorn eines getäuschten Verwandten genügt durchaus, um die Gefahr des Tagelieds zu konstituieren. Die Sichtung des literarischen Materials zeigt also, daß nichts dazu zwingt, den Ehebruch zu einem unabdingbaren Kriterium für die höfische Liebe zu erklären. Wie reimt sich diese Sachlage mit den Aussagen des Andreas Capellanus zusammen?

Zunächst einmal fehlt jeder Beweis, daß Andreas eine Theorie der höfischen Liebe, wie wir sie aus den Liedern der Troubadours und Trouvères kennen, entwickeln wollte. Manches bei ihm stimmt wenig mit dem Inhalt der höfischen Literatur überein. Zweitens ist es schwer zu enträtseln, für welches Publikum Andreas schrieb: für Kleriker oder für Laien, und ob sein Werk überhaupt den ernsthaften Versuch darstellt, einen theoretischen Traktat über die höfische Liebe zu schreiben, und nicht etwa eine kasuistische, belustigende, selbstironisierende Unterhaltung für eine preziöse Schicht am Hofe. In der neueren Forschung setzt sich die Meinung durch, daß die Widersprüche des Werks durch die Annahme zu erklären sind, es sei zur Unterhaltung bestimmt gewesen.

Wenn *aventiure* und das ritterliche Ethos des höfischen Romans einen idealisierenden Versuch darstellen, den kriegerischen Tätigkeiten der Ritter einen Anstrich moralischer Verantwortung zu verleihen, dann leistet die Konvention der hohen Minne dasselbe für ihr Liebesleben – wird ihnen doch vorgeworfen, daß sie nichts außer Kampf und Hurerei kennen. In beiden Fällen bringt die Konvention neben einem Ethos vor allem einen Stil hervor.

Die Vermutung liegt nahe, daß dieser gemäßigte vornehme Stil, der Hauptbeitrag der höfischen Literatur zum Liebesthema, adligen Damen besonders zugesagt hat. Man hat erwogen, ob sich der kometenhafte Aufstieg der höfischen Minne als Thema und Stoff der Literatur der Blütezeit nicht überhaupt dem Interesse solcher Damen verdankt, für die das Ideal des Minnedienstes (zumindest in der Welt des Geistes) ein Ausgleich für die oft harte Realität von Ehen sein konnte, die aus berechnender Politik gestiftet wurden.

## Die Handschriften

Obgleich von den Handschriften schon wiederholt die Rede war, verdient ihre einmalige Stellung als unsere einzige physische literarische Verbindung mit dem Mittelalter und seinen Literaturwerken einen Sonderabschnitt. Wir zählen nur auf und beschreiben kurz die wichtigsten Träger der Überlieferung des Minnesangs und der Spruchdichtung.

*Codex Buranus* (Sigle: M; München, Bayerische Staatsbibliothek, clm 4660 – früher im Kloster Benediktbeuern in Bayern, daher der Name: ‚Codex Buranus' = „[Benedikt-]Beurer Handschrift" – vgl. Abb. 4); 112 Pergamentblätter; Grundstock entstanden vor der Mitte des 13. Jahrhunderts am Südrand der Alpen (Südtirol?), Nachträge bis ins 14. Jahrhundert (s. S. 51–54); die folgenden für diesen Band relevanten Dichter sind dort vertreten: Dietmar von Aist, Reinmar der Alte, Heinrich von Morungen, Walther von der Vogelweide, Otto von Botenlauben, Neidhart.

*Die Kleine Heidelberger Liederhandschrift* (Sigle: A; Heidelberg, Universitätsbibliothek, cpg 357), 45 Pergamentblätter; im letzten Viertel des 13. Jahrhunderts wahrscheinlich im Elsaß, möglicherweise Straßburg, entstanden (vgl. Bd. II/2, S. 38); sieht man von Doppelnennungen unter verschiedenen Namensformen ab, bleiben dreißig Dichternamen, von denen einige, z. B. Niune und Gedrut, zweifelhaft sind (s. S. 54).

*Die Weingartner Liederhandschrift* (Sigle: B; Stuttgart, Württembergische Landesbibliothek, HB XIII poet. germ. 1 – früher im Kloster Weingarten bei Ravensburg), 156 Pergamentblätter mit 25 ganz- oder halbseitigen „Dichterporträts"; frühes 14. Jahrhundert; wahrscheinlich in Konstanz im Auftrag des Bischofs Heinrich von Klingenberg (1293–1306) hergestellt; enthält Lieder von fünfundzwanzig Dichtern, dazu einige anonyme Stücke.

*Die Große Heidelberger* (auch *Manessische*) *Liederhandschrift* (Sigle: C; Heidelberg, Universitätsbibliothek, cpg 848 – vgl. Abb. 5 und 6), 156 Pergamentblätter; Prachthandschrift mit 138 ganzseitigen „Dichterporträts"; Kernbestand vermutlich schon 1300 abgeschlossen; spätere Zusätze bis ca. 1340; höchstwahrscheinlich in Zürich geschrieben und bebildert; als Auftraggeber hat man die Staufer oder die Habsburger vorgeschlagen; am wahrscheinlichsten bleiben Rüdiger Manesse († 1304), Mitglied des Züricher Patriziats, und sein Sohn Johannes († 1297), Kustos am Großmünster in Zürich, die von Johannes Hadlaub (um 1280–1340) schon in einem Lied in der Handschrift selbst als berühmte Sammler von *liederbuoch* (8,1ff.) genannt werden und nach denen die Handschrift als die „Manessische" bezeichnet wird; 140 Dichter- bzw. Werkeinträge.

*Die Würzburger Liederhandschrift* (Sigle: E; München, Universitätsbibliothek, 2° Cod. ms. 731), 285 Pergamentblätter, um die Mitte des 14. Jahrhunderts geschrieben; enthält hauptsächlich didaktische Werke, aber auch Lieder unter den Namen Walthers und Reinmars, denen jeweils e i n Lied Heinrichs von Morungen zugeschrieben wird.

*Die Budapester Fragmente* (Sigle: Bu; Budapest, Széchenyi-Nationalbibliothek, Cod. Germ. 92), 3 Pergamentblätter (ein Doppel- und ein Einzelblatt – vgl. Abb. 7).

Trotz ihres geringen Umfangs gehen wir ausführlicher auf diese Fragmente einer größeren bebilderten Liederhandschrift ein, weil sie erst 1985 entdeckt wurden. Obgleich sie keine unbekannten Lieder bringen, stellen sie eine wichtige Bereicherung unserer Kenntnisse dar. Die Recto-Seite des ersten Blattes des Doppelblattes enthält die Überschrift *Der herre von Churenberch*, darunter das Autorbild; die Verso-Seite die ersten 9 Strophen des Kürenbergers in derselben Folge wie in C, aber mit abweichenden Lesarten. Die Recto-Seite des zweiten Blattes des Doppelblattes hat die Überschrift *Der vogt von Rotenburch* mit Autorbild; die Verso-Seite hat erstens drei Strophen (MF 109,9−27), die von A, B, C und E verschiedentlich Reinmar und Hausen zugeschrieben werden (in ‚Des Minnesangs Frühling' erscheinen sie wegen weiterer Strophen unter Heinrich von Rugge), zweitens die Strophe MF 150,10, die von A und C Reinmar, von B aber Hausen zugeschrieben wird, drittens eine Strophe (KLD VII/1) Rudolfs von Rotenburg. Das Einzelblatt hat auf der Recto-Seite die Überschrift *Der Burgraue von Regenspurch* mit Autorbild, auf der Verso-Seite alle 7 bekannte Strophen des Burggrafen von Rietenburg − die Reihenfolge ist wie in C (doch stimmen die Lesarten in den 5 Strophen, die B überliefert, eher mit dieser überein). Die Bilder sind nicht völlig ausgeführt, doch scheint es eine stattliche Handschrift gewesen zu sein, die aufgrund der Schrift vorläufig „um 1300" (Vizkelety) oder ins „3./4. Viertel des 13. Jahrhunderts" (Wirth) datiert wird. Da die Sprache auf den bairisch-österreichischen Raum weist, haben wir den ersten Beweis für Sammlertätigkeit in dieser bedeutenden Minnesanglandschaft, und zwar eine Sammelhandschrift von Minneliedern, die wir neben die bisher allein aus dem alemannischen Raum stammenden A, B, C setzen können. Es wäre überraschend, wenn solche bairischen Handschriften n i c h t existierten: man denke an die aus der Gegend stammende frühe Lyrik, oder an die dort entstandene ‚Carmina Burana'-Hs. Es ist wichtig, daß wir hier ein zweites Zeugnis für unseren ältesten Minnesänger, den Kürenberger, erhalten.

## Liedtypen

Bei der Bestimmung der Liedtypen geht es um die Phänomene selbst und um die Termini für sie. Im Bereich der mhd. Lyrik stören verschiedene Faktoren das normale Verhältnis zwischen den beiden. Erstens die Tatsache, daß in der zweiten Hälfte des 12. Jahrhunderts die deutsche Lyrik zunehmend unter den Einfluß der romanischen gerät; zweitens, daß die deutschen Dichter kein offensichtliches Bezeichnungssystem für die Liedtypen besitzen; drittens die Schwierigkeit, angesichts dieser fehlenden Terminologie deutsche Liedtypen zu erkennen oder zu benennen.

Zum ersten: Der romanische Einfluß macht sich zwar überall und sehr stark bemerkbar, aber die deutschen Liederdichter haben nicht alle Liedtypen des (vor allem im Okzitanischen) hochentwickelten Inventars übernommen. E i n ausschlaggebender Faktor war sicherlich die Existenz schon bestehender einheimischer Liedtypen − sei es, daß sie positiv den Boden für die Übernahme entsprechender romanischer Typen bereiteten, sei es, daß sie Lücken im deutschen System spürbar machten. Wir dürfen den Instinkt, den die mhd. Dichter und Unterhaltungskünstler für die Bedürfnisse des Marktes hatten, nicht unterschätzen. Er hat sie auch belehrt, daß das deutsche Publikum für einige romanische Typen (noch) nicht empfänglich war.

Der zweite Punkt betrifft das Fehlen eines ausgebauten einheimischen Systems von Bezeichnungen für Liedtypen. Wenn solche Bezeichnungen existierten, haben die Dichter weder sie in ihren Liedern benutzt noch die romanischen Termini eingeführt. Die mhd. Lyrik der Blütezeit vergewissert sich in viel geringerem Maße als die romanische ihrer selbst, ist weniger bereit, über sich selbst zu reflektieren. Sie hebt den Aufführungsprozeß hervor, nicht aber den Schaffensprozeß. Daher das seltene Auftreten von technischen Ausdrücken, das nur zum Teil durch die schmalere Palette der deutschen Liedtypen zu erklären ist.

Das hohe Maß an Selbstreflexion der romanischen Dichter sieht man etwa an der innerhalb der Lieder ausgefochtenen Debatte um die Stilrichtungen des *trobar clus* („geschlossenes [d. h. dem Verständnis nicht ohne weiteres zugängliches] Dichten") und des *trobar leu* („klares oder leichtes Dichten"), und an den *vidas* oder *razos*, die einige Handschriften vor das Werk eines Dichters bzw. vor einzelne Lieder setzen. Als Beispiel der Stildiskussion dient der Streit zwischen Guiraut de Borneil und Raimbaut d'Aurenga: Guiraut löst sich vom *trobar clus* und verteidigt das *trobar leu*. Im Tenso („Debattenlied") *Ara˙m platz* (hg. von D. W. Pattison, XXXI, 1ff.) erklärt er, warum er das *trobar leu* jetzt vertritt; er stellt Raimbauts Reaktion auf seine veränderte Einstellung dar, die lautet: „Nun möchte ich wissen, Guiraut de Bornelh, warum und aus welchem Grund ihr es unternehmt, das geschlossene Dichten schlecht zu machen?" Für das Mhd. vermissen wir solche direkte Aussagen trotz des Verdachts, daß sich gewisse nicht völlig verständliche Stellen auf Dichtungstechnisches beziehen, z. B. *kurz* und *lanc* bei Walther von der Vogelweide (18,12) und Wolfram von Eschenbach (7,34) oder Walthers Rede von *drîer slahte sanc* (84,22).

Ebenso fehlen deutsche Gegenstücke zu den *vidas* („Biographien" der Troubadours) und *razos* (Prosaabschnitten, die vor bestimmte Lieder gesetzt sind, um die angeblichen Umstände der Entstehung des Lieds zu schildern). Stellen die Debatten über den Stil eine Art mittelalterliche Literaturkritik dar, so hat man in den *vidas* und *razos* früheste Literaturgeschichte sehen wollen. Weder die *vidas* noch die *razos* sind einfach für bare Münze zu nehmen. Sie decken sich oft mit dem Inhalt von einzelnen Liedern der betreffenden Dichter und erwecken den Verdacht, daß sie darauf basieren. (Es ist aber prinzipiell von Interesse, daß die Hersteller und Rezipienten der *vidas* und *razos* anscheinend mit der fiktiven oder wahren Möglichkeit eines biographischen Elements in den Liedern rechneten.)

Wenn es – abgesehen von dem Sonderfall Ulrichs von Lichtenstein (vgl. Bd. II/2, S. 16ff.) – im deutschen Gebiet überhaupt Ansätze zu so etwas wie *razos* und *vidas* gibt, dann in den Bildern der illuminierten Lyrikhandschriften, die oft den jeweiligen Minnesänger in einer Rolle darstellen, die entweder allgemein den Inhalt seiner Lieder thematisiert oder eine bestimmte Episode aus einem Lied herausgreift und eine als den Minnesänger erkennbare Figur in sie hineinversetzt. Ein Beispiel der ersten Art wären aus Hs. C das Bild Heinrichs von Veldeke (mitten in einen für seine Lieder typischen Natureingang hineingesetzt – s. S. 109 und S. 111); für die zweite Art steht das Bild Heinrichs von Morungen, mit seiner ihm (MF 145,9) im Traume – durch Kopfkissen angedeutet! – erscheinenden Minneherrin. Man kann hierin eine Parallele zu den *razos* sehen. Die zu den Bildern gehörenden Wappenschilder wären dann in ihrer Absicht, genealogisch-biographische Information zu vermitteln, eine ferne Annäherung an die *vidas* (seien sie echt oder erfunden wie z. B. die visuelle Etymologisierung des Namens „Kürenberg" durch eine *kürn*, „Mühle/Mühlstein", im Wappenbild).

Das dritte Problem ist das schwierigste: angesichts des Fehlens einer zeitgenössischen Terminologie die Liedtypen erkennen und benennen zu wollen. In bescheidenem Umfang kann der Vergleich mit den fester geprägten und genauer bezeichneten romanischen Typen helfen.

Unsere Liste ist als praktisches Hilfsmittel gedacht, indem sie Bezeichnungen erklärt, die in der Literatur zur mhd. Lyrik begegnen. Sie berücksichtigt solche Formen und Themen, die durch Häufigkeit als künstlerische oder thematische Schwerpunkte zu erkennen sind. Die herkömmliche Unterscheidung der mhd. lyrischen Untergattungen beruht von Fall zu Fall auf verschiedenartigen Kriterien: Inhalt, Rollen, Strophenform oder -zahl, einzeln oder in Kombination. In der Kategorisierung der romanischen Lieder finden wir ähnliche, aber differenziertere Kriterien. Es darf uns nicht wundernehmen, wenn Kreuzungen begegnen, denn Gedichte sind Gegenstände eher der Biologie als der Physik.

Die E i n z e l s t r o p h e: Der vielleicht früheste Liedtyp ist eine Einzelstrophe, in der sich der Ritter oder die Dame in einem Monolog allgemein über das Thema Minne oder ein individuelles Liebesverhältnis äußert. Die gedrungene Aussage der sprechenden Person in der Ich-Form füllt die ganze Strophe, es bleibt kein Platz zum Schildern oder Erzählen. (*Daz liet* bedeutet eigentlich „die Strophe", und die einzige Bezeichnung für ein mehrstrophiges Lied war der Plural *diu liet*.)

Der terminologische Befund bestätigt ungefähr die zeitliche Priorität, die dem einstrophigen Lied in der Überlieferung de facto zukommt. Die wohl frühesten Strophen bestehen meistens aus paarweise gereimten Langzeilen (Zeilen mit Zäsur).

Der W e c h s e l: Trotz einiger früher Lieder, in denen zwei Strophen der beschriebenen Art demselben Sprecher in den Mund gelegt sind (so z.B. im Falkenlied des Kürenbergers – s. S. 79), scheint die früheste Form der Erweiterung der Einzelstrophe der Wechsel zu sein. Er besteht aus parallelen Strophen, in denen die Dame und der Ritter abwechselnd Monologe halten. Genetisch ist er am leichtesten zu verstehen als eine Verbindung zweier Einzelstrophen. Jede Strophe bleibt durch die physische Isolierung der handelnden Figuren abgekapselt. Doch ohne die Isolierung aufzuheben, schwingt sich ein Bogen über die beiden und verbindet sie. Er besteht darin, daß beide Figuren vom selben Thema reden: von der Minne, und zwar nicht von einer beliebigen, sondern – wie Struktur und Wortlaut nahelegen – von ihrer Liebe zueinander. Nicht in der Lage, miteinander zu reden, sind die Liebenden „Gedankenpartner".

Das D i a l o g l i e d und das B o t e n l i e d: Weitere Schritte in Richtung auf die Mehrstrophigkeit sind in diesen beiden Liedarten zu finden. Vom Wechsel unterscheiden sie sich dadurch, daß sie wirkliche Gespräche bieten, nicht nur gedankliche. Ob die hermetische Isolierung des einstrophigen Lieds und noch des Wechsels zuerst dadurch aufgehoben wurde, daß die Liebenden zusammengebracht und miteinander reden durften, oder ob dies über den Boten geschah? Schließlich ist das Botenlied eine Unterart des Dialoglieds, deren Bedeutung darin liegt, daß auch hier Dialoge stattfinden und die Disposition der Rollen bereichert wird. Der vermittelnde Bote kann im Dienst der Dame oder des Ritters stehen, mit einem oder beiden reden, von einem oder beiden angesprochen werden etc.

Die K a n z o n e: Mit dem romanischen Einfluß kommt ein Liedtypus nach Deutschland, der in Stoff und Form über lange Zeit die deutsche Liedproduktion dominieren und beinahe alles andere verdrängen sollte: die Kanzone (okzitanisch *canso*). Es ist ein Lied in der ersten Person, das die Liebe zum (Haupt-)Thema hat. Die dazu gehörende Strophenform, die sich auch in der Romania allmählich entwickelt und durchsetzt, ohne zu der Dominanz zu gelangen, die ihr in Deutschland beschieden war, wird schrittweise von deutschen Dichtern übernommen. Sie ist zwei- bzw. dreiteilig (der erste Teil, der Aufgesang, zerfällt in zwei Teile, die in Verszahl, Reimschema und metrischem Muster gleich sind). Obwohl Melodien zu mhd. Minneliedern bis hin zu Neidhart kaum überliefert sind, ermutigt die besser belegte romanische Praxis zu der Annahme, daß gleiche Metrik und Reimstruktur auch gleiche Melodie (mhd. *diu wîse*) implizieren. Die identischen Teile des Aufgesangs werden mit einem von den Meistersängern des Spätmittelalters gebrauchten Terminus, der eine ältere Praxis fortsetzen k ö n n t e, „Stollen" genannt. Der zweite Teil der Strophe, der „Abgesang", hat ein neues Reimschema und eine neue Versstruktur; die Grundstruktur ist also: „A1, A2; B". Bei einigen Strophenformen können Reime und metrische Einheiten des Aufgesangs im Abgesang erscheinen, und auch hier bedeutet Wiederholung der Versstruktur wohl dieselbe Melodie. Anspielungen auf den Tanz – für unsere Periode vornehmlich in einer mhd. Strophe der ‚Carmina Burana' (167a), bei Heinrich von Morungen (MF 139,19) und Walther von der Vogelweide (z.B. 74,20; 51,21ff.) – legen es durch Inhalt, Rhythmik und manchmal durch refrainartige Elemente nahe, daß Lieder, vielleicht gerade d i e s e Lieder, zum Tanz gesungen wurden.

Das T a g e l i e d: Bestimmen Form und Inhalt die Kanzone, so liegt das Wesen des Tagelieds völlig im Inhaltlichen, und zwar in der Situation und der Rollenverteilung. Wiederum fehlen die Indizien, um zu entscheiden, ob das deutsche Tagelied seine Existenz ganz dem entsprechenden okzitanischen Typus, der *alba* (wörtlich „Tagesanbruch"), verdankt, oder ob nicht an einen einheimischen Liedtyp zu denken ist, der romanische Elemente aufgegriffen hat. Die Situation ist diese: zwei – möglicherweise unverheiratete, zumindest nicht m i t e i n a n d e r verheiratete – Liebende werden bei Tagesanbruch durch den Ruf bzw. Gesang der Burgwache geweckt; sie werden der Bedrohung gewahr, die der Tag für sie bedeutet, geben dem gesellschaftlichen Zwang nach und trennen sich unter Klage und Liebesbeteuerungen, oft nicht ohne sich – trotz oder gerade wegen der erhöhten Gefahr – nochmals körperlich hinzugeben. Da es sich im Tagelied um Figuren handelt, von denen in der dritten Person gesprochen wird (also nicht um ein „lyrisches Ich"), dürfen wir von einem erzählenden Liedtyp reden; da aber das Tagelied zu einem großen Teil aus Reden besteht, die oft dominieren und sehr gefühlsgeladen und differenziert sein können, und die Requisiten des Handlungszusammenhangs eine wichtige Rolle spielen, ist es nicht abwegig, das Tagelied auch eine dramatische Form zu nennen.

Das r e l i g i ö s e Lied: Inhalt, nicht Form ist das maßgebliche Merkmal. Vom Minnelied unterscheidet sich das religiöse Lied formal nicht. Die religiöse Thematik bewegt sich zwischen persönlichem Erlebnis oder Bekenntnis und (quasi-)theologischer Diskussion von Fragen des Dogmas und Grundsätzen des Glaubens. Es macht sich leicht ein starker gesellschaftlich-ethischer Zug bemerkbar, der zum Spruch mit religiöser Thematik überleitet (s. u. S. 70 und S. 205ff.).

Das K r e u z l i e d: Auch hier bestimmt lediglich das Thema den Typus. Der Inhalt weist auf das religiöse Lied, die Form auf das Minnelied. Diese Querbeziehungen sind in den deutschen Texten besonders ausgeprägt: der nächstliegende Inhalt des Kreuzlieds wäre entweder ein Ruf zur Beteiligung am Kreuzzug oder dessen Rechtfertigung, doch geht es in den deutschen Kreuzliedern viel häufiger um den Konflikt zwischen der Religion und der Minne, beide als Lehnsdienst dargestellt. Direkte Werbung für den Kreuzzug begegnet im deutschen Kreuzlied seltener. Ein entscheidendes Merkmal ist, daß der Ausgang des Konflikts von vornherein zugunsten der Kreuzfahrt entschieden ist, während das Wesen des Minnelieds gerade in der potentiell ewigen Fortsetzbarkeit des Unentschiedenen liegt.

Der L e i c h: Die einzige Großform der mhd. Lyrik ist der Leich. Seine Ursprünge und Beziehung zur mittellateinischen Sequenz und den verwandten romanischen Formen Lai, Descort und Estampie liegen im dunkeln, aber sein Auftreten in Deutschland scheint mit der ersten Welle des Einflusses aus der Romania zusammenzufallen. Da die Themen des Leichs nicht grundsätzlich verschieden sind von denen des Minnelieds, des religiösen Lieds und des Spruchs, bleibt nur die Form als entscheidendes Kriterium – mit der Einschränkung, daß die längere Form eine ausführlichere Gedankenführung und nachdenkliche, ernsthafte Inhalte begünstigt.

Im Unterschied zu den formal identischen Strophen eines Lieds herrscht im Leich das Prinzip der Progression: kleinere Einheiten von Versen („Versikel"), die in der Länge und der Zahl der Verse verschieden sind, lösen sich ab. Jeder Versikel hat sein eigenes Reimschema und seine eigene Metrik. Damit aber die Form nicht zu diffus wird, werden formengleiche Versikel wiederholt, im einfachsten Fall nach dem Schema: AA BB CC ... Einen festeren Zusammenhang und eine klarere Symmetrie erzielte man dadurch, daß Gruppen von Versikeln in derselben Reihenfolge wiederholt wurden: AA BB CC ... AA BB CC ... Als weitere Zusätze können am Beginn ein einleitender Teil und am Ende eine Zusammenfassung stehen, die bisweilen als Versikel mit gleicher Form gestaltet sind: A BB CC ... A. Der Leich wurde offenbar auch zum Tanz vorgetragen, doch läßt sich das erst im 13. Jahrhundert sicher nachweisen (vgl. Bd. II/2, S. 13f., 31f., 104). Die spärliche Überlieferung des deutschen Leichs aus den letzten Jahrzehnten des 12. und den ersten des 13. Jahrhunderts deutet darauf hin, daß er relativ neu war. Doch scheint auch anderes eine Rolle zu spielen. Aus unserem Zeitraum sind nur vier Leichs von vier verschiedenen Dichtern überliefert. Heißt das, daß die Dichter den Leich als schwere Probe ihrer Kunst betrachteten, an die man sich nur respektvoll mit der nötigen Reife heranwagte, und dann nur einmal – vergleichbar der Einstellung nachklassischer Komponisten gegenüber der Symphonie? Die Dichter sind Ulrich von Gutenburg (die Autorschaft ist nicht sicher), Heinrich von Rugge, Walther von der Vogelweide und Otto von Botenlauben; Themen sind die der stolligen Lieder und Sprüche.

Der S p r u c h: In der Forschung wird der sogenannte Spruch herkömmlicherweise als die zweite lyrische Hauptform neben dem Minnelied betrachtet, die alles außer diesem (und ihm verwandten Typen wie Wechsel usw.) und den religiösen Liedern einschließt. Trotzdem ist der Spruch von allen mhd. Liedtypen der problematischste und umstrittenste. Schon der Terminus ist mißlich, denn der Spruch ist nicht weniger als die anderen Typen zum Vorsingen bestimmt (weshalb man sich auch der Weiterbildung „Sangspruch" bedient). Die Hauptthemen des Spruchs sind Lebensweisheit, Ethik, Religion, Politik, Zeitereignisse, Zeitklage, persönliche Bitten oder Dankadressen, Lob, Trauer um Verstorbene. Selbstredend verbinden sich diese Themenkreise: etwa Bitte und Lob, Trauer und Religion und Lob, Religion und Ethik, Ethik und Politik etc. Der Spruch kann alle Themenkreise aller schon erwähnten Liedtypen umfassen, wenn auch mit einer anderen, eigenen Optik: wird z. B. die Minne im Spruch diskutiert, so geht es eher um das Wesen der Minne als um ein besonderes Minneverhältnis; handelt ein Spruch von geistlichen Dingen, so werden sie vom Standpunkt der Kirchenpolitik oder der Grundsätze christlicher Lebensführung her behandelt.

Die Entscheidung, ob ein Lied oder ein Spruch vorliegt, hinge demnach bestenfalls vom Verhältnis der Zutaten und von der Emphase ab, und schlimmstenfalls wäre es ein müßiges Spiel, den Spruchtypus überhaupt aussondern zu wollen. Doch ist da noch die Form: trotz aller Komplikationen (s. S. 191 und S. 208ff.), ist der Spruch im wesentlichen eine einstrophige Form, auch wenn sich Sprüche dadurch zu höheren Einheiten zusammenfügen können, daß mehrere mit demselben Reimschema und derselben metrischen Struktur – und deshalb derselben Melodie – und oft auch mit verwandten Themen Vortragsgruppen bilden. Man nennt metrische Struktur und Melodie zusammen den „Ton" und zählt alle Spruchstrophen eines Dichters, die dieselbe Form haben, zu einem Ton. Theoretisch kann es sich um eine beliebige Zahl von Strophen handeln, doch bietet Walther von der Vogelweide, der einzige produktive Spruchdichter unseres Zeitraums, eine Höchstzahl von 19 Strophen (im „König-Friedrichs-Ton") und im Durchschnitt 8 Strophen pro Ton, isolierte einzelne Spruchstrophen nicht mitgerechnet (und ungeachtet der Unwägbarkeiten der Überlieferung).

Da die inhaltlichen und sprachlichen Beziehungen zwischen den Strophen auch des Minnelieds oft locker sind, halten Gegner des Spruchbegriffs es für nicht gerechtfertigt, den Spruch als besonderen Typ zu behandeln. Unsere Entscheidung für die herkömmliche Trennung von Lied und Spruch ist pragmatisch begründet: sie erleichtert die Anknüpfung an die Forschungsliteratur und die Gliederung unserer Darstellung. Da die Entscheidung doch e t w a s mehr als feige Pragmatik ist, weisen wir auf viererlei hin.

Erstens: Minnesänger und Spruchsänger scheinen prinzipiell verschiedenen gesellschaftlichen Gruppen angehört zu haben; jene waren gesellschaftsfähige Amateure vom Hofe, diese wandernde, am Hofe vorübergehend geduldete Berufsunterhalter. (Später verwischen sich diese Grenzen.)

Zweitens: Es gibt tatsächlich Spruchstrophen im selben Ton, die inhaltlich viel disparater sind als die Strophen eines noch so locker gebauten und wenig zusammenhängenden Lieds. Wenn wir die Sache umdrehen, fällt auf, daß trotz der in manchem Lied offensichtlichen Schwäche des Zusammenhangs die Selbständigkeit der einzelnen Liedstrophe bedeutend geringer ist als die der Spruchstrophe. Die Aussage der Strophe eines Lieds bedarf in weit höherem Maße der Unterstützung ihrer Nachbarn. Symptomatisch für die Selbständigkeit der Argumentation einer Spruchstrophe ist die seit Walther zu beobachtende Neigung, für den Spruch längere Strophenformen zu erfinden als für das Lied.

Drittens: Walther hat über viele Jahre (z. T. Jahrzehnte) hinweg Strophen in ein und demselben Ton aus ganz verschiedenem Anlaß gedichtet.

Viertens: Die spätere Überlieferung und Rezeption der Lyrik unterscheiden zwischen Minnelied und Spruch. Die großen Minnesanghandschriften nehmen wenig Spruchdichtung auf (Ausnahmen sind Spervogel/Herger und Walther), und es gibt umgekehrt eine repräsentative Lyrik-Handschrift, die sich weitgehend auf Spruchdichtung konzentriert: die Jenaer Handschrift J (Universitätsbibliothek Jena; Prachthandschrift in sehr großem Format; von der Mitte des 14. Jahrhunderts; 134 Blätter erhalten; vor allem wegen der zahlreichen Melodien wichtig). Die Meistersänger vernachlässigen später das Minnelied völlig zugunsten der Spruchtöne, selbst bei ihrem „großen alten Meister" Walther von der Vogelweide.

## Aufführung

Bei der hochhöfischen Literatur deutscher Sprache handelt es sich (immer noch) um Werke, die für die mündliche Aufführung bestimmt waren. Die Aussage muß aber bezüglich der Gattungen differenziert werden. Der höfische Roman etwa war schon um 1200 auf dem langen Weg, sich in eine Lesegattung zu verwandeln. Er hatte das Stadium erreicht, wo innovatorische Dichter in der Lage waren, sich der Vorteile der Schriftlichkeit zu bedienen und Werke zu schaffen, die in ihrer Konsequenz und Erzähltechnik auch die höheren Ansprüche eines lesenden Publikums befriedigen konnten. Inwieweit ein Publikum von Z u h ö r e r n die Feinheiten schätzen konnte, hing vom Scharfsinn des einzelnen und der Häufigkeit der Vorträge ab. Der springende Punkt ist jedoch, daß die Dichter den Zuhörern vorauseilten und schon gerüstet waren, als sich diese in Leser verwandelten. Der höfische Roman durfte dann weiter öffentlich aufgeführt oder privat gelesen werden, bis der mittelalterliche Roman in Versen von der modernen Gattung in Prosa abgelöst wurde (zumindest was den unterhaltenden Zweck und die gesellschafliche Funktion betrifft).

Obwohl Lyrik und Roman gleichermaßen für den Vortrag bestimmt waren, ist die Situation jeweils eine völlig andere. Indem die Lyrik auf ihrem Weg in die Moderne zu einer Lesegattung wird, löst sie sich auch von der Musik, von der Notwendigkeit der Aufführung. Gewiß wurde der höfische Roman von den Dichtern mit Elementen versehen, die sich für die Aufführung besonders ausnutzen ließen, doch spielte diese eine geringere Rolle als beim Lied. Wie man sich zur Frage des Gesangsvortrags der Epen (selbst derjenigen in Reimpaaren) auch stellen mag, die Melodien der Lieder stellten eine ganz andere Dimension dar. Solange der Dichter und sein Publikum das Lied noch primär als etwas zu einer Melodie Gesungenes begriffen, stand das Moment der Aufführung im Mittelpunkt. Lieder k a n n man im stillen Kämmerlein zur eigenen Unterhaltung singen, wie man Theaterstücke lesen kann, aber in beiden Fällen ist das Verfahren gattungswidrig und mit ästhetischen Verlusten verbunden. Daß die Lieder für eine Aufführung berechnet waren und daß es Zuhörer gab, ist von zentraler Bedeutung für das mhd. Lied, vor allem für das romanisch beeinflußte.

Über Details der Wieder- und Weitergabe von mhd. Liedern sind wir schlecht informiert. Wie lange wurden z. B. Lieder nur von den Dichtern selbst vorgesungen und haben ihre „Liederabende" nur aus eigenen Liedern bestanden, oder trugen sie auch Lieder von Kollegen vor? Gab es vielleicht gemeinsame „Konzerte", bei denen ein Reinmar und ein Walther abwechselnd Lieder vorsangen, die sich aufeinander beziehen (s. S. 210–214)? Oder hat der eine Dichter neben den eigenen Liedern auch die entsprechenden des „Rivalen" zum besten gegeben, ohne die die eigenen ihre volle Wirkung verfehlt hätten? Erst die Aufführung ermöglicht die „Dichterfehden" (vgl. Bd. II/2, S. 99).

Die (Berufs-)Sänger besaßen anscheinend Handschriften, die ihr Repertoire enthielten, das aus Stücken verschiedener Dichter bestand. Für das Okzitanische wissen wir, daß die Troubadours (Dichter/Komponisten) Texte an die Jongleurs (okzit. *joglar* „Sänger, Spielmann") gegeben haben. So berichtet Peire Cardenal (ca. 1216–71) in einem *sirventes* (s. S. 99), daß er ein Lied weiterverkauft hat. Die Berufssänger hofften, so ihr Vermögen zu vermehren, die Troubadours ihren Ruhm. Aus Deutschland besitzen wir kein entsprechendes Zeugnis.

Von der Ausbildung eines Minnesängers oder Spruchdichters (als Vortragender oder als Schaffender) wissen wir nichts. Wurde der vortragende Dichter-Komponist eigens hierfür geschult oder wandte er Kenntnisse der Musik und der Rhetorik an, die er in anderem Zusammenhang erworben hatte? Lernte er einfach durch Zuhören und praktische Übung? Wenn wir in einem Handbuch etwa lesen: „Walther fing als Reinmar-Schüler an", muß uns klar sein, daß wir Indizien weder dafür haben, daß Walther je bei Reinmar Lehrling war, noch dafür, daß überhaupt irgendein Minnesänger je eine Ausbildung genoß oder einen Lehrer hatte. Der Satz besitzt nur dann einen Sinn und eine (un)gewisse Wahrheit, wenn er so verstanden wird, daß Walthers (vermutlich) frühe Minnelieder in Thematik, Haltung und Technik den Liedern Reinmars ähnlich sind und unter seinem Einfluß entstanden sein könnten.

Der Bau von komplizierteren Strophenformen wurde erleichtert durch die Kunst des Lesens und Schreibens, aber eine Vers- und Kompositionstechnik, wie der Minnesang sie verlangt, kann man sich aneignen – wie Beispiele aus der modernen Unterhaltungsmusik zeigen. Ähnlich zwingen rhetorische Praktiken – die ja nur die Elemente des zweckmäßigen Stils sind – ebensowenig, auf ein professionelles Studium der Rhetorik zu schließen, wie ein korrekter Sprachgebrauch auf Studium der Grammatik.

## Die Frühgruppe

Das Aufsprießen und Blühen der mhd. Lyrik von der Mitte des 12. Jahrhunderts an ist ein Ereignis von weitreichender Bedeutung, innerhalb und außerhalb der Literatur. Da das Keimen und Wurzeln unterirdisch geschieht, können wir nicht über die frühesten Stadien reden und sind gezwungen, die Darstellung mit der Beschreibung erst des Aufblühens zu beginnen. Die innerliterarische Bedeutung des Vorgangs liegt darin, daß jetzt zum ersten Mal eine der Hauptgattungen der europäischen Literatur in deutscher Sprache greifbar wird, deren Tradition dann in ununterbrochener Folge bis zur Gegenwart reicht. Außerliterarisch ist diese Lyrik Symptom der einsetzenden und stets wachsenden Beschäftigung mit dem diesseitigen Gefühlsleben des Menschen als einer Größe, die der Aufmerksamkeit und literarischen Behandlung würdig ist und entsprechendes Interesse beim Publikum erweckt, das sich hierin gespiegelt sieht.

Wie bei jeder wahren neuen Kunst liegt der Reiz dieser Lyrik in einem unentwirrbaren Knäuel von Befriedigung und Entwicklung eines Geschmacks, der den unterbewußten Wünschen und Bedürfnissen des Publikums entspricht. Daß nur e i n Gefühl, die Liebe (damit verbunden Freude, Leid und Zorn), in den Vordergrund gerückt wird, schmälert nicht die Bedeutung, die diesem Prozeß für die Entwicklung des Interesses an individueller Psychologie schlechthin zukommt, dem die Zukunft gehört.

Wenn wir uns im folgenden unseren frühesten Dichtern eingehender widmen, als der Umfang des Erhaltenen zu rechtfertigen scheint, hat das einen dreifachen Grund: Sie sind unsere frühesten Zeugnisse für die Lyrik im Deutschen und daher von außerordentlichem „archäologischen" Wert, von hohem künstlerischen Rang, ein Fundament, auf dem wir ein Bild des hohen Minnesangs bauen und von dem aus wir ihn beleuchten können.

Soweit wir die Dichtergestalten dieser Frühgruppe überhaupt identifizieren können, stammen sie aus dem Südosten des deutschen Sprachraums. Man spricht von der

„bairisch-österreichischen" oder „donauländischen Lyrik" (auch von der „vorhöfischen"). Die historischen Personen zu identifizieren, die hinter den Namen stehen, ist schier unmöglich. Wenige der Namen, auch der späteren Minnesänger, erscheinen in Urkunden, aber wir können uns darauf stützen, daß einige von Dichterkollegen erwähnt werden. Von der Frühgruppe ist nur der Name Dietmars von Aist so bezeugt, und zwar einmal etwa im zweiten Jahrzehnt des 13. Jahrhunderts bei Heinrich von dem Türlin (vgl. Bd. II/2, S. 107ff.). Weitere Schwierigkeiten verursacht es, daß die Namen der Frühgruppe vage sind: beim Kürenberger fehlt der Personenname, und es gibt oberdeutsche Ortschaften genug, die „Kürenberg" heißen; bei den Burggrafen von Regensburg und Rietenburg sind die Herkunftsnamen und die Geschlechter zu identifizieren, aber ohne Personennamen ist nicht auszumachen, um welche Mitglieder der Geschlechter es sich handelt; wir würden in einen Teufelskreis geraten, wenn wir literarhistorische Überlegungen benutzen, um die Generationsfrage zu entscheiden, und aufgrund der so gewonnenen Einsichten Literaturgeschichte schreiben.

Der von Kürenberg: Man hat Geschlechter mit diesem Herkunftsnamen im 11. und 12. Jahrhundert in Oberdeutschland, z. B. in Oberbayern und im Breisgau, ausfindig machen können. Selbst mit dem Vornamen wäre aber eine Identifizierung schwer. Man hat erwogen, ob die unpräzise Nennung nicht einfach aus der Wendung *in Kürenberges wîse* („in der Weise/zu der Melodie des Kürenbergers") in dem Lied (MF 8,5) abgeleitet sein könnte.

Der Burggraf von Regensburg und Der Burggraf von Rietenburg: Im 12. Jahrhundert sind Burggrafen von Regensburg aus verschiedenen Häusern, u. a. dem der Rietenburger, bezeugt. Dies und die Tatsache, daß die Namen urkundlich auch parallel gesetzt werden, hat erwägen lassen, ob die beiden Minnesänger nicht identisch sein könnten. Es bestehen starke Unterschiede zwischen den wenigen Liedern der beiden. Da diese Unterschiede aber weitgehend das Fehlen bzw. Vorhandensein romanischer Inhalte und Formen betreffen, wäre es nicht unmöglich, sie aus einer stilistischen Wende innerhalb des Werks ein und desselben Dichters zu erklären. Trotz Identifizierung der Geschlechter bleiben die beiden Burggrafen so schattenhaft wie die anderen Gestalten der Frühgruppe, nur die Lokalisierung ist sicherer.

Meinloh von Sevelingen: „In der Forschung wird Meinloh dem Geschlecht derer von Söflingen bei Ulm zugerechnet, das allerdings erst seit 1220 bezeugt ist" (Schweikle). Über diese lapidare Feststellung hinaus läßt sich zum historischen Meinloh nichts sagen. Für weiteres sind wir auf Beobachtungen zur Stoff- und Stilgeschichte angewiesen. Sie zeigen uns Meinloh als Dichter, der früh e i n i g e s aus dem Zustrom romanischer Formen und Motive geschöpft hat oder nachträglich von ihm etwas beeinflußt wurde: je nachdem, für welches Bild man sich entscheidet, könnte die Einreihung Meinlohs um ein oder zwei Jahrzehnte auseinandergehen. Zwischen 1160 und 1180 wäre er am ehesten denkbar.

Dietmar von Aist: Ein *Ditmarus de Agasta/Agast/Agist* urkundet zwischen 1138/40 und 1161. Er scheint ein Freiherr gewesen zu sein, möglicherweise der *de Agist Dietmar*, der 1171 in einer Urkunde des Babenbergers Heinrich Jasomirgott (1143–56 Herzog von Bayern, 1156–77 Herzog von Österreich) „als Verstorbener genannt" wird, „und zwar in einem Atemzug mit König Konrad III. [...] Man kann daraus schließen, daß er am Babenberger Hof hohes Ansehen genoß" (Bumke). Dies führt auf die Möglichkeit, daß „die bayerisch-österreichischen

Sänger um Dietmar von Eist und die Burggrafen von Regensburg-Riedenburg am Babenberger Hof Heinrichs II. [Jasomirgott] gedichtet haben" (Bumke). Geographisch paßt der mutmaßliche Freiherr gut zu den Babenbergern, denn Aist ist wohl der Ort dieses Namens in Oberösterreich unweit des Zusammenflusses von Enns und Donau. Aus literarischen Gründen scheint jedoch ein vor 1171 Verstorbener etwas früh für unseren Dichter. Doch ist nicht klar, ob es sich jedesmal um denselben Dietmar handelt oder um mehrere gleichnamige Mitglieder des Geschlechts. Das Fehlen eines unterscheidenden Zusatzes, etwa *filius eius*, wäre nur verwunderlich, wenn mehrere Urkunden vom selben Aussteller herrührten, und das ist nicht der Fall. Auch das Literarische erhebt die Frage, ob wir es mit e i n e m Dietmar zu tun haben oder mit mehreren.

Die Frühstufe der mhd. Lyrik zeichnet sich vor allem dadurch aus, daß sie Rollendichtung ist.

Zwar werden auch die späteren Minnelieder als „Rollendichtung" bezeichnet, aber in einem anderen Sinn. Auf diesen sog. „hohen Sang" bezogen, stellt „Rollendichtung" die Rolle in den Vordergrund, in der der Dichter-Sänger auftritt, und betont das Wesen der Ich-Form, die er benutzt. „Rolle" unterstreicht hier das Überpersönliche – sogar Stereotype – im öffentlichen Auftreten des Dichters, der, während er unterhält, die Interessen, Wünsche, Ängste der höfischen Gesellschaft verkündet und vertritt – im Gegensatz zu den Vorstellungen von moderner Lyrik, bei der man Intimes, Einmalig-Erlebtes erwartet.

In bezug auf die frühhöfische Lyrik reden wir dagegen von Rollendichtung, weil der Sänger hier in der Rolle des Ich, das jede Strophe singt, auftritt und sie durchspielt. Die Strophe ist eine Szene in einem Drama oder einer Erzählung, in der das Ich eine handelnde Person ist, deren Rolle in der Aufführung vom Sänger wie von einem Schauspieler stellvertretend übernommen wird.

Der dramatische oder epische Rahmen ist aufgrund verschiedener Merkmale zu rekonstruieren. Soweit wir wissen, waren Dichter und Sänger Männer; wir kennen kein deutsches Gegenstück zu der in der zweiten Hälfte des 12. Jahrhunderts dichtenden okzitanischen Comtessa de Dia, von der wir vier Liebeslieder und ein Tenso („Debattenlied") besitzen (und auch bei ihr wissen wir nicht, ob sie die Lieder selbst vorgesungen hat). Es wäre d e n k b a r, daß z. B. die Strophen des Wechsels von einer Frau und einem Mann aufgeführt wurden – die Reiserechnungen Wolfgers von Erla (s. S. 41) erwähnen eine *cantatrix* („Sängerin") in Siena, die er beschenkt hat – aber alles dies nicht auf deutschem Boden. So naheliegend indes der Einsatz von Sängerinnen und Sängern im Wechsel für u n s sein mag, wissen wir doch nicht, welche sozialen Gepflogenheiten damals bei der Aufführung gegolten haben. Noch zur Zeit Shakespeares mußten im englischen Theater auch die bedeutendsten Frauenrollen von Knaben gespielt werden (nicht viel anders als im Mittelalter: vgl. Bd. II/2, S. 161.)

Es ist wahrscheinlich, daß auch die Frauenstrophen von den Dichtern/ Sängern gesungen wurden, und sie mußten als Rollen-Texte verstanden werden. Im Wechsel zusammen mit Frauenstrophen vorgetragen, müssen auch die Männerstrophen Rollen-Texte sein, denn der Typus erfordert, daß die Liebenden getrennt, die Strophen isoliert sind, und diese Fiktion wäre ja zerstört, wenn das Ich der Männerstrophen den Inhalt der Frauenstrophen kannte. Daher kann selbst das männliche Ich nicht – in der Gegenwart – mit dem Sänger identisch sein. Anreden an Personen, die unmöglich beim Vortrag gegenwärtig sein können, oder Aussagen des Boten bestätigen durch Ton und Inhalt, daß auch die Hauptrollen *dramatis personae* sind.

Daß erzählt wird, unterstreicht der Gebrauch des epischen Präteritums. Schießlich wird die Rolle gelegentlich durch „sprechende Anführungszeichen" oder Bühnenanweisungen verdeutlicht, z. B. *sô sprach daz wîp* (Kürenberg MF 8,16), oder *Ez stuont ein vrouwe alleine* (Dietmar MF 37,4). Eine Rolle im hochhöfischen Sinn liegt nahe, wo eine Einzelstrophe einem männlichen Sprecher in den Mund gelegt wird. Die episch-dramatische Ich-Figur und das Ich des Dichters überlagern sich völlig und unsere Unterscheidungskriterien verschwinden.

Wenn wir bei so geringem Material zwischen den Langzeilen lesen, und aus Wesenszügen e i n e s Lieds auf andere schließen, erhebt sich der Verdacht, daß auch in zwei einstrophigen Liedern die Kürenberg-Persona direkt spricht und sich indirekt rühmt. In der zarten Strophe *Wîp vil schoene, nû var dû sam mir* (MF 9,21), beteuert der Mann, daß er der Geliebten alles gönnt, nur nicht, daß sie einen *boesen* liebt, d. h. moralisch: einen „Nichtswürdigen" und sozial: „einen von niedrigem Rang". Die leise angeberische Implikation ist, daß für den Redenden keines von beiden gilt. Noch weniger getarnt dürfte die Prahlerei in der Strophe MF 10,17 sein (*Wîp unde vederspil diu werdent lîhte zam* „Frauen und Jagdvögel lassen sich leicht zähmen"); es kommt darauf an, wie man die Verteilung der Personenbezeichnungen und Rollen versteht. Wie verhält sich der *schoene* [!] *ritter*, der eine Gebieterin dadurch gewann, daß er die sexistische, zynische Sentenz der Eingangsverse in die Praxis umsetzte, zum „Ich" des letzten Verses, das mit freudiger Genugtuung an den Vorfall zurückdenkt? Wenn sie verschieden sind, haben wir es mit einer Ermunterung von außen zu tun. Sind sie aber identisch, dann rühmt sich der redende Ritter der eigenen Schönheit und des Erfolgs seiner fachmännischen Werbungskunst. Dies stimmt am meisten mit dem Ton des Eingangs überein. Für die Disposition des Lieds bedeutet es, daß das „Ich" in die Rollenfigur übergeht, diese ist einfach die Vergangenheit des „Ich", und die vermeintliche „Objektivität" des erzählenden Liedtypus wird reduziert.

Ist die Tatsache des Rollenspiels bedeutsam für diese Lyrik, so sind die zu spielenden Rollen wesenbestimmend. Sie legen den Inhalt fest und geben den Ton an. Die Hauptakteure sind Ritter und Damen. (Die hohe Zahl der Frauenstrophen ist ein Charakteristikum der Frühstufe.) Nebenpersonen sind oft anwesend, ohne daß sie wirklich auftreten. Die Gegenwart solcher Helfer der Liebenden, Diener, Boten, wird durch Anreden, die Handlungsfolge usw. impliziert (Kürenberg MF 7,1 und 9,29; Dietmar MF

32,13 und 21). Oder sie sind Feinde der Liebenden und treten nie auf; ihr Dasein wird bloß durch die Schimpfnamen manifest, mit denen die Liebenden ihre Tätigkeit bedenken: *merker und ir nît* („Hasser, Neider": Kürenberg MF 7,24; Regensburg MF 16,19), *nîden* („hassen, beneiden": Meinloh MF 13,29; Rietenburg MF 18,6; Dietmar MF 37,15), *lügenaere* („Verleumder": Kürenberg MF 9,17).

Dame oder Ritter können selbstsicher auftreten (Meinloh MF 12,14 und 13,27; Regensburg MF 16,8) oder sehnsuchtsvoll (Kürenberg MF 8,17; Meinloh MF 12,27; Dietmar MF 32,21) oder klagend (Regensburg MF 16,15; Dietmar MF 34,11) oder jubelnd (Kürenberg MF 10,17; Meinloh MF 14,26; Regensburg MF 16,1; Rietenburg MF 18,9; Dietmar MF 38,5). Das sind nur einige der Hauptrollen und -stimmungen; die Kategorien vermischen sich. Die Spanne der Rollen und Stimmungen ist im Vergleich mit dem hochhöfischen Minnelied breit.

Szenerie und Schauplatz werden durch spärliche aristokratische Requisiten punktuell angedeutet: Falken oder Zinnen (beides geschützte Vorrechte des Adels), Rosse, Harnisch, Gold. Die Natur als Begleitphänomen der Liebe, wie sie von anderen Minnesängern zumindest als stereotypes Signal benutzt wird, fehlt völlig beim Kürenberger; die erwähnten Stern, Rose, Eber (Bär?) sind nur von den Charaktern gebrauchte Bilder, wie auch die (ohnehin abgerichteten) Falken.

Den Vers der Frühstufe charakterisieren Wucht und Freiheit. Die Reimbindungen sind sehr frei, Halbreime und Assonanzen herrschen vor. Auch die rhythmische Versfüllung ist frei: Hebungen (betonte Silben) können direkt nebeneinander stehen, während Senkungen (die unbetonten Zwischensilben) fehlen oder gar zwei oder drei Silben umfassen können. Der Paarreim, der am Anfang steht, bleibt lange die Norm, sowie auch die Isometrie, d.h. alle Verse einer Strophe haben dieselbe Taktzahl. Die Zeilen sind meistens lang, die Strophen kurz.

Der Kürenberger benutzt nur zwei Strophenformen. Eine besteht aus zwei langzeiligen Verspaaren mit dem Reimschema aabb; die ersten drei Verse sind Siebenheber mit einer Zäsur nach der vierten Hebung, der letzte Vers aber hat eine zusätzliche Hebung nach der Zäsur, ist also ein Achtheber, was den Strophenschluß markiert und seine Aussage hervorhebt. Die andere Strophenform (nur im zweistrophigen Lied MF 7,1 und 10) ist dieselbe, nur daß ein nichtreimender Halbvers („Steg") zwischen die Verspaare eingefügt wird: aaxbb. Der Burggraf von Regensburg ist auf etwa derselben Formstufe wie der Kürenberger, doch variiert er die Verslänge und neigt zu reineren Reimen. Auch Meinloh zeigt einen Fortschritt in der Entwicklung der Strophenform: abgesehen von einer – vielleicht unechten – Stollenstrophenform (s.u. S.83) benutzt er Langzeilen (mit acht Hebungen, Zäsur nach der vierten), aber ihre Zahl pro Strophe steigt (bis zu neun in MF 15,1 nach der B-Überlieferung, aber auch sonst mehrmals bis zu sechs mit zusätzlichem Steg). Dietmar zeigt größere Variation in der Strophenlänge, den Reimschemata und der Reimstellung (neben noch vorherrschendem Paarreim auch Kreuzreim: abab), und obwohl bei ihm die Langzeile noch wichtig ist, erscheint sie oft in Verbindung mit kürzeren Versen. Die Mannigfaltigkeit der unter Dietmars Namen überlieferten Vers- und Strophenformen – wie beim Rietenburger erscheinen auch Stollenstrophen – hat Zweifel erweckt, ob es sich um einen einzigen Dichter handelt.

Wir mögen den Eindruck hervorgerufen haben, diese Dichtung sei eintönig. Nichts könnte weiter von der Wahrheit entfernt sein. Trotz des geringen Materials begegnen wir individuellen Tönen und einer Variationsbreite, die auffallender ist als bei den Dichtern der hohen Minne der folgenden Generation.

Vor allem der Kürenberger hat ein scharfes eigenes Profil. Das Thema jeder der fünfzehn ihm zugeschriebenen Strophen ist die Liebe, aber in mannigfachen Schattierungen: mahnend und tröstend (MF 7,1), zurückblickend und klagend (MF 7,19; 9,5), gebieterisch-herausfordernd (MF 8,1; 10,17), trotzig oder verächtlich ablehnend (MF 9,29), zagend (MF 8,9 – der Mann), verwünschend (MF 8,9 – die Frau), werbend (MF 9,21), vorsichtig ratend (MF 10,1). Dabei ist es eine grobe Vereinfachung, wenn wir jeweils e i n e n Aspekt hervorheben. Ähnlich variierten Brechungen begegnen wir in der Verbindung der Geschlechter und der Rollen, die sie spielen: sowohl die Frau als auch der Mann kann aggressiv oder passiv, werbend oder umworben auftreten. Die Herausgeber von ‚Des Minnesangs Frühling' rechnen mit sechs Männer- und acht Frauenstrophen. Die Zuweisung ist nicht immer eindeutig, der hohe Anteil an Frauenstrophen bleibt aber im Vergleich mit dem hohen Minnesang interessant. Die in der Aufzählung unberücksichtigte Strophe MF 8,9 ist beim Kürenberger einmalig, da sie auf Mann und Frau verteilt ist, und als einzige eine verdeutlichende inquit-Formel enthält: *sprach daz wîp*. Dies u. a. hat Zweifel an ihrer Echtheit erhoben.

Eine unumwundene Direktheit und Kraft, eine Verdichtung der Aussage, die die Strophen so mit Inhalt füllt, daß sie zu bersten drohen, kennzeichnen die Frühgruppe, besonders den Kürenberger. Hier bleibt kein Raum, die Situation zu entwickeln, die Agierenden einzuführen oder zu beschreiben. Solche Kunst verlangt von ihrem Publikum ein scharfes, aktives Zuhören und, da es Einsicht in eine schon entwickelte Situation gewinnen muß, ein ausgeprägtes Gefühl für analytische Exposition, wie sie etwa die Volksballade oder das klassische Theater eines Racine voraussetzen. Der Gedanke an Volksballaden – die unmittelbare Schlichtheit der Sprache scheint ihn zu bestätigen – täuscht. Die Requisiten, die Figuren, ihre Interessen und Anliegen sind alle aristokratisch und „höfisch". Ein Sinn für Rhetorik fehlt nicht: Parallelismus und Antithetik sind beliebte Mittel der Emphase, und die zäsurierte Langzeile, deren Zweiteiligkeit das Abwägen fördert, ist ihnen günstig. Die Langzeile kann auch gravitätisch wirken, vor allem in jenen Versen, die sentenziös allgemeine Lebensweisheiten verkünden. Der Dichter konnte so betonen, daß die in den epischen Teilen erwähnten Erlebnisse und Gefühle für seine Zuhörer relevant waren. (Dieses Verfahren hatte der hohe Minnesang nicht mehr nötig.)

Den Vorgang illustriert das folgende einstrophige Lied. Es bietet ein vorzügliches Beispiel für die Bündigkeit der „Verdichtkunst" des Kürenbergers (MF 7,19):

> ‚Leit machet sorge    vil liebe wünne.
> eines hübschen ritters    gewan ich künde:
> daz mir den benomen hânt    die merker und ir nît,
> des mohte mir mîn herze    nie vrô werden sît.'

Wir interpungieren den Eingangsvers anders als ‚Des Minnesangs Frühling' und verstehen ihn so: „Leid (das einem angetan wird [das mhd. Wort enthält Momente von Gewalt und Beleidigung]) verwandelt teure Wonne in Kummer." Die Sentenz wird mit der folgenden, denkbar verkürzt präsentierten Geschichte illustriert. Dabei gilt jeweils eine der wuchtigen Langzeilen, deren Parallelität die zeitliche Sukzession andeutungsweise erkennen läßt, einem der drei Hauptbegriffe des Eingangsverses: „Ich lernte einen höfischen Ritter kennen" (Wonne); „die feindlichen (neidischen) Aufpasser haben mich seiner beraubt" (Leid); „daher konnte mein Herz nie wieder froh werden" (Kummer). Die im frühen Minnesang weithin herrschende Gleichheit von Vers- und Satzstruktur – jeder Vers ein Satz oder relativ unabhängiges Satzglied – ist hier besonders wirkungsvoll, da sie die Etappen der Handlung schlagartig ins Licht rückt.

Neun Lieder des Kürenbergers sind einstrophig; in drei Fällen fügen sich zwei Strophen zu einem Lied zusammen. Versuche, weitere Paare zu (re-)konstruieren, überzeugen wenig, obgleich der Gedanke an sich nicht abwegig ist, denn auf einer Stufe der Überlieferung hat ein Schreiber mit nicht immer sicherem Griff die Strophen in Frauen- und Männerstrophen geteilt, ohne Verständnis dafür, daß einige zusammengehören. So wurden selbst die beiden Strophen des Wechsels *Ich stuont mir nehtint spâte* (MF 8,1 und 9,29), die durch die Wiederaufnahme von Inhalt und Sprache der ersten Strophe in der zweiten sich als besonders eng zusammengehörig zeigen, auseinandergerissen. Die beiden anderen zweistrophigen Lieder des Kürenbergers (MF 7,1 und 8,33) blieben in den Handschriften als solche erhalten.

Diese beiden Strophenpaare des Kürenbergers sind das in statu nascendi begriffene Botenlied (MF 7,1) und der Wechsel (MF 8,1 und MF 9,29). Man unterscheidet zwei Typen von Wechseln, die als „statisch" oder „dynamisch" charakterisiert werden. Im ersten Fall ist die Abkapselung und Isolierung der Strophen noch vollkommen. Im zweiten bleibt die Trennung zwischen den Strophen absolut, aber die Abkapselung ist gelockert: es zeichnet sich eine zeitliche Reihenfolge ab, insofern man in der zweiten Strophe kausale Folgen der ersten erlebt. Dagegen könnten die Strophen des statischen Wechsels in jeder Reihenfolge „stattfinden".

Des Kürenbergers Wechsel *Ich stuont mir nehtint spâte* (MF 8,1) nun gehört zum dynamischen Typus und ein Vergleich zwischen ihm und dem embryonalen Botenlied (MF 7,1) zeigt wie nahe beieinander die Typen liegen. Im Wechsel verlangt die Kurzschrift des Kürenbergschen Stils, daß wir ergänzen und uns vielleicht eine Dienerin in der Gegenwart der Herrin vorstellen oder annehmen, daß sie später einen Boten an den Ritter sendet. In einer entsprechenden Konstellation reagiert der Ritter – der anscheinend seinen Knappen neben sich hat – wie die Dame heftig auf einen Anlaß, der vom „Partner" ausgeht, aber auf entgegengesetzte Weise: sie brennt und verlangt, er bleibt kühl und verzieht sich. Davon unterscheidet sich das angehende Botenlied nur darin, daß hier jemand, der die Brücke zur zweiten Strophe ist, direkt angesprochen wird: *bite in* [...] *man in* (MF 7,6ff.). Es sind feine Nuancen, die die beiden Typen unterscheiden.

Das häufige Auftreten von Frauen in Verbindung mit der Verschiedenheit der Rollen, die ihnen zugewiesen werden, ist ein auffallendes Charakteristikum der frühen Lyrik. Vorherrschend ist immerhin die klagende Frau, deren Kummer im Verlust ihres ritterlichen Liebhabers liegt. Schuld an diesem Verlust kann entweder eine Rivalin oder die störende, verleumderische Tätigkeit der Aufpasser (*merkaere, lügenaere*) oder einfach physische Trennung sein. Darin spiegelt sich die soziale Realität einer Gesellschaft, in der das Recht, sich frei zu bewegen, für die meisten Leute gering war und für die Frauen – erst recht für adlige Damen – so gut wie nicht existierte. Auffällig ist auch die aggressive Haltung der Frau in manchen Liedern und – im Licht des hohen Minnesangs – die Direktheit, mit der sie ihr Verlangen ausspricht und um den Geliebten wirbt. Angesichts der durchaus nicht engen Moralvorstellungen, die zeitgenössische Geschichtsquellen an den Tag legen, überrascht diese vorhöfische Offenheit nur, wenn man die kurzlebige Unterbrechung, die die hochhöfische Literatur der Blütezeit darstellt, zum Maßstab erhebt.

Der stärkste Eindruck der Lieder des Kürenbergers liegt in der emotionalen Intensität des Ausdrucks und im Gefühl der menschlichen Isolierung, der nur selten erhaschte Augenblicke der Liebe, kurzlebig und gefährdet auch sie, entgegenwirken. Die Form und Erzählweise sind dieser Wirkung günstig und heben die Äußerungen der Redenden prägnant hervor. Die Abgeschlossenheit der Strophe, die Liebenden in ihren Einzelstrophen einkapselnd, unterstreicht die beklagte Trennung. Sogar die Spärlichkeit der Requisiten und Kulissen verbannt die Personen in eine Raumlosigkeit, die alles Licht auf ihre Vereinsamung fallen läßt.

Der Kürenberger ist vermutlich der früheste unserer überlieferten Minnesänger und mit ihm beginnt die Geschichte der deutschen Lyrik schlechthin. Sein Werk scheint darüber hinaus – von einigen anonymen Liedern vielleicht abgesehen – den frühesten Liedtypus zu repräsentieren und bietet so eine ideale Vergleichsbasis für die Analyse des romanisch beeinflußten hohen Minnesangs der folgenden Jahrzehnte.

Strittig ist, ob nicht in einigen Charakteristika des Kürenbergers der romanische Einfluß schon wirksam ist. Man denkt an die Schweigepflicht hinsichtlich der Liebe und an die *merkaere* und *lügenaere*. Um solchen frühen Einfluß im deutschen Südosten zu erklären, hat man z.B. an Begegnungen von französischen oder provenzalischen und deutschen Rittern auf den Kreuzzügen gedacht. Solche Kontakte kann man nachweisen, aber wir wissen nicht, ob sie Einfluß hatten.

Schon beim ersten Kreuzzug stand das Aufgebot aus Poitou und Aquitanien, das sich 1101 in Poitiers versammelte, zum Rhein vorrückte und sich in Deutschland mit bairischen und österreichischen Kreuzfahrern unter Herzog Welf von Bayern und Markgraf Ida von Österreich zusammenzuschloß, unter dem Kommando eines mächtigen Landesherrn, der n i e ohne einen okzitanischen Troubadour gereist ist: Wilhelm IX. von Aquitanien. Wilhelm und sein Heer reisten gerade durch den Teil des deutschen Reichs, aus dem unsere frühesten Zeugnisse der Lyrik stammen. Die bairischen und aquitanischen Heere blieben anscheinend nach dem gemeinsamen Anmarsch auch im Heiligen Land eng verbündet. Doch wissen wir nicht, ob der Herzog Wilhelm jemals auf deutschem Boden auch nur eines seiner Lieder zum besten gegeben hat. Wenn Wilhelm oder Mitglieder seines Gefolges im bairischen Raum zu diesem frühen Zeitpunkt der mhd. Lyrik einen Anstoß gegeben haben, hat er sich nur als allgemeine Anregung, von Liebe zu singen, ausgewirkt. Der Kürenberger, der um fünfzig Jahre später wirkte, zeigt so gut wie nichts, was auch nur entfernt mit der Lyrik Wilhelms oder der sich durchsetzenden romanischen Lyrik vergleichbar wäre.

Wilhelm und der Kürenberger, die Anfangsfiguren der okzitanischen und der mhd. Lyrik, haben in der Tat wenig Gemeinsames: Wilhelms Lieder sind mehrstrophig (bis zu 14 Strophen plus Envoi [„Geleit"]); sie zeigen sicherlich Kenntnis der mittellateinischen Literatur; die Skala der Themen und Tonlagen ist unvergleichlich breiter als beim Kürenberger. Ebenso verschieden sind die Dichterfiguren selbst. Wilhelm: ein mächtiger Herzog, dessen Landbesitz um vieles größer war als der seines Königs und den wir nur aus diesem Grund als historische Persönlichkeit kennen – denn es ist ein Pendant zum Schweigen der historischen Quellen über die mhd. Dichter (sofern sie nicht große Herren waren), daß Quellen, die sehr viel über Wilhelm berichten, ihn nicht als Dichter registrieren. Weil er so wichtig war, darf man allerdings nicht von Wilhelm auf andere schließen und die Lieder als typisch sehen, denn einer wie er konnte eigenmächtig entscheiden, was an seinem Hof den Ton angab – eine Belanglosigkeit im Vergleich mit seinem sonstigen autokratischen Handeln! Dagegen der Kürenberger: der Name ist unvollständig; Identität, Rang und Besitz unbekannt.

Der Anstoß von Wilhelm und anderen Troubadours könnte die einheimische Lieddichtung – die *winileodos* oder „obszönen Lieder der Laien" (s. S. 48)? – in die Bahn der Liebesdichtung gelenkt und den entscheidenden Schritt in der Wahl des Stoffes veranlaßt haben. So dürfte man bei jedem einzelnen Merkmal der frühen Lyrik, das man für romanisch beeinflußt gehalten hat, den Einfluß ablehnen und doch den romanischen Einfluß als viel umfassender veranschlagen, als es meistens geschieht.

Auch der zweite Kreuzzug (1147–49), unter der gemeinsamen Führung des französischen Königs Ludwig VII., der wie Wilhelm IX. durch deutsches Gebiet zog, und des Stauferkaisers Konrad III., der mit seinem Heer im Mai 1147 von Regensburg aufbrach, hätte Kontakte schaffen können, die früh genug gewesen wären, einen Einfluß auf den Kürenberger und die donauländische Frühgruppe auszuüben.

Wie unterscheidet man bei gemeinsamen Merkmalen in Literaturwerken aus zwei verschiedenen Sprachgebieten zwischen Entlehnung und einer parallelen, aber unabhängigen Entwicklung? Die erste Antwort ist, daß es bei komplexen, schwer analysierbaren und unquantifizierbaren sozialen, sprachlichen und künstlerischen Erscheinungen dieser Art keine Antwort gibt. Trotzdem gibt es einige Kriterien, die vor der totalen Verzweiflung retten. Da ist an erster Stelle der Grad der (Un-)Gewöhnlichkeit des beobachteten Phänomens und seiner Begleitumstände. Wir meinen z. B., daß das Schweigegebot, das im Minnesang den Liebenden auferlegt wird, so leicht nachvollziehbar ist und für Liebesverhältnisse in so vielen Kulturen der Welt gilt, daß man ohne weiteres an Polygenese denken kann. Dasselbe gilt für die Kehrseite der Schweigepflicht, die Aufpasser, wie sie in der frühen Lyrik und, mit vermindertem Wirkungsbereich, später im hohen Minnesang dargestellt werden. Wir stehen vor der Frage des Zufalls, der Ungewöhnlichkeit der Charakteristika und der Unwahrscheinlichkeit, daß sie zweimal unabhängig in Verbindung auftreten könnten.

Trotz wirtschaftlicher und gesellschaftlicher Unterschiede zwischen der Romania und Deutschland sorgten der Feudalismus und seine kriegerischen Bedürfnisse dafür, daß sich dort wie hier der Lehnsherr, seine Familie und besonders sein Gefolge und Haushalt mit wenig Aussicht auf Privatleben in der kargen Burg zusammengepfercht fanden. Diese speziellen, aber in beiden Gebieten herrschenden sozialen Bedingungen lassen uns bei diesem Merkmal der höfischen Minnedichtung doch an Polygenese glauben und vermuten, daß in Fragen der Liebe Neid, Rivalität, Eifersucht und Verleumdung Luxusartikel waren, die man nicht aus Frankreich einzuführen brauchte.

Wenn wir den Anfang des romanischen Einflusses auf die mhd. Lyrik in die Zeit des ersten oder gar des zweiten Kreuzzugs setzen, erheben sich Fragen, z. B. die, warum wir dann so lange auf romanischen Einfluß in der Erzähldichtung oder in der Hofsprache warten müssen.

Abgesehen von der viel diskutierten und vereinzelten Totila-Rede in der ‚Kaiserchronik' aus der Mitte des 12. Jahrhunderts, in der die heilende, bildende Kraft der Minne gepriesen wird (v. 4607ff. – vgl. Bd. I/2, S. 27ff.), begegnen wir in der Epik erst in Heinrichs von Veldeke ‚Eneas'-Roman (ca. 1170–86) einer der in der Lyrik vergleichbaren Betonung der Liebe.

Nehmen wir dagegen an, der romanische Einfluß in der Lyrik sei etwa mit der Generation Meinlohs eingesickert, dann bleibt er ein Teilaspekt des umfassenden Entlehnungsprozesses der letzten vier Jahrzehnte des zwölften Jahrhunderts. Erst jetzt begegnen wir gemeinsamen Charakteristika von solcher Singularität und Frequenz, dazu genauer Nachahmung von Strophenformen und Übersetzung inhaltlicher Motive, daß die Annahme eines unmittelbaren romanischen Einflusses unabweisbar ist.

Verharren die vier Langzeilenstrophen – drei sind Frauenstrophen – des Burggrafen von Regensburg auf der Stufe des Kürenbergers – die Frauenstrophen des Regensburgers sind noch offener im Ausdruck des Verlangens nach Liebeserfüllung –, so tut schon Meinloh von Sevelingen einen Teilschritt in Richtung auf die hohe Minne, auch wenn seine Formkunst wenig vom hohen Minnesang verrät.

Meinloh bleibt bei der Langzeile. Andererseits liegt der Prozentsatz an reinen Reimen gegenüber dem Kürenberger wesentlich höher. Manchmal zeigt die Handschrift C reine Reime, wo B unreine hat. Ob solche Verbesserungen von den Schreibern, oder spätere, den neuen Formansprüchen angepaßte Redaktionen der Dichter sind, ist eine offene Frage. Daß sie nicht systematisch durchgeführt werden, könnte auf die Dichter deuten, denen der Reimbestand ihrer Zeit noch nicht immer Ersatz für unreine Reime bot. Oder die Schreiber der späteren Handschriften benutzten mehrere Quellen, die nur teilweise Reimbesserungen aufwiesen.

Meinlohs Strophen sind auch länger als die des Kürenbergers: sie bieten drei Reimpaare, oft um einen Steg zwischen den letzten Langzeilen verlängert. Von den Stegstrophen abgesehen, herrscht bei beiden Dichtern Isometrie. Die zwei unter Meinlohs Namen überlieferten Stollenstrophen (MF 195,3 und 195,9[a]) erscheinen nur in C, die erste unter Reinmar dem Alten u n d Meinloh. Wegen der Doppelüberlieferung und der entwickelten Strophenform mit reinem Reim schreibt man die Strophen fast einhellig Meinloh ab und, weniger einhellig, Reinmar zu.

Obgleich vieles für den späteren Dichter spricht, wirft das Verfahren, die beiden Strophen aus nur formalen Gründen Meinloh abzusprechen, ein grundsätzliches Problem auf. Haben wir uns den romanischen Einfluß auf die deutsche Lyrik bei den einzelnen Dichtern als eine allmähliche Entwicklung oder als eine einmalige – möglicherweise abrupte – Stilentscheidung vorzustellen? Es ist nicht einwandfrei aus der Welt zu schaffen, daß die Stollenstrophen ein vereinzeltes Zeugnis von Meinlohs Schaffen darstellen, nachdem die ansteigende romanische Welle in die Donau eingemündet war. Wir sind auf die Lieder selbst für die Datierung des Dichters und seines Œuvres angewiesen, die sich je nach der Geographie und der sozio-kulturellen Entwicklung um Jahrzehnte verschieben könnte. Auch im Mittelalter gab es fortschrittliche und altmodische Landschaften und Dichter.

Meinlohs Lieder wirken abstrakter als die des Kürenbergers: das Sentenziöse, Moralisierende tritt stärker hervor, während die höfischen Bühnenrequisiten völlig fehlen. Auch das epische Element tritt stark zurück, abgesehen von den Boten- und Frauenstrophen. In Meinlohs Männerstrophen wird es schwieriger, Merkmale zu entdecken, die zwischen Rolle und dem Auftreten des Dichter-Sängers im hohen Minnesang unterscheiden helfen. Dagegen sind in den Frauenstrophen – verhältnismäßig weniger zahlreich als beim Kürenberger – die Boten, *merkaere*, *nît* und Rivalinnen alten Stils noch anzutreffen; die Dame spricht noch so direkt und emphatisch wie früher: sie lobt den Geliebten (MF 14,26), schilt Verleumder (MF 13,14), bedauert Rivalinnen und bemitleidet (ironisch?) eine erfolglose Vorgängerin (MF 13,27).

Ein Merkmal des sich entwickelnden Minnesangs ist, daß mehrstrophige Lieder zur Norm werden und die Strophenzahl wächst. Die Beantwortung der Frage, ob und wie Strophen zusammengehören, bereitet aber Schwierigkeiten. In der frühen Lyrik können – wie im hohen Minnesang – auch Strophen, die zusammengehören, große Selbständigkeit besitzen. Sie sind in ihrem weiteren Kontext zwar wirksamer, aber weder wirkungslos noch unverständlich ohne ihn. (Der Gedanke an musikalische „Thema und Variationen" wäre nicht abwegig.) Oft ist die Verbindung zwischen den Strophen eher eine thematische als eine linear logische Argumentation, bei der die Umkehrung oder der Ausfall einzelner Strophen zu Unsinn führen müßte.

Gerade bei Meinloh wird die Beantwortung der Frage, ob bzw. welche Strophen zusammengehören, auch durch die Überlieferung nicht eben erleichtert. Abgesehen von den beiden Stollenstrophen und der Strophe MF 14,1, die nur in C erscheinen, überliefern B und C die übrigen elf Strophen in derselben Reihenfolge: dreimal hintereinander umarmen zwei Stegstrophen eine steglose; es folgen in B zwei, in C drei Stegstrophen. (Die zweite Strophe der ersten Triade [BC 2 = MF 15,1] hat in B eine zwei- oder dreizeilige Verlängerung erfahren.) Schweikle sieht die drei (in C vier) Triaden als „Kleinzyklen" oder „erweiterte Wechsel" an, während ‚Des Minnesangs Frühling' (Moser/Tervooren) gegen die Handschriften nach Strophen mit und ohne Steg sortiert. Die Verfahren bringen zwei verschiedene Folgen von Strophen hervor: bei Schweikle eine Mischung von mehrstrophigen Botenliedern, mehrstrophigen Wechseln und mehrstrophigen Liedern aus e i n e m  Mund, jeweils mit oder ohne Einzelstrophen dazwischen, bei Moser/Tervooren womöglich nur Einzelstrophen. Wir halten Schweikles lockeren Zusammenhang für das Wahrscheinlichere. Es wirft aber die Frage auf, ob Strophen mit und ohne Steg unter Variierung der Melodie, die den Steg oder sein Fehlen in Kauf nahm, in der Praxis als e i n  Lied zusammenzusingen waren.

Die wichtigsten Neuerungen Meinlohs betreffen den Inhalt. Die Frauenstrophen stehen auf einer Stufe mit denen des Kürenbergers und des Burggrafen von Regensburg. In Kontrast dazu muten Meinlohs Männerstrophen jedoch viel „fortschrittlicher" an. Der zarte Ton der Werbung, der bei den Männergestalten des Kürenbergers gelegentlich erscheint, intensiviert sich bei Meinloh; der Mann gibt sich weicher, weniger selbstsicher, menschlicher (MF 11,22ff.; 12,29ff.). Auch tritt das männlich selbstbewußte Pochen auf das Ständische zurück, denn obgleich die Dame überwiegend mit der klassenbewußten Bezeichnung *vrouwe* bedacht wird, muß ihr Geliebter sich mit *man* begnügen – zweimal mit *kindisch* („jugendlich"!) verbunden und daher noch nicht Terminus der aus dem Lehnswesen übertragenen Dienstmetaphorik des hohen Minnesangs.

Auch wenn Meinloh diese letzte Stufe noch nicht erreicht hat, tritt die Idee des Minneverhältnisses als Dienst von seiten des Mannes zum ersten Mal in der mhd. Lyrik in den Vordergrund (MF 11,14; 12,1). Dieser Aspekt ist mit höchster Wahrscheinlichkeit romanischen Ursprungs, Teil jener importierten Floskeln und Sitten im Leben, in der Literatur und in der Sprache, die das Wesen des Höfischen ausmachen. Daher stammt wohl das hier zum ersten Mal im Mhd. erscheinende Motiv der Liebe aus der Ferne (MF 11,1), das die okzitanische Lyrik und der hohe Minnesang kennen. Meinlohs Männerstrophen zeigen indessen das Draufgängerische und die Direktheit des Werbens, die die Frühstufe im Gegensatz zum romanisierten Minnesang charakterisieren (MF 12,14).

Meinlohs Werk stellt eine sonderbare Mischung dar: Frauenstrophen auf der Frühstufe, Männerstrophen auf dem Weg zum hohen Minnesang. Der Typus erscheint sonst nicht. Stilistische und motivische Überlegungen legen es nahe, Meinlohs Werk nach dem Kürenberger und vor Friedrich von Hausen zu datieren.

Die Frage, ob romanischer Einfluß vorliegt, wird bei Dietmar von Aist besonders akut. Die Handschriften überliefern unter diesem Namen so verschiedenartige Lieder, daß zu erwägen ist, ob nicht zwei oder drei Dichter dahinter stehen. Nach Inhalt, Stil, Vers- und Strophentechnik teilen sie sich in drei Arten, und das heißt für viele Beurteiler: in drei chronologische Schichten und daher für einige: in zwei bzw. drei verschiedene Dichter. Falls man sich für mehr als einen Dichter entscheidet, wäre zu überlegen, ob die Zusammengruppierung dadurch entstand, daß die Lieder von verschiedenen Angehörigen desselben Geschlechts und gleichen Namens herrühren. Aber auch andere Faktoren können im Spiel sein.

So wird die Unsicherheit u. a. durch die wechselnde Qualität des Reims verursacht: einige Lieder haben nur reine Reime, andere neben reinen Reimen Halbreime und Assonanzen; in den 2 „ältesten" Liedern (MF 37,4; 37,18) weist von 13 Reimpaaren nur eines reinen Reim auf! In den in B u n d C erhaltenen Liedern hat C oft Reimbesserungen gegenüber B, und in den nur in C überlieferten – abgesehen von den 2 „frühen" – herrscht der reine Reim vor. Neben der Reimbesserung gibt es in C Neuerungen der Strophenformen, z. B. kompliziertere, sogar stollige Strukturen, die den Schreibern nicht zur Last gelegt werden können.

Die Handschriften bieten ein Durcheinander der Zuschreibungen im Bereich der zwei „späteren Schichten", die den größten Teil des Materials bilden: Lieder, die wir wegen Stil oder Inhalt vielleicht beanstanden würden, werden von den Handschriften entweder einhellig Dietmar zugeschrieben oder von mindestens einer Handschrift einem anderem Dichter zugewiesen; dagegen werden Lieder, die wir nicht beanstanden würden, von mindestens einer Handschrift Dietmar abgesprochen oder ihm einhellig zugeschrieben.

Die Schicht, die man als die älteste ansieht, besteht aus zwei Liedern: *Ez stuont ein vrouwe alleine* (MF 37,4) und *Sô wol dir, summerwunne* (MF 37,18).

Nur in C und unter Dietmars Namen erhalten, zeigen sie keine Diskrepanz in der Überlieferung. Trotzdem wird Dietmars Verfasserschaft bezweifelt, weil sie als zu altertümlich für ihn gelten. Das Urteil gründet sich auf den einfachen, direkten Inhalt: es sind Klagen von Frauen über Rivalinnen, die ihnen den Geliebten abspenstig zu machen drohen. Dies wäre wenig Grund zu Skepsis – ohne die altertümliche Sprache und einfache Form: sieben bzw. sechs vierhebige Reimpaare, wie wir sie aus der zeitgenössischen Erzähldichtung kennen, mit beinahe ausschließlich unreinen Reimen. Der Falke (MF 37,4ff.) – anders als beim Kürenberger – ist ein vorhöfisches Geschöpf, Symbol für die freie Wahl (der Frau!).

Die Dichter, denen „Dietmar-Lieder" in den Handschriften zugeschrieben werden, sind Heinrich von Veldeke (Veltkilchen), Der junge Spervogel, Reinmar der Alte, Heinrich von Morungen und Leuthold von Seven. Den Letzten können wir ausscheiden (S. 54). Wo die Handschriften auseinandergehen und „Dietmar-Lieder" unter weniger verdächtigen Dichternamen tradieren, sind wir gezwungen, von Einzelfall zu Einzelfall zu entscheiden.

In A hat Dietmar keinen Eintrag, und Strophen, die C, oder B und C ihm zuschreiben, erscheinen unter Veltkilchen, Lutolt von Seven und dem jungen Spervogel. Einige Strophen (z. B. MF 33,23; 34,3 und 34,11 mit ihren Langzeilen), die A Veldeke zuschreibt, können wir Dietmar belassen. Sind die drei Strophen MF 35,16; 35,24 und 35,32 u. a. wegen der Stollenstrophen und gekreuzten Durchreimung für Dietmar problematisch, so wären die unreinen Reime für Veldeke unmöglich. B bringt 2 Strophen (MF 133,21 und 29) unter Dietmar, C aber, zweifellos mit Recht, als Strophen 2 und 3 eines vierstrophigen Liedes von Morungen (MF 133,13).

Wenn die „Veltkilchen-Strophen" wahrscheinlich Dietmar gehören und die „Morungen-Strophen" sicherlich nicht, bleiben MF 36,5,14 und 23, die C unter Dietmar und B unter Reinmar einreihen, noch problematischer. D i e s e sind trotz formaler und inhaltlicher Charakteristika einer Lyrik Reinmarscher Prägung nicht deutlich dem späteren Dichter zuzuordnen. Einige begünstigen Dietmar andere Reinmar; Carl von Kraus, die Reihen der Namenlosen vermehrend, plädierte für einen Pseudo-Reinmar.

Haben wir mit mehreren Dichtern gleichen Namens aus demselben Geschlecht, mit einer Zwischenstufe von eklektischen Vortragsmanuskripten (worauf Leutholds Name hinweisen könnte), mit gemeinsamen Charakteristika usw. zu tun? Will man sich auf die „mittlere" Schicht als den „echten" Dietmar versteifen und daher noch eine Gruppe von Liedern einem bekannten Dichter absprechen, so muß es uns mißtrauisch stimmen, daß ausgerechnet an der Schwelle der romanisch beeinflußten Lyrik die Namenlosen so aktiv gewesen sein sollen.

Können wir etwa alle drei Schichten als das Werk eines einzigen Dichters akzeptieren? Sind die Unterschiede Klüfte oder überspringbare Gräben? Zwei grundsätzliche Punkte sind zu betonen: Es ist unwahrscheinlich, daß kein Dichter, der aktiv war, bevor sich der romanische Einfluß bemerkbar machte, danach weiter dichtete. Die Wendung zur Lyrik der romanischen Art ist keine langwährende Entwicklung, der organische Reifungsprozeß der okzitanischen Lyrik braucht sich im fremden Boden nicht zu wiederholen. Trotz des um sich greifenden französischen Einflusses muß die Wendung zum romanischen Vorbild für manchen Dichter der Übergangszeit eine Entscheidung gewesen sein: er konnte beim Alten bleiben oder sich für das Neue offen zeigen. Ein solcher Dichter hinterließe ein Œuvre, das uns diskontinuierlich erscheinen müßte, da es kein ästhetischer Reifungsprozeß war, sondern eine bestenfalls künstlerisch, schlimmstenfalls modisch und jedenfalls sozial bedingte Entscheidung. Die neue Kunst will auch gelernt werden, und die Übung führt zu einer Entwicklung der Ausdrucksformen auch nach dem entscheidenden Schritt. Die verschiedenen Entscheidungen der einzelnen Dichter und die daraus entstehenden Mischungen von Alt und Neu durften bunt und für den einzelnen bezeichnend sein.

Daher mögen die weniger auffallenden Unterschiede zwischen der ersten und der zweiten Schicht von „Dietmar"-Liedern, eben weil sie vielleicht Folge einer organischen Entwicklung sind, bedeutender sein als die zwischen der zweiten und dritten, die möglicherweise auf Aneignung romanischer Vorbilder beruhen. Aber was von diesen Schichten wirklich zum Namen Dietmar von Aist gehört, ist nicht zu entscheiden. Daß ein einziger Dichter während seiner Karriere nicht alle drei hätte schaffen können, ist nicht zu beweisen. Wichtig ist, daß sich „Dietmar" eine andere Mischung von Elementen aus der romanischen Lyrik aneignet als Meinloh.

Formal ist Dietmar fortschrittlicher, selbst ohne die verdächtigen Stollenstrophen. Gegenüber den paarweise gereimten Langzeilen Meinlohs finden wir bei ihm auch Kreuzreime und Lang- oder Kurzverse neben heterometrischen Mischungen aus beiden. Ein Lied – *Nu ist ez an ein ende komen* (MF 38, 32) – bietet wohl das früheste erhaltene Beispiel eines Refrains im Deutschen. Auf der Grenze zwischen Form und Inhalt steht das Phänomen der Strophenzahl. Auch bei Dietmar ist es fraglich, inwieweit Strophen zusammengehören. Wenn deutliche sprachliche oder thematische Anklänge fehlen und die Verbindung der Strophen etwa durch die Überlieferung verunsichert wird, sieht man die Teile leicht als unabhängige einstrophige Lieder. Daß dies trotz stärkster formaler Bindung der Strophen vorkommt, lehrt uns Veldekes *Der blîdeschaft sunder riuwe hât* (MF 60,13): dessen zwei Strophen sind in beiden Handschriften (B und C) ungeachtet eines vierzeiligen Refrains auseinandergerissen.

Neu ist, daß bei Dietmar das Verhältnis der Strophen untereinander mehrfach durch die mögliche Verbindung von drei, einmal auch von vier (MF 37,30) und, noch problematischer, von fünf Strophen (MF 33,15) kompliziert wird. Eigentümlich sind die verschiedenen Kombinationen von Männer-, Frauen- und Botenstrophen und von Wechseln und Dialoggliedern. Schon bei den Dreiergruppen ist manchmal der Zusammenhang der Stropheninhalte und der Sinn oder die Reihenfolge der Verteilung der Strophen unter den Redenden – zwei Männerstrophen plus eine Frauenstrophe, eine

Männerstrophe plus eine Frauenstrophe plus eine Männer- oder eine Botenstrophe usw. – für u n s n i c h t völlig klar. Dies könnte auf unserer Unkenntnis beruhen oder darauf, daß Dietmars Experimentieren mit polystrophischen Formen nicht ganz gelungen ist.

Die Einführung von Dialogen überwindet die Isoliertheit der frühesten Strophen und geht so weit, daß zwei Redende in derselben Strophe sprechen, wofür Dietmars Strophe MF 32,5 und Kürenbergs Strophe MF 8,9 (ob echt oder nicht) die frühesten Beispiele sein dürften. Mit dem Dialoglied *Slâfest du, vriedel ziere?* (MF 39,18) bietet die Dietmar-Überlieferung (auch dieses Lied wird ihm abgesprochen) das erste deutsche Beispiel des Tagelieds. Zumindest ist in den angeführten Beispielen der Weg zur neuen Mehrstrophigkeit durch „Dietmar" gut markiert.

Neu im Dietmar-Korpus ist auch der Natureingang zu Beginn des Liedes, eine auf wenige stereotype Einzelheiten – Blumen, Laub, Vogel(sang), Schnee – beschränkte Naturschilderung, meistens mit Ankündigung des Wechsels der Jahreszeit verbunden. „Schilderung" ist übertrieben, denn weder Jahreszeiten noch Naturelemente sind um der Anschaulichkeit willen eingeführt, etwa als Kulisse für die Handlung. Sie dienen zum Ausdruck der Stimmung des Sängerherzens. Die Beziehung kann auf eine einfache Parallele hinauslaufen: es ist Frühling/Sommer – der Sänger freut sich darüber; es ist Herbst/Winter – der Sänger ist traurig. Daß es einerseits noch nicht um eine neuzeitliche ästhetische Wertschätzung der visuellen Reize des Naturbilds oder gar um ein pantheistisches Zusammenschlagen des Sängerherzens und der pulsierenden Naturkräfte geht, aber andererseits nicht mehr um natur-rituelles Denken, erhellt aus dem antithetischen Einsatz des Natureingangs: es ist Frühling, aber der Sänger kann an der allgemeinen Fröhlichkeit nicht teilnehmen; es ist Winter, aber der Sänger frohlockt.

Die antithetische Verbindung der Naturtopoi und der Emotionen, die an sich unlogisch wäre, ist nur möglich, weil hier (nicht anders als bei der parallelisierenden) die Assoziation über ein Bindeglied läuft: das ist die Minne bzw. die (Miß-)Gunst der Geliebten. Der Sommer (plus Gunst der *vrouwe*) gleicht der Freude und der Winter (plus Gleichgültigkeit der *vrouwe*) der Trauer; und umgekehrt, der Sommer (plus Gleichgültigkeit der *vrouwe*) gleicht der Trauer und der Winter (plus Gunst der *vrouwe*) der Freude. Für den letzten Fall benutzt eines der angefochtenen Stollenlieder Dietmars einen Begleittopos, den auch Walther (118,5) kennt: *der winter und sîn langiu naht diu ergetzent uns der besten zît, swâ man bî liebe lange lît* (MF 39,35ff.: „wo man bei dem/der Geliebten lange liegen kann, entschädigt uns der Winter mit seinen langen Nächten für die schöne Jahreszeit").

Bei Dietmar kann es indes ein Naturerlebnis geben, das von dem Natureingang und den Jahreszeiten unabhängig ist, obwohl es noch um die Liebe geht. Der Fall ist für Dietmar bezeichnend und exemplifiziert seine außergewöhnliche Kunst und die Art von Problemen, vor die er und die Überlieferung uns stellen. Es geht um fünf Strophen in derselben Form – vier paarweis gereimte Langzeilen –, die die

*Die Frühgruppe*

Handschriften B und C als 7–11 unter seinem Namen überliefern; A bringt 8, 10, 11 unter „Heinrich von Veltkilchen", 10 und 11 in umgekehrter Reihenfolge. Daß A Strophen 1 und 3 der fünf „ausläßt", stört nicht sonderlich, weil die Gruppe insgesamt einen durchlaufenden Zusammenhang schwer erkennen läßt. Die ersten drei sind vielleicht sogar Einzelstrophen, aber 4 und 5 sind als Wechsel eng verbunden. Die Reihenfolge ihrer Aufführung macht einen erheblichen Unterschied in der Wirkung; es ist wichtig, daß alle drei Handschriften sie als Nachbarstrophen tradieren.

Strophe 1 (MF 33,15) ist beinahe nur Natureingang: Vogelsang, Grünen der Linde, Blumen auf der Heide. Nur der letzte Vers, der berichtet, wie man sich über die Natur freut, weist durch zweifache Erwähnung der Herzen vielleicht darauf hin, daß auch hier die Gleichung über die Minne geht. Sollte dies so sein und die bekannten Topoi die Funktion haben, die der herkömmliche Natureingang ihnen zuweist, so sind wir auf einer fortgeschrittenen Stufe, die Vertrautheit mit dem Herkömmlichen voraussetzt und sich schon einen Natureingang in Kurzschrift leisten kann. Sollte dies nicht zutreffen, so entsteht die Stimmung diesmal unmittelbar durch die Jahreszeit und die Natur.

Strophe 2 (MF 33,23) ist eine Preisstrophe; der Mann lobt die Eigenschaften der Herrin, die ihn veredelt haben. Er fügt – schelmisch – hinzu, daß die Veredelung wohl soweit gediehen sei, daß die Dame für einen glücklichen Ausgang sorgen wird. Die Strophe ist präzisierende persönliche Weiterführung der allgemeinen ersten Strophe, oder sie ist selbständig.

Noch problematischer wäre es, Strophe 3 (MF 33,31) in einen Zusammenhang mit den anderen einzufügen. Sie wirkt wie ein Spruch, der Lebensweisheit vermittelt: Die Tüchtigen und Guten soll man lieben; wer sich rühmt, weiß nicht, das richtige Maß zu halten; ein höfischer Mann soll nicht versuchen, es allen Frauen recht zu machen; wer dagegen verstößt, ist nicht Herr seiner selbst. Die Wiederaufnahme von *biderbe* aus dem ersten Vers des vorangehenden Damenpreises könnte eine schmale Brücke schlagen. Selbst diese bröckelt beim Übergang zu Strophe 4 (MF 34,3) ab, von der wir annehmen, daß sie in enger Verbindung mit 5 (MF 34,11) einen Wechsel bildet.

Mit B und C setzen wir die Männerstrophe an erste Stelle: Die Reden der beiden Agierenden bestätigen, ergänzen und korrigieren einander. Die Nostalgie – Merkmal vieler Frauenstrophen der Frühgruppe – haftet hier schon der eröffnenden Männerstrophe an. Die Zeitstruktur ist kompliziert: irgendwo in der Vergangenheit sang ein Vöglein, das den Mann an eine von Rosen erfüllte Vorvergangenheit zurückdenken läßt. Die beiden Vergangenheiten erinnern ihn an die Gedanken an eine Dame, die er zur Zeit des Singens hegt. In dieser Suche nach dem *temps perdu* ist der Mann nicht allein, wie sofort aus der Frauenstrophe erhellt. Auch die Frau ist nicht allein, obwohl sie es meint. Ihre Sehnsucht nach den Umarmungen des Geliebten, die nach ihrem Gefühl tausend Jahre zurückliegen, richtet sich auf dieselbe Szene wie die Erinnerungen des Mannes, aber ihr Ton ist anders: sie vermutet sich vom Mann vergessen (soviel müssen wir ihrer Beteuerung entnehmen, daß er ihr „ohne ihre Schuld" fernbleibt). Doch hat sie unrecht. Die Zuhörer sind durch die erste Strophe besser im Bild als sie und in der Lage, ihre Ansicht zu korrigieren: er denkt noch an sie. In diesem Lied entdecken wir eine pikante Untergattung des statischen Wechsels (S. 79f.). Die Zuhörer eines Wechsels befinden sich in einer überlegenen Position, da sie den Inhalt der Strophen b e i d e r

Redender kennen. Wo ein Kontrast zwischen der Wahrnehmung einer/eines Redenden und dem Wahrheitsbild der Zuhörer besteht oder wo die Worte wahrer oder anders wahr sind, als der Sprecher vermutet, entsteht für uns Allwissende eine dramatische Ironie. So hier: wir wissen es besser als die *vrowe* – sie ist nicht vergessen.

Prägnant und elegant ergänzen sich die zwei Strophen. Der ersten können wir indirekt entnehmen, daß die Begegnungen der Vorvergangenheit vom Vogelsang begleitet waren. Warum sollte der Vogelsang der Vergangenheit sonst dem Mann die beglückende Vorvergangenheit ins Gedächtnis zurückrufen? Der vorletzte Vers der Dame bestätigt unsere Annahme. Umgekehrt werden die unbestimmten Blumen der Frauenstrophe durch die symbolschweren Rosen der Männerstrophe präzisiert. Die bedeutendste Ergänzung ist aber, daß wir ohne die Männerstrophe nur wüßten, daß die Frau darüber klagt, daß sie seit langer Zeit nicht in den Armen ihres Geliebten gelegen habe und traurig sei, seitdem sie weder Blumen noch Vogelsang erlebt hat. Es k ö n n t e einfach die Situation des Natureingangs vorliegen: das Fehlen der Vögel und Blumen steht parallel zum Fehlen der Liebe und der Freude. Die Verbindung mit der Männerstrophe läßt sichtbar werden, daß beides eins ist. Die gemeinsam erlebten Naturelemente sind konkret die Szenerie der Liebesvereinigung. Sie sehnt sich nicht nach der Natur oder der Jahreszeit, sondern nach ihm. Solche Gestaltungskunst findet ihr Gegenstück in der rhetorischen Meisterschaft der Frau, deren letzter Vers mit dem ausgewogenen Parallelismus und der pathetischen Antithetik der beiden Halbverse (*al – al* [nach B, C]; *vröide – jâmer, kurz – lanc*) die Situation – zaghafte Ausdauer im Wechsel – mit all ihrer Verzweiflung am wirkungsvollsten zusammenfaßt. Die Strophen sind mit einer Intimität gepaart, die ihr Thema zur Entfaltung bringt.

Auch sonst findet man bei Dietmar inhaltliche Momente, die in die Zukunft weisen, ohne daß das Gelände der frühen Lyrik ganz verlassen würde. Das Liebesverhältnis kann direkt, beinahe naiv bleiben – wenn etwa unverblümt Liebeserklärungen geäußert werden. Die Direktheit der Anreden kann herausfordernd und herrisch wirken und kontrastiert mit der ergebenen Einstellung des hochhöfischen Dichters gegenüber seiner (angeblich) höherstehenden Herrin. Gerade was die Direktheit der Anreden betrifft, befinden wir uns aber an einer Schwelle, und wieder ist Vorsicht geboten. In der Darstellung dieser Liebesverhältnisse ruft das Duzen anscheinend in den Anreden der Dame an den Ritter einen kräftigen und in denen des Ritters an die Dame einen aufdringlichen Ton hervor. Meinloh wirkt z. B. nachdrücklich direkt: der Ritter berichtet, wie ihn der Ruhm der Dame veranlaßte, sie zu suchen, bis *welende* [„auf einer erfolgreichen Wallfahrt"] *ich dich vant. daz ich dich nû gesehen hân* [...]) (MF 11,1).

Insofern das Duzen ihn hervorruft, kann der intime, nivellierende Eindruck aber täuschen, denn der früheste Minnesang entstand auf einer Sprachstufe, auf der es nur das Duzen gab: in der Einzahl ist *du* entweder als nhd. „du" oder „Sie" und in der Mehrzahl *ir* entweder als nhd. „ihr" oder „Sie" aufzufassen. Das mhd. *irzen* einer Einzelperson ist eine Nachahmung der altfranzösischen Verwendung des Plurals *vos* als Höflichkeitsform, die erst mit der romanischen Kulturwelle aufkam. Es läßt sich in der frühen Lyrik schwer entscheiden, ab wann *du* als eine unzweideutig intime Form zu interpretieren ist. Daß mindestens eine Schicht von Dietmar-Liedern noch auf der alten Stufe steht, ist dem zu entnehmen, daß selbst der Bote des Ritters die Minneherrin duzt (MF 38,14).

Dietmar kennt wie Meinloh den Minne d i e n s t, aber er fügt Zukunftsweisendes hinzu, indem er (falls unsere relative Chronologie stimmt) als erster die Auffassung dieses Dienstes als ethisch und gesellschaftlich erzieherische Kraft unterstreicht (MF 38,32): „Jetzt ist das erreicht, wonach mein Herz immer gerungen hat, daß eine vornehme Dame die Herrschaft über mich angetreten hat. Ich bin ihr untertan geworden wie das Schiff dem Steuerman [...] Sie hindert mich an mancher voreiligen Handlung").

Auch wenn wir die Stollenstrophen einem Späteren zuweisen, tun die Lieder Dietmars bei allen altertümlichen Zügen einen beachtlichen Schritt auf dem Weg zum hohen Minnesang. Es empfiehlt sich, die unter seinem Namen überlieferten Lieder mindestens zusammen zu b e h a n d e l n : es ist leichter, sie ihm abzusprechen, als den zu finden, dem man sie zuschreiben soll, oder zu erklären, auf welchen Wegen sie zu Dietmar gekommen sind. Wir müssen uns mit dem Paradox abfinden, daß Dietmar ein sehr komplexer Dichter „sind".

Auch Rietenburgs Lieder tragen Zeichen des Übergangs. Fanden wir aber bei Meinloh in der alten Langzeilenform Frauenstrophen mit dem Inhalt der frühen Lyrik und Männerstrophen im neuen Werbeton des hohen Minnesangs, so ist Rietenburgs schmales Werk Zeugnis dafür, daß die Entwicklung nicht automatisch ablief, sondern sich je nach dem Grad entwickelte, in dem man Einflüssen ausgesetzt und bereit war, sie aufzunehmen. Der Inhalt und die Einstellungen der Personen sind in den sieben Strophen der vier Lieder meistens typisch für die Frühstufe: die einzige Frauenstrophe (MF 18,1) ist noch ein offenes Liebesgeständnis. Der Dienstgedanke ist eher mit den entwickelteren Liedern Dietmars oder gar des hohen Minnesangs vergleichbar als mit denen des Kürenbergers. Zwei Lieder kennen den Natureingang (MF 18,17 und 19,7); zwei (MF 18,17 und 25) sind einstrophig; dagegen ist ein dreistrophiges Lied ein Monolog des Mannes nach Art des hohen Minnesangs (MF 19,7–19,27): der Mann gebrauchet eine für die Frühzeit seltene, eindrucksvolle Metapher, die die veredelnde Wirkung der Minne auf ihn der Läuterung des Goldes gleichsetzt (MF 19,17). Geht dies wesentlich über etwa Meinloh hinaus, so sind der stollige Bau und der Umfang – zehn Verse pro Strophe, reine und unreine Reime – mit Hausen zu vergleichen. Völlig neu ist das bewußte Erwähnen des eigenen Singens (MF 19,13 und 24): die Vortragssituation kenntlich zu machen, ist ein Hauptcharakteristikum des hohen Minnesangs, wo das Publikum, der Sänger und der Vortrag als Prozeß mit allen Möglichkeiten der Dialektik und Kasuistik so in das Lied eingebaut werden.

Der Eindruck, den die Lyrik der Frühgruppe hinterläßt, gemahnt an die Bildkunst der Romanik. Wir plädieren nicht dafür, die kunsthistorischen Termini „Romanik" bzw. „Gotik" auf die Literatur unserer Epoche anzuwenden. Trotzdem zeigen die Gestalten vor allem Dietmars und des Kürenbergers, vor einem beinahe leeren Hintergrund stehend und wie gebannt in den Raum hinausstarrend, jene seelische Intensität des Ausdrucks, die wir mit der Malerei und Plastik der Romanik assoziieren – mit dem Unterschied, daß es dort vorwiegend um religiöse Erlebnisse geht, hier ausschließlich um die Liebe zwischen den Geschlechtern.

## Hoher Minnesang I: Romanischer Einfluß

*Verbindungswege*

Für die Zeit ab 1165/70 wird das mutmaßliche Einsickern romanischer Elemente zwar zu einer unübersehbaren Flut, aber wir müssen doch nach Hauptkanälen fragen, die in der Literatur weniger offenkundig sind als im Handel oder im kulturellen Leben.

Der Eindruck, daß plötzlich eine Sturmflut romanischen Einflusses über die deutsche Literatur hereinbricht, wird tückisch dadurch verstärkt, daß in dieser Zeit mindestens zwei Vorgänge – jeder in sich kompliziert – parallel laufen: der schon früher einsetzende, jetzt aber stark zunehmende allgemeine französische Einfluß einerseits, der Anstieg des weltlichen Schrifttums in deutscher Sprache andererseits (vgl. S. 7ff.). Es werden mehr literarische und nicht-literarische Texte niedergeschrieben. Es scheint aber auch, daß (als Teil des neuen Wohlstands und Luxus) als Beitrag zum Geschriebenen – und Kopierten – der Teil der Literatur steigt. Da Werke aus einer späteren Phase eher überleben, führen diese Faktoren dazu, daß ein größerer Prozentsatz einer schon erhöhten literarischen Produktion überliefert zu werden beginnt, und zwar gerade zu einer Zeit, in der auch der kulturelle Einfluß Frankreichs intensiver wird. Der Kontrast zum vorhergehenden Zeitalter rückt daher auf dem besonderen Gebiet der Literatur den ohnehin enormen französischen Einfluß in ein stärkeres Licht, als es der Wahrheit entspricht.

Literatur besteht aus Sprache. Die Sprache ist aber kein Stoff, sondern eine Tätigkeit, eine Handlung. Wir Heutige – gegen alle Statistik des Sprachgebrauchs, in der die gesprochene Sprache dominiert – verstehen die Sprache primär als etwas Schriftliches. Da hätte uns das Mittelalter eines Besseren belehrt. Die Sprache ist zwar nicht Stoff, aber die Regeln, nach denen sie und die Literatur sich umschlagen lassen, sind doch die des Handels. Hier wie dort braucht es Verkehr, Verbindungswege und Umschlagplätze.

Sprachliche (Aus-)Strahlung wurde erst mit dem Radio mehr als Metapher. Sprache und Literatur gehen indes auseinander, wenn die Literatur schriftlich wird. Es gibt auf dem Gebiet der Literatur auch im Mittelalter so etwas wie Ausstrahlung, wenn etwa eine altfranzösische Handschrift nach Deutschland transportiert wird und an ihrem Ankunftsort sprachlich und literarisch zu wirken anfängt. Es gibt ein Indiz dafür, daß die Straßen oft die des Handels waren: romanischer Einfluß in der Literatur tritt nämlich konzentriert zuerst da auf, wo der Handel uns ihn am ehesten hätte erwarten lassen – am Rhein. (Laufen in diesem Gebiet heute sprachliche und politische Grenzen nicht gleich, so waren die Überschneidungen im Mittelalter zahlreicher. Die „politischen" Grenzen waren nicht eindeutig, da ein Territorium auf verschiedenen lehnsrechtlichen Ebenen Frankreich und dem Reich zugleich angehören konnte.) Die Haupthandelswege aus Frankreich führten über die Niederlande und den Niederrhein – Köln wurde zum bedeutendsten Vermittler von französischen Waren und kulturellen Gewohnheiten nach Osten und Süden; über Metz die Moselstraße hinunter; von Burgund über das Elsaß zum Oberrhein. Frankreich am nächsten gelegene Gebiete mit bequemen Routen dahin wurden als erste dem französischen Einfluß ausgesetzt und gewannen durch das Neuerworbene Prestige.

Die Anwendung mittelniederländischer Sprachformen und das *vlaemen* („sich mittelniederländischer Vokabeln oder Aussprache affektiert befleißigen") genossen in anderen Teilen des Reichs snobistisches Ansehen. Dieser sprachliche Zustand wird durch die literarische Tätigkeit und das Prestige Veldekes bestätigt. Sein frühester Wirkungsbereich wird seine limburgisch-maasländische Heimat gewesen sein, und schon im ‚Sente Servas' betont er Maastrichts günstige Lage als Umschlagplatz am Zusammenfluß von zwei Strömen: *des steit si te maten ane einer gemeiner straten van Engellant te Ungeren vore Colne ende vore Tungeren, ende also gelike van Sasse te Vrancrike* (v. 971ff.) („dazu [d. h. um bequem erreichbar zu sein] steht sie [die Stadt] an einer Hauptstraße von England nach Ungarn, für [vor] Köln und Tongern, und auf ähnliche Weise von Sachsen [= Norddeutschland] nach Frankreich"). Das Setzen dieser topographischen Auskunft an das Ende der Botschaft eines Engels mag uns unangebracht erscheinen. Wurde der ‚Sente Servas' aber in Auftrag gegeben, um den Kult von Sankt Servatius, dem Schutzheiligen Maastrichts, neu zu entfachen (etwa im Zusammenhang mit den neuen Domerweiterungen und dem Servatiusschrein, den der Meister Godefroy de Claire um 1160 schuf, vgl. Abb. 14), so dürfte Veldekes Reiseauskunft nicht unschuldig sein. Reisen, Handel und Religion verbanden sich aufs engste in den Pilgern, jenen Vorgängern der Touristen, die den besuchten Städten so viel Geld brachten. Konnte man die bequemen Anreisegelegenheiten klarmachen, so war das sicher im Interesse von Veldekes Gönnern, der Gräfin Agnes von Loon und des Küsters *Hessel*, „der damals die Schatzkammer bewahrte" (v. 6194ff.).

Auch am Oberrhein, der Einfallspforte der südlichen Straße aus Frankreich vermuten wir ein Zentrum des literarischen Lebens. Es ist schwieriger zu identifizieren, weil die Dichter, die wir mit ihm in Verbindung bringen möchten, Minnesänger waren, deren Tätigkeit naturgemäß kaum Anhaltspunkte für eine Lokalisierung bietet, hier noch weniger als gewöhnlich, weil wir die Dichter am Wanderhof der Staufer vermuten. Es geht um den sogenannten „Hausen-Kreis". Daß man romanischen Einfluß auf die Literatur am Stauferhof nicht b e l e g e n kann, ist angesichts der geographischen Lage des staufischen Hausguts paradox, denn Friedrich Barbarossa kam 1156 in den Besitz des Königreichs Burgund: durch seine Ehe mit Beatrix von Burgund, die Gautier von Arras in seinem ‚Ille et Galeron' (nach 1167) als seine Gönnerin feiert, und Guiot de Provins als Liebhaberin der Literatur preist!

Die Art des Kontakts, die Gelegenheiten dazu interessieren uns. Das Leben der hohen Gesellschaftsschichten war im Hochmittelalter in hohem Maße international und viele Anlässe brachten ihre Angehörigen über Landesgrenzen hinweg zusammen.

Wir weisen nur auf den internationalen Fernhandel hin, dessen Bedeutung, Intensität und Reichweite durch unsere ganze Periode hindurch in wahrhaft astronomischen Dimensionen zunahm.

Wir haben schon an die ersten beiden Kreuzzüge erinnert. Der Prozeß konnte sich beim dritten (1189–92) fortsetzen. Die Auswirkungen des Kontakts sind als solche nicht dokumentiert. Trotzdem bietet die Literatur fragmentarische, faszinierende wie frustrierende Seitenblicke darauf.

Die Gefangennahme von Richard Löwenherz in Österreich bei der Rückkehr vom dritten Kreuzzug (Dezember 1192) erregte großes Aufsehen in ganz Europa. Obwohl er selbst Minnelieder dichtete, ist es unwahrscheinlich, daß er unter den Umständen am Wiener Hof mit ihnen auftrat. Vielleicht war Walther von der Vogelweide damals am Hof des Entführers, Herzog Leopolds V., zugegen, aber was ihm Eindruck machte, war weder Richards Dichtkunst noch, daß Leopold daraufhin in den Kirchenbann getan wurde, sondern das enorme Lösegeld, das das anglonormannische Reich für Richards Freilassung aufbrachte (19,26ff.). Daß Walther diese Summe – von Richards Anhängern brutal aufgetrieben – als verdienten Lohn für Richards Großzügigkeit auslegt, mag auf idealistische Unschuld zurückzuführen sein. Walther-Kenner werden aber den Versuch vermuten, den Vorfall zu einer moralischen Erpressung zu benutzen, mit der er, das Beispiel Richards rühmend, den knauserigen König Philipp zu Großzügigkeit zu bewegen hoffte.

Richards Gefangennahme gewährt uns über den ‚Lanzelet' Ulrichs von Zatzikhoven einen zweiten Einblick in den romanischen Einfluß auf die mhd. Literatur, der durch die Kreuzzüge zustandegekommen ist, allerdings einen mittelbaren (s. S. 285f.).

Ähnliche Kontaktgelegenheiten boten Gesandtschaften in beiden Richtungen und internationale Feste, die aus Anlaß von Staatsbesuchen veranstaltet wurden. Berühmt geworden ist das Mainzer Hoffest, Pfingsten 1184, das die Schwertleite der beiden jungen Söhne Friedrich Barbarossas feierte. Dieses herausragende Beispiel feudalen Repräsentationswillens auf deutschem Boden wurde deshalb so legendär, weil die Zahl der Teilnehmer und die Höhe der Ausgaben die jedes anderen Fests, das in Deutschland stattgefunden hatte, übertrafen, und weil es in überschwenglichen Worten von Dichtern besungen wird. (Daß vieles betrübter war, als man den Dichterberichten entnehmen würde, enthüllen historische Quellen.) Wenn die zeitgenössischen Berichte nicht lügen, war fast der gesamte Adel des Reichs mit zahllosem Gefolge anwesend. Für unseren Zusammenhang noch interessanter ist die Anwesenheit der Dichter. Heinrich von Veldeke lobt und beschreibt im ‚Eneas' die Szene (v. 13'222ff.). Aus französischer Sicht schildert der Trouvère Guiot de Provins das Fest ähnlich (Barbarossa wird – worauf Bumke hinwies – in der Volkssprache nur von französischer Seite als Förderer der Literatur hingestellt). Es ist unvorstellbar, daß die versammelten Fürsten, Grafen usw. nicht auch andere Dichter mitgebracht hatten. Es wäre an den kaiserlichen Ministerialen Friedrich von Hausen zu denken. Wichtig ist, daß die Dichter beider Sprachgebiete, besonders die Minnesänger, so Gelegenheit hatten, sich kennenzulernen und gegenseitig ihren Vorträgen beizuwohnen.

Bedeutend für den Kontakt zwischen französischer Literatur und angehenden deutschen Dichtern oder Gönnern war es, daß relativ früh und mit zunehmender Häufigkeit junge Deutsche zur Ausbildung an die Kathedralschulen von Nordfrankreich – Laon, Paris, Chartres – geschickt wurden. Vor diesem Hintergrund ist die Universität Paris erwachsen.

Dynastische Ehen auf der Ebene von Barbarossa und Beatrix von Burgund waren nichts Alltägliches; gleichwohl waren sie ebenso wie solche Verbindungen beim niedrigeren Adel von Bedeutung für die literarische Entwicklung Deutschlands. Es vermischen sich zwei zusammenwirkende Einflüsse: die übersprachlichen Querverbindungen und die schon mehrfach erwähnte Stellung der adligen Damen als interessierte Förderinnen der Literatur und der Dichter. Im Prinzip scheinen adlige Damen in Frankreich und in Deutschland eine ähnliche Rolle gespielt zu haben. Sie hatten die Muße, sich mit solchen Dingen zu beschäftigen – manchmal kaum die Möglichkeit, etwas anderes zu tun. Ihre relative Stellung war in den beiden Ländern jedoch verschieden, denn in den romanischen Ländern – auch im anglo-normannischen Königreich – lernten in der Regel auch die adligen Männer lesen.

Es ist sehr wahrscheinlich, daß schon Wilhelm IX. von Aquitanien eine Erziehung genossen hatte, die ihn mit mittellateinischer Literatur zusammenbrachte. Die Troubadours machen im allgemeinen einen gebildeteren, sogar gelehrteren Eindruck als die Minnesänger. Natürlich lag ihnen das Mittellatein nicht nur bildungsmäßig, sondern auch sprachlich buchstäblich näher als den deutschen Kollegen.

In den deutschsprachigen Ländern hatten die Frauen also hypothetisch relativ zu den Männern eine wichtigere Rolle bei der Anregung des literarischen Interesses zu spielen als in Frankreich. Die Neigung, das Bedürfnis und die Gelegenheit, diese Rolle zu spielen, waren wegen des literarischen Vorsprungs ihrer Heimat bei denen größer, die aus französischsprachigen Gegenden stammten. Dies ist jedenfalls die angenommene Situation, die aus dem einzigen mehr oder weniger gesicherten deutschen Beispiel aus unserer Periode zu erschließen ist. Es ist ein Musterbeispiel: die Übertragung der ‚Chanson de Roland' durch den Pfaffen Konrad (vgl. Bd. I/2, S. 103ff.).

Heute identifiziert man *di edele herzoginne, aines richen chuniges barn* (v. 9024f.), die die Übertragung veranlaßte, als Mathilde, Tochter Eleonores und Heinrichs II. von England, seit 1168 zweite Frau Heinrichs des Löwen. Eleonore war wohl eine große Gönnerin, obgleich nur zwei direkte Beziehungen zu Dichtern belegt sind. Der anglonormannische Dichter Wace hat ihr seinen ‚Roman de Brut' (s. S. 246) überreicht (gewidmet?).

Man hätte Interesse an der Literatur bei Mathilde erwartet – Richard Löwenherz dichtete und ihr anderer Bruder Geoffrey interessierte sich für die Trobadorkunst –, und das ‚Rolandslied' bestätigt ihr Interesse. Sie ist aber nicht mehr als Gönnerin eines deutschen Dichters bezeugt, mußte sie doch 1182 mit ihrem Gemahl für drei Jahre zu ihrem Vater in die Verbannung gehen. Dagegen wird sie – vermutlich – während des Exils in der Normandie von dem Trobador Bertran de Born erwähnt: sie dürfte *la Saissa* („die Sächsin") sein, die er rühmt. Was Deutschland betrifft, hat man versucht, den ‚Tristrant' Eilharts von Oberg mit dem Hof Heinrichs des Löwen zu verbinden (s. S. 272ff.), aber kaum zu Mathildes Lebenszeit († 1189).

In dem Handel, dem Feudalwesen oder dem höfischen Leben hat der französische Einfluß deutsche Entwicklungen beschleunigt und in neue Bahnen gelenkt. Auf dem Gebiet der Literatur waren die Folgen grundlegender und umstürzender: sie betrafen Form, Gattungen und Stoffe.

## *Auswirkungen*

Verstehen wir unter „Mode" konventionelle Gepflogenheiten der Gesellschaft, besonders der höheren Schichten, dann ist der romanische Einfluß weitgehend Mode, sowohl in dem oberflächlichen Sinn, in dem das Wort etwa auf Kleider oder Frisuren bezogen wird, als auch in dem tieferen Sinn, in dem es e i n e n Bestandteil einer jeden neuen Kunstrichtung, literarischen Bewegung, philosophischen Schule bezeichnet. Die romanische Mode zeigt sich in der mhd. Lyrik in der Form und im Inhalt. Da von der formalen Seite schon die Rede war, zählen wir die wichtigsten Auswirkungen stichwortartig auf.

Die Mehrstrophigkeit wird zur Regel und die Strophenzahl wächst. Der reine Reim wird zur Norm. Der Rhythmus neigt immer mehr zu einer regelmäßigen Alternation von Hebung und Senkung, d. h. Fehlen der Senkung oder Doppelsenkungen werden seltener. Eine anscheinend angeborene Vorliebe für Verse mit vier Hebungen im Deutschen – sie zeigt sich in der Frühgruppe in den Halbversen der zäsurierten Langverse und in den Kurzversen – ließ sich leicht befriedigen, wo es sich um romanische sieben- oder achtsilbige Versmaße handelte, war aber problematischer im Falle der romanischen Zehn- oder Elfsilber: wollten die Deutschen hier die romanische Melodie benutzen, so mußten sie entweder bei alternierendem Rhythmus bleiben und die Vierhebigkeit zugunsten von Fünfhebigkeit aufgeben oder den alternierenden Rhythmus (xx) aufgeben und durch einen daktylischen Rhythmus mit Doppelsenkung (xxx) die Vierhebigkeit beibehalten. Beide Lösungen kommen vor, oft von Vers zu Vers gemischt, manchmal ungenau und manchmal nicht völlig durchschaubar, da die Melodien fehlen.

Stollenstrophen (s. S. 68) überwiegen zunehmend, oft mit Durchreimung (Verwendung von Reimlauten der Stollen im Abgesang). Strophen aus Versen verschiedener Länge werden häufiger (Heterometrie). Es wächst allgemein die Zahl der Verse pro Strophe und dabei werden Reimschemata komplizierter, indem Kreuzreim (abab) und umschlingender Reim (abba) neben Paarreim und in verschiedenen Kombinationen miteinander auftreten. Da es die Betonungssysteme des Okzitanischen und des Altfranzösischen gestatten, Flexionsendungen miteinander zu reimen (was im Deutschen hieße, daß etwa „machen" und „singen" aufeinander reimten), ergaben sich dort Möglichkeiten, Lieder zu dichten, in denen sich nicht nur dasselbe Reim s c h e m a von Strophe zu Strophe wiederholte, sondern auch die Laute, die das Schema verwirklichten, so daß Reimwörter an derselben Strophenstelle auch über die Strophen hinaus miteinander reimten. Da deutsche Dichter nicht über diese reiche Reimquelle verfügten, suchten sie oft, besonders in Überarbeitungen romanischer Lieder („Kontrafakturen": s. S. 117 ff.), einen Ersatz in „grammatischen" Reimen (Verbindungen, in denen grammatisch verwandte Formen die Reimwörter bilden, z. B. in einer Strophe *vinden/binden*, in den nächsten *vant/bant*, *vunt/bunt* usf.). Selbst dadurch können die deutschen Dichter jedoch nur einen matten Widerschein der formalen Glanzleistungen der okzitanischen und französischen Kollegen erzielen. In den germananischen Sprachen wären sie nicht wünschenswert. Das Kriterium des reinen Reims – alle Laute der sich reimenden Wörter müssen vom letzten betonten Vokal an identisch sein – führt in Verbindung mit dem stärkeren dynamischen Akzent der germanischen Sprachen dazu, daß der Reim hier aufdringlicher wirkt. Fortgesetzte Wiederholung derselben Reimlaute ruft hier weniger einen geistreichen, graziösen Eindruck hervor wie in den romanischen Sprachen als einen lästigen oder gar täppischen. Dreireime oder noch längere Reimbindungen werden im Mhd. vermieden oder für Sonderzwecke, z. B. humoristische, benutzt. Walthers Vokalspiel 75,25 ist ein extremer Fall.

Zum romanischen Einfluß auf die Form und auf den Inhalt des Minnesangs kommt der Einfluß auf die Entscheidung, welche romanische Typen übernommen wurden oder nicht und welche Folgen das für das schon vorhandene Inventar hatte. Neben dem Aufkommen des Werbelieds, des Kreuzlieds und des Tagelieds ist das Auffallendste negativ: eine Verengung der Thematik und der Blickrichtung. Wechsel, Botenstrophen und besonders Frauenstrophen treten zurück. Frauen kommen noch in einigen Frauenliedern, Dialogliedern oder Wechseln am Beginn der neuen Ära zu Wort

(z. B. bei Veldeke, Hausen, Kaiser Heinrich), aber der Anteil der Lieder, in denen Frauen sprechen, wird bedeutend kleiner als in der Frühgruppe. Im weiteren dürfen sie nur noch in einigen Liedern Heinrichs von Rugge und Albrechts von Johansdorf reden. Sie finden ihre Stimme erst bei Reinmar, Morungen und Walther wieder, ohne je ihre frühere Prominenz zurückzuerlangen.

Die Zahl der Frauenstrophen bei Veldeke beläuft sich auf etwa 20% (in der Frühgruppe 38%); die sog. Hausen-Gruppe kommt nur auf 6%. In ihr kennen überhaupt nur Hausen und Kaiser Heinrich Frauenstrophen; sie fehlen völlig bei Rudolf von Fenis und Bernger von Horheim wie bei den anderen. Die höchste Zahl der Gruppe, 11% bei Hausen, wird erst von Rugge mit 10% fast erreicht und von Johansdorf mit 21% übertroffen.

Die kahle Statistik registriert einen bedeutsamen Umschwung. Wie die Temperatur eines Patienten ist sie an sich nicht von hinreißendem Interesse, aber ein bezeichnendes Symptom von etwas Wichtigem: sie spiegelt die Annexion des Minnesangs durch den männlichen werbenden Ritter-Dichter wider. Dieser lenkt jetzt immer stärker, beinahe bis zur Ausschließlichkeit den Blick auf sich bzw. auf die Herrin und die mit ihr verschworene Minne, aber auch dies nur, um ihre Wirkung auf seine artistische Persona zu schildern. Wie der Schwund von Liedtypen bedeutet auch die Verbannung der Frau eine Verengung des artistischen Spektrums sowohl den romanischen Modellen als auch dem frühen Minnesang gegenüber.

Es ist eine merkwürdige Auflösung des Rollenspiels im frühen Minnesang. Nun darf der Mann als Dichter oder Sänger unmittelbar und nicht nur als Rollenspieler vor dem Publikum auftreten und in eigner Sache seine Lage ausdrücken – d. h. meistens: beklagen. Dagegen wird die Frau körperlich aus dem Lied verbannt und nicht angesprochen, lediglich in der dritten Person besprochen. Das Szenario ist, daß die Herrin inkognito unter dem Publikum sitzt, sonst verschwindet die Spiellogik des Minnesingens überhaupt, dessen Existenzberechtigung darin liegt, daß es die Dame erreicht. Im Korpus der Hausen-Gruppe spricht die Dame nur in den wenigen Wechseln Hausens und Kaiser Heinrichs, d. h. sie tritt in einer Rolle auf. Sonst wird nur von ihr gesprochen, und sie wird nicht einmal ins Spiel hereingeholt, wie das später u. a. Heinrich von Morungen tut, der sie als Anwesende unter seinem Publikum direkt anspricht – ohne Namen.

Was die Verarmung der Variationen ausgleicht und die Anziehungskraft des Minnesangs wieder erhöht, ist die Entfernung des Rahmens, der die Rollenlieder des frühen Minnesangs umgab und von den Zuhörern trennte. Das Lied findet nicht mehr in der Vergangenheit zwischen epischen Figuren statt, sondern spielt in einer Gegenwart, in der das Publikum sich befindet. Lebhafte Beziehungen zwischen dem Sänger und den Zuhörern werden möglich. Zu dem Sänger-Protagonisten und der nur noch hinter der Szene lauernden Antagonistin, der Minneherrin, tritt das Publikum als

Tritagonist hinzu, das angesprochen wird, Fragen stellt und so zu einer neuen Spannung erzeugenden Kraft wird. Die Stimme der Gesellschaft, ehemals die *huote* im Lied, wird jetzt vom Publikum im Saal abgelöst, und das früher störende Pack der *lügenaere* usw. sind jetzt die anwesenden A n d e r e n, die auf b e i d e n Seiten eines j e d e n Zuhörers im Publikum sitzen. Die Tatsache der Aufführung und ihrer Umstände ist von nun an in das Lied und jede seiner Aufführungen integriert.

Die Reaktion der mhd. Dichter auf die Herausforderung der romanischen Literatur ist komplex und die einzelnen Entwicklungen verlangen sehr verschiedene Erklärungen.

Die Vernachlässigung des – ausschließlich einheimischen – Wechsels könnte z. B. darauf beruhen, daß das Unsicherheits- bzw. Minderwertigkeitsgefühl einer Gesellschaft, die eine Prestigekultur importiert, sie in ihrer Unsicherheit Einheimisches rasch als minderwertig ablehnen läßt.

Dagegen ist bei der Nichtimportierung des okzitanischen Sirventes die soziale Basis der Literatur in den beiden Gebieten zu berücksichtigen. Das mehrstrophige Sirventes unterscheidet sich nur inhaltlich von der Kanzone und wird von denselben Dichtern praktiziert. Diese widmet sich vorwiegend der Liebe und ist, was den Inhalt und die Form betrifft, durchaus mit den mhd. stolligen Minneliedern vergleichbar, obwohl die Thematik der Troubadours nicht so ausschließlich auf die Liebe beschränkt ist. Im Sirventes geht es aber um Tagespolitik, Intrige, feudale, ethische und religiöse Fragen. Das Sirventes stand also dem mhd. Spruch nahe, und es fragt sich, warum so Naheliegendes in Deutschland als Liedtyp nicht ankam.

Die mhd. Spruchgattung ist der Schlüssel zum Problem, ein Werkzeug, das sich zum Öffnen und zum Schließen eignet. Die Themen des Spruchs standen dem Sirventes nahe, was diesem den Weg nach Deutschland hätte öffnen können. Wir sehen die tatsächlich eingetretene Blockade als eine soziale. Der mhd. Spruch war die Domäne reisender Berufsunterhalter (vgl. Bd. II/2, S. 98), vorübergehend an Höfen geduldet, aber mit keinem Dauerplatz dort. (Es gab Ausnahme- und Übergangsfälle, etwa Walther von der Vogelweide.) Die Form der Spruchdichtung war weniger anspruchsvoll als die des Minnesangs, was höfische Dichter wohl auch mit den Themenkreisen des Spruchs assoziiert haben. Wir vermuten, daß deshalb das thematische Gebiet des okzitanischen Sirventes den deutschen ritterlichen Dichtern sozial suspekt und – aus Standesdünkel? – verpönt schien. So blieb im mhd. Gattungssystem vorübergehend kein Platz mehr für den einheimischen Wechsel, und es ließ sich keiner für das fremde Sirventes finden.

Vergleichen wir den Inhalt des hohen Minnesangs mit dem des frühen, so steht dort wie hier die Minne im Mittelpunkt. Es geht jetzt aber nicht um erfüllte, aber bedrohte Minne, sondern um eine noch nicht erreichte, vielleicht nie zu erreichende Liebesbeziehung zu einer hochstehenden

Herrin. Besprochen werden ihre ethischen Vorzüge und körperlichen Reize (letztere nicht plastisch, individuell, sondern als eine Auswahl von idealisierenden Charakteristika dargeboten).

Die moralische Idealität der Herrin wirkt sich auf den Dichter aus, der sich als ihren Untergebenen auf der Stufenleiter des Lehnsdienstes und als ihren Schüler in Sachen der höfischen Ethik schildert. Bei den Deutschen ist der Grad der Idealisierung höher, die Konzentration auf Ethisches stärker als bei den romanischen Dichtern, und es herrscht eine Neigung zum Grübeln vor – Folge der exklusiven Einstellung des Blicks auf den Dichter und seine Gefühle. Wenn wir zögerten, in der Frühgruppe einige gemeinsame Züge als Indizien für Einfluß aus Frankreich gelten zu lassen, müssen wir hier trotz Unterschiede in der Akzentsetzung an solchen Einfluß glauben. Die überlegene Stellung der Frauen und ihre behutsame Behandlung u. a. laufen so deutlich der damaligen Wirklichkeit in beiden Ländern zuwider, daß die Wahrscheinlichkeit von Polygenese gering ist.

Der Dichter spricht von sich als Lehnsmann der Minneherrin, um die er wirbt, und von ihrer veredelnden Wirkung. Dies wird allgemein dahingehend interpretiert, daß er sich mit der Veredlung als Ersatz für die körperliche Vereinigung abfinde – eine Art platonischer Liebe. Der Dichter ziele nicht mehr auf den Erwerb der Frau. Im Gegenteil: könnte er sie gewinnen, so würde es ihr Bild zerstören und ihn erschüttern. Die These ist suspekt.

Es fällt schwer zu erklären, warum ein solcher Umschwung in der Darstellung der Sexualmoral gerade zu d e r Zeit in Deutschland stattfand, zumal die romanische Literatur nichts Vergleichbares kennt. Da wir von einem derartigen Umschwung der Sexualmoral im damaligen Leben nichts wissen, müßten die Vertreter der Theorie eine Erklärung bieten, warum dem deutschen Publikum etwas dem Leben so Fremdes zugesagt haben sollte. Und dann stünden wir – angesichts der Lieder Morungens, Walthers, Wolframs und Neidharts, in denen unverhüllte Wünsche nach Liebesvereinigung oder deren Schilderung vorkommen – vor dem Problem, die neue Lockerung der Sitten zu erklären.

Die Probleme, vor die die Theorie das soziale Verständnis stellt, sind aber viel gravierender, da sie schwer erklärbare Widersprüche in die Literatur selbst hineintragen. Nehmen wir z. B. den höfischen Roman, der ebenso eindeutig unter romanischem Einfluß steht wie der Minnesang, so finden wir Liebesverhältnisse genug, die den Regeln und Ansprüchen der hohen Minne genügen, die aber physisch erfüllt sind und zur Ehe führen können. Wenn wir die hohe Minne in der Lyrik als entsagende Hingabe an die Herrin verstehen wollen, so müssen wir bereit sein zu sagen, daß die Gattungen auseinanderklaffen und andere Regeln für die hohe Minne im höfischen Roman gelten als für die in der Lyrik oder daß die Minne im Roman keine hohe Minne ist.

Noch beunruhigendere Konsequenzen hat die Theorie i n n e r h a l b der Lyrik selbst. Sie führen zum Schluß, daß verschiedene Einstellungen für die verschiedenen Liedtypen anzusetzen wären. Die Theorie dürfte z.B. in keiner Weise auf den Wechsel angewandt werden, wo von sexuellem Verlangen oder dessen Erfüllung gesprochen wird. Die Diskrepanz ließe sich wegerklären, indem man sagte, der Wechsel sei ein altertümlicher Typus, in dem es sich eben noch nicht um die hohe Minne handle. Unsere Feststellung, daß der Wechsel im Anfangsstadium des hohen Minnesangs beinahe ausstirbt, scheint dies zu stützen, aber es ist nur auf der Oberfläche so. Meinloh, bei dem wir Anzeichen der hohen Minne zu entdecken meinten, dichtet noch Wechsel. Auch Hausen: er steht ohne Zweifel mitten in der Aura der romanisch inspirierten hohen Minne, kennt aber gerade noch den Wechsel (MF 48,32) und auch Frauenstrophen, die, selbst wenn man nur die zurückhaltendere Kurzfassung der Handschrift C nimmt und auf die unverhohleneren Zusatzstrophen in der Weimarer Liederhandschrift (F) verzichtet, das Ziel des dichterischen Werbens deutlich ausdrücken (MF 54,1). Noch stärker gegen die Entsagungstheorie sprechen Wechsel von Johansdorf (MF 91,22), Reinmar (MF 151,1 und 152,25) oder Morungen (MF 130,31 und 143,22), die bei der Wiedergeburt des Typs erscheinen. Aber der Kronzeuge ist das Tagelied. Hier sind die Agierenden höfische Damen und Herren: man sieht es ihrer adligen Umgebung an. Aber daß ein entsagungsbereiter Liebhaber in einer Lage dargestellt wird, in der er seine keuschen Ziele so gravierend verfehlt hätte, überzeugt nicht.

Neben den Schwierigkeiten, die besondere Liedtypen betreffen, gibt es eine, die zuweilen in durchaus typischen Minneliedern entsteht: von Zeit zu Zeit drückt ein Dichter in Momenten der Offenheit seine Wünsche unverblümt aus, und zwar so, daß darauf hingedeutet wird, daß nicht die Wünsche selbst die Ausnahme sind, sondern ihre direkte Nennung. Es stimmt uns besonders mißtrauisch, wenn dies bei dem Dichter vorkommt, den man allgemein für den Hohepriester der Entsagung hält, Reinmar (MF 151,29f.), der sich nicht scheut zu singen (MF 165,17f.): *ich engelige herzeliebe bî, sône hât an mîner vröude nieman niht* („wenn ich nicht mit meiner Heißgeliebten schlafe, profitiert keiner von meiner Freude").

Die Theorie der entsagenden hohen Minne weist so viele Ausnahmen auf, von denen jede eine Sondererklärung verlangt, daß sie zu einer Regel wird, die die Ausnahmen bestätigt. Dagegen gibt es eine einfache, einheitliche Lösung, die die Probleme nicht löst, sondern als Scheinprobleme auflöst. Sie weist anderen Merkmalen der Lyrik, auch von der Entsagungstheorie unbetroffenen, ihren Platz zu.

Die Wende, die die Ankunft der hohen Minne in Deutschland darstellt, bildet einen Aspekt der verfeinerten Hofsitten, die mit der französischen Hofkultur als Hebamme in den sechziger, siebziger Jahren des 12. Jahrhunderts im Werden waren, aber sie ist primär eine künstlerische Wende, die das neue Gesellschaftsleben spielerisch unterhaltsam widerspiegelt und bestätigt. Zur unterhaltsamen Aufführung gehört Spannung, und man sieht leicht, wo die Spannung der verschiedenen Liedtypen des Minnesangs liegt.

Im Wechsel liegt sie im Konflikt, den Aufpasser und Rivalinnen oder die „Selbstgesprächspartner" verursachen: als echten Konflikt, wenn der eine dem anderen nicht (mehr) traut oder die Liebe einseitig ist, oder als Scheinkonflikt, der sich aus der Isolierung ergibt, in der das Wesen der Gattung besteht; für die Zuhörer wird dadurch eine Spannung aufgebaut, daß sie es als Zeugen der Aussagen beider Liebenden besser wissen als die Betroffenen. Das Kreuzlied hat seine Spannung im Schmerz der Trennung und in der Schwierigkeit der Entscheidung, obgleich diese nur in der einen Richtung ausfallen kann. Im Tagelied betrifft die Spannung die Gefahr, in der sich die Liebenden befinden, aber auch die tatsächliche Spannung zwischen ihnen und der Gesellschaft, deren widerwilligen Vertreter der Wächter darstellt. Läßt sich Ähnliches für den vorherrschenden Typus des „normalen" Minnelieds ausmachen?

Ja: Der Brennpunkt eines Lieds der hohen Minne ist die Werbung. Und die Spannung eines Lieds der hohen Minne ist die Unsicherheit des werbenden Sängers. Er spielt sein Lied vor, aber das Ergebnis ist nie Sieg oder Niederlage, sondern stets ein Unentschieden. Er hat noch keine Antwort auf seinen Antrag oder bestenfalls hört er, daß sein Fall „unerledigt" sei oder er einen neuen Antrag stellen darf. Daß der neue Antrag in einem weiteren Lied besteht, ist unser Gewinn, so lästig das für die Herrin gewesen sein mag.

Sobald klar wird, daß wir es mit W e r b e liedern zu tun haben, rückt sonst Rätselhaftes an seinen Platz. Für die Erwähnung, geschweige denn Darstellung von Erotischem ist das erreichte Stadium noch viel zu früh. Ja, es ist überhaupt zu früh, von einem Liebesverhältnis zu reden, aber der Dichter will eines anzetteln, und „der Mechanismus der Liebe fängt an sich zu äußern" (Büchner). Das frühe Stadium und die ergebene Sprechweise der Dichter lassen fälschlich den Eindruck von Enthaltsamkeit entstehen, da die Lieder schon mit dem Antrag ihr Bewenden haben oder gegebenenfalls mit dem Vorsatz des Dichters, der Herrin trotz Ablehnung weiterhin zu dienen. Selbst wo der Dichter sich damit zufriedenzugeben scheint, daß die Herrin ihn nicht erhört, und sich trotzdem bereit erklärt, ihr weiter zu dienen, ist dies eine List, noch eine indirekte Werbung um sie. Zumindest e i n e „Frau" ist hinter diese listige Kunst des Werbens gekommen und hat sie spöttisch als literarische Form verstanden – Hartmann läßt sie sagen: *süezer worte ist er sô wîs, daz man si möhte schrîben. den volget ich unz ûf daz îs; der schade muoz mir belîben* (MF 213,15) („Er ist mit einschmeichelnden Worten so geschickt, daß man sie aufschreiben könnte. Ich folgte ihnen bis aufs Glatteis und behalte für meinen Teil den Schaden").

Johansdorf gibt angeblich in dem Lied *Ich vant si âne huote* (MF 93,12) zu erkennen, daß ihm die Gewißheit, daß sein Dienst ihn moralisch veredelt, Trost und Lohn genug ist, wenn die Herrin seinen Antrag ablehnt. Es ist eines der relativ seltenen Gegenstücke zum okzitanischen Tenso, „Debatten-" oder „Dialoglied", in dem die Aussagen der Redenden rhetorisch gegeneinander abgewogen sind. Relevant sind besonders die Schlußworte der Dame: der Dichter fragt, ob sein Singen und Dienst ohne Lohn bleiben sollen, was die Dame verneint; er fragt, wie sie ihre Antwort meint, und sie antwortet, der Lohn bestehe darin, *daz ir deste werder sît unde dâ bî hôchgemuot* („daß Ihr um so edler [angesehener] seid und noch dazu freudig"). Der witzige Ton mitsamt der spielerischen, an Stichomythie grenzenden Satzstruktur deutet nicht unbedingt auf eine gewichtige existentielle Aussage hin. Die Schlag-auf-Schlag-Dialektik gemahnt eher an den Krieg zwischen den Geschlechtern, und da es eben die Frau ist, die hier das letzte Wort hat, fehlt uns jede Andeutung, daß der Mann ihre Antwort als letztes Wort akzeptiert, geschweige denn, sie zu einer lebensgestaltenden Philosophie ausbaut. Johansdorfs Lied bewegt uns nicht dazu, es als Indiz für den veredelnden Ersatzwert der enthaltsamen hohen Minne zu nehmen.

Die Einsicht, daß es sich um die Spannung des intensiven, aber unentschiedenen Werbens handelt, läßt verständlich werden, warum die Frau aus den Liedern verschwinden muß. Sie d a r f nicht zu Wort kommen. Wo sie spricht, ist die Spannung verloren, oder nur dadurch zu retten, daß sie dem Sänger andeutet, daß sie noch zu keiner Entscheidung gekommen ist. Dies geschieht auch, z. B. bei Johansdorf (MF 91,22) oder Reinmar (MF 152,25), aber es ist eine Strategie, die man nicht zu oft benutzen kann. Daher das Fehlen oder zumindest die Seltenheit der Frauenstrophen.

Hieraus ergibt sich auch eine Erklärung für den veränderten Status und die verminderte Bedeutung der *lügenaere* oder *merkaere unt ir nît* bzw. *kîp* („ihr scheltendes, zänkisches Wesen"). Wo es erst um Werbung geht und der Werbende keine Spur von Erfolg gehabt hat, werden sie arbeitslos oder finden höchstens eine Teilzeitbeschäftigung. Sie treten im hohen Minnesang seltener auf, und wo sie erscheinen, sind sie zu Aufpassern, *huote* verblaßt, deren *nît* nur die Form von Feindlichkeit oder Verleumdung annehmen kann, da sie beim Antragsstadium nichts zu beneiden oder zu melden haben. Hausen ist sich dessen bewußt und kehrt die traditionelle Lage um, indem er in jeder Strophe eines Lieds (MF 43,28) b e d a u e r t, daß er noch nicht unter ihnen leidet, und beteuert, daß sein Herz sich nichts sehnlicher wünscht, als bis zu seinem Tode von der *huote* geplagt zu werden.

Die anderen Schwierigkeiten verschwinden, die durch die Annahme entstanden, der hohe Minnesang vertrete Liebe aus der Ferne, akzeptiert man, daß die Lieder sich auf den langwierigen Anfang eines Liebesverhältnisses konzentrieren. Es besteht dann keine Kluft zwischen den Untertypen der Lyrik, auch keine zwischen der Lyrik und dem höfischen Roman. Die gelegentlichen unverhüllten Äußerungen markieren dann keine plötzlichen existentiellen Umschwünge, sondern erweisen sich als Augenblicke der größeren (absichtlich unachtsamen?) Offenheit. Und die Entwicklung zu Walther und Neidhart hin ist kein Rückschritt in Richtung auf die Frühgruppe, sondern besteht einfach darin, daß ein späteres Stadium des Liebesverhältnisses oder dessen ganze Palette in den Brennpunkt gerückt wird. Die Liebe wird im hohen Minnesang gesittet und stilisiert präsentiert, wie es sich für etwas zwischen einer neuen Lebenseinstellung und einem neuen Spiel Schillerndes gehört. Sie ist aber wie in der Frühgruppe und oft bei Walther das normale Verhältnis zwischen den Geschlechtern, das trotz der geänderten Perspektive und Neuheit der künstlerischen Gewichtsverteilung immer da war. Die Notwendigkeit der artistischen Abwechslung entwickelt eine künstlerische Eigengesetzlichkeit, die wir ungestraft weder vernachlässigen noch überinterpretieren dürfen.

### *Minnesang am Rhein*

Minnesang im romanischen Stil taucht zuerst etwa gleichzeitig am Ober- und am Niederrhein auf. Dies bezieht sich allerdings eher auf die wahrscheinliche Herkunft der Dichter als auf die Orte ihrer Tätigkeit. Nichts zwingt zu der Annahme, die Dichter hätten nicht im Rheinland gewirkt, aber auch nichts zur Annahme des Gegenteils, denn auch die wenigen regionalen Sprachmerkmale – Veldeke ist ein Sonderfall – deuten eher auf ihre Herkunft. Minnesänger sind schwieriger zu lokalisieren als Romanautoren, weil ihre Tätigkeit eben nicht an Seßhaftigkeit gebunden ist; dasselbe gilt im Vergleich mit den Spruchdichtern, deren Erzeugnissen die Spur ihrer Fahrten tiefer eingeprägt ist. Am Niederrhein kommt nur Heinrich von Veldeke in Frage, und die meisten Lebenszeugnisse zeigen ihn auf hochdeutschem oder mitteldeutschem Boden; auch ist der weitaus größte Teil seiner Werke in hochdeutscher Sprachform überliefert. Am Oberrhein hingegen haben wir dadurch Schwierigkeiten, daß wir die dortige Dichtergruppe am Stauferhof vermuten, der als kaiserlicher Hof stets unterwegs war.

Die Gründe, warum die romanisch beeinflußte Lyrik zuerst am Rhein in Erscheinung tritt, liegen nahe. Schwieriger zu beantworten ist, warum aus diesem Gebiet alles fehlt, was dem frühen Minnesang südostd. Provenienz vergleichbar wäre. Eine Erklärung liegt darin, daß verschiedene Entwicklungen neben- und ineinander verliefen. Es ist unwahrscheinlich, daß allein die Donaugegend eine frühe Liebeslyrik entwickelt hatte, und gerade die Aufnahmebereitschaft, die man der neuen romanischen Lyrik am Rhein entgegengebrachte, legt eine ältere einheimische Lyrik dort nahe. Zeitlich parallel mit der Entwicklung der deutschsprachigen Lyrik verlief nun aber der Prozeß der Verschriftlichung, der allmählich die volkssprachige Literatur ergriff. Wie sich jener Prozeß und die Entwicklung der mhd. Lyrik überlappten, ist nicht zu erkennen. Wir halten es aber für glaubhaft, daß die romanische Welle die Rheingegenden früh genug erreichte, um die einheimische Lyrik altmodisch erscheinen zu lassen, bevor man dazu überging, die Lyrik auf Pergament zu bringen. Dagegen erreichte die Hauptwelle der romanischen Lyrik die weiter im Osten gelegenen Gebiete wohl erst in einer Zeit, als man bereits Lieder niederschrieb.

Wir stellen unsere wenigen Informationen über das Leben der ersten Dichter des hohen Minnesangs zusammen.

Heinrich von Veldeke: Sein Leben wird im Zusammenhang mit seinen epischen Werken behandelt (S. 32f. und S. 231ff.). Wir stellen uns Veldekes literarisches Schaffen zwischen 1170 und 1190 vor, und es gibt keinen Grund, eine engere Periode für seine Lyrik anzusetzen.

Kaiser Heinrich: Zur Bedeutung Kaiser Heinrichs VI. in der europäischen Politik brauchen wir nichts zu sagen, obwohl die reichlichen historischen Belege nichts über seine Betätigung als Minnesänger verraten. Wir gehen gleichwohl davon aus, daß er der Dichter der unter „Kaiser Heinrich" in B und C überlieferten Strophen war. Er wurde 1166 als Sohn Kaiser Friedrichs I. geboren und mit drei Jahren zum König gekrönt. Was mögliche Beziehungen zu Dichtern betrifft, so wurde das Mainzer Pfingstfest 1184 anläßlich seiner Schwertleite sowie die seines Bruders Friedrich veranstaltet. Über seine Mutter, Beatrix von Burgund, hätte er leichten Zugang zu den Troubadours haben können. Er wurde 1184 mit Konstanze, einer Tochter Rogers II. von Sizilien verlobt, durch die ihm Sizilien zufiel. Als sein Vater zum Kreuzzug aufbrach, auf dem er umkam, wurde er mit der Regentschaft betraut. 1191 wurde er zum Kaiser gekrönt. Er starb beim Aufbruch zum Kreuzzug 1197 in Messina an Malaria und wurde im Dom zu Palermo begraben.

Rudolf von Fenis: Dank seiner hohen Stellung als Graf von Fenis und Neuenburg und der Tatsache, daß wir (anders als bei den Burggrafen von Regensburg und Rietenburg) den Personennamen kennen, ist Rudolf der erste unserer Minnesänger, den wir durch Urkunden identifizieren können. Dies bedarf insofern der Einschränkung, als der Rudolf der Urkunden, den wir aufgrund der stilistischen Stufe mit dem Dichter identifizieren, ein anderer sein könnte: sein Namensvetter oder vielmehr „Namensneffe" oder „-enkel". Rudolf II., den wir für den Dichter halten, erscheint in der Handschrift B nach dem Familiensitz als *Grave. R. uon. Fenis* (Bildüberschrift) und in C als *Graue Ruodolf von Núwenburg*, d. h. dem jetzigen Kanton Neuchâtel in der Schweiz, der früheren Grafschaft, die sich auf beiden Seiten der deutsch-französischen Sprachgrenze erstreckte. Rudolf begegnet zuerst in einer Urkunde von 1158, die festhält, daß die Gattin Bertha und der Sohn Rudolf (unser vermutlicher Dichter) eines Ulrich, Herrn von Neuenburg, eine Schenkung an ein Kloster *laudaverunt* („guthießen"). (Wir wissen nicht, wie alt man sein mußte, um eine Schenkung zu billigen, aber das Datum scheint anzudeuten, daß Rudolf älter war als Friedrich von Hausen, der erst 1171 in einer Urkunde erscheint.) Es folgen weitere Nennungen bis 1192. „Zwischen 1192 und 1196 muß" er dann gestorben sein, „denn am 30.8.1196 stiftete sein Bruder Ulrich ein *anniversarium* (eine jährliche Seelenmesse) für Rudolf und beide Eltern" (Schweikle). Rudolf wird von Dichtern im 13. Jahrhundert in Aufzählungen verstorbener Dichter genannt.

Friedrich von Hausen: Auch Hausen erscheint in Urkunden und späteren Aufzählungen des erwähnten Typs bei Reinmar von Brennenberg und Dem von Gliers (s. Bd. II/2, S. 104f.), dazu in der ‚Crône' Heinrichs von dem Türlin (s. Bd. II/2, S. 107ff.) Sein Tod auf dem Kreuzzug wird in Chroniken beklagt. Er erscheint zuerst in Urkunden mit seinem Vater Walther von Hausen, dem wir Aufmerksamkeit schenken sollten: weil die Ausstellungsorte bessere Aussicht bieten, den Stammsitz der Familie zu lokalisieren, als die der weit auseinanderliegenden, in denen Friedrich im kaiserlichen Dienst urkundet; weil Walther selbst in einer Gönnerliste des Spruchdichters Herger als Verstorbener beklagt wird; weil die Urkunden ihn in der Umgebung Barbarossas zeigen. Als Stammsitz weisen die Urkunden Walthers von Hausen nur auf Rheinhessen oder die Rheinpfalz, wo es verschiedene Orte auf „-hausen" gibt. Man sieht jetzt den Stammsitz in Rheinhausen (heute ein Teil Mannheims), da eine Bemerkung in einer Handschrift (um 1200) des Klosters Schönau erklärt, daß „der Neckar in der Nähe von Hausen, früher die Burg Walthers, in den Rhein mündet". Schönau erscheint unter den Klöstern, die in Walthers Urkunden von seiner Großzügigkeit profitierten. Friedrich erscheint zuerst mit seinem Vater in Urkunden des Erzbischofs Christian von Mainz von 1171 und 1173, später ohne den Vater in Urkunden des Erzbischofs in Italien, 1186/87 wieder in Italien, aber in Urkunden König Heinrichs VI. Diese deuten an, daß Hausen staufischer Ministeriale geworden war, von der Chronik des Gislebert von Mons bestätigt, der seine wichtige Stellung in diplomatischen Verhandlungen im Gefolge des Kaisers betont, so bei dessen Treffen mit dem französischen König (1187) und sonst in Reichsgeschäften, von denen eines ihn 1188 in Worms wieder mit Heinrich VI. zeigt. Er zählt zu den wichtigen *familiares et secretarii* („Vertrauten und Helfern") um den Kaiser. Die Chroniken beklagen seinen Tod auf dem Kreuzzug bei Philomelium am 6. Mai 1190 und den Verlust eines wichtigen, begabten, edlen und tapferen Mannes. Daß er Dichter war, sagen sie nicht.

B l i g g e r  v o n  S t e i n a c h : Bligger ist kein häufiger Name – außer in dem Geschlecht, zu dem er vermutlich gehörte. Man sieht den Dichter fast einmütig in dem jüngeren der beiden Namensträger aus dem 12. Jahrhundert. Für seinen Stammsitz hält man eine Burg am Neckar in der Nähe des heutigen Neckargemünd. Was wir über ihn erfahren, weist Ähnlichkeiten mit der Laufbahn Friedrichs von Hausen auf, und ihre Lebensläufe sind in den Urkunden miteinander verquickt. Auch Bligger tritt zuerst mit dem Vater auf, 1152 wiederum in einer Urkunde des Klosters Schönau; 1165 erscheinen er, sein Bruder und sein Vater zusammen mit Walther von Hausen in einer Lorscher Urkunde; von da an tritt er in kaiserlichen Urkunden Friedrichs I. und Heinrichs VI. auf, z.T. in Italien, und zuletzt – falls es sich noch um denselben Bligger handelt – 1209 in einer Urkunde Ottos IV. aus Italien, in der auch Wolfger von Erla erscheint (s. S. 39ff.). Das Überraschendste ist, daß die drei Dichterzeugnisse – eines bei Gottfried von Straßburg (‚Tristan' v. 4692 ff. – vgl. S. 306 f.) und zwei bei Rudolf von Ems (‚Alexander' v. 3207 ff. und ‚Willehalm von Orlens' v. 2193 ff. – vgl. Bd. II/2, S. 26 f.) – Bligger unter die Epiker einreihen und als solchen rühmen. W i r kennen jedoch nur sechs lyrische Strophen von ihm und nichts von dem ‚Umbehanc' („Wandteppich"?), von dem die drei Zeugnisse reden und der wohl ein Roman oder Zyklus von kurzen Geschichten war. Gottfried spricht von Bligger im ‚Tristan' (um 1210) als einem Lebenden.

U l r i c h  v o n  G u t e n b u r g : Auch er wird wie Hausen und zusammen mit ihm von Dichtern des 13. Jahrhunderts erwähnt: Von den Lyrikern Reinmar von Brennenberg und Dem von Gliers, und von dem Epiker Heinrich von dem Türlin. Versuche, Gutenburg zu identifizieren, führten auf ein Geschlecht in der Pfalz mit einer Burg (jetzt Ruine, das Château de Guttenberg) im Mundatwald nordwestlich von Weißenburg sowie ein anderes Geschlecht desselben Namens, das westlich von Rappoltsweiler im Elsaß ansässig war. Beide Geschlechter hatten zur fraglichen Zeit Familienmitglieder namens Ulrich. Aus den Urkunden ist nicht immer zu ersehen, um welches Geschlecht es sich handelt bzw. ob von demselben Ulrich die Rede ist. Die erste Erwähnung findet sich 1170 in einer pfälzischen

Schenkungsurkunde; interessanter für uns ist das Erscheinen eines *Ulricus de Guendeburgh* in Urkunden aus Italien von 1172 und 1186. Das Muster Hausens wiederholt sich ungefähr. „Beide begegnen in der ersten Hälfte der siebziger Jahre in Urkunden des Grafen Ludwig von Saarwerden und des Erzbischofs Christian von Mainz, beide verschwinden dann für ein Jahrzehnt aus den Urkunden und tauchen beide 1186, fast auf den Tag genau, in der Umgebung der Stauferherrscher wieder in Italien auf; Hausen [...] bei Heinrich VI., Gutenburg [...] bei Friedrich I." (Bumke). Nach 1186 ist Ulrich nicht mehr mit Sicherheit bezeugt.

B e r n g e r  v o n  H o r h e i m: Kein Dichter erwähnt ihn. In zwei 1196 in Italien ausgestellten Urkunden Philipps von Schwaben erscheint ein *Berengerius [Berlengerius] de Orehem [Oreim]*. Die Ungewöhnlichkeit des Namens spricht dafür, daß er der Dichter war. Rührt das späte Auftreten Berngers daher, daß er einfach spät bezeugt ist oder daher, daß er ein jüngeres Mitglied der „Hausen-Schule" war oder gar nichts mit ihr zu tun hatte? Unter möglichen Herkunftsorten – z. B. ein Horheim in Südbaden in der Nähe von Waldshut, ein Harheim in Hessen nördlich von Frankfurt oder ein Horrheim in Württemberg nordwestlich von Ludwigsburg – läßt sich nicht entscheiden. Für Harheim könnten mögliche mitteldeutsche Sprachformen sprechen; für das württembergische Horrheim, unweit von Vaihingen an der Enz, daß der erste Zeuge in beiden Urkunden aus Italien, in denen Bernger auftritt, Graf Gottfried von Vaihingen ist, der vielleicht Berngers Herr war.

H a r t w i g  v o n  R u t e: Hartwig erscheint nicht bei den Dichtern. Zwischen 1134 und 1156 bezeugen Urkunden verschiedener bairischer Klöster einen *Hartuwic [Hartwic] de Route [Routa]*, vermutlich den Vater des Dichters. Wird er hier eingereiht, dann deshalb, weil die formale Stufe, die in den (sechseinhalb) überlieferten Strophen erreicht ist, diejenige der Hausen-Schule ist, und weil die Halbstrophe MF 116,22 – eine ironische Aufkündigung des kaiserlichen Dienstes – beinahe dazu zwingt, den Redenden im Umkreis der Staufer zu vermuten.

## *Minnesang am Niederrhein: Heinrich von Veldeke*

Dem Vergleich des ersten Stadiums des hohen Minnesangs am Niederrhein mit dem am Oberrhein fehlt das Gleichgewicht, da die Darstellung der Situation am Niederrhein allein durch Veldeke vertreten wird. Wir laufen Gefahr, das Regionale, das Persönliche und soziologische Gesichtspunkte durcheinanderzuwerfen, denn im Gegensatz zu den Adligen und Ministerialen des Hausen-Kreises war Veldeke klerikal ausgebildet. Trotzdem lohnt sich das Risiko, denn Veldeke war mit seiner Lyrik nicht anders als mit seiner Epik eine innovatorische Gestalt von herausragender Bedeutung. Dies bestätigen die große Zahl und breite Verteilung der Nennungen bei den Epikern. Der Vergleich mit dem Hausen-Kreis ist von Interesse, weil jede Seite des Vergleichs eine andere Mischung aus Bestehendem und Innovatorischem, aus Einheimischem und Romanischem aufweist. Beginnen wir mit der Form.

Die oberrheinische Gruppe – allen voran Hausen – benutzt noch Assonanz und Halbreime. Die Entwicklung läuft generell darauf hinaus, daß die Reime um so reiner sind, je jünger der Dichter ist. Der „Fortschritt" auf den reinen Reim hin ist aber nicht nur chronologisch bedingt. Er scheint auch vom individuellen Geschmack und Stilwillen abzuhängen: unter den oberrheinischen Dichtern hat z. B. Bligger reine Reime. Das heißt, daß man die Verwendung unreiner Reime nicht n u r chronologisch oder als geringeres Können erklären kann. Wir gehen nicht so weit wie diejenigen, die aus der Mischung von Voll- und Halbreimen in einigen Liedern bestimmte künstlerische Absichten herauslesen, aber auch nicht so weit, jeden Halbreim für einen illegitimen Vollreim zu halten. Einige Dichter zeigen, daß der Vollreim und die Assonanz durchaus eine Verbindung miteinander eingehen können. Bei Hausen etwa kann es sich einfach um ein Beharren in der einheimischen Reimtradition handeln. Vielleicht haben wir es aber auch mit dem Versuch zu tun, dem ganzen einen gewissen Ton zu geben, oder mit einer Attitüde gegenüber dem Stoff oder der Aufführungssituation, die die Dichter zum Ausdruck bringen wollten, so wie heute der Gebrauch von Halbreimen bei den besseren Liedermachern Ton und Einstellung ankündigt.

Dagegen kennt Veldeke, dessen Schaffenszeit wir nicht später als die der oberrhein. Gruppe ansetzen dürfen, nur den reinen Reim. Die Behauptung bedarf der Erklärung, insofern wir in seinen nur hochdeutsch überlieferten Liedern mit Störungen durch die niederfränk. Heimatsprache rechnen müssen. Bleiben die Silbenzahl und die rhythmische Verteilung der Wortbetonungen in zwei Mundarten gleich, so ist die Änderung der Aussprache von der einen zur anderen gleichgültig – mit Ausnahme der Reimstellung! Wenn hier die Aussprache der Silben, die in der Ausgangsmundart rein reimen, verschieden ist, muß man sich punktuell einer fremden Aussprache bedienen, den unreinen Reim hinnehmen oder ändern.

Daß man bei Veldeke mit reinem Reim rechnete, zeigen z. T. die Handschriften. C neigt gegenüber älteren Handschriften dazu, reinere Reime zu verwenden, ob von den Dichtern im Zuge späterer Revision oder von den Schreibern eingeführte. Im Lied *Ez sint guotiu niuwe maere* (MF 56,1) reimt Veldeke *in der caritâten* („aus Barmherzigkeit") auf *ûz der mâten* („über alle Maßen"). Der Konsonantismus des lateinischen Wortes *caritâten* läßt sich nicht ins Hochdeutsche übertragen, und es hilft nicht, *mâten* allein zu transkribieren. Es scheint, daß C Veldekes expressive Ausdrucksweise nur ungern ändern wollte, und nicht bereit war, ihm durch die Änderung von *mâten* allein eine Assonanz zuzuschreiben. Sie läßt Veldekes niederl. Reim auf Kosten des Hochdeutschen stehen. Voraussetzung für diese Annahme ist, daß Veldeke seine Lieder ursprünglich niederfränkisch verfaßte. Wir sehen diese These als die wahrscheinlichste Erklärung des Sprachstands der Lieder.

Eine neue Mischung von Charakteristika zeigt sich in Veldekes Strophenkunst. Wir finden einen größeren Prozentsatz von Stollenstrophen im modernen Stil neben einer Anzahl von Periodenstrophen (Strophen, in denen Reimfolgen wie Paarreim, Kreuzreim usw. gemischt benutzt werden, ohne sich wiederholende Untermuster wie in der Stollenstrophe). Diese können auch durchgereimt sein. Auch hierin ist Veldeke der romanischen, vielleicht auch der mittellateinischen Liedkunst verpflichtet. Seine Strophen sind zum Teil in der modernen Weise heterometrisch gebaut. Auch hier bewegt er sich noch an der Grenze. Das genaue Zahlenverhältnis zwischen heterometrischen und isometrischen Strophen hängt von der editorischen

Interpretation des handschriftlichen Befundes ab. Die Strophenlänge schwankt zwischen vier (MF S.149, „Pseudo-Veldeke") und zwölf Versen. Entweder aus der Vaganten- oder der Troubadourdichtung stammt der Refrain, in den Veldeke (MF 60,13) mit elegant variierender Leichtigkeit das im Hauptteil der Strophe Gesagte einfließen läßt. (Anders als bei der Hausen-Schule hat man für Veldekes Strophenformen kein einziges völlig überzeugendes romanisches Modell entdecken können. Die vorgeschlagenen Fälle sind Formen, die im Romanischen verbreitet sind, zu denen auch das Mhd. weitere Gegenstücke kennt.)

Auf der anderen Seite wirkt Veldeke dadurch altmodisch, daß sein Œuvre viele einstrophige Lieder enthält. Ist die Einstrophigkeit von Veldekes Liedern aber ein Überbleibsel des alten Zustands oder gehört sie in einen anderen Zusammenhang: den der Einstrophigkeit der Spruchdichtung? Vorher aber die Frage, ob gewisse Lieder Veldekes einstrophig sind oder nicht. Es gibt Strophen, zwischen denen nur geringe formale Unterschiede bestehen. Man könnte sie – bei der ohnehin großen inhaltlichen Selbständigkeit der Minnesangstrophen – leicht zusammenreihen. Die Unstimmigkeiten müßte man durch Konjektur entfernen oder erwägen, ob sie beim Singen als Freiheiten nicht vielleicht erträglich waren. Man vermutet in der Tat, daß einige mehrstrophige Lieder Veldekes durch die Angleichung ursprünglich selbständiger Strophen zustandekamen.

Wenn wir uns aber von unserer Frage nach einem möglichen Zusammenhang zwischen der Einstrophigkeit bei Veldeke und in der Spruchdichtung her dem Problem nähern, haben wir auch auf seine Person einzugehen. Zunächst bieten sich Ähnlichkeiten zwischen Veldeke und Walther von der Vogelweide. Wir vermuten für beide eine klerikale Erziehung und halten beide für Berufsdichter und -sänger. Die Geschichte von Veldekes gestohlener Handschrift (s. S. 31 ff.) deutet darauf, daß er am Hof vergleichbare Unannehmlichkeiten hinnehmen mußte wie Walther: dem Diebstahl der Handschrift vergleichbar wäre die mutwillige Tötung von Walthers Pferd durch Gerhart Atze (s. S. 207 f.) – jener von Landgraf Hermanns Bruder begangen, diese von seinem Gefolgsmann. Für beide Dichter hat man Kenntnisse der mittellateinischen Vagantendichtung und einer volkstümlicheren Schicht von Liedern vermutet, die u. a. in einem farbigeren Verhältnis zur Natur zum Ausdruck kommen, als wir es von anderen Dichtern kennen (z. B. Veldekes *In dem aberellen* [„April"] *sô die bluomen springen* [MF 62,25]). Ein weiteres Moment ist die Neigung beider Dichter, in ihren Liedern – Walther auch in den Sprüchen – in einem didaktischen Ton über die Liebe und das Leben zu reflektieren, wozu sich schnell das Lob der vergangenen Zeit, mitsamt ihrer Zwillingsschwester, der Klage über die moderne Welt, gesellt. Wie in Walthers Liedern, in denen es um Analyse und Dialektik geht, der Inhalt an Sprüche grenzt, so auch in Veldekes Liedern nur – daß es von i h m keine Sprüche gibt! Veldeke kommt dem Spruch nahe und führt uns wieder zum Problem der Einstrophigkeit.

Was Einflüsse betrifft, gab weder die okzitanische noch die altfranzösische noch die mittellateinische Literatur Impulse, einstrophige Texte zu verfassen. Walther und Veldeke waren mit dem literarischen Typus des Spruchs und dem gesellschaftlichen Typus des Spruchsängers vertraut. Bei aller Gruppierung von Strophen mit verwandtem Inhalt blieb der mhd. Spruch der einheimischen Tradition der Einstrophigkeit treu, auch bei späteren Werken Walthers und seinen Nachfolgern, obgleich die Strophenf o r m für romanischen Einfluß durchaus offen war. Die einstrophigen einheimischen Sprüche, wie sie für unsere Periode nur das schwer datierbare Herger/Spervogel-Corpus bezeugt, von denen es aber sicherlich mehr gegeben hat, k ö n n t e n auf d i e Lieder Veldekes eingewirkt haben, die im Inhalt dem Spruch näherstehen. Solche Kreuzung verschiedener, miteinander kämpfender – alter oder neuer, einheimischer oder fremder – Teiltraditionen, die sich nicht zu einem System verfestigt haben, ist charakteristisch für die Frühstufe eines Zeitalters dynamischer kultureller Gärung.

Wie Veldeke der einheimischen Tradition verpflichtet war, zeigt sich auch an seinem Umgang mit dem Wechsel. Er ist auf demselben Stand wie etwa Hausen: bei ungefähr gleichem Umfang des Materials bietet Veldeke zwei Wechsel (MF 60,13; 67,9) und ein Frauenlied (MF 57,10), Hausen einen Wechsel (MF 48,32) und ein Frauenlied (MF 54,1). In der Hinsicht bewegen sich Veldeke und Hausen vergleichbar noch am Rande des Alten. Bei den übrigen Vertretern der Hausen-Gruppe sieht es anders aus: wir begegnen nur noch e i n e m Wechsel und e i n e r Frauenstrophe, und zwar unter den auch sonst „altmodisch" wirkenden drei Liedern des Kaisers Heinrich (MF 4,17; 4,35). Sonst erscheint unter sämtlichen Liedern der Hausen-Gruppe keine Frauenstrophe mehr – mithin kein Wechsel.

Im Inhalt zeigt sich Veldeke auf dem Wege zum hohen Minnesang romanischer Prägung, aber auch hier ist die Zusammenstellung der Merkmale eigentümlich, und das Gesamtbild abwechslungsreicher als bei Vertretern des hohen Minnesangs. Motive wie die erhöhte Stellung der Herrin und der Minnedienst kommen vor, aber in ganz besonderer Wendung: Veldeke macht deutlich, daß das Ziel seines Werbens ein körperlich erfülltes Liebesverhältnis ist, und erklärt direkt (aber nicht indiskret), daß er sein Ziel erreicht hat und sich beglückt fühlt (MF 60,1ff.): *sît ich si muoste al umbevân, diu mir gap rehte minne sunder wîch unde wân* („seit ich sie umarmen durfte, die mir ohne Widerstand gewißlich rechte Liebe schenkte"). Einmal, gesteht er (MF 56,1), ging er zu weit, wofür die Herrin ihn in einem anderen Lied heftigst tadelt (MF 57,10). Das Gleichgewicht zwischen „ja" und „nein", das wir einen künstlerischen Reiz der in der Schwebe bleibenden Werbelieder nannten, findet hier im dramatischen Hin-und-Her der verteilten Rollen ein Gegenstück. Der Minnedienst wird weniger betont als in der Hausen-Gruppe: er erscheint vornehmlich in einer Frauenstrophe (MF 57,18f.) und drei Männerstrophen, nur einmal in der konventionellen Form des Diensts für die Herrin (MF 67,33ff.); in den anderen Fällen ist indirekter vom Dienst für die Minne die Rede (MF 61,33f.; 65,13ff.).

Was Veldeke als Lyriker auszeichnet, ist die Spannweite der Themen und die Buntheit der Motive und Ausdrucksweisen. Bilder und Vergleiche sind gegenüber der Hausen-Schule zahlreicher, abwechslungsreicher und lebendiger. Viele entspringen dem Naturbereich und stehen oft im Zusammenhang mit den ausgedehnten Natureingängen, die zu Naturmitten und -enden werden können: z.B. in Strophe 2 von Lied MF 58,11, die in der Mitte zur Natur übergeht und das Thema fast bis zum Ende durchhält, oder Lied MF 58,35, dessen zweite Strophe ein einziger Natureingang an letzter Stelle ist. In dem stark mit Naturbildern durchsetzten Lied *In dem aberellen* (MF 62,25) legt Veldekes Naturbild den Menschen den Schluß nahe, daß sie sich das Benehmen der Vögel in Sachen Liebe zum Vorbild nehmen sollen. Auch in den Stimmungen der Lieder ist Veldeke variationsreich. Er gehört zu den seltenen Minnesängern, die fröhlich sein können, und *blîde(schaft)* („Fröhlich[keit]") ist ein Leitwort seiner Lieder. Darin, daß er den Humor kennt, ist er ein Vorläufer Walthers, Hartmanns und Morungens.

Es verleiht Veldekes Aussage zusätzliche Wirkung und Kraft, daß er zu Themen und Motiven zurückkehrt, sie von anderer Seite beleuchtet oder zu einem neuen Zweck benutzt. So relativieren die Texte einander oder setzen sich wechselseitig in ein Licht, das sich als recht zwielichtig erweisen kann.

Veldeke bezieht sich auf Tristrant und kontrastiert die eigene Liebe zu seiner Herrin vorteilhaft mit einer Liebe, die auf einem Zaubertrank beruhte; seine Herrin soll ihm Dank wissen, denn ohne den Trank liebt er stärker als Tristrant: *Tristan muose sunder sînen danc staete sîn der küneginne, wan in daz poisûn dar zuo twanc mêre danne diu kraft der minne. des sol mir diu guote sagen danc, wizzen, daz ich sôlhen tranc nie genam und ich sî doch minne baz danne er, und mac daz sîn* (MF 58,35) („Tristan mußte widerwillig der Königin [Isolde] treu sein, denn das Gift zwang ihn dazu mehr als die Macht der Minne. Deshalb muß mir die Edle Dank sagen, wissend [?], daß ich nie so einen Trank zu mir nahm und sie doch mehr liebe als er [Isolde], wenn das möglich ist"). Sollte aus der Sicht des Sängers die Geliebte dankbar sein, daß jemand sie ohne Minnetrank so heiß liebt, so erweist sich ihre Einstellung zur Frage der Tristrant-Liebe als eine völlig andere: s i e ist heilfroh, daß niemand i h r mit einem Zaubertrank gekommen ist, aber es fällt ihr nicht im Traum ein, dem „unbetrunkenen" Liebhaber dankbar zu sein (MF 57,14ff.).

Als weitere Beispiele für Motive, die Veldeke in mehreren Liedern wiederkehren läßt, greifen wir zwei ganz verschiedenartige heraus: eine Episode, die einmal aus der Sicht des Sängers und einmal aus der Sicht der Herrin beleuchtet wird, sowie das Thema der Musik.

Der neue Fall der wiederkehrenden Motivik und Doppelbeleuchtung entspricht dem Minnetrank-Beispiel. Reagierten dort jedoch Dichter und Herrin sehr verschieden auf ihr Erlebnis der Minne, indem sie dasselbe literarische Beispiel beschworen, so wird hier eine Doppelreaktion auf ein gemeinsames Erlebnis gezeigt. Es handelt sich um die Lieder MF 56,1 und 57,10. Zuerst der Dichter und dann die Herrin beschreiben aus eigener Perspektive und mit anderer Auslegung, wie e r zu weit ging. Solche aufeinander bezogenen Lieder lassen erblicken, wie Lieder zur Aufführung in Gruppen geschaffen oder arrangiert wurden.

Es ist in zweierlei Hinsicht literarhistorisch interessant, daß Veldeke so häufig die Musik und das Singen erwähnt. Der Burggraf von Rietenburg thematisiert als erster das eigene Singen (S. 91 f.). Doch bleibt er eine Stufe hinter der Behandlung des Themas im hohen Minnesang zurück, wie wir sie nun bei Veldeke finden. Den Rietenburger ermahnt die neue Jahreszeit, den eigenen Gesang wieder aufzunehmen (MF 19,7); in Strophe 2 beteuert er: *swaz ich singe, daz ist wâr.* Beide Strophen weisen auf die Tatsache des Singens hin, aber die erste enthält ein historisches Moment und die zweite betont die Wahrheit des Gesungenen, nicht das Singen. Im Gegensatz dazu beschäftigen sich Veldekes Hinweise mit dem Singen, das eben stattfindet (MF 60,21; 62,9; 66,24). Interessant ist das neue Selbstverständnis des Dichters, der die Aufmerksamkeit auf das eigene Unternehmen richtet, und daß die Aufführung zu einem Teil der Aufführung wird. Dies erst ermöglicht es dem Dichter/Sänger, den Rahmen des frühen Minnesangs zu sprengen und die anwesenden Zuhörer mit in das Lied aufzunehmen, so daß auch sie ihre Rolle als direkt Angesprochene und den Sänger direkt Anredende, als die Stimme der Gesellschaft, als Freunde und Feinde im Lied selbst spielen können. Dies geht in die reale öffentliche Situation über, deren Realität g e s p i e l t wird. Das Lied wird scheinbar aktuell, gegenwärtig und einmalig wie ein Gespräch und nicht wie eine Geschichte.

Unser letztes Beispiel für die thematische Rolle der Musik bei Veldeke ist mit den vorhergehenden verwandt, zeigt aber wieder etwas Neues. Das ganze Lied lautet:

> *Schoeniu wort mit süezeme sange*
> *diu troestent dicke swaeren muot.*
> *diu mac man gerne halten lange,*
> *wan siu sint alzoges guot.*
> *ich singe mit trüeben muoten*
> *der schoenen vrowen und der guoten.*
> *ûf ir trôst ich wîlent sanc,*
> *si hât mich missetroestet, des ist lanc.* (MF 66,24)

(„Schöne Worte mit süßem Gesang trösten oft ein schweres Herz. Die hält man gerne lange fest, denn sie sind immer gut. Ich singe mit betrübtem Sinn der schönen, edlen Dame, für die ich einst gesungen habe, um von ihr erhört zu werden, die mich aber nicht erhörte, das ist lange her.")

*Singen* und *sanc* wiederholen sich in dem kurzen Lied. Es geht auf konzentrierte Weise um die Essenz der Musik oder vielmehr des Minnesangs, denn der erste Vers beginnt mit Text und Melodie, und das erste Verspaar gehört mit zum Evokativsten der Gattung. Man müßte lange nach einem Lied suchen, das den neuen Minnesang im Gegensatz zum alten stärker beleuchtet. Es steht genau an der Grenze zwischen beidem: das Alte kommt durch die Einstrophigkeit und die eröffnende Aussage zum Ausdruck, die durch ihre Stellung und Allgemeinheit einiges mit der Frühgruppe gemeinsam hat. Aber die Gemeinsamkeit täuscht. Der Anfang ist keine Sentenz von breitem Geltungsanspruch, die Solidarität zwischen dem Dichter und seinen Zuhörern stiftet. Eher ist es umgekehrt. Ein individuelles Erlebnis des Dichters; der Trost, den Minnesang und Musik bieten, wird für andere verallgemeinert und weitergereicht, und zwar von einem, der im selben Augenblick bewußt und selbstbewußt die Kunst des Singens praktiziert und besingt. Nichts blickt auf die Erfahrungen früherer Gestalten zurück. Der elegische Rückblick richtet sich auf die eigene Vergangenheit. Die unerwähnte Ursache der Schwermut, die den Trost eleganter Worte und ergreifender Töne nötig macht, ist die unerwiderte Minne.

Veldeke ist in gewissen Dingen ein Vorläufer Morungens und Walthers, aber diese Schilderung der wohltuenden Wirkung der lyrischen Dichtung – vorzüglich für Liebende – gemahnt eher an den ‚Tristan' Gottfrieds, der so viel von Veldeke als Lyriker hält, daß er sein Lob der Epiker im Dichterkatalog unterbricht, um ihn als Minnesänger zu loben (v. 4728).

Auch Veldekes Ausdrucksweise ist abwechslungsreich und amüsant. Er liebt malerische Wendungen, die Redensarten sind oder sich so anhören: seine Geliebte kann die *huote* betrügen wie der Hase den Windhund (MF 64,5); die Bösen sind wie Leute, die auf Buchen Birnen suchen (MF 65,5). Die Redewendungen nähern sich dem Sprichwort, was seine komische Seite hat. Komisch ist die Strophe (MF 64,10), die Ton und Inhalt eines Herger-Spruchs oder volkstümlicher Spruchweisheit anzustreben scheint, aber in Wirklichkeit Unsinn ist und das gravitätische bejahende Kopfnicken, das solche Volksweisheit begrüßt, lächerlich macht: er versichert der Geliebten, daß er lieber tausend Mark und einen Kasten voll Gold an dem Ort seiner Wahl mit ihr gemeinsam besitzen würde, als in der Ferne krank, arm und allein sein – eine Einsicht, deren Tiefe auf der Höhe von Sprüchen wie „Lieber gesund und reich als arm und krank" steht.

Die ernste Seite dieses Hangs zum Sprichwort manifestiert sich in Liedern, die tatsächlich moralische bzw. ethische Probleme oder den jetzigen Zustand der Welt behandeln. Solche nähern sich dem Spruch, was die Einstrophigkeit untermauert, und Veldeke steht oft im Niemandsland zwischen den beiden. Der fließende Übergang zwischen Minnethematik und der Einstellung des Spruchs zeichnen sich in drei Veldeke-Beispielen gut ab.

Alle sind einstrophig, also dem Spruch formal nahe. MF 61,33 b e s p r i c h t den Menschen, der sich für die Minne eignet; nur am Schluß erscheint der Dichter. Das Lied (MF 61,1) bemängelt die Leichtfertigkeit der Welt, die man jetzt nicht mehr wie früher rügt; nur e i n Vers sagt, daß dieser Zustand der Minne schadet, und das dichterische Ich erscheint nicht. Ein Lied (MF 65,5), das das Treiben der Bösen beschreibt und verspottet, erwähnt die Minne nicht und sieht völlig vom Ich des Dichters ab.

Hat Walther Veldekes Lyrik gekannt, und, wenn ja, wann und wo war das möglich? Wir wissen nur, daß Veldeke um 1210 tot war. Nichts spricht dafür oder dagegen, daß sich Veldekes Wirken zeitlich mit Walthers überschnitten hat. Wichtig ist die Frage nach dem Ort eines möglichen Kontakts. Vorab ist an den Thüringer Hof zu denken. Zugegeben: es gibt kein Indiz, daß Veldeke dort als L y r i k e r auftrat, aber in unserem Zeitraum können wir die Tätigkeit k e i n e s Minnesängers lokalisieren. Wir verdanken es Veldekes Epik und Walthers Spruchdichtung, daß wir i h r Wirken lokalisieren können, und beides führt an den Hof Hermanns. Es würde nicht überraschen, wenn der als Lyriker bekannte, von Hermann als Epiker geförderte Veldeke an seinem Hof auch Lieder vorgetragen und man sie dort bis zum Zeitpunkt von Walthers Erscheinen in Thüringen weitergepflegt hat. Auch Morungen, dessen Lyrik Züge mit Veldekes teilt, hatte Kontakte mit dem Thüringer Hof, über seinen (mutmaßlichen) Herrn Dietrich von Meißen, Hermanns Schwiegersohn.

Trotz geringen Umfanges bietet Veldekes lyrisches Œuvre eine Vielfalt an Strophenformen, Stilebenen, Stimmungen und Inhalten, die es zu einem vorausdeutenden Mikrokosmos von vielem macht, was sich in der Geschichte der deutschen Lyrik im späten 12. und frühen 13. Jahrhundert noch entwickeln sollte.

## *Minnesang am Oberrhein: Die „Hausen-Schule"*

Warum S c h u l e und warum Schule H a u s e n s? Wenn wir bei „Schule" an Ausbildung in Dichtkunst und Komposition denken, dann ist die Bezeichnung wahrscheinlich falsch, und Aussagen darüber liegen jenseits unserer Kenntnisse. Wir wissen nicht, wie Minnesänger ausgebildet wurden. Die Hausen-Schule ist eine Gruppe von Minnesängern, die wir zusammenstellen, weil sie so am bequemsten zu behandeln sind und einige Gemeinsamkeiten sie auch in einem echten Sinne verbinden: diese Gemeinsamkeiten sind Minnelieder, die sich in Einstellung und Form mit denen decken, die wir als Werbungslieder der hohen Minne im romanischen Stil beschrieben haben. Die Intensität des romanischen Einflusses schwankt von Dichter zu Dichter, ist aber überall erkennbar und reicht hier bis zur gesicherten Kontrafaktur. Trotz individueller Unterschiede stehen sie auf ungefähr derselben Entwicklungsstufe.

Die Urkunden, in denen die Dichter der Gruppe vorkommen, versetzen einige ins Gebiet des oberen Rheins, sei es, daß sie dort ihren Stammsitz hatten, sei es, daß sie sich im Dienst ihres Herrn dort aufhielten. Dies gilt für Hausen, Ulrich von Gutenburg, Bligger von Steinach und Kaiser Heinrich. Dieser heißt so in den Liederhandschriften, obgleich der Titel, auf seine Dichterzeit bezogen, vermutlich ein Anachronismus ist und wir besser daran täten, den D i c h t e r „König" Heinrich zu nennen, wie er von seinem dritten Lebensjahr bis zur Kaiserkrönung hieß. Urkunden und

Itinerare zeigen Heinrich wie seinen Vater wiederholt im fraglichen Gebiet, denn Barbarossa hatte als ehemaliger Herzog von Schwaben (bis 1152) und Vater des minderjährigen gegenwärtigen Herzogs (seit 1168) nicht nur in Reichsgeschäften dort zu tun. Vor und in der Zeit, von der die Rede ist, war Barbarossa damit befaßt, die Hausmacht der Staufer im Südwesten auszubauen, was die Pfalzgrafschaft zu Rhein 1156 in die Hände seines Stiefbruders Konrad brachte, während er durch die Ehe mit Beatrix von Burgund (1156) die Freigrafschaft Burgund bekam und die Lehnsrechte über Territorien im Südwesten des Reichs bekräftigen konnte.

Wir sind darauf angewiesen, ein Bild zusammenzusetzen, das komplex ist, weil wir es aus disparaten Stücken zusammenfügen, die wir aus allerlei Quellen und Schlußfolgerungen holen. Die Komplexität verstärkt die Gefahr, daß das wiederholte Kombinieren die Hypothese verdirbt und ein falsches Bild erzeugt. Wir stellen trotzdem weitere Vermutungen auf.

Bernger von Horheim ist zeitlich und geographisch nur mittelbar mit der Hausen-Schule in Verbindung zu bringen. Er erscheint in zwei Urkunden von 1196 in Gonzaga und Arezzo, und zwar im Gefolge eines weiteren Staufers, Philipp, der im selben Jahr Herzog von Schwaben werden sollte. Wir sprechen von der „späten" Bezeugung Berngers und unterstellen der Sachlage damit zweierlei: daß die Bezeugung später kommt als bei den anderen Dichtern der Hausen-Schule und daß sie spät kommt für einen, dessen Minnesang auf der Stufe Berngers steht und den wir gern in der Hausen-Gruppe unterbringen möchten. Es ist aber vielleicht nicht so arg. Die mutmaßliche Verbindung mit dem Grafen von Vaihingen (s. S. 107), weist auf den Kern des staufischen Landes, und jenes Harheim, auf das die mitteldeutschen Sprachelemente weisen könnten, liegt noch am Nordrand des Gebietes, das wir anvisieren, und war selbst staufisch, da Konrad II. bis 1196 Herzog von Franken war. Interessant ist das Muster, das sich aus der Weise ergibt, in der Bernger wie Hausen, Gutenburg und Bligger in Urkunden mächtiger Staufer in Italien erscheinen. Schließlich weist ein Lied Berngers in unsere Richtung (MF 114,21). Die Klage, daß ihn der Tod des Königs (Wilhelms II. von Sizilien, gest. 1189, oder Tankreds, gest. 1194) auf einen Kriegszug nach Apulien gebracht hat, macht es plausibel, daß er im Dienst der Staufer stand.

Der Versuch, Hartwig von Rute in die Hausen-Gruppe einzureihen, geht ähnliche Wege, ohne daß man gar für rheinische Herkunft plädieren kann. Die urkundliche Bezeugung des Namens um 1150 ist zu früh für einen Minnesänger auf Hartwigs Stufe und wird auf den Vater bezogen. Nur vier Lieder von ihm sind überliefert. Sie deuten auf die Anfänge des hohen Minnesangs – drei sind einstrophig. Der Status von vier Versen (MF 116,22) ist nicht klar: es kann sich nach romanischem Muster um eine tornada, ein Envoi zum vorangehenden Lied (s. S. 130), ein Strophenfragment oder ein eigenständiges Gebilde handeln. Trotzdem dienen diese Verse als Vorwand, Hartwig an die staufische Hausen-Gruppe anzuschließen: denn sie erwähnen den Kaiser und klagen nicht – wie viele Lieder der Zeit –, daß man Gott und der Welt, sondern daß man dem Kaiser und den Frauen nicht zugleich dienen kann.

Man darf nicht zynisch sein: im figürlichen oder spielerischen Gebrauch erscheint *keiser* im Minnesang nicht häufig: nur bei Hausen, Gutenburg, Rute, Rugge,

Morungen, Reinmar und Walther (bei diesem wurden Fälle nicht berücksichtigt, in denen das Wort in der direkten Anrede an den [so vorgestellten] anwesenden Kaiser gebraucht wird).

Es könnte für den politischen Wirkungsbereich der Hausen-Gruppe aufschlußreich sein und nicht n u r auf Zufall beruhen, daß *keiser*, obgleich jeweils nur einmal belegt, in den kleinen Œuvres von drei der „staufischen" Dichter vorkommt und nur bei Fenis und Bernger fehlt – und bei Kaiser Heinrich, der berufliche Gründe gehabt haben wird, aber seine Nachlässigkeit immerhin durch fachmännisches Spielen mit *krône* ausgleicht. Außerhalb der Gruppe kommt in ‚Des Minnesangs Frühling' *keiser* im übertragenen Gebrauch selbst bei einer um ein vielfaches größeren Produktion nur jeweils einmal bei Reinmar und Morungen vor. Die einzige echte Ausnahme ist Walther, von dessen sieben Beispielen drei im Variationsspiel des einen Liedes 62,6 auftreten und zwei sich auf Gott und Christus beziehen. (Wir sehen Morungens Gebrauch von *keiser* und *krône* als Merkmal seines überaus bilderreichen Stils.) Die Gruppierung der *keiser*-Belege im Hausen-Kreis k ö n n t e darauf zurückzuführen sein, daß die betreffenden Dichter in der Umgebung des Kaisers und seines Sohnes – König und künftiger Kaiser – gedichtet haben.

Der einzige Minnesänger der „Gruppe", den wir noch nicht in das Bild einzufügen versuchten, ist Rudolf von Fenis, der den anderen im Stil und in der Aufgeschlossenheit für romanische Anregungen vergleichbar ist. Trotz seiner hohen Stellung sind die Urkunden, in denen er auftritt, und die Angelegenheiten, die sie betreffen, im Horizont enger, man möchte sagen: hausbacken im Vergleich mit denen, die die anderen der Gruppe bezeugen. Sie beschränken sich auf Schenkungen und Streitigkeiten aus der Sphäre seiner gräflichen Interessen; sie setzen Fenis zu keinem anderen adligen Hof in Beziehung. Eine Folgerung ist unbestreitbar: in Sachen der Produktion von Minnesang war ein Rudolf von Fenis auf andere nicht angewiesen. Seine gesellschaftliche Stellung erlaubte ihm, als Dichter sein eigener Mäzen zu werden. Nur aus chronologischen Gründen, die sich aus den Urkunden und der Entwicklungsstufe seiner Lieder ergeben, und weil sein Stammsitz im Südwesten liegt, rechnen wir ihn zur Hausen-Schule.

Der Kontrast zu den anderen Vertretern der Hausen-Grupppe reizt dazu, über Dinge zu spekulieren, die zu den spannendsten gehören – und auch zu den frustrierendsten, weil es um Schichten des damaligen Lebens geht, die uns versperrt sind. Sie führen z. B. zu Fragen wie diesen: Wie kam ein begabter, ehrgeiziger junger Mann in der zweiten Hälfte des 12. Jahrhunderts am Hof voran? Wozu waren die Fähigkeiten eines Minnesängers von Nutzen?

Einerseits haben wir Fenis, für den sich solche Fragen nicht gestellt haben; andererseits weitere Vertreter der Hausen-Gruppe, dessen Stand nicht mit seinem zu vergleichen war. (Sie alle sind nicht über einen Leisten zu schlagen: Hausen war als Sohn eines homo liber, eines „Freiherrn", von vornherein ein bedeutender Mann, selbst wenn er nicht „in den Staatsdienst eingetreten" wäre und es zu Höherem gebracht hätte.) Wir meinen, daß die Ausstellungsorte der zerstreuten Urkunden im Verein mit den Minneliedern einen Einblick in die Ambitionen dieser Männer gewähren. Sie deuten auf den Hof- und Kriegsdienst als die beste Chance, Karriere zu machen, vor allem auf kaiserlichen oder staufischen Dienst, besonders für diejenigen, die wegen ihrer Herkunft dem Zentrum der staufischen Macht nahestanden. Daher der Schwerpunkt im Südwesten, am Oberrhein.

Ein anderes ist es, wenn wir nach dem Nutzen der dichterischen Talente fragen oder wie die Herren zum Minnesang kamen. Die schon bemühte geographische Nähe zur südfrz. Liedkunst und die Kaiserin Beatrix werden das ihre dazu getan haben. Aber wie verliefen die in den Urkunden fixierten Rechtsakte im einzelnen? Die Diplomaten bezeugten das Abkommen, ein Festmahl fand statt, es wurde vorgesungen. Letzteres auch von den Gesandten oder ihren Attachés, Conon de Béthune und Friedrich von Hausen? Wie konnten sie einander verstehen? Es wäre nicht verwunderlich, wenn Ritter im selben Dienst wie Hausen Fremdsprachen konnten oder lernen mußten. Ist das Dichten ein Indiz ihrer Sprachbegabung und zeigt der romanisch beeinflußte Minnesang der Hausen-Gruppe, daß einige oder alle diese Sprache beherrschten? Ist dies neben ihrer Redegewandtheit ein Merkmal ihrer diplomatischen Aufgaben? Ihre Eloquenz lebt nur in ihren Liedern. (Es ist wie Rache für den empfindlichen Walther, daß trotz der niederschmetternden Bedeutungslosigkeit seiner Person am Hof wesentlich mehr von seinen eigenen Worten erhalten sind als von denen selbst eines Philipp I. oder Otto IV.)

Es ist angesichts des damaligen Kulturgefälles zwischen Frankreich und Deutschland wahrscheinlicher, daß Deutsche Französisch konnten als umgekehrt. Wie funktionierte dann ein „Minneliederabend" unter romanischem Einfluß? Bei großen Gelegenheiten kann man sich einen Liederaustausch zwischen Troubadours und Trouvères auf der einen und Minnesängern auf der anderen Seite vorstellen, aber haben Minnesänger je romanische Lieder in der Ursprache vorgesungen? Und wenn ja, wie ging die Entwicklung weiter?

Eine Schlüsselfrage ist die nach dem Zweck und der Funktion der Kontrafakturen. In der Theorie ist Kontrafaktur das Dichten eines neuen Textes zu einer existierenden Melodie. Für die späteren Jahrhunderte versteht man unter Kontrafaktur am ehesten die Verfertigung eines geistlichen Texts zu einer weltlichen Melodie oder umgekehrt. Für das Hohe Mittelalter beinhaltet Kontrafaktur vorwiegend das Dichten von mhd. Texten zu einer romanischen Melodie.

Es gibt Kontrafaktur auch innerhalb derselben Sprache, und wir kennen auch Sonderfälle: so Walthers Lied 111,23, über dessen Text ein Eintrag der Handschrift (C) klarmacht (s. Abb. 6), daß es zu der Melodie von Reinmars Lied MF 159,1 zu singen ist. (Freilich stellt Parodie eine sehr spezielle Art von Kontrafaktur dar).

Eine Passage (Str. 358) aus dem ‚Frauendienst' Ulrichs von Lichtenstein (vgl. Bd. II/2, S. 16 ff.) wird oft bemüht: Ulrich bekommt von seiner Herrin eine in Deutschland noch unbekannte Melodie mit dem Auftrag, einen deutschen Text dazu zu verfassen. Auch dieses Beispiel liegt am Rande des Kontrafakturbegriffs, da wir nicht hören, ob es einen ursprünglichen Text gegeben hat, „contra" den Ulrich den neuen zu dichten hatte.

Stellen wir uns das Spektrum der denkbaren Verfahrensweisen, ein Lied zu schaffen, vor Augen, so sind die beiden Pole die, daß man ein neues Lied erfindet oder ein fremdes möglichst genau unter Beibehaltung von Rhythmus und Reimschema übersetzt. In den Beziehungen zwischen der Troubadour- und Trouvèredichtung und dem mhd. Minnesang kennen wir kein Beispiel, das auch nur annähernd diesem Typ entspricht. Anscheinend waren romanische Lieder in der Originalsprache und -form beim deutschen Publikum nicht so bekannt, als daß die Dichter sich bemüßigt gefühlt hätten, direkte Übersetzungen oder freiere Übertragungen anzufertigen. Die Anziehungskraft der französischen Kunst muß allgemeinerer Art gewesen sein, die zur Nachahmung inspirierte. Wir sind daher aus prinzipiellen Gründen geneigt, den Hauptreiz in den neuartigen Melodien zu sehen, deren Übernahme durch keine Sprachbarrieren behindert wurde. Die Vermutung wird bestätigt vom häufigsten Kontrafaktur-Typus: der Nachahmung der metrischen Struktur, die allein die Beibehaltung der Melodie ermöglicht. Man kann durchaus die metrische Struktur ohne die Melodie übernehmen, nicht aber umgekehrt. Anders als bei den romanischen Liedern, zu denen Hunderte oder Tausende von Melodien überliefert sind, besitzen wir von keinem einzigen mhd. Minnelied aus unserem Zeitraum die Melodie. Kein einziger Fall zwingt uns daher, bei gleicher Struktur automatisch an Entlehnung zu denken, und da es sich oft um Strukturen handelt, die weder auf romanischer noch auf deutscher Seite einmalig sind, stoßen wir wieder auf unser Phantom: die Möglichkeit von Polygenese.

Es besteht auch der Typus, bei dem im I n h a l t Parallelen – gleiche Motive oder Bilder – begegnen. Obwohl es Übersetzungen von romanischen Liedern nicht gibt, finden wir immer wieder gemeinsame Motive in Liedern in den beiden Sprachen. Die inhaltlichen Elemente wiederholen sich auch innerhalb jeder Sprachgruppe.

Aus der Art und Verteilung der Parallelen in Struktur und Inhalt schließen wir, daß die romanisch beeinflußten mhd. Lyriker über so extensive und intensive Kenntnisse der okzitanischen und altfranzösischen Liedkunst verfügten, daß sie aus den Liedern dieser Dichter wie aus einem Reservoir schöpfen konnten, ohne die eigene Schöpfung zu gefährden. Die individuelle Begabung bleibt noch erkennbar – oder nicht. Das Romanische gab die Inspiration wohl zu Melodien und sicherlich zu Texten einer neuen Art.

Das setzt voraus, daß romanische Troubadours und Trouvères und deutsche Minnesänger häufig in Kontakt gekommen sind und daß in Deutschland die einheimischen Dichter einander bzw. ihre Lieder oft gehört haben. Dies gilt besonders für die Minnesänger, die den romanischen Einfluß als erste vermittelt haben – neben Veldeke die Mitglieder der Hausen-Gruppe, bei denen man mehr Kontrafakturen als bei anderen vermutet. Wo haben sie ihre Lieder aufgeführt?

Selbst wenn man die Argumente akzeptiert, die für den Stauferhof sprechen, ist nicht gesagt, wo die Dichter tätig gewesen sind. Der Aufenthalt an einem Ort kann wegen der Mobilität des kaiserlichen Hofes nur kurzfristig gewesen sein, was Schwerpunkte nicht ausschließt. Die Itinerare des Kaisers zeigen solche in der Gegend des Oberrheins mit wiederholten Aufenthalten in Speyer, Worms und in der von Barbarossa bevorzugten Kaiserpfalz Hagenau. Dies wird indes stark dadurch relativiert, daß von dem Zeitpunkt an, wo Friedrichs Hauptinteresse Italien galt, sein längster Aufenthalt in Deutschland die sechs Jahre von Oktober 1178 bis September 1184 waren: den weitaus größten Teil der 38 Jahre seiner Regierungszeit hat er in Italien verbracht. Aus solchen Überlegungen und weil Mitglieder der Hausen-Gruppe mehrfach in Italien urkunden und in dieser Zeit bedeutende okzitanische Troubadours an verschiedenen norditalienischen Höfen tätig waren, hat man erwogen, „ob das Zentrum des staufischen Lyrikerkreises vielleicht in Italien gelegen hat" (Bumke). Daß sie in Italien gesungen haben, ist fast sicher, und sich dort romanische Anregungen geholt haben, wahrscheinlich. Aber die Wahrscheinlichkeit ihrer Tätigkeit am Oberrhein und anderswo am kaiserlichen Hof in Deutschland wird dadurch ebensowenig verringert wie die Wahrscheinlichkeit, daß sie von der französischen Liedkunst auf den oben beschriebenen Wegen Anregungen erhielten: sonst ließe sich der starke n o r d f r z. Einschlag der Hausen-Schule schwer erklären. Daß es auch in der Frühzeit des romanisierenden hohen Minnesangs andere Möglichkeiten gab, läßt das wenige erahnen, was wir über Hausen und Fenis wissen. Wir wissen nicht, wo Hausen zu dichten angefangen hat, aber wir wissen, daß sein Vater durch seine Gönnerschaft die ewige Dankbarkeit eines Spruchdichters gewonnen hat, der ihn quasi in den Stand eines Schutzheiligen erhebt (s. S.193). Dies läßt etwas von den Interessen von Hausens Familie erkennen. Wenn wir an das frühe Datum und die erschreckende Lückenhaftigkeit unserer Quellen denken, will dieses wenige sehr viel heißen. Und Fenis zeigt uns, daß man stark durch die okzitanische Lyrik beeinflußt und in den Urkunden verhältnismäßig gut bezeugt sein kann, ohne daß die Zeugnisse auf Italien deuten.

Die Schule wird nach Hausen benannt: weil er mit 54 Strophen der am besten vertretene ist (es folgen Fenis mit 26 und Bernger mit 17 Strophen); weil einige altertümliche Züge vermuten lassen, daß er der früheste Dichter dieses Kreises ist; weil seine historische Existenz am besten bezeugt ist. (Kaiser Heinrich übertrifft Hausen in den beiden letzten Punkten, aber die Gruppe nach einem Kaiser zu nennen, hieße eine falsche Emphase schaffen.)

Wir benutzen Hausen als Vogelscheuche zur Abwehr von Vorurteilen. Die ältere Forschung hat – im Gefolge etwa von biographischen Untersuchungen über Goethes Liebeslyrik – versucht, autobiographische Schichten im Minnesang Walthers und anderer Minnesänger zu entdecken. Die Gegenreaktion blieb nicht aus, und man interpretierte den Minnesang neu als bloß literarisches Gesellschaftsspiel. Auch wir wollen nicht nach Hausens Minneherrin forschen. Doch überrascht es, in wie hohem Maße die raren konkreten Einzelheiten der Lieder, die sich als dichterische Darstellung seines Lebens präsentieren, mit den wenigen konkreten Einzelheiten in den Urkunden und Chroniken übereinstimmen.

Hausen sagt z. B., leicht variiert, zweimal (MF 45,15 und 48,6): *waer ich iender umb den Rîn* („wenn ich irgendwo am Rhein wäre", im Sinne von „zuhause") und läßt die Freundin sagen (MF 49,8ff.), daß die Neider leichter den Rhein in den Po umleiten könnten, als sie dazu bringen, ihn aufzugeben: die Urkunden zeigen ihn im Gebiet des Oberrheins und deuten darauf hin, daß auch sein Stammsitz dort war. Er spricht oft von Reisen, von Abschied und Trennung (MF 43,1; 48,3 etc.) und davon, daß er *über die berge kam* (MF 45,18), d. h. gewiß über die Alpen: die Urkunden zeigen ihn in Italien, wodurch (falls er zu der Zeit, da er diese Worte singt, in Italien ist) die Rede von der Umleitung des Rheins in den Po neben ihrer Wirkung als amüsantes Adynaton plötzlich neue aktuelle Pikanterie und Kraft erhält, da auch der Rhein „über die Berge" kommen müßte!

Noch schwerwiegender: Hausen schreibt Kreuzlieder, und er fiel auf dem Kreuzzug. Viel konsequenter geht es nicht. Eine Menge Autobiographisches. Auf dem Gebiet der Minne dürfen wir uns freilich keine biographischen Spekulationen leisten: Hausen mag neben seinem wirkungslosen Werben und Minnequalen durchaus ein glückliches Eheleben geführt haben, ohne dem Geist des Minnedienstes zu schaden oder seiner Gattin untreu zu werden.

Der völlig andere Ton und Stil, die völlig neue Problematik der hohen Minne und das neu in die Lyrik eintretende Problem des Gottesglaubens summieren sich zu einem fundamentalen Einschnitt in der Entwicklung der mhd. Lyrik. Noch entscheidender aber ist, daß diese Problematik nicht in eine quasi epische Figur, sondern ins Innenleben des Sängers verlegt wird. Dieses Neue ist überall in Hausens Liedern anzutreffen, aber es zeigt sich nirgends tiefer als an einer oberflächlichen Erscheinung:

In 41 von 48 Strophen steht das Wort „ich" (oder ein anderer Kasus des Pronomens) im ersten Vers, und in 18 Fällen (läßt man MF 50,35 nach C mit *Mîn* beginnen) ist es sogar das erste Wort. (Die Frauenstrophen und die spruchartige Strophe MF 53,31 zählen nicht.) Wir schließen daraus nicht auf Egoismus oder das schauspielerische Selbstvertrauen eines Walther (56,15). Wir sehen in dem Phänomen vielmehr Ausdruck der Vorrangstellung des inneren Ringens in Hausens dichterischem Schaffen.

Dieses seelische Ringen charakterisiert seine Lieder vor allem anderen. Der hervorstechende Gebrauch der „ich"-Formen könnte einfach ein Merkmal der Lyrik und erst recht der Liebeslyrik sein. Ein Vergleich mit anderen Minnesängern zeigt aber, daß dies als Erklärung nicht ausreicht. Der Prozensatz der Strophen, in denen „ich" im ersten Vers vorkommt, ist bei Hausen bedeutend höher als bei den Dichtern in ‚Des Minnesangs Frühling', deren Korpus einen aussagekräftigen Vergleich erlaubt.

In der Mischung von Periodenstrophen und Stollenstrophen, der Verwendung von Halbreimen und Assonanzen sowie in der Komposition eines Wechsels (MF 48,32) und eines Liedes nur aus Frauenstrophen (MF 54,1) zeigt sich Hausen am Rande des eben noch Altmodischen (wogegen man ein frühes Beispiel für den „modernen" Refrain setzen kann: MF 49,37). Typisch ist für ihn auch, daß er die Dame nicht anspricht, sondern stets in der dritten Person von ihr redet. Dies verbindet die Dichter der Hausen-Gruppe und unterscheidet sie von ihrem Zeitgenossen Veldeke am Niederrhein und von späteren Minnesängern wie Rugge, Johansdorf, Morungen und Walther, aber nicht von Reinmar und Hartmann.

Die Sichtweise hat tiefgreifende Folgen für die Gestaltung der Lieder und Darbietung des Stoffs: sie begünstigt die Analyse der Liebessituation des Mannes und der lobenswerten Eigenschaften der Dame und damit auch einläßliche Überlegungen über die möglichen Motive für ihre Zurückhaltung und die Konsequenzen für das weitere Verhalten des Dichters (doch geschieht dies auf Kosten der dramatischen Möglichkeiten, z. B. einer plötzlichen Wendung zur Geliebten und anonymen direkten Anrede an sie). Die neue Sichtweise zeigt sich schon darin, daß die Lieder weiterhin von *wîben* und *vrouwen* wimmeln, aber die *ritter* fast aus dem Blickfeld verschwinden bis zur Wiedergeburt der Frauenstrophen und Botenlieder bei Morungen, Reinmar und Hartmann oder bis zum Kreuzlied von Hartmann.

Der Sprachstil Hausens ist neutral, beinahe farblos. Bilder und Vergleiche sind selten, und das Visuelle fehlt völlig. Die Abstraktheit und das weitgehende Vermeiden von spezifischen Szenen und materiellen Details zugunsten einer Konzentration auf die seelische Essenz der Situation, die den deutschen Minnesang im Gegensatz zum romanischen charakterisieren, kommen nirgends stärker zum Ausdruck als hier. Vor allem d i s k u t i e r t er, mit schlichter Klarheit, nicht ohne leisen Humor und Sinn für das Paradox. Das Diskursive und die Klarheit manifestieren sich in beinahe jedem der folgenden Beispiele für die anderen Merkmale.

Als Beispiel für Humor zitieren wir die Geliebte, die ihm die kalte Schulter zeigt mit den Worten, daß sie niemals seine Dido sein werde, selbst wenn er Aeneas hieße (MF 42,1). Nimmt man ihren Spruch über Po und Rhein hinzu, so sieht man, daß Hausen seiner Herrin eine buntere Redeweise gönnt als sich selbst. Humor tritt auch in dem bekannten Motiv der durch die Minne verursachten Sinnesverwirrung auf, die dazu führt, daß er am Abend den Leuten „Guten Morgen" wünscht und sie gar nicht bemerkt, wenn sie ihn grüßen (MF 46,3). (Man hält das Lied für die Kontrafakur eines Liedes des Troubadours Folquet de Marseille [Frank 11b], weil beide dieselbe Strophenstruktur aufweisen und das Motiv der Unachtsamkeit beim Begrüßtwerden auch bei Folquet vorkommt. Hier ist es ausnahmsweise der deutsche Minnesänger, der mit der bei Folquet fehlenden Verwechslung von Abend und Morgen anschaulicher und witziger wirkt.)

Als Beispiel für Paradoxie weisen wir auf die bei Hausen fast allgegenwärtige Ironie hin, daß das Leiden, das die Dame und die Minne ihm verursachen, von ihm begrüßt und als ein Teil seines Minnedienstes gesehen wird. Spezifische Paradoxien sind: *Ich wände ir ê vil verre sîn, dâ ich nû vil nâhe waere* (MF 45,10: früher als er ihr nahe war, kam sie ihm distanziert vor, aber aus der Sicht der neuen – räumlichen – Distanz zwischen ihnen, sieht er die alte als engste Nähe). Ebenso paradox ist die Verkehrung der normalen Einstellung des Minnesängers zur *huote*, die in 4 Strophen (MF 50,19) durchexerziert wird: anstatt die *huote* zu verfluchen, lobt er sie mit der Begründung, so kämen auch Leute, die ihn durch Verleumdung ausstechen wollten, nicht an sie heran; in der letzten Strophe gibt er die Ketzerei doch auf und kehrt zum orthodoxen Glauben des Minnesängers zurück: er stellt klar, daß jede Schmach, die über die *merkaere* käme, ihn enorm freuen würde. In neuer Variation wird die *huote* ironisch-paradox behandelt (MF 43,28).

Die Palette der Themen ist nicht breit, aber durch die Wiederholungen gewinnt das Gesamtwerk Konsistenz, eine zähe Einheitlichkeit, die aber nicht ohne Abwechslung ist, da die Hauptthemen fast rein erscheinen oder sich auf verschiedene Weise miteinander verbinden oder ablösen. Die Verbindungen sind harmonisch oder antithetisch. Die Hauptthemen sind Minne, Abschied und Trennung, Gott, Kreuzzug. Die Reihenfolge, in der wir die Themen aufzählten und jetzt beschreiben, hat rein darstellungstechnische Gründe. Sie ist keine chronologische Reihe im Sinne einer literarischen Entwicklung, obgleich nicht ausgeschlossen ist, daß es sich um eine solche handelt. Mit einer Ausnahme (MF 53,31) ist in jeder Strophe Hausens die Minne e i n Thema, und in den meisten d a s Thema. So ordnet sich fast scherzhaft dem Reden über die Minne das Reden von Gott unter.

Hausen wendet sich etwa mit einem Ausruf an Gott, der an einen Fluch grenzt: *Minne, got müeze mich an dir rechen!* (MF 53,22). Weiter geht Lied MF 50,19: der Dichter preist Gott dafür, daß er ihn mit den Sinnen begabt hat, so daß er die Herrin in seinem Inneren aufnehmen konnte. Man darf hier keine Spannung zwischen Minne und Gott sehen, denn es hieße, Hausen zu viel Unverfrorenheit zuzumuten, wenn er Gott für die Verleihung von Fähigkeiten dankt, mit deren Hilfe er dann sündigt. Ein ähnlich witziger Ton wird angeschlagen, wenn der Dichter von dem Zwang redet, der Dame immer dienen zu müssen, aber ängstlich hinzufügt (MF 46,14): „so oft meine Angst vor Gott es erlaubt, denke ich an sie", um diese Angst im letzten Vers als spielerische erkennen zu lassen: *ob ich des sünde süle hân, wie geschuof er sî sô rehte wol getân?* („wenn es mir als Sünde angelastet werden soll, warum hat Gott sie so wohlgeformt geschaffen?") – die Antwort muß sein, es sei keine Sünde. (Der in der romanischen und mhd. Literatur verbreitete Topos, daß Gott bei der Erschaffung der Dame seine Kunst besonders gut gezeigt hat, kommt bei Hausen vor: MF 44,22 und 49,37.)

Das zweite Hauptthema ist die Trennung, die dem unerträglichen, aber demütig und mutig ertragenen Minneleid weiteren Schmerz hinzufügt. Die Trennung erscheint in einigen Liedern neben der Minne als Hauptthema, in den Kreuzliedern als Begleitmotiv. Die Trennung der ersten Art dürfen wir mit Hausens militärischem und diplomatischem Dienst verbinden, für die Verbindung mit dem als Lehnsdienst für Gott gedachten Kreuzzug spricht Hausens Tod.

Der Trennung der ersten Art sind wir schon in der paradoxen Umkehrung von „nah" und „fern" (MF 45,10) begegnet. Sie erscheint in weiteren Liedern (MF 42,1 [die letzten drei (Zusatz)-Strophen], 45,1 und 51,33 [alle vier Strophen]). Das letzte Beispiel zeigt einen Gedanken, der ins Herz des Minnesangs, besonders der Hausen-Gruppe und insbesonders Hausens selbst zielt: Es geht um die Gedanken und ihre Macht: der von der Herrin getrennte Sänger macht sich Gedanken über den Gedanken, daß er sich ihr nahe denkt, indem er unterwegs ist; er überlegt, was er ihr sagen würde, und verkürzt sich so die Meilen; die Realität der eigenen Lage ist ihm klar (MF 52,27): „So wenig ich doch davon profitiere, so freue ich mich doch sehr, daß mich niemand daran hindern kann, mich durch meine Gedanken in ihre Nähe zu bringen." Es geht um die Macht und um die Übermacht des Denkens. (In diesem Lied sieht man eine Kontrafaktur, die nur Reimschema und Strophenstruktur umfaßt, die es mit einem Lied des nordfrz. Trouvères, Guiots de Provins gemeinsam hat. Guiot nahm an demselben Kreuzzug wie Hausen teil und war beim Mainzer Hoffest, auf dem man Hausen v e r m u t e t.)

Das Lied (MF 45,37) befaßt sich in Strophe 2 auf eine Weise mit der Frage der Trennung, daß man nicht erkennt, ob es einen Übergang zum Kreuzlied darstellt oder schon ein Kreuzlied ist, aber eines, in dem weder von der Kreuzfahrt selbst noch von Begleiterscheinungen wie Heiden, Meer usw. geredet wird. In Strophe 3 wird die Stimmung ernsthafter, der Dichter scheint zu beklagen, daß die Minne ihn irgendwie von Gott abgelenkt hat, will sich jetzt aber an Ihn halten, da keiner weiß, wie nahe ihm der Tod ist. Denkt Hausen schon an den Kreuzzug oder nur an die ohnehin hohen Sterbeziffern im Mittelalter? In Strophe 4 verschiebt sich das Argument wieder, denn der Dichter gibt seine Absicht kund, in Zukunft nicht seiner Herrin, sondern Gott zu dienen, da dieser es verstehe zu belohnen. Strophe 5 stellt eine gradualistische Ordnung auf; anstatt die Minne zu verwerfen, entschließt sich der Dichter, Gott an erster und den Frauen an zweiter Stelle zu dienen. Daß der Dienst oder die Vernachlässigung Gottes mit dem Kreuzzug zu tun hat, wird nirgends gesagt.

Dagegen lassen die drei Lieder MF 47,9, 48,3 und 53,31 keinen Zweifel zu: sie sind Kreuzlieder. In Hausens Kreuzliedern kommen alle schon besprochene Themenkreise vor: Minne, Gott, Trennung und Kreuzzug, aber in einer eindeutigen Hierarchie, in der trotz der inneren Kämpfe der Kampf um das Heilige Land an erster Stelle steht. Trotzdem weist jedes der drei Lieder eine besondere Mischung der Komponenten auf.

Im Lied MF 48,3 schildert Hausen, wie schwer ihm der Entschluß gefallen ist, seine Freunde am Rhein zu verlassen; wenn er überhaupt hätte bleiben können, wäre es nur „wegen der Liebe" gewesen; Strophe 2 zielt weiter auf die Minne: der

Dichter würde keiner Frau einen vom Kreuzzug zurückschreckenden Feigling als Liebhaber gönnen – wegen der Schmach, die er ihr bringen würde! Der letzte Gedanke klingt eher an das altfranzösische als an das mhd. Kreuzlied an.

Ein Vergleich zwischen Hausens Kontrafaktur *Mîn herze und mîn lîp* (MF 47,9) und seinem Modell, *Ahi, amors, com dure departie* von Conon de Béthune (selbst an dem dritten und dem fünften Kreuzzug beteiligt) zeigt in gedrängter Form den Unterschied. Die Kontrafaktur beweisen das markante Motiv des Abschieds des Herzens vom Leib in Strophe 1 beider Lieder und das gleiche metrische Schema, bei Hausen mit geändertem Reimmuster am Strophenende.

Der Inhalt der Lieder weist typische Unterschiede auf. Conon schildert wie Hausen den Abschiedsschmerz, wirbt aber nachdrücklicher für Teilnahme am Kreuzzug, durch Ermunterung und Schilderung der Schmach der Feiglinge, die, obwohl gesund und reich, zuhause bleiben. Er schildert das richtige Verhalten der Kleriker, Alten und Frauen. Bei Hausen wie in den meisten deutschen Kreuzliedern fehlt das Soziale. Dagegen wirkt Conons Gebrauch von Namen konkret: er fährt nach „Syrien", die „Türken" haben Christi Kreuz.

Hausen befaßt sich mit dem inneren Kampf. Das Bild des Herzens und des Leibs, die sich trennen, setzt Conon an das Ende der ersten Strophe, eine „ohrenfällige" Stelle, die es aber nicht erlaubt, das Motiv in der Strophe weiter zu entwickeln, und er kehrt auch nicht zu ihm zurück. Dagegen stehen bei Hausen die sich trennenden Organe am exponierteren Beginn des Lieds, was schon innerhalb der Strophe sondiert und in den folgenden verfolgt wird; er deutet eine sich entwickelnde Unabhängigkeitsbewegung der Organe an, in der auch die Augen sich verselbständigen (MF 47,15). Der Gedanke ist nicht augenfällig und begegnet anderswo, aber wenn er einem Vers folgt, in dem Herz und Leib nicht zusammengehen wollen, wird man mißtrauisch. In den beiden nächsten Strophen erforscht Hausen die Folgen der Trennung für alle betroffenen Parteien und schließt mit einen heftigen Angriff auf die Herrin. Schon von der ersten Strophe an geht Hausen andere Wege als Conon.

Das einstrophige Kreuzlied (MF 53,31) konzentriert sich auf den Glauben und das politisch-religiös motivierte Unternehmen des dritten Kreuzzugs, und das hat zu der Ansicht geführt, dieses Lied sei – neben der Strophe (MF 48,13) – das früheste erhaltene politische Lied im Mhd. (Hatto).

Der Zusammenstoß zwischen Minne und Kreuzzug relativiert die Minne, eliminiert sie aber nicht. Es droht darauf hinauszulaufen, daß das ertraglose Dienst-Lohnverhältnis (MF 45,26f.) aufgegeben wird zugunsten des Diensts an *dem, der lônen kan* (MF 46,38) im Jenseits! Aber eine Versöhnung scheint in Aussicht gestellt (MF 48,21f.), so daß die ehemals vergötterte Liebe und die Geliebte den ihnen zustehenden Platz nach Gott einnehmen (MF 47,1–8).

**Wieder haben wir eine Gruppe von Liedern so präsentiert, als ob sie eine zeitliche oder autobiographische Folge bildeten, wo sie doch Variationen über ein Thema oder nebeneinander stehende Exemplare verschiedener Liedtypen sein könnten. Dies schließt dagegen die Möglichkeit nicht aus, daß unser Arrangement d o c h eine künstlerische oder gar chronologische Entwicklung abbildet, obwohl wir wissen, daß die Versuchung, die Dinge so zu sehen, groß ist bei einem Dichter, der die Ängste der Zeit in**

selbstquälerischen Minneliedern und Kreuzliedern zu analysieren und darzustellen weiß und in der schlichten Folgerichtigkeit seines Gedankenganges auf dem Kreuzzug fällt. Nichts könnte uns verständnisvoller für Hausens Lieder stimmen als unser Schwanken.

Obgleich die Zahl der erhaltenen Strophen der übrigen oberrhein. Minnesänger nur bei Rudolf von Fenis (19 in B und 25 in C) und Bernger von Horheim (13 in B und 17 in C) zweistellig ist, profilieren sich die einzelnen Dichter innerhalb des gegebenen Rahmens. Die Formtechnik, wie wir sie bei Hausen kennenlernten, ist auch bei den anderen mutatis mutandis anzutreffen, auch die Hauptthemen finden wir – vereinzelt und verteilt. Überall ist das Hauptthema Minne und Minnedienst in der Form des Werbeliedes.

Das Kreuzzugsthema tritt nirgends eindeutig in Erscheinung, es könnte aber hier und da bei der Behandlung des Trennungsthemas mitgemeint sein. Zu erinnern wäre an die Stelle (s. S. 115), wo Hartwig von Rute die Unmöglichkeit beklagt, gleichzeitig dem Reich und der Minnedame zu dienen. Er schildert auch in dem Lied (MF 116,1), das seine Gedanken aus der Ferne an die lieben Freunde in der Heimat und deren (hoffentlich) entsprechende Gedanken an ihn nochmals überdenkt, zweimal die erlebte Todesgefahr (MF 116,15): *Swie mir tôt vast ûf dem ruggen waere* („Wie nahe auch der Tod hinter mir stand") und (MF 116,18f.): *swie nâhen ich den tôt bî mir sach, Dâ manic man der sünden sîn verjach*. Hier k ö n n t e es um einen Kriegszug oder Kreuzzug gehen. Auch Bernger kennt das Thema der Trennung, aber sein Bedauern über den erzwungenen Kriegszug nach Apulien, der ihn von der Minneherrin trennt (MF 114,21), wirkt politisch, nicht religiös. Eher auf den Kreuzzug weist eine Strophe Bliggers von Steinach (MF 119,6ff.), in der er seine Sehnsucht nach der *schoenen bî dem Rîne* ausdrückt, die ihm so lieb ist *alse Dômas Saladîne* („wie Damaskus dem Saladin").

Man hat daraus auf die Entstehungszeit der Strophe geschlossen: Saladin eroberte Damaskus 1174 und ist 1194 gestorben. Der Wert von Bliggers Aussage für die Datierung wäre aber relativiert, wenn man im Westen gewußt hätte, daß Damaskus schon vor der Eroberung dem Saladin lieb war, weil er dort seine Jugend verbracht hatte, dort erzogen – und begraben – wurde, so daß ein Poet sagen konnte, daß Damaskus ihm auch nach dem Tod lieb war.

Was das Thema Trennung bzw. Kreuzzug betrifft, könnte eine Beobachtung für das Verhältnis zwischen Minnesang und Leben bezeichnend sein: Fenis behandelt das Trennungsthema nicht, und gerade in seinem Fall fiel uns das Fehlen von Urkunden auf, die ihn außerhalb des eigenen territorialen Umkreises bezeugen. Dies dürfte kein Zufall sein, und nochmals zeigt sich, daß der Minnesang möglicherweise doch Aspekte der Lebenswelt des Dichters widerspiegeln kann.

Romanische Elemente machen sich bei den anderen Dichtern der Hausen-Gruppe sogar stärker bemerkbar als bei Hausen selbst. Dies zeigt sich am deutlichsten bei Fenis – wegen des etwas größeren Œuvres, aber auch wegen der Art, Komplexität und Intensität des Einflusses der Troubadour- und Trouvère-Dichtung. Das engere Verhältnis betrifft weniger das Formale als die Motivik und Sprachfiguren. Im Formalen steht die Mischung bei Fenis etwa auf derselben Stufe wie bei Hausen und den anderen der Gruppe: neben Stollen- stehen auch Periodenstrophen; die Strophenzahl pro Lied liegt wie bei den andern vorwiegend um drei oder vier, also geringer als bei den romanischen Mustern; reine Reime herrschen noch nicht durchweg vor, sind aber weitaus in der Mehrzahl, häufiger als bei Hausen; Reimschemata sind wie die Hausens noch unkompliziert; im Versbau bemerken wir – ebenfalls wie bei Hausen – ein Schwanken zwischen alternierenden und daktylischen Rhythmen.

Die Nachahmung romanischer Dichter bei Fenis ist extensiv. Selbst eine skeptische Prüfung der Indizien muß unmittelbaren romanischen Einfluß auf mindestens vier oder fünf der sieben Lieder konstatieren. Die Zahl der romanischen Dichter, von denen man mehr oder weniger sicher vermutet, daß sie Fenis beeinflußt haben, ist relativ groß und umfaßt Troubadours – was bei der Geographie von Fenis' Grafschaft nicht überrascht – und Trouvères. In Frage kommen die Troubadours Folquet de Marseille, Peire Vidal und Gaucelm Faidit sowie die Trouvères Gace Brulé und Guiot de Provins. Auffallend ist, daß Fenis in demselben Lied Elemente aus verschiedenen Liedern eines romanischen Dichters oder aus verschiedenen Dichtern verarbeitet. Die Lieder *Gewan ich ze minnen ie guoten wân* (MF 80,1) und *Mit sange wânde ich mîne sorge krenken* (MF 81,30) erregen deswegen besondere Aufmerksamkeit.

Im ersten (MF 80,1) übernimmt Fenis die metrische Form eines Lieds Folquets (*Sitot me soi a tart aperceubutz* [Frank 9b]) und verleiht seinem Text eine Buntheit der Ausdrucksweise, die nicht selbstredend ist im Anfangsstadium des hohen Minnesangs, indem er den drei Strophen Vergleiche oder Metaphern einverleibt, die drei verschiedenen Liedern Folquets entstammen.

MF 81,30 verbindet Elemente aus Liedern von Folquet, Guiot de Provins und Gaucelm Faidit oder Gace Brulé. Die Strophenform ist eine Adaptation einer okzitanischen oder einer altfranzösischen, die bei Gaucelm Faidit (Frank 11e) und Gace Brulé (Frank 11i) begegnet. (Bligger [MF 118,19] und Hartwig [MF 116,1], benutzen diese Strophenform auch, dazu wiederum Fenis selbst [MF 83,11].) Thematisch übernimmt Fenis die Anfangsgedanken der Strophen 1 und 2 (MF 81,30; 81,37) von den genau entsprechenden Strophenstellen in Folquets *En chantan m'aven a membrar* (Frank 11b); der Vergleich von Strophe 5 – zwischen der Motte vor der Flamme und dem Sänger vor der Dame – stammt aus einem anderen Lied Folquets (Frank 9b), das Fenis an anderer Stelle gebraucht (MF 80,1); schließlich hat man vermutet, daß der Inhalt von Strophe 3 auf eine von Guiot de Provins (Orr Nr. V) zurückgeht. (Der Nordfranzose Guiot berichtet, daß er auf dem Mainzer Hoffest anwesend war, spricht von einer Reise nach Salins in der Nähe von Fenis und schickt das Lied [Orr Nr. V] an den Gönner, einen – unidentifizierbaren – Grafen in Mâcon, unweit von Fenis' Grafschaft Neuenburg.)

Wir sind bei Fenis auf Einzelheiten eingegangen, weil der extreme romanische Einfluß ihn als Spektrum für die ganze Hausen-Schule stehen läßt. Die Zahl und Provenienz der romanischen Dichter, von denen Fenis und die anderen Gebrauch machen, und die Weise, in der sie Elemente aus verschiedenen Liedern und Dichtern beziehen und Anregungen aus demselben Lied übernehmen, verstärken den Eindruck, daß die romanischen Werke den deutschen Dichtern lebhaft präsent waren. Wenn dem so ist und mehrere Dichter aus demselben Kreis dasselbe metrische Schema anwenden, ist in Zweifel zu ziehen, daß Übernahme der Strophenform Übernahme der Melodie bedeuten muß. Von der Vortragssituation aus ist es d e n k b a r, daß die Melodien beliebt waren und daß mehrere deutsche Dichter – sogar am selben Hof – eigene Lieder zu derselben französischen Melodie gedichtet und gesungen haben. Es ist aber auch möglich, Melodien von Liedern, die einem im Ohr liegen, ohne die Höhenkurve der Töne einfach als rhythmische Muster zu erleben, und sie bei Bewahrung des Rhythmus nicht nur mit neuen Worten, sondern auch mit neuen Tönen zu bekleiden. Man vertont und „verwortet" dann allein den Rhythmus. Ohne Melodien können wir die Frage nicht beantworten, aber diese Erklärung ist nicht unwahrscheinlicher als die Annahme, daß Sänger, die mit ihrer Kunst vor dem Hof brillieren wollten, parallel ihre Textversionen zur selben französischen Melodie zum Besten gegeben hätten. In der folgenden Periode ist der direkte Einfluß einem allgemeineren gewichen und unmittelbare Verbindungen zwischen einem romanischen und einem deutschen Lied wurden seltener.

Umfang und Intensität des unmittelbaren romanischen Einflusses bei Fenis könnten zu dem Urteil führen, sein Œuvre sei eine Mischung aus einheimischen und importierten Mosaiksteinchen. Wir stimmen dem nicht zu. Seine Lieder rufen keineswegs diese Wirkung hervor, und er besitzt die Fähigkeit, aus dem Geborgten eine neue Einheit zu schaffen. Weiter versteht er es, das Entlehnte auf eine treffende, geistreiche Weise zu gebrauchen, die dem Original Neues abgewinnt und sogar übertrifft.

Entscheidend ist Fenis' Redegewandtheit, die von herausragender Bedeutung wäre, auch w e n n er bloß übersetzte. Man beobachte die rhetorische Gestaltung des Satzes: *Ist, daz diu schoene ir genâde an mir tuot, sô ist mir gelungen noch baz danne wol, wan diu vil guote ist noch bezzer danne guot, von der mîn herze niht scheiden ensol* (MF 83,7ff.) („erweist die Schöne mir ihre Gnade, so ist es mir noch besser als gut ergangen, denn noch besser als gut ist die Gute, von der mein Herz nicht ablassen wird").

Anders als bei Hausen erscheint bei Fenis (MF 82,26 und 83,25), Gutenburg (MF 77,36) und Bligger (MF 118,1) – wie in der frühen Lyrik und bei Veldeke – der Natureingang. Daß das Motiv nun schon traditionell ist, erlaubt eine lakonischere Handhabung, so z. B. in der Bligger-Strophe, in der der Natur-„Eingang", nur elliptisch angedeutet, erst am Ende erscheint. Wie bei Hausen (aber weniger ausgeprägt als bei Veldeke) finden sich auch bei anderen Mitgliedern der Hausen-Schule noch einstrophige Lieder, z.B. bei Fenis (MF 83,25 und 83,36 – in C einander angeglichen) und Hartwig von Rute (MF 117,1; 117,14; 117,26). Ein Beispiel ist auch Bligger MF 119,13, eine lange Stollenstrophe von 15 Versen über das moralische Problem des Mannes, der reich, aber geizig ist. Die Strophe wirft wieder die Frage nach Spruch oder Lied auf; Form und Thematik weisen auf Walther voraus.

Die Frage nach rückständigen und fortschrittlichen Momenten in der Hausen-Schule führt uns zu den Liedern Kaiser Heinrichs. Ungeachtet seiner hohen Stellung, die die hierarchisch denkenden Handschriften B und C ihn an die erste Stelle setzen läßt, zeigt sich der Minnesänger Heinrich als kein Avantgardist.

Trotz weitgehender Reinheit der Reimbindungen sind seine drei Lieder nach Form und Inhalt z.T. die altertümlichsten der oberrheinischen Gruppe. Neben einem oder zwei Wechseln (MF 4,17 und 4,35 – 4,35 k ö n n t e ein Frauenlied sein, doch ist es unwahrscheinlich) finden wir ein vierstrophiges Stollenlied (MF 5,16), das (ganz oder zum Teil) daktylisch sein könnte.

Die Minneeinstellung der Wechsel ist die der Frühgruppe, die des Stollenlieds Produkt einer Übergangszeit: es mutet „modern" an, daß die Dame nicht auftritt oder direkt angesprochen wird. Dagegen ist das dargestellte Liebesverhältnis nicht das der Werbungslieder des hohen Minnesangs, denn der Dichter spricht von einer anscheinend erfüllten Liebe, die nur dadurch gestört wird, daß er oft gezwungen wird, sich von der Geliebten zu trennen. Es finden sich die Hinweise auf Krone, Macht, (König-)Reiche und Länder, die man von dem jungen König Heinrich vielleicht erwarten würde, falls er dichten sollte. Sie haben aber dazu geführt, daß Heinrichs Autorschaft bezweifelt wurde. Man meinte, daß einer, der tatsächlich Aussicht auf die Krone hatte, nicht hätte sagen dürfen (MF 5,38ff.): „Ich könnte manchen erfreulichen Tag erleben, selbst wenn die Krone nie auf meinen Kopf käme, aber ich kann mich nicht erkühnen zu sagen, daß das ohne sie [die Geliebte] möglich wäre." So verhält es sich, als der Pseudo-König-Kaiser sich anmaßt zu sagen, daß die Reiche und Länder ihm untertan sind, wenn er bei der Lieblichen ist (MF 5,23f.); so setzt auch einer der Wechsel ein (MF 4,17): der Dichter fühlt sich mehr als mächtig, wenn die Geliebte bei ihm liegt. Jeder kann solche Gedanken als Wünsche oder phantasierende Vergleiche äußern, auch ohne König zu sein. Aber es erhöht die Wirkung und verleiht den Liedern eine besondere Würze, wenn der Dichter König war. Es gibt keinen Grund, sie gegen die Überlieferung Heinrich abzusprechen. Sie dürften, nach der altmodischen Machart zu urteilen, die Arbeit seiner jungen Jahre sein, mindestens spricht nichts dafür, daß er jemanden beauftragt hätte, in diesem Stil in seinem Namen zu dichten. Nichts hindert daran, in dem jungen König einen gesellschaftlichen Mittelpunkt des Hausen-Kreises zu sehen.

Sonst verbindet manches gemeinsame (oft von romanischen Dichtern entlehnte) Motiv die Mitglieder der Hausen-Schule miteinander, mit Veldeke – und mit der folgenden Sänger-Generation.

Gewichtig und zukunftsträchtig ist, daß die Dichter zunehmend das eigene Singen thematisieren. Dies begegnet bei Veldeke und den meisten oberrhein. Minnesängern, Gutenburg (MF 78,21), Fenis (MF 81,30ff.), Bernger (MF 115,3ff.; 115,27ff.), Hartwig (MF 117,14ff.), Kaiser Heinrich (MF 5,16). Das Objektivieren des Vortragsverfahrens ist wichtig als Indiz der Verwandlung des Minnesangs in eine gesellschaftliche Unterhaltungsform, die die Gegenwart des Publikums als Movens miteinbezieht, aber auch als ein Element, das „biographisch" zu nennen wäre und bei späteren Minnesängern, besonders Morungen und Walther, wesensbestimmend wird. Der biographische Kontext macht sich z.B. bemerkbar, wo der Dichter/Sänger von seinen „früheren" Liedern und/oder Leiden singt. Bernger verdeutlicht, wie das Singen und das Biographische zusammengehören: *Si vrâgent mich, war mir sî komen mîn sanc, des ich wîlent pflac. si müejent sich; êst unvernomen, war umbe ich nu niht singen mac* (MF 115,3) („Sie fragen mich, wohin der Gesang, dem ich mich vormals hingab, gekommen sei. Sie quälen sich [umsonst], denn es wird nicht gesagt, warum ich jetzt nicht singen kann"). Hier wird das Singen als die Vergangenheit des Dichters historisiert und mit der gesanglosen Gegenwart kontrastiert. Daß die Diskussion selbst ein Lied ist, wird der Konvention gemäß taktvoll verschwiegen. Auch Bliggers Hinweis auf sein erneutes Klagen von altem Leid (MF 118,1) führt eine historisch-biographische Dimension ein, ohne aber expressis verbis zu sagen, daß die Klage als Lied erscheint.

## Hoher Minnesang II: Eigenständigkeit und Eigenwege

### *Überblick: Grundlinien der Entwicklung*

Es war für die erste Periode des hohen Minnesangs charakteristisch, daß einzelne Lieder direkt unter dem Einfluß romanischer Modelle standen, den wir teilweise noch nachzeichnen können. Anderswo vermuten wir solchen Einfluß, obwohl das Modell nicht aufzufinden ist. Eine andere undeutlichere Schicht bildet aber schon früh in der romanisch beeinflußten mhd. Lyrik die Masse der Fälle, wo der Stoff oder die Form oder beides romanisch inspiriert ist, aber der Einfluß sich wie eine umhüllende Wolke und nicht wie einzelne Blitzschläge darstellt. Das bedeutet, daß wir der zweiten Stufe nahe sind, denn es ist nicht mehr zu unterscheiden, ob der Einfluß nun aus der romanischen oder aus der romanisch beeinflußten mhd. Lyrik stammt. Die Entwicklung zeigt, wie die deutsche Lyrik an Eigenständigkeit gewinnt, obwohl sie weiterhin einer romanisierenden Tendenz unterliegt.

Eigenständigkeit war in mancher Hinsicht von vornherein gegeben. Die frühe einheimische Lyrik machte sich z. B in der romanisierenden spürbar. Die Existenz und Art der einheimischen Lieder und die deutschen Sozialverhältnisse führten dazu, daß die Palette der romanischen Liedtypen eingeengt und mancher romanische Liedtyp nicht oder kaum rezipiert wurde, z. B. die Pastourelle und das Sirventes (s. S. 99). Die *tornada* („Geleit"), die das Lied dem mit Namen oder Decknamen (*senhal*) genannten Empfänger (oder der Empfängerin) empfiehlt, hat sich in der mhd. Lyrik kaum durchgesetzt. Sie hatte im sozialen Spielsystem des okzitanischen Lieds eine Funktion, für die im deutschen System kein Platz war.

Dieser negativen Auswahl tritt im zweiten Stadium eine positive zur Seite, die auf größere Eigenständigkeit verweist und wiederum den anderen Konturen der Literaturlandschaften der Romania und Deutschlands entspricht. Gewisse Liedtypen, z. B. das Tagelied oder, am extremsten, das Werbungslied, erreichen eine Prominenz, die weit über ihre Bedeutung im romanischen System hinausgeht. Was den Inhalt betrifft, denken wir an die Diskussion des sozialen Status der Geliebten (*vrouwe* oder *wîp?*) oder an Themen der hohen Staatspolitik, wie sie Walthers Spruchdichtung behandelt.

Dem Lauf der Entwicklung nachzuspüren, erschwert die Unmöglichkeit, individuelle Lieder zu datieren. Wenn uns überhaupt etwas über das Leben eines Minnesängers bekannt ist, wissen wir doch nie, in welchem Lebensalter er gedichtet hat. Hausens Tod 1190 ist ein Terminus ante quem für seine Lieder; den Tod Rudolfs von Fenis setzen wir mit Hilfe der Urkunden zwischen 1192 und 1196 an (s. S. 105 und S. 126 ff.). Hausens Kreuzlieder legen es nahe, daß er bis zu seiner Abfahrt ins Morgenland oder noch danach gedichtet hat, aber Fenis kann zwanzig Jahre vor seinem Tod das Dichten aufgegeben haben. Wir wissen nicht, wann Veldeke und die übrigen oberrheinischen Minnesänger, außer Kaiser Heinrich, gestorben sind. Gottfrieds Literatur-Exkurs (um 1210) nennt Bligger als Lebenden und Veldeke als Verstorbenen (4725 ff.; 4691 ff.; s. S. 306 ff. und S. 310).

Die behandelten Lyriker waren bis in die zweite Hälfte der neunziger Jahre aktiv, einige vielleicht bis ins neue Jahrhundert hinein. Die Schaffenszeit der Dichter, denen wir uns zuwenden, ist ein bis zwei Jahrzehnte später als die der Hausen-Schule anzusetzen. Geographisch bewegt sich der Minnesang jetzt vom Rhein weg nach Osten und Nordosten.

Wir heben vier Merkmale hervor, die die neue Stufe der mhd. Lyrik kennzeichnen. Erstens: unter den Dichtern dieser Periode treffen wir mit Reinmar (dem Alten) und Walther von der Vogelweide die ersten Lyriker, die, soweit wir sehen können, beruflich Dichter-Sänger waren (das gilt auch für den zeitlich wenig späteren Neidhart: s. Bd. II/2, S. 9ff. und 89ff.). (Wir sehen von dem Spruchdichter Herger [s. S. 189ff.] und dem vornehmlich als Epiker tätigen Veldeke ab.) Zweitens: die mhd. Lyrik wird mündig, und erst jetzt schaffen und singen die deutschen Dichter und Sänger vor dem Hintergrund eines etablierten Repertoires von d e u t s c h e n Liedern. Drittens: die deutschen Dichter fangen auf erkennbare Weise an, einander – mit Anleihen, Anspielungen, Parodien – zu zitieren. Viertens: obwohl Lieder um so bessere Chancen haben, erhalten zu bleiben, je später sie gedichtet sind, kann es nicht n u r auf dem späteren Datum beruhen, daß Reinmars und Walthers Œuvres die ihrer Vorgänger oder Zeitgenossen um ein Mehrfaches übersteigen (von Reinmar in ‚Des Minnesangs Frühling' 60 Lieder und von Walther in der Ausgabe Schaefers 72 Lieder, 116 Spruchstrophen und einen Leich – für Neidhart gilt Ähnliches).

Die vier Faktoren sind in der fieberhaften künstlerischen Gärung im letzten Viertel des 12. Jahrhunderts untrennbar. Der Umfang der Produktion spiegelt den Erfolg der einzelnen Dichter wider, und dieser wird im Ausmaß des erhalten Gebliebenen sichtbar. Solcher Erfolg war für den Berufsdichter wichtiger als für den Dilettanten, und der Erfolg – erst recht des v o r t r a g e n d e n Künstlers – hing u. a. davon ab, daß man ein Repertoire besaß, das groß genug war, einen Hof über Abende hin zu unterhalten. Solche Kunst erlangt man dadurch, daß man sie in der Praxis übt, und hier waren die Berufsdichter nolens volens im Vorteil. Gerade die Blütezeit erweist aber, daß dazu Geschick bzw. Genie gehörte.

Der etablierte Kanon des Minnesangs ermöglicht es den Dichtern, Anregungen zu empfangen und Anleihen zu machen. Bei einer so stark auf Konventionen beruhenden Kunst wie dem Minnesang kann dies aber dazu führen, daß schöpferische Geister ein Bedürfnis nach Spielraum verspüren und entweder nach Schlupfwinkeln und eigenen Ecken innerhalb der Konvention suchen oder die Zäune des Geheges umwerfen oder, noch besser, sie überspringen und sich die Möglichkeit offen lassen, hin und her zu springen. Für das letzte hat sich Walther entschieden. Wir tun gut daran, überraschende Änderungen in den Meinungen und Einstellungen der Minnelieder zunächst aus dem Bedürfnis nach künstlerischer Abwechslung zu verstehen, ohne existentielle philosophische Wendepunkte in ihnen zu sehen. Auf die Festigung einer deutschen Minnesangkonvention und die Reaktionen der schöpferischen Geister auf sie zielt der Titel dieses Abschnitts: Eigenständigkeit und Eigenwege.

## *Die Dichter: Biographisches*

Wenn wir versuchen, die Dichter der zweiten Phase des hohen Minnesangs historisch zu identifizieren, d. h. zugleich geographisch und zeitlich zu fixieren, können wir nur z. T. so verfahren wie bisher, da die sozialen

Verhältnisse andere sind. Heinrich von Rugge, Albrecht von Johansdorf und Otto von Botenlauben sind aber mit den Dichtern der Hausen-Gruppe vergleichbar, was ihren sozialen Stand und daher ihre urkundliche Bezeugung betrifft.

Heinrich von Morungen paßt nicht genau zu dieser Gruppe, weil er erst in höheren Jahren und nicht zusammen mit einem Dienstherrn in Urkunden erscheint. Sein Stand und seine Funktion sind eher mit dem folgenden Typus Hartmanns und Wolframs zu vergleichen, obgleich er kein Epiker war.

Mit Hartmann von Aue und Wolfram von Eschenbach begegnen wir einem völlig neuen Typus. Beide nennen sich „Ritter", erscheinen aber nicht in Urkunden, was im Vergleich mit Dichtern der Hausen-Gruppe auf einen niedrigeren Rang oder eine weniger prominente Dienststellung hinweisen könnte. Über ihr Leben wissen wir trotzdem einiges, da beide auch Epiker sind, und zwar in einem Zeitalter, in dem es immer mehr Mode wird, daß Epiker Autobiographisches einflechten. (Obwohl sowohl Lyriker als auch Epiker verfährt Veldeke anders. Liegt es an dem Datum oder dem Klerikertum, daß er nicht von sich spricht?)

Walther und (wahrscheinlich) Reinmar repräsentieren einen weiteren neuen Typus: den Berufslyriker – Dichter und Sänger. Dem sozialen Status nach sind sie nicht „urkundenwürdig". Bei der einzigen urkundlichen Bezeugung Walthers ist er eher Objekt als Subjekt (s. S. 41). Er ist aber ein Sonderfall, da seine Spruchdichtung Auskünfte über seine Person und Material zur Datierung und Lokalisierung seines Werks liefert.

H e i n r i c h  v o n  R u g g e: In den „Wer - w a r - Wer-Listen" – meistens Totenklagen – der Dichter des 13. Jahrhunderts, nämlich beim Marner, bei Gliers, Heinrich von dem Türlin und Reinmar von Brennenberg, erscheint auch *von Rucke Heinrîch*. Rugge wird mit einem *Heinricus miles de Rugge* identifiziert, der einmal als Zeuge einer Urkunde des Abts Eberhard von Blaubeuren erscheint, die man zwischen 1175 und 1178 datiert. Ob dieser „Heinrich" der Dichter war, ist unsicher. Die Ansicht Schweikles dürfte stimmen, daß dieser jedenfalls „einem Ministerialengeschlecht der Pfalzgrafen von Tübingen angehört, das seinen Burgsitz auf dem ‚Rukken' bei Blaubeuren hatte". Rugges Beteiligung am Kreuzzug stützt sich nur auf seine Lieder.

A l b r e c h t  v o n  J o h a n s d o r f: Der Name *Albertus de Jahenstorff* (auch *Janestorf*, *Johanstorf* und *Jachenstorf*) ist in Urkunden der Bischöfe von Bamberg (1172 und 1188) und der Bischöfe von Passau (1201, 1204 und 1209) bezeugt, wo sein Träger mehrfach unter den Ministerialen erscheint. Es handelt sich wohl nicht immer um dieselbe Person, und man vermutet hinter den frühesten Nennungen den Vater des Dichters. Den Ort Johansdorf hat man nicht festlegen können, weil es mehrere dieses Namens gibt, aber die Verbindungen mit Bamberg und Passau engen das Gebiet auf Niederbayern ein. Die Beziehung zu den Bischöfen von Passau, besonders zu Wolfger, dem Gönner Walthers, ist in unserem Zusammenhang von besonderem Interesse, zumal Wolfger am Kreuzzug teilgenommen hat und wegen Johansdorfs Kreuzliedern angenommen wird, daß dieser selbst daran teilnahm. Wann er gedichtet hat, ist nur eine Stilentscheidung. Vermutlich war er um die neunziger Jahre herum literarisch aktiv.

Otto von Botenlauben: Dank seiner politischen Bedeutung sind wir über Ottos Leben besonders gut unterrichtet. Sohn des mächtigen Grafen Poppo VI. von Henneberg (in Mitteldeutschland zwischen dem Bistum Würzburg und der Landgrafschaft Thüringen), urkundet er zuerst in Sizilien, 1197 als Zeuge im Gefolge des Heinrichs VI. Zeit und Ort lassen an den Kreuzzug denken, und in der Tat machte Otto im Osten Karriere, wo er durch seine Ehe mit Beatrix, Tochter Joscelins von Courtenay, Seneschall des Königsreichs Jerusalem, großen Landbesitz erlangte. Bis zu seiner endgültigen Rückkehr 1220, vor welcher er seine Besitzungen in Syrien an Hermann von Salza, den Hochmeister des Deutschen Ordens, verkaufte, reiste Otto zwischen dem Osten und dem Reich hin und her. In beiden verkehrte er in geistlichen Kreisen, ist aber bis 1234 noch am Stauferhof bezeugt. Zusammen mit Beatrix gründete er 1231 das Zisterzienserinnenkloster Frauenroth. Sie übereigneten zu diesem Zweck ihren Besitz dem neugegründeten Kloster, da ihre beiden Söhne Geistliche geworden waren. Sein Todesjahr ist nicht bekannt, aber Beatrix wird 1245 als Witwe bezeichnet. Die Grabsteine des Ehepaars, elegante gotische Plastiken von etwa 1270–80, in der (jetzigen) Dorfkirche Frauenroth (s. Abb. 8), sind das einzige erhaltene Denkmal dieser Art für eine deutsche literarische Gestalt aus unserem Zeitraum.

Heinrich von Morungen: Zwei Urkunden bezeugen einen *Henricus de Morungen*, welcher der Dichter sein könnte. In der ersten Urkunde, wahrscheinlich 1217 ausgestellt, erlaubt der Markgraf Dietrich von Meißen einem *Henricus de Morungen, miles emeritus* („dem ehrenvoll ausgedienten Ritter"), auf die Rente, die er ihm wegen großer Verdienste verliehen hatte, zugunsten des Thomasklosters in Leipzig zu verzichten. Ein *Henricus de Morungen* erscheint unter den Zeugen einer Urkunde Dietrichs, die im August 1218 in Leipzig ausgestellt wurde. Morungen ist vermutlich die Burg dieses Namens in der Nähe von Sangershausen (westlich von Halle). Überraschenderweise wird Morungen von keinem Lyriker erwähnt, doch nennen ihn im späten 13. Jahrhundert der ‚Seifried Helbling'-Autor (s. Bd. II/2, S. 49ff.) und Hugo von Trimberg (im ‚Renner' – s. Bd. III/1). Morungens mitteldeutsche Sprachzüge unterstützen die Lokalisierung durch die Urkunden.

Hartmann von Aue: Hier nur kursorische Bemerkungen, die dem Verständnis und der Einreihung der Lieder Hartmanns dienen. Weiteres über sein Leben steht im Zusammenhang mit seiner Epik (s. S. 251ff.). Die communis opinio datiert Hartmanns Werke zwischen etwa 1180 und 1205. Der Anfang der Lieder wird allgemein früh angesetzt, aber über den Zeitraum, über den sie sich erstrecken, herrscht weniger Einigkeit. Es leuchtet ein, sich die Kreuzlieder in der zeitlichen Nähe eines Kreuzzugs zu denken – aber welches Lied bringt man mit welchem Kreuzzug in Verbindung?

Wolfram von Eschenbach: Auch hier behandeln wir Biographisches im Zusammenhang mit der Epik. Grob gerechnet sind Wolframs Werke zwischen etwa 1195 und 1220 entstanden. Sein Minnesang beginnt wahrscheinlich am Beginn seiner Dichterlaufbahn, denn er rühmt sich seiner in einem Teil des ‚Parzival', den man für früh hält (v. 114,12ff.).

Reinmar der Alte: Die Handschriften A, B und E nennen ihn *Reimar/ Herre Reinmar/Her Reymar*. Er war in der Forschung als „Reinmar von Hagenau" bekannt; dies hatte seine Ursache darin, daß man ihn mit der nicht genauer bezeichneten Nachtigall identifizierte, die Gottfried im Literaturexkurs des ‚Tristan' nennt: *diu [nahtegal] von Hagenouwe* (v. 4778ff.), mit deren Tod die führende Position unter den Minnesängern frei geworden war. (Im Satz: „Wer soll das Banner [der Minnesänger] tragen, da die [Nachtigall] von Hagenau *alsus geswigen ist,*" deutet *alsus* [„auf solche Weise"] an, daß die Nachtigal vor nicht allzu langer Zeit verstummt ist und die Stelle erst jetzt ausgeschrieben wird.) Die Gleichsetzung der Nachtigall mit Reinmar ist wohl berechtigt, weil sich kein anderer geeigneter Kandidat anbietet und Gottfried den profilierten Minnesänger Reinmar sonst übersehen hätte. Die Erhebung von „Hagenau" zu seinem Beinamen aber steht u. a. deshalb auf schwachen Füßen, weil sie das Spielerische des Passus übersieht, in dem Gottfried als Nachtigallen verschlüsselte Minnesänger durch eine florierende Literaturlandschaft von Hagen-Auen und Vogel-Weiden jagt. „Hagenau" hat man also fallen lassen. Wo es nötig ist, Reinmar von späteren Lyrikern gleichen Namens zu unterscheiden, pflegt man ihn nach der Handschrift C, die wohl unterscheiden wollte, „Reinmar den Alten" zu nennen. Er erscheint in keiner Urkunde. Dafür gibt es Dichternennungen, z. B. in der „Klageliste" seines Namensvetters Reinmar von Brennenberg, bei Walther und bei Gottfried, falls man eine namenlose Nennung akzeptiert. Der Umfang und die Art des Œuvres deuten auf einen Berufsdichter. Wir stellen uns seine Tätigkeit im letzten Jahrzehnt des 12. und ersten des 13. Jahrhunderts vor.

*Die Weiterentwicklung der Liedtypen:*
*Charakteristika − Chronologie − Geographie*

Der Titel steckt nur Ziele ab und drückt Wünschenswertes aus. Die Geschichte der Lyrik nach Hausen erscheint als allmähliche Entwicklung ohne deutliche Übergänge oder abrupte weitreichende Änderungen. Der Minnesang Morungens oder Wolframs ist ganz anders als der der Hausen-Gruppe, aber die Unterschiede betreffen Ton, Stil und Handhabung der Sprache, sie verweisen auf die individuelle dichterische Begabung oder die artistische Persona auf keine neue Richtung, wie sie sich zögernd bei Walther und entschiedener bei Neidhart abzeichnet (s. Bd. II/2, S. 9ff.). Zwischen Hausen und Reinmar kann man durch die Form, Thematik, Art des romanischen Einflusses und den Stil Entwicklungslinien zeichnen, aber ob eine d i e Linie ist, ist eine andere Sache. Persönliche und regionale Faktoren spielen eine Rolle, und es ist trügerisch, das Ergebnis von Autorenvergleichen als Chronologie zu interpretieren. Die Œuvres der meisten Minnesänger sind auch statistisch zu klein, um selbst eine solche Abstraktion zu erlauben. Wir zeichnen trotzdem e i n e Linie als Denkmodell.

Hinsichtlich der relativen Vertretung der Liedtypen setzt sich die beim rheinischen Minnesang beobachtete Entwicklung fort. Das Werbungslied herrscht vor, der Wechsel und Frauenstrophen bleiben in der Minderheit, obwohl ihre Zahl allmählich zunimmt, ohne die Vorherrschaft, die sie in der Frühgruppe innehatten, je wieder zu erreichen. Die frühen Wechsel blieben sicherlich noch bekannt und als Modelle für die Zukunft verfügbar, aber wir sind geneigt, das neue Auftreten von Wechseln und anderen Liedern, die Frauenstrophen enthalten, eher als Rückkehr zum Alten denn als konservatives Verharren beim Alten zu beurteilen, und zwar nicht aus antiquarischem Interesse, sondern weil das Werbungslied hinsichtlich Rollen, Themen und „Erzählperspektive" für dichterische und artistische Zwecke allmählich einseitig und eng wurde.

Wir fragen aber, inwieweit die Lieder mit Frauenstrophen, z.B. Rugges und Reinmars, Wechsel sind.

Wir skizzieren einige Beispiele zur Illustration der verschiedenen Disposition der Strophen zwischen den Redenden:

*Rugge*
(MF 103,3)   3 Männerstrophen,   1 Frauenstrophe
(MF 110,26)  2 Männerstrophen,   1 Frauenstrophe
*Rugge/Reinmar* (?)
(MF 109,9)   4 Männerstrophen,   1 Frauenstrophe,   1 Männerstrophe
*Reinmar*
(MF 151,1)   1 Frauenstrophe,    2 Männerstrophen,  1 Frauenstrophe
(MF 152,15)  1 Frauenstrophe,    3 Männerstrophen
             (bei Schweikle: Frauenstrophe an dritter Stelle)
(MF 152,25)  2 Frauenstrophen,   2 Männerstrophen
             (Teil eines komplizierten Überlieferungskomplexes; die Strophenzahl in den Hss. [in C 9!] und die Zuschreibungen stark von einander abweichend)
(MF 154,32)  4 Männerstrophen,   1 Frauenstrophe (nach Hs. A)
(MF 198,4)   1 Frauenstrophe,    1 Männerstrophe

Im Falle Reinmars beschränken wir uns auf Beispiele, die dem traditionellen Wechsel näher stehen und besprechen später die ihm eigentümlichen Frauenlieder (s. S. 171 f.); auf die Authentizität der Zuschreibung gehen wir nicht ein.

Es geht um eine Definition. Wenn das Wesen des Wechsels einfach darin besteht, daß eine Frau und ein Mann in der Einsamkeit und in getrennten Strophen über ihr Verlangen nacheinander reden, sind die zur Diskussion stehenden Lieder Rugges, Johansdorfs und Reinmars Wechsel. Wenn aber „Wechsel" ein Gleichgewicht der Perspektive und der Emphase in der Rollenverteilung impliziert, dann sind einige Beispiele entweder entstellte Wechsel oder keine. Maßgeblich ist nicht (nur) die Unausgeglichenheit der Rollen, denn schon in der Frühgruppe stießen wir auf Fälle – bei Meinloh und Dietmar –, wo verschiedene Reihen von Strophen e i n e n Wechsel zu bilden schienen, ohne daß wir darüber Sicherheit erlangen oder das Prinzip durchschauen konnten (s. S. 84f. und S. 87ff.). Wichtiger scheinen uns die Rollen, die den Sprechern zugeteilt werden. So gesehen, wirken einige Lieder bloß wie Werbungslieder mit eingefügten Frauenstrophen, die der Abwechslung dienen (für einen Dichter, der Vortragender war und für Unterhaltung sorgen mußte, nicht unwichtig). Schwer wiegt indes, daß das Minneerlebnis des Werbungslieds dadurch vertieft und bereichert wird, daß, sei es in einer oder zwei Strophen, die inzwischen verbannten Gefühle der Frau aufscheinen. Unter diesem Gesichtspunkt erörtern wir die Frage nach dem Wechsel bzw. seinen Verwandten und Nachkommen während der Ära des hohen Minnesangs.

Die betreffenden Lieder Rugges schweben – wie Rugge auch sonst – zwischen Älterem und Neuerem. So dürfte der stark moralisierende Zug auf die Sentenzen der Frühgruppe zurückverweisen oder auf Walther und damit in die Zukunft vorausdeuten. Auch der manchmal – selbst für den Minnesang – lockere Zusammenhang zwischen den Strophen verstärkt diesen Eindruck. Auf der anderen Seite sind Rugges F o r m e n romanisch beeinflußt und relativ fortschrittlich, wie auch seine Neigung zum Werbungslied. Gerade diese ist in den Liedern mit Frauenstrophen, von denen die Rede ist, deutlich spürbar. Das Lied MF 103,3 z. B. erweckt das Gefühl, daß der Sänger Zuhörer anspricht – die *vriunt* der ersten Zeile? –, was den in der Einsamkeit monologisierenden Liebenden des Wechsels negiert. Der Anfang von MF 110,26: *Ich suoche wîser liute rât* („Ich suche den Rat/die Unterstützung weiser Leute") präsentiert im Lied die Zuhörer. Auch die kunstvolle Strophenform – acht Verse, durchgereimt, die ersten Hälften der Verse 2, 4, 6, 8 durch Binnenreim verknüpft – erhöht die „moderne" Wirkung.

Die dem Wechsel verwandten Lieder Reinmars sind heterogener als die Rugges. Die vier Strophen MF 151,1ff. sind zwei Wechsel im alten Stil, bei denen höchstens die Strophenform moderner anmutet. Wollte man sie als e i n e n Wechsel ansehen, dann fiele die Vierstrophigkeit etwas auf. Das Lied MF 198,4 gesellt sich zum eben besprochenen, was den Inhalt betrifft, der abgesehen von gewandten Redewendungen und geistreichen Gedanken traditionell ist. Es hebt sich aber vom vorigen Lied durch die raffinierte Strophenform ab, in der mit End- und Binnenreimen gemischte grammatische Reime Beziehungen innerhalb der Strophen und zwischen ihnen herstellen. Einen Schritt weiter – so unsere Darstellung, aber es ist vielleicht auch die chronologische Entwicklung – gehen die Lieder MF 152,15 und 152,25. In beiden sind die Frauenstrophen mit denen der Frühgruppe vergleichbar, aber die Männerstrophen, besonders im ersten, ähneln sehr denen der Werbungslieder. Das Hervorheben der Vortragssituation (z. B. hat der Sänger Tage, an denen er vor lauter (Liebes-)Gedanken nicht singen kann (MF 151,33)) oder die Frage (MF [Moser/Tervooren] Lied IV, Strophe 3) – rhetorisch, aber auch an Zuhörer gerichtet –, wie es kommt, daß er die Rede (!) der Dame verstehen kann, sie aber die seine nicht, beziehen ein anwesendes Publikum auf eine Weise mit ein, die dem Wesen des Wechsels fremd sein muß. Das Lied MF 154,32 ist ein Sonderfall, da es sich an das Tagelied anlehnt (s. S. 68f. und S. 173ff.).

Rätselhaft, aber potentiell aufschlußreich sind zwei (bzw. drei) Lieder Johansdorfs. Es handelt sich beim ersten Beispiel um die vier Strophen (C 17–18 und 21–22), die in MF (91,22) in der Reihenfolge 21, 22, 17, 18 als vierstrophiger Wechsel aufgefaßt werden, in dem drei Frauenstrophen einer Männerstrophe vorausgehen. Schweikle bleibt der überlieferten Reihenfolge näher und stellt die Strophen als zwei zweistrophige Wechsel dar, die Frauenstrophe jeweils an erster Stelle.

Schweikle betont die formale Verwandtschaft aller vier Strophen, aber auch metrische Unterschiede zwischen den Männerstrophen einerseits und den Frauenstrophen andererseits und erwägt, ob diese Auszeichnung „expressive Funktion" habe. Es spricht manches für Schweikles formalen Konservativismus, aber auch für die Gruppierung und Strophenfolge von MF. Als Eingangsverse wirken MF 91,8f. abrupt und unvermittelt: *Dâ gehoeret manic stunde zuo, ê daz sich gesamne ir zweier muot* („Es gehört manche Stunde dazu, bis sich ihrer beider Gesinnung vereinigt") – nach *ir zweier* würde man zumindest einen erklärenden Relativsatz erwarten. Sie folgen aber einleuchtend auf C 22, wo davon die Rede war, daß *zwei herzeliep gevriundent sich* (MF 91,29).

Fassen wir die vier Strophen als Einheit auf, so entsteht ein Lied, das mit den besprochenen Liedern Rugges und Reinmars vergleichbar ist, nur daß bei Johansdorf die Frauenstrophen dominieren: die Frau spricht aus Erfahrung über den Anfang eines Liebesverhältnisses, gesteht furchtsam, daß sie nicht weiß, wie es ausgeht, betet darum, daß ihr das Scheiden erspart und die Treue des Geliebten erhalten bleibe. Aber wie verhält sich die angehängte Männerstrophe hierzu? Sie ist die typische Strophe eines Werbungslieds: der Sänger hofft, daß die Dame seine Rede versteht, denn deutlicher zu sprechen verstieße gegen den Anstand; deswegen überläßt er die Entscheidung, ob ihm Freude oder Leid widerfahren soll, nicht ihr, sondern ihrer Güte und Gnade! Die Taktik des Gesamtliedes ist also, wie manchmal im traditionellen Wechsel, daß der eine Partner, diesmal die Frau, die Zuneigung gesteht, und der andere im Ungewissen bleibt. Mit dem Unterschied aber, daß hier der Mann die maßvolle Zurückhaltung des Sängers eines Werbungslieds annehmen muß, der seine Werbung, das gegenwärtige Lied, an Ort und Stelle öffentlich vorträgt, taktvoll, so daß nur die Umworbene weiß, wer gemeint ist. Der Gewinn ist, daß sich das Herz der Frau ausschütten kann, ohne daß die artistische Spannung des Werbungslieds preisgegeben wird: sie verwandelt sich in dramatische Ironie auf Kosten des Mannes.

Das zweite Lied ist Johansdorfs Kreuzlied (MF 94,15), das auch eine Anleihe beim Wechsel gemacht hat. Strophe 1 sucht die Unterstützung „guter Leute" für den Kreuzzug und schildert den Lohn. Strophe 2 führt mit den ergreifenden Anfangsworten *Minne, lâ mich vrî!* das Problem des Konflikts zwischen Minne und Kreuzzug unerwartet ein und betet darum, daß die Dame, falls die Minne während der Fahrt in seinem Herzen bleibt, den halben Lohn für die (Mit-)Fahrt erhalten möge. Überraschend ist Strophe 3, eine Situation, die einem Wechsel oder Tagelied entnommen sein könnte: die Frau enthüllt ihre Gefühle auf eine Weise, die die Aussagen des Kreuzfahrers ergänzt: auch ihr machen die Minne und das Scheiden Sorge. Vom Inhalt her ist die Wirkung der Einführung von Frauenstrophen dieselbe wie beim Werbungslied, aber der Umschwung in der

"Erzählperspektive" überrascht mehr. Einerseits ist es wie ein Wechsel, andererseits spricht die Einführung der Situation durch ein episches Präteritum (MF 94,35): *"Owê", sprach ein wîp* für das Tagelied. Strophe 4 kehrt zum Ritter zurück, der sich nun scheinbar der wirklichen Gefühle seiner Herrin sicher ist. In den Gedanken des künftigen Kreuzfahrers kommt die – nun geliebte u n d liebende – Herrin ein letztes Mal zum Wort; er zitiert ihre künftigen Gedanken:

> *wande ir heime tuot alsô wê,*
> *swenne sî gedenket an sîne nôt.*
> *"lebt mîn herzeliep oder ist er tôt,"*
> *sprichet sî, "sô müeze sîn pflegen,*
> *dur den er süezer lîp sich dirre welte hât bewegen."* (MF 95,11ff.)

("Denn sie daheim leidet ebenso, wenn sie an sein Leiden denkt. ‚Lebt mein Geliebter oder ist er tot?', sagt sie. ‚Dann möge Der für ihn sorgen, um Dessentwillen er, mein Geliebter, auf diese Welt verzichtet hat.'")

Hier – im Gegensatz zu dem Dialoglied (MF 93,12 – s. S.102f. und S.154f.) – haben Frau und Mann b e i d e das letzte Wort, obwohl die Entscheidung jetzt Gott anheimgestellt wird.

Solches Experimentieren mit wechselartigen Gebilden bei Rugge, Reinmar, Johansdorf, Morungen und anderen befreit artistisch von der einseitigen Tyrannei des Werbungslieds. Sein Hauptgewinn ist die Wiederherstellung des Stimmrechts der Frau. Sie kommt zu Wort. Die Verbindung von Werbungslied und Wechsel erwies sich aber anscheinend als instabil. Es lag wohl an der Unsicherheit der unterschiedlichen Perspektive zwischen dem ausgesprochenen Rollencharakter der Frauenstrophen und dem (fiktiven) Wirklichkeitscharakter der Männerstrophen. Bei diesem Typ sind die Frauenstrophen immer in künstlerischen Anführungsstrichen, während die Männerstrophen jetzt und hier stattfinden. Aus diesem Grunde wirken Frauenstrophen direkter und offener. Es rührt daher, daß die Frau in der privaten Abgeschiedenheit ihren Gefühlen freien Lauf lassen darf. Der Mann, in der Öffentlichkeit und vermutlichen Gegenwart der geliebten Herrin, hat s e i n e Werbung taktvoll vorzubringen.

Es scheint die dauerhaftere Lösung gewesen zu sein, daß ein Reinmar, Hartmann oder Walther durchgehende Frauenlieder und ein vollwertiges Gegenstück zum Werbungslied schaffen, in dem die Einstellung der Frau zum Ausdruck kommt – freilich auch hier aus männlicher Sicht. Im übrigen kehrt man zur herkömmlichen Wechselform zurück oder sucht mit Wolfram und Botenlauben im Tagelied ein anderes Medium, das Minneerlebnis auch aus Sicht der Frau zu schildern.

Das Kreuzlied bildet weiterhin einen wesentlichen Teil des lyrischen Schaffens. Der zweite Kreuzzug lag kurz vor oder gerade am Beginn der Entfaltung der mhd. Lyrik; drei weitere (1189–92, 1197–98, 1228–29), die das

Reich besonders betrafen, durchfurchen bzw. umgrenzen die Blütezeit und drohen mit ihren düsteren Schatten, sie welken zu lassen. Eine Verinnerlichung des Themas charakterisierte die ersten deutschen Kreuzlieder und sie setzt sich im folgenden Zeitraum fort. Die Gattung erlaubt es, drei Hauptinteressensgebiete der höfischen feudalen Gesellschaft zu vereinigen: Minne, Religion, ritterliche Kampfkunst.

Aus unserem Zeitraum sind Kreuzlieder von Hausen, Rugge, Hartmann, Reinmar, Johansdorf, Botenlauben und Walther überliefert. Während die Forschung seit langem bereit ist, dem Minnesang buchstäblichen Wahrheitsgehalt abzusprechen, ist sie mit dem Kreuzlied anders verfahren. Aufgrund seiner Kreuzlieder hat sie manchen Dichter nolens volens nach dem Heiligen Land deportiert, um dann hinterher über das genaue Datum der Strafvollstreckung zu streiten. Für Hausen oder Botenlauben haben wir Quellen, die eine Teilnahme am Kreuzzug bezeugen, für andere, etwa Rugge oder Hartmann, gehen die Indizien nicht über die Gedichte hinaus.

Das Kreuzlied mit seinem historischen Bezug nimmt eine Mittelstellung zwischen dem Minnelied und dem politischen Spruch ein. Es hieße aber die künstlerische, politische, rechtliche und soziale Situation zu verkennen, wenn man schließen wollte: „so könnte keiner schreiben, wenn er nicht selbst an einem Kreuzzug teilgenommen hätte bzw. hätte teilnehmen wollen". In einem Zeitalter, in dem Kanzel und Hoftage Hauptmittel der Publizistik waren und der Hof als politisches, juristisches und literarisches Forum fungierte, konnte es durchaus die Funktion und Pflicht eines Redegewandten sein, seine Kunst im Dienst der guten Sache anzuwenden, gleichgültig ob er beabsichtigte, die von ihm vertretenen und vorgetragenen Ansichten in die Praxis umzusetzen. Doch diese letzten Worte unterstellen die Annahme, daß seine Absicht überhaupt relevant war. Die Entscheidung für oder gegen Teilnahme am Kreuzzug lag ganz in den Händen der Herren. Also konnte ein Dichter mit gutem Gewissen und im vollen Glauben eine Sache vertreten und die dargelegten Vorsätze dann doch nicht praktisch befolgen, ohne daß wir ihn entweder der Heuchelei zeihen oder nach Palästina versetzen dürften. Auf die letzte Weise verfahren wir besonders gern mit d e n Dichtern, deren Kreuzlieder am lebendigsten wirken. (Ein hervorragendes Beispiel ist der Anfang von Walthers ‚Palästinalied': da präsentiert sich der Sänger, wie er im Heiligen Land angekommen mit verwunderten Augen den Boden zum ersten Mal betrachtet [14,38]. Wir laufen Gefahr, dichterisches Können mit autobiographischer Wahrheit zu verwechseln.)

Hartmanns rhetorisches Können schafft z. B. eine Intensität des Gefühls, die uns geneigt macht, sie auf die Echtheit des Geschilderten zurückzuführen. Kontinuität der Aussagen zwischen Liedern bestärkt nur die Neigung. Hartmann berichtet, tief erschüttert, sein Herr sei gestorben: *Sît mich der tôt beroubet hât des herren mîn, swie nû diu werlt nâch im gestât, daz lâze ich sîn. der vröide mîn den besten teil hât er dâ hin* (MF 210,23ff.) („Seit der Tod mich meines Herrn beraubt hat, kann es mir gleichgültig sein, wie das Leben in der Welt nach seinem Tod weitergeht. Meine höchsten Freuden hat er mit sich dahingerafft.") Denselben Verlust erwähnt er anderswo (MF 206,14ff.), und zwar kürzer, neben einem anderen Leid, das er im Gegensatz dazu *varnde* („vergänglich") nennt: die Zurückweisung durch eine Frau, der er gedient hat. Die zweite Erwähnung des verstorbenen Herrn wirkt beiläufiger, was aber der ersten keinen Abbruch tut. Im Gegenteil: die Wiederholung erweckt den Eindruck, daß inzwischen Zeit vergangen sei, und stellt das Geschehnis in einen Rahmen, der für die Wahrheit zu bürgen scheint. Man scheut sich, den Tod des Herrn, von dem zweimal mit anderer Schattierung erzählt wird, als unwahr abzulehnen, und diese Gewähr färbt auf die Kreuzfahrt ab, die das Hauptthema des ersten Lieds (MF 209,25) war. Wir müssen auf der Hut sein: gute Erzähler und böse Lügner kennen den verführerischen Zwang des Detaillierten.

Denselben Effekt hat das Einbringen von konkreten Details über den Kreuzzug oder die Lage im Orient. Dadurch wirken die französischen Kreuzlieder in der Regel spezifischer und aktueller als die deutschen. Hartmanns Anspielung auf den Tod Saladins (MF 218,19f.), falls es sich um eine solche handelt (s. S. 141f.), wäre ein Schritt in diese Richtung. Johansdorf geht weiter. Er nennt z.B. Jerusalem (MF 89,21), das trotz seiner Bedeutung für das Thema in der deutschen Lyrik bisher nur einmal bei ihm und einmal bei Walther vorkommt (78,14). Er zitiert weiter die bedrängte Lage der Stadt und nennt an anderer Stelle, wieviele Krieger die Kreuzfahrer im letzten Jahr verloren haben (MF 88,27). Während Hartmann rational zwischen dem Kreuz am Rock als Zeichen des Kreuzfahrers und dem Charakter darunter unterscheidet (MF 209,25ff.), malt Johansdorf eine Szene, in der die Geliebte zum ersten Mal das Kreuz an seiner Brust bemerkt (87,13). Auch dies w i r k t konkret, direkt, echt.

Neidhart führt die Entwicklung eine Stufe weiter: Er schreibt sein Sommerlied 11 (11,8 – s. Bd.II/2, S.11) aus der Sicht eines in Palästina weilenden Kreuzfahrers. Anspielungen in Neidharts anderen Liedern auf einen nur teilweise erklärten Hintergrund suggerieren, daß es noch mehr gibt, und daß diese nur teils berichtete Welt eine volle, reale Existenz hat. In Sommerlied 11 verfährt er ähnlich, macht konkrete, aber halbversteckte Anspielungen, hier auf die wahre Lage im Heiligen Land: auf Zwistigkeiten mit den Franzosen; auf enorme Menschenverluste (zusammengefaßt in dem expressiven afrz. *mort*, das nationale Rivalitäten andeutet); auf die strategische Torheit, unter der Augustsonne (in der Eisenrüstung!) kämpfen zu wollen usw. Die Details sind wahr und sollen den Eindruck verstärken, daß sich Neidhart in der Tat auf der Kreuzfahrt befindet. Dies wirkt und ist gültig, ob er nun dort war oder nicht.

Fragen wir, ob Johansdorf an einem Kreuzzug teilgenommen hat, sind wir nicht nur auf die Wirkung seiner Kreuzlieder angewiesen. Wir haben eine mögliche Andeutung anderer Art: Johansdorf erscheint in Urkunden

Wolfgers von Erla, als dieser noch Bischof von Passau war, und Wolfger nahm am Kreuzzug von 1197–98 teil (s. S. 42). War Wolfger Johansdorfs Herr, so weisen die Überlegung, daß die Entscheidung über die Teilnahme in den Händen der Herren lag, und die Interpretation wirksamer Kreuzlieder in dieselbe Richtung.

Deutsche Lieder enthalten kaum Einzelheiten, die sich nur auf einen bestimmten Kreuzzug beziehen ließen. Die Jahre eines Kreuzzugs und davor sind chronologische Brennpunkte, aber da sich die deutschen Lieder weitgehend mit dem Prinzipiellen der Teilnahme oder mit dem Konflikt zwischen der Minne und der religiösen Pflicht abgeben, heißt das für uns, daß wir keinen Anhaltspunkt haben, Lieder mit e i n e m Kreuzzug zu verbinden, und für die damalige Zeit, daß alte Lieder für neue Kreuzzüge anwendbar waren. Wir greifen trotzdem zwei Beispiele heraus, bei denen Texte gleichwohl Anhaltspunkte für eine Datierung bieten.

Der Leich Heinrichs von Rugge (MF 96,1) ist anonym als Nachtrag des späten 12. Jahrhunderts in einer geistlichen Handschrift des frühen 12. Jahrhunderts überliefert. Eine Nachschrift erhellt die Aufnahme des Textes: *Diz ist ein leich von dem heiligen grabe.* (Rugge nennt sich aber im Gedicht; MF 99,21f.) Der Überlieferung nach ist er der älteste mhd. Leich und – falls Gutenbergs Leich unecht ist – der früheste erhaltene deutsche Leich überhaupt. Rugge bietet den Rat, daß man Gott dienen soll, und enthüllt unerwartet, daß der Dienst der Kreuzzug ist: *Nu sint uns starkiu maere komen, diu habent ir alle wol vernommen* (97,7) („Nun sind schlimme Nachrichten zu uns gekommen; die habt Ihr wohl schon gehört"); es ist der Tod Friedrichs I. und der Rat ist, daß die Zuhörer dem Beispiel des Kaisers folgen. Rugge redet von der Nachricht als ewas Neuem, so daß der Leich nicht allzu lange nach Barbarossas Tod (am 10. Juni 1190) entstanden ist, und die Werbung noch dem dritten Kreuzzug (1189–92) gilt. Ob Rugge seine Absicht verwirklicht hat (99,17f.): „Ich rate Euch dorthin zu fahren, wohin ich selber will ...", bleibt offen.

Das zweite Beispiel eines datierbaren Kreuzlieds ist Hartmanns heiß umstrittenes *Ich var mit iuweren hulden* (MF 218,5). Der Grund für den Gelehrtenstreit liegt im Wunsch, durch die Datierung dieses Lieds e i n e n Anhaltspunkt für die absolute Datierung von Hartmanns Gesamtwerk zu gewinnen, und dadurch für einen großen Teil der Literatur der Blütezeit, der nur relativ zu Hartmann einzustufen ist. Es ist nötig, die Gesamteinstellung und die Anordnung des Arguments im Auge zu haben.

Strophe 1: Der Dichter verabschiedet sich von Herren, Verwandten und seinem Land und segnet sie. Man braucht nicht nach dem Grund für die Reise (*vart*) zu fragen, er will uns freiwillig berichten, warum er einen Kriegszug (*reise*) unternimmt: die Minne fing ihn und ließ ihn gegen ein Untertänigkeitsgelübde frei. Nun/Jetzt hat sie befohlen, daß er fährt, und er kann seinen Eid nicht brechen. – Strophe 2: Manche rühmen sich dessen, was sie um der Minne willen täten, aber man hört nur die Worte; Hartmann würde es begrüßen, wenn die Minne sie bitten würde, ihr zu dienen, wie er es vorhat. Das heißt minnen, wenn einer um ihretwillen die Heimat verlassen muß. Wir sollen merken, wie sie ihn aus dem eigenen Sprachgebiet nach

Übersee zieht. Selbst wenn Saladin noch am Leben wäre, und seine ganzes Heer dazu, würden sie ihn nie auch nur einen Fußbreit aus dem Abendland ziehen (Hartmann sagt *Vranken*, was wohl die Herkunftsländer der Kreuzfahrer bezeichnet). – Strophe 3: Hartmann unterscheidet sich von den Minnesängern, die immer scheitern müssen, weil sich ihre Hoffnungen auf Wahn gründen; er dagegen darf mit Recht von Minne singen, denn das, was er liebt, liebt ihn ebenso. Warum können die Minnesänger nicht eine solche Minne minnen wie er?

Kontroverse verursachten die Zeilen der 3. Strophe *und lebte mîn her Salatîn und al sîn her dien braehten mich von Vranken niemer einen vuoz* (218,19f.). Die Wendung *mîn her Salatîn*, die Anstoß erregt hat, scheint nicht problematisch; man muß sie nicht ironisch auffassen, sondern einfach als angemessenen Titel für einen mächtigen, wenn auch heidnischen Potentaten, den Bligger (MF 119,11) und Walther (19,23) ohne jeden Spott zitieren können. Ein anderer „logischer" Einwand war, daß neben Saladin unmöglich sein ganzes Heer gestorben sein könnte, was zur Emendation führte: *und lebte mîn herre, Salatîn und al sîn her*, wodurch Hartmanns Entschluß, am Kreuzzug teilzunehmen, mit dem zweimal erwähnten Tod seines Herrn verbunden wurde. Die Konjektur und der logische Einwand, der sie gebar, sind beide überflüssig: wir haben *und al sîn her* als spielerischen, nachträglich hervorgestoßenen Überbietungstopos zu verstehen, was den „Fehler" *lebte* und das verdeutlichende *die* mit dem korrekten Plural *dien braehten mich* („sie brächten mich nicht") erklärt.

Bekannte literarische Topoi und Elemente treten zum Teil wie gewohnt auf und werden zum Teil neu disponiert. Beim Vater des deutschen Artusromans überrascht es nicht, wenn jemand gefangengenommen und gegen einen Untertänigkeitseid freigelassen wird. In der Minnelyrik braucht es uns nicht zu wundern, daß der angreifende Sieger die Minne ist, aber es soll uns doch noch überraschen, denn die Minne enthüllt sich in Strophen 2 und 3 nicht als die erwartete weltliche Minne zu der herrischen Herrin, sondern als die Liebe zu Gott und Gottes Liebe, wie sich denn auch die Bedingung des Eids als die Teilnahme am Kreuzzug entpuppt. Der stets hilfsbereite Gott wird mit der lohnverweigernden weltlichen Minne kontrastiert und ersetzt sie auf eine Weise, die wir bei Hausen sahen (z.B. MF 46,34ff.).

Wir wollten zeigen, daß der Text von *Ich var mit iuweren hulden*, wie die einzige Handschrift C ihn überliefert, schlüssig ist und eine ergreifende poetische Kraft mit einer meisterhaften Folgerichtigkeit des Arguments verbindet. Sie wird gestört, wenn man durch eine Konjektur den Tod von Hartmanns Herrn hineinbringt. Der Gedanke, daß Hartmann, wie er sich als dichterische Person in die Mitte der Bühne stellt, ohne den Tod seines Herren die Teilnahme am Kreuzzug verweigert hätte, zerstört die zentrale Opposition des Lieds: daß die bloße Feindseligkeit gegen Saladin und die Sarazenen ihn nie nach Palästina gelockt hätten, sondern nur die Liebe Gottes. Bleibt man dem überlieferten Text treu, so wurde das Lied nach dem Tod Saladins 1193 gedichtet, und nur der durch den Tod Heinrichs VI. gestörte Kreuzzug von 1197/98 kommt in Frage.

Die (quasi) historischen Anspielungen der deutschen Kreuzlieder dienen also nur beschränkt zur Datierung der Lyriker, und wir sind nach wie vor primär auf Form und Stil angewiesen. Es ist erschreckend sich klarzumachen, daß es Jahre gegeben haben kann, in denen ein großer Teil der Hausen-Schule, Veldeke, Rugge, Hartmann, Morungen, Johansdorf, Reinmar, Gottfried, Wolfram und Walther gleichzeitig gedichtet haben.

Auch nicht besser als die Frage nach der Datierung können wir die nach den Höfen beantworten, an denen die Minnesänger tätig waren. Wir befinden uns in einer noch schwächeren Lage als bei der Hausen-Schule. Wie dort können wir aus den Orten, an denen Urkunden ausgestellt werden, und der geographischen Zugehörigkeit der Aussteller e t w a s über die Orte der dichterischen Tätigkeit schließen. Aber während einige Dichter der oberrheinischen Gruppe mit Hinweisen wie „Wäre ich nur zuhause am Rhein!" aufwarteten, verschwindet bei den Minnesängern der zweiten Generation selbst diese Art von Indiz als Bestätigung der Urkunden.

Ohne weitere Indizien können wir z. B. nur vermuten, daß Rugge im schwäbischen Raum, wo er urkundet, literarisch tätig war. Es erhebt sich aber die Frage, ob er und/oder seine Lieder mit Reinmar in Kontakt kamen, und wenn ja, wo und wann (S. 144f.). – Die späten Urkunden, die Morungen mit Dietrich von Meißen verbinden, lassen vermuten, daß der Hof des Markgrafen zumindest e i n Schauplatz seiner ritterlichen und seiner minnesängerischen Tätigkeit war. Die Wahrscheinlichkeit wird in diesem Fall davon unterstützt, daß Walther als Sänger im Dienste Dietrichs stand. – Ähnlich neigen wir dazu, Johansdorf, weil er mit Wolfger von Erla urkundet, als Minnesänger in den bairisch-österreichischen Raum zu setzen, was wahrscheinlicher wird, da wir in Wolfger den einzigen selbsterklärten Gönner eines Sängers haben. – Weil Botenlauben 1197 in einer Urkunde Kaiser Heinrichs VI. in Sizilien auftritt, möchten wir in ihm einen Fortsetzer der im Stauferdienst stehenden Hausen-Schule sehen und seine dichterische Tätigkeit mindestens zu Beginn am kaiserlichen Hof lokalisieren. Da man annimmt, daß deutsche Minnesänger durch Kontakte auch auf den Kreuzzügen romanische Liedkunst kennengelernt haben, vermuten wir, daß die Deutschen, u. a. Botenlauben, im Osten nicht verstummten. – Gottfrieds Nennung der „Nachtigall von Hagenau" gibt einen schwer deutbaren Hinweis, um Reinmar zu lokalisieren. Er muß aber mit dem einzigen textinternen Indiz, Reinmars Erwähnung eines gewissen „Liutpolt", harmonisiert werden und, wenn nicht mit dem Bild, das die Forschung von Kontakten zwischen Reinmar und Walther entworfen hat, so doch mit den dahinterstehenden Indizien. Walthers Sprüche bieten geographische Anhaltspunkte, und wir haben bessere Chancen, die Orte auch seiner minnesängerischen Tätigkeit und die der Dichter, die wir mit ihm verbinden können, zu identifizieren.

Die beiden hier zu behandelnden Lyriker Hartmann und Wolfram, die auch Epiker sind, stellen einen neuen Typus dar, was ihre geographische Festlegung betrifft, kontrastieren aber miteinander. Keiner erscheint in einer Urkunde, aber die Epik sollte Einblicke in ihr Leben gewähren. Gerade über den Ort seiner Tätigkeit bleibt Hartmann aber stumm. Die Angabe Heinrichs von dem Türlin in seiner ‚Crône' (v. 2353 – s. Bd. II/2, S. 107ff.), daß Hartmann *von der Swâbe lande* war, lokalisiert ihn in Schwaben; dies unterstützt sein Sprachgebrauch. Aber obwohl Hartmann sich auch einen Ministerialen zu Aue nennt (s. S. 252), tappen wir, was den Ort seiner literarischen Tätigkeit betrifft, ebensosehr im Dunkeln, als wenn er nur Minnesänger gewesen wäre. Wolfram erwähnt den Hof Hermanns von Thüringen (s. S. 32), nennt (,Parzival', v. 184,4) als seinen „Herren" auch den Grafen von Wertheim (Unterfranken) und macht u. a. Anspielungen (v. 230,12f.), die nahelegen, daß er den ‚Parzival' in der Burg Wildenberg (bei Amorbach) vorgetragen hat. Diese Höfe gehörten sicherlich zu denen, die die Bühne für Wolframs Auftritte als Minnesänger hergaben.

## Die einzelnen Dichter

### Heinrich von Rugge, Hartmann von Aue, Albrecht von Johansdorf

Das Datum (1175/78) der einzigen Urkunde, in der Rugge erscheint, die Tatsache, daß er von Barbarossas Tod so spricht, als handle es sich um neu eingetroffene Nachrichten, dazu Art und Ton seiner Aussagen deuten darauf hin, daß Heinrich von Rugge der früheste der jetzt zu diskutierenden Minnesänger war.

Die Überlieferung der Dichtung Rugges ist so verwickelt, daß wir die Lage nur umrißhaft beschreiben können. Die Strophen stehen in den verschiedenen Handschriften in verschiedenen Kombinationen unter Rugge oder Reinmar oder [doppelt eingetragen] unter beiden und/oder [dem Sänger] Leuthold von Seven (s. S. 54).

Was steckt hinter einer solchen Verteilung? Naheliegend wäre, daß Ähnlichkeiten in den Liedern Rugges und Reinmars zur späteren verworrenen Zuweisung führten. Wir fragten, ob Dichter auch die Lieder geschätzter Kollegen aufgeführt haben. Wenn dem so ist, wäre die Idee ansprechend, daß Reinmar Rugge-Lieder in seinem Repertoire hatte und auch Strophen hinzugedichtet hat. Das würde nicht nur die Verwirrung der Zuschreibung erklären, sondern auch die verfänglichen Strophen, die die Handschriften n u r unter Reinmar stellen.

In der Tat sind d i e Lieder, die wir mit einiger Sicherheit Rugge zuweisen können, mit denen Reinmars ungefähr vergleichbar, was die Entwicklungsstufe von Form und Technik betrifft, weniger im Inhalt. Rugges Formtechnik kann durchaus virtuos sein. Sie zeigt Kenntnisse romanischer Kunstgriffe, benutzt sie aber auf eine Weise, die eher Assimilation als Nachahmung ist. Dies illustrieren zwei Lieder, deren Strophenenden formal eine besondere Rolle spielen.

Das Lied MF 101,15 führt – wohl nach romanischem Muster – einen Refrain ein, aber auf eigene Weise. Rugges Refrain wird neben dem Schmuck des Binnenreims in Strophen 2 und 3 dadurch bereichert, daß er Binnen- und End-Assonanzen mit dem ersten Vers des Abgesangs herstellt und so das Mechanische des normalen Refrains vermeidet. Sein Refrain schließt jede Strophe sinnvoll, da er in die Struktur des vorhergehenden Satzes integriert wird und ihn jeweils mit etwas anderer Nuance syntaktisch und semantisch abrundet. Der Schluß der ersten Strophe: *sît ich niht mâze begunde noch enkunde* wird am Anfang der zweiten aufgenommen: *Kunde ich die mâze* [...]. Obwohl das Prinzip nicht weitergeführt wird, läßt es an die okzitanischen *coblas capfinidas* denken. (Ein Wort aus dem letzten Vers einer Strophe steht im ersten Vers der nächsten usf.) Daß die Vermutung nicht aus der Luft gegriffen ist, zeigt MF 108,22, das auf lockere Weise – d. h. nur Worte und Gedanken, nicht die Reime aufnehmend – auch den *coblas capfinidas* nahekommt. Wir zitieren das Ende der Strophe und den Anfang der folgenden:

I [...] *nu sprechent gnuoge, war umbe ich niht singe, den vröide noch geswîchet ê danne mir* („Leute fragen, weshalb ich nicht singe, denen Freude noch mehr fehlt als mir"):
II *Diu welt hât sich sô von vreuden gescheiden* [...] („Die Welt hat sich auf solche Weise von der Freude abgeschnitten");
[...] *daz niemen den wîben nu dient ze rehte, daz hoere ich sie klagen* („ich höre die Frauen beklagen, daß niemand jetzt bereit ist, ihnen durch Dienst ihre Rechte zu gewähren"):
III *Swer nu den wîben ir reht wil verswachen* [...] („Wer jetzt die Rechte der Frauen herabsetzen will").

Rugge geht noch weiter und läßt kreisförmig den Schluß der letzten Strophe – hier auch durch den Reim – an den Anfang der ersten anklingen:

III [...] *Wan ist ir einiu niht rehte gemuot, dâ bî vund ich schiere wol drî oder viere, die zallen zîten sint hövesch und guot* („Denn, wenn eine von ihnen [den Frauen] nicht von gutem Charakter ist, so finde ich doch neben ihr drei oder vier, die zu allen Zeiten fein gesittet und gut sind"):
I *Diu welt mit grimme wil zergân nu vil schiere. ez ist an den liuten grôz wunder geschehen: vröwent sich zwêne, sô spottent ir viere* [...] („Die Welt wird nun bald furchtbar zu Ende gehen. Wunderliches ist den Menschen geschehen: wenn zwei sich freuen, dann spotten vier über sie").

Es zeichnen sich bei Rugge ohne sklavische Abhängigkeit eine Vertrautheit und ein gelassener schöpferischer Umgang mit den Formen der romanischen Lyrik ab. Die technische Gewandtheit der Lieder verrät den gleichen Geist wie Rugges Wagnis, sich in der lyrischen Großform des Leichs zu versuchen. In Rugges Händen geht aber die formale Fortschrittlichkeit eine altmodische Verbindung mit dem Stoff ein, der häufig zum Biederen, Sentenziösen neigt. Der feierlich moralisierende Ton, in dem der *tumbe man von Rugge* (99,21f.; 96,1f., 17f.) mehrmals seinen *wîsen rât* gibt und sein Wissen um Gottes Wunder (MF 96,11) kundtut, macht sich im Leich und in den Liedern spürbar. *Wîse liute* eröffnen die Lieder MF 103,35 und 110,26. Die *wîsen* und ihre Gegenstücke, die *tôren* und die *tumben*, treten auch sonst häufig auf. Der Nachdruck auf ethische Werte zeigt sich allgemein in Rugges Liedern. Wir nehmen zwei Beispiele.

Wie jede andere Minneherrin ist auch diejenige Rugges schön (z. B. MF 103,17). Häufiger rühmt er sich aber ihrer *güete* und ihres Freiseins von *valsch* (MF 101,14; 101,15f.; 103,7; 104,13 u. ö.). Meinen wir hierin einen Vorgeschmack auf Walther zu spüren, so wird er noch kräftiger, wo Rugge – wie Walther (z. B. 92,15ff. und 21ff.) – *schoene* und *güete* zugunsten der letzteren gegeneinander abwägt (MF 107,27f.).

Der didaktische Zug weitet sich zur Zeitkritik aus, die sich wiederholt gegen die *boesen* und gegen das Streben nach Besitz richtet (MF 102,18 und besonders 108,32ff.): „Juden und Christen, ich weiß nicht, wie es sich mit den Heiden verhält, denken allzu sehr an Besitz, wie sie möglichst viel davon bekommen." Beide Stellen klingen mit dem Gedanken an die Eitelkeit allen Reichtums religiös aus: am Ende steht dasselbe – ein Sarg. Ein Punkt auch dieser Zeitkritik klingt an Walther an: die Freude ist dahin (z. B. MF 108,30) und die Welt ist nicht mehr das, was sie war: *Diu welt mit grimme wil zergân nu vil schiere* (MF 108,22). Wieder wie bei Walther färbt diese traurige Stimmung auch auf das Minnewesen ab (MF 109,1ff.), und die Reaktion des Dichters darauf ist gleich: er gibt das Singen auf (MF 108,25ff.) – bis zum nächsten Mal.

Später breitet sich eine solche düstere Stimmung in der Dichtung als Folge des jähen Todes Heinrichs VI. und des Thronstreits aus. Im Falle Rugges bilden der dritte Kreuzzug und der Tod Friedrichs I. genügend Anlaß. Sein Interesse an moralischen Fragen – z. B. MF 102,27, das heuchlerisches Benehmen in der Gesellschaft aufs Korn nimmt – zeigt sich darin, daß selbst Minnelieder, wie auch später bei Walther, die Form einer Diskussion der Minne-Ethik annehmen können.

Rugges Werk ist eine eigene Verbindung der Elemente. Neben der Minne behandelt er Didaktisches und Zeitkritisches, sich darin dem Spruch nähernd. Es stehen noch Botenlieder (MF 106,24) neben modern anmutenden Werbungsliedern, teils mit Natureingängen (MF 99,29; 106,24), die die veredelnde Kraft der Minne (MF 103,24) besingen, aber mit Frauenstrophen verbinden. Die romanisch inspirierten Strophenformen und metrischen Muster sind variiert (auch daktylische Rhythmen [MF 101,15]), aber trotz solcher Merkmale ist der Gesamteindruck weniger elegant als kräftig, beispielsweise wirkt das Spiel mit *minne* (MF 100,34) – zwanzigmal in elf Versen – eher nachdrücklich als spielerisch. Rugges Stärke liegt in der Rhetorik und dem inhaltlichen Gewicht der feierlichen Aussagen.

Hartmann von Aue ist als etwas späterer Kollege Rugges anzusehen. Seine Lyrik entstand wohl in den beiden letzten Jahrzehnten des 12. Jahrhunderts. Auf das Kreuzlied, das allein die Möglichkeit der Datierung bietet, sind wir (S. 141f.) eingegangen. Ansonsten sind wir auf Wahrscheinlichkeitsschlüsse aus der Epik angewiesen.

Trotz des vielleicht geringen zeitlichen Abstands weichen die lyrischen Œuvres Rugges und Hartmanns stark voneinander ab. Zum einen fällt Hartmann eher als Individuum auf. Dies mag Ausdruck einer starken Persönlichkeit/Persona und des dichterischen Genies sein, ist aber auch eine allgemeinere Entwicklung in der Literatur der Blütezeit, die von Epikern und Lyrikern eine erkennbare artistische Persona erwartete. Ein zweiter Faktor, der die Eigenart von Hartmanns Lyrik von der Rugges unterscheidet, war wohl das Klima des Hofes, für den er gedichtet hat. Die Frage nach dem Ort seiner Dichtertätigkeit muß warten, aber es muß ein kultivierter Hof gewesen sein, der romanischem Einfluß offen stand, ob wegen seiner politischen Bedeutung oder der Vermittlung bedeutender Persönlichkeiten. Das bahnbrechende Interesse an Chrestien de Troyes fordert einen Hof, wo beides galt.

Hartmann setzt trotz aller Eigentümlichkeit den hohen Minnesang der Hausen-Schule fort. Sehen wir von gelegentlicher Meuterei ab, so finden wir bei ihm den Minnedienst, *triuwe* und *staete* als Losung, den abgewiesenen und doch entschlossenen Liebhaber usw. Doch rüttelt er hin und wieder gern am Zaun der Kategorien des hohen Minnesangs.

Er dichtet Kreuzlieder, Werbelieder und Frauenlieder, keinen Wechsel; ein Werbelied (MF 206,19) scheint auf das Botenlied anzuspielen. (Das Botenlied MF 214,34, das einige Handschriften Hartmann und andere Walther zuweisen, wird heute Hartmann zugeschrieben.) Es sind, je nachdem wie Fragen der Echtheit gelöst werden, etwa siebzehn Lieder von Hartmann erhalten. Im Formalen sehen wir ihre Hauptmerkmale in der eleganten, kunstfertigen Flüssigkeit der Sprache und der damit verbundenen Klarheit der Gedankenführung (eine Eigenschaft auch seiner Epik; s. Gottfrieds ‚Tristan' 4621ff.). Inhaltlich sind die Verteilung der Rollen und die damit verbundenen Einstellungen am auffallendsten.

Man hat auf die (relative) Bildlosigkeit der Sprache Hartmanns hingewiesen, die ihn wiederum in die Nachfolge Hausens stellt. Es sind in der Tat nicht nur wenige auffallende Metaphern oder Vergleiche bei ihm zu entdecken, sondern überhaupt wenige Sprachbilder. Die Bildhaftigkeit im Minnesang ist ohnehin gering (außer bei Morungen und Walther). Hartmanns rhetorische Kunst ist schlicht, aber wirkungsvoll, und es gelingt ihm wiederholt, einfache Aussagen einprägsam zu formulieren: *michn sleht niht anders wan min selbes swert* (MF 206,9: „mich ermordet nur mein eigenes Schwert"). Hiermit verbunden ist die zielstrebige Gedankenführung, der wir schon in dem Kreuzlied *Ich var mit iuweren hulden* (MF 218,5) begegneten. Es illustriert allerdings die verschiedenen Arten von „Logik", mit denen ein Lied uns konfrontieren kann. Wir erleben – nennen wir sie so – die intellektuelle und die ästhetische Logik.

Das Kreuzlied (MF 218,5) demonstriert dies beispielhaft. Die Logik der Strophenfolge ist: der Sänger verabschiedet sich und erklärt, daß die Minne ihm geboten hat, auf seinen Eid ins Ausland zu fahren; er vergleicht sich mit anderen, die sich ihres Minnedienstes rühmen, aber nicht bereit wären, um der Liebe willen die Heimat zu verlassen; zum Schluß wendet er sich an die Minnesänger, eine besondere Art von „Minnenden", deren Singen (im Vergleich mit Hartmanns Lied) eitel ist, da es nicht auf Gegenseitigkeit beruht. Die Reihenfolge – jetzige Lage, Begründung, vergleichende Weiterführung, weiterer Vergleich mit Schlußmoral für die verglichene Gruppe – leuchtet logisch und künstlerisch ein. Aber es unterstreicht die Prinzipien des Minnesangs und die zerbrechliche Natur des Zusammenhangs, daß selbst bei diesem vorzüglichen Beispiel eine andere Anordnung denkbar wäre: wenn wir z. B. Strophen 1 und 3 umtauschen und mit einem Axiom: *Ir minnesinger, iu muoz ofte misselingen* beginnen, gewinnen wir einen für Hartmann typischen Anfang (vgl. MF 209,25 oder 214,12) und enden mit der nach Abschluß klingenden Beteuerung: *wie kûme ich braeche mîne triuwe und mînen eit* („es wäre mir unmöglich, meine Treue und meinen Eid zu brechen"). Die „Logik" der Anordnung wäre kaum geringer. Selbst die artistische Spannung, die die Verheimlichung der wahren Natur der anvisierten Minne erzeugt, bliebe erhalten, denn, wie die erste, verrät Strophe 3 nicht, daß es um die Liebe zu Gott geht. Trotzdem bleibt Hartmanns (in C überlieferte) Ordnung die beste, denn die verschmitzte Ironie der Behauptung, daß niemand nach dem Wesen seiner Fahrt zu fragen braucht (MF 218,7f.), gerade in dem Augenblick, in dem er seinem Publikum die wahre Natur der Minne vorenthält, wäre redundant, wenn die Zuhörer Strophe 2 schon kennen würden. Hätten wir aber aufgrund dieser Einsicht gewagt, die Strophen umzustellen, falls eine fehlerhafte Überlieferung Strophe 3 an erste Stelle gesetzt hätte?

Nicht nur Hartmanns Sprache ist nuancenreich. Uns interessiert nun das Inhaltliche, insbesondere die Konstellationen der Rollen. Eine grobe Analyse der Zutaten eines Minnelieds ergibt das Folgende. Thema: die Minne; dramatis personae: der Sänger und die Herrin; Handlung: Erfolg oder Mißerfolg; im zweiten Fall die Reaktion: spricht der Mann, entweder Einsicht in die eigene Unwürdigkeit, geduldige Hinnahme des Mißerfolgs und weiterhin treuer Dienst – oder Empörung, die zu edlem Weiterdienen oder gerechter Kündigung des Dienstverhältnisses führt; wenn die Dame spricht, bei Erfolg entweder liebende Hingabe oder vorsichtige Zurückhaltung – bei Mißerfolg schmerzhafte Geduld oder zornige Zurückweisung. Selbst diese spärlichen Zutaten lassen zahlreiche potentielle Kombinationen zu, die aber mit ganz verschiedener Häufigkeit realisiert werden. Die Frequenz der einen Gruppe von Möglichkeiten wird z. B. dadurch stark reduziert, daß im hohen Minnesang Frauenstrophen und -lieder selten sind. Unter seinen Zeitgenossen fällt Hartmann gerade durch die Skala der von ihm verwirklichten Positionen auf. Dies ist eines der Hauptmerkmale seiner Lieder.

Es ist ein allgemeines Charakteristikum von ihnen, daß sie zusammenhängen. Verschiedene Lieder behandeln ein Thema wiederholt, vielleicht von einem variierten Standpunkt aus, aber so, daß die Ähnlichkeit, etwa durch ein verbales Echo unterstützt, erkennbar bleibt. Hinzu kommt als verwandtes Phänomen die autobiographisch wirkende Rückschau auf die Situation in anderen Liedern, der wir z. B. bei Veldeke und Bligger begegnet sind (s. S. 111f. und S. 129). Bei Veldeke ließ das Phänomen an Liederzyklen denken und führte zu Versuchen, sie zu rekonstruieren. Dasselbe Schicksal erwartete Hartmann. Wir halten beide Unternehmen für gleichermaßen verfehlt. Das will nicht sagen, daß Minnesänger nicht bestrebt waren, eine sinnvolle Gruppierung ihrer Lieder für eine bestimmte Gelegenheit zu finden. Der Minnesang eignet sich besonders hierzu, da es sich ohnehin um Thema und Variationen handelt, die sich gleich befriedigend als allmähliche Progression oder als Kontraste ordnen lassen. Einmal gefunden, konnte die Gruppierung für einen anderen Hof oder eine andere Zeit beibehalten oder zugunsten einer neuen aufgegeben werden. Das besagt nicht, daß die Liedfolge von Anfang an als Zyklus konzipiert war. (Ein anderer Entstehungstyp liegt bei Ulrich von Lichtenstein vor: s. Bd. II/2, S. 16ff.)

Wir versuchen, als Beispiel der möglichen Aufstellungen der kämpfenden Parteien und der gewöhnlichsten strategischen Positionen in Hartmanns Minneliedern aufgrund dreier Lieder die häufigste Rolle, den erfolglosen Minnesänger, vorzuführen. Die drei exemplifizieren die Familienähnlichkeiten und lassen die motivischen Querverweise und verbale Echos deutlich werden.

Im Lied MF 205,1 bildet eine qualvolle Beschäftigung mit dem „Winter", dem Gemütszustand des Sängers, den Kern: die Zuneigung der Dame hat er nicht; er ringt sich zur Einsicht durch, daß die Schuld bei ihm liegt und die Geliebte ihm nicht aus Feindschaft, sondern aus Rücksicht auf die eigene Ehre ihre Gunst versagt. Es bleibt bei der vernichtenden Einsicht, und der Sänger verrät nichts über sein zukünftiges Verhalten, obgleich wir seiner Behauptung, daß er ihr treu dient (MF 206,17f.) „seit der Zeit, als ich auf meinem Steckenpferd ritt", und seiner sonst betonten Stetigkeit entnehmen dürfen, daß er ihr weiter treu bleiben wird.

Der Sänger findet sich im Lied MF 206,19 ähnlich von der Dame zurückgewiesen, jedoch mit dem Unterschied, daß er hier schon in Strophe 1 verdeutlicht, daß er ihr weiter dienen will: *dâ habe ich mich vil gar ergeben und wil dar iemer leben* (MF 206,27f.). Diese Einstellung wird in Strophe 3 nur insofern modifiziert, als der Sänger am Ende den beneidet, der ein so freudloses Streben aufgeben kann, was i h m nicht möglich ist. Der Ton dieses zweiten Lieds ist nicht mehr so gequält und das Gewicht des Interesses erscheint auf die Kommunikationsmittel zwischen ihm und der Dame verlagert, d. h. vor allem auf den Gesang – dessen er sich eben bedient. (Die Tatsache, daß im jetzigen Augenblick vorgesungen wird, hat allmählich als Motiv in den hohen Minnesang Eingang gefunden. Dies stellt eine noch höhere Bewußtheit der artistischen Situation beim Vortrag des hohen Minnesangs dar.)

Trotz Verwandtschaft der Situation – der Sänger ist immer noch erfolglos – und trotz der Rückblicke, die bis zum wörtlichen Zitat reichen, bietet unser drittes Lied (MF 207,11) eine neue Erschütterung des Prinzips der geduldigen Treue. Die Anfangsworte *Ich sprach, ich wolte ir iemer leben,* [...] *mîn herze hete ich ir gegeben* prägen sich neben dem Rückblick des Präteritums *ich sprach* besonders dadurch ein, daß sie den Inhalt und die präzisen Reimwörter der Verse des zweiten Lieds *dâ habe ich mich vil gar ergeben und wil dar iemer leben* (MF 206,27ff.) wiederholen. In MF 207,11 kommt aber die Treue ins Stottern. Anfangs ist der Dichter bereit, sein Streben nach der Dame, das er in Wiederholung des vorigen Lieds (MF 207,7) einen *strît*, aber jetzt auch einen *kriec* (MF 207,17,20) nennt, aufzugeben und einer anderen zu dienen. Der feste Entschluß kommt bald ins Wanken, die folgenden Strophen schwächen ihn zunehmend, bis in Strophe 6 die Meuterei im Sande verläuft *von ir ich niemer komen wil* (MF 209,4).

In Hartmanns Werbungsliedern, die den unbelohnten, darüber nachdenkenden Sänger in den Mittelpunkt stellen, kommt es nicht zum angedrohten Bruch mit der Herrin, wohl aber außerhalb der Werbungslieder. MF 216,29, das „Unmutslied" betitelt, in dem es geschieht, liegt so weit außerhalb des Werbungslieds, daß die eifrigen Nasen, die dem Unechten nachspüren, Nicht-Hartmannisches gewittert hätten, hätte der Dichter nicht sich selbst auf eine für Hartmann nun völlig untypische Weise dort als „Hartmann" anreden lassen. Die Selbstbenennung ist paradoxerweise am besten deshalb zu verteidigen, weil sie in unserem Zeitraum für j e d e n Minnesänger untypisch ist.

Im Minnesang sind im Vergleich mit der romanischen Lyrik Eigennamen selten. Von den etwas über zwanzig Personennamen in MF sind die Hälfte literarische Gestalten. Von der anderen Hälfte findet sich die Mehrzahl in den Sprüchen Hergers/Spervogels: historische Gestalten, Gönner, Dichter und Sänger (s. S. 192f.). Die Dichternamen im Minnesang sind nur Kürenberg, Rugge, Hartmann, von denen sich jeder, wie auch Herger und Spervogel, einmal in einem Lied nennt. Walther erhöht etwas die Zahl der Selbstnennungen: sein Name kommt viermal in Sprüchen vor – zweimal zweifelhaft und an einer Stelle sehr zweifelhaft; von zwei Selbstnennungen in den Liedern steht eine in einer wohl unechten Strophe.

Hartmann erzählt (MF 216,31ff.) – tatsächlich erzählt dieses Lied –, wie Freunde zu seinem Leidwesen zu ihm sagen: *„Hartman, gên wir schouwen ritterlîche vrouwen"* („Hartmann, suchen wir edle Damen auf"). Man lasse ihn in Ruhe: die Freunde mögen ohne ihn zu den Damen hingehen, denn das einzige, was er bei Damen erreicht, sei, *daz ich müede vor in stân.* Er erklärt, daß er Herrinnen behandelt, wie sie ihn, und daß er die Zeit besser *mit armen wîben* vertreiben kann, denn, wo er auch hinkommt, findet er viele von ihnen, darunter die, die auch ihn will. Warum sollte er sich ein zu hohes Ziel setzen? Die letzte Strophe blickt zurück: einst gestand er törichterweise einer hohen Dame, daß er seine Gedanken auf ihre Minne gerichtet hatte; darauf schaute sie ihn schief an, weshalb er beschlossen hat, *wîp* auszusuchen, die ihm solches nicht antun.

Es ist ein massiver Angriff auf die Konvention des hohen Minnesangs, der nicht wegzuerklären ist, dessen Kraft und Intention aber nicht zu ermitteln sind. Im Moment, in dem mhd. Texte sich dem Idiom des Alltags nähern, stehen wir der Frage der Nuancen – manchmal auch schlechthin der Bedeutung – der Redewendungen ratlos gegenüber. Sprache dieser Art ist kaum belegt, und die Ermittlung ihres genauen Gewichts hängt von intimen Kenntnissen der affektiven Umgebung ab. Wo ordnen wir das Burschikose der Hartmann-Anrede ein? Dieser Kunstgriff erlaubt es Hartmann, sich mit einem Sprung vom hohen Minnelied und seinen konventionellen Grenzen zu distanzieren. Die Anrede des Freundes verallgemeinert und externalisiert das übliche innere Ringen gegen die Verstocktheit einer bestimmten Dame. Es wird in den breiteren sozialen Kontext des *vrouwen schouwen* versetzt, ein

Ausdruck, dessen Implikationen uns nicht klar sind. Einfach (respektlose?) Umschreibung des in der Lyrik beliebten Minnedienstes oder Anspielung auf ein Gesellschaftsritual?

Wie immer die Antwort ausfällt, wir tun gut daran, den Ton der ganzen Passage im Ohr zu behalten. Vor dem Einsetzen des Burschikosen macht sich eine leise ironische Distanziertheit durch die Litotes bemerkbar *der gruoz tuot mich ze mâze vrô* (MF 216,30) („die Anrede erfreut mich in begrenztem Maße" d. h. „gar nicht"). Der Ton setzt sich fort: *bî vrouwen triuwe ich niht vervân, wan daz ich müede vor in stân.* Vor allem in Verbindung mit einem Adverb ist mhd. *stân* eine Umschreibung für „sein"; so neigen wir zunächst dazu, *müede stân* als „müde sein" zu verstehen. Hartmann meint es aber verschmitzter, denn hier e r k l ä r t das *stân* das *müede*: der Anstand verlangt, daß er sich in der Gegenwart von *ritterlîchen vrouwen* nicht hinsetzt, denn sie sind Damen „von Stand". Rückblickend wird klar, daß der Anfang des Witzes noch weiter zurück liegt, denn die erste Reaktion des zum Damenbesuch aufgeforderten Hartmann war *mac er mich mit gemache lân!* (MF 216,33), d. h. nicht: „mag er mich in Ruhe lassen!", sondern: „bequem", „sitzend"! Strophe 1 gibt den Ton des Ganzen an.

Epochemachend ist Hartmanns Bestehen auf Gegenseitigkeit des Minneverhältnisses in den letzten Strophen. Hierin liegt der Vorteil, wenn man die Zeit nicht mit *ritterlîchen vrouwen*, sondern mit *armen wîben* (MF 217,1) verbringt. Das ist wieder ein Ausblick auf Walther, doch unterscheidet er nicht wie Walther tendenziös und theoretisch zwischen den Kategorien (s. S. 216). Wie ist das Werben um *armiu wîp* anders als das um *ritterlîche vrouwen*? Und was sind *armiu wîp*?

Die extremste Auslegung war *meretrices* („Dirnen, Huren"), dessen moralische Verwerflichkeit es als Wiedergabe ausschließt; „Bauernweiber" stellt eine grobe Vereinfachung dar, denn auch damals war die Gesellschaftspyramide nicht so undifferenziert, daß jede Frau, die nicht *ritterlîch* war, eine Bäuerin sein mußte. Es scheint, daß Hartmann in der Polarität seines Kontexts im Gegensatz zu *ritterlîchen vrouwen* mit *armen wîben* Frauen meint, die nicht „adlig, zum Hofe gehörig" sind.

Da die Lexikographie nicht weiterhilft, muß die Soziologie eingreifen. Was entnehmen wir dem Lied über das Wesen der *armen wîp*? Die erste Antwort ist: „nichts Unwürdiges." Hartmann setzt den spielerischen Ton fort *swar ich kum, dâ ist ir vil* (MF 217,2) („wo ich auch hinkomme, da sind viele von ihnen"). Fassen wir die Gesellschaftspyramide ins Auge, so fällt auf, daß die niedrigeren Schichten breiter sind, so daß Hartmann, wenn er sich um Frauen einer tieferen Ebene kümmert, sie überall und in größerer Zahl findet. Das Ergebnis ist aber nicht das, was zu erwarten wäre, wollte er andeuten, daß diese Frauen irgendwie anrüchig waren. Es geht nicht um ein Verhältnis m i t einer solchen Frau, sondern ein gegenseitiges Verhältnis z w i s c h e n ihr und ihm: *dâ finde ich die, diu mich dâ wil.* (Im Mhd. muß *die, diu* nicht besagen, daß es sich um eine noch unbekannte, aber trotzdem besondere Frau handelt, aber das dürfte gemeint sein, und es ist ein Singular!) Hartmann stellt dann die rhetorische Frage *waz touc mir ein ze hôhez zil?* (MF 217,5) („was nützt mir ein zu hohes Ziel?"), die Walther mit *waz hân ich von den überhêren?* (49,24) („was nützen mir die Überheblichen?") wiederaufnimmt.

Walthers Lösung: *wîp die danken kunnen* (49,23) („Frauen, die zu danken wissen") hätte Hartmann wohl befriedigt.

Neben der Leidenschaftlichkeit bestimmt das Spielerische von Hartmanns Ausfall den Ton und daher den Ort dieses Lieds in seinem lyrischen Schaffen. In ihm einen endgültigen Abschied vom hohen Minnesang zu sehen, ist verfehlt, ebenso dieselbe Auslegung des Kreuzzugslieds (MF 218,5). Das „Unmutslied" ist vielmehr ein weiteres Beispiel für die Variationsbreite in der Einstellung des Dichters und der Aufstellung seiner Streitkräfte, d. h. Gemütszustände und Personal. Hartmann schildert den Minnesänger und sein Treiben auch an Tagen, die die anderen auslassen. Das Frauenlied (MF 212,37) untermauert dies. Es ruft eine ähnliche Wirkung hervor wie das „Unmutslied" und hat eine ähnliche Rolle in der (engeren) Variationsskala von Hartmanns Frauenliedern. Die Gefühle und Gedanken der Dame, die sich in den drei Strophen äußern, sind wie im „Unmutslied" so vehement und von einer so außergewöhnlichen Art, daß das Lied der Unechtheit verdächtigt wurde. Als letztes Beweisstück dafür galt lange ein Dialektreim, aber man kann ihn ebensogut als umgangsprachliches Merkmal im Dienst der Charakterisierung sehen. (Dialektreime in Frauenstrophen Morungens [MF 131,1; 131,17] hat man so auslegen wollen.) Der Stil und die Kunstfertigkeit sprechen keineswegs gegen Hartmanns Verfasserschaft, und es gibt keinen bekannten zeitgenössischen Minnesänger, zu dem es besser passen würde. Wir halten es für echt. Sollte es nicht so sein, bleiben die folgenden Bemerkungen als Diskussion der potentiellen Stellungnahmen und Kampfaufstellungen im Minnesang relevant.

Die Dame fängt in einem Ton an, der an dem Werber, Hartmanns artistischer Persona, kein gutes Haar läßt: „Wenn man durch Lügen die Seele rettet, dann kenne ich einen, der ein Heiliger ist, der mir so oft falsche Eide schwört. Seine Hinterlist überredete mich dazu, ihn als meinen Geliebten zu wählen" (MF 212,37ff.); sie rundet die Strophe mit der malerischen Redewendung ab, „er ist ebenso frei von Treulosigkeit wie das Meer von Wellen". Strophe 2 endet auch verstimmt, denn die Frau macht „dem Dichter" einen Vorwurf, der auch den ganzen Minnedienst des Werbungslieds in Zweifel zieht: „Es ist eine wenig ehrenvolle Behandlungsweise, die er Frauen erweist. Er ist mit süßen Worten so kunstfertig, daß man sie aufs Pergament setzen könnte. Ich folgte ihnen aufs Eis. Der Schaden muß der meine bleiben." (MF 213,13ff.) Ist das Lied ein Reflex auf den Entschluß, sie zu verlassen, der in den männlichen Werbungsliedern angedroht wurde, oder gar eine Reaktion auf das „Unmutslied" selbst? Zumindest ist es ein Gegenstück dazu und eine parallele Reaktion. Wie jenes Lied zeigt es aus der Stimmung des Augenblicks heraus das andere Gesicht des Minnedienstes, aber nun aus der Sicht der Frau.

Die Themen der zwei anderen Frauenlieder Hartmanns (MF 216,1; 217,14) sind von dem besprochenen und einander verschieden. In MF 216,1 wird ein Natureingang angedeutet, aber kurzerhand beiseite geschoben, um der Behauptung Platz zu machen, daß es ein gutes Mittel gegen die Trauer über die blumenlose Winterzeit gibt, nämlich die langen Winternächte neben dem Geliebten; die Frau hat die Absicht, sich dieser Abhilfe zu bedienen. Ihre *vriunde* raten davon ab, und sie muß zwischen ihnen und ihm wählen. Daß ihre Entscheidung zugunsten der Minne und des Mannes ausfällt, liegt daran, daß er *ein sô bescheiden man* („taktvoll verständig" MF 216,26) ist. Der freie Ausdruck des sexuellen Verlangens – erst recht der Frau – ließ das Lied in die Unechtheit verbannen. Wir rekurrieren auf unser Argument, daß der Zweck des Werbungslieds in dem Verlangen des Sängers nach der physischen Erfüllung der Liebe liegt, was aber taktvoll verschlüsselt wird angesichts der Spielregel, daß öffentlich vor der Herrin gesungen wird. Die paradoxe größere Ausdrucksfreiheit der Dame in Sachen Liebe hat ihre Ursache nicht hinter ihrer Stirn, so oft der Minnesänger diese lobt, sondern in der schützenden Privatheit, die die Anführungsstriche, die ihre *kemenâte* bezeichnen, um ihre Strophen weben.

Ein Abhängigkeitsverhältnis vermutete man zwischen Hartmanns Frauenklage (MF 217,14) und Reinmars „Witwenklage" (MF 167,31; s. S.168): man vergleiche die Eingangsverse oder das Motiv von Gottes Schutz über dem Abgeschiedenen, d.h. bei Reinmar sicherlich, bei Hartmann vielleicht, „Gestorbenen". Falls eine Verbindung besteht, halten wir Reinmar für den Nehmenden: es leuchtet eher ein, daß ein Dichter eine unbestimmte Frauenklage in eine spezifische Totenklage umbaut als umgekehrt.

Von Hartmann gibt es ein einstrophiges Kreuzlied (MF 211,20), das das rechte Verhalten der Dame thematisiert, die ihren Liebhaber ins Heilige Land geschickt hat. Seine Kreuzlieder unterscheiden sich von denen Hausens, der den inneren Konflikt bei der Entscheidung zwischen Minne und dem Kreuzzug gequälter darstellt. Hartmanns Kreuzlieder, selbst der Ausfall gegen die irregeleiteten weltlichen Minnesänger (MF 218,5), zeigen den Sänger, der den Konflikt hinter sich hat und bereits unter dem Zeichen des Kreuzes am Gewand steht (MF 209,33ff.; 210,22). Selbst wo andern die richtige Entscheidung empfohlen wird (z.B. MF 209,37), ist Hartmanns Hauptanliegen das angemessene Benehmen nach der Kreuznahme und der daraus entspringende Segen.

Die Spannweite der Gefühle von (gedämpftem) Optimismus über Klage und Trauer bis zur Empörung und die Verteilung der Rollen, nebst dem Humor und distanzierter Ironie sichern lebendige Variation in Hartmanns Minneliedern. Die Palette wird durch das Gewicht des Kreuzzugsthemas erweitert, das Hartmann schlicht und feierlich, im Lied *Ich var mit iuwern hulden* aber auch mit spielerischem Ernst behandeln kann. Auf weniger auffallende Art ist Hartmann in der Lyrik ebenso innovatorisch wie in der Epik.

Die urkundliche Bezeugung Albrechts von Johansdorf (s. S.132f.) zeigt ihn vielleicht als Ministerialen Wolfgers von Erla, legt den Passauer Bischofshof als den Ort seiner literarischen Tätigkeit nahe und die Möglichkeit, daß er dort Kontakt mit Walther hatte, dessen Erwähnung 1203 in

Wolfgers Reiserechnungen (s. S. 41) zeitlich nahe an Johansdorfs Erscheinen in Wolfgers Zeugenlisten liegt. Seine Kreuzlieder bilden der Menge und dem Rang nach einen bedeutenden Teil seiner Lyrik, aber Versuche, Details zu entdecken, die sich nur auf den Kreuzzug von 1189/90 beziehen könnten, befriedigen nicht; sie weisen ebensogut auf den von 1197/98, an dem Wolfger auch teilgenommen hat (s. S. 40).

Die literarischen Indizien, zu denen wir als Ersatz greifen, sind zweideutig. Formal stehen Wechsel neben längeren anspruchsvollen heterometrischen Strophenformen. MF 87,5 hat einen (teilweise) daktylischen Rhythmus, MF 90,16 einen Refrain und MF 90,32 einen langen panaschierten Natureingang, der eher an Vagantendichtung erinnert. Dagegen sind nicht alle Reime rein und die Verse sind mit Langzeilen vermischt, die altmodisch oder Ausdruck eines bairisch-österreichischen Traditionsbewußtseins sind. Wie in der ersten Phase des hohen Minnesangs ist von der Dame in der dritten Person die Rede, doch wird sie auch direkt angesprochen, mit *du* (z. B. MF 87,21; 92,14) oder mit *ir* (MF 93,12), wie z. B. bei Morungen und Walther. Bilder und Metaphern sind selten und nicht überraschend: z. B. ist die Geliebte (MF 93,4) eine *gimme* („Edelstein") der Güte, was aber hübsch mit dem Anfang harmonisiert, wo der Sänger sich durch sie von seinem Heil „gekrönt" nannte. Das Selbstbewußtsein und die Raffiniertheit der Lieder sprechen für ein relativ spätes Datum. Die Einstellung zur Liebe, die man die zurückhaltende der hohen Minne nennen kann, schließt aber nicht das natürlich Offene aus, z. B. der Wunsch, sie zu umfangen (MF 92,28ff.). Bei Johansdorf meint man direkten romanischen Einfluß stärker zu spüren als bei den anderen Mitgliedern der späteren Dichtergruppe, die jetzt diskutiert wird.

Das Kreuzlied MF 87,5 ist das Paradebeispiel. Es scheint unmittelbare Beziehungen zu Hausen MF 47,9 und auch zu dem Lied Conons de Béthune (Frank 6b) zu haben, das Hausens Inspiration war (s. S. 124): alle drei sind Kreuzlieder; alle haben mutatis mutandis dasselbe metrische Schema; Johansdorf hat in Strophe 1 dieselben Reimwörter für die a-Reime wie Hausen; während dieser aber Conons Reimschema ababbaba in ababbaab abwandelt, behält Johansdorf Conons Schema bei. Abgesehen von dem allgemeinen Kreuzzugsthema zeigt Johansdorfs Lied keine inhaltlichen Berührungen mit den beiden anderen Liedern. Bei der Bewertung der gemeinsamen Reimwörter (*scheiden: leiden: heiden: beiden*) ist zu beachten, daß im gesamten Minnesang bis einschließlich Walther n u r diese vier Wörter in Reimen auf *-eiden* erscheinen; Walther gebraucht mehrfach diesen Reimklang, aber selbst ihm ist nichts Weiteres eingefallen. Trotzdem ist bei Johansdorf die Beziehung zu Hausen wahrscheinlich. Anders liegt es mit der zu Conon, dessen Reimfolge für die letzten vier Verse von Hausen geändert wurde. Hausens Lied dürfte zur Zeit des späteren Kreuzzugs noch bekannt gewesen sein. Wollte Johansdorf Variation einführen und denselben Reimklang in drei sukzessiven Zeilen vermeiden, so blieben nur zwei Möglichkeiten für die letzten 4 Verse: aabb oder baab. Johansdorf konnte also leicht auf Conons Reimschema kommen, ohne sein Lied zu kennen. Die Notwendigkeit entfiele, Johansdorf zur Zeit der ersten Welle des romanischen

Einflusses anzusetzen oder einen verspäteten direkten romananischen Einfluß bei ihm zu vermuten.

In einem weiteren Lied Johansdorfs (MF 93,12), einem seltenen Versuch, den Typus des *Tenso* („Dialoglied") in Deutschland einzuführen, hat man direkten romanischen Einfluß sehen wollen. Als Vorlage dachte man an ein Tenso eines okzitanischen Marquis (Frank 13b). Die einzige Handschrift verrät nur den Titel „Marquis", in dem man den italienischen Marquis Boniface de Montferrat (1183–1207) sehen wollte. Verwandtschaft zwischen den beiden Liedern geht über die gleiche Zahl (sieben) der jeweils sechszeiligen Strophen und die Verteilung der Reden innerhalb der Strophe nicht hinaus – der Mann spricht zwei Verse, die Frau zwei, der Mann einen und die Frau einen. Angesichts der vielen auffälligen Unterschiede sind die blassen Ähnlichkeiten nicht zwingend.

Ob dieses Lied nun direkten okzitanischen Einfluß verrät oder nicht, hier ist romanische Einwirkung interessanterer Art zu spüren. Selbst wenn die Tenso-Form als Liedtyp in Deutschland nicht Wurzel geschlagen hat, gelingt Johansdorf ein pointiertes Lied, das das vermeintliche Modell übertrifft und das überlegene, geistreiche Können zeigt, das sein Schaffen als ganzes prägt. Typisch dafür: *Swenne ich von schulden erarne ir zorn, sô bin ich vervluochet vor gote alse ein heiden* (MF 87,9f.) („Wenn ich mir durch eigene Schuld ihren Zorn zuziehe, so stehe ich vor Gott verflucht da wie ein Heide"). Die übertreibende Sprachgeste einer Liebesbeteuerung in einem Minnelied: „Ich bin ein Heide, wenn ich [...]!", gewinnt in einem Kreuzzugslied einen pikanten Beigeschmack. Daß dieses Sprachspiel kein vereinzelter Zufall ist, zeigt Strophe 3: *Swer dâ bestrûchet, der mac vil wol besnaben, dâne niemen ze sêre gevalle* (MF 87,25ff.) („Wer da [auf der Kreuzfahrt] strauchelt, kann recht gut stolpern – da, wo niemand zu schmerzhaft [bzw. zu seinem Unheil] fällt"). Der Dichter lenkt durch drei Synonyme mit der Bedeutung „sich in Richtung der Erde bewegen" Aufmerksamkeit auf die Worte selbst, und mit gutem Grund, denn Menschen, die auf dem Kreuzzug fallen, fallen nicht, sondern steigen in den Himmel, und nicht *ze sêre*, sondern *mit schalle* („jubelnd")!

Johansdorfs Kreuzlieder sind weniger selbstquälerisch als die Hausens. Wie für Hartmann ist auch für Johansdorf die Entscheidung zugunsten der Kreuzfahrt gefallen, obwohl Strophe 3 des Liedes MF 89,21 noch auf die Schwierigkeit der Entscheidung blickt: die Lage ist die eines Ritters, der noch Zweifel an sich selbst hegt. Dies ist aber aus der Optik des Gesamtliedes nur Teil eines Versuches, andere für die gute Sache zu überreden. Er will Rekruten anwerben, indem er neben den Gründen für die eigene Entscheidung auch die eigenen verständlichen Zweifel zur Sprache bringt.

Eher als die Qual der Entscheidung zu fahren, stellen Johansdorfs Kreuzlieder die Qual des Getrenntseins von der Geliebten dar. Ungewöhnlich ist der Grad, in dem er den Gemütszustand der Dame bei der Trennung schildert. Selbst die angstvolle Hoffnung, daß die Zurückbleibende ihm und ihrer Ehre treu bleiben möchte, läßt eine eigene Stimme hören in der Eindringlichkeit, mit der er seine Reaktion auf das mögliche Scheitern seiner Hoffnung ausdrückt: *süle aber sî ir leben verkêren, sô gebe got, daʒ ich vervar* (MF 87,3f.) („sollte sie aber auf Abwege geraten, so gebe Gott, daß ich umkomme"). Und in einer für das Kreuzlied noch ungewöhnlicheren Weise führt Johansdorf die Dame als handelnde Figur ein (MF 87,5; 94,15). Diese selten gezeigte Kehrseite der größeren Konzentration auf den Schmerz der Trennung schildert die Möglichkeit einer zarten Gegenseitigkeit in der Minne. Die liebende Anteilnahme der Frau, die, als sie das Kreuz an seiner Brust sieht, fragt: „*wie wiltu nû geleisten diu beide, varn über mer und iedoch wesen hie?* (MF 87,15f.), spiegelt Strophe 3 in den Trostworten des Mannes zart wider.

Sie drückt sich noch lebhafter und auf originellere Weise im Lied MF 94,15 aus, in dem auf eine Eingangsstrophe, die andere zur Kreuzfahrt ermutigen will, eine Strophe folgt, in der der Sänger die eigenen Schwierigkeiten mit dem Abschied von der Geliebten schildert: wenn die Minne ihn nicht verlassen will und mit ihm auf den Kreuzzug fährt, dann möge die Geliebte zu Hause den halben Lohn für seine Teilnahme erhalten. Auf überraschende Weise wird dieses Kreuzlied plötzlich ein Wechsel: in der Abgeschiedenheit und angesichts des Abschieds spricht *ein wîp* Strophe 3 und drückt ihre Klage und ihre Fürsorglichkeit für ihn aus. Solche Intimität des Gefühls erhöhen die Gestalt und der Inhalt der letzten Strophe: die grammatische Gleichheit des Geschlechts von „Minne" und „Geliebte" wird ausgenutzt, um den Unterschied zwischen ihnen zu verwischen, so daß die Minne, die den Kreuzfahrer in Strophe 2 begleiten wird, jetzt zur Frau selbst geworden ist, deren Güte bewirkt, *daʒ man si vüeret über sê* (MF 95,8). Die innige Einigkeit der Liebenden setzt sich darin fort, daß am Schluß von Strophe 4 e r nun i h r e Sorge um ihn, den Abwesenden, in nur vermuteten Worten zitiert, die aber aufs innigste mit ihrer ihm unbekannten Klage der vorhergehenden Strophe harmonisieren.

Die experimentierfreudige Kombination aus Kreuzlied und Wechsel ist charakteristisch für die Lebendigkeit und Originalität von Johansdorfs Liedern. Sollten alle anderen Züge aus romanischen Vorbildern stammen (beim Wechsel unmöglich), blieben die Auswahl und deren Handhabung noch erfinderisch genug.

Die Kreuzlieder sind ein Sonderfall. Die Minnelieder weisen – abgesehen von dem Versuch in der Tenso-Form – die normale ambivalente Stimmung der optimistischen Hoffnungslosigkeit der hohen Minnelieder auf. Die mehrfach betonte Seltenheit von Bildern ist ein Merkmal des gesamten Minnesangs. Wir setzen Johansdorfs Lyrik spät an, etwa ab 1190, und beurteilen Charakteristika wie die direkte Anrede an die Dame, und zwar mit *du* (MF 87,5; 92,14), oder den unverhüllten Wunsch, sie zu umfangen (MF 92,28ff.), sowie die Pflege des Wechsels nicht als Überbleibsel des Alten, sondern als Neubelebung des Typus und Rückkehr zur Frauenstrophe und zur Darstellung eines ausgeglicheneren Verhältnisses zwischen den Geschlechtern, die wir bei Morungen, Reinmar und Walther erleben.

## Heinrich von Morungen und Reinmar (der Alte)

Auch wenn das Œuvre Morungens nicht so groß wäre wie Rugges, Hartmanns und Johansdorfs zusammen und Minnesang in Ostmitteldeutschland nicht zum ersten Mal mit ihm zum Worte käme, verdiente er eine eigene Überschrift – zumindest nach dem Urteil der Moderne. Dies hat e i n e n Grund darin, daß moderne Erwartungen an die Lyrik von keinem Minnesänger in höherem Maße erfüllt werden als von ihm. Wenn wir das Augenmerk auf die Häufigkeit der Nennungen bei anderen Lyrikern richten, ist keine ähnlich enthusiastische Rezeption bemerkbar. Sie scheinen Morungen aber eine noch aufschlußreichere Art der Schmeichelei zu zollen: Nachahmung und Entlehnung. Wir sind von motivisch-stilistischen Vermutungen abhängig, die aber auffallend genug sind, den Einfluß Morungens auf Walther, Neidhart und Ulrich von Lichtenstein wahrscheinlich zu machen – vielleicht auch auf Reinmar.

Die Behauptung, mit Morungen begegneten wir zum ersten Mal Lyrik aus Ostmitteldeutschland, bedarf der Einschränkung: Heinrich von dem Türlin (,Crône' v. 2445) erwähnt einen Minnesänger namens Hugo von Salza (am Südrand des Harz bei Nordhausen). Es mag sein, daß e r der Vater der ostmitteldeutschen Lyrik war, wenn er der Hugo von Salza ist, der 1174 in einer Urkunde Ludwigs III. von Thüringen erscheint. Da nichts von ihm erhalten ist, kommt Ostmitteldeutschland mit ihm nicht mehr „zum Worte".

Der große Umfang des unter seinem Namen überlieferten Korpus k ö n n t e ein Zeichen von Morungens Beliebtheit sein. Entweder hat Morungen mehr gedichtet als die anderen (was auch bezeichnend wäre) oder die Sammler haben seine Lieder besonders geschätzt.

Morungens Ruf beruht aber nicht nur auf modernen Vorurteilen. Wie jedes Korpus der Literatur verrät der Minnesang die eigenen ästhetischen Strategien und Ziele, während er sich noch entfaltet. Dies ist ein Aspekt der Produktion, der sich besonders bei einem Kunsttyp bemerkbar macht, der für die Aufführung bestimmt ist. Per definitionem ist alle Kunst künstlich, und um sein Publikum erfolgreich zu manipulieren, muß der Dichter die Kunstmittel, versteckt halten, muß so tun, als ob es nicht um Künstlerisches ginge. Wenn man das einmal durchschaut hat, wird man durch die Absicht verstimmt. Um dies zu vermeiden und völlig Neues auszudrücken und neue Wirkungen zu erreichen, greift der Dichter zu einem neuen Kunstmittel, das ein künstliches Mittel bleibt, selbst wenn er sich der Devise „Zurück zur Natur!" verschreibt. Auch das ist ein Kunstmittel. Es besteht das Paradox, daß das Publikum den Dichter durchschauen u n d von ihm betrogen werden will. Deshalb kann der Dichter weiter wirken, auch nachdem wir ihm auf die Schliche gekommen sind. So können Werke

„schon durchschauter" Perioden uns noch ergreifen, und die begriffenen „unbegreiflich hohen Werke sind herrlich wie am ersten Tag."

Dies trifft besonders auf die Frage nach Morungens Anziehungskraft zu, denn es ist unvorstellbar, daß seine künstlerische Strategie, die uns so zusagt, nicht auch ein Grund für seinen Einfluß auf zeitgenössische und spätere Minnesänger gewesen ist. Es gehört zum innersten Wesen der Kunst Morungens, daß es zu seiner Zeit keinen Minnesänger gibt, der in solcher Fülle und so virtuos die „künstlichen„ technischen Mittel der Lyrik handhabt und bei dem sie so wenig als Selbstzweck auffallen. Bildhafte Sprache, raffinierte Reimschemata und Reimresponsionen, hinreißende Rhythmen: dies steht diskret im Dienst der gefühlsbeladenen Aussage, die einen Grad der Intensität hervorbringt, den kaum ein anderer mhd. Lyriker erreicht.

Man kann für Motive Morungens Parallelen in der okzitanischen, altfranzösischen und vielleicht auch in der lateinischen Literatur finden. Bei allem romanischen Einfluß läßt sich aber keine direkte Inspiration im Sinne eines besonders einflußreichen Troubadours oder Trouvères oder eines genau entsprechenden Modells für ein einzelnes Gedicht nachweisen. (Eine direkte okzitanische Vorlage für das Lied *Mir ist geschehen als einem kindelîne* (MF 145,1) wird jetzt in Zweifel gezogen.) Morungen scheint weitreichende Kenntnisse der romanischen Lyrik zu besitzen, aber bei ihm erscheinen solche Einwirkungen in originellen Verbindungen und Kontexten. Aufgrund einiger paralleler Motiventlehnungen aus der romanischen Literatur oder aus der lateinischen und volkssprachigen geistlichen Literatur bei Veldeke und Morungen vermuten wir, daß Veldeke Einfluß auf Morungen ausgeübt hat. Hierher gehört z.B. der Vergleich zwischen dem Dichter und der Geliebten auf der einen Seite und Mond und Sonne auf der anderen (Veldeke MF 58,20ff. und 65,2ff. – Morungen MF 124,35ff.) oder die im bisherigen Minnesang sonst ungewöhnliche Schilderung der Schönheit der Geliebten mittels des Lobs einzelner Gesichtszüge (Veldeke MF 56,19, Morungen MF 140,37–141,2; 122,19). Wir haben uns schon Hermanns Hof als wahrscheinlichen Ort des möglichen Kontakts vorgestellt. Er kann auf persönlicher Bekanntschaft oder auf Vertrautheit Morungens mit Veldekes Liedern und Epik beruhen haben. Thüringen (bzw. Meißen) käme auch als Ort für die Beziehung zwischen Morungen und Walther in Frage.

Das Erstaunlichste an Morungens Liedern ist ihre Vielfalt: Vielfalt der Formen, der Sprache und der Stimmung. Auf den gedruckten Seiten bieten sie schon dem Auge ein in der Länge und der äußeren Gestalt stark variierendes Bild, und es ist charakteristisch für ihn, daß seine Strophenformen für den Minnesang nicht typisch sind. Es gibt Strophenformen, die so wenig bemerkenswert sind, daß ihr Vorkommen bei verschiedenen Dichtern und Sprachen weder Entlehnung noch Einfluß nahezulegen braucht. Im Gegensatz dazu kommen Morungens Strophenformen kaum anderswo vor. Ein so geschlossener Kunsttyp wie der Minnesang benutzt unvermeidlich dieselben Zutaten immer wieder. Morungen benutzt ein ungewöhnlich breites Sortiment von Zutaten, und die Rezepte sind die eigenen.

Zu Morungens Sortiment gehört auf der formalen Seite der Gebrauch von Versen verschiedener Länge in ein und derselben Strophe. Besonders auffallend ist die Kombination aus daktylischen und alternierenden Zeilen, die die Benutzung der Lieder beim Tanz nahelegt. Typisch hierfür ist MF 139,19, wo die Verse 1, 3, 5 als daktylisch interpretiert wurden und die Verse 2, 4, 6, 7 als alternierend, und wo Strophe 1 durch die Schilderung eines eben stattfindenden Tanzes ein Tanzlied suggeriert. Eine Mischung von daktylischen und alternierenden Versen bieten auch MF 140,32 und MF 141,15. (Ohne Melodien ist ein klares Verständnis des Rhythmus nicht erreichbar.) Weitere formale Merkmale sind für Morungen kennzeichnend: in allen drei begegnen wir mehrfach wiederkehrendem Binnenreim, bzw. Kurzversen mit vielfach wiederholtem Reim. MF 139,19 bietet den b-Reimklang in Mittel- und Endstellung siebenmal; die Binnenreime mitgerechnet, häufen zum Beispiel die letzten vier Verse von Strophe 1 die Klänge *kranc: / gedanc / ranc / swanc: sanc: spranc.* Selbst konsekutive Dreireime sind im Minnesang ungewöhnlich. Hier scheinen die kurzen, schlagartigen rhythmischen Einheiten einem Tanz dienlich zu sein.

Das Lied *Mir ist geschehen als einem kindelîne* (MF 145,1) ist ein hervorragendes Beispiel für Morungens diskrete formale Virtuosität, wie sie trotz außerordentlicher Kompliziertheit und Raffiniertheit unauffällig im Dienst der Aussage steht. Es ist auch ein erschreckendes Beispiel für die Zerbrechlichkeit der Überlieferung: trotz der denkbar stärksten formalen Bande zwischen den Strophen 1 und 2 sowie 3 und 4 bringt die Hs. C – unter Morungen – nur die erste. Die Würzburger Liederhandschrift E rettet die vier Strophen, schreibt sie aber Reinmar zu.

Die a-Reime der ersten Strophe stellen als grammatische Reime die b-Reime der zweiten bereit, und zwar in genau umgekehrter Reihenfolge:

*kindelîne : schîne : sîne : mîne*
*mîn : sîn : schîn : mündelîn*

Es stellt sich die schwindelerregende Frage, ob es etwas zu bedeuten hat, daß in Strophen, die ein Spiegelbild und das Zerbrechen eines Spiegels zum Gegenstand haben, die Reimresponsionen spiegelbildlich geordnet sind. Zwischen den zwei nächsten Strophen werden grammatische Reime fortgeführt, jetzt aber nicht in spiegelbildlicher Reihenfolge und mit einer Lücke: *brunnen* und *minne* müßten bei der vollen Durchführung des Musters einen grammatischen Reim ergeben. Die Lücke wäre durch eine Konjektur leicht zu schließen, indem man *minne* durch *brinne* („brenne") ersetzte, das mit „Brunnen" etymologisch verwandt ist. Feuer, Hitze, Licht gehören sogar zu Morungens beliebtestem Bilderkreis für die Darstellung der Wirkungen der Minne. Wir vertreten trotzdem die Konjektur nicht. Nicht nur aus Ehrfurcht vor der Handschrift, sondern weil der Dichter ohnehin das Prinzip änderte, indem er die spiegelbildliche Ordnung aufgab, und auch sonst von der vollständigen mechanischen Durchführung eines formalen Musters Abstand nimmt. So verbindet er in Strophen 2 und 3 des Lieds MF 140,11 die ersten und dritten Verse durch Zäsurreime, aber nicht in Strophe 1.

Eher ins Grenzland zwischen Form und Inhalt gehört ein weiteres Strukturprinzip des sog. ‚Narziß-Lieds' (145.1), von dem wir ausgingen. Jede der ersten drei Strophen enthält einen kleinen epischen Kern (in der zweiten füllt der „Kern" freilich die ganze Strophe). Diese Kerne nennt die Forschung „Bilder", zu unrecht – nicht jeder Vergleich ist ein Bild. Wir reden lieber von Erzählungen oder Gleichnissen, denn sie sind da, um gedeutet zu werden, und so geht Morungen mit ihnen auch explizit vor. Strophe 1 fängt mit der Erzählung an und geht dann zur Deutung über; Strophe 2 ist nur Erzählung; Strophe 3 fängt mit einer sowohl zurück- als auch vorwärtsblickenden Deutung an, die, da sie zur Interpretation von beiden dient, die vorhergehende und die nachfolgende Erzählung als parallel zeigt, ehe sie zu dieser weiteren Erzählung übergeht; Strophe 4 ist nur Deutung. Wir stellen das schematisch dar (E = Erzählung; D = Deutung; römische Zahlen stehen für die Strophen, arabische für die Verszahl der Abschnitte):

I E 5 D 3    II E 8    III D 5 E 3    IV D 8

Auffallend ist, daß die Verteilung der Abschnitte zwischen Erzählung und Deutung nicht nur die symmetrischen Muster E D E : D E D ergibt, sondern auch in der Menge identisch ist (je 16 Verse).

Was wir sehen, ist die Struktur des Lieds u n d das Gerippe des Arguments; Morungen ist der Dichter, der im Vergleich mit allen anderen Minnesängern außer Walther und Wolfram am ausdrücklichsten zwingende, kohärente Argumente vorbringt – solange wir die Logik des Künstlers und des Herzens neben der des Gehirns gelten lassen.

Die Bildhaftigkeit der Sprache Morungens ist im Minnesang einzigartig. Wenn wir die übertragene Anwendung der Wörter zu den wahren sprachlichen Bildern hinzurechnen, entdecken wir eine bisher unerhörte Buntheit. Der Reichtum zeigt sich sowohl in der Häufigkeit als auch in der Palette der Erlebnissphären, von denen er sich herleitet. Die Palette ist freilich nur im Vergleich mit denen seiner Zeitgenossen breit. Er schöpft wiederholt aus derselben Reihe bildspendender Bereiche. Das wirkt sich aber nicht zum Nachteil aus – im Gegenteil: sie werden bei der Wiederholung variiert und anders ausgewertet. Indem neue Teilaspekte in den Vordergrund rücken und sich neue Anwendungen aus den alten ergeben, scheinen sie sich gleichsam organisch zu entwickeln und Morungens Œuvre eine zähe Kontinuität zu verleihen, die sein Werk bestimmt. Es gibt Begleitelemente, die zu einem Bild qua Bild nicht gehören, sondern bloß auf der Naturebene abrunden. Diese Nebenelemente, die keine Rolle auf der bildempfangenden Ebene spielen, können sich aber an anderer Stelle verselbständigen und auf der figürlichen Ebene doch sinnvoll gemacht werden. Diese zu Morungens Zeit einmalige Ausnutzung der gebotenen Assoziationsketten (eine unauffällige, die sich scheinbar beinahe von selbst ergibt) ist ein Hauptcharakteristikum seines Genies.

Die Versuchung besteht, das Kontinuierliche als Entwicklung des Dichters zu deuten. Wahrscheinlicher ist, daß ein genialer Minnesänger innerhalb des engen Rahmens seiner Gattung nach Variation sucht. So zielen wir in der Darstellung einiger Motive nicht auf eine evolutionäre Entwicklung, sondern auf eine heuristisch einleuchtende Ordnung.

Zur Illustration bedienen wir uns zweier Motivkreise, die Morungen liebt: die Himmelskörper als Vergleiche mit der Geliebten; Feuer und Licht zur Darstellung der Liebe. Vermutlich war die Mariendichtung eine Quelle für den Vergleich zwischen dem Glanz des Mondes und der strahlenden Güte und Schönheit der Geliebten. Doch wendet Morungen den Vergleich auf eigene Weise an, entwickelt ihn weiter, variiert und kombiniert ihn.

Die Herrin hat (MF 136,6f.) den Glanz des Vollmondes. In Strophe 1 von MF 122,1 ist die Geliebte von ihrer Güte umfangen, wie der Mond sich und die Erde mit seinem Glanz umfängt; Strophe 3 vergleicht indes mit der Sonne die Vorzüge der Geliebten, die es dem Lob der Geliebten erlauben, alle Frauen in deutschen Ländern in den Schatten zu stellen. Dies ist die Grundform des Motivs, die sich in anderen Liedern so findet oder von neuen Elementen begleitet, die sich aus Assoziationen mit Mond oder Sonne ergeben. Der Sonnenvergleich (MF 123,1) erwähnte neben dem Glanz die dadurch beleuchteten trüben Wolken, ohne daß diese einen Sinn erhalten. Im Vers MF 144,30 ist die Wolke noch beurlaubt: die Herrlichkeit der Dame ist *ein wolkelôser sunnen schîn*, aber in Strophe 133,37 fängt die trübe Wolke an zu wirken, denn wenn der Dichter sich von der Herrin trennt, tritt die Wolke dazwischen und löscht den Glanz der Freude aus. Auch die Nacht nimmt das Licht weg, und Morungen kommt zu dem neuen Lichtvergleich, daß durch die *huote* die Welt des Anblicks seiner strahlenden Geliebten beraubt wird wie des Lichts durch den Sonnenuntergang (MF 136,27ff.). Dies schafft in der nächsten Strophe (MF 136,31) eine neue Art der Bildbereicherung, die logische Umkehrung, und zwar nicht nur des Bildes, sondern auch der Grundsituation eines ganzen Liedtyps, des Tagelieds: Der Sänger liegt die lange Nacht hindurch besorgt, daß er den ungetrübten Aufgang seiner Sonne nicht voll – d. h. frei von der *huote* der vorigen Strophe – erleben wird. Das Tagelied kennt ängstliches Warten auf den Tagesanbruch, aber Angst, daß die Sonne zu früh und hell aufgeht, nicht daß sie ausbleibt.

Dies führt in die astronomische Kreisbahn der Himmelskörper: wie der Mond seinen Glanz nur von der Sonne, erhält der Sänger von der Geliebten *ir wol liehten ougen blicke* (MF 124,35ff.), die in sein Herz dringen. Die Bewegung der Sonne wird in verwandten Bildern zum tertium comparationis: optimistisch, dann enttäuscht (MF 143,10ff.); die Idee des Apogäums spinnt MF 134,14 weiter aus: schon in Strophe 1 hat der Sänger beklagt, daß seine hohe Minne ein zu hohes Ziel gewählt hat, eine Wahl, die er in Strophe 2 *ob der sunnen* („höher als die Sonne") nennt; in Strophe 3 nimmt der Sonnenaufgang, sozusagen eine neue Richtung, denn jetzt vertritt er nicht die Hoffnung, s i e in voller Schönheit neu zu erleben, sondern das Emporsteigen gegen die Mittagszeit, wo die hohe Sonne am weitesten entfernt ist, dem Sänger *ze hôh und ouch ein teil ze verne*. In dem Bild sehnt er sich diesmal nach dem Abend, an dem die Sonne-Herrin sich hoffentlich neigt und geneigt zeigt, so daß die folgende Nacht eher die des Tagelieds sein wird.

Die zweite Bilderreihe, das Feuer, begegnet seltener. (Sonnen- und Mondvergleiche erscheinen in einem Drittel der 35 Lieder!) Es herrscht wieder das Prinzip der Assoziationsketten und logischen Umkehrungen. (Hitze knüpft auch an die Himmelkörper an.) Das Bild des Feuers tritt am einfachsten dort auf (MF 139,3), wo der helle Glanz der Dame den Sänger mit strahlenden Augen ansieht, ihm entgegen lächelt – und „sofort brannte ein Gefühl der Wonne in mir auf, so daß meine Stimmung so hoch wie die Sonne war". Wie die Bildhaftigkeit zeichnet eine gedankliche Kraft Morungens Lieder aus, die oft der konsequenten, konkret realisierten Anwendung der Bilder entspringt, die neben ihrer affektiven Wirkung Präzision der Aussage erzeugen. Präzision erscheint in der logischen Umkehrung des Feuermotivs (MF 126,24ff.), die, isoliert, zuerst skurril wirkt: „Die Abwesenheit meiner Geliebten ist wie [ein Eimer voll] Wasser". Morungen kommt aber organisch dazu: er schildert, wie der Glanz ihrer Augen ihn wie dürren Zunder entflammt und geht zum Gegenteil über, ihrem *vremeden*, das seine Freude löscht wie Wasser eine heiße Glut. Bilder des Feuers dienen auch dem außergewöhnlich gewalttätigen Ton, der einen Eindruck von Leidenschaft erweckt, die weit über ein Gesellschaftsspiel mit der hohen Minne hinauszugehen scheint. Als er bei einem Stelldichein ihre Liebe *pfenden* („ihr als Pfand abnehmen/rauben") wollte, dachte er in der Leidenschaft seiner Liebe, daß er die Länder in Brand steckte. Noch gequälter und schmerzhafter ist MF 141,37, wo das Feuer jetzt das Höllenfeuer geworden ist, und der Dichter gesteht, daß ihn die Geliebte bis in den Lebensnerv verwundet hat, daß er rast, sich wegen ihres reizenden Mundes quält und des vergeblichen Dienstes so müde ist, *daz ich vil schiere wol gesunde in der helle grunde verbrunne, ê ich ir iemer diende, in wisse umbe waz* („daß ich lieber an Ort und Stelle bei lebendigem Leibe in der untersten Hölle verbrennen würde, als ihr unablässig zu dienen, ohne zu wissen, wozu").

Die innere Konsequenz kennzeichnet Morungens Lieder auf weiteren Ebenen. Als Beispiel für die Konzentration und Intensität der Aussage dient das Lied MF 127,1.

Morungen beginnt kabarettistisch: der Sänger täuscht Bereitschaft vor, auf die Regeln der hohen Minne zu pfeifen und die Geliebte den Zuhörern zu zeigen, wenn sie bereit sind, es zu verschweigen. Das Zeigen ist aber komplizierter als das Publikum erwartet, denn es verlangt einen Eingriff am offenen Herzen des Sängers, wo die Geliebte haust. Für das Mittelalter geht es faktisch um den Sitz der Geisteskräfte. Das nächste Bild, kühn der Vorstellung von der jungfräulichen Mutterschaft Mariens entnommen, erzählt, wie die Geliebte durch seine intakten Augen in sein Herz eintrat. Strophe 1 steckt den Schauplatz des Lieds ab: das Herz des Sängers; der Rest gilt der Schilderung der Unempfindlichkeit der Geliebten ihm gegenüber. Eine unerbittliche Reihe buchstäblich oder figürlich gemeinter Vokabeln und die Vergleiche oder Sprachbilder beziehen sich auf die Geisteskräfte oder die mit ihnen verbundenen Organe. Strophe 1 ist mehr als nur tonangebend. Nach dem *sehen, schouwen*, den damit verbundenen *ougen* und dem das Thema vorwegnehmenden *verswîgen* geht es um das Hör- und Sprechvermögen: *rüefen, antwürten, klage[n], sprechen*, auch um das [Nicht-]Funktionieren der Gefühle und des Verstands insgesamt: *erkennen, lernen, versinnen*, auch *swîgen* oder *slâfen* (hier „die Geisteskräfte ruhen lassen"). Dazu gehören auch die kleinen „Fabeln": ein Wald sollte taub sein, aber wenn einer in ihn hineinriefe, hätte er bessere Chancen, eine Antwort zu bekommen als Morungen von seiner Dame; ein Vogel sollte nicht reden können, aber man könnte eher einem Sittich oder Star das Wort „Minne" beibringen; ein Baum sollte taub und starr sein, aber man könnte leichter ohne Axt bei ihm eine

(Zu-)Neigung hervorbringen als bei ihr. Wald, Vogel, Baum bilden eine Assoziationskette und konzentrierte Totalität, die in der Lyrik der Zeit Morungen allein eigen ist.

Die Bedeutung der Sinne bei Morungen hat man stets hervorgehoben. Man bezeichnete ihn als „Augenmenschen". Das bezieht sich darauf, daß er in der Darstellung seiner Dame gern zu Visuellem greift, das aber nur wenige Züge in verschiedenen Kombinationen umfaßt. Besonders die strahlenden Augen und der rote Mund werden betont. Wir dürfen nicht Plastisches, Individuelles darunter verstehen. Es ist keine Beschreibung einer bestimmten Frau in ihrer Einmaligkeit, sondern die Zusammensetzung eines Ideals aus idealisierten, vorherrschenden Wesenszügen, dasselbe Verfahren wie in der bildenden Kunst der Zeit. Nur in diesem Sinne dürfen wir von „Visuellem" reden.

Die Schilderung des Seelenlebens und der Gemütserregungen ist Morungens Anliegen. Er drückt die Gefühle heftiger aus als seine Kollegen und die Skala der Stimmungen ist breiter. Der frohe Minnesänger genießt einen Seltenheitswert, der ihn zum Museumsstück stempelt. Morungen kehrt dieser Praxis den Rücken und schafft ein Lied (MF 125,19), das wohl das freudigste des ganzen hohen Minnesangs ist. Natürlich ist es die Gunst der Herrin bzw. eine gute Nachricht von ihr, die ihn so froh stimmt. Der erste Satz gibt den Ton an: *In sô hôher swebender wunne sô gestuont mîn herze ane vröiden nie* („in solcher hochschwebenden Wonne war mein Herz noch nie so der Freude ausgesetzt"). Mit einem raschen, leicht vorwärtsdrängenden Rhythmus überstürzen sich in atemlosem Getümmel Wörter der Freude: *wunne(clîch), vröide, trôst, vliegen, hügende* („freudig"), *hôhe stân* („hochgemut sein"). Morungens Geständnis, daß er *von vröide erschrac*, läßt tief blicken. Auf jeden Fall bezeugt die Stimmung eine hoffnungsvollere Einstellung zur Liebe, als sie der Begriff der „hohe Minne" im herkömmlichen Sinne zu fassen vermag. Diese Ansicht bezeugen Morungens drei Wechsel, die den Liedtypus neu beleben und die Frau wieder zu Wort kommen lassen. Wenn ihr dies einmal gelingt, sehen wir eine mit der des Mannes durchaus vergleichbare Einstellung zur Liebe: wie er kann sie Freude und Leid erleben, kann glauben, der Partner sei ihr zugetan (MF 130,31; 143,22) oder abgeneigt (MF 142,19). Es ist charakteristisch für Morungens weniger zaghafte Rolle der *vrouwe* gegenüber, daß er sie, anders als Hausen oder Reinmar, direkt anredet, und zwar wie Walther mit *du* oder mit *ir* (auch als *vrouwe* oder *wîp*, ohne daß dies die Wahl des Anredepronomens bestimmt).

Beim Lied MF 143,22 stimmt „Wechsel" nicht ganz, denn Morungen hat eine originelle Kreuzung aus Wechsel und Tagelied gezüchtet, die die Vorzüge beider Spezies zusammenbringt: die Tageliedsituation erlaubt Schilderung der Intimität, ohne Anstoß zu erregen; die Darbietung als Wechsel erlaubt die Abstreifung des für das Tagelied typischen epischen Rahmens und die Konzentration auf die Quintessenz der Situation, die gemischten Gefühle der Liebenden. So werden die Redenden nicht zu epischen Gestalten – jeder ist ein zurückblickendes Ich. Die Tempora drücken ihre Erinnerungen aus, sind keine epischen Präterita. Ohne Voyeure zu sein – die Schildernden sind die Akteure und malen das Geschehen für sich, nicht für uns –, dürfen wir eine Liebesnacht durch die Erinnerungen der Liebenden miterleben. Die Form wirkt mit, denn das Lied zeichnet sich durch enge Verschlungenheit der Strophen aus.

Alle Strophen sind durch das Anfangswort *Owê* und den Refrain *Dô tagte ez* aneinander gebunden; die Strophen 1 und 3 gehören wie 2 und 4 zusammen, weil sie die Aussagen des Mannes bzw. der Frau sind; 1 und 2 sind wie 3 und 4 durch den sprachlichen und/oder inhaltlichen Parallelismus der beiden ersten Vollverse miteinander verbunden – in 3 und 4 liegt die Verbindung darin, daß jeder Liebende eine wiederholte erotische Handlung des anderen beschreibt; es bestehen auch chiastische Verbindungen, denn in 1 und 4 wird die gleiche Situation durch seine bzw. ihre Augen gesehen, und in 2 beschreibt sie seine Trauer und in 3 er die ihre. Eine besondere Art der für Morungen typischen Verdichtung macht sich darin bemerkbar, daß im Kern der Strophe 2 die Frau die Klage ihres Geliebten zitiert: ‚*Owê, nu ist ez tac*', Worte, die dem Anfang und dem Refrain jeder Strophe nahe liegen und so potenziert ins Herz des Lieds zielen.

Wir haben Bilder oder Motive gesehen, die sich bei Morungen in verschiedenen Liedern wiederholen, und verfolgen jetzt einige weitere Fäden, die sich durch sein Œuvre ziehen, weil sie im Minnesang seiner Zeit ungewöhnlich sind. S i e sind es, die eine quasi biographische Wirkung hervorrufen.

Die Elemente, die in einer Reihe von Liedern ein Netz der Beziehungen schaffen, existieren auf verschiedenen Ebenen: Sprache, Motive, Situationen usw. Am deutlichsten fallen Rückbezüge auf andere Lieder auf, am launigsten Morungens wortwörtliches Selbstzitat von MF 127,23f.: er behauptet verschmitzt: *Ich enweiz, wer dâ sanc: „ein sitich unde ein star âne sinne wol gelerneten, daz siu sprâchen ‚minne'"* (MF 132,7ff.) („ich weiß nicht, wer da sang, ‚ein Sittich und ein Star, die ohne Verstand sind, hätten lernen können, „Minne" zu sagen'"). Dies ist ein extremer Fall.

Autobiographisch wirkt eine absolute Aussage wie *wan ich dur sanc bin ze der welte geborn* (MF 133,19) („weil ich zum Singen/Dichten/Komponieren auf die Welt gekommen bin"), die aber die ebenso absolut wirkende Behauptung sechs Strophen später in der Handschrift relativiert: *wan ich wart dur sî und durch anders niht geborn* (MF 134,30) („denn um ihretwillen und wegen nichts anderem wurde ich geboren"). Müssen die Lieder eines Minnesängers zueinander stimmen? Die Gattung ist stärker sozial ausgerichtet als Lyrik der Neuzeit und die gesellschaftliche Rolle relativiert das subjektive Ich. Trotz aller Zurückhaltung gegenüber Morungens Aussage über seine Kunst kommen wir um den größeren Umfang und das Wesen seines Schaffens nicht herum und haben zu fragen, was zu seiner Zeit ihn allein zu einer solchen Aussage über seine Prädestination für die Liedkunst führte.

Andere Motive werden durch Wiederholung zu bedeutsamen Ketten, die dem Minnesang Morungens sein eigentümliches Flair verleihen. Mit besonderer Zähigkeit macht sich z. B. die Idee der Macht fühlbar, die die Geliebte über ihren Diener ausübt. Sie kann als Feudalmacht auftreten, mit dem Sänger als Leibeigenem der Geliebten (MF 126,16; 130,20) oder als Kriegsmacht (MF 130,9); es kann sich auch um magische, dämonische oder (heidnisch) göttliche Kräfte handeln, die die Augen der Geliebten ausüben und ihn nicht nur wie üblich durch ihre funkelnde Schönheit gefangennehmen (MF 126,8 [die Elben], 32; 138,25, 33 [Venus]).

Die überraschende Gewalttätigkeit, sogar Grausamkeit der Morungenschen Ausdrucksweise fiel schon auf. Dieser Zug trägt zu seiner Darstellung der Liebesqualen als „Dichterminne und -leben" bei. Das Leidenschaftliche und Zwiespältige der Wendung *von vröide erschrecken* wird von dem Lied MF 145,33 weit übertroffen: nach Strophe 1, in der das Gewalttätige bloß spielerisch erscheint – er beabsichtigt einen Kriegszug gegen die Herrin und will ihre Länder verwüsten –, fordert er die Freunde auf, ihr mit Worten zuzusetzen und sein Leiden klarzumachen, und zwar so: *Schríet, daz mîn smerze mîner vrowen herze breche und in ir ôren gê* – „schreien" und „Schmerz" sind ungewöhnliche und kräftige Wörter im Minnesang.

Von den Dichtern aus ‚Des Minnesangs Frühling' wird *schríen* benutzt: von Morungen nur hier; von Herger einmal. Es kommt zwar in Walther-Sprüchen vor (z. B. im Kontext von Warn- oder Kriegsrufen), aber bloß in fünf Liedern, wo nur (Nebel-)Krähen, Frösche und Heiden schreien und einmal Walther selbst, der – unserer These höchst willkommen – vorausschickt: *waer ez niht unhöveschheit, sô wolte ich schríen ...* (90,18f.) („wäre es nicht gegen die Hofsitte, ich wollte schreien ..."). *smerze* setzt das Gewaltsame fort: es ist sonst weder in ‚Des Minnesangs Frühling' noch bei Walther belegt.

Es entspricht der Aggressivität der Vokabeln der räumlich direkte Weg, den das *schríen* ins Herz der Herrin hinein nehmen soll: *in ir ôren.* (Wir verstehen die Reihenfolge Herz – Ohren als Hysteron proteron, dessen Abweichung von der Logik den Nachdruck intensiviert.) Dadurch wird das Bild des Zerbrechens (d.h. „Zerreißens") des Herzens buchstäblich beschworen und die harmlose Metapher brutal in den leiblichen Kontext hineingenommen.

Die Gewalttätigkeit ist z. B. spielerisch im Lied (MF 130,9), wo die Herrin einen Krieg erklärt, in dem ihre unerbittlichen Kriegsknechte, ihre Tugenden und ihre Schönheit den armen Sänger angreifen, berauben und gefangennehmen. Ein zwiespältigeres Spiel ist die Beförderung der Herrin zur „sanften, süßen Mörderin" MF 147,4. Man ahnt die – sonst wenig betonte – Idee vom Tod des Dichters, die bei Morungen zu wechselnden Folgerungen führt: hier, daß die süße Mörderin ihn durch den Mord nicht los wird, da seine Seele ihrer Seele im Jenseits weiter dienen wird. In MF 124,32 kommt die Idee des eigenen Todes zweimal vor: zuerst denkt der Dichter – im Minnesang äußerst selten und im Mittelalter unerhört – an Selbstmord; in der letzten Strophe droht er seiner Herrin neuerdings, sie werde nach seinem Tod nicht frei von ihm sein, da er sein Leid seinem Sohn hinterlassen werde, damit sie sich in den schönen Jüngling verliebe und er sie dann verschmäht. (Das ist die Zielvorstellung von Walthers ‚Sommerlattenlied' [72,31], das Morungens ungalante Schlußstrophe zu einer grausig-grotesken Parodie steigert.) In sieben weiteren Liedern erscheint in den verschiedensten Abwandlungen das Motiv des eignen Todes.

Als Morungen das Schwanengesang-Motiv zitiert (139,15), durchdenkt der verscheidende Schwanensänger seine Laufbahn und stellt als letztes Ergebnis eine Frage, die den ironischen Mindestlohn des Minnesingens in den Vordergrund stellt: „Wie wäre es, wenn mein Gesang doch noch sicherstellte, daß man mich überall, wo von meinem Liebesleid berichtet wird, um meine Leiden b e n e i d e t?"

Es ist ein Paradox, das Heine in der Maske des Wettgesangs, die die Romantik so liebte, schön durch die Metapher des ritterlichen Turniers schildert (‚Die Minnesänger'):

> Andre Leute, wenn sie springen
> In die Schranken, sind gesund;
> Doch wir Minnesänger bringen
> Dort schon mit die Todeswund.
>
> Und wem dort am besten dringet
> Liederblut aus Herzensgrund,
> Der ist Sieger, der erringet
> Bestes Lob aus schönstem Mund.

Auf eine Weise, die im Minnesang vor ihm nicht begegnet, öffnet Morungen durch Vorstellungen wie die des Alters, des eigenen Todes und der eigenen Grabinschrift (MF 129,36ff.), durch Hinweise auf die eigenen Lieder und das eigene Singen eine Perspektive auf ein Leben und eine Laufbahn. Manches hiervon verbindet ihn mit Walther und manches trennt sie. Ebensosehr überraschen die Dichte und Konsequenz der bildlichen Sprache, die durch das Tagelied, den Wechsel und das Minnelied Morungens variierte Inhalte tragen. Klinische Skepsis, die sich mit Recht nur widerwillig überzeugen läßt und die Befunde für erfunden und die Folgerungen für unmittelalterlich hält, muß mit der klinischen Antiskepsis der Frage fertig werden, woher es kommt, daß wir im Minnesang der Zeit allein bei Morungen den Stoff zu solcher Erfindung finden.

Wie unsere Verlegenheit im Hinblick auf Reinmars Herkunft und Namen (s. S. 167ff.) verrät, bietet die Festlegung des Orts und der Zeit seiner dichterischen Tätigkeit besondere Probleme. Die Ungewißheit wird durch Gottfrieds Lob des verstorbenen Minnesängers (‚Tristan' v. 4778ff.) und durch den Umfang seines hinterlassenen Werks um so schmerzlicher. Von den Lyrikern unseres Zeitraums besitzen wir zahlenmäßig nur von Walther mehr Lieder. Von den literarischen Auswirkungen der Beziehungen zwischen Reinmar und Walther reden wir im Zusammenhang mit Walthers Liedern, beziehen ihn aber schon hier mit ein.

Die sogenannte „Fehde" zwischen Walther und Reinmar ist undenkbar, wenn sie nicht am selben Hof bzw. an denselben Höfen vorgetragen haben. Aber was heißt: „an einem Hof vortragen" - daß man dort eine Anstellung hatte oder daß man als Berufsdichter und -sänger kurz- oder lang-, aber auf jeden Fall -fristig dort aufgetreten ist? (Die einzigen Hofdichter und -sänger, die wirklich den Namen verdienen, waren ironischerweise wohl die ritterlichen und adligen Dilettanten, die „zum Hof gehörten", eben weil sie dort eine Dienstpflicht hatten und als Nebenprodukt ihren Minnesang zum besten gaben, oder weil, wie im Falle Rudolfs von Fenis und Kaiser Heinrichs, es ihr Hof war.) Es läßt sich daher denken, daß die Reinmar-Walther-Fehde an mehreren Höfen ausgefochten wurde, wo die beiden Dichter gleichzeitig eintrafen. War ihr gleichzeitiges Auftreten und ihr Gladiatorengesang ein mit dem Auge auf die Kasse abgekartetes Spielen?

Da nichts dagegen spricht, daß die Fehde an einer Reihe von Höfen ausgefochten wurde und wir uns den Dichterkampf als einen fortgesetzten Prozeß vorstellen, können die Lieder, die Pfeile in dem Kampf waren, an mehreren Höfen entstanden sein. Walther allein bietet eine Möglichkeit, den Schauplatz zu identifizieren, denn ihn wissen wir an etlichen Höfen. Doch haben wir keine Garantie, daß sich unter diesen der Turnierplatz der Fehde befindet.

Man stellte sich vor, daß Reinmar der „Hofsänger" am Babenberger Hof in Wien war; daß der jüngere Walther dort erschien und ihm seine Position streitig machen wollte, was ihm nicht geglückt sei, worauf er sich auf Reisen gemacht, aber noch lange in Liedern seine Sehnsucht nach dem Glanz des Wiener Hofs kundgetan habe. Seit langem rüttelt man an diesem Bild. Wir mustern die Indizien, auf die es sich gründet.

Auf Walthers Seite haben wir die Sprüche, die sein Liebäugeln mit dem Babenberger Hof kundtun, und auch 19,29, der den Tod Herzog Friedrichs I. von Österreich (April 1198) und Walthers Aufnahme am Hof des Stauferkaisers Philipp von Schwaben behandelt. Dem entnehmen wir, daß Walther vor der Komposition, wahrscheinlich nicht lange nach Friedrichs Tod, eine Beziehung zum Babenberger Hof hatte. Wir haben weiter in einem Kreis von Liedern unleugbare Zeugnisse, daß es eine „Fehde" zwischen Walther und Reinmar gab, die wir weniger dramatisch als Wettbewerb sehen. Ein Lied davon, Walthers sog. Preislied (56,14), zeigt Beziehungen zum Lied Reinmars (MF 165,10), das man sein „Preislied" nennt, und auch, daß es für den Wiener Hof konzipiert und wahrscheinlich hier vorgetragen wurde; es heißt: *Von der Elbe unz an den Rîn und her wider unz an Ungerlant* (56,38,f.). „Und wieder hierher bis zum Rande Ungarns" bringt Reinmar im Schlepptau des Lieds die Donau hinunter nach Wien, denn es legt mindestens e i n Durchspielen des Wettbewerbs am Wiener Hof nahe, ob Reinmar, Walther oder beide dort ansässig waren oder nicht. Sonst gewinnen wir durch Walther wenig für die Lokalisierung Reinmars, abgesehen davon, daß seine zwei Sprüche auf Reinmars Tod (82,24 und 83,1) im „Leopoldston" eine Beziehung zum Babenberger Hof stiften, da es im selben Ton einen Lobspruch (84,1) auf Leopold VI. (Herzog 1198–1230) gibt. Dies mag ein Zeugnis für eine Beziehung Reinmars zu Wien sein, aber ein anderer Spruch im selben Ton (82,11) ist auf Thüringen bezogen. Solche Fälle stellen den Aussagewert des Tons für die (u. a. geographische) Zusammengehörigkeit in Zweifel.

Es ist vorstellbar, daß die Bezeichnung „von Hagenau", die Gottfried für Reinmar gebraucht (s. S. 133f.), eine geographische Auskunft über ihn und seine Dichtung enthält. Es ist nicht sicher, daß es sich um das elsässische Hagenau handelt, obgleich das Tätigkeitsgebiet Gottfrieds daran denken läßt. Wenn wir nicht mehr bereit sind, in „Hagenau" Reinmars Heimat zu sehen, fragen wir, ob es den – einen – Ort seiner literarischen Tätigkeit meint. Als bedeutende staufische Kaiserpfalz war Hagenau ein Zentrum der höfischen Kultur. Wir dürfen unsere Skepsis gegenüber Hagenau als Herkunftsbezeichnung aber nicht aufgeben und Reinmar nun zum festangestellten Hofsänger dort ernennen. Selbst wenn er im Dienst des Stauferhofs stand, war dieser zu oft unterwegs, als daß man Reinmar nach einer der staufischen Hofstätten genannt hätte. Vielleicht spielt Gottfried auf Kurzlebiges an, auf bekannte erfolgreiche Sängerauftritte Reinmars am Kaiserhof zu Hagenau, die zeitlich nicht weit zurücklagen. Da Straßburg und Hagenau nur dreißig Kilometer trennen, wären solche Kenntnisse Lokalkenntnisse.

Bezüglich der Höfe, an denen Reinmar vorgetragen hat, gibt es als letztes Zeugnis seine sog. „Witwenklage" (MF 167,31.), weil man es gern als Lied aus dem Mund einer Witwe verstehen möchte, und zwar der Witwe Herzog Leopolds V. von Österreich (gest. 1194), des Vaters der Herzöge von Österreich, Friedrichs I. und Leopolds VI., die in Walthers Sprüchen erscheinen.

Im Witwenlied geschieht völlig Verblüffendes: In MF 168,1 wird jemand mit Namen genannt, ein gewisser *Liutpolt* („Leopold"). Das Ereignis ist erstaunlich, weil eine solche Nennung im deutschen Lied der Zeit einmalig ist, sehen wir von Rugges Leich ab. Es ist unwahrscheinlich, daß plötzlich aus künstlerischen Gründen à la Neidhart (s. Bd. II/2, S. 9ff.) eine fiktive Figur genannt wird, um den Eindruck der Authentizität zu erwecken. Wir glauben, daß es sich vielmehr im Stil der romanischen Lyrik um eine wirkliche bekannte Person handelt, die ein Mitglied des Publikums ohne weitere Erklärung leicht identifizieren konnte. Außer den beiden schon erwähnten Babenbergern mit dem Namen „Leopold" bietet sich kein augenfälliger Kandidat an. Wir können Reinmars Preislied mit demjenigen Walthers in Beziehung setzen und dieses mit Wien bzw. Österreich verbinden. Da Walther die beiden Söhne des in Frage kommenden Babenberger Leopold in Sprüchen nennt, stehen wir nicht an, für Reinmar mindestens einen Aufenthalt in Wien anzusetzen und seine Erwähnung eines Leopold damit in Zusammenhang zu bringen.

Dies wirft Licht auf die Chronologie von Reinmars Liedern: Leopold V. starb am 31. Dezember 1194; Reinmars Witwenlied spielt auf die Ankunft des Sommers an, ist also wohl auf 1195 zu datieren. Walthers zwei Sprüche auf Reinmars Tod (82,24; 83,1) sind nicht zeitlich festzulegen, sie k ö n n t e n aber das verbreitete Bild von Walther als Reinmars wesentlich jüngerem Rivalen in Frage stellen. Er spricht den toten Reinmar an (83,11ff.): „daß du nicht eine Weile warten konntest! [...] Mein Singen dauert [auch] nicht viel länger." Wir trauen einem so klug berechnenden Vortragskünstler den Fehltritt einer Aussage nicht zu, die bloß hohles Pathos kundtäte, und messen den zitierten Worten einiges Gewicht bei. Wenn Walther sagt, auch seine Liedkunst werde nicht viel länger dauern, entnehmen wir dem, daß er mindestens ein Alter erreicht hatte, in dem es nicht lächerlich war, von dem eigenen Tod zu reden. Wir stellen uns Reinmars Tod und die ‚Tristan'-Stelle im ersten oder früh im zweiten Jahrzehnt des 13. Jahrhunderts vor.

Reinmar schildert sich überwiegend als Opfer der Minne. Auch der Forschung ist er zum Opfer gefallen, ironischerweise aus demselben Anlaß. Eine erfolgreiche Sängermaske verwandelt sich leicht in eine Zwangsjacke, der aus der gelungenen Rolle entstehende Erfolg verführt zur Wiederholung. In den meisten Liedern schildert sich Reinmar als beinahe hoffnunglosen, aber geduldigen und tapfer weiter liebenden Werber. Das Überwiegen von Werbeliedern dieser Art legt die Annahme nahe, daß sie zu seinen erfolgreichsten wurden und sich daher vermehrten. Moderne Herausgeber neigten dazu, den Geschmack des mittelalterlichen Publikums zu teilen und Lieder, die aus dieser Reihe fielen, zu „Pseudo-Reinmaren" umzutaufen und aus dem Reinmar-Kanon zu entfernen. Unsicherheit in der Überlieferung spielte mit, aber diese Unsicherheit diente massiver als bei anderen Dichtern zum Ausscheiden inhaltlich oder formal „untypischer" Lieder und bestätigte das enge Bild von Reinmars Schaffen. Dies überrascht, da die Ansicht herrschte, daß Lieder der hohen Minne Rollendichtung sind. Daß es sich daher nicht um Existentielles handeln muß, hätte das Akzeptieren disparater Liedtypen und Einstellungen im Œuvre erleichtern sollen.

Wir überdecken nicht die Probleme, die die Reinmar-Überlieferung aufwirft. Sie sind am auffälligsten in der Vermischung seines Œuvres mit Rugges (s. S. 144), irritierend ist aber auch die sehr unterschiedliche Präsenz der Lieder in den Handschriften, wobei neben den hier am häufigsten erwähnten Handschriften die Würzburger Liederhandschrift (E) eine interessante Rolle spielt. Auch die Zahl und Reihenfolge der Strophen können je nach dem Überlieferungsträger sehr unterschiedlich sein. Dies läßt verschiedene Erklärungen zu. Wir erwähnen zwei: Reinmar könnte während einer langen Laufbahn als Dichter und Sänger für besondere Gelegenheiten oder in verschiedenen Perioden seines Schaffens Zu- oder Ersatzstrophen hinzugedichtet haben; oder andere Dichter-Sänger hatten Reinmar-Lieder in ihrem Repertoire und dichteten zusätzliche Strophen.

Das Geschilderte und Reinmars unleugbare Beliebtheit können dazu geführt haben, daß völlig unechte Lieder unter seinem Namen in die Handschriften gerieten. Die neuere Forschung ist aber zurückhaltend damit, Reinmar Lieder abzusprechen, besonders, wenn das nur mit dem Inhalt oder dem Liedtyp zu begründen wäre. Man erwägt ein variantenreicheres Bild von seinem Schaffen und die Echtheit selbst eines früher allgemein verurteilten Lieds wie *Went ir hoeren* (MF Nr. LXIV), das ältere Auflagen von ‚Des Minnesangs Frühling' in die Anmerkungen verbannten.

Es ist ein extremer Fall: es geht um einen nicht sehr erbaulichen Streit zwischen einer Frau und ihrem alten Ehemann, in dem er mit einem Knüppel droht, während es Flüche aus i h r e m Munde hagelt; in einer letzten Strophe lobt ein unidentifizierbarer männlicher Sprecher (der junger Liebhaber der vorangehenden Strophen?) seine *vrouwe* (die Ehefrau der Streitszene?) in traditionellen Termini des Minnesangs wegen ihrer Sanftmut so, daß man an eine parodistische Umkehrung des Minnelieds denken muß. Es ist ein groteskes Genrebild mit Zügen der Chanson der *mal mariée* und des Schwanks (s. Bd. II/2, S. 138ff.) und mit Affinität zu den Liedern Neidharts (s. Bd. II/2, S. 9ff. u. ö.).

Die Einreihung dieses extremen Beispiels unter Reinmars Lieder wäre problematisch, aber nicht unmöglich, solange man es als Vertreter eines anderen Liedtyps versteht und das Bild Reinmars als des schwer geprüften edel leidenden Liebenden nicht eng an die vermeintliche Psyche des Dichters bindet. Das Festhalten an der beschränkten Auffassung führte z. B. dazu, daß man die Echtheit zweier Kreuzlieder Reinmars (MF 180,28 und 181,13) bezweifelte.

Zum Zweifel führte, daß nur die Hs. C die beiden Lieder nebeneinander überliefert. Durch den Inhalt sah man die Zweifel bestärkt: Der Dichter singt in beiden Liedern von seiner früheren Freude, am exponiertesten in MF 180,28: *Durch daz ich vröide hie bevor ie gerne pflac, sô wundert die liute allz mîns trûrens sêre* („Weil ich mich früher immer so gerne der Freude hingab, so wundern sich die Leute ständig und sehr über mein Trauern"). Weil eine solche Selbstdarstellung dem Tenor der meisten Lieder Reinmars widerspricht, sprach man ihm dieses und das andere Kreuzlied (s. besonders MF 181,28ff. und 182,6ff.) ab. Die Argumentation übersieht das Rollenhafte der Hoflieder und beachtet nicht die Erfordernisse des Kreuzlieds. Zu sagen, „da ich sowieso freudlos bin, könnte ich ebensogut am Kreuzzug teilnehmen", diente dem Thema nicht. Es ist auch keineswegs „unsichere Gedankenführung", wenn Reinmar in Strophe 2 meint, man solle in diesem Jahr froher sein als im letzten: Er, der Kreuzfahrer, hatte wegen der Gottesreise Freude aufgegeben; aber das sei falsch, man sollte im richtigen Geist dienen und sich mehr über die Leiden des Kreuzzugs freuen als über die Freude der Welt: „wahrhaftig, nie wird ein Dienst gut sein, den man so sehr traurig ausführt" (MF 181,3f.).

Die normative Einstellung läßt auch für die besonderen Bedingungen der Parodie keinen Raum. So hat man das Frauenlied MF 199,25 als unecht abgelehnt: neben der begrenzten Überlieferung (nur in C und E) betrafen die Bedenken vornehmlich den für Reinmar ungewöhnlichen tanzliedartigen Rhythmus, den Ton und die Einstellung, sowie Anklänge an Walthers *Under der linden* (39,11). Selbst wenn solches ausschlaggebend wäre, ist es auf Anhieb mit Reinmars Autorschaft in Einklang zu bringen, verstehen wir es als Reinmars Antwort auf Walthers Lindenlied -- in beiden erleben wir die Situation völlig durch die Augen und aus dem Mund der Frau. Das Tanzliedartige und Wort- und Reimanklänge wie *Daz er bî mir laege [...] wes er mit mir pflaege* (Walther 40,10f.) und *swes er pflaege swenne er bî mir laege* (Reinmar MF 200,25) sind parodistische Untermalung, die den Vergleich befestigt und die Antithese verdeutlicht.

Die besprochenen Fälle sind „Ausnahmen", die durch besondere Kontexte bedingt der Konsequenz von Reinmars Selbstdarstellung keinen Abbruch tun. Das ist wichtig, denn artistische Konsequenz ist das Merkmal seines Schaffens. Inhaltlich wirkt er durch penible Beachtung der Grenzen, die das Werbelied des hohen Minnesangs umschließen, und rigorose Ausnutzung des engen Spielraums, den sie zulassen. Er und seine Zuhörer, deren Reaktionen in der Form von Fragen oder Aufforderungen an den Sänger erscheinen – als real dargestellt, aber untergeschoben, um wahre Zuhörer zu manipulieren –, sehen den engen Horizont des hohen Minnelieds als die einzige Welt. (Die Intensität der Einführung – d.h. Ausnutzung – des Publikums wird allenfalls von Morungen und Walther erreicht, und selbst bei diesen gehört es nicht so eindringlich zum Movens der Aussage.)

Wie er sich darstellt, bestehen für den Sänger Reinmar andere Möglichkeiten als der stete Minnedienst (z.B. die Trennung von der Herrin) nicht. Er muß sich also mit der Enttäuschung der Nichterhörung zurechtfinden, was für den realen Dichter Reinmar und seine dichterische Persona als Sänger gilt. Als Dichter bleibt er „aus eigener Wahl", d.h. aus sozialem, literarischem und vielleicht psychologischem Druck, innerhalb der Möglichkeiten des Werbelieds, aber nicht ausschließlich, wie die Kreuzlieder, der Wechsel und das Frauenlied zeigten (s. S.134ff.). Die Entscheidung zugunsten des Konformen, die durchaus eine taktische gewesen sein kann, bedeutete, daß die Sängergestalt, die ohne Selbstvernichtung nicht aufhören kann zu singen, das eigene Singen und dessen mangelnden Erfolg als Thema des Singens aufnahm. Der Sänger ist sich des Paradoxen des leidvollen Singens bewußt und muß gerüstet sein, sich gegenüber dem entrüsteten Publikum zu rechtfertigen.

Ihm passiert: daß die Frohen über sein fortgesetztes Klagen spotten (MF 158,11ff.) und ihm das Singen als Indiz vorwerfen, daß er seine Herrin nicht so innig (MF 165,19f.) oder ernsthaft (MF 166,11) liebt, wie er vorgibt; daß (MF 165,12f.) „die Freunde meine Klage verdrießlich finden. Wenn man von einer Sache zuviel hört, ist das immer der Fall"; daß die Zuhörer – mit einer boshaften Konsequenz – ungalant fragen, wie alt seine Herrin während seines so langen Dienstes inzwischen wohl geworden sein mag (MF 167,15ff.); daß man ihn mit dem Vorwurf betrübt, daß er n u r zu klagen weiß, wobei die, die ihn insgeheim hassen, sich über sein Leid freuen (MF 175,8). Er fügt etwas hinzu, das angesichts Walthers Nachrufe auf ihn prophetisch anmutet (MF 175,27ff.): „es fängt mancher noch nach meinem Tode an, über mich zu trauern, der mich zur Zeit leicht entbehren kann".

Wie vor allem Morungen, versieht Reinmar beim Thematisieren des eigenen Singens sein Werk mit den Konturen einer kontinuierlichen Tätigkeit, mit einem autobiographisch w i r k e n d e n Rahmen. Hierzu gehört das Motiv des eigenen Älterwerdens im Dienst der Dame (z.B. MF 157,1), das Reinmar mit Morungen und Walther teilt, und dazu der Gedanke, daß sie inzwischen auch nicht jünger wird – dies bei Reinmar allerdings nur aus dem Mund spöttischer Zuhörer oder der Frau selbst (MF 152,15). Diese

Zeitdimension läßt verführerisch an einen Zyklus denken. So hat man sich mehrfach bemüht, die „ursprüngliche" Reihenfolge „wiederherzustellen". Daß die Ergebnisse so verschieden aussehen, könnte an fragmentarischer Überlieferung liegen; aber es ist auch denkbar, daß es keinen Zyklus gab, vielleicht nur wesensverwandte Lieder, die sich in verschiedener Auswahl und Reihenfolge sinnvoll und wirksam verbinden und vortragen ließen.

Nach der ersten Phase des hohen Minnesangs, aus der die Frau verbannt wurde, kommt sie durch die Neuerweckung der Frauenlieder, Frauenstrophen und Wechsel durch Reinmar und seine Zeitgenossen wieder zu Wort (S. 134ff.). Ihre Probleme sind aber nicht mehr nur die der frühen Frauenstrophen und Wechsel. Es sind darüber hinaus die Probleme, die die höfische Mode des Minnedienstes und deren Vehikel, das Werbelied, der höfischen Frau stellen, während sie sich von dieser sonderbaren Mischung von ernsthaftem Spiel und spielerischer Wirklichkeit gefangen sieht. Die Frauen wollen Freundschaft, die Männer mehr, aber wie eine Frau sagt: *ich enwil niht minnen* (MF 177,34ff.).

Im Gegensatz zu ihrem Vorrang in Reinmars Frauenstrophen ist die Herrin seiner Werbelieder eine ferne Gestalt, selbst im Vergleich mit anderen Vertretern des Liedtyps. Reinmar spricht von ihr in der dritten Person, redet sie nicht an. Man hat den Eindruck, keinen Kontakt zu ihr finden zu können, und das verdeutlicht die Erfolglosigkeit des Sängers. Reinmars Œuvre ist, was Liedtypen und Einstellung anbelangt, variationsreicher, als angenommen wurde. Trotzdem liegt das Imponierendste in der konstruierten abwechslungsreichen Eintönigkeit seiner Lage und Lieder. Er zieht aus seinem Mißerfolg die Konsequenz für sein Singen und daraus die Konsequenz für seine mitleidenden, oft nicht mitleidigen Zuhörer. Das Publikum des Sängers innerhalb der Lieder darf sich durch Mißmut, Schadenfreude und Skepsis an ihm schadlos halten. Und dies ist der Schadenersatz, den der Dichter s e i n e m Publikum außerhalb der Lieder bietet. Die Kunst, optimale Freude aus maximaler Freudlosigkeit zu gewinnen, findet in Reinmar ihre Apotheose. Er erklärt: „Auf dem einen Gebiet und keinem anderen will ich ein Meister sein, solange ich lebe: ich will das Lob, das mir gebührt, daß nämlich die ganze Welt mir die Kunst zugesteht, *daz nieman sîn leit alsô schône kan getragen*" (MF 163,5ff.). Als Adverb zu *schoene* deckt *schône* eine ähnlich breite semantische Palette ab. Die Mehrdeutigkeit schließt ein, daß *schône* nicht nur Reinmars einwandfreies Verhalten in der unglücklichen Minnesituation beschreibt, sondern auch die elegante Darstellung seines Leidens. Auch dies findet Bestätigung in Worten der Frau *Alle, die ich ie vernam und hân gesehen, der keiner sprach sô wol von wîben nie so nâhen* (MF 187,21ff.) („... sprach keiner so schön oder so innerlich berührend von Frauen").

So sehr Reinmar seinen Vorzug hierin sieht, für unsere Augen liegt ein großer Teil des Reizes seiner Lieder im eigentümlichen Zusammenfließen von traditionell gewordenen Zügen und ihrer Neuanwendung. Die Mischung charakterisiert ihn und den historischen Ort seines Minnesangs. Sie ist Ausdruck des Bewußtseins der Minnesänger, daß die deutsche Minnelyrik jetzt eine eigene Tradition hat, von der sie sich nähren kann. Dies sahen wir etwa in Reinmars Rückgriff auf den Wechsel, den er aber mit dem Inhalt des hohen Minnesangs füllt. Derselbe Rückgriff steht vielleicht hinter dem Paradox, daß unter zeitgenössischen Minnesängern die Erwähnung des Beischlafs, *bî ligens*, bei dem allgemein als biederer Tugendheld geltenden Reinmar am häufigsten begegnet (etwa MF 152, 24; 165,17; 167,8). Dieselbe Synthese beobachten wir in seiner Handhabung des Natureingangs, den er – so wird behauptet – nicht kennt, trotz MF 183,33, dessen Echtheit ohne zwingende Gründe bestritten wird. Aufschlußreicher sind aber die Fälle, in denen Reinmar um die Hälfte seiner Wirkung gebracht würde, wenn sein P u b l i k u m den Natureingang und seine Funktion nicht kennte, am eindringlichsten Lied MF 169,9, das anfängt: „Eine Not betrübt mich vor anderen, doch nicht wegen dieses Winters. Was schert es mich, wenn die grüne Heide fahl wird? Es geschehen vielfach Dinge, über die ich schweigen muß. Ich habe Besseres zu tun, als Blumen zu beklagen." Dies lehnt die parallele und die antithetische Gewichtung des Natureingangs ab und lebt geistreich von beiden. Ähnlich irritierend funktioniert MF 187,31, dessen Eingang: *Nu muoz ich ie mîn alten nôt mit sange niuwen unde klagen* mit der Rede von Altem und Neuem, die Reinmars augenblickliche Tätigkeit umreißt, in der letzten Strophe pervers in einen „Naturausgang" ausartet.

Reinmars Kontrast zwischen Damals und Jetzt dehnt sich auf Allgemeineres aus. Vergleichbar mit Walther evoziert er in einigen Liedern die Stimmung des Zerfalls, die die ersten Jahrzehnte des 13. Jahrhunderts charakterisiert. Das kann Nebenelement eines Minnelieds sein, etwa (MF 164,30) *In disen boesen ungetriuwen tagen*, oder es kann vorherrschen (MF 172,23). Sehen wir von der Mehrstrophigkeit ab, so ist das Lied in Ton und Gedankenführung durchaus und im Inhalt in seiner ersten Hälfte (ehe deutlich wird, daß es um die Minne geht) dem Spruch nahe. Überhaupt teilt Reinmar mit Walther das intensive Rätseln und Klügeln um seine Themen, ohne sich wie dieser dem Spruch selbst zuzuwenden.

## Wolfram von Eschenbach und das mittelhochdeutsche Tagelied

Die kleine Zahl der aus unserem Zeitabschnitt erhaltenen deutschen Tagelieder steht in keinem Verhältnis zu dem Interesse, das sie erregt haben. Die Ursachen dafür liegen in den immanenten Eigenschaften des Liedtyps und dem Niveau der Dichter, die ihn realisieren. Ein weiterer Grund für das Interesse am Tagelied ist, daß es sich bis in die Neuzeit hinein als schöpferische Form erhalten hat.

Es ist schwierig für uns, die historische Lage eines solchen Phänomens, die Funktion dieses Liedtypus im Gesamtsystem der damaligen Lyrik zu verstehen. Man hatte sich für die These entschieden, daß in Opposition zu dem hohen Minnelied das Tagelied im Gesamtrahmen des Minnesangs als Sicherheitsventil fungierte. Diese Auffassung beruht auf einem irrigen Verständnis des hohen Minnelieds, das wir als Werbelied sehen (s. S. 99ff.), und daher auf einer falschen Sicht der Palette der höfischen Literaturgattungen. Als Stadium in einem Minneverhältnis hat das Werbelied keine grundsätzlich eigene Einstellung zur Minne. Alle Gattungen, Lyrik oder Epik, gehören als höfische Vortragskunst zusammen, teilen dasselbe Ethos und erfüllen eine ergänzende Funktion. Nimmt man sie zusammen, so zeigt sich – falls wir bei dem zweifelhaften Konzept eines sexuellen Dampfdrucks bleiben wollen –, daß durch die Gegebenheiten etwa des höfischen Romans und des Wechsels das System ohnehin zu löcherig war, um als Kessel zu funktionieren, geschweige denn um ein Sicherheitsventil nötig zu haben. Darüber hinaus waren die Menschen in sexuellen Fragen nicht so zartbesaitet, wie ein auf die Moralvorstellungen des 19. Jahrhunderts gegründetes Verständnis uns glauben machen wollte.

Der Reiz des Tagelieds scheint in seiner Ergänzung des artistischen Repertoires der Liedtypen zu liegen, indem es sich ein anderes Zeitstadium des Minneverhältnisses vornimmt und eine erzählerische Perspektive wählt. Während das Werbelied (bei gelegentlichen Hinweisen auf spezifische Umstände) allgemein um sein zentrales Vorhaben kreist, schildert das Tagelied konkrete Schauplätze bei bestimmten Gelegenheiten zwischen individuellen Gestalten. Das Tagelied ist daher konkreter als das Werbelied. Ein Vorteil des Epischen liegt auch in der Möglichkeit, ohne Preisgabe des Anstands Erotisch-Körperliches zu behandeln. Wolfram geht unter romanischen und deutschen Tageliedichtern der Zeit hier weiter. Die stille Annahme des Werbelieds, daß die Geliebte inkognito unter den Zuhörern sitzt, verbietet das Verraten solcher Intimitäten als geschmacklos.

Wir greifen Wolframs Lyrik und das Tagelied als Sondergebiet heraus, weil dieser Liedtyp, obwohl Tagelieder nicht zahlreich sind, ein Eigenweg ist, der eine bedeutende Rolle in der eigenständigen Entwicklung der mhd. Lyrik spielte, eine Rolle, die der eigenwillige Wolfram, der sich noch dazu vornehmlich mit Epik abgab, ausbeuten konnte. Auch hat das Schicksal es gewollt, daß wir für eine historische Skizze des deutschen Tagelieds auf Wolfram ebenso angewiesen sind wie auf die Geschichte des Tagelieds für eine Darstellung seiner Lyrik.

Das mhd. Tagelied weist Verwandtschaft mit und Abhängigkeit von der okzitanischen Alba auf. Haben wir es mit Elternschaft oder mit Patenschaft zu tun? Die Indizien erlauben keine Antwort, aber ein genetischer Vergleich hilft. Die Hauptzüge des deutschen Tageliedes und der okzitanischen Alba – auch in geringerem Ausmaß der altfranzösischen Aube – sind weitgehend die gleichen, aber nicht identisch. Die Figuren sind jeweils die Dame, der Ritter und der *wahtaere*. (Nhd. „Wächter" erweckt unpassende

Assoziationen mit lächerlich dargestellten Stadtwächtern; die Funktion des *wahtaere* in einer befestigten Burg war ursprünglich eine militärische, so daß er eher als „Wache, Wachoffizier" zu bezeichnen wäre, daher benutzen wir mhd. *wahtaere*.) Die „Handlung" ist überall dieselbe: auf den Warnruf des *wahtaere* folgt ein Gespräch zwischen den erschrockenen, trauernden oder trotzenden Liebenden und zwischen einem oder beiden von ihnen und dem *wahtaere*, bis sich die Liebenden, von der Gefahr des nahen Tages überzeugt, unter Liebesbeteuerungen trennen – bis zum nächsten Mal.

In ihrer vorherrschenden Form unterscheidet sich die okzitanische Alba vom deutschen Tagelied durch ein formales und ein inhaltliches Kriterium. Jenes ist, daß jede Strophe mit einem Refrain endet, und zwar enthält es in der großen Mehrheit der Fälle das Wort *alba* („Tagesanbruch"), oft als letztes Reimwort und manchmal auch als Reimwort in der Strophenmitte, z.B. in dem Raimbaut de Vaqueiras zugeschriebenen *Gaita be, Gaiteta del chastel* („Wache gut, kleiner Wächter der Burg": Eos S. 365).

Die deutschen Tagelieder kennen selten den Refrain und er ist nicht gattungskonstitutiv. Wo er auftritt, erscheint er eher als rudimentäre Andeutung oder wird frei verwendet, z.B. im Tagelied des Markgrafen von Hohenburg (KLD V).

Der inhaltliche Unterschied ist ein Unterschied im Personal, obwohl die zusätzliche Figur – denn darum geht es – nirgends auftritt, nicht einmal als Statist! Es handelt sich um die schattenhafte Gestalt des *gilos* („Eifersüchtigen"), der in der eben besprochenen Alba als *vostre malvays seynor* („Euer böser Herr") glossiert wird und nur als der betrogene Gatte verstanden werden kann, den Cadenets „mal mariée" (Eos S. 360) *mos mal maritz* („mein böser Ehemann") betitelt. Dieser Ehemann tritt im deutschen Tagelied nicht auf und wird nicht erwähnt. Gehen wir lediglich von den Tageliedern der einzelnen Sprachgebiete aus, so gibt es in einigen okzitanischen Albas einen konkreten Anlaß, an ein ehebrecherisches Verhältnis zu denken. Ob wir aufgrund solcher Fälle Ähnliches in anderen Albas hinzudenken haben, bleibt eine offene Frage. Im Gegensatz zur gängigen Meinung gibt es für das deutsche Tagelied nicht das geringste Indiz, daß die Dame verheiratet ist. Meint man, die Gefahr, in der die Liebenden sind, weise darauf hin, daß sie sich in der Lage Tristans und Isolds befinden, so entgegnen wir, daß für eine adlige junge Dame, ein potentielles dynastisches Heiratsobjekt, und ihren kühnen Liebhaber in einer solch kompromittierenden Lage ein wütender Vater oder Bruder Gefahr genug war. Ohne einen anderen als Gottfried zu bemühen, stellen wir der verheirateten Isold und ihrem bedrohlichen Gatten Marke die in gleicher Gefahr schwebende u n v e r h e i r a t e t e Blanscheflur und ihren bedrohlichen B r u d e r Marke an die Seite. Auch im deutschen Tagelied bleibt der Ehebruch fakultativ mit dem Unterschied, daß im Gegensatz zum okzitanischen die Möglichkeit nicht einmal angedeutet wird. Wir schließen sie nicht aus. Es geht um die Liebe.

Das Tagelied ist wieder Rollendichtung im Sinne der Frühlyrik (s. S. 75): redende Figuren ersetzen das Ich des Sänger-Dichters, weshalb man von den epischen oder dramatischen Handlungen und Gestalten spricht. Beides hat seine Berechtigung: es gibt erzählende und beschreibende Passagen, die die Handlung und den Schauplatz schildern, neben Gesprächen zwischen den Protagonisten in verschiedenen Konstellationen. Besonders zu Wolframs Tageliedern paßt das Wort „dramatisch", denn seine Wortwechsel sind echte Gespräche, in denen Charaktere miteinander kommunizieren, auf die Argumente des anderen eingehen, einander die Worte aus dem Mund nehmen und umdrehen. Dies schafft jene Differenzierung und Charakterskizzierung, die damals Wolfram eigentümlich ist.

Es sind nur zwei Lieder, die an einen autochthonen Ursprung des Tagelieds denken lassen; man könnte sie als Sonderfälle sehen, die die naheliegende Situation von Liebenden, die sich bei Tagesanbruch trennen müssen, schildern und unvermeidlich an den entwickelten romanischen Liedtypus erinnern. Das erste ist das dreistrophige Lied (MF 39,18), das die einzige Handschrift (C) Dietmar von Aist zuschreibt (s. S. 88); das zweite die deutsche Strophe 183ª der ‚Carmina Burana'.

Dietmars kleines Dialoglied klingt an das Tagelied an: In Strophe 1 wird eine Liebende durch das Zwitschern eines Vogels geweckt und nimmt wahr, daß der Tag anbricht; ihre Klage darüber weckt ihren Geliebten, der in Strophe 2 sein Leid kundtut und sich trotz der Intimität der Lage im Ton des hohen Minnedienstes bereit erklärt, die Befehle der *vriundîn* auszuführen; Strophe 3 beginnt mit dem einzigen erzählenden Vers: *Diu vrouwe begunde weinen*, geht aber sofort zur direkten Rede der Dame über, die beklagt, daß er davonreitet und sie allein läßt, fragt, wann er wiederkommt, und mit Trauer beteuert: *owê, du vüerest mîne vröide sant dir!* Der *wahtaere* fehlt, seine Weckfunktion übt der kleine Vogel aus. Gemeinsamkeit zwischen Dietmars Lied und dem Tagelied liegt nur in der Identität der Liebenden – sie eine *vrouwe*, er vermutlich ein Ritter (er hat ein Pferd) – und in der Situation, daß sie sich bei Tagesanbruch trennen müssen. Es besteht kein Grund anzunehmen, daß sie in Gefahr sind, denn das *wâfen ruofen* der Frau kann so gut Wehruf wie Warnruf sein. Grund für die Trennung kann etwa der Ritterdienst sein.

Die Strophe der ‚Carmina Burana' sieht man als einstrophiges Lied oder als Fragment eines mehrstrophigen. Die Entscheidung hängt davon ab, ob man sie als abgeschlossene Klage einer Frau versteht, die sich bei Tagesanbruch von ihrem Geliebten trennen muß, oder als warnende Eröffnungsstrophe eines *wahtaeres* in einem Tagelied neuen Stils. Im ersten Fall eröffnet sie wie Dietmars Lied die M ö g l i c h k e i t , daß wir hier einen einheimischen Liedtypus haben, dessen Art dem romanisch beeinflußten Tagelied den Boden bereitete.

Schon die relative Chronologie der mhd. Tageliedichter stellt ihre Darstellung vor Schwierigkeiten. Von Wolfram gibt es vier Tagelieder (Lachmann: 3,1; 4,8; 6,10; 7,41) und ein weiteres Lied (5,34), das als Abschied von der Gattung gilt; von Otto von Botenlauben vier (KLD III; IX; XIII; XIV); vom Markgrafen von Hohenburg (KLD V) und Walther (88,9) je eines. Es gibt zusätzlich aber, um mit Mohr zu reden, „Spiegelungen des

Tagelieds", die mit Graden der Wahrscheinlichkeit an das Tagelied denken lassen bzw. dazu zwingen.

Hausens einstrophiges Lied (MF 48,23), in dem der Dichter im Traum eine Frau „die Nacht hindurch bis zum Tagesanbruch" sieht, erweckt durch die Vorstellung der „gemeinsam verbrachten schönen Stunden" und der durch den Tag erzwungenen Trennung Reminiszenzen an das Tagelied, ist aber ohne sie verständlich und denkbar. Das Ineinanderfließen der in Frage kommenden Ebenen bereitet bei der Auslegung der Strophe Schwierigkeiten. Ist z.B. der Inhalt des Traums als Erinnerung oder als Phantasie zu verstehen? Gehört die Trennung auch zum S t o f f des Traums und daher mit der Trennung von der Geliebten zusammen oder wird die Trennung erst durch den Abschied v o m Traum suggeriert? Im letzten Fall ist die Ähnlichkeit mit dem Tagelied wahrscheinlich zufällig. Anders steht es mit Reinmars Lied (MF 154,32), in dem die mit dem Tagelied gemeinsamen Motive so zahlreich und auffallend sind, daß wir nicht umhin können, in ihm eine Spiegelung oder gar eine auf die eigene Persona gemünzte Verzerrung des Tagelieds zu sehen. Organischer und nicht so stachelig provokativ ist die unleugbar vom Tagelied beeinflußte Brechung, die Morungens Integration der Form mit dem Wechsel darstellt (MF 143,22 – s. S.163f.). Paradoxerweise steht seine freie Variation in einem formalen Aspekt der okzitanischen Alba näher als deutsche Tagelieder, die den romanischen Typus reiner vertreten. Morungens Lied weist nämlich das im Deutschen rare formale Kennzeichen der Alba, den Refrain auf, und zwar präziser als die vollblutigen Tagelieder selbst, denn das die Strophen schließende *dô tagte ez* enthält das Wort *tagen*, wie die Refrains der okzitanischen Albas das Schlüsselwort *alba*.

Die Wege und Richtung der Beziehungen zwischen diesen spärlichen deutschen Tageliedern bzw. Tagelied-Spiegelungen lassen sich aber nicht darstellen, da die Dichter nur annähernd zu datieren sind und ohnehin zeitlich so nahe beieinander liegen, daß die Richtung des Gebens und Nehmens zwischen zwei Dichtern von Lied zu Lied verschieden sein könnte. Es bleibt selbst bei Dichtern von ungleichem Rang unklar, ob der bessere Dichter ein Motiv übernommen und schöpferisch weiterentwickelt oder der Schwächere es verflacht hat, und es ist möglich, daß beide bei der romanischen Lyrik Anleihen gemacht haben. Wir können nur die Lieder der einzelnen Dichter ohne tiefe chronologische Implikationen nebeneinander behandeln.

Da Morungen Reinmar und Walther beeinflußt zu haben scheint und (mutmaßlich) 1217 schon als *miles emeritus* bezeugt ist (s. S.133), setzen wir sein Schaffen relativ früh an, vielleicht vor, spätestens parallel mit dem Reinmars. Morungens Tagelied-Wechsel verrät am ehesten (MF 143,22) Vertrautheit mit der Alba, eben weil der auffallendste gemeinsame Zug, der Refrain mit dem Wort *tagen*, einer ist, den die deutschen Tagelieder nicht kennen. Die zwei Lieder von Morungen und Reinmar gehören zum frühesten

Beweismaterial für deutsche Übernahme des romanischen Tagelieds. Aber beide Änderungen des Typus weisen auf schon verbreitete Kenntnis der romanischen Form, denn ohne Vertrautheit mit dem reinen Typus bei den Zuhörern wäre die Wirkung der Adaptationen vermindert. Auch bei Wolfram müssen wir allgemeine Vertrautheit mit dem okzitanischen Typus vermuten.

Selbst das gut dokumentierte Leben Ottos von Botenlauben erhellt nicht die Entstehungszeit seiner Lyrik. Die Fusion aus Kreuzlied und Wechsel (XII) ist vielleicht im Zusammenhang mit Johansdorfs ähnlicher Verbindung der Typen zu sehen. Wer der Gebende und wer der Nehmende war, ist aber nur zu entscheiden, wenn man sich zu der früheren Datierung Johansdorfs entschließt. Schon vor seiner Karriere im Osten (s. S. 133) war der Kreuzzug für Otto etwas Vertrautes. Sein Vater, Graf Poppo VI. von Henneberg – Otto urkundet bis 1206 als *comes de Henneberg* –, war auf demselben Kreuzzug wie Barbarossa gefallen. Da Botenlauben zuerst 1197 in Sizilien in einer Urkunde Kaiser Heinrichs VI. erscheint, liegt es nahe, zwischen seiner Anwesenheit gerade dort und damals, seinem einzigen Kreuzlied und dem Kreuzzug Heinrichs eine Verbindung zu sehen. Die Entstehung der Kreuzlieder kann aber so lange vor einem Kreuzzug liegen wie die sonstige Propaganda; die detaillosen mhd. Kreuzlieder sind ebensowenig nur für einen Kreuzzug anwendbar wie ein Tagelied nur für eine Nacht.

Bei der zähen Frage der zeitlichen Priorität zwischen Botenlauben und Wolfram, deren Lieder Entsprechungen aufweisen, lassen uns folgende Überlegungen in Botenlauben den Nehmenden, bzw. Unabhängigen sehen. Eine Stelle aus Botenlaubens Leich: *nu tuot sie mich gar sorgen rîch unde mêret mîne klage* (XI, 34f.) („nun bereichert sie mich an Sorgen und vermehrt mein Leid") und bei Wolfram: *"Wahtaer, du singest, daz mir manige vreude nimt unde mêret mîn klage. maer du bringest, der mich leider niht gezimt, immer morgens gegen dem tage"* (4,18ff.) („Wächter, was du singst, beraubt *m*ich der Freude und ver*m*ehrt *m*ein Leid. I*m*mer gegen *M*orgen *m*eldest du, was *m*ich leider nicht erfreut.") Der längere Abschnitt aus Wolfram zeigt, wie er trotz Ähnlichkeiten mit Botenlauben (die Motive der Vervielfachung des Leids und Verminderung der Freuden sowie die m-Alliteration) Teil eines größeren Komplexes ist, in dem die ausgedehntere m-Alliteration zur Charakterisierung des trotzigen, beinahe kindisch pikierten Tons der Frau dient. Natürlich ist es möglich, daß Wolfram Botenlaubens Wendung aufgeschnappt und ausgebaut hat, aber die organisch wirkende Integriertheit der längeren Stelle bei Wolfram scheint für deren spontane Erfindung zu sprechen. Weitere Indizien sind nur zugunsten Wolframs oder als neutral zu beurteilen.

Epische Werke bieten zufällig Datierungsmöglichkeiten, und die Wolframs sind keine Ausnahme. Wir können die Entstehung einer Passage im VII. Buch des ‚Parzival' (v. 379,18ff.) auf nicht lange nach 1203 ansetzen (s. S. 324). An einer früheren Stelle (v. 114,12f.) beschreibt sich Wolfram als schon ausgewiesenen Minnesänger. Ein primitiv quantitatives Argument könnte also seine Selbstschilderung als arrivierten Minnesänger an das Ende des 12. oder den Anfang des 13. Jahrhunderts setzen und seine Anfänge als Lyriker noch früher, vielleicht in die Mitte der neunziger Jahre oder früher.

Mag es auch länger dauern, bis der Ruf eines Lyrikers etabliert ist, so erlaubt es doch die Natur des Minnesangs mit der Kürze der Form und der

Entbehrlichkeit schriftlicher Quellen, daß man von heute auf morgen Minnesänger werden konnte. Er bietet die Möglichkeit nach etwas Übung, auf eigene Gefahr als selbständiger Entrepreneur aufzutreten und einfach durch eigene Begabung einen Ruf zu gewinnen. Dies war der Weg des sich in die Pose des Analphabeten werfenden Wolfram zum ‚Parzival‘, und dies macht es wahrscheinlich, daß Wolframs Lieder in den neunziger Jahren anzusiedeln sind.

Die Frage nach der zeitlichen Priorität zwischen Botenlauben und Wolfram ist nicht objektiv zu beantworten. Die Lieder des ersteren zeigen ohnehin widersprüchliche Charakteristika: vielleicht ‚altertümliche‘, sicherlich einfache Formen wie einstrophige Lieder oder Wechsel neben der anspruchsvollen Form des Leichs; schlichte Ausdrucksweise neben überschwenglichen zukunftsweisenden, beinahe geblümten Redewendungen (s. Bd. II/2, S. 92ff.): *ich gab dir ûf dîn triuwe und ûf dîn edelen tugent mîner fröiden krône, bluome blüender jugent. owê vil manger âbentsender klage* [...] (KLD IV, 2, 5ff.): „Ich gab dir, auf deine Treue und deine vornehme Vollkommenheit trauend, die Krone meiner Freude, die Blüte blühender Jugend. Ach, über die vielen Seufzer, die den Abend herbeisehnten [...]".

Wenn wir mit KLD Lieder IX und IV zusammenlegen, sind von Botenlauben dreizehn Lieder erhalten. Darunter nicht weniger als sechs Einzelstrophen (I, II, VI, VII, VIII, X), ein Kreuzzugslied in Wechselform (XII), vier Tagelieder (III, IX, XIII, XIV), ein Minneleich (XI) und nur ein einziges mehrstrophiges Werbelied (V). Botenlaubens Mischung aus Altem und Neuem sehen wir nicht als einen frühen Anfang seines Schaffens, sondern als Teil der Neubelebung der Frauenstrophe und des Wechsels, die in den letzten Jahrzehnten des 12. Jahrhunderts einsetzt und von Morungen, Reinmar und Walther betrieben wird. Einzelstrophen und Wechsel brauchen kein Überbleibsel zu sein.

Hinter Einzelstrophen Botenlaubens (I und II) vermuten wir versteckte Anspielungen auf konkret Persönliches. Seine Einzelstrophen bleiben vornehmlich Werbungslieder und greifen nicht so weit wie die Veldekes auf den Bereich des Spruchs über. Wir denken deshalb weniger an einen Zusammenhang mit Gelegenheitsdichtung, sondern interpretieren Botenlaubens verschlüsselte Aussagen als Einfluß der romanischen Liedtradition und vielleicht als einen schwachen Abglanz der sich dort in den *senhals* zuspitzenden Tradition von persönlichen Anspielungen. Daß sich hier romanischer Einfluß spürbar macht, wird durch Botenlaubens Hinweise im Leich (XI, 59ff.) auf Personen aus der romanischen Epik unterstützt. Anspielungen auf die Epik sind aber ein Charakteristikum des deutschen Leichs, das im 12. Jahrhundert im Leich Ulrichs von Gutenburg erscheint und in denen des 13. Jahrhunderts wuchert, am üppigsten im IV. Leich des Tannhäusers (s. Bd. II/2, S. 13f.).

Botenlauben hatte gute Gelegenheit, romanische Dichter kennenzulernen. Zu den vielfachen Beziehungen, die der Stauferhof zum französischen Adel pflegte, kamen die, die ihm im Nahen Osten der Haushalt seines französischen Schwiegervaters, Joscelin de Courtenay, Seneschall des Königreichs von Jerusalem, bot.

Trotzdem weisen die Lieder Botenlaubens Kennzeichen auf, die auf die literarische Übergangszeit der letzten Jahre des 12. und des ersten Jahrzehnts des 13. Jahrhunderts deuten. Einige betreffen Spezifika der mhd. Lyrik, die wenig mit romanischem Einfluß zu tun haben. Ob nun deutsche Tagelieder schon vor diesem Einfluß existierten oder nicht: die einheimischen Liedtypen der Frauenklage und des Wechsels hatten mit dem Tagelied vieles gemeinsam. Beide boten Modelle für leidenschaftliche Worte der Dame, die trotzig die Zeichen des Tagesanbruchs leugnet oder verzweifelnd anerkennt und zärtlich furchtsam von dem Geliebten Abschied nimmt. Der Wechsel lieferte auch Muster für die preisenden, angstvollen oder hoffnungsfrohen Worte des Ritters. Daß die Reden im Wechsel aus einander ablösenden Selbstgesprächen bestehen, schwächt ihre Musterhaftigkeit für die Gespräche des Tagelieds keineswegs. Gerade in ihm läßt das Innige oft schwer entscheiden, ob Äußerungen der Gestalten Monologe sind, von uns belauschte Gedanken, oder sich an einen Gesprächspartner richten.

Eine Besonderheit der deutschen Tagelieder ist das Fehlen des betrogenen Ehemannes und jedes Indizes, daß Ehebruch vorliegt. Deshalb dürfen die Agierenden ungehemmt über die ethischen Implikationen der eigenen Lage reden. Wenn besonders der *wahtaere* bei Hohenburg, Botenlauben und vor allem Wolfram über die *triuwe* reflektiert und diese ihm gebietet, den Ritter zu warnen, so darf er Rat und Hilfe leisten, ohne die *triuwe*, d i e Parole in Wolframs Epik, zynisch zu entwerten. Der Verrat an dem Burgherrn, den moderne Kritik dem *wahtaere* vorwirft, geht über die Unterstützung etwa der Tochter oder Schwester des Burgherrn in einer außerehelichen, aber sonst untadeligen Liebesaffäre nicht hinaus. Daß der Ehebruch nicht auf ihr lastet, gibt auch der Frau einen breiteren Spielraum für das Reflektieren, als es in den okzitanischen und altfranzösischen Liedern üblich ist: ein Zug, den wohl die deutsche Tradition der Frauenlieder verstärkt.

Diese Überlegungen werfen die Frage nach dem Status des *wahtaere* in den deutschen Tageliedern auf: nach seiner sozialen Stellung und seinen Beziehungen zu den Liebenden. Die historischen Quellen erlauben es nicht, ein Bild vom Rang des *wahtaere* in einer deutschen Burg um die Wende vom 12. zum 13. Jahrhundert zu machen. Eine Beobachtung zu Wolfram mag weiterhelfen.

Im ‚Parzival' tritt Wolfram als virtuoser Meister im konsequenten affektiven Gebrauch des Duzens und Ihrzens auf. Es ist ein wirkungsvolles Mittel, die sozialen Beziehungen zwischen Figuren zu etablieren, auf lange Sicht über lange Strekken des Romans hin zu zeigen, ob diese einander wiedererkennen, und äußerst konsequent den momentanen Stand ihrer wechselnden Gefühle für einander darzustellen. Diese Konsequenz zeigt das Gewicht einer erstaunlichen Facette der Wolframschen Tagelieder auf: s e i n *wahtaere* duzt die Dame und den Ritter. Daß sie ihn duzen, wäre bei herkömmlichen Annahmen über seinen Status zu erwarten, aber daß er zurückduzt, wirft ein anderes Licht darauf. Wir dürfen das Duzen seitens der Liebenden nicht länger als Zeichen der sozialen Minderwertigkeit des *wahtaere* sehen, sondern als die eine Seite einer gegenseitigen Sympathie, die der Vergleichbarkeit des Standes entspringt.

Die Bewachung einer Burg war eine wichtige militärische Aufgabe, die man keinem Bediensteten übertrug. Wir gehen von der Hypothese aus, daß die Stellung des *wahtaere* um so höher war, je wichtiger die Burg, so daß man in solchen Fällen besser von einem „Wachoffizier" als einem „Wächter" spricht. Im Falle Wolframs wissen wir, daß ihm bedeutende Höfe wie die des Landgrafen von Thüringen und des Grafen von Wertheim („Parzival', v. 184,4ff.; 297,16ff.) vertraut waren, und er stellt sich den Ablauf mindestens eines seiner Tagelieder in einer hochvornehmen Burg vor: er spricht (5,7) von Glasfenstern, einem seltenen Luxus, dessen sich zu der Zeit nur die allerwenigsten weltlichen Bauten erfreuten! In so einem Milieu brauchte es nicht zu überraschen, wenn der *wahtaere* ein Kamerad des Ritters wäre.

Unsere Mutmaßungen über das Fehlen der Indizien, die auf Ehebruch deuten, und den Stand des Wolframschen *wahtaere* klären nicht nur die Frage, weshalb er die Liebenden duzt, sie beseitigen weitere Probleme. (Auch Botenlauben und Hohenburg lassen ihn den Ritter und die Dame duzen.) Wenn man in ihm einen ritterlichen Kameraden des Mannes sieht, erhält die Sympathie des *wahtaere* mit den Liebenden und ihrem Schicksal eine Erklärung und entlastet ihn von dem Vorwurf eigennütziger Unterwürfigkeit oder voyeuristischer Schlüpfrigkeit. Indem er den *wahtaere* als Freund darstellt, vereinigt Wolfram die beiden rivalisierenden Besetzungen der Rolle.

Wie Steinmar in der zweiten Hälfte des 13. Jahrhunderts (Lied V), kritisiert Ulrich von Lichtenstein um 1255 in seinem ‚Frauendienst' (v. 509,14ff.) den Wächter als Schirmenden (s. Bd. II/2, S. 16ff. und 90f.). Ulrich stempelt den *wahter* zu einem *gebûrn* („roher Mensch"), stellt lapidar fest (v. 509,22): „edle Wächter gibt es nicht" und erklärt eine Zofe für geeigneter als Wächterin der höfischen Minne. Steinmar verfährt ähnlich. Grundsätzlich kann Wolfram genauso recht haben wie Ulrich und Steinmar. Da Wolfram sich gerade in militärischen Dingen und mit Burgen auskennt und es mit ihnen genau nimmt, lehnen wir es ab, er habe idealistisch die Vertrautheit zwischen den höfischen Liebenden und dem sie duzenden *wahtaere* aus der Luft gegriffen. Eher war in den zwei Generationen zwischen Wolfram und Ulrich bzw. Steinmar das Wächteramt gesunken (etwa wie das englische „castleguard" – s. S. 184).

Variation ist innerhalb der Gruppe der deutschen Tagelieder ein wirkungsmächtiges Prinzip gewesen und zwar zwischen den Liedern ein und desselben Dichters sowie zwischen den Liedern der verschiedenen Dichter. Am fundamentalsten zeigt sich die Variation in der unterschiedlichen Verteilung der Sprechrollen von Lied zu Lied und von Dichter zu Dichter.

Bei drei Personen gibt es sieben denkbare Konfigurationen der Sprechrollen. Da in keinem der elf in Frage kommenden Lieder der *wahtaere* allein spricht, werden von den Möglichkeiten nur sechs realisiert: Wolfram (3,1) und Botenlauben (XIV) haben je ein Lied, in dem die Dame allein spricht; nur Wolfram hat den Ritter als einzigen Redner (5,34); bei Wolfram (4,8) und Hohenburg (V) sprechen der *wahtaere* und die Dame; bei Wolfram (6,10) und Botenlauben (III) der *wahtaere* und der Ritter; nur bei Walther (88,9) sprechen Dame und Ritter; alle drei Figuren sprechen bei Wolfram (7,41) und Botenlauben (IX/IV und XIII). Nur Botenlauben hat mehr als ein Lied derselben Kategorie. Dies legt nahe, daß die Dichter innerhalb ihrer Œuvres auf Variation bedacht waren.

Dies wird bestätigt, wenn wir zusätzlich in Betracht ziehen, wer wen anspricht. (Wir stellen in Rechnung, daß Monologe nicht immer von Anreden zu unterscheiden sind.) Die Einbeziehung der angesprochenen Person(en) als unterscheidendes Kriterium bedeutet, daß nun kein Dichter mehr zwei Lieder derselben Kategorie hat, und daß keine zwei Lieder in dieselbe Kategorie fallen, nimmt man die Lieder der vier Dichter zusammen. Nur die Lieder Wolframs (4,8) und Hohenburgs (V) bleiben vielleicht in derselben Kategorie. Beide bestehen aus Wechselgesprächen zwischen dem *wahtaere* und der Dame, bei Hohenburg ausschließlich, bei Wolfram mit einer erzählenden Schlußstrophe. Hohenburgs Lied unterscheidet sich jedoch im Dialog von dem Wolframs, wenn man den wiederholten Ausruf der Dame: *slâf geselle* als wirkliche Anrede an den Ritter versteht.

Beruht das Nichtwiederholen von Liedschemata nicht auf Zufall, läßt es vermuten, daß Dichter, die ohnehin chronologisch nicht weit auseinander liegen, die Tagelieder der anderen kannten.

Die immanenten Charakteristika des Tageliedes, auf denen vermutlich seine Beliebtheit beruht, sind: das Handlungselement, erzählt oder durch Dialoge angedeutet; das Dramatische, das in den Reden seinen gespannten Ausdruck findet; und das Erotische, überall implizit gegeben, aber nur von Wolfram geschildert. Wolfram ist beinahe der einzige, der in seinen Tageliedern „schildert", ob es nun um den Tagesanbruch geht, den Schauplatz oder die Erotik, bei der er bezeichnenderweise an einen anderen Schilderer denkt, einen Maler, der die Szene schildern sollte: *swelch schiltaer entwurfe daz, geselleclîche als si lâgen, des waere ouch dem genuoc* (3,29f.) („wenn irgend ein Maler das [die Verflochtenheit der Münder, Brüste, Arme und Beine der Liebenden] darstellen sollte, so intim wie sie da lagen, damit hätte er schwer zu schaffen [bzw. dem wäre er nicht gewachsen]"). Es steht aber nicht fest, daß der Maler die Szene „schildern" sollte. An der modernen Ästhetik geschult, nehmen wir an, daß ein Künstler etwas wiederzugeben hat. Wolframs Gedankengang könnte der sein, daß kein Maler einen ästhetisch so ansprechenden Anblick aus sich heraus schaffen könnte.

Tagelieder spielen in der Morgendämmerung, wenn die Liebenden sich trennen müssen, aber Botenlauben schafft in zwei Liedern (IX und XIV) eine Variante, die den zeitlichen Schwerpunkt auf die Ankunft des Ritters verschiebt, obwohl die üblichen Motive – Tageslicht, Warnlied des *wahtaere*, endgültiger Abschied der Liebenden – zitatenhaft beibehalten werden. Die Variante erfährt im zweiten Lied Variation: es ist völlig der Dame gewidmet.

Unter den deutschen Tageliedern zeichnen sich diejenigen Wolframs dadurch aus, daß sie als Gruppe die stärkste Familienähnlichkeit und als

Individuen die größte Variationsbreite zeigen. Je ein Charakteristikum soll die beiden Tendenzen veranschaulichen: In allen fünf Liedern wird – auf individueller und/oder allgemeiner Ebene – über Pflicht und ethische Qualitäten reflektiert. Doch ist die Besetzung der Sprechrollen in jedem Lied eine andere und die Variierung geht bis zu einem Lied (5,34), das nicht nur bei aller Beibehaltung der Thematik den Inhalt des Tagelieds in Frage stellt, sondern auch mit seinem einzigen männlichen Sprecher so nahe an die persönliche Persona des Minnelieds grenzt, daß Editoren nirgends durch Anführungszeichen direkte Rede anzeigen.

Neben Wolframs eigenwilliger und souveräner Sprachkunst und den erwähnten dominierenden ethischen Erwägungen weisen wir auf vier Merkmale seiner Tagelieder hin: die Gestaltung der Reden und Dialoge, die oft zu lebhaften Gesprächen werden; die skizzenhafte, aber individuelle Schilderung z. B. des Tagesanbruchs oder des Liebesspiels; die Hervorhebung des Abschieds und der physischen Erfüllung der Liebe; die Kennzeichnung dieser körperlichen Liebe als exemplarisch.

Die Reden der Figuren besitzen eine ungewöhnliche Intensität, die nicht nur aus der Gefahr erwächst, die ihnen droht, sondern auch Ausdruck von Loyalität, Liebe und Fürsorge ist. Die Redenden werden durch Ton und Ausdrucksweise charakterisiert. Die Ausbrüche der Dame in Lied 4,8 schillern zwischen Pikiertheit, Zorn und Trauer. Ihrem Wortgefecht mit dem *wahtaere* haften Züge eines echten Gesprächs an, indem z. B. jeder dem anderen Worte aus dem Mund nimmt und umdreht oder ihnen direkt widersprüchliche Termini entgegenhält, oft mit wachsender Heftigkeit: (Strophe 1) *ich bringe in hinnen* / (2) *sô belîbet hie der geselle mîn* / (3) *er muoz et hinnen* / (4) *sinc und lâ den hie;* (2) *den triuwen dîn* / (3) *mîner triuwen.* Ähnliches ließe sich in anderen Liedern Wolframs zeigen. Der Kunstgriff erweckt im Zuhörer ein differenziertes Gefühl für die Art der Beziehungen zwischen den Gestalten und für ihre wechselnden Stimmungen.

Ebenso konstitutiv für Wolframs Tagelieder ist die Schilderung, die die Handlung in einen physischen Raum versetzt. Sie ist lückenhaft, doch geht Wolfram in diesem Punkt weit über die anderen mhd. Tagelieder hinaus. Nur bei ihm hören wir von Zinnen, Türschlössern und Fenstern mit oder ohne Glas (6,10; 3,12f.; 5,7), nur bei ihm wird ein Tagesanbruch so eingehend und unbarmherzig beschrieben (4,8ff.) und nur bei ihm werden neben den Seelen der Menschen ihre Körper entblößt (3,24ff.; 5,5 und 11; 7,6ff.).

Von den optischen Eindrücken hat die Schilderung des Tagesanbruchs als monströses fliegendes Tier – Raubvogel, Drache –, das seine Krallen durch die Wolken geschlagen hat (4,8ff.), am meisten Fragen veranlaßt: Wofür steht das Tagesungeheuer? Woher stammt das Bild? Daß der *wahtaere* den Tagesanbruch so schildert, hat fragen lassen, ob es logisch ist, daß gerade er, der wegen der Ablösung vom Tagesanbruch profitiert, den kommenden Tag als Bedrohliches darstellt. Die Frage ist auf zweierlei Weise zu beantworten. Erstens: Ist das Bild bedrohlich oder hebt es nur hervor, daß das Tier die Wolken durchstochen hat und seine Macht den Vorgang unaufhaltsam macht? Dies verträgt sich mit der Einstellung eines *wahtaere*. Daß die L i e b e n d e n das unwiderstehliche Heranfliegen des Tages als bedrohlich empfinden, versteht sich von selbst. Die zweite mögliche Lösung des Problems liegt in der Natur des Wolframschen *wahtaere*. Seine an Hingabe grenzende Treue den Liebenden gegenüber wirft die Frage auf, ob er nicht aus Sympathie mit den Liebenden dem Heranrücken des Tages mit den Schmerzen eines Freundes entgegensieht. Die Frage rührt an die grundsätzlichere nach dem Wahrheitsgehalt des Tagelieds. Sie rührt aber auch an eine Frage, die ein Teilaspekt der Frage nach der Wahrhaftigkeit der Gattung ist.

Was für ein *wahtaere* hätte das Bild vom Tagesungeheuer schaffen können? Wir nehmen die Frage vorerst ernst, im Bewußtsein, daß sie keine ernsthafte ist. Die kurze Antwort ist: ein *wahtaere* wie Wolfram. Aber war Wolfram ein *wahtaere*? Der Wachdienst in der Burg war eine wichtige militärische Aufgabe, die man vermutlich einem verläßlichen, aber sozial nicht allzu hochstehenden Krieger übertrug, etwa einem Ritter oder *sarjant* („Unterführer"). (Im damaligen England war „castle-guard" sogar Lehnsdienst, der auch von hochstehenden Vasallen nach einem rotierenden Dienstplan zu verrichten war und regelmäßige Aufenthalte in der Burg des Dienstherrn verlangte.) Wolframs Erwähnungen von Details aus seinem Leben k ö n n t e n einfach Stilisierung sein, eine Erzähler-Persona, aber könnten wir aus der Erzählstrategie des ‚Parzival' oder ‚Willehalm' die Wahl gerade dieser Persona begründen? Es ist nicht abwegiger, einen Zusammenhang zwischen Wolframs Leben und den Hinweisen auf seine Armut und seinen Kriegsdienst zu vermuten. Daher drehen wir die Frage nach Wolfram und dem *wahtaere*-Amt um und fragen: welchen deutschen Tagelieddichter können wir uns besser als *wahtaere* einer Burg vorstellen? Und Wolfram war es, der einen Vergleich zwischen dem anbrechenden Tag und einem über den Wolken fliegenden Tier geschaffen hat.

Selbst ein Wolfram schafft nichts aus dem Nichts. Was mag ihn zum Bild des Tagesungeheuers inspiriert haben? Schilderungen des Tagesanbruchs haben z. B. in romanischen und deutschen geistlichen Weckliedern ihren Platz. Dort bedeutet der neue Tag Befreiung vom Bösen der Nacht, aber trotz der umgekehrten Vorzeichen könnte dies eine Inspiration für Wolframs längeres Verweilen bei den Zeichen des Tagesanbruchs gewesen sein. Es kann so gewesen sein, aber Wolfram hätte auch ohne jeden literarischen Einfluß zu seiner Beschreibung kommen können.

Sein Bild ist nicht nur Phantasie. Es hat optische Richtigkeit. Wenn einzelne Sonnenstrahlen bei dem schrägen Einfallswinkel früh oder spät durch Lücken in den Wolken hindurchscheinen, sieht es aus, als hätten Krallen die Löcher geschlagen und als seien die Strahlen ihre Verlängerung oder die Krallen selbst. Ein professioneller Beobachter des Tagesanbruchs, wie der *wahtaere* es gewesen ist, war zu einer derart genauen Beobachtung wie berufen. Es wäre nicht die einzige, die Wolfram dem Leben entnommen hätte. Gesellt sich das Auge des Dichters zu dem des *wahtaere*, so entsteht leicht – wenn auch selten – eine Darstellung wie die Wolframs.

Botenlaubens Originalität lag in der Darstellung des Willkommens, Wolframs in der des Abschieds. In den vier wahren Tageliedern zeigt Wolfram das *urloup nemen*. Das ist eine Erhöhung des Höfischen, Zeremoniellen, das dem Milieu entsprach, das Wolfram als den Hintergrund seiner Tagelieder andeutet und das anscheinend dem Geschmack seines höfischen Publikums entgegenkam. Ähnlichkeiten im *urloup nemen* mit romanischen Tageliedern machen nicht die Annahme romanischer Herkunft erforderlich. Schon im Proto-Tagelied Dietmars spricht der Liebhaber Abschiedsworte, die mit dem Wort *gebieten* zum Ausdruck des Minnedienstes und eine Vorwegnahme des höfischen *urloup nemen* werden: *swaz dû gebiutest, daz leiste ich, vriundîn mîn* (MF 39,25).

Am auffallendsten ist, daß Wolfram in der Schilderung eines Abschieds, der zum Ausdruck eines wachsenden Einsseins wird, die Liebenden in ihrer höchsten Gefahr sich nochmals körperlich vereinigen läßt. Die Vernunft der Trennung siegt zunächst, muß dann in der Vereinigung einen Rückschlag erleiden und scheint zum Schluß doch zu triumphieren. Aber durch ihre Vereinigung und ihre Worte geben die Liebenden zu verstehen, daß die *minne ân allen haz* (4,7) den Sieg davon trägt, denn – wie die Frau zum *wahtaere* sagt – *du hâst in dicke mir benomen von blanken armen, und ûz herzen niht* (5,4f.) („du hast ihn mir oft aus meinen weißen Armen genommen und aus dem Herzen nicht").

Die Darstellung der körperlichen Liebe unterscheidet Wolframs Tagelieder am stärksten von der romanischen Lyrik. Wolfram schildert aber die erotische Szene nicht nur als schönen Anblick – z. B. der Vergleich der Liebenden mit einem Werk der bildenden Kunst (3,23ff.) –, sondern stellt die Liebende als exemplarisch hin: sie werden ethisch und ästhetisch gepriesen.

Zwei Belege für diese ethische Wertung der Minne, vor allem der körperlichen Liebe im Augenblick des Abschieds: *urloup – des prîs was hôch* (7,10 – wörtlich „Abschied, dessen Ansehen hoch war"); *ez enwart sô nâhen nie gelegen, des noch diu minne hât den prîs* (8,26ff. – „nie [vorher] lagen zwei Menschen so eng beisammen, wofür die Minne noch [heute] das Lob genießt"). Die alogische Hyperbel, daß selbst drei Sonnen zwischen die eng verschlungenen Liebenden nicht hätten hindurchscheinen können, läßt neben der Sonne Wolframs pointierten ernsthaften Witz durchschimmern.

Die Schilderung dieser Liebe des Abschieds geht weit, und Wolfram macht noch weitergehende Andeutungen mit Worten wie *mê(r)* und *anders: mit kusse und anders* (5,15) („mit einem Kuß und auch sonst") oder *ir brüstel drucken und mê dannoch urloup gap, des prîs was grôz* (7,8ff.) („[ihm] gaben das Pressen ihrer Brüste und noch mehr einen *urloup*, der hoch zu preisen war"). Solche Wendungen am Ende einer Reihe von beschriebenen Intimitäten ziehen anscheinend den Schleier des Anstands über die Szene, aber lenken erst die Aufmerksamkeit auf das Nichtgeschilderte.

Es gehört zum Wesen von Variationen, daß sie ihre Vorgänger voraussetzen. Die deutschen Tagelieder wirken als Gruppe so, generell und im Œuvre Wolframs. Ein einfaches Beispiel: Kenntnis anderer Tagelieder läßt ein bestimmtes Personal erwarten. Daher kann Wolfram das starke, aus der Frauenklage ererbte Element in reduzierter Form benutzen, und zwar in einem Lied, in dem die Frau vom *wahtaere* angesprochen und vom Geliebten geliebt wird, aber selbst nicht auftritt und kein Wort spricht. Im Lied 6,10, in dem die Dame nicht zu Wort kommt, spielt sie dennoch eine Rolle und kommt sogar durch den Erzähler und den Eindruck auf ihren Geliebten „zu Wort": *Er muos eht dannen, der si klagen ungerne hôrte* (6,40f.) („fort mußte er, der sie ungern klagen hörte"). Wolfram braucht sich nicht vor dem Unverständnis zu fürchten, denn die Zuhörer finden in seinen anderen Liedern den Stoff, diese lakonische Rolle in seinem Sinne zu gestalten. Die Einsicht ist wichtig, wenn wir fragen, inwieweit die Lieder im wechselseitigen Bezug aufeinander zu erhellen sind.

Die größten Schwierigkeiten bereitet es, Wolframs Lied *Der helden minne ir klage* (5,34) in dieses Gefüge von Thema und Variationen einzubetten. Strophe 1 richtet sich an und gegen den *wahtaere*, dem befohlen wird, sein tägliches Warnlied für heimlich Liebende aufzugeben, die sich bei Tagesanbruch trennen müssen. Strophe 2 ist positiv und empfiehlt die eheliche Liebe, die nicht verlangt, daß der Mann in der Frühe unter Lebensgefahr entkomme, denn *ein offeniu süeze wirtes wîp kan sölhe minne geben* (6,9ff.) („eine offiziell angetraute liebreizende Ehefrau kann solche Liebe geben").

Kann man eine solche Kehrtwendung als Variation bezeichnen? Und wie verhält sie sich zu den anderen Tageliedern? Leichtherzige Parodie oder ernsthafte Berichtigung, endgültige Ablehnung – Abschied von der Gattung des Abschiednehmens? Man spricht – irrigerweise – von einem „Anti-Tagelied". Der Terminus wird z. B. auf Reinmars Lied MF 154,32 angewandt, zu Unrecht, denn eher als gegen das Tagelied ist es gegen Reinmars Schicksal gerichtet, so daß er leider mangels Gelegenheit zum Tagelied nicht zugelassen ist.

Die Ansicht, Wolframs *Der helden minne* negiere andere Tagelieder, beruht auf einem falschen Verständnis der Situation der mhd. Lyriker. Diese komponierten zur Unterhaltung Lieder zum öffentlichen Vortrag und brauchten für einen Minneliederabend wirkungsvolle Anordnung und Abwechslung. Wenn der Dichter hintereinander kontrastierende Lieder zum Zwecke des Vortrags erzeugte und vortrug, dürfen wir ihm nicht Inkonsequenz vorwerfen. Er stand dem modernen Liedermacher nahe: Beide sammeln sich vor jedem Lied und fangen neu an. Widersprüchliche Lieder strafen einander nicht Lügen. Ein Lied wie *Der helden minne* ist aber ohnehin als Variante Wolframs Tagelied-Œuvre einzuverleiben, ohne den anderen zu widersprechen.

Untersuchen wir das Lied nach seinen gattungsgemäßen und -widrigen Eigenschaften. Es impliziert als Personal den *wahtaere*, die Frau und den Liebhaber. Nur dieser spricht und richtet seine Worte an den *wahtaere*. Innerhalb unseres Katalogs der Redenden und Angesprochenen ist dies ein neuer Typ, denn bisher waren es nur zwei Lieder, in denen nur eine Person sprach, in beiden die Frau (Wolframs 3,1; Botenlauben XIV). Das Thema von *Der helden minne* („der heimlichen Liebe") ist die Notwendigkeit, sich nach dem *wahtaere*-Lied bei Tagesanbruch zu trennen; neu ist die hier angesprochene Möglichkeit, diese Notwendigkeit zu vermeiden, sowie das Fehlen narrativer Passagen und eines Schauplatzes – bei Tagelied-Dichtern außer Wolfram ohnehin nur vage impliziert. Dies führt uns zu der wesentlichsten Abweichung vom Typus, die sich an einer Kleinigkeit der Editionspraxis zeigt: es steht nichts in Anführungsstrichen.

Die Beobachtung ist von großem Gewicht, denn sie bedeutet, daß die Editoren glauben, daß hier keine Figur, sondern Wolfram spricht (der Dichter oder seine künstlerische Persona). Weil man an dieser Stelle Wolfram vermutete, war man bereit, der Aussage des Lieds eine völlig andere Art von Gewicht beizumessen, das daher einen Schatten auf die vorhergehenden Tagelieder warf und sogar als deren Revocatio verstanden wurde. Die Integration von *Der helden minne* wird aber erleichtert, wenn wir das ganze Lied in Anführungsstriche setzen, so daß nicht plötzlich Wolfram von Eschenbach redet, sondern, wie in anderen Tageliedern, eine Figur, hier der Liebhaber.

Wir halten es prinzipiell für unwahrscheinlich, daß ein Minnelied durch ein anderes desselben Dichters für ungültig erklärt wird. Wolframs *alt unfuoge* [„Neigung zum Schabernack"] macht es – uns Modernen – schwer, den Ton zu erraten. Sie sorgt dafür, daß er keine übertriebene Ehrfurcht zeigt, auch nicht vor Dingen, vor denen er große Achtung hat. Es würde uns aber wundern, wollte er die Tagelied-Liebe, die er mit solcher Kunst entfaltet hat, auf einen Schlag widerrufen. Das Prinzip von Thema und Variationen überzeugt uns von der Vereinbarkeit von *Der helden minne* mit den anderen Tageliedern, und wir reihen ein Lied, das den Gegen-Standpunkt der ehelichen Liebe vertritt, ohne Bedenken als Variante unter die restlichen Tagelieder ein.

Imaginieren wir eine Gelegenheit, bei der *Der helden minne* nicht bloß mit den anderen Liedern zusammenpasst, sondern einen treffenden Abschluß der Reihe bilden könnte. Bei der Hochzeit eines Mitglieds der Familie seines Gönners singt er, dem allgemeinen Wunsch entsprechend, seine bekannten, bei der Gelegenheit an sich unpassenden Tagelieder und rundet sie zu einem überraschend krönenden Abschluß, einem witzigen Epithalamium ab mit den Worten: auch „eine offiziell angetraute liebreizende Ehefrau kann *sölhe minne geben*". Wolfram gibt der ehelichen Liebe nicht den Vorzug. Er sagt nur, daß auch eine Ehefrau s o l c h e Liebe schenken kann.

Im ‚Parzival' und im ‚Willehalm' stellt Wolfram innerhalb der Ehe Liebesbeziehungen dar, die an Intensität auch des Schmerzes, den die Trennung verursacht, der außerehelichen Liebe der Tagelieder in nichts nachstehen. Er schildert die eine Liebe als so treu und gegenseitig wie die andere. So besteht kein Grund, warum die gelobte eheliche Liebe die mit inniger Intensität dargestellte andere Liebe relativieren oder trüben sollte.

Wolfram unterstreicht ethische Werte durch den wiederholten Gebrauch von Vokabeln wie *triuwe, êre, prîs, güete*. Darüber hinaus schildert und lobt er die Tagelied-Liebe als exemplarisch. Seine Lieder sind nur die extremsten Zeugnisse für die unproblematische Einstellung der Zeit gegenüber dem in der Theorie heiklen Stoff. Die Vorzüge der Gattung, die ihre Beliebtheit, Langlebigkeit und Wirkung begründen, müssen wir nicht weit suchen: Das Tagelied umfaßt Lyrik und Epik. Die Handlung konzentriert sich auf die Gefahr des Tagesanbruchs, die Kürze der Zeit und den Augenblick des Abschieds. Sie erzeugt ein starkes emotionales Moment, das die Liebenden drängt, einander ihr Innerstes auszudrücken, und sie gibt ihnen einen flüchtigen Moment, in dem sie dies durch Sprache und körperliche Vereinigung tun können. Dieser immer qualvolle, manchmal tragische Zusammenstoß von öffentlichen Werten und individueller Liebe ist ein Vehikel jener *helden minne*, wie sie auch die verheirateten Romeo und Julia erfahren haben.

## Spruchdichtung vor und neben Walther

*Allgemeines*

Suchen wir nach einer mittelalterlichen Bezeichnung für den „Spruch" oder nach einer geeigneten modernen? Nicht davon zu trennen ist die Frage, inwiefern unsere Dichter, auch ohne einen Terminus für ihn, den „Spruch" als wichtigen Sondertypus der Lyrik empfunden haben.

Keine mhd. Bezeichnung bietet sich an. Das Fehlen von theoretischen Äußerungen der mhd. Dichter über ihre Werke im Vergleich etwa mit ihren okzitanischen Kollegen haben wir betont, und hier liegen die Dinge nicht anders. Da ist das mhd. Wort *spruch*, aber es bezeichnet nicht das, was moderne Literaturhistoriker mit „Spruch" meinen, sondern: „was gesprochen wird, Wort, Vers, Rede (spez. vom schönen, dichterischen Ausdruck gebraucht); [...] Sinnspruch, Sentenz; Sprichwort" (Lexer). Das Sprichwörtliche, Sentenziöse erfaßt natürlich e i n inhaltliches Element der Spruchdichtung, aber nicht die literarische Ausformung. Mangels eines mittelalterlichen Terminus bleiben wir bei „Spruch" als moderner Bezeichnung. Wir betonen nochmals, daß der „Spruch" g e s u n g e n wurde. Daher hat man auch den Terminus „Sangspruch" eingeführt.

Die Asymmetrie zwischen der Überlieferung der Spruchdichtung und der des Minnesangs ist auffällig. Wenn wir annehmen, daß unser Bild der relativen Chronologie ungefähr stimmt, kommt unter den hier zu behandelnden namhaften Minnesängern Walther an einundzwanzigster Stelle. Die

Musterung der Spruchdichter zeigt ihn an dritter. Vor ihm stehen Herger und Spervogel, wobei nicht einmal auszuschließen ist, daß Spervogel ein Zeitgenosse Walthers war. Die vorwalthersche Spruchdichtung ist mengenmäßig ein winziger Bruchteil des vorwaltherschen Minnesangs. Die Zahl der Strophen, die die Forschung leidlich übereinstimmend den beiden Dichtern beläßt, die die Handschriften „Spervogel" und „Den jungen Spervogel" nennen (s. u. S. 191 ff.), ist winzig: ein Kernbestand von 52 Strophen, zu denen einige anonym überlieferte kommen. Begriffe wie „im Durchschnitt", „meistens" sind bedeutungslos. Literarhistorisch gesehen ist es, als müßten wir für unser Verständnis der Entwicklung der Minnelyrik ohne Kenntnis von Veldeke, Hausen, Morungen usw. gleich vom Kürenberger zu Walther springen. Auf der Zeitstufe Walthers ist die Lage noch mißlicher, denn wer möchte Walther als typisches Beispiel für überhaupt irgendetwas anvisieren, auch wenn der statistische Mangel durch sein umfangreiches Werk behoben ist? Dies erfordert, im Vorgriff eine Darstellung der hypothetischen Rolle Walthers in der Entwicklung der mhd. Spruchdichtung zu wagen.

Der sprunghafte Eindruck, den wir von der Entwicklung der Spruchlyrik gewinnen, kann auf verschiedenen Wegen entstanden sein. Die Überlieferung kann unvollständig sein, so daß eine tatsächliche Entwicklung durch Verlust der Dichter verborgen bleibt; die Überlieferung kann unvollständig sein, ohne daß das Verlorene einen Übergang zu Walther gebildet hätte, dessen neugestaltender Umgang mit dem Spruch der schöpferische Sprung bleibt, als welchen die lückenhafte Überlieferung ihn erscheinen läßt; die Überlieferung ist vielleicht weitgehend vollständig, was zum selben Ergebnis führen würde wie die zweite Möglichkeit. Wir neigen zu der zweiten Hypothese, die am besten mit unserer Auffassung der Überlieferungslage harmonisiert, aber eine furchterregende Last auf den schöpferischen Beitrag Walthers legt. Es ermutigt uns dazu eine simple Tatsache von größtem Gewicht, die Walthers einmalige Rolle unterstreicht: kein anderer Dichter tritt als vollblütiger Minnedichter u n d Spruchdichter auf.

In welchem künstlerischen, kulturellen und sozialen Zusammenhang gehört dieses Phänomen? Es verweist wohl auf Walthers gesellschaftliche Zwischenstellung. Wenn wir den Kürenberger und Herger als jeweils den ersten überlieferten Vertreter des Minnesangs bzw. der Spruchdichtung vergleichen, fällt der ständische Unterschied auf: beim Kürenberger die Selbstverständlichkeit des Hoflebens, die weiter existiert, auch wenn man mit Roß und Rüstung wegen der Laune der verliebten Landesherrin deren Herrschaftsgebiet verlassen und mit der eigenen Waffenkunst nebst verhängnisvoller Dichterkunst als Angebot ein neues Dienstverhältnis suchen muß (MF 8,1 und 9,29); bei Herger erscheint der Hof dagegen aus dem Blick des bedürftigen Außenseiters, ein Asyl gegen Hunger und Frost, für den Spruchdichter die erhoffte Quelle eines bescheidenen Vermögens, an das er sich für das Alter zur Sicherung der Existenz ängstlich klammern muß: *ez sol der gransprunge man bedenken sich enzîte, swenne er ze hove werde leit, daz er ze gwissen herbergen rîte* (MF 26,23ff.) („der Jüngling soll rechtzeitig Vorkehrungen treffen, daß er zu einer sicheren Wohnung reiten kann, wenn er dem Hof lästig wird" – ähnlich MF 25,13; 26,27–27,12). Der Kontrast unterstreicht die verschiedenen Rollen und den unterschiedlichen gesellschaftlichen Status der Minnesänger und der Spruchdichter.

Die literarischen Auswirkungen dieses Unterschieds sind profund. Die Existenz einer hausierenden Klasse von obdachlosen Berufsdichtern und -sängern niedrigen Stands, die zur Unterhaltung und Belehrung stofflich und stilistisch schlichte und formal wenig variierte Lieder satirischen, aktuellen oder moralisierenden Inhalts vortrugen, ist u. E. mit verantwortlich dafür, daß in Deutschland die ritterlichen Liebhaber dieses Gebiet vermieden und ein höfisches Gegenstück zum okzitanischen Sirventes fehlt. Dieses behandelt ähnliche Themenkreise wie der deutsche Spruch, aber mit einer hohen Formkunst; es ist im Gegensatz zur deutschen Spruchdichtung das Werk von Dichtern, die Kanzonen und Sirventesen nebeneinander schreiben und Mitglieder des Hofs sind.

Nach dem Überlieferten zu urteilen, kam die Vereinigung des Minnesangs und der Spruchdichtung im Deutschen durch eine Personalunion zustande. Walthers Aussagen über das eigene Leben und sein Auftreten als Spruch- und Minnesänger lassen vermuten, daß er der Geburt nach zur untersten Gruppe gehörte, die für den Hofdienst geeignet war. Nach dem Zeugnis seiner Dichtung trug wohl auch seine Ausbildung dazu bei. Dagegen rücken ihn sein Wanderleben, Lob von Gönnern und die direkten Bitten, die er an sie richtet, in die Nähe der Spruchdichter. Dies scheint der Hintergrund für seine Doppelrolle als Minnesänger und Spruchdichter, die aber nicht nur eine Verbindung von beiden konstituiert, sondern auch spruchhafte Minnelieder und liedhafte Sprüche, eine Annäherung und Bereicherung der beiden Typen schafft. Daß die Entwicklung keine automatische war, legt die Tatsache nahe, daß nach ihm im 13. Jahrhundert die Trennung zwischen Spruch und Lied weiter existierte und es noch Dichter gegeben hat, die ausschließlich Spruchdichter waren, z.B. Bruder Wernher oder Reinmar von Zweter (s. Bd. II/2, S. 18f.; 24f.).

Wir halten die gesellschaftlichen Assoziationen und nicht immanente Eigenschaften der zwei Typen für die Triebfeder der Aufgliederung der mhd. Lyrik in Lied und Spruch. Die Werbung um adlige Minneherrinnen geht den Pöbel – Sänger oder Zuhörer – nichts an, und kein Gentleman redet von Geld und Unterkunft. Das hat Folgen für die Form: so ist die romanische Kanzone eine aristokratische Form und kommt im Zuge eines kulturellen Einflusses nach Deutschland, der anfangs nur die Kreise des Hofs bewegte. Daß der Einfluß in einer unterwürfig imitierenden Gesellschaft allmählich nach unten sickerte, tut dem Argument keinen Abbruch. Die Standessatiren Neidharts, in denen Affen höheren Affen nachäffen, können nicht n u r Phantasie gewesen sein (s. Bd. II/2, S. 9ff.).

Was die Form als Unterscheidungsmerkmal betrifft, wenn wir von Herger als unserem frühesten erhaltenen Spruchdichter ausgehen, konstatieren wir, daß der Stil des alten Spruchs in der Wortwahl, Bildhaftigkeit und Syntax schlicht und direkt, seine Metrik und sein Rhythmus einfach und emphatisch und seine Strophenformen variationsarm waren. Auch der spätere Spervogel hat eine einzige Strophenform, und das gilt noch vielfach nach Walther, z. B. für den „Walther-Schüler" Reinmar von Zweter.

Am problematischsten bleibt die Frage, ob jede Spruchstrophe selbständig ist oder mehrere zusammenhängen. Die Frage ist wichtig, da man die Selbständigkeit der Strophe zu d e m Merkmal der Spruchdichtung hat erheben wollen. Die Überlieferung hält als erstes Stadium der Spruchdichtung einen Zustand fest, der im wiederholten Gebrauch beinahe einer einzigen Strophenform, in der Benutzung von Halbreimen und Assonanzen, in der weitgehenden Übereinstimmung von Vers und syntaktischer Einheit an die Frühstufe des Minnesangs erinnert. Wie uns die Kette der Minnesänger erkennen ließ, entwickelte sich der Minnesang gerade zu dieser Zeit auf Mehrstrophigkeit hin. Ein Faktor war dabei der romanische Einfluß. Im Falle Meinlohs und Dietmars (S. 84 und S. 87f.) war oft nicht zu entscheiden, welche, wieviele oder ob überhaupt Strophen zusammengehörten. Trotzdem wuchs die Neigung zur – länger werdenden – Mehrstrophigkeit.

Das Fehlen einer vergleichbaren Kette von Spruchdichtern macht es unmöglich, eine Entwicklung zu verfolgen. Schon bei Herger zeichnen sich in den Handschriften Fünfer- und Dreiergruppen von Strophen ab, die thematisch enger als andere zusammengehören, ohne daß man sie als einheitliche Gebilde betrachten dürfte. Das Erreichen des Stadiums aber, das Walthers Spruchdichtung zeigt, kommt uns von der Überlieferung her wie ein gewaltiger Sprung vor – und war es vielleicht auch.

## Die Dichter

Da wir nicht nur wie bei anderen mittelalterlichen Lyrikern um den Bestand und die Echtheit der Strophen ringen, sondern sogar um die Zahl der Dichter, um den Versuch, bestimmte Strophen mit einem bestimmten Namen zu verbinden, mustern wir die handschriftliche Überlieferung:

Die Kleine Heidelberger Liederhandschrift (A) bringt in geschlossener Reihe 53 Strophen, von denen die ersten 26 unter dem Namen Spervogel stehen, den folgenden 27 wird der Name Der junge Spervogel vorangesetzt, aber die Numerierung der Strophen läuft einfach fort; die Große Heidelberger Liederhandschrift (C) überliefert 54 Strophen unter Spervogel; die Jenaer Liederhandschrift (J) hat 13 Strophen unter „Spervogel". Der Bestand und die Zuschreibungen der Strophen decken sich oft nicht von Handschrift zu Handschrift.

Nach Entfernung der Lieder anderer Dichter bleiben in A und C zwei verschiedene Strophentypen. Der erste ist siebenzeilig mit dem Reimschema aabbcxc; die Verse haben vier Hebungen mit Ausnahme des siebenten, der sechshebig ist; die Aussage erhält vielfach ein feierliches Gewicht durch beschwerte Hebungen (d.h. die metrische Einheit besteht aus nur einer Hebung, der die Hebung der nächsten Einheit direkt folgt); Halbreime und Assonanzen wuchern. Der zweite Strophentyp ist heterometrisch und moderner: er besteht aus drei Reimpaaren, das erste sechshebig, das zweite vierhebig und das dritte siebenhebig mit Zäsuren; die Reime sind meistens rein.

Alles deutet darauf hin, daß die zwei Strophentypen das Werk verschiedener Dichter aus verschiedenen Generationen sind. Dementsprechend schreibt man heute den siebenzeiligen Typus einem älteren Spruchdichter namens Herger, den sechszeiligen einem späteren namens Spervogel zu. Die Annahme der Namen ist eines, die Verteilung der Beute unter ihnen ein anderes.

Man k ö n n t e die Einführung des zweiten Namens „Der junge Spervogel" in A als Bekräftigung der Zwei-Dichter-These ansehen. So einfach ist die Lage nicht. Worauf sich die Bezeichnung „Der junge Spervogel" beziehen soll, ist nicht klar: auf alle folgenden Strophen oder nur auf die gleich darauf folgende(n)? Die durchgehende Numerierung der Strophen unter Spervogel und Dem jungen Spervogel ist eine weitere Verunsicherung. Nachdem man die Fremdkörper ausgeschieden hat, bleiben in A unter Dem jungen Spervogel 14 Strophen, die in C alle unter Spervogel in Inhalt und Reihenfolge genaue Entsprechungen haben. Sie gehören durchweg zu den Strophen, die jetzt Herger zugeschrieben werden. Aber die 26 Strophen in A unter Spervogel, die denen „Des jungen Spervogel" vorangehen, und die entsprechenden ersten 26 Strophen in C verteilen sich auf den Spervogel- u n d den Herger-Typ.

Man gelangt zu den Namen auf zwei verschiedenen Wegen. Alle drei Handschriften haben die Überschrift „Spervogel". Hinzu kommt in der Strophe AC 3: *Swer suochet rât und volget des, der habe danc, alse mîn geselle Spervogel sanc* (MF 20,17f.) („wer nach Rat sucht und ihn dann befolgt, dem sei gedankt, wie mein Geselle Spervogel sang"). Das bezieht sich direkt auf den Schluß der vorangehenden Strophe AC 2 [= J 1]) *und neme ze wîsem manne rât und volge ouch sîner lêre* (MF 20,16). Es ist nicht eindeutig, was man aus der Nennung zu machen hat. Streng logisch wäre AC 2 von Spervogel und das Folgende von demjenigen, der die Lieder seines fahrenden Gesellen Spervogel zitiert. Dies erweckt den Gedanken, daß die Nennung mißverstanden wurde, was zu der Dichterüberschrift geführt hat. Allerdings hat die Handschrift J auch als Überschrift „Spervogel", aber die Strophe mit der Nennung nicht. Hätte aber der Dichter Spervogel schizophren von sich als seinem „Gesellen Spervogel" reden können? Wir holen weiter aus und gehen das analoge Problem der Benutzung des Namens Herger an. Wie man auch zu dem Namen Spervogel für den Dichter gekommen sei, der Name Herger stammt aus einer der Strophen und wird nur von modernen Herausgebern zum Dichternamen erhoben.

Der Name Spervogel erscheint in einer Strophe des zweiten Typs, der Name Herger in einer des ersten, mutmaßlich älteren: *Mich müet daz alter sêre, wan ez Hergêre alle sîne kraft benam* (AC 18 = MF 26,20ff.) („das Alter beschwert mich sehr, denn es hat Herger seine ganze Kraft genommen"). Auch hier fragen wir, ob ein Dichter derart in der dritten Person von sich reden könnte? Die Lage ist jedoch anders, insofern der einzige Personenname bei Spervogel eben Spervogel ist, während in Hergers beiden ersten Pentaden (MF 25,13–26,6; 26,13–27,6) zahlreiche vorkommen. Die von Herger genannten Personen lassen sich alle identifizieren oder aufgrund ihrer Rolle und der Verbindung mit den identifizierbaren zumindest deuten. Am sichersten gelingt das mit den Personen der ersten Pentade, da es hier um Gönner geht. Diese sind zum einen literarische Gestalten legendärer Freigebigkeit: Fruot von Dänemark (MF 25,19), bekannt z. B. durch die deutsche Heldenepik und die ‚Gesta Danorum' (Dänen-Chronik) des Saxo Grammaticus (ca. 1150 – ca. 1206), und Rüdeger von Bechlarn aus dem ‚Nibelungenlied'. Zum andern begegnen uns historische Gönnergestalten, die von Walther von Hausen (wohl der zwischen 1142 und 1173 urkundende Vater Friedrichs von Hausen) über Namen, deren Identifikation problematischer ist, bis zu Fällen reichen, die nicht zu lösen sind, deren Signifikanz aber eindeutig ist, da es sich durchweg um das Gönnertum handelt. Neben „Herger" stehen in der zweiten Pentade *Kerlinc unde Gebehart* (MF 26,15, jener wieder 27,1). Sie sind nicht zu identifizieren, aber daß sie Spruchdichter oder -sänger waren, also Kollegen des vortragenden Dichters, dürfte nicht abwegig sein. Sie werden als Brüder dargestellt, und der Spruch dementiert das Hofgerücht, daß sie sich getrennt haben. Sie haben eine epische Rolle, die zur Illustration einer Moral dient, die wir nicht mehr verstehen.

Anders ist es mit der Nennung „Herger" in der nächsten Strophe: der Name steht allein, sein Träger ist nicht als Gestalt zu identifizieren, und es wird ihm auch keine Rolle zugeteilt – er wird ausschließlich genannt. Es leuchtet nicht ein, daß einer mit Bezug auf einen anderen sagen würde: „Das Alter beschwert mich, denn es hat Herger seine Kraft genommen", wenn er meint: „Es beschwert mich, daß das Alter Herger seine Kraft genommen hat". Wenn Herger redet, wird die Ausdrucksweise verständlich, doch es bleibt unklar, warum er in der dritten Person von sich spricht. Indes scheint das wie bei Spervogel der einzige mögliche Schluß.

Wozu sollten Spruchdichter von sich selbst in der dritten Person reden? Wir sehen darin ein gattungsbedingtes Merkmal der Stellung, die die vortragende Persona im Spruch einzunehmen hatte. Wenn wir die Sprüche Hergers und Spervogels zusammennehmen und als typisch für die Gattung zu ihrer Zeit akzeptieren, stellen wir fest, daß Strophen, die überhaupt eine Ich-Form enthalten, klar in der Minderheit sind. Dies ist symptomatisch dafür, daß im herkömmlichen Spruch das Ich nicht als stark individuelles Ich hervortrat. Oft bleibt es bei einer Beteuerung des Typs „ich sage euch" (Spervogel MF 22,2, 23,23; Herger MF 25,13, 26,16). Das Material ist gering, aber es scheint sich abzuzeichnen, daß Strophen, in denen eine Ich-Form vorkommt, sich zu Gruppen zusammenschließen, z. B. Spervogel C 48–51 und Herger AC 17–19. Eine Haupttaktik der Spruchdichtung besteht darin, daß der Dichter durch traditionelle Weisheiten und Heranziehung bekannter Ereignisse, deren Moral sofort als unbestreitbar erkannt wird, einen Konsens schafft. Erst dann versucht er, seine neuen althergebrachten (mit direkten oder verhüllten Bitten verbundenen) Weisheiten an den Mann zu bringen. In dieser Lage war es schlauer, „wir" zu sagen als „ich". Die Selbstnennung in der dritten Person gehört zu dieser Taktik. Sie hatte den Vorteil, daß sie Individuelles vorerst dämpfte, aber den Dichter sich trotzdem nennen ließ und andere Dichter, falls sie seine Sprüche vortrugen, zwang, ihn zu nennen und die Sprüche als sein Werk bekanntzumachen.

Als seltenes, kostbares Zeugnis dürfen wir die winzige Streuüberlieferung von fünf Strophen nicht übersehen, die in Handschriften aus Zürich, München und Wien enthalten sind (jetzt MF Abschnitt I,1). Der Vergleich zeigt Themen wie Zeitkritik und Lebensweisheit, die weder im Ton noch Inhalt sehr von Herger und Spervogel abweichen, wohl aber in Sprache und Form. Diese wirken sehr altertümlich, was freilich nicht auf frühe Entstehung hindeuten muß, dafür gibt es zwei Gründe:

Erstens scheint der Vergleich zwischen ihnen und dem Minnesang zu zeigen, daß der Spruch eine primitivere Form war und dem Minnesang nachhinkte. Minnesänger und Spruchdichter waren aber am Anfang sozial nicht vergleichbar und gingen beruflich getrennte Wege. Genauer: die Kunst der Minnesänger hatte nichts mit einem Beruf zu tun, und nur Spruchdichter mußten W e g e gehen, die mit ihrer Kunst als Fahrende direkt verbunden waren. Erst nachdem die Spruchdichtung in die Bahn der höfischen Lyrik geraten ist, kann man im vergleichenden Blick auf den Minnesang von einer Primitivität reden, die man als Nachhinken bezeichnen könnte.

Zweitens dürfen wir uns nicht verführen lassen, „früh", „altertümlich", „altmodisch", „primitiv" gleichzusetzen. Der Spruch ist ein Liedtyp, der vom Altertümlichen lebt: altehrwürdige Erfahrungen und traditionelle Lehren lassen gravitätische Ausdrucksweisen und Stilmittel erwarten. Der Spruch vermittelt hergebrachte Weisheit, die wahr und wertvoll ist, gerade weil sie aus grauer Vorzeit stammt und entsprechend präsentiert wird. Die Altertümlichkeit des Spruchs war ein Werkzeug und Gattungsmerkmal.

Wir wagen es trotzdem, Herger früher als Spervogel anzusetzen, hauptsächlich aufgrund formaler Kriterien wie der Strophenform und geringer Reinheit der Reime. Wie der Kürenberger beherrscht Herger die Kunst, redende Szenen, die die Aussage komprimiert illustrieren, zeichenhaft zu skizzieren. Er spielt auf bekannte epische Situationen aus der Heldendichtung an. Er konnte deren Gestalten als bekannt voraussetzen und für jene historische Verbindlichkeit ausbeuten, auf die es ihm ankam. Kenntnis weiteren Erzählguts, der Tierfabel, zeigt die Pentade MF 27,13–28,6: die ersten drei Strophen umreißen Geschichten von einem Wolf, die beiden letzten von einem Hund und 26,33 spielt auf einen Igel an. Auch die Tierfabel beansprucht traditionellerweise Verbindlichkeit.

Die Pentade MF 25,13–26,6 über die Lage derer, die auf Gönner angewiesen sind, unterstreicht diese Technik: sie mischt Historisches aus der Heldensage mit Aktuellem, nämlich der Nennung jüngst verschiedener zeitgenössischer Gönner, deren Freigebigkeit sie als Anreiz für potentielle Nachfolger ausbeutet. Zynismus über die Motive des Dichters darf uns aber nicht den Blick für den lebendigen und wirksamen Ausdruck seiner Notlage trüben. Vor allem Pentade MF 26,13–27,6 schildert die Lage des mittellosen fahrenden Sängers anschaulich und mit besonderem Pathos. Herger verfügte über die Kunst zu sagen, was er litt, auch wenn es vordergründig um Materielles ging. Die Verbindung von Historisch-Exemplarischen mit zeitgenössischen Gönnern; die Aufzählung mehrerer rühmenswerter Gönner in einer Strophe; die Strophe, die einem einzigen Gönner gewidmet wird: das sind Typen, die Walther-Sprüche (etwa 19,17; 16,36; 34,34) vorwegnehmen. Aus der Frühzeit des Spruchs werfen nur dieser und Herger Licht auf die Eigenart des Sängerberufs und die Wichtigkeit der Gönner. Wir ahnen aber auch einen Unterschied: bei Herger spüren wir die Laufbahn des wandernden Unterhalters, der n u r mit kurzfristigen Auftritten an verschiedenen Höfen rechnete, während Walther Festeres suchte und nur, weil dies scheiterte, auf die nächste Etappe des Wanderwegs getrieben wurde. Er hält sich trotz seines Spruchdichtertums von *den gernden* (wörtlich: „[Lohn] verlangenden [Sängern]") fern.

Hergers Themenkreise schließen sich mit der Pentade (MF 29,13–30,6), die sich mit praktischen Verhaltensregeln in verschiedenen moralisch-ethischen Lagen befaßt, und der Pentade MF 28,13–29,6 sowie der Triade MF 30,13–30,27, in denen es um den Glauben bzw. Christi Leiden geht.

Trotz formalen Fortschritts wirken Spervogels Sprüche blasser als diejenigen Hergers. MF 21,5 enthält zwei Verse, die sich bei Herger vielleicht zu zwei Tierfabeln formiert hätten, bei Spervogel aber komprimiertes Sprichwort sind: *Waz vromt dem rosse, daz ez bî dem vuoter stât, und einem wolve, daz er bî den schâfen gât, der in diu beide tiure tuot?* („was nützt es dem Roß, daß es neben dem Futter steht, und dem Wolf, daß er unter die Schafe kommt, wenn einer es ihm jeweils vorenthält?"). Er moralisiert unverblümter, und wo es um illustrative Ereignisse und nicht um den nackten Ausdruck einer Moral geht, unterscheiden sich die beiden darin, daß Spervogel am Anfang verrät, daß es um ein allgemeines moralisches Prinzip geht, während Herger erzählt und die Moral aus dem Erzählten herausholt. Symptomatisch dafür ist, daß 9 der 23 Spervogel-Strophen mit einer verallgemeinernden Form wie *swer* oder *swâ* einsetzen. Solche Anfänge sind bei Herger selten, dafür treten *swer*-Sätze später in der Strophe auf, wenn es ans Deuten geht (MF 26,33; 27,6).

Vortragsgruppen zeichnen sich bei den Spervogel-Strophen nicht ab. Obwohl ihnen die konkrete Eindeutigkeit von Walthers Gelegenheitssprüchen fehlt, fragt man sich doch in einigen Fällen, ob sie auf bestimmte Situationen und Ereignisse gemünzt sind: die Strophe MF 20,25 z. B., die Geduld, Ausdauer und Heldenmut nach einem Unglück empfiehlt und u.a. durch den Gebrauch der Tempora den Eindruck erweckt, es handle sich um ein dem Publikum bekanntes Unglück. Trotzdem bleibt die Anspielung so allgemein, daß der Spruch leicht Schablone sein könnte, für jede passende Katastrophe einsatzbereit. Spervogels Empfehlung, sich nach dem Wetter zu richten, enthält wohl sein Rezept für das Program für den nächsten Hof: *Wan sol den mantel kêren, als daz weter gât* (MF 22,25) („man soll den Mantel nach dem Wind [eigentlich: Sturm] hängen").

Zeitlich ist der Abstand zwischen Herger und Walther größer als zwischen Spervogel und Walther, literarisch ist er geringer. Thematische Gruppierung der Sprüche; die Palette der Themen, die Einblick in die materielle Not und die Demütigungen geben, die das Wanderleben des Fahrenden mit sich brachte; die Bedeutung des knauserigen oder großzügigen Gönners für seine Kunst; eine ins Herz der Sache dringende Rhetorik: all dies zeigt sich unserem Blick zum ersten Mal bei Herger und läßt Walthers Weg zur Vollendung des Spruchs vorausahnen.

## Walther von der Vogelweide: Grenzüberschreitung, Aneignung, Integration

### *Walthers Leben*

Walther rüttelt an der Glaubwürdigkeit aller Behauptungen über die mhd. Lyrik als Rollendichtung (s. S. 75). Sie neu zu durchdenken, nötigen der Umfang seines Werks, seine geniale rhetorische Begabung und die Tatsache, daß er – abgesehen von politischen Figuren wie Kaiser Heinrich oder Friedrich von Hausen – der erste deutsche Lyriker ist, von dem wir eine Lebensskizze anfertigen können, sei sie noch so lückenhaft. Wir verfügen hier über Materialien, die es uns zu ermöglichen s c h e i n e n, zwischen dichterischer Persona und wirklicher Persönlichkeit zu unterscheiden bzw. die beiden Größen zu verschmelzen. Walther ist zum Opfer der eigenen überzeugenden Redekunst geworden, denn sie führt zur Verschmelzung und gab Anlaß, über den Ernst seiner Äußerungen und seine persönliche Integrität zu debattieren. Solches Räsonnement hat sogar bei der relativen Datierung seiner Lieder eine Rolle gespielt. Man verstand Ansichten und Gefühle, die im Zusammenhang mit gewissen Rollen wiederkehren, autobiographisch und bildete daraus Liedgruppen, die man verschiedenen Schaffensperioden zuordnete, als ob man die Scherzos eines Symphonikers einer Periode und die langsamen Sätze einer anderen zuschreiben wollte. Wir beginnen mit einem Umriß der Etappen von Walthers Leben, die die Sprüche durch ihren Bezug auf historische Ereignisse und identifizierbare Personen bestimmbar machen.

Über Ort und Zeit von Walthers Geburt wissen wir nichts und von seinem Stand nur das Wenige, Vieldeutige, was aus seiner Dichtung, den Erwähnungen seiner Person bei anderen Dichtern und der unklaren Bezeichnung *cantor* der Wolfger-Urkunde (s. S. 41) zu schließen ist. Bei den zahlreichen Versuchen, seine „Vogelweide" mit gleichnamigen Orts- oder

Flurnamen zu identifizieren, war der Wunsch der Vater und die Heimatliebe die Hebamme des Gedankens. Unter anderen haben Mainfranken, unterstützt von der bis zum 14. Jahrhundert zurückreichenden Tradition, daß Walther im Kreuzgang des Stifts Neumünster in Würzburg begraben war, und Österreich Ansprüche erhoben. Argumente und Gegenargumente haben letztlich aber nur die Überzeugung unerschüttert gelassen, daß Walther geboren wurde.

Wichtiger ist Walthers Aussage über die Ursprünge seiner Kunst: *ʒe Œsterrîche lernde ich singen unde sagen* (32,14). Dem entsprechen seine wiederholten Versuche, am Wiener Hof Fuß zu fassen. Im Zusammenhang mit Reinmar sind wir auf Walthers vermutliche Schaffenszeit von ca. 1190 bis ca. 1230 eingegangen (S. 166ff.). Das deutet auf ein Geburtsdatum um 1170, und da keiner seiner Sprüche später als 1229/30 zu datieren ist, vermutet man, daß er um 1230 gestorben ist.

Handschrift A benutzt für Walther wie für andere Dichter – außer etwa für Adlige – keine Standesbezeichnung; B und C nennen ihn *hêr*, aber sie „adeln" gern und ihre Reihung der Dichter nach dem vermuteten sozialen Rang verrät eine Art Gotha-Komplex; E beginnt den Walther-Abschnitt mit: *Hie hebent sich die lieder an des meisters von der vogelweide hern walthers*; die Bezeichnung *meister*, gewöhnlich Zeichen einer (klerikalen) Ausbildung, wird durch *her* relativiert und ist eher als Anerkennung von Walthers künstlerischer Meisterschaft zu verstehen, ohne den „akademischen" Sinn auszuschließen (vgl. Bd. II/2, S. 98); die Bezeichnung *cantor* in der Wolfger-Urkunde könnte auf ein Amt deuten, aber ebensogut schlicht „Sänger" heißen; andere Dichter betiteln Walther mit *hêr*, aber dies kann kollegiale Bonhomie sein, so bei Wolfram im ‚Parzival' (297,24 – *hêr Walther*), oder ironisch gemeint sein, so gewiß von Wolfram im ‚Willehalm' (286,19 – *hêr Vogelweid*); schließlich läßt Walther sich von einem Sängerkollegen *her Walther* (18,11) nennen. Vor allem in der Anrede ist *hêr* zu ungenau, um Walthers Stand zu bestimmen. War dieser überhaupt statisch und unabänderlich? Der Spruch *Ich hân mîn lêhen* (28,31), in dem Walther über den Empfang eines langersehnten Lehens jubelt, könnte gerade eine Statusänderung zeigen.

Seinem Werk dürfen wir entnehmen, daß er bei Hof toleriert wurde – an manchem nur vorübergehend. Auf Grenzstatus zwischen verschiedenen Ständen deuten seine Versuche, an einem Hof festen Fuß zu fassen, und der bescheidene Stolz seiner Selbstschilderung: *bin ich doch, swie nider ich sî, der werden ein, gnuoc in mîner mâze hô* (66,37f.) („ich bin doch, wie niedrig ich auch sein mag, einer der Ehrenvollen, nach meinen eigenen Maßstäben hoch genug"). Wir vermuten eine Schulerziehung oder mehr. Seine Kenntnisse der formalen Rhetorik legen es ebenso nahe wie seine Bekanntschaft mit der lateinischen Vagantendichtung, deren Einfluß in seinem Werk spürbar ist und mit deren Leben und Treiben er wohl auf Reisen in Kontakt kam.

Walther nennt Gönner in seinen Sprüchen: drei Kaiser und etliche adlige Herren, darunter die höchsten Fürsten des Reichs. Da sich einige Kaiser-Sprüche auf Regierungsantritte beziehen, konzentrieren wir uns vornehmlich auf die Kaiser, um einen zeitlichen Rahmen für Walthers Tätigkeit festzulegen.

P h i l i p p  v o n  S c h w a b e n (König/Kaiser 1198–1208): Sprüche im Reichston (8,4; 8,28) und Ersten Philippston (19,29; 18,29), die zu Walthers ersten zu rechnen sind, gehören in die früheste Regierungszeit Philipps, z. T. in die Zeit zwischen seiner Wahl am 8. August 1198 und Krönung am 8. September. Sie zeigen ihn enthusiastisch in Philipps Dienst. Einige Jahre später erscheinen weitere im Zweiten Philippston (16,36 und 17,11), die Philipp Großzügigkeit anempfehlen, und im Ersten Philippston (19,17), die ihm im Namen der *nâhe spehenden* („scharfsinnigen Beobachter") Geiz vorwerfen. Nichts markiert das Ende von Walthers Beziehung zu Philipp oder beklagt seine Ermordung. In Philipps Regierungszeit fallen auch an andere Gönner gerichtete Sprüche: z. B. Walthers Bemühungen, am Wiener Hof des Babenbergers Leopold VI. (Herzog von Österreich 1198–1230) aufgenommen zu werden (z. B. 20,31; 84,1); sein Lob der Großzügigkeit Hermanns von Thüringen nebst Kritik der Störenfriede an dessen Hof (20,4), das mit der Kritik der *nâhe spehenden* über Philipps Geiz verbunden ist, da die beiden Sprüche im selben Ton und vielleicht für Hermanns Hof bestimmt sind; Wolfger erscheint in dieser Zeit als aktiver Gönner Walthers in jener Reiserechnung, die Walther wieder in der Nachbarschaft des heiß ersehnten Wien lokalisiert.

O t t o  I V.  v o n  B r a u n s c h w e i g (König/Kaiser 1208–1218, tatsächlich bis 1214): Kein Spruch Walthers bezieht sich auf die Anfänge Ottos, was die Annahme eines Realitätsbezugs der Sprüche unterstützt, denn Otto hatte seine ersten Königsjahre überwiegend in Italien verbracht. Seine Rückkehr (1212), sein Auftreten als gekrönter Kaiser begrüßen dann mehrere Sprüche, vor allem drei im Ottenton (11,30; 12,6; 12,18), jeder feierlich mit *Hêr keiser* beginnend. Von ihnen wurde besonders der erste wohl im Dienst gerade d e r Reichsfürsten komponiert, deren Verschwörung Otto zur Rückkehr gezwungen hatte; der Spruch beteuert ihre Treue Otto gegenüber und ihre Unschuld an den Machenschaften, im Falle Dietrichs von Meißen so überschwenglich, daß es sich beinahe witzelnd anhört: „und besonders der Meißner, er gehört gewißlich zu Euch: es würde leichter ein Engel dazu verleitet, Gott untreu zu werden" – zweckmäßiger Weise wird der Fall Luzifers vergessen. (Wir dürfen weder dem Kaiser noch Walther noch dessen Auftraggeber Naivität vorwerfen: bei Versöhnungen zwischen Herrn und Lehnsmann oder rivalisierenden Mitgliedern einer Familie bekräftigte man gegenseitige Treue durch Gottesdienst und schwelgerische Eide, die als Gesten zum Übertünchen der Differenzen erwartet wurden.) Bittere Enttäuschung über Dietrichs Undankbarkeit für die geschickte Verteidigung tut sich in zwei Sprüchen des

Meißnertons kund (105,27; 106,3). Der Abfall Walthers von Otto präsentiert sich wie bei Philipp als Anklage wegen des Ausbleibens versprochener Belohnung (26,23), wofür Geiz als Beweggrund genannt wird (26,33).

F r i e d r i c h I I. (König/Kaiser 1212–1250): Walthers Rückkehr auf die Seite der Staufer artikuliert sich schon in den Strophen, in denen die kleinen Vorzüge des körperlich großen Otto mit den großen Vorzügen des körperlich kleinen Friedrich verglichen wurden. Mehrere Sprüche richten sich an Friedrich und widmen sich z.T. Reichsangelegenheiten wie dem wiederholt verschobenen Kreuzzug und Friedrichs Problemen mit der Königswahl seines Sohns Heinrich (29,15), Walthers materiellen Bedürfnissen (28,1) bzw. deren Befriedigung durch die Verleihung eines Lehens (28,31) wahrscheinlich um 1220. In diesem Jahr verließ Friedrich Deutschland, um sich in Rom zum Kaiser krönen zu lassen und in sein sizilianisches Königreich zurückzukehren, angeblich um den Kreuzzug vorzubereiten. Er ließ den zehnjährigen Heinrich, 1220 zum deutschen König gewählt, in Deutschland zurück, wo er den Kölner Erzbischof Engelbert zum Reichsverweser und Vormund Heinrichs bestimmt hatte. Zu Walthers Lebzeiten sollte der Kaiser nicht nach Deutschland zurückkehren. In zwei Sprüchen wendet sich Walther an Engelbert, dessen Tugenden er uneingeschränkt lobt (85,1) und dessen Ermordung (im November 1225) er anrührend beklagt, den Mörder mit den greulichsten Strafen bedrohend (85,9). Den unerzogenen Missetaten des jungen Königs gelten zwei Strophen im Heinrichston (101,23; 102,1) und das didaktische Palindrom-Lied 87,1, dessen spielerische Form und schulmeisterlicher Inhalt gut zur Erziehung der Jugend passen: die drei gehören wohl zu Walthers spätesten Werken.

Andere Gönner werden von Walther erwähnt. Oft sind sie nicht genau zu identifizieren und in keinem Fall lassen sich die Beziehungen präzise datieren. Zu nennen ist vor allem Hermann von Thüringen, an dessen Hof sich Walther in den ersten beiden Jahrzehnten des 13.Jahrhunderts mindestens zwei- oder dreimal aufgehalten hat (er spricht auch Hermanns Sohn und Nachfolger Ludwig IV. an: 85,17). Weitere nicht bestimmbare Beziehungen betreffen Hermanns Schwiegersohn Dietrich von Meißen, Friedrich I. von Österreich und seinen Bruder und Nachfolger Leopold VI., an den mindestens neun Sprüche aus verschiedener Zeit gerichtet sind, Wolfger von Erla, einen Ludwig (I. von Bayern?), einen „Kärntner" (Bernhard II.?) und einen „von Katzenelnbogen" (Diether I. oder II.?).

## *Walther der Spruchdichter: Literatur als Beruf?*

Es ist künstlich, Spruchdichtung und Minnesang bei d e m Dichter zu trennen, der die beiden Gattungen als erster verbunden und die soziale Kluft zwischen ihren Vertretern überbrückt hat, so entmutigend und qualvoll das Unternehmen für ihn gewesen sein mag. Aus praktischen Gründen der Darstellung trennen wir trotzdem die beiden Gattungen, denn erst aufgrund von Walthers Produktion besteht Gelegenheit, auf die Natur der Spruchdichtung einzugehen. Was Walther aus den beiden Gattungen gemacht hat und wie sie sich in seinem Œuvre wechselseitig befruchten, verlangt ohnehin gesonderte Behandlung.

Seine Suche nach Mäzenen spricht als Indiz dafür, daß er für den Lebensunterhalt auf seine Kunst angewiesen war. Trotz des Rangunterschieds dürfen wir unsere Vermutung Hausen gegenüber, er verdanke seine erfolgreiche Laufbahn als Ministeriale zum Teil seiner rhetorischen Begabung, auch für Walther gelten lassen. Man hat seine Schreib- und Schreiberkunst wohl für „praktische" Zwecke verwendet; der erwähnte Fall Dietrichs von Meißen ist, was ihren propagandistischen Einsatz betrifft, gewiß nur die Spitze des Eisbergs.

Möglicherweise zeigt Lied 90,15, das insofern als Minnelied gelten kann, als die Klage über den Verfall der Sitten hauptsächlich das Verhältnis zwischen *man* und *wîp* betrifft, daß Walther auch von seinem Minnesang lebte. Am Ende verkündet er: „Wenn die Welt nicht bald besser wird, dann will ich leben, so gut ich kann, und mein Singen aufgeben." Die mhd. Syntax würde nicht ausschließen, daß der Sänger leben muß, so gut er kann, w e i l er das Singen aufgegeben hat – was Walthers materielle Abhängigkeit von seiner Kunst auch in der Sphäre des Minnesangs bezeugte.

Wir können nicht wissen, ob Walther als Minnesänger oder als Spruchdichter oder als Sänger in beiden Metiers begonnen hat. Man meinte, er hatte am Hof des Babenbergers Friedrich I. als Minnesänger angefangen und war nach dessen Tod gezwungen, Wien zu verlassen, weil ihn Friedrichs Nachfolger Leopold nicht dulden wollte. Im Hintergrund spielt meistens der Gedanke eine Rolle, daß die „Fehde" mit Reinmar eine Ursache für die Vertreibung aus Wien gewesen ist. Walthers Reisen nach der Wiener Zeit, die ihn an den Hof Philipps von Schwaben brachten, sollen ihn auch zur Spruchdichtung geführt haben. Wir malen ein anderes Bild, das sich bloß durch andere Akzente von dem herkömmlichen unterscheidet.

Hat Walther tatsächlich u. a. eine rhetorische Ausbildung genossen, dann entsprach dies entweder seinem Stand oder es hat sich jemand für einen begabten Jungen interessiert. Mindestens an eine Dom- oder Klosterschule und – im Blick auf Walthers Kenntnisse – eine Klerikerausbildung wird zu denken sein. Leute mit einer solchen Ausbildung wurden als schreibkundige Beamte am Hof eingesetzt. Man vermutet solches für Veldeke und Gottfried. Woher stammt aber Walthers Kenntnis der Vagantenpoesie und auch der Spruchdichtung, und wann hat er sie erworben? Wir halten es für ebenso wahrscheinlich, daß die Bekanntschaft mit beidem aus seiner „Studienzeit" vor seinem (mutmaßlichen) Aufenthalt am Babenberger Hof herrührt und nicht erst aus der Wanderzeit, die seiner „Ausweisung" aus Wien gefolgt sein soll. Durch Geburt oder Ausbildung oder beides a k z e p t a b e l am Hof, mag Walther von Anfang an nicht nur als vielseitig tätiger Lyriker, sondern auch als schriftkundiges, beredtes Faktotum dort tätig gewesen sein.

Der Spruch *Dô Friderich ûz Œsterrîch alsô gewarp* (19,29) galt gemeinhin als Klage über den Tod Herzog Friedrichs (1198 auf der Kreuzfahrt) und damit über das Ende einer goldenen Zeit des Minnesangs am Babenberger Hof. Man hat aber eingewandt, daß nichts über dieses Florieren gesagt wird, das ohnehin überraschen würde, da Friedrichs Vater Leopold V. – wohl der Gegenstand von Reinmars „Witwenklage" (s. S. 168f.) – noch zur Zeit seines Todes (1194) wegen der Gefangennahme und Erpressung des Kreuzfahrers Richard Löwenherz unter dem Kirchenbann stand. Die versprochene Teilnahme am Kreuzzug, die zu Friedrichs Tod führte, war Teil der Leopold und Friedrich auferlegten Strafe. Wenn dies in Wien eine freudlose Zeit gewesen ist, dann könnte ein anderer Spruch (24,33), der aus dem Mund des personifizierten Wiener Hofs seinen Verfall schildert und bisher auf die Zeit nach Walthers Abschied 1198 bezogen wurde, auf die durch die Gefangennahme Richards verursachte Misere anspielen. Fazit: Walthers Wendung zur Spruchdichtung begann nicht – notgedrungen – mit der Verbannung von einem fröhlichen Wiener Hof.

Wir haben den Beginn von Walthers Spruchdichtung neu zu überlegen. Die jeweils einzige Strophenform Hergers oder Spervogels ist unkompliziert. Walthers Spruchstrophen sind beinahe so verschieden in ihren Formen wie seine Liedstrophen und beinahe so komplex.

Sie gebrauchen meistens den stolligen Bau, den das deutsche Minnelied der romanischen Kanzone verdankt. Modifizierung erscheint z. B. in einer größeren Freiheit in den Reimen des Aufgesangs: von den Stollen eines Minnelieds würde man etwa aab/aab erwarten, aber der Spruch kann mit der aufgelockerten Form aab/ccb auskommen; auch metrisch sind die Sprüche freier, beschwerte Hebungen, einsilbige Takte, kommen häufiger vor als in den Liedern. Walthers Lied (75,25) benutzt in den sieben Versen von jeder Strophe den gleichen Reimvokal und die fünf Strophen exerzieren in alphabetischer Reihenfolge die fünf langen Vokale durch. Wer solches leistet, leidet nicht unter Reimnot im gewöhnlichen Sinne. Trotzdem ist jedes Reimschema ein Zwang, und es ist denkbar, daß die reduzierte Strenge der Sprüche ein Zeichen dafür ist, daß es hier stärker um die Aussage geht, die noch weniger von der Form beeinträchtigt werden darf.

Walther überträgt die kunstreiche Strophenform des Minnesangs auf den Spruch, und dies scheint sein persönliches Verdienst gewesen zu sein, das wir der Personalunion des Minnesängers und des Spruchdichters in ihm zuschrieben. Von den skizzierten Modifikationen abgesehen, bemerken wir nichts von einer allmählichen Entwicklung der Spruchstrophe bei Walther. Die Übertragung liegt in vollendeter Form vor. Ein Sonderfall ist der Reichston, dessen beide ersten Sprüche (8,4; 8,28) aufgrund des Inhalts zu Walthers frühesten zählen. Die „einfache" Strophenform wurde aber zu Unrecht als Zeichen des Frühstadiums verstanden. War Walther auf die Idee gekommen, seine Erfahrungen als Minnesänger mit der anspruchsvollen Form des Minnesangs für den Spruch anzuwenden, so bedurfte es, wie wir es auch erleben, keiner Anfängerschritte mit der Form. Schließlich ist die Reichstonstrophe nicht rückständig.

Die lange Form umfaßt 25 vierhebige Verse, Reimpaare mit einer Waisenterzine als Schluß (aa bb [...] jj kk lxl). Das ist nicht bloß das Metrum des höfischen Romans auf die Lyrik angewandt, denn weibliche und männliche Kadenzen alternieren streng, was der Roman nicht kennt. Ihre Melodie ist nicht erhalten, aber wir empfinden die Strophe auch ohne die Melodie als expressive Sonderform von einer beharrlichen Eindringlichkeit und kunstvoll täuschender Einfachheit; sie dient einem besonders feierlichen Zweck: der Analyse der politischen, moralischen und religiösen Leiden des Reichs zur Zeit der Doppelwahl – und vielleicht auch dem Eintritt Walthers und der Spruchdichtung in die Reichspolitik.

Der Satz klingt pathetisch, aber ist das Pathos hohl? Hatte ein Spruchdichter etwas in der hohen Politik zu suchen, und konnte er etwas erreichen? Verglichen mit der Forschung des 19. Jahrhunderts klingt unser gedämpftes „ja" wie ein hinaustrompetetes „nein". Die biographische Auslegung von Walthers Minnesang umfaßte seine Spruchdichtung und ließ auch die hier adoptierten Rollen für bare Münze nehmen und in Walther den weisen Berater und gefürchteten Kritiker von Fürsten und Kaisern sehen. Das hieße, die harte Realität des mittelalterlichen Kastensystems zu übersehen, und war mit den Bittstrophen dieses stolzen Staatsmannes schwer vereinbar.

Walthers Sprüche sagen oder lassen ahnen, daß er an den Höfen der Bedeutendsten des Reichs, dreier Kaiser, des Landgrafen Hermann, des Reichsverwesers Engelbert, des Patriarchen Wolfger usw. aufgetreten ist. Manchmal ist die Szene des Auftritts als imaginär zu verstehen, so bei der persönlich ausgedrückten und in der „du"-Form gehaltenen Kritik an Kaiser Philipp hinsichtlich seiner Knauserigkeit (19,17), die wegen des Inhalts und der persönlichen Sicherheit besser am Hof Hermanns vorzutragen war. Aber trotz solcher Fälle glauben wir, daß der implizierte gesellschaftliche Rahmen manchmal tatsächlich den Ort – vielleicht den der ersten Aufführung – dargestellt haben wird. Das heißt nicht, daß die Texte nicht wiederholt an anderen Orten vorgetragen wurden, wobei der ursprünglich reale Rahmen als Szenerie der Phantasie mittransportiert wurde. Es hieße aber viel, daß ein Spruchdichter, selbst einer mit dem Minnesang als zweitem Eisen im Feuer, an solchen Höfen überhaupt auftreten durfte. Anspruchsvollere Mäzene werden nicht aufs Geratewohl einen jeden zugelassen haben. Walthers Ruf oder eine Empfehlung wird ihm vorausgegangen sein.

In seiner Schilderung der Zeit, seinen Ansichten über Religion, Sitten und den schlimmen Zustand der Welt gibt Walther der allgemeinen Stimmung nach der Katastrophe vom Tod Heinrichs VI. Ausdruck. Da geht er nicht über den Themenkreis der älteren Spruchdichtung hinaus. Neu ist, daß er sich in die Politik einmischt. Wenn wir fragen, ob dies geduldet wurde oder gewirkt haben kann, müssen wir zwischen Themen unterscheiden und den eingenommenen Standpunkt berücksichtigen. Die Reichstonsprüche sind auch in diesem Punkt instruktiv.

Sie werden pauschal als „politisch" bezeichnet, aber das gilt weniger für die beiden ersten und für alle drei nur unter starkem Vorbehalt. Einer wie Walther mußte die richtige Rolle entdecken, wollte er solche Themen behandeln und seinem Auftritt Glaubwürdigkeit verleihen. Die parallelen Eröffnungsworte: *Ich saz* (8,4) [...] (in der Pose, die seit jeher den Denker kennzeichnet) [...] *dô dâht ich*; *Ich hörte* [...] *unde sach*; (8,28) *Ich sach* [...] *tougen, dâ ich gehôrte und gesach* (9,16) („Ich sah [...] heimlich, so daß ich hörte und sah"), definieren sofort die Rolle(n). Walther tritt nicht als politischer Akteur auf – dazu war er nicht befähigt –, sondern im ersten Spruch als Denker (s. das Umschlagsbild), im zweiten als Seher und Hörer, und im dritten, da seine Beobachtungsgabe bis in die Herzen hinein und nach Rom reicht, als Hellseher und „Hellhörer".

Der erste Spruch fragt, wie man den Erwerb von materiellen Gütern mit Ehre und Gottes Gnade vereinen könne. Das wird nicht als religiöse Frage im Sinne der grundsätzlichen Unvergleichbarkeit des Materiellen und des Geistigen präsentiert, sondern als ein in jenen Tagen besonders brennendes ethisches Problem, für das es eine Lösung gibt. Erst hier kommt die Politik ins Spiel: in der Gegenwart gewinne man Reichtum nur auf ehrlose Weise, was natürlich Gottes Gnade verwirkt; die Lösung besteht in der Wiederherstellung des Friedens und des Rechts durch die Krönung eines Königs – heraufbeschworen durch die Anspielung auf die Formel *pax et iustitia* des Krönungseids. Walthers Eingreifen ist berechtigt, da es im Namen eines denkenden Moralisten geschieht, der einen politischen Weg sieht.

Der zweite Spruch verfährt ähnlich, bildet aber eine Brücke zum dritten, indem sich die Denker-Rolle jetzt zu der des Beobachters verschiebt und die Vorwärtsbewegung der Strophe einer Einstellung des Blicks auf immer Kleineres gleichkommt. Er richtet sich auf die Schöpfung, auf das Mineral-, das Pflanzen- und das Tierreich und konzentriert sich schließlich auf das letztere, und zwar in absteigender Folge auf einen seiner kleinsten Vertreter, die Biene, die eine Lehre bietet: Das Tier-Reich hat ein starkes politisch-juristisches System, das Deutsche Reich beschämender Weise nicht. Walthers gekonnte Propagandakunst zeigt sich erstens in der Wendung *tiuschiu zunge*, dem einzigen Mittel, die in Baiern, Schwaben, Sachsen usw. gespaltenen „Deutschen" durch das Wappen ihrer gemeinsamen Sprache zusammenzufassen; zweitens im Gedanken, daß die Tiere Könige „wählen" (*sie kiesent künege* 9,6), der antikes Gedankengut tendenziös auf das Reich zurechtbiegt, das allein Könige w ä h l t e. Die Moral des zweiten Spruchs ist ein Nachhall des ersten: es muß ein König gekrönt werden (bzw. es muß der König die Krone öffentlich aufsetzen – was den weiteren sinnvollen Vortrag der Strophe sicherte). Auch in der Moral wird die Präzisierung des Spruchs fortgesetzt, denn König Philipp und die zum Leidwesen der Anhänger Ottos in Philipps Händen sich befindende echte Krone mit dem Waisen – dieser einzigartige Edelstein steht als pars pro toto für die Krone – werden genannt.

In beiden Sprüchen bezieht Walther seine Berechtigung, sich zu äußern, aus der Rolle des weisen Beobachters, und erst, nachdem er die Lage bedacht hat, erkühnt er sich, eine politische Lösung anzugeben. Die Politik wird zum Schluß als Hoffnung des gemeinen Mannes herangezogen – eine Rolle, die einem Walther zustand.

Der dritte Reichstonspruch, wohl 1201, drei Jahre nach den anderen entstanden, verrät sofort, daß sein Thema politisch ist: Der Hellseher beschreibt die Kämpfe zwischen den Anhängern Philipps, des minderjährigen Friedrich und den Anhängern Ottos – die Parteien vereinfachend Laien bzw. Geistliche genannt (diese wegen päpstlicher Unterstützung für Otto). Er analysiert die Machenschaften der römischen Kurie, die zum Kirchenbann als Waffe greift, schlägt aber nicht wie in den vorangehenden Sprüchen eine politische Lösung vor, sondern läßt alles in eine Klage über den Zustand des Reichs ausklingen, der die Erklärung für den Mißstand angeschlossen wird: der Papst ist zu *junc* („unerfahren"). Klage und Erklärung stammen aber von einem frommen Einsiedler, dem Sprachrohr des echten, nicht institutionellen christlichen Geistes (Walther kehrt noch zweimal zu ihm zurück: 10,33; 34,33).

Die Besetzung einer geeigneten, glaubwürdigen Rolle war für Walther ein Weg in die politische Thematik. Ein anderer war das Auftreten als beredtes Sprachrohr im Dienst derjenigen, die wirklich Reichspolitik betrieben. Der Spruch im Ottenton: *Herre keiser, sît ir willekomen* (11,30), der den zum Kaiser gekrönten Otto nach der Rückkehr aus Italien begrüßt, wurde im Dienst Dietrichs von Meißen, um den Kaiser günstiger zu stimmen, vielleicht beim Frankfurter Reichstag 1212 vorgetragen. Die beiden parallelen Otten-Sprüche (12,6 und 12,18), auch mit *Her keiser* beginnend, gehören so eng mit dem ersten zusammen, daß sie, auch ohne Dietrich zu erwähnen, wohl Teil desselben Auftrags waren. Es ist denkbar, daß Walthers mit göttlicher Symbolik beladene Schilderung des Magdeburger Weihnachtsfests von 1199 durch das überschwengliche Lob der Sachsen und Thüringer darauf hindeutet, daß der Spruch eher im Auftrag Hermanns von Thüringen als Philipps komponiert wurde. Oder Walther nutzte die Gelegenheit, um mit dem Hof Hermanns anzubandeln. Wir hätten dann eine Brücke zu der Aufführung des Spruchs 19,17 (s. S.198) – wie der Magdeburger Spruch im Ersten Philippston – an einem Hof wie Hermanns: der Vorwurf des Geizes an Philipp hätte sich gut ausgenommen in der Gegenwart Hermanns, dessen Rolle es war, sich dem Meistbietenden zu verkaufen. Deutlicher in seinem Dienst steht der erste Spruch des Meißnertons (105,13), den wir ebenfalls auf die Zeit von Ottos Rückkehr aus Italien zu beziehen haben und in dem Walther eine andere Taktik als beim Reinwaschen Dietrichs (11,30) anwendet: er spricht Hermann von verräterischem Intrigieren frei, indem er den Kaiser bittet, dem Landgrafen zu verzeihen, weil dieser anders als die feigen *diebe* ganz offen Ottos Feind war.

Die Auswahl der politischen Sprüche, die möglicherweise bei Walther in Auftrag gegeben wurden, rundet der Spruch 29,15 im König-Friedrichs-Ton ab, den man auf die Zeit vor Friedrichs Abfahrt 1220 nach Italien datiert. Er beginnt mit den unerschrockenen Worten: *Ir fürsten, die des küniges gerne waeren âne* („Ihr Fürsten, die Ihr den König gerne los wärt") und erläutert, wie dies zu erreichen sei. E i n e Bedingung wird offen ausgesprochen: die Fürsten sollen Friedrich beim Kreuzzug unterstützen – der würde ihn *tûsent mîle und dannoch mê* aus Deutschland entfernen; vielleicht bleibt eine weitere Voraussetzung unausgesprochen: die Fürsten sollen ihm helfen, die Krönung seines Sohnes zustandezubringen. Dies lag dem König sehr am Herzen. Walthers verdrehtes Argument erweist sich als gerissenes Manöver in dessen Dienst. Kurz vor der Zeit der Verleihung des Lehens an Walther, dessen Dank im selben König-Friedrichs-Ton erscheint (28,31)?

Die Beantwortung der Frage nach der Wirkung solcher Publizistik ist noch hypothetischer. Einen Hinweis scheint ‚Der Welsche Gast' Thomasins von Zerklaere zu geben (s. S. 446). Dieser kritisiert (v. 11191ff.) Walther (er redet nur von dem *guote[n] kneht*, aber paraphrasiert dabei wichtige Verse Walthers). Die Kritik gilt dem Spruch gegen die Opferstöcke, die Papst Innozenz III. 1213 in Kirchen aufstellen ließ, um Geld für einen Kreuzzug zu sammeln. Dieser Spruch (34,4) gehört zu Walthers bittersten Invektiven, auch zu den dramatisch gelungensten – man nehme nur die zur Charakterisierung dienenden „welschen" Fremdwörter, die dem italienischen Papst in den Mund gelegt werden: *Allamân* („Alemannen" für „Deutsche"), *wasten* („verwüsten") oder das seidene antithetische Gleichgewicht des Satzes: *ir tiutschez silber vert in mînen welschen schrîn*. Thomasin wirft Walther vor, er habe den Papst damit verleumdet und so seine anderen, „guten" Gedichte entwertet; *tihtaere* und *predigaere* sollen nicht leichtsinnig und lose reden; Thomasin geht zur Rezeptionsgeschichte mit der Behauptung über, Walther habe „tausend Menschen zu Narren gemacht, so daß sie das Gebot Gottes und des Papstes nicht beachteten".

Dieser zweifelhafte Tribut, den Thomasin der Effizienz des Waltherschen Dichtens zollt, mag ein treues Bild seiner Wirkung sein oder nicht. Schreibt Thomasin aber auf eigene Faust oder für Wolfger von Erla? Die Verurteilung Walthers in Verbindung mit dem Lob der früheren Gedichte könnte gut zu Wolfgers Position passen; als einziger Gönner Walthers, der der Buchprüfung standhält, war er ein Bewunderer (gewesen?); als Patriarch versuchte er gerade eine Vermittlerrolle zwischen Kaiser und Papst zu spielen. Es wäre dem Dichter Thomasin nicht zu verdenken, wenn er die Schlagkraft der Literatur überschätzte. Dagegen konnte ein Dichter, der zu den großen Höfen Zugang hatte, viele erreichenswerte Ohren erreichen, so daß man ihn als nützliches Werkzeug gern gebrauchte. Die Sprüche eines beliebten Künstlers verbreiteten sich wohl kaskadenartig, wenn andere Sänger sie vortrugen; Walthers Subtilität und Überredungskunst werden geeignet gewesen sein, Schwankende zu überzeugen und Überzeugte zu bestärken, ob sie Andersgesonnene überredeten oder nicht.

Die Musterung der Themenkreise von Walthers Sprüchen begann mit der politischen Arena, weil sein Eintritt in diese die problematischste seiner Unternehmungen und die überraschendste seiner Innovationen war. Die ganze Skala umfaßt viele Themen, von denen wir einige anschneiden. Die Breite der Skala – auch der Liedtypen (Kreuzlieder, Minnelieder, religiöse Lieder, Zeitkritik) – hat zu einem Ineinanderfließen der Themen geführt. Die Permutationen werden durch die wechselnde Kombination der Themen mit den zahlreichen Walther-Rollen zahlreicher und formieren sich zu einem Œuvre.

Das traditionelle Feld der Lebensweisheit, zentrales Thema Hergers und Spervogels, kann auch bei Walther im Vordergrund stehen. Walther gibt sich im Wiener Hofton eindringlich lehrhaft mit gnomischen Themen ab, die in verschiedenen Schattierungen und Kombinationen erscheinen. Wir zeichnen einige skizzenhaft nach, wobei die Ordnung der Erwähnung thematische Verwandtschaft, nicht die Chronologie der Entstehung oder die Reihenfolge beim Vortrag erhellen soll.

Spruch 21,10 prangert den unrechtmäßigen Erwerb von Besitz an, wie er, allgemein gutgeheißen, Ehre und Treue in Frage stellt und einen Abfall von früheren Tugenden bedeutet. (Die Sprüche teilen die allgemeine pessimistische Stimmung der deutschen Literatur nach dem Tod Heinrichs VI.) Die Sprüche 20,16 und 22,18 nehmen das Thema auf, drücken aber das religiöse Moment aus. 21,25 stellt das Thema der Untreue noch entschiedener in den Mittelpunkt, mit noch deutlicherer theologischer Färbung und verstärkt die düstere Stimmung durch eine Anspielung auf eine Sonnenfinsternis, die das Weltende heraufbeschwört (wohl die Sonnenfinsternis von 1201). Noch religiöser ist 22,3 orientiert, ohne indes das Gesellschaftliche abzustreifen, denn es geht um menschliche Beziehungen (vgl. 22,7), die Gleichheit aller Menschen, auch von *hêrre* und *kneht*, angesichts des Todes und vor Gott. Die Sprüche des Wiener Hoftons teilen die implizite *laus temporis acti* – implizit, weil sie sich aus der Verdammung der Gegenwart ergibt. Diese kehrt dann in weiteren Sprüchen des Tons wieder, die sich dem Verfall der Erziehung der Jugend zuwenden. Die Perspektive ist negativ mit überwiegend religiös-moralischer Betonung in 23,11, mit stärker gesellschaftlichen und ständischen Implikationen in 23,26 und 24,3. Spruch 22,23 stellt durch die Hinwendung zur Jugend und den Rat, nur in rechtem Maße nach Besitz zu streben, eine Verbindung zum schon Beschriebenen her, gibt aber jetzt positive Ratschläge. Der Akzent verschiebt sich in 24,18 von der Pädagogik zum Glauben und einem Gebet um Gottes Schutz bei einer Abreise. Diese haben wir vielleicht zu Walthers Beruf als Spruchsänger in Beziehung zu setzen.

Drei weitere Sprüche des Tons sind Wien gewidmet: Spruch 24,33 ist eine Anrede an Walther, in der der Wiener Hof, dem nur die Tafelrunde vergleichbar war, über den eigenen Verfall klagt; die anderen (20,31; 25,26) loben die Großzügigkeit Leopolds von Österreich, die sie dezent in Walthers Richung zu lenken versuchen.

Das religiöse Thema setzt sich im Gewand der religiösen Politik bzw. der politisierten Religion in unserem letzten Spruch (25,11) aus dem Wiener Hofton fort. Er beklagt die – erst in der Neuzeit als mittelalterliche Fälschung erkannte – Schenkung des Kaisers Konstantin I. (306–337), die die Grundlage päpstlicher Ansprüche auf weltliche Vorherrschaft war. Nicht einmal der dritte Reichstonspruch übertrifft den Konstantin-Spruch als Zeugnis von Walthers Gabe, wunde Stellen zu entdecken, schlagende Argumente und sprechende Symbole aus den verschiedensten Sphären zu schöpfen und das Ganze mit zerschmetternder Rhetorik vor einem kosmischen, heilsgeschichtlichen Hintergrund auszumalen. Auf den epischen Anfang, der von der Schenkung berichtet, bricht sogleich dramatisch in direkter Rede der dreimal wiederholte Wehe-Ruf des Engels ein. Er prophezeit in Wendugen, die volkssprachige und lateinische Kommentare der Zeit z.T. wörtlich wiedergeben („Gift, Honig, Galle"), den Schaden für die Zukunft des Christentums. Walther klagt die Erfüllung der Prophezeiung in der eigenen Zeit dem *süeze[n] got*. Den erregten Fluß der Gedanken intensiviert eine Asymmetrie zwischen den inhaltlichen Komponenten und den Strophengliedern. So sitzt die Rede des Engels, der nur ein einziger vollzogener Reim gegönnt wird und die mit den Reimen cbdde keine strophische Einheit bildet, passend unbequem zwischen den Reimen der Stollen und des Abgesangs, auf die epische Einleitung zurück- und die Erfüllung der Prophezeiung vorausblickend. Ein wirksames Werkzeug der Propaganda und vollendetes Werk der Kunst, deren Vermählung Walthers Größe ausmacht und charakterisiert.

Die Spruchgattung hat naturgemäß etwas von Gelegenheitsdichtung, aber bei Walther sticht dieser Zug besonders hervor. Er erinnert an den höheren Realitätsbezug der romanischen Lyrik. Es handelt sich oft um konkrete Gelegenheiten – Reichstage, das Magdeburger Weihnachtsfest –, aber es kann persönlicher sein und geht, wie die romanische Lyrik, über „poèmes d'occasion" hinaus bis zur manchmal dunklen „poésie de circonstance", die unverständlich ist, aber wahr wirkt, eben weil wir die Umstände nicht kennen: 10,17 (politisch), 18,1 (Sänger-Rivalitäten?), 18,15 und 27,7 (undeutbare Gönnergeschenke?). Solche Sprüche wirken besonders autobiographisch.

Typisch hierfür sind z. B. jene, die das Treiben am Thüringer Hof zum Thema haben. Obwohl die Sachverhalte nur impressionistisch angedeutet sind, ruft das Bild des ohrenbetäubenden Kommens und Gehens bei Tag und Nacht und der verschwenderischen Ausgaben für Wein (20,4ff.) den mittelalterlichen Hof mit einer Unmittelbarkeit ins Leben zurück, die die deutsche Lyrik bis Walther nicht spüren läßt. Ähnlich die drei Sprüche im Atzeton (103,13 und 29; 104,7), die in der handschriftlichen Reihenfolge dieselbe Unruhe am Thüringer Hof mit wachsender Präzision unter die Lupe nehmen, jetzt nicht vom Standpunkt eines betäubten Ohrenkranken, sondern eines übertönten Sängers. Der erste Spruch verbirgt Hermanns Hof und seine Unruhe hinter dem Bild eines Gartens, in dem Unkraut zu bekämpfen ist – mhd. *garten* und *hof* sind ohnehin beinahe Synonyme. Der zweite beginnt die Entschlüsselung von Garten und Unkraut mit der offenen Aussage (103,29ff.): „Uns stören gewisse Typen; wenn einer sie uns vom Hals schaffen würde, dann könnte sich ein gut erzogener [gebildeter] Mann am Hofe durchsetzen. Sie lassen ihn nicht zu Worte [zum Vortrag] kommen, denn ihre Schnauze kommt nie zum Stehen; wäre er der höchstmöglichen Kunst fähig, so nützte ihm das nicht das geringste." Im blendenden Rampenlicht rückt der dritte Spruch sofort mit dem Geheimnis heraus, daß der benachteiligte Sänger – wer staunte nicht über die Enthüllung? – Walther ist, während der Hauptmann der unangenehmen Typen genannt wird, und wir konkret hören, was geschehen ist und wo:

> *Mir hât hêr Gêrhart Atze ein pfert*
> *erschozzen zIsenache.*
> *daz klage ich dem, den er bestât:*
> *der ist unser beide voget.* (104,7ff.)

(„Mir hat Herr Gerhart Atze in Eisenach ein Pferd erschossen. Darüber erhebe ich Anklage vor dem, in dessen Dienst er steht: der ist unser beider Gerichtsherr.") Atze, so in die Unsterblichkeit katapultiert, steht für die Unannehmlichkeiten, die ein Minnesänger und Spruchdichter niedrigen Standes von höherstehenden Philistern zu erleiden hatte (s. S. 223f.). Dies scheint weniger Fiktion als seltener Einblick in die literarische Realität der Zeit, an deren Wirklichkeit wir nicht zweifeln, denn man stellt sich unmöglich vor, was der auf Wirkung bedachte Walther sich versprechen könnte, wenn die Fakten seiner Darstellung nicht im wesentlichen stimmten.

Der Gedanke läßt schließen, daß es hier um Walthers Persönlichkeit geht und nicht bloß um ein Rollen-Ich, daß wir tatsächlich, wenn auch scherzhaft und fragmentarisch, Autobiographie erleben.

Die Diskussion der eng miteinander verbundenen Sprüche des Atzetons führt passend zur letzten Frage, die wir an Walthers Spruchdichtung richten. Wie haben wir das Verhältnis zwischen den Sprüchen, die zum selben Ton gehören, zu verstehen? Die Frage ist eine literarische und soziale. Was erwartete man vom Spruchdichter? Insofern er ein professioneller Reisender war, sah man in ihm den erfahrenen Beobachter und erwartete von ihm Einsichten, Botschaften, Neuigkeiten, am liebsten sensationelle. Walther erfüllte diese Aufgabe und Rolle, die seine Sprüche und sein „Deutschlandlied" dann deutlich thematisieren: *Ir sult sprechen willekomen: der iu maere bringet, daz bin ich. [...] Ich wil aber miete* (56,14) („Ihr sollt mich willkommen heißen, denn ich bin's, der Euch Neuigkeiten bringt. [...] Ich will aber dafür Lohn"). Der hier erheischte Lohn berührt nicht nach Art des Spruchs die Tasche, sondern wie im Minnelied den Geist: es geht um Ansehen und Ehre. Aber die Rolle des fahrenden Berufsdichters und -sängers wird als Schablone wachgerufen. Das herkömmliche Fluidum des Überbringers von Neuigkeiten umgibt die Anfänge der Sprüche *Ich hân gemerket von der Seine unz an die Muore* (31,13), *Ich hân gesehen in der werlte ein michel wunder* (29,4), *Ich was durch wunder ûz gevarn* (102,15) und *Si frâgent mich vil dicke, waz ich habe gesehen, swenne ich von hove rîte* (84,14).

Man wird annehmen, daß Walther den bedeutenderen Höfen bei jedem Besuch oder zu besonderen Anlässen neue Töne oder neue Strophen zu existierenden Tönen schenkte, die den Betreffenden unbekannt waren, gleichgültig für wen sie komponiert worden waren. Einige zeigen, wo sie das Licht der Welt erblickt haben, aber sie blieben sicherlich nicht ausschließlich dort verankert. Aktualität ist ein relativer Begriff, und das Tempo des Lebens und Reisens im Mittelalter sorgte dafür, daß die neueste Mode, der letzte Klatsch und die Verwendbarkeit eines Spruches ein spätes Verfallsdatum hatten: Der Rat, Philipp von Schwaben die Reichskrone aufzusetzen (9,15), und das damit Verbundene dienten der Unterstützung eines jeden späteren Staufer-Kandidaten; die Vorwürfe des Geizes gegen

Philipp (19,17) oder Otto (26,23) können bei der Zuhörerschaft mit wissendem Nicken rechnen, selbst wenn die knauserige Zielscheibe inzwischen eine andere ist. Diese Überlegung untergräbt nicht die Bedeutung der Aktualität als Kriterium, denn die Existenz vieler Sprüche in gerade der vorliegenden Form ist verständlich nur vor dem Hintergrund der Umstände, denen sie ihre Entstehung verdanken und die ihre ursprüngliche Aktualität darstellen.

Der Reichston illustriert das Argument, daß es nötig ist, ursprüngliche Aktualität anzunehmen, aber auch die Möglichkeit, daß Neues hinzugefügt wurde: der dritte Spruch entstand drei Jahre nach den anderen. Der Reichston gibt weiter einen Hinweis auf e i n Mittel, die Sprüche eines Tons zu verbinden, selbst wenn ihre Entstehungszeiten getrennt sind: das Kontinuum des Inhalts wird dadurch unterstützt, daß der Dichter die Rolle des Sängers in alle drei Strophen einbaut und auf die des erfahrenen Beobachters einengt, der aus der Distanz spricht. Daß diese R o l l e – im Gegensatz zum politischen Thema – zu den zentralen der traditionellen Gnomik gehört, untermauert den Effekt.

Wenn spätere Strophen hinzugedichtet werden konnten, ist ausgeschlossen, daß die Strophenreihe als integriertes Ganzes konzipiert wurde. Späteres kann aber kunstvoll hinzugefügt werden, und der Reichston ist durchaus als künstlerisches Ganzes vorzutragen. In anderen Fällen ist solche Integration vom I n h a l t her unmöglich, und es ist fraglich, ob es akzeptabel wäre, 14 oder 18 Strophen zur selben Melodie hintereinander aufzuführen.

Letztlich zeichnen sich keine klaren Prinzipien für den Vortrag eines Tons ab. Die Unabhängigkeit der Strophen des Minnelieds voneinander ist im Vergleich mit der der Spruchstrophen gering. Jene (relative) des Minnelieds zeigt sich daran, daß die Verbindung der Strophen miteinander in der Mehrheit der Fälle nicht in der kontinuierlichen Gedankenführung, sondern im Umkreisen des gemeinsamen Themas besteht. Das hat (wie die Handschriften zeigen) zur Folge, daß Strophen ausfallen oder auf verschiedene Weise angeordnet werden, ohne daß der Sinnzusammenhang gravierend gestört wird. Trotzdem wirken die Minneliedstrophen in einem Maße auf einen Gesamtsinn und eine Gesamtwirkung hin, wie sie von den Strophen eines Spruchtons selten erreicht werden (eine auffallende Ausnahme ist der Atzeton). Umgekehrt können Spruchstrophen desselben Tons voneinander so unabhängig sein, daß die Verknüpfung allein in der Form und Melodie liegt. Die größere Selbständigkeit der Spruchstrophen Walthers macht sich in der größeren Abgerundetheit ihrer Aussagen spürbar. Dies ist an einer oberflächlichen Beobachtung abzulesen, die aber tief blicken läßt: wenn wir die Worte zählen und sowohl vom Durchschnitt für die Strophen eines jeden einzelnen Spruchtons als auch vom Gesamtdurchschnitt für alle Töne ausgehen, ist die Walthersche Spruchstrophe um vierzig Prozent länger als die Liedstrophe!

Bei der Frage der Strophenverbindung neigen wir wieder dazu, die Wirklichkeit der Aufführung zu vernachlässigen. Zwischen den Strophen gibt es

Pausen. Die Pause ist keine Lücke, sondern wesentlicher Teil einer Aufführung. Sie kann in ihrer Länge und Dramatik verschieden sein. Wir haben eine unterschiedliche Aufführung der Pausen mitzudenken. Der Minnesänger kann sie im Lied als gespanntes geistiges Atemholen mitten im Vortrag gestalten. Der Spruchsänger auch, aber für ihn ist die Variationsbreite größer, und selbst innerhalb desselben Tons kann die Pause ebensogut als Vorhang mit darauf folgendem Neuanfang gestaltet werden. Daß Walther, der proteushafte Artist, viele Möglichkeiten offen läßt, ist ein Hinweis auf die Realität einer lebendigen Künstlertätigkeit.

## Walthers Lieder: Der Hof als Instanz

Walther wendet sich an Hermann von Thüringen als Landesherrn und daher Richter über ihn und Gerhart Atze (S. 207f.). Insofern der Hof feudale Hausgemeinschaft (*familia*), politische Grundherrschaft und Gerichtshof war, entsprach dies der wirklichen Lage. Walthers Darbietung gehört zwar eher auf die theatralische als die politische Bühne, aber sein Appell unterstreicht, wie er immer wieder auch in seinem Minnesang an den Hof als figürlich juristische Instanz appelliert. Es geht zwar dort um materiellen Schaden, hier um psychischen, aber beides verbindet der Ruf nach Gerechtigkeit, der auch für Walthers Minnesang wesensbestimmend ist und ihn wiederholt in der forensischen Rolle des Klägers auftreten läßt, die mit seiner rhetorischen Begabung so gut in Einklang steht.

Dazu stimmt, daß Walther anscheinend im Antagonismus, in der Auseinandersetzung mit Reinmar dem Alten, zur eigenen Stimme als Minnesänger gefunden hat. Man datiert einige Lieder an den Beginn seines Schaffens, die sich eng an die Konventionen des hohen Minnesangs halten. Seine Laufbahn scheint zu erweisen, daß das vorliegende ansehnliche Korpus der ohnehin thematisch und formal begrenzten Gattung, in der die Tätigkeit der Vorgänger das Feld für fruchtbar Neues immer enger eingezäunt und den Boden ausgemergelt hatte, ihn einengte. Der Druck, andere Böden zu entdecken, fand Entlastung im erneuten Fruchtbarmachen von Früherem: in der Rückkehr zum Wechsel oder zur Frauenstrophe und in der Hinwendung zu frischen Feldern wie der Pastorelle (s. S. 218f. und S. 220f.) und der üppigen Landschaft der mittellateinischen Bukolik, wie sie uns etwa in den Miniaturen des Codex Buranus entgegentritt (s. Abb. 9). (Diese hatte im topisch gewordenen Natureingang der früheren Minnelyrik ein wegbereitendes Gegenstück.) Die konventionellen Lieder der hohen Minne gehörten zu seiner frühesten „Lehrzeit" – und zwar in Österreich, nimmt man *ze Œsterrîche lernde ich singen unde sagen* (32,14) ernst.

Philologische Ausgrabungen, die auf das Abtragen chronologischer Schichten im Korpus der Waltherschen Lieder zielen, führten zu sehr verschiedenen Ergebnissen; Argumente, die auf Verwandtschaft des Stils, der Motive oder der Themen basieren, besitzen keine hohe Beweiskraft.

Man nimmt z. B. an, daß die Anfangsverse der sog. „Preislieder" Reinmars und Walthers aufeinander bezogen sind: Reinmar (MF 165,10f.) *Swaȝ ich nu niuwer maere sage, des endarf mich nieman vrâgen: ich enbin niht vrô* und Walther (56,14ff.) *Ir sult sprechen willekomen: der iu maere bringet, daȝ bin ich* [...] *nû frâget mich.* Wenn eine ironische Beziehung vorliegt, läßt sich jedes als der spöttische Gegenzug zum anderen lesen: Reinmar, der unter seiner Minne leidend keine fröhlichen Neuigkeiten zu bieten hat, beginnt und Walther macht sich über den Ratlosen, lustig („i c h bin's, der euch Neuigkeiten bringt [...] Nun fragt m i c h!") – oder Walther beginnt und Reinmar, der Leidende, spottet über den selbstbewußten Angeber mit seinen Nachrichten von „überall, wo i c h gewesen bin" („keiner braucht m i c h zu fragen, was i c h an Neuigkeiten zu bieten habe, denn i c h bin nicht froh"). Stellt der reagierende Walther den konventionellen Reinmar als eintönig dar oder wirft der reagierende Reinmar dem dreisten Walther Seichtheit vor?

Reinmar hatte teil an der Neubelebung des Wechsels, des Botenlieds, der Frauenstrophe und des Frauenlieds. Lieder Walthers (z. B. 112,35; 119,17), die man als frühe ansieht, reihen sich auch hier ein. Früh zeigen sich aber bei ihnen Züge, die für den reiferen Walther charakteristisch sind. Das erste der erwähnten Botenlieder fällt z. B. durch die Verteilung der Strophen auf: nur in der letzten kommt die Frau zu Wort, in den ersten drei spricht ausführlich der Bote, der in den Auftrag des Ritters auch Eigenes mischt, zumindest durch seine Akzentuierung: der Ritter leidet wegen ihr und kann nur durch sie wieder froh werden, mit dem Ergebnis, daß er Lieder über sie singt und ihren Ruhm verbreitet. Wir spüren hier ein – rollenmäßiges – Bewußtsein der eigenen Kunst und ihrer Rezeption und Wirkung, das den reifen Walther vorausahnen läßt. Ein anderer auffälliger Zug des reifen Walther, das rhetorisch geformte Räsonieren – oberflächlich schon am Gebrauch kausaler Konjunktionen und verwandter Termini abzulesen –, das logisch Argumente fortsetzt, erscheint z. B. im wohl frühen Lied MF 217,8: *ich muoȝ ir eigen iemer sîn* („... ihr Leibeigener bleiben") in einer folgenden Strophe fortgeführt mit *Sît daȝ ich ir eigenlîchen sol, die wîle ich lebe, sîn undertân* („weil ich ihr als Leibeigener untertänig sein werde, solange ich lebe [...]").

Das über die respektiven „Preislieder" Reinmars und Walthers Gesagte charakterisiert die Indizien, mit denen wir zu argumentieren haben. Einen gesicherten Hinweis auf den anderen Dichter haben wir in nur zwei Fällen. Beidemal ist Walther der Täter: es sind erstens die zwei Sprüche auf Reinmars Tod (82,24; 83, 1) und zweitens das Lied *Ein man verbiutet âne pfliht* (111,23), für welches Walther Strophenform, Reimschema und nachweislich auch die Melodie von Reinmars *Ich wirbe umb alleȝ daȝ ein man* (MF 159,1) benutzte, denn einmalig setzt die Handschrift C vor Strophe 1: *In dem dône. Ich wirbe umb alleȝ daȝ ein man* (d. h. „zur Melodie von [...]" – s. Abb. 6). Daß wir das Verhältnis zwischen Reinmar und Walther eingehender behandeln, liegt nicht nur daran, daß es sich um zwei der größten Lyriker handelt, sondern auch, daß es einer der wenigen Fälle ist, wo wir Gelegenheit haben, wirklich G e s c h i c h t e der Lyrik der Blütezeit zu erkennen. Walthers Nachrufsprüche auf Reinmar haben weitgehend Ansichten über die Natur des Verhältnisses zwischen ihnen bestimmt. Wir sehen darin einen Wettbewerb, keine Fehde und beginnen mit den Nachrufsprüchen.

Der erste enthält Trauer und Lob, nichts Boshaftes. Es sind die Stollen des zweiten, in denen man einen gehässigen Ton hat hören wollen:

> *Dêst wâr, Reimâr, dû riuwest mich*
> *michels harter danne ich dich,*
> *ob dû lebtest und ich waer erstorben.*
> *ich wil ez bî mînen triuwen sagen,*
> *dich selben wolt ich lützel klagen:*
> *ich klage dîn edelen kunst, daz si ist verdorben.* (83,1ff.)

("Es ist wahr, Reinmar, ich traure tiefer um dich, als du um mich getrauert hättest, falls du noch lebtest und ich gestorben wäre. Ich sage in aller Ehrlichkeit: um dich persönlich zu trauern hätte ich wenig Grund; ich traure um deine edle Kunst, daß sie erloschen ist".) Nimmt man diese Worte isoliert und zu ihrem oberflächlichen Nennwert, so können wir nicht umhin, in ihnen einen bissigen Ausfall zu vernehmen. Ehe wir uns damit zufrieden geben, ist eine Diskrepanz zu konstatieren: im Gegensatz zu den Stollen wirkt der folgende Abgesang äußerst wohlwollend: Walther beklagt Reinmars voreiliges Verscheiden und bietet sich ihm sogar als Reisegesellen an, *an die vart,* [...] *diu uns nâch im allen ist vil unverspart* ("auf die Fahrt, die uns allen nach ihm nicht erspart bleibt"), um mit dem Nachruf Ulrichs von Singenberg auf Walther zu reden.

Die Diskrepanzen zwischen Stollen und Abgesang des zweiten Spruchs und zwischen den beiden Sprüchen lösen sich indes auf, wenn wir uns den Vortrag des zweiten Spruchs gleich nach dem ersten vorstellen. (Der erste erscheint nur im Nachtrag zu Handschrift A, unmittelbar vor dem zweiten. Die grammatischen Reime I *erstirbet* : *verdirbet* / II *erstorben* : *verdorben* bestätigen mit Zitat die Zusammengehörigkeit.) Wenn wir einen Punkt nach *Dêst wâr* oder nach *Reimâr* setzen, so würde sich die Beteuerung nicht so sehr auf das Folgende beziehen, als den vorhergehenden gewichtigen Schluß unterstreichen: Reinmar habe es allein mit seinem Vers *sô wol dir wîp, wie reine ein nam* (MF 165,28) verdient, daß alle Frauen um sein Seelenheil beten. Der beteuernde Anfang des zweiten Spruchs: „Das ist wahr!", besagt dann, daß es so gekommen ist und Walther mithin keinen Grund hatte, den Erlösten zu betrauern, wohl aber seine unersetzbare Kunst. Die Behauptung, Reinmar würde Walther weniger beklagen, unterstellt dann Reinmar keinen Widerwillen gegen Walther, sondern ist eine Bescheidenheitsbekundung Walthers, der gesteht, daß seine Kunst nicht an die Reinmars heranreicht. Das sind die Töne eines Nachrufs. So wird der zweite Spruch in sich stimmig, und die beiden Sprüche harmonisieren. Die Frage, ob ein berechnender Taktiker und Wortduellant wie Walther auf so unkluge Weise unfair gewesen wäre, einen geachteten Konkurrenten, der sich nicht mehr wehren konnte, auf gehässige Weise anzugreifen, erübrigt sich von selbst.

Walthers *Ein man verbiutet âne pfliht* enthält wie andere Lieder des Wortkampfs inhaltliche Anspielungen auf Lieder des Gegners. Durch Gleichheit der Form und Melodie und durch wörtliche Anklänge hat es deutlich parodistischen Charakter. Auf den letzten Vers von Reimars Strophe: *daz ist in mat* (MF 159,9) („das bietet ihnen Schach!", d. h. anderen Damen, deren Lob auf einer Ebene liegt, die Reinmars Herrin wenig zur Ehre gereichen würde) singt Walther zu Reinmars Melodie *dâ ist mates buoz* (111,31) („Das zieht sie aus dem Schach"). Das Ziel ist jedoch nicht nur das in der C-Überschrift zitierte Lied Reinmars, denn die Erhebung der Herrin zu seinem „Ostertag", deren Hyperbolik Walthers übertrieben vorgetäuschte Entrüstung (111,25f.) anprangert, stammt aus einem anderen Lied (MF 170,19). Walther schlägt zwei Lieder mit einer Klage.

Im einen Fall nennt Walther Reinmar zweimal mit Namen, im anderen parodiert er ihn durch Mißbrauch seiner Strophenform und Melodie. Auf dieser Basis ist es möglich, einzelne Anspielungen zu entdecken, die allerdings immer zweifelhafter werden, je mehr sie mit den herrschenden Topoi des Minnesangs übereinstimmen. Eine eindeutige Reihe von Angriff und Gegenangriff läßt sich nicht zeichnen, was aber nicht nur auf unserer Unkenntnis beruht, denn die Stufen des Wortgefechts bilden eher ein Netz als eine Kette.

Artisten wie Reinmar und Walther werden dafür gesorgt haben, daß ihr jeweiliger Ausfall den vorangehenden des Gegners überbot. Wir sehen in dem simultanen Angriff auf zwei Lieder Reinmars mehr als einen besonders aggressiven Schachzug Walthers, sogar ein Indiz dafür, daß Reinmar das durchzuspielende Dichtergezänk ausgelöst hat. Daß Walther über Reinmars Erhebung seiner Herrin zu seinem „Ostertag" empört war, mutet übertrieben an; romanische Dichter kennen das Motiv, und Morungen benutzt die gleiche Wendung (MF 140,16). Walther beschwört dieses Reinmar-Lied herauf, weil er klarstellen will, daß Reinmar im ganzen Wortgefecht der Aggressor war.

Das Lied (MF 170,1) mit der Herrin als Ostertag beendet Reinmar mit Verspottung von „manch einem, der zu den Damen kommt und dann keinen Ton hervorbringt, aber trotzdem da bleibt und keinen anderen zu Wort kommen läßt, anstatt sich schicklich zu entfernen". Solches Verstummen im Angesicht der Geliebten hatte Walther gebeichtet (115,22). Auf Reinmars unprovozierten Angriff antwortet er jetzt mit der Abweisung des „Ostertag"-Lobs, schlägt aber noch kräftiger zurück mit der Aufhebung des Mattsetzens im anderen Reinmar-Lied und noch frecher, indem er Reinmars Dame auftreten läßt und ihr Worte in den Mund legt, die Reinmars Hoffnung auf einen gestohlenen Kuß und dessen rückerstattende Wiederholung vereiteln: *„er muoz sîn iemer sîn mîn diep, und habe imz dâ"* (111,34ff.) („er [der Kuß] kann mir gestohlen bleiben und er möge ihn durchaus behalten": vgl. Reinmar MF 159,18). Reinmars Replik spielt den schwergeprüften Verletzten, bereit, Angriffe zu übersehen (MF 197,2), und er fragt, was denn an seinem Eid, sie sei ihm lieber als alle anderen Frauen, maßlos sei (MF 197,3ff.). Der edle Ton deckt die Wahrheit zu: Reinmar hatte herausfordernd behauptet, keine andere könne seiner Herrin im geringsten s c h a d e n (MF 170,12ff.), so daß sie es nicht als

Ehre betrachten würde, wenn er sie auf dieselbe Weise lobte wie andere Damen, und sie setze diese matt (MF 159,5ff.).

Der weitere Verlauf des Wettkampfs läßt sich nur ungefähr verfolgen. Vermutlich gehören z. B. zwei Walther-Lieder dazu, die in verschiedenen Kombinationen die letzten Reime (*stat: trat: mat*) von Reinmars Strophe *Ich wirbe umbe allez* als fokale Wörter benutzen und leise thematisch an strittige Punkte des Wettkampfs anklingen lassen (114,20ff.; 54,25f.). Im letzten Fall erklärt sich das Unschuldslamm Walther – nachdem er Reinmars Melodie zu MF 159,1 „geborgt" hat – auf großzügige Weise bereit, mit dem Ungenannten Text und Melodie zu teilen (53,33f.); das Lied endet damit, daß Walther, der als Voyeur seine Herrin nackt gesehen hat, sein Andenken an die *lieben stat* [...] *dâ si reine ûz einem bade trat* (54,24ff. – nach Handschrift C) als Persiflage einer Wendung Reinmars gestaltet: *si ist an der stat dâs ûz wîplîchen tugenden nie vuoz getrat* (MF 159,7f.) („ihr Lebenswandel ist derart, daß sie nie die Grenze der weiblichen Tugend übertrat"); die lächerliche Parallelität von *ûz tugenden treten* und *reine ûz einem bade treten* wird dadurch unterstrichen und unterminiert, daß *reine* im Zusammenhang mit einem Bad an „Sauberkeit" denken läßt.

Walthers Reaktion auf Reinmar ist negativ und oberflächlich, weil Reinmars Stoß eine Gegenreaktion verlangt, deren Inhalt in Widerspruch besteht und deren Natur durch die oberflächliche Notwendigkeit bestimmt wird, daß sich Walthers artistische Persona in der Gegenwehr behauptet. Und sie ist positiv, tiefgreifend und überschreitet den Bereich der Persona, weil der Widerspruch zu einer neuen emotionellen und geistigen Einstellung im Minnelied führt, die über den unmittelbaren Zusammenstoß hinaus anhält, einen schlichten, zwingenden Ausdruck findet und (weil mit so vielem in Walthers Liedern und Sprüchen harmonisierend) vielleicht über die Persona des Sängers von hohen Minneliedern hinausgeht.

Es kann so verlaufen sein: die eigene Kompetenz überschreitend, legt Walther Reinmars Herrin eine Zurechtweisung Reinmars in den Mund (111,36ff.). Dann läßt er die eigene Herrin reden, damit sie i h n (mit Reinmars Worten!) loben kann: ,*er eine tuot in allen mat*' (114,22) („er allein setzt alle anderen matt"). Daß die Frau derart zu Wort kommt, erneuert ihr Recht, ihre Gefühle auszudrücken, und zwar hier die Gegenliebe, wenn auch nicht die völlige Hingabe des frühen Minnesangs (113,31, Strophen II–IV). Walther trat zu einem Zeitpunkt auf, zu dem die Erzader des traditionellen, fast zum Monopol gewordenen Werbelieds weitgehend erschöpft war, mit wenigen neuen Möglichkeiten der schöpferischen Variation. Daß Neidhart bald einen anderen, zukunftsweisenden Ausweg fand, verweist auf dasselbe Problem (Bd. II/2, S. 89ff.).

Walther findet zwei Lösungen, die die ältere Forschung verschiedenen Schaffensperioden zuwies. Wir sehen in ihnen unterschiedliche Liedtypen.

Den einen Weg markieren Lieder, in denen Probleme der Minne erörtert werden, vor allem die Frage der Gegenseitigkeit – mit Auswirkungen auf die Darstellung des Minnediensts als quasi soziale Konstellation. Sie kennzeichnen wie die Spruchdichtung ein beharrliches, beinahe grübelndes Räsonieren und ein Sinn für private und öffentliche Gerechtigkeit.

Den anderen Weg stellen die sog. „Mädchenlieder" oder „Lieder der niederen Minne" dar. (Wir wählen die erste Bezeichnung, weil die zweite nicht auf den sozialen Rang der angesprochenen Frau zu beschränken ist, sondern Gedanken an moralische Verwerflichkeit hervorruft, die hier nicht zutreffen. Die Verwirrung wird nicht geringer dadurch, daß Walther selbst *nidere* sowohl im sozialen [49,32; 47,1 und 2] als auch im moralischen [47,5] Sinn verwendet.) In den Mädchenliedern läßt er ein gegenseitiges Minneverhältnis entstehen und schafft eine Welt im Freien, in der dies möglich wird. Solche Liebe läßt den heutigen Leser aufatmen, und er begrüßt sie um so mehr, als sie die einzig mögliche Art der Liebe zu sein scheint. Die „natürliche" Liebe und die liebliche Natur sind Elemente, deren Auftreten in der Lyrik selbstverständlich ist. Sie erfassen aber zeitlich und sozial bedingte Momente.

Wie für die Minne gelten konventionelle und gesellschaftliche Einschränkungen für die Natur, die in einem Zeitalter, in dem sie nicht zu bezähmen war, einen gänzlich anderen Gefühlswert haben mußte. Die Natur der hochmittelalterlichen Lyrik ist eine Natur in Auswahl – zugunsten des Idyllischen. Eine Auswahl anderer Art trifft die Schilderung ihrer äußeren Erscheinung, die durch formelhafte, wiederkehrende Züge skizzenhaft (aber symbolträchtig) angedeutet wird, am ausgeprägtesten in den Zutaten des idealen Lustorts, des *locus amoenus*.

Walther bespricht theoretisch die Natur des idealen Minneverhältnisses oder er schildert es konkret. Um der Verständlichkeit willen verfolgen wir die zwei Wege Walthers zu einem gegenseitigen Minneverhältnis getrennt. Die Trennung wird der historischen Entstehungsfolge der Lieder wohl nicht gerecht.

Wir beginnen mit dem theoretisierenden Minnesang, mit drei Liedern (69,1; 47,36; 72,31), um den Gang der Reflexion zu illustrieren.

In Sprüchen und Liedern ringt Walther um die Definition zentraler Begriffe. Es gibt keine prominentere Stelle dafür als den Eingangsvers von *Saget mir ieman, waz ist minne?* (69,1). Der Befund lautet: *minne ist zweier herzen wunne* (69,10ff.), sie muß eine gleich geteilte Wonne sein; er erkühnt sich zu sagen, er werde sich von der Herrin lösen, falls sie nicht bereit sei, so zu teilen – sie möge erwägen, daß kein anderer die Kunst besitze, sie besser zu loben als er. Das qualvolle Räsonieren gipfelt in der Behauptung, er sei nicht imstande, richtig zu *spehen* („sehen"), wenn er sie nur erhöhen sollte, damit sie ihn erniedrigen könne. Nichts könnte das Amalgam von Geistreichtum, Witz, Sprach- und Artistenkunst, das Walthers Genie bildet, besser exemplifizieren als die Fortsetzung: er tut, als habe ihn das Wort *spehen* jäh daran erinnert, daß die Liebe blind ist, bekommt es mit der Angst zu tun und macht mit dieser Einsicht aus der Sicht des Sichtlosen und mit einer grandiosen rhetorischen Geste kehrt, fragend: *wé, waz rede ich ôrlôser ougen âne? swen diu minne blendet, wie mac der gesehen* („wehe, was sage ich, ich Ohrenloser ohne Augen? Wen die Liebe blendet, wie k a n n der sehen?"). (Bildet die Kombination des formalen *frowe* mit dem intimen *dû* eine Gemeinsamkeit mit dem zweiten Weg, den Mädchenliedern?)

Das zweite Lied (47,36 – Strophenfolge Lachmann/Kraus) setzt die Rebellion fort, exemplifiziert aber in seiner antithetischen Denk- und Ausdrucksweise Walthers reflektierenden Stil und hat durch die Frage der sozialen Stellung der Geliebten – *frowe* oder *wîp*? – Implikationen für die andere Lösung in den Mädchenliedern. Er beginnt mit der Erklärung, er verfüge über zwei soziale Tugenden: er freue sich mit den Fröhlichen und weine mit den Weinenden. Wenn er dazu übergegangen sei, *unminneclîche* zu singen (48,15), sei es auf die allgemeine Verkommenheit der Minne zurückzuführen, weil die Frauen nicht mehr zwischen bösen und guten Männern unterscheiden. Die Wichtigkeit einer Unterscheidung nach innerem Wert führt zur Verwerfung einer ständischen Einschätzung der Menschen, eine Umwertung des ständisch kategorialen Denkens, die schon in dem Mischausdruck *edeliu wîp* (48,35), „edle Nichtadlige", vorweggenommen wird. Manche hohe Dame besitzt nicht die inneren weiblichen Eigenschaften, die die echte Frau ausmachen und ist daher ein *unwîp*. Die Fortsetzung: daß es unter *wîben* solche nicht gibt, ist rhetorische Scheinlogik, gültig nur per definitionem, denn nach Walthers Gebrauch von *wîp* und *frowe* gäbe es *unwîp* auch unter *wîben*. Wer erwartet von einem witzigen Vortragskünstler ein faires Argument? Die Strophe hält am Anfang als Programm prägnant fest: „*wîp* muß immer die höchste Bezeichnung sein und adelt mehr als *frowe*", und folgert steigernd am Ende: „*wîp* ist eine Benennung, die sie alle [d. h. Damen und Frauen] krönt". Krönen ist mehr als Adeln. Die aufrührerische Einstellung des vorigen Lieds kehrt in beständigerer Form in der letzten Strophe wieder, in einer selbstbewußten Einschätzung der eigenen Begabung als Dichter und Sänger: Wo Walther durch sein Singen von den höfischen Damen nicht einmal einen Gruß als Anerkennung erwerben kann, will er sich als „adliger Unfreier" an nichtadlige Frauen wenden, die den Werber zu belohnen wissen. Man vergleiche den ähnlichen Ausgang von Hartmanns Lied MF 216,29 (s. S. 150f.).

Das dritte Beispiel (72,31) von Walthers reflektierenden Minneliedstil belegt auch die Hinweise, die Walthers Schaffen mit einem Deckmantel des Autobiographischen versehen, weil sie auf andere Lieder oder Sprüche zurückblicken. Walther gesteht, er habe gedacht, lange zu schweigen, was artistisch besonders wirkungsvoll gewesen sein wird, wenn er den Vortrag nach kürzester Pause folgen ließ auf das angedrohte Verstummen in den Schlußworten von 90,15: „Wenn die Welt nicht bald besser wird, *sô wil ich leben, sô ich beste mac, und mînen sanc ûf geben.*" Walthers Freunde haben die Katastrophe verhindert: *Lange swîgen des hât ich gedâht: nû muoz ich singen aber alse ê. dâr zuo habent mich guote liute brâht.* Die Wirkung der eigenen Kunst ist Walthers Thema in diesem Lied: sein Singen hat die Dame in hohes Ansehen gebracht, das verschwinden wird, wenn er verstummt, was obendrein die Flüche seiner Anhänger auf sie ziehen wird. In einer Verkehrung von Reinmars: *stirbet sî, so bin ich tôt* (MF 158,28) stellt Walther fest, daß die Dame durch das Ausbleiben von Lobliedern ihr Prestige in der Gesellschaft einbüßen wird: *sterbet si mich, sô ist si tôt.* Auf die Forderung nach Gegenseitigkeit in der Minne läßt Walther eine massive „Wunschdrohung" folgen, deren Grobheit sonst bei Walther fehlt: um sich an der Herzlosen zu rächen, hatte Morungen sein Leid seinem Sohn vermacht in der Hoffnung, die inzwischen alternde Dame werde sich umsonst in den jungen Mann verlieben; Walther verläßt sich auf einen beliebigen Jüngling, in den sich seine alternde Herrin ohne Erfolg verlieben wird, fordert ihn aber noch auf, ihrer alten Haut mit Gerten (*sumerlaten*) zuzusetzen. Die Brutalität der Aufforderung fällt so aus der Reihe, daß wir milde, erklärende Umstände suchen: etwa, daß das Peitschen mit *sumerlaten* auf einen volkstümlichen – hier zu späten – Fruchtbarkeitsritus weist?

Dies war ein weiter geistiger Weg von den konventionellen Minneliedern, die als Walthers früheste gelten. Qualvolles Analysieren gehörte aber von Anfang an zur inneren Eigenart seiner Sprüche. Neu ist, daß die eigene Kunst als zentrales Thema erscheint und daß sich daraus ein Selbstbewußtsein entwickelt, das auch auf die Rolle des Werbenden abfärbt und diesen unter Berufung auf seinen Rang als Minnesänger zu heftigeren Bitten um Gehör und Erwiderung der Minne veranlaßt. Die skizzierte Entwicklungslinie der Rollen könnte der Reihenfolge ihrer historischen Entstehung entsprechen, aber auch e i n e sinnvolle Möglichkeit ihrer Anordnung für die Aufführung sein. Lieder, in denen die Reflexion eine große Rolle spielt, und Sprüche, die die Minne zum Thema haben, verwischen literarische Kategorien. So bringt Walther eine reichere lyrische Palette zustande, die eher mit der eines Guiraut de Borneil mit seinen Cansos, Sirventes und Canso-Sirventes zu vergleichen ist als mit dem Repertoire der deutschen Zeitgenossen.

In den reflektierenden Liedern macht Walther gegenseitige Minne und ihre Erfüllung immer deutlicher zum Gegenstand der Erörterung. In den Mädchenliedern schildert er den anderen Weg. *Wîp, die kunnen danken*, werden Fleisch und Blut, und der physische Raum, in dem solches *danken* möglich ist, wird Landschaft. Diese Lyrik wird daher vielfach wieder zu Rollendichtung im eher buchstäblichen Sinne von dramatischen oder epischen Szenen, wie in der frühen Lyrik (S. 75). Walthers Mädchenlieder machen aus der Möglichkeit der körperlichen Vereinigung keinen Hehl, ohne sie so freimütig zu schildern wie das Tagelied: Phantasien, Träume, Erinnerungen herrschen vor, und ungeachtet der tatsächlichen Tempora ist ihre Welt eine des epischen Präteritums, des Futurs oder des Konjunktivs. Die Feststellung hat aber nichts mit dem Eindruck zu tun, den die Mädchenlieder hinterlassen. Dieser ist gegenwärtig und lebendig. Die lebendige Frische ist wirklich, aber relativ, verstärkt durch den Kontrast mit der Gedankenlyrik des Werbelieds.

Obwohl nur sieben bis zehn Stücke zu den Mädchenliedern gerechnet werden, hat keine Gruppe von mhd. Liedern neuzeitlichen Lesern soviel Bewunderung abgewonnen wie diese. Daß die Bewunderung oft mit falschen Prämissen verbunden war, wirft keinen Schatten auf die Lieder oder die Bewunderung. Die Versuchung, der vor allem das 19. Jahrhundert erlag, bestand darin, die Mädchenlieder mit der romantischen Auffassung vom Volkslied zu assoziieren. Nichts könnte von der Wahrheit weiter entfernt sein. Die Mädchenlieder sind ausgesprochene Hofkunst, sie handeln von Menschen des Hofs und sind für sie verfaßt.

Einzelne Charakteristika der Mädchenlieder begegnen in der mittellateinischen und der romanischen Lyrik. Jene war sicher von Einfluß. Für eine Wechselbeziehung spricht z.B. das getrennte Erscheinen von zwei Strophen aus Walthers ‚Mailied' (51,13) im Codex Buranus (151a; 169a). Ob man es zu der Gruppe zählt oder nicht, es teilt mit den Mädchenliedern den Schauplatz im Freien und die frohe Jahreszeit mit begleitenden Naturerscheinungen; die Erwähnung des Tanzes verbindet es auch mit *Nement, frowe, disen cranz* (74,20), einem Hauptvertreter der Mädchenlieder. An mittellateinische oder romanische Einwirkung lassen ferner Refrains denken (110,13; 39,11). Aber spezifische Modelle, wie wir sie für einzelne Minnelieder der vorangehenden Generation kennen, sind nicht aufzufinden. Anspielungen auf die Jahreszeit und die fröhliche Stimmung von Pflanzen, Vögeln und Menschen könnten auf altertümliche Frühlingsriten deuten. Sie sind aber ebenso gut naturalistisch zu verstehen, wenn man bedenkt, wie die Winter gewesen sein müssen, in einer kalten, verräucherten, stinkenden Burg mit minimalen sanitären Anlagen, ohne die Gelegenheit zum Bad, die Bäche zu lieblicheren Jahreszeiten boten. Wenn die Mädchenlieder mit einer besonderen sozialen Funktion verbunden waren, sehen wir sie im Tanz.

Manchmal legt der Rhythmus sowie auch die Erwähnung des Tanzes in den Liedern diese Annahme nahe. Es gibt bei Walther nur acht Belege für den Wortstamm „Tanz". In Sprüchen und der sog. ‚Elegie' wird der Tanz oder sein Fehlen zum Zeichen der jeweiligen Weltstimmung. Die restlichen fünf Belege sind in den Mädchenliedern oder ihnen ähnlichen Liedern zu finden.

Die Mädchenlieder sind eine lockere, durchlässige Gruppe ohne feste Grenzen. Es muß genügen, um ein Lied zur Gruppe zu zählen, wenn die Anzahl der Hauptzüge oder deren Gewicht es zu verlangen scheint. Die Vorstellung von einer ‚Gruppe' gerät ins Wanken, aber wir halten uns an die Tradition der Forschung, listen einige Charakteristika auf und verdeutlichen sie durch Beispiele.

Am wesentlichsten – der Hauptunterschied zu den anderen Minneliedern – ist erstens die fröhliche, zuversichtliche Einstellung der Akteure. In manchem Lied hat der Frohsinn seinen Ursprung darin, daß die Minne schon erwidert ist (39,11), oder im – tastenden – Optimismus, daß es bald so sein wird (49,25; 110,13); in anderen ist Zufriedenheit oder Optimismus mit der freudigen Jahreszeit und der Natur verbunden (74,20; 39,11).

Zweitens soll die Geliebte ein „Mädchen" sein, d.h. keine hochstehende Dame, sondern eine junge Frau, deren Stand aber unklar ist. Sobald die höfische Herrin verlassen wird, ist es in der Forschung üblich gewesen, von „Bauernmädchen" zu reden. So undifferenziert war die mittelalterliche Gesellschaft gewiß nicht. Es bestand z.B. sicherlich ein großer Unterschied in Stellung und Einstellung zwischen einem Dienstmädchen am Hof und einem am Bauernhof – wie auch zwischen reichen Bauerntöchtern und armen Rittern. Anders als einer Höherstehenden stand Dienstmädchen beider Art das Auftreten in der freien Natur wohl frei. Nicht die Feldarbeit führt die Mädchen der Mädchenlieder in die Natur. Nur in *Nement, frowe, disen cranz* (74,20) und in *Under der linden* (39,11), in denen es um einen Tanz im Freien und um ein Stelldichein geht, wird angedeutet, was das Mädchen draußen im Freien zu suchen hat. Diese Mädchen haben nichts gemeinsam mit der *pastora* („Hirtin") in grober Arbeitskleidung, die den schmeichelhaften Worten des Möchtegern-Verführers in Marcabrus Pastourelle so gut zu widerstehen weiß, oder mit der Farnkraut sammelnden *bergera* („Schäferin"), die Guiraut de Borneil am 1. August in der Nähe von Alès in Provence traf.

In den vier Mädchenliedern (49,25; 50,19; 74,20; 39,11), in denen ein Mädchen auftritt oder angesprochen wird, gibt nichts Anlaß, an ein Bauernmädchen zu denken. Die Anredeformen der drei Lieder, in denen das Mädchen angesprochen wird, sind interessant: Im ersten Lied (49,25) wird sie geduzt, und der Anfang, *Herzeliebez vrowelîn* (weniger als Standesbezeichnung denn als spielerisch hypokoristische Diminutivableitung von *frowe* zu verstehen?) ist die einzige Anredeform; auch in 50,19 wird sie geduzt, aber die Anrede ist jedesmal das ehrfürchtige *frowe*; in 74,20 wird sie wieder mit *frowe* angesprochen und im erzählenden Teil als *maget* bezeichnet, aber diesmal ist das Pronomen das formelle *ir*. In 39,11 berichtet die Frau allein, daß sie von ihrem Geliebten mit *hêre frouwe* („erhabene Herrin") angeredet wurde – falls dies Anrede ist, nicht Ausruf. Soll die Variation einfach (liebes-)spielerische Abwechslung der Laune und Stimmung sein?

Wie die Antwort auch ausfällt, eines steht fest: auch wenn der unbestimmbare soziale Stand des „Mädchens" einen gesellschaftlichen Abstieg gegenüber der *frowe* der hohen Minnelieder impliziert haben sollte, tut das dem inneren Adel der Geliebten keinen Abbruch. Triftiger läßt sich dieser Gedanke nicht ausdrücken und nirgends ist Walthers rhetorische Kunst so heftig gedämpft und eindringlich an den Tag getreten wie in seinen schlichten Worten über die äußerlich hohen *frowen*, deren Rang ihre Geburt bestimmt, im Vergleich mit dem geliebten „du" seiner *frowe*, deren Rang ihr innerer Wert begründet:

> *edel unde rîche*
> *sint si sumelîche,*
> *dar zuo tragent si hôhen muot:*
> *lihte sint si bezzer, dû bist guot.* (51,1ff.)

(„Etliche [Damen am Hof, die Walther gefallen s o l l t e n] sind von hoher Geburt und mächtig, dazu sind sie auch frohen Mutes: vielleicht sind sie besser, du bist gut.") Nur dem Einsichts- und Ausdrucksvermögen eines Walther gelingt es, eine Situation zu erkennen und zu artikulieren, in der das Positivum des Adjektivs (*guot*) seinen Komparativ (*bezzer*) übersteigt.

*Herzeliebez vrowelîn* (49,25) und *Nement, frowe* (74,20) sprechen Ähnliches aus: innerer Wert erhält den Vorzug vor Geburt, Reichtum und Schönheit.

Im ersten haben wir einen Hinweis auf den Stand des Mädchens, da Walther gesteht, daß andere ihm zum Vorwurf machen, daß er seine Lieder an ein so (in zwei Hss.: „zu") niedriges Ziel richte. „Niedrig" verrät nicht, wozu es in Relation steht: zu den Damen der hohen Minnelieder, zu Walthers Stand? Aber auch hier adeln innere Eigenschaften.

Was die Skala der Werte betrifft, hat auch *Under der linden* (39,11) Ähnliches mitzuteilen, erreicht es aber durch andere Mittel. Hier wird ein beglückendes, körperlich erfülltes Liebesverhältnis geschildert. Das Lied knüpft an Vorgegebenes an. Man denkt an das deutsche Frauenlied und die mittellateinische und romanische Pastourelle. Um zum ‚Lindenlied' zu gelangen, müssen sich aber beide Liedtypen grundsätzlichen Änderungen unterziehen.

Das frühe Frauenlied sprach überwiegend von Trauer. Walthers Erneuerung des Typs (z. B. 113,31) zeigt bestenfalls eine gemischte Stimmung. Nichts davon im ‚Lindenlied', denn der Rückblick auf die gegenseitige, erfüllte Minne ist kein Riß zwischen Vergangenheit und Zukunft, die hier vermutlich die Vergangenheit und die gegenwärtige, freudige Erinnerung daran fortsetzen wird.

Noch weiter ist die Liebesidylle des ‚Lindenlieds' von der Pastourelle entfernt. Deren Grundform ist eine Szene aus Erzählung und Dialog, in der ein Ritter unterwegs auf ein Bauernmädchen trifft. Sein Ziel ist es, das Mädchen zu verführen – die Mittel reichen von der silbernen Redekunst des Hofs bis zur rohen Gewalt. Der ursprüngliche Ausgang war wohl, daß der Verführer sein Ziel erreichte, aber es erscheinen früh Variationen: Die Hirtin ist zungenfertig, gewinnt das Wortgefecht, entläßt spöttisch den „Werber"; sie gibt nach, hat es ihm aber angetan, so daß er nicht unverwundet aus der Sache herauskommt; sie läßt sich – etwa mit Hilfe von Geschenken – überreden, und während er wegreitet, stellt das „unschuldige" Mädchen fest, daß sie viele von seiner Sorte kennengelernt hat.

Im Vergleich mit diesen potentiellen Anregungen ist das ‚Lindenlied' etwas völlig Neues: ein rückblickendes Frauenlied aus dem Mund einer überaus glücklichen Frau. Handelt es sich um die *maget* von *Nemt, frowe* nach dem zweiten Stelldichein? Oder um eine aus der Gruppe der *wîbe die kunnen danken*? Wir können uns kein Bild von der „Heldin" des ‚Lindenlieds' machen. Sie ist aber nicht das hübsche, naive junge Ding, für das man sie oft gehalten hat.

Sie hat einen starken Sinn für Humor und für das Lächerliche und neigt zu schnippischer Verschmitztheit. Sie antwortet auf ihre Frage an sich selbst, ob er sie küßte: „tausendmal!" und fügt keck hinzu: *seht, wie rôt mir ist der munt*, was besagt, daß ihr Mund noch rot vom Küssen ist oder daß es einem Sterblichen unmöglich wäre, einem solchen Mund zu widerstehen. Sie ist auch fähig, das Lachen eines Fremden mitzuempfinden, der ihr Lager aus Blumen erblickt, und bemerkt leicht anzüglich, er werde an den Rosen erkennen, an welchem Ende ihr Kopf lag. Möglicherweise hat sie einen Witz auf Vorrat. Falls der Refrain *tandaradei*, der in der ersten Strophe mitten in einem Satz über die Nachtigall steht, wirklich in jeder Strophe den Gesang des Vogels wiedergibt, der das Liebesspiel begleitet, dann erhalten die

Schlußworte des Mädchens einen zusätzlichen spöttischen Sinn, denn die Nachtigall wird die diskrete Treue halten, weil das arme Tier nicht mehr als *tandaradei* hervorbringen kann. Morungens Star oder Papagei hätte mehr vermocht (127,23f.).

Das ‚Lindenlied' bedeutet eine tiefgehende Umkehrung: eine Pastourelle aus der Sicht des beglückten und siegenden „Opfers"! Im Vergleich mit der Pastourelle sorgt Walther dafür, daß das Versuchsobjekt zum Subjekt wird, beglückt an der Durchführung des Experiments gleichbeteiligt – oder mehr, da n u r sie spricht und sich das Geschehen nur aus ihrer Sicht entrollt. Ob man sich die Pastourelle als Muster denkt oder nur als typologische Vergleichsgröße, ihre Umkehrung ist bezeichnend: sie drückt konzentriert den Kernpunkt der Entwicklung aus, die die Mädchenlieder darstellen und den Walther anderswo als *Friundîn unde vrowen in einer waete* (63,20) zusammenfaßt.

Zu den Mädchenliedern wurden weitere gerechnet, die nur eine humorvolle Leichtigkeit und vielleicht die Landschaft mit den besprochenen gemein haben. Ein Beispiel wäre der vorgespielte kindische Glaube an die Wirksamkeit des Abmessens von Halmen, um zu entdecken, ob die Liebe erwidert wird (65,33). Ähnlich das Traumlied 94,11, in dem Walther sich über Traumgedichte, ihre Deutung und die Leichtgläubigen lustig macht, und dessen Schluß Walthers Kunst als Kabarettist und Publikumsmanipulierer veranschaulicht. Vergleichbar ist der Schwindel am Ende des Lieds 73,23: nachdem Walther durch zweimalige Verlängerung des Abgesangs den Schluß hinausgezogen und die Neugierde erweckt hat, verrät er plötzlich gegen alle Anstandsregeln des hohen Minnesangs *Hiltegunt* als Namen seiner Geliebten – bis die Zuhörer die literarische Anspielung auf seinen Namensvetter der Walther-Sage und dessen Geliebte Hildegund durchschauen.

Wir sehen in den Mädchenliedern Exemplare eines Liedtyps und nicht Produkte einer bestimmten Schaffensperiode. Sie könnten zu jeder Zeit entstanden sein, nachdem Walthers Kunst zu der nötigen Reife gelangt war. Wir sind daher nicht gezwungen, eine Gruppe von „Liedern der neuen hohen Minne" zu postulieren, um Lieder der hohen Minne, die man nur dem reifen Walther zuschreiben könnte, unterzubringen. Nichts verbietet, daß Mädchenlieder neben Liedern der hohen Minne entstanden sind, genau wie Sprüche, didaktische, und religiöse Lieder.

Von den bisher unerwähnten Liedern sind die religiösen die einzigen, die sich als thematische Gruppe zusammenzufassen lassen. Religiöse Themen: Glaube, populäre Theologie oder Kirchenpolitik gehören auch zu den Sprüchen. Die Lieder mit religiösen Themen verteilen sich wohl zeitlich über Walthers ganzes Œuvre.

Walthers einziger Versuch in der vornehmsten lyrischen Großform, sein ‚Marien-Leich' (3,1) steht an erster Stelle. Dies wird durch die Überlieferung unterstützt, denn die Große Heidelberger Handschrift, die allein unter den großen Sammelhandschriften den Leich enthält, setzt ihn an den

Anfang ihres Walther-Teils. Die Struktur entspricht im allgemeinen dem Schema, das wir beschrieben haben (S. 69 f.), doch besteht keine völlige Einmütigkeit über den Bauplan, da das System einander gleicher Einheiten nicht mechanisch durchgeführt wurde. Die komplexe Struktur unterstreicht, daß die Entsprechungen zwischen den Versikeln eines Leichs für denjenigen, der sie akustisch aufnahm, n u r über die Melodie mitzuempfinden waren. Mit der komplizierten Struktur und dem liturgisch anmutenden Stoff verbindet Walther eine virtuose, gewichtige, aber schlichte Sprache. Die Muttergottes ist die Brücke, über die das Thema jeweils von der Trinität zur Menschheit gleitet. Und was diese betrifft, gelangen wir über das Menschliche zum Allzumenschlichen und wieder in die Nachbarschaft der Sprüche, denn mitten in der Inbrunst des Leichs werden Rom und die Verkommenheit der Kurie angeprangert.

Sonstige Lieder Walthers, die die Religion zum Zentralthema haben, sind nicht zahlreich. Das ‚Palästinalied' (14,38) – einer der wenigen Fälle, wo eine Walther-Melodie überliefert ist – wird oft als Kreuzlied angesehen. In Wahrheit ist es etwas anderes: Es schildert die Gedanken eines Kreuzfahrers, der zum ersten Mal das Heilige Land betritt – mit anderen Worten: es handelt sich um ein Rollenlied in der Ich-Form, denn es ist unwahrscheinlich, daß Walther in Palästina war und in diesem einzigen Lied künstlerisches Kapital daraus geschlagen hat. Nur 76,22 ist ein echtes Kreuzlied, das für den Kreuzzug wirbt, doch schlägt auch die letzte Strophe der sog. ‚Elegie' (124,1) das Thema an.

Beim Alternden verbindet sich das Bewußtsein des heranrückenden Todes leicht mit Gedanken an das Jenseits und der Notwendigkeit, sich darauf vorzubereiten, oder aber mit der Nostalgie, die ebenso leicht in Klagen über den künstlerischen, politischen, sittlichen Verfall der Gegenwart mündet. Alle Lieder, die sich als späte ausgeben, verfolgen diese Themen. (Wir stellen ihre Berechtigung, als spät zu gelten, nicht in Abrede, denn die mangelnde Plausibilität würde es einem Dreißigjährigen, der als Sänger der eigenen Lieder auftrat, verbieten zu behaupten, er habe vierzig Jahre oder mehr Minnesang gesungen [66,27 f.].)

*Owê, hovelîchez singen* (64,31) klagt über den Verfall der Hofsitten, personifiziert als *frô Unfuoge* („Herrin Unziemlichkeit"), vor allem aber über den Verfall der Liedkunst am Hof. Das Lied wirkt wie ein spätes, muß aber keines sein. Es hat literarhistorisches Interesse, weil die Angriffe sowohl auf eine neue Art des Gesangs nach Neidharts Vorbild – die die richtige stört – und auf Mühlen und die Bauern, bei denen sie angeblich zuhause ist, zielt: sie wird in den folgenden Jahrzehnten und danach d i e literarische Modeerscheinung sein (s. Bd. II/2, S. 9 ff.).

Die ‚Elegie' (124,1) setzt mit einer Vergänglichkeitsklage ein, mit dem Rückblick auf die Jugend und die Gegend, in der der Dichter sie verbracht hatte. Die Veränderungen sind erschreckend, weil sie Meilensteine auf dem

Weg in den Tod sind. Der Weg des Lieds führt über die Klage der Vergänglichkeit, die verlorene Jugend, das Altern, die Verschlechterung des Lebens (besonders am Hof, wo Kunst, Sitten, Kleider betrüben), über unangenehme Briefe aus Rom (den 1227 über Friedrich II. wegen Aufschiebung des Kreuzzugs verhängten Kirchenbann?), über die verführerisch schöne Außenseite der Welt, die im Innern tödlich verfault ist (vgl. Bd. II/2, S. 142), zum Kreuzzug, der den Rittern Gelegenheit bietet, die Seligkeit im Jenseits zu sichern. Man sieht die ‚Elegie' mit ihren Gedanken an die alte Heimat als Rückkehr des Dichters nach Österreich und die Langzeilen als Huldigung an die bairisch-österreichischen Verse Kürenbergers und des ‚Nibelungenliedes'.

Warnungen bzw. Klagen über die betrügerische Beschaffenheit der Welt sind der Gegenstand in 59,37 und 100,24, die die Welt personifizieren. Das zweite ist eine köstliche Gesprächsszene: die Erde erscheint als Wirtshaus, in dem der Teufel der Wirt und Frau Welt die Kellnerin ist, die als Geliebte des Dichters im Gespräch mit diesem auftritt. Er will die angehäuften Schulden begleichen und sich von ihr trennen, ehe sein Kredit gekündigt wird, d. h. der Tod ihn ereilt. Im Dialog bekommen die Partner abwechselnd eine ganze Strophe, teilen dann die letzte, wobei der Dichter das erste und das letzte Wort hat. Der Dialog ist sehr expressiv: der in Versuchung geratende Dichter, den Frau Welt verführerisch kosend „Walther" nennt, fällt von dem distanzierenden *ir*, mit dem er begonnen hat, ins habituelle *du* und lenkt dann in der Teilversöhnung des Schlusses tapfer wieder ins *ir* zurück. Die Abstraktionen werden Fleisch.

Keine zurückblickende Musterung von Walthers Leistung darf ohne Walthers eigenen Rückblick darauf enden: das Lied *Ir reiniu wîp, ir werden man* (66,21), das wohl zu Walthers spätesten gehört. Es ist rätselhaft, weil wir nicht wissen, ob wir ein Lied mit sechs Strophen oder sechs einzelne Spruchstrophen vor uns haben. Ohne auf Einzelargumente einzugehen, bekennen wir uns entschieden zu der Meinung, daß wir es mit einem kontinuierlichen Lied zu tun haben: trotz der engen inhaltlichen Verwandtschaft, die Sprüche desselben Tons miteinander zeigen können, schreitet der Inhalt hier von Strophe zu Strophe in einer Weise fort, wie es in keinem Spruchton der Fall ist.

Die letzten vier Strophen thematisieren wiederum die Unzuverlässigkeit dieser Welt, den Abschied von ihr und die Vorbereitung auf die nächste. Die ersten beiden Strophen aber geben sich als autobiographisch aus und wir akzeptieren sie als solche, denn bei aller gebotenen Skepsis wäre es unsinnig, Walthers in sich nicht unwahrscheinliche Angaben bloß aus Prinzip nicht zu glauben. Der Minnesänger Walther wendet sich an die *reinen wîp* und die *werden man*, die edlen – ob adelig oder nicht – unter seinen Zuhörern am Hof. Er behauptet seinen Anspruch auf Ehre und Anerkennung stärker als früher, denn der ehemalige Minnesänger übte sein

Amt als Werbender im Namen des Hofs u n d in eigener Sache aus, und zwar vierzig Jahre lang, eine Angabe, deren ungefähre Richtigkeit zu bezweifeln bei einem Dichter, der vor dem Publikum vorträgt, grundlos wäre. Walther ist jetzt zu alt und erwartet für seinen Sang keinen Minnelohn, aber um so mehr Anerkennung vom Publikum, in dessen Namen er jetzt allein singt. In Strophe 2 blickt er auf seine zurückliegende Laufbahn als wandernder Dichter-Sänger, auf seine Suche nach Wert und Ehre und konstatiert (66,37ff.): „so bin ich doch, wie niedrig ich auch sein mag, einer der Ehrenvollen, nach meinen eigenen Maßstäben hoch genug". Auch diese Aussage entspricht all dem, was wir Walthers Dichtung, den kümmerlichen Quellen und unserem eigenen Räsonieren über Walthers Sozialstellung entnehmen können. Wiederum hindert nichts, die Aussagen als autobiographisch wahr zu akzeptieren.

Walthers Bedeutung als maßgeblicher Lyriker für die folgenden Generationen wird implizit und explizit von diesen bestätigt. Unterschiedliche Dichter konnten bei ihm Inspiration finden, aber die Bewunderung der Nachfolger für den Altmeister hat sich selektiv ausgewirkt, was an der allgemeinen Entwicklung wie an Walthers Eigenart lag. Die Sprüche entsprachen dem neuen Bedürfnis und späteren Geschmack genauer als die Lieder, so daß Walther in den folgenden Jahrhunderten weitgehend nur als Spruchdichter galt.

Im Scherz wie im Ernst ist Walther scharfsinnig und scharfzüngig. Es begegnen uns auf Schritt und Tritt ein witziger, juristischer Scharfsinn und eine rhetorische Begabung, die jede Stilebene und jeden Zuhörer beherrscht. Dasselbe gilt für die Variationsbreite der Strophenformen; für den ausdrucksvollen Einsatz metrischer und syntaktischer Einheiten, die parallel laufend einander unterstreichen oder kontrapunktisch gegeneinander wirken. Daß Walther begabter Musiker war, zeigen die erhaltenen Melodien, die zum ‚Palästinalied' (14,38) und zu den Atzesprüchen (103,13ff.).

Walther ist ein hochempfindlicher Resonanzboden für die Fragen und Interessen der Zeit. Am deutlichsten ist das bemerkbar in dem Ruf nach Gerechtigkeit, der seinen Minnesang und seine Sprüche durchdringt. Wir zögern nicht, Walthers (Über-)Empfindlichkeit in diesem Punkt autobiographisch zu deuten. Im politisch und administrativ wenig einheitlichen Mittelalter, wo das meiste von der Willkür des landsässigen Lehnsherrn abhing, hatte das Verlangen nach einem gerechten – am besten zentralisierten – Rechtssystem tiefe Wurzeln. Je niedriger man in der Gesellschaft stand, desto weniger Möglichkeiten hatte man, zu seinem Recht zu kommen, und um so größer war das Bedürfnis nach dem Schutz eines gerechten Herrn. Die soziale Mittelstellung, die Walther sich neben seiner Empfindlichkeit wirklichen oder imaginären Ungerechtigkeiten gegenüber zuschreibt (66,37f.), wenn er sich in der Minne, der Kunst oder im Dienst gekränkt fühlt oder sich von einem gewalttätigen „Herrn" Gerhart Atze mißhandelt sieht – das deutet auf einen, dessen prekäre Stellung schlecht mit der eigenen Selbsteinschätzung harmonisierte: *daz man bî rîcher kunst mich lât alsus armen* (28,2). Wer weiß, welche unzähligen Kränkungen durch verächtliche Höherstehende hinter diesen Worten stehen?

Über die Aussagen zu seinem Alter, seiner Dichterlaufbahn und seiner Sozialstellung hinaus glauben wir auch an eine Übereinstimmung zwischen Walthers dichterischer Persona und seiner Persönlichkeit. Die Persona – gestützt auf das biographisch wirkende Geflecht von Rückblicken auf früher Gedichtetes – präsentiert einen folgerichtigen Charakter. Die Entdeckung und Wertschätzung des Individuums, die wir der Renaissance zuschreiben, zeichnet sich schon bei den herausragenden Epikern und Lyrikern der Blütezeit ab. Dieses Individuelle erscheint zwar als gespielte Rolle, aber bei einem Hartmann, Gottfried, Wolfram oder Walther erschöpft es sich nicht darin. Und wir halten es auch nicht für Zufall, daß das Phänomen am frühesten und am ausgeprägtesten bei den Großen der Blütezeit an den Tag tritt, die auch sonst Epoche gemacht haben.

## Formen der Epik

### Überblick

Die Blütezeit erlebte die Entstehung einer zweiten epochemachenden Gattung. Der höfische Roman war eine Neugeburt und der gewichtigste Teil der geschriebenen mhd. Epik. Auch hier kommt der entscheidende Antrieb aus Frankreich, der sie fester in das internationale Gefüge der europäischen Literatur hineinzieht. Machte aber in der Lyrik besonders der Süden seinen Einfluß fühlbar, so in der Epik Nordfrankreich und die anglo-normannischen Länder.

Die Entstehung der erzählenden Literatur setzte einen größeren Aufwand voraus als die Lyrik: Pergament, Dichter und Schreiber auf lange Sicht, Kauf oder Ausleihe einer teuren altfranzösischen Handschrift. Der Einsatz spricht für ein ernsthaftes Engagement und gibt Aufschluß über die literarische Situation in Deutschland, denn er verdeutlicht, daß das Land (am Anfang: einige Höfe bzw. Mäzene) für den Import des höfischen Romans französischer Prägung kulturell reif war. Wer weder Straßen noch Fahrer noch Leute hat, die befördert werden wollen, importiert keine ausländischen Autos. An einheimischer erzählender Literatur hatten sich die mhd. Dichter und ihr Publikum schon schulen können, es existieren aber nun deutschsprachige Texte, die als Wegbereiter des höfischen Romans in Frage kommen.

Das Neue am altfranzösischen höfischen Roman lag im Inhalt, im verfeinerten Ton, im Lebensstil und vor allem in der strukturellen Erzähltaktik einer narrativen Form, die als schriftliche konzipiert und konstruiert wurde, selbst wenn sie noch zum Vortrag bestimmt war. „Noch", denn die Verhältnisse wandeln sich, in Deutschland später als im Westen. Während die von nun an dominierenden Erzählstoffe und die Erzählstruktur ohne den ausländischen Einfluß undenkbar sind, ist die Entwicklung des vorherrschenden vierhebigen Reimpaars in der frühmitteldeutschen erzählenden Literatur längst im Gange. „Erzählende" Literatur schließt so gut wie alles ein, was nicht Lyrik ist, etwa Bibelepik, Geschichtsdichtung wie die ‚Kaiserchronik', später Spielmannsepen (zu diesen Werktypen s. Bd. I/2) und auch volkssprachige Verspredigten und Werke der geistlichen Belehrung. Die neuen Muster und der neue Formwille aus dem Westen beschleunigten die Glättung und genauere Regelung der Reimpaare.

Die Unterscheidung zwischen einer Literaturperiode vor der Mitte des 12. Jahrhunderts, die durch geistliche Dichtung aus der Hand geistlicher Dichter gekennzeichnet ist, und einer ab etwa der Mitte des Jahrhunderts, in der das allmähliche, dann unaufhaltsame Aufkommen einer weltlichen Literatur von Laien, insbesondere „Rittern", das Frühere ersetzte, ist zu undifferenziert. Doch ist nicht zu leugnen, daß sich in der zweiten Hälfte des Jahrhunderts das Gravitationszentrum der deutschsprachigen Literatur verschiebt. Es verschiebt sich, weil adlige Mäzene sich immer mehr für geschriebene Literatur interessierten, ihre Namen mit ihr verbunden wissen wollten, Dichter und Stoffe suchten und diese zunehmend in französischsprachigen Ländern fanden. Die Übernahme der epischen Gattungen war nicht wahllos. Doch sind die Beweggründe für die Auswahl unklar. Der höfische Roman z. B., vor allem der Artusroman, wird eifrig in allen Regionen außer (in den ersten Jahrzehnten) im Südosten übernommen; dagegen wurden Gattungen wie der *lai*, eine Art Miniaturroman, dessen Hauptautorin Marie de France war (tätig von ca. 1160 bis wohl ins frühe 13. Jahrhundert, wahrscheinlich in England), und die Chanson de Geste nicht oder kaum rezipiert – diese mit den spektakulären Ausnahmen vom ‚Rolandslied' und Wolframs ‚Willehalm', neben die sich die beiden durch die ‚Karlmeinet'-Kompilation überlieferten Karlsromane ‚Karl und Galie' und ‚Morant und Galie' stellen. Wir fragen uns, ob nicht die einheimische Heldenepik der Übernahme der Chansons de Geste im Wege stand, wobei zu beachten ist, daß jene bis zur Abfassung des ‚Nibelungenlieds' nur mündlich überliefert war.

Bei den weltlichen Erzähltypen, die hier zu besprechen sind, handelt es sich um längere Formen: höfischer Roman, Heldenepik, Tierepos und Neubearbeitungen einiger Spielmannsepen. An kürzeren Formen haben wir zu wenige, um von Gattungen zu reden. Wir sind auf hybride Bezeichnungen wie „höfische Legende" oder „Heiligennovelle" angewiesen.

Die neue Entwicklung auf dem Gebiet der Epik ging stufenweise vor sich. Der entscheidende Schritt, die Hinwendung zur altfranzösischen Literatur als Stoff- und Inspirationsquelle, fängt mit dem ‚Alexander' des Pfaffen Lamprecht und dem ‚Rolandslied' des Pfaffen Konrad an (s. Bd. I/2, S. 163 ff. und S. 168 ff.). Es handelt sich nur um einen ersten Schritt, da keines der beiden Werke ein höfischer Roman ist und keiner der Dichter ein Laie. Das k ö n n t e ein Zufall sein, der nichts mit der französisch inspirierten Literatur der Blütezeit zu tun hat, aber daß beide Werke gerade in der Anfangszeit der Übernahme der höfischen Kunst- und Lebensformen aus Frankreich erscheinen, verstärkt die Wahrscheinlichkeit eines Zusammenhangs.

Die herrschende Versform der frühmhd. Erzähldichtung, das vierhebige Reimpaar, bewährte sich bei der Bearbeitung der achtsilbigen Reimpaare der französischen höfischen Romane. Die beiden Versformen sind so gute Äquivalente, wie die Wesensarten der beiden Sprachen es nur zulassen. Sonst war in der Französisch-Schule, die die deutschen Epiker jetzt betraten, die geordnete Organisation des Materials das Hauptfach. Der vorangehenden religiösen Erzählliteratur lag kein ästhetisches Gestaltungsprinzip zugrunde. Wie teilweise auch noch Lamprechts ‚Alexander' und Konrads ‚Rolandslied' zehrten die Werke von der Heilsgeschichte, deren Entfaltung bedeutete, daß Gott für die Erzählfolge der Ereignisse und die Rollen der Figuren sorgte. Erst die weltliche Literatur mußte um eine ästhetisch bedingte literarische Anordnung ringen, und sie fand sie im französischsprachigen höfischen Roman Frankreichs und Englands. Dies galt nicht nur für Erzähltypen, die durch und durch Importe waren, sondern auch für die Neubearbeitung der Spielmannsepen und der einheimischen Heldenepik. Alle gerieten in den Sog des höfischen Romans. Selbst die Chanson de Geste rückte in ihren späteren deutschen Umarbeitungen dem Roman näher.

Wir betonen besonders die Erzählstruktur, weil den höfischen Roman nichts mehr auszeichnet als diese. Seine Erzählweise bedeutet eine immense Verfeinerung und ein zunehmendes Raffinement in der Darstellung der Menschen in ihrer höfischen Umwelt, und die Wiedergabe des verwickelten Zusammenspiels zwischen beiden gehört zu den gelungensten und bedeutendsten Errungenschaften der Gattung. Durch Chrestien de Troyes – der Maßstab für das im höfischen Roman Leistbare, sowohl in Frankreich und England als auch in Deutschland – wird die Erzählstruktur in einer ungeahnten Weise zum impliziten Kommentar, zur Aussage. Dies ist nur ein Moment einer Erzähltechnik, die aus dem als verlogen in Verruf gekommenen höfischen Roman eine Gattung schafft, die einen moralischen Sinn vermittelt und Johannes von Salisbury, dem politischen Denker am Hof Heinrichs II. von England, die Worte entlockt: „Die Lügen der Dichter dienen der Wahrheit."

„Lügen" weisen auch auf die Frage nach der Quellentreue unserer Dichter. Trotz ihrer Beteuerungen bestehen Unterschiede zwischen einzelnen Dichtern und zwischen den verschiedenen Gattungen. Die französischsprachigen Dichter durften freier verfahren als die deutschen, denn die, mit denen wir uns beschäftigen, hatten Quellen – lateinische oder volkssprachige, schriftliche oder mündliche –, aus denen sie höfische Dichtungen in der

Volkssprache geschaffen haben. Die deutschen Dichter hatten Quellen, die schon höfische Dichtung w a r e n, und denen sie es gleichtun wollten. Sie haben die Dichtungen eingeführt und die Kultur, die der Inhalt der Dichtungen war und von der die Dichtungen selbst einen Teil bildeten. Dies machte die Quellen für die deutschen Dichter sakrosankter, aber nicht sakrosankt. Kein Wunder, wenn deutsche Dichter das Höfische überbetonen und, wie Parvenüs, neben dem Aussehen der feinen Stoffe sozusagen auch deren Preis erwähnen.

Daß eine Erzählung einen Sinn haben und zu einer Aussage werden kann, berührt einen weiteren für den höfischen Roman zentralen Punkt: seine exemplarische Funktion. Es versteht sich, daß der höfische Roman keine realistische Schilderung der höfischen Welt ist. Andererseits ist er manchem Märchenmotiv zum Trotz kein Märchen. Aspekte des höfischen Lebens werden zwar übertrieben und idealisiert dargestellt, aber es läßt sich nicht behaupten, der höfische Roman hätte keine Beziehung zur Realität – wie wir sie uns vorstellen –, denn viele Arten von Details über das Leben am mittelalterlichen Hof kennen wir nur aus der Dichtung. Das hat zu Fehlurteilen geführt, wenn Darstellungen in höfischen Romanen für bare Münze genommen wurden. Könnte man das Fratzenhafte des Wortes „Karikatur" wegdenken und nur den der Etymologie entsprechenden Begriff der „Überladung" beibehalten, so ließe sich der Darstellungsmodus des höfischen Romans, besonders des deutschen, als idealistisch verschönernde Karikatur bezeichnen. Konnte aber eine solche Gattung über die ihr zugeschriebene Verbindlichkeit verfügen und das Publikum das Idealbild mit der eigenen Wirklichkeit in Verbindung bringen und eine Moral daraus ableiten?

Ein Werk der Literatur vermag sein Publikum zu beeinflussen, auch wenn es fähig ist, die Künstlichkeit zu durchschauen. Wenn die Betrachter das ganze als lebensferne Illusion erkennen, heißt das nicht, daß das Werk keine weitere Macht über sie hat. Es genügt, daß das Geschilderte wie eine Seifenoper verführen kann, und so kann auch der höfische Roman zum Vorbild werden: der dargestellte Reichtum übertrifft den der Wirklichkeit, die das adlige Publikum umgibt, aber er erregt Neid; das adlige Publikum weiß, daß die Ritter nicht so edel und die Aventiuren nicht so seltsam sind, aber es wäre schön, wenn es so wäre. Vor allem der Artusroman schwebt in der Unbestimmtheit einer eigenen Aura, und darin liegt sein proteischer Reiz.

## Der höfische Roman I

Der höfische Roman in Deutschland spiegelt die genetische Entwicklung wider, die in Frankreich vorausgegangen war. Sie begann um die Mitte des 12. Jahrhunderts – die Datierungen sind grob – mit einer Gruppe von Gedichten mit antiken Stoffen: ‚Roman de Thèbes' (um 1150–55), ‚Piramus et Tisbé' (1156–58), ‚Roman d'Eneas' (um 1160) und ‚Roman de Troie' (um 1165). Der letzte der drei „romans d'antiquité" wurde von Benoît de Sainte-Maure für den angevinischen Hof England-Aquitaniens geschrieben und der Königin Eleonore gewidmet. Möglicherweise gehören die beiden anderen – ‚Roman de Thèbes' und ‚Roman d'Eneas' –, die anonym überliefert sind, auch in diesen Zusammenhang; alle drei tragen sprachliche Zeichen normannischen Ursprungs.

Mittellat. *romanice* („volksprachlich") wurde schon in den romanischen Gebieten des Karolingerreichs als Gegensatz zu *latine* benutzt. Die Bezeichnung für das sprachliche Medium übertrug sich auf den Inhalt, dann auf die Form. Afrz. *romanz*, als Substantiv gebraucht, heißt „Rede in der Volkssprache" oder „(literarische) Übersetzung in die Volkssprache", dann „Literaturwerk in der Volkssprache".

Diese Sprachentwicklung lag weit zurück, verdeutlicht aber sinnbildlich das Anfangsstadium des französischen höfischen Romans, in dem es buchstäblich um die Übertragung klassischer Stoffe in die Volkssprache ging. Die frühen Erfolge der altfranzösischen Antikenromane wurden von der „matière de Bretagne", den Geschichten von König Artus und der Tafelrunde, überschattet. Der Artusstoff war auf der Seite der Dichter wie auf der des Publikums gegenüber dem antiken Stoff im Vorteil.

Trotz Betonung ihrer Treue gegenüber der Quelle weichen die Dichter häufig von ihr ab. Das Ausmaß der Abweichung erklärt sich zum Teil daraus, daß dem Mittelalter der Sinn für Genauigkeit fehlte. Aber selbst wenn wir dies in Rechnung stellen, fällt auf, daß der Grad der Ungenauigkeit bei einigen jener ironisch distanzierten Dichter, die am meisten ihre Quellentreue beteuern, am größten ist. Das heißt, es geht auch um künstlerische Prinzipien, insbesondere um „Spielraum". Als Schulautor war Vergil einem großen Kreis von Unterrichteten bekannt; die Kenntnis der Quellen der anderen altfranzösischen antiken Romane war geringer, obwohl auch hier geschriebene Quellen die „Authentizität" der volkssprachigen Versionen kontrollieren ließen. Der Spielraum war beschränkter als beim Artusstoff, der auf wenig kontrollierbaren mündlichen Erzählungen in französischer und noch weniger zugänglichen in keltischer Sprache beruhte.

Der Spielraum, den die Dichter der höfischen Romane gewonnen haben, war der Freiraum, in dem sie die Umbildung und Manipulation durchführen und den Ausdruck dessen erreichen konnten, was zu einer Hauptstärke des höfischen Romans wurde: das nämlich, was Chrestien de Troyes den *sen* (‚Lancelot' v. 26), den hinter der Erzählung liegenden moralisch-ethischen Sinn, nannte. Die anspruchsvolleren Dichter verwirklichen dies, indem sie eine Erzählstruktur bauen, in der eine spätere Episode etwa durch die Wiederholung von Handlungen oder Motiven aus einer früheren auf diese bezogen erscheint. Die spätere Stelle erzwingt durch Steigerung oder Kontrastierung der verbindenden Elemente einen Vergleich mit der früheren, kommentiert sie implizit und legt es nahe, eine Lehre daraus zu ziehen. Diese beredte Kopplung von Struktur und Aussage nennt Chrestien *conjoin-*

*ture*, wörtlich „Zusammenfügung" („Erec' v. 14, wo er von „einer sehr schönen Zusammenfügung" redet) und meint damit eben die kommentierende Zusammenfügung bzw. gegenseitige Anpassung redender Episoden, die dem Kenner auch einen ästhetischen Genuß bereitet.

Auch aus der Sicht des Publikums hatte der Artusstoff Vorteile. Der Anspruch auf historische Authentizität, den die altfranzösischen Antikenromane und ihre mhd. Übersetzungen stellten, tritt auch in der Überlieferung zutage. Die Mehrzahl der Handschriften verbindet in verschiedenen Kombinationen den altfranzösischen Eneas-Roman mit dem Theben-Roman, dem Troja-Roman und dem ‚Roman de Brut' (abgeschlossen 1155) des normannischen Dichters Wace. Die Verbindung mit dem ‚Brut', einer für Heinrich II. von England verfaßten anglonormannischen Versübersetzung der ‚Historia Regum Britanniae' Geoffreys of Monmouth (um 1136), unterstreicht durch die chronikartige Form und Darstellungsweise den Anspruch der Antikenromane, historische Wahrheit zu vermitteln. In den Augen des interessierten Literaturpublikums des 12. Jahrhunderts – der Auftraggeber wie ihrer Nutz(ge)nießer – und damit auch der Dichter scheinen der Wahrheitsanspruch und die chronikalische Darstellungsweise nicht unbedingt Vorteile gewesen zu sein. Ton und Erzählweise hinterlassen den Eindruck, daß das hochinteressante Material zu den Akten des universalen Archivs im Jenseits gelegt worden ist.

Nicht so mit dem Artusstoff. Er genießt den Vorteil der Fiktion, daß die Ereignisse sich jedesmal erneut abspielen, wenn jemand das Werk zum Lesen oder Vortrag öffnet. Dies gilt, so sehr die Dichter die historische Wahrheit ihrer Erzählungen beteuern. Wir weisen auch auf die mit dem Mangel an Präzision verbundene Atmosphäre des *other world* hin, das zu den Wurzeln der Artus-Geschichten gehört. Den mythologischen Hintergrund spürt man in den französischsprachigen Dichtungen stärker als in den deutschen und noch stärker in den keltischen Versionen, z. B. in den sogenannten kymrischen ‚Mabinogion'. Das Fiktive und das Mythologische entsprachen besser den Wünschen der ritterlichen Gesellschaft des 12. Jahrhunderts. Hier ließen sich die Aufgaben als individuelle Proben auslegen und ermöglichten dem Aufnehmenden die Identifizierung mit den Personen der Romane besser als die „historischen" Antikenromane mit ihrer überindividuellen nationalgeschichtlichen Problematik. Doch wird die Suche nach einer einer a l l g e m e i n e n Erklärung für den raschen Erfolg des Artusromans durch den Zufall unterminiert, daß der Dichter, der zuerst den Artus-Stoff in französischer Sprache literarisch aufgriff, Chrestien de Troyes war.

In den anglonormannischen und französischen Ländern verdrängte die Artuswelt rasch die Antike. Das wiederholte sich beim mhd. Roman, aber hier ist es noch schwieriger, die inneren Gründe dafür zu verstehen. Eine nachahmende Rezeption verdoppelt die Unsicherheitsquellen und die Chronologie ist unklar und gedrängt, so daß nicht zu ermitteln ist, welche altfranzösischen Quellen welchem deutschen Auftraggeber oder Dichter zu einem bestimmten Zeitpunkt zu Gebote standen.

Höfischen Romanen gemeinsam sind die Zwillingsthemen ritterliche *âventiure* und Minne. Getrennt betrachtet, steht jene für das aktive Leben und diese für das Innenleben. Sie sind aber vielfach ineinander verschlungen. So ist die Minne oft – erstrebt oder zufällig – der Lohn für das Abenteuer. Die Zweifel, die das Herz des Abenteuer suchenden Ritters bedrängen, und der Mut, der die Zweifel und die Gefahren für Leib und Leben besiegt, sind gleichzeitig ethisch-moralische Größen, weil die gefährlichen Proben oft um anderer Menschen willen unternommen werden. Wie die Minne über die Ehe auch eine externe, öffentliche (z. B. lehnsrechtliche) Bedeutung gewinnen kann, kann umgekehrt die *âventiure* eine innere moralische Verpflichtung implizieren. Daher ist, ob es um das Abenteuer der Liebe oder die Liebe zum Abenteuer geht, einer der Vorzüge des höfischen Romans die Verquickung des Individuellen und des Gesellschaftlichen, in der die neue, wachsende Bedeutung des Individuums in der neuentdeckten, weltlich-gesellschaftlichen Kultur ihren Ausdruck findet. Es gilt, die Gefährdung dieses Gesellschaftlichen, die das Abenteuer und die Minne bedeuten können, am Ende zu überwinden und die Werte der Gesellschaft neu zu bestätigen.

## Heinrich von Veldeke und der Antikenroman

Aufgrund der Überlieferung erscheint Veldeke als der eigentliche Erfinder des deutschen höfischen Romans. Gottfried von Straßburg hat diese Rolle mit ihm besetzt, und von der Wirkungsgeschichte her gesehen, hat er sie gespielt. Wir beginnen mit Veldeke, obwohl die zeitliche Relation und das Abhängigkeitsverhältnis zwischen ihm und gewissen anderen Autoren und Werken nicht geklärt ist.

Wenn man z. B. sagt, daß in Deutschland dem Artusroman der Antikenroman vorausging, hat man mit diesem nur Veldeke im Auge. Veldeke ist in der deutschen Epik eine ebenso bedeutende Gestalt wie in der Lyrik. Ihm wird das Lob gezollt: *er inpfete das erste rîs in tiutscher zungen* ('Tristan', v. 4738f.), „pfropfte das erste Edelreis in deutscher Sprache" (auf den Baum, dem die Blüten der deutschen Meisterwerke der „Blütezeit" entsprossen sind). Dieses Urteil Gottfrieds von Straßburg steht in seinem Dichterkatalog an einer interessanten Stelle. Trotz der chronologischen Priorität, die Gottfried Veldeke zuschreibt, erwähnt er ihn als letzten Epiker unmittelbar vor den Lyrikern. Es ist nicht deutlich zu ersehen, ob die Verse: *der sprach uz vollen sinnen; wie wol sang er von minnen!* (4727f.) kollektiv auf sein Gesamtschaffen bezogen oder distributiv gemeint sind, so daß Gottfried mit dem „sinnigen Sprechen" Veldekes Epik und mit dem „Singen" seine Lyrik gemeint hätte. Jedenfalls steht er an dem Angelpunkt, an dem Gottfried sich von den Epikern zu den Lyrikern wendet; sein Lob trifft für Veldekes Schlüsselstellung als Epiker erst recht zu.

Veldeke tritt in keiner Urkunde auf. Wo sein Name – als Autorenüberschrift oder in den Werken anderer Dichter – in Hss. erscheint, geschieht es in sehr verschiedenen Formen. Gewisse Variantengruppen signalisieren jedoch hier eine Streitfrage. Es geht um den Kontrast zwischen niederländisch (maasländisch) *He[i]nric van Veldeken* und hochdeutsch *Heinrich von Veldeke*. In einem national territorialen Sinn wäre die Frage: „niederländisch oder deutsch?" zu Veldekes Zeit bedeutungslos gewesen. Geht es um die Wiedergewinnung von Veldekes „ursprünglichem" Sprachgebrauch, so ist die Frage literarhistorisch nicht minder irrelevant, da Veldeke eine Sprachform benutzt, die über die eigene Gegend hinaus auf andere, auch hochdeutsche Sprachlandschaften Rücksicht nimmt. Gleichgültig, inwiefern Veldeke seine Lieder, den ‚Servatius' oder den ‚Eneas' niederländisch (d. h. limburgisch bzw. maasländisch) oder hochdeutsch verfaßt hat – die Antwort dürfte in jedem der drei Fälle eine andere sein –, läuft der Versuch, ihn sprachlich einzuengen, seinem Streben zuwider. Die Frage nach seiner Sprache ist dagegen von großer Bedeutung, wollen wir sie als Mittel betrachten, kulturelle und literarhistorische Beziehungen aufzudecken.

Veldekes Ursprünge liegen im maasländischen Raum: Der Ortsname ist wohl noch in der *Velker molen* („Veldeke-Mühle") in der Nähe von Hasselt in der belgischen Provinz Limburg erhalten. Vielleicht gehörte unser Dichter zu dem Veldeke-Geschlecht, dessen Mitglieder als Ministerialen der Grafen von Loon urkundlich erst gegen Ende des 12. Jahrhunderts erscheinen. Die Annahme wird dadurch unterstützt, daß Veldeke im ‚Servatius' (v. 6178ff. – s. S. 395) *di gravinne van Lon, di edele Agnes* als Anregerin nennt. Von den Minnesang-Handschriften und Dichterkollegen wird er als *hêr* oder *meister* betitelt. Wolframs ‚Willehalm' (v. 76,24f.) rühmt Veldeke – anders als ‚Parzival' (292,18), wo es *hêr* heißt, – als *mînen meister [...] von Veldek* und verdeutlicht, daß *meister* als Gelehrtentitel, aber auch als Kompliment für die Kunstfertigkeit zu verstehen ist; Veldekes Lateinkenntnisse und sonstiges Wissen legen es nahe, ihn als Geistlichen zu sehen.

Die mutmaßliche Zeitspanne von Veldekes literarischer Tätigkeit läßt sich grob umreißen. Seine Bearbeitung des lateinischen Servatiuslebens könnte in Zusammenhang mit der Fertigstellung des Servatiusschreins und den Erweiterungen des Maastrichter Doms stehen (s. S. 395f. und Abb. 14), was als groben Terminus post quem die Mitte der sechziger Jahre des 12. Jahrhunderts ergeben würde. Für den Beginn der Arbeit am ‚Eneas' denkt man an eine Zeit um 1170 oder kurz davor. Die Hochzeit, bei der Veldekes ‚Eneas'-Handschrift gestohlen wurde, ist nicht zeitlich festzulegen, doch einigt man sich auf 1174 (s. S. 31ff.). Da der sog. Thüringische Schluß des ‚Eneas' von Hermann noch als Pfalzgrafen (von Sachsen) spricht, stammt die Partie aus einer Zeit vor seiner Erhebung zum Landgrafen von Thüringen 1190. Dies und die neun Jahre, in denen Veldeke nicht über die Handschrift verfügte, deuten auf die achtziger Jahre als Zeit der approximativen Schlußphase der Arbeit am ‚Eneas', und dem widerspricht nicht sein Lob von Barbarossas Mainzer Pfingstfest von 1184, das Veldeke als Augenzeuge schildert, während der Tod des Kaisers 1190 von ihm nicht erwähnt wird. Wolframs Klage (‚Parzival', v. 404,28ff.), daß Veldeke „so früh" gestorben sei, da e r das Lob Antikonies kunstvoller gestaltet hätte, braucht nur zu heißen, daß Veldeke so früh starb, daß er zur Zeit von Wolframs Schilderung nicht mehr zur Verfügung stand.

Veldekes sprachliche Zugehörigkeit ist wichtig als literarhistorischer Wegweiser, der die Richtung verschütteter Kulturstraßen nachzuzeichnen helfen kann. Wir umreißen die Hauptprobleme und referieren in aller Kürze die Ergebnisse Thomas Kleins, die am überzeugendsten sind.

Die Untersuchung der Sprachform, in der ein mittelalterlicher Dichter geschrieben haben mag, hängt allemal vom Zufall der Überlieferung ab. Dieser „Zufall" ist ein Aspekt der Rezeptionsgeschichte des Dichters. Bei der Rezeption aber kann das, was er selbst gewollt hat, eine beinahe nebensächliche Rolle spielen. Die Überlieferung von Veldekes einzelnen Werken ist sehr unterschiedlich.

Seine Lieder erscheinen – trotz vereinzelter niederfränkischer Züge – in hochdeutscher Sprache und sind durchweg hochdeutsch überliefert. Das heißt u. a., daß die Handschriften im wesentlichen hochdeutsche Literatur enthalten und in die Rezeptionsgeschichte dieser Literatur gehören. Dies ist insofern eine Ironie, als gerade Veldekes Lieder am weitestgehenden Zeichen seines mittelniederländischen bzw. maasländischen Schriftdialekts tragen. Sonst begegnen wir in Veldekes Dichtungen einem Bestreben, mittelniederländische Sprachformen zu vermeiden. Das betrifft vor allem lautliche Besonderheiten, die die formalen Erfordernisse – Versmaß oder Reim – im Hochdeutschen gestört hätten, aber das Prinzip umfaßt auch Vokabeln, die unverständlich gewesen wären oder vielleicht provinziell gewirkt hätten. Wir konzentrieren uns auf den Reim und stellen nur fest, daß mutatis mutandis ein ähnliches Prinzip auch beim Versmaß obwaltet.

In den Reimen der erzählenden Werke nimmt Veldeke Rücksicht auf das Hochdeutsche und vermeidet maasländische Reimbindungen, deren Verpflanzung ins Hochdeutsche zu unreinen Reimen führen würde. Er nimmt dabei auch auf das Maasländische Rücksicht und benutzt keine Reime, die nur im Hochdeutschen rein wären. Das Auskundschaften solcher neutraler Reime nach beiden Richtungen verlangt ein erstaunliches Doppelsehvermögen, und Veldekes Leistung ist ein genialer Balanceakt.

Ein gravierender Störfaktor ist die hochdeutsche Lautverschiebung. So erlaubt sich Veldeke z. B. einen Reim wie ndl. *dat : bat* bzw. hd. *daz : baz* („das" : „besser"), weil sich hier wie dort ein reiner Reim ergibt, verzichtet aber auf eine Bindung wie ndl. *stat : bat* („Stätte" : „besser"), die im Hochdeutschen auf den unreinen Reim *stat : baz* führte. Umgekehrt verzichtet er auf hochdeutsche Reimtypen wie *sach : sprach* („sah" : „sprach"), weil sie im Maasländischen *sach : sprac* lauteten.

Da viele der besprochenen Lauterscheinungen zur Herstellung von Reimen bequem und produktiv waren, bedeutete der Verzicht auf sie für Veldeke eine ungeheure formale Belastung. Es überrascht nicht, daß es ihm nicht überall gelungen ist, neutrale Reime zu finden.

Mit dem ‚Servatius' und dem ‚Eneas' steht es anders als mit der hochdeutschen Überlieferung der Lieder. Trotz Veldekes Bestreben, im Niederländischen u n d im Hochdeutschen zu wirken, und der Tatsache, daß seine beiden erzählenden Dichtungen in sprachlicher Hinsicht ähnlich verfahren, zeugen die erhaltenen Handschriften für eine nur niederländische Rezeption des ‚Servatius' und eine nur hochdeutsche – was die älteren Handschriften betrifft, sogar oberdeutsche – des ‚Eneas'.

Die Frage nach dem genaueren hochdeutschen Sprachtyp, auf den Veldeke Rücksicht nahm, ist zugunsten des Rheinfränkisch-Hessischen entschieden worden, mit dem Vorbehalt, daß – im Gegensatz zum Torso des ‚Eneas' vor dem Diebstahl – der in Thüringen gedichtete Schluß eher dem östlichen, thüringischen Mitteldeutsch zuneigt. Die These, daß die Rücksicht auf das Rheinfränkisch-Hessische mit dem Herrscherhaus der Grafen von Loon, zu dem die Auftraggeberin des ‚Servatius' gehörte, zu tun hat, ist bestechend, denn die Dynastie besaß Lehen im Mainzer Gebiet und weiter östlich im Spessart. Wichtig war wohl in beiden Fällen, daß Veldeke persönlich präsent war, möglicherweise präsent zu sein h a t t e. Von den Umständen des ‚Servatius'-Auftrags wissen wir nichts. Wir wissen auch nicht, wer den ‚Eneas' ursprünglich in Auftrag gegeben hat, obgleich die Ähnlichkeit der sprachlichen Orientierung des Torsos mit der des ‚Servatius' und die geographische Nähe der Looner zu der Klever Hochzeit auch für den ‚Eneas' an sie denken läßt. Ihr Landbesitz lag an der Hauptroute, welcher der französische kulturelle Einfluß ins Reich gefolgt ist. Es war wohl ihre Frömmigkeit, die die Gräfin Agnes mit einem Dichter in Kontakt brachte. Daß er später nach Thüringen berufen wurde, ist gesichert.

Die persönliche Präsenz beantwortet die Frage, wie Veldeke die nötigen Kenntnisse erwerben konnte, um auf den Sprachgebrauch anderer Gebiete Rücksicht zu nehmen, und in der Lage war, sie in die Praxis umzusetzen. Er war offenbar ein begabter Sprachkenner und -praktikant. Die Übertragung des ‚Servatius' und die zusätzliche Benutzung von Vergil, von Vergil-Kommentatoren und Ovid bei der Bearbeitung des ‚Roman d'Eneas' beweisen, daß er neben der mühelosen Beherrschung des anglonormannischen Texts über Lateinkenntnisse verfügte. Hat er sich ein System des neutralen Reims im Kopf ausgeklügelt oder im Ohr und im Mund? Konnte er mit einigem Erfolg verschiedene Dialekte, z. B. Maasländisch, Rheinfränkisch-Hessisch, später auch Thüringisch (aus-)sprechen? Es brauchte nicht perfekt zu sein. Er durfte nur nicht unkultiviert wirken, mußte leichtverständlich sein, und der Rhythmus und der Reim mußten genau stimmen – für einen Dichter mit Veldekes hohen Ansprüchen! Der Vortragende ist es, der den Beifall erntet oder sich als Stümper verspotten lassen muß. War Veldeke zugleich Dichter und Vortragender, so hatte er einen doppelten Grund, dafür zu sorgen, daß seine Vorführungen phonetisch erfolgreich waren. Wenn er sich beim Dichten auch die „andere" Aussprache stets vorstellen, einen Vortrag im Kopf durchspielen konnte, brauchte e r eine Handschrift als phonetischen Souffleur, dessen Vorgaben er so oder so mündlich realisieren konnte. Leichte Entgleisungen spielten keine Rolle solange er den fatalen Reimstellen mit Vertrauen entgegensehen konnte. Uns will scheinen, daß die neutralen Reime nur durch mündliche (d. h. auch „öhrliche") Kenntnisse der betreffenden lokalen Sprachformen zu erreichen waren und nicht bloß auf dem Pergament, wenn auch die Ergebnisse diesen Weg gehen mußten.

Auf die Frage, warum Veldeke in den Liedern anders verfahren ist, bieten wir nur Hypothesen. Als erstes haben wir an gattungsbedingte Unterschiede zu denken. Die moderne populäre Musik, in der es meistens auch um „Minne" geht, begrüßt sogar modisch gültige fremde Aussprachen! Zu Veldekes Zeit erwarben sich Flandern, Brabant, Hennegau höchstes Ansehen als die Gegenden des Reichs, in denen die französisch inspirierte Hofkultur am frühesten Wurzel faßte und am vollkommensten blühte. Dies führte zur Aufnahme von niederländischen – wir gebrauchen das Wort als Sammelbegriff, auch für Scheiniederländisches – Vokabeln wie *wâpen* („Waffen"/„Wappen") oder *dörper* („Bauer") im Hochdeutschen (s. S. 93). Am übertriebensten erscheint diese Vorbildwirkung in der Mode des *vlaemens*, d. h. „künstlich mit einer flämischen Aussprache und flämischen Vokabeln reden". Da Veldeke von Hause aus dieser Sprechart nahe stand, wäre es ihm vielleicht wie die Verschwendung eines persönlichen Vermögenswertes vorgekommen, ein so gesuchtes, bei ihm aber angeborenes Lokalkolorit in den Minneliedern über Bord zu werfen. Wir haben auch die Zuhörer und ihr Verständnis des Textes zu berücksichtigen. Gelegentliches Nichtverstehen verschmerzt man im Minnesang leichter als in der Epik, weil die Folgen nicht so extensiv sind. Im Vergleich mit der Ratlosigkeit, in der sich ein Publikum während der letzten rund achttausend Verse des ‚Tristans' befinden müßte, das das Wort für Minnetrank – etwa *poisûn* in Veldekes Lied – nicht verstanden hätte, wäre das Schlimmste, was in dieser Art in einem Minnelied geschehen könnte, eine Lappalie. Regional bedingte phonetische Schwierigkeiten könnten den Epiker leichter um seine Wirkung und Zuhörer bringen als den Lyriker.

Soweit wir wissen, hat der anonyme normannische Dichter des ‚Roman d'Eneas' Vergil ohne Zwischenstufen von anderen bearbeitet. Er hat sich auch an Ovid gehalten, vornehmlich um die Wirkung und Symptome der Liebe zu schildern. Nach dem Grad zu urteilen, in dem er in solchen Abschnitten von Vergil abweicht, war dies sein Ziel und das, was sein Publikum schätzte. (Daß es damals in der Luft lag, bestätigt die ungefähr gleichzeitige Kurzerzählung von ‚Piramus et Tisbé', die auch in normannischen Ländern entstanden ist: auch eine Geschichte aus der Antike, in der aber die Liebe notgedrungen eine zentrale Rolle zu spielen hatte.) Im ‚Roman d'Eneas' zeigt sich die Verschiebung des Interesses in Richtung auf das Gefühlsleben – vorwiegend die Liebe – bereits auffällig an den veränderten Proportionen der Erzählung.

Die Gestalt Lavinias z. B. hat bei Vergil eine Rolle, aber sie spielt sie nicht, sondern dient nur anderen zum Gesprächsthema, z. B. dem Geist des Anchises, Juno, ihren Eltern. Dagegen erhält sie vom ‚Roman d'Eneas'-Dichter nicht nur eine Rolle und die Berechtigung, an Dialogen teilzunehmen, sondern auch ein dreihundert Verse umfassendes Selbstgespräch, das darstellt, wie die Liebe in ihr erwacht. Die Erweiterung der Rolle Lavinias schafft eine Liebesepisode, die als Gegengewicht zur Dido-Episode wirkt oder diese gar überbietet, denn diesmal entpuppt sich auch der welterfahrene Witwer Eneas in einem gequälten Selbstgespräch als schmachtender Liebhaber, der ebenso an den – von seinem Halbbruder Amor verursachten – Symptomen der Minne leidet wie Lavinia. Im Gegensatz zu solchen Erweiterungen werden die 718 Verse von Vergils Buch III, in dem Aeneas von seinen langen Irrfahrten erzählt, im ‚Roman d'Eneas' auf vier referierende Verse gekürzt, die Veldeke dann völlig übergeht.

Das Werk hat kein Ziel im Sinne Vergils: von der Huldigung an Augustus und der imperialistischen Geschichte und Gründung Roms bleibt kaum eine Spur. Die ruhelosen Wanderungen der Trojaner werden bestenfalls durch sporadische Anstöße der Götter verursacht, sie ergeben sich nicht aus dem Sog des weltgeschichtlichen Vakuums, das entstehen müßte, kämen die Trojaner nicht nach Rom.

Der Unterschied in der Gewichtsverteilung zwischen Vergils ‚Aeneis' und dem ‚Roman d'Eneas' wird besonders an den Schlußszenen der Werke sichtbar. Vergil endet mit dem Tod des Turnus: „und mit einem Stöhnen flüchtete entrüstet sein Leben in die Unterwelt." Der ‚Roman d'Eneas' fährt fort, schildert die Liebesqual des Eneas in der Nacht vor der Ehe, die Herrlichkeit der monatelangen Hochzeit und schließt mit einem Ausblick auf die Kette der Nachfahren des Eneas, die sich bis zur Gründung Roms erstreckt. Bei Vergil werden Dido und Turnus dadurch zu parallelen Gestalten, daß sie mit ihrer unbeherrschbaren Leidenschaft – *furor/furens* werden wiederholt für beide gebraucht – die Bestimmung der Götter zu gefährden drohen und dafür mit dem Leben bezahlen müssen. Im ‚Roman d'Eneas' und bei Veldeke ist dies nicht spürbar. Vielmehr wird Lavinia durch ihre glückliche Liebe die große, antithetische und parallele Gegen-Gestalt zu Dido. Der Akzent hat sich in Richtung auf die glückliche oder unglückliche Natur der Minne verschoben und liegt nicht darauf, ob Götter Eheverbindungen gutheißen oder nicht.

Die Freiheiten, die sich der ‚Roman d'Eneas' Vergil gegenüber herausnimmt und an denen auch Veldeke teilhat, gestatten Zusätze und Auslassungen, aber keine Widersprüche. Man darf z. B. schmückende Einzelheiten beschreiben, die Vergil „ausgelassen" hat, oder Vorkommnisse, die sozusagen an Tagen geschehen sind, die er nicht behandelte. Solcher Stoff ist erfunden oder stammt aus klassischen Quellen. Ein Beispiel wäre der Passus, in dem der altfranzösische Dichter die entbehrliche Geschichte des Parisurteils ausführlich in 84 Versen (99–182) berichtet; Vergil (I, 26f.) erwähnt an der entsprechenden Stelle der ‚Aeneis' in anderthalb Versen das Parisurteil und Junos verunglimpfte Schönheit; Veldeke kürzt die Episode dem ‚Roman' gegenüber sehr stark auf acht Verse (v. 156ff.), in denen er die Verleihung des goldenen Apfels an Venus und die daraus folgende Zerstörung Trojas referiert, sich dafür auf Vergil berufend, der die Geschichte ja nicht erzählt hatte. Im allgemeinen folgt Veldeke dem ‚Roman', kann aber auch eigene Wege gehen, ohne dabei klare Prinzipien erkennen zu lassen. In diesem Falle impliziert die Kürzung möglicherweise eine Kritik am Dichter des ‚Roman' und trotz der mißverständlichen Quellenberufung eine partielle neue Annäherung an Vergil. Veldekes Freiheit gegenüber dem ‚Roman' wächst in den späteren Teilen seines Werks.

Über das Schwelgen in den Ängsten der Liebe, in Frankreich wie in Deutschland ein Hauptmerkmal der Darstellungen des höfischen Gefühlslebens, wird im ‚Roman' auf wenig überzeugende Weise auch von dem erfahrenen Eneas vor der Ehe mit Lavinia in 161 Versen eingehend berichtet. Wohl im Interesse größerer Charaktertreue verkürzt Veldeke barmherzigerweise die Qualen auf 39 Verse. Anders steht es mit dem Tod der Mutter Lavinias: nachdem Amata bei Vergil den Zuzug der Armee des Aeneas als Beweis für den Tod des Turnus mißverstanden hat, wird ihr Selbstmord in e i n e m (zwar längeren) Satz geschildert (XII, 595ff.); im ‚Roman' wird das weitere Schicksal der hier namenlosen Mutter Lavinias einfach vergessen; Veldeke kehrt zu Vergil zurück, insofern er vom Tod der Mutter berichtet, aber den für die Antike akzeptablen Selbstmord für das sündenbewußte Mittelalter dadurch ersetzt, daß die Mutter ihren Tod verkündet, auf die letzten Worte, die Lavinia an sie richtet (v. 13085ff.) mit einer Verfluchung antwortet, sich aufs Lager wirft und später an Wut stirbt. Die Beispiele für solche Abweichungen ließen sich vermehren, aber kaum kategorisieren und als jeweils typische Verhaltensweisen der beiden mittelalterlichen Dichter auslegen.

Veldekes Text ist mit 13528 Versen gegenüber 10156 Versen des ‚Roman d'Eneas' länger. Es ist nichts Ungewöhnliches, daß Übersetzungen länger ausfallen als ihre Originale. Der Übersetzer ist ängstlicher als der Autor des Originals und neigt – um Genauigkeit besorgt – dazu, nicht nur den Originaltext in der Zielsprache wiederzugeben, sondern ihn auch zu verdeutlichen. Mit dieser Erklärung würde man aber Veldeke nicht völlig gerecht.

Wenn man Wörter zählt, zeigen Stichproben, daß bei gleicher Verszahl die Wortzahl in Veldekes Werk ungefähr 82 Prozent von der des ‚Roman d'Eneas' beträgt. Wenn wir einfach für die beiden Gesamttexte hochrechnen, entsprechen 82 Prozent von Veldekes Gedicht 10958 Versen, was den 10156 Versen des ‚Roman d'Eneas' vergleichbar ist. Dies ändert nichts an der Tatsache, daß Veldeke sich manchmal wortreicher, manchmal knapper ausdrückt, aber es verschiebt die Gesamtbilanz.

Noch unbequemer für einen geistlichen Dichter als der Selbstmord von Lavinias Mutter sind die antiken Götter, die das christliche Mittelalter unter die Teufel einreiht. Vergil und seine Götter aber waren ein besonderes Problem: er war der angesehenste Schulautor und galt im Mittelalter als Ankündiger des Christentums, weil man einen Passus seiner IV. Ekloge schon seit dem 4. Jahrhundert als Prophezeiung der Geburt Christi auslegte.

Was die Übersetzung des ‚Roman d'Eneas' für Veldeke aber besonders heikel machte, war nicht nur, daß Venus die Mutter des idealisierten Helden war, sondern daß sie – wie andere Gottheiten des klassischen Pantheons – im Epos auftritt und die Handlung lenkt. Veldeke darf die Götter nicht eliminieren. Er kann aber ihre Rolle herunterspielen, indem er von Episoden, in denen sie sich beraten oder aktiv in die Handlung eingreifen, im Vergangenheitstempus abkürzend berichtet, anstatt diese als Vorgang zu schildern: z.B. wird Vergils Episode, in der Venus ihren Plan ausheckt, eine Liebe zwischen Dido und Aeneas zu stiften, wozu sie Cupido beauftragt, die Gestalt des Ascanius anzunehmen, mit den dürren Worten abgetan (v. 742ff.): „Nun verursachte seine [des Eneas] Mutter Venus, daß Dido, die Herrin, ihn zu lieben begann". Das Herunterspielen der Götter als Handlungsträger wirkt sich mittelbar auf Vergils politisch-historischen Rahmen aus, d.h. auf die Gründung und glorreiche Zukunft Roms. Die Götter werden abstrakter und verblassen zu einer ferngelenkten Vorsehung aus dem Hintergrund.

Veldeke nimmt in zwei Passagen auf die Staufer Bezug. Die erste (v. 8374ff.) berichtet, wie zur Zeit der Krönung Friedrich Barbarossas in Rom das eben beschriebene Grab des Pallas mit seiner noch brennenden Lampe wieder aufgefunden wurde. Die Behauptung fällt auf, weil der ‚Roman' nichts dergleichen berichtet und die Zeitangabe der Tradition widerspricht, die die Entdeckung in die Zeit Kaiser Heinrichs (II. oder III.) setzt. Die zweite Stauferpartie (v. 13222ff.) ist die Beschreibung des Mainzer Hoffestes; Veldeke berichtet hier als Augenzeuge. Man versuchte, daraus ein Streben Veldekes abzuleiten, dem Staufer-Reich eine welthistorische Bedeutung beizumessen wie Vergil in seinem Epos dem römischen. Dies wäre ein Gegenstück zu Versuchen der Angeviner gewesen, aus dem König Artus dynastisch-politisches Kapital zu schlagen. Doch spricht nur wenig für eine solche Intention Veldekes.

Der Textzusammenhang, der zu der Mainzer Schilderung führt, ist eben die Großzügigkeit der hierin miteinander und mit Eneas wetteifernden versammelten antiken Könige und Adligen, deren Güte den Spielleuten gegenüber – in anspornendem Bezug auf die Gegenwart – mehrmals pointiert erwähnt wird (vv. 13116ff.; 13196ff.). Die Stauferpartien stehen nicht an prominenten Stellen; sie beginnen spät und sind zu spärlich, um den Eindruck einer geplanten pro-staufischen Propaganda hervorzurufen; der erste Passus über die mutmaßliche Entdeckung des Pallas-Grabs legt es nicht darauf an, den in Italien weilenden Friedrich I. zu loben.

Bei Veldeke (wie in seiner Quelle) fehlt ein Charakteristikum des höfischen Romans: zwar werden der Held und seine Gefährten, Kämpfer antiken Stils, anachronistisch als mittelalterliche Ritter dargestellt, aber es fehlen Abenteuer, die als individuelle Probe aufgefaßt werden, Gelegenheit für den einzelnen Ritter, sich ethisch zu läutern. Der Zweikampf mit Turnus wird als Gerichtskampf geschildert.

Fragen wir aber nach den Merkmalen, die Veldeke zu seinem Ruf als Begründer des mhd. höfischen Romans verholfen haben, so bietet sich der Reiz des Stoffs mit seiner modischen Darstellung höfischer Kleidung, Waffen, Zeitvertreibe und Bauten an. Das schönste Beispiel ist die strahlende Erscheinung Didos, als sie zu Beginn der fatalen Jagd (v. 1685ff.) auftritt und für einen Augenblick so gesehen wird, wie sie sich den Augen des Eneas präsentierte. Das ganze ist – anders als im ‚Roman' – als Bild und nicht als bewegter Vorgang dargestellt. Wir spüren daran, wie das Zeitalter vom Innenleben der Figuren fasziniert war, insbesondere von den Symptomen der Liebe.

E i n Vorbote des Kommenden überschattet die anderen: Veldekes Sprache. Sein Stil und seine Formkunst besitzen eine Sicherheit und Gewandtheit, die zwischen ihm und seinen Zeitgenossen eine Kluft auftun, deren Breite nur von ihrer Tiefe übertroffen wird. Das Wie und das Woher sind unlösbare Fragen, aber wir weisen mindestens auf Faktoren hin, die hier eine Rolle spielen k ö n n e n: In der Situation der deutschen Dichter an der Schwelle zur Blütezeit hat das Form- und Stilniveau der Quelle eine Bedeutung, die das Niveau des deutschen Werks mitbestimmt. Außerdem ist das Entwicklungsstadium der einheimischen Literatursprache maßgeblich, zu dem auch weniger begabte Dichter bescheiden akkumulativ beitragen. Veldeke hat sich nicht nur an der Sprachgewandtheit des französischsprachigen ‚Eneas'-Dichters schulen können, sondern, wie seine Benutzung Vergils zeigt, auch an der lateinischen Rhetorik. In der Aufnahme dieser Inspirationen in die eigene Sprache erweist sich Veldeke als ein Meister, dessen Geschick sich schon an etwas anscheinend so Oberflächlichem wie der wechselnden Länge und Form seiner Sätze ablesen läßt. Daraus entsteht die variationsreiche Flüssigkeit des Stils, die ihn von Vorgängern und Zeitgenossen abhebt.

Für die relative Chronologie der Dichter sind wir vorwiegend auf Form- und Stilphänomene angewiesen. Wir müssen aber in Kauf nehmen, daß man die Form relativ schnell erlernen kann. Was hat ein Epiker gemacht, der nach dreitausend Versen des eigenen Werkes plötzlich in dem eines Kollegen auf den Primat des reinen Reims gestoßen ist? Denkbar ist, daß er beim Alten bleibt, und wir dazu neigen, ihn für den Vorgänger seines Zeitgenossen zu halten. Wenn er sich aber umstellt und das schon Gedichtete revidiert, reihen wir ihn neben dem Zeitgenossen ein, da eindeutige Dichterentwürfe nicht auf uns gekommen sind. (Bei der Nacheinführung des reinen Reimes handelt es sich um viel mehr als den Ersatz des einen Reimworts oder beider; syntaktische Umstellungen usw. wurden nötig, wie ein Vergleich des ‚Straßburger Alexander' mit den beiden anderen Versionen verdeutlicht [s. S. 241f.]. Daß Neubearbeitungen älterer Werke aktuell hielten, zeigen die anonymen Bearbeitungen von Lamprechts ‚Alexander', des ‚Herzog Ernst' [s. S. 378] oder Strickers Bearbeitung des ‚Rolandslieds' [s. Bd. II/2, S. 121f.].) Solche Überlegungen haben uns dazu verführt, Gottfried und andere *meister* beim Wort zu nehmen und Veldeke an den Anfang des deutschen höfischen Romans zu setzen. Sollte dies nicht objektiv stimmen, so hat es wegen seines verdienten Rufs seine moralische Berechtigung.

## *Epik um oder nach Veldeke*

### *Chronologie*

Die Überschrift verrät unsere Unfähigkeit, eine Gruppe von Texten, die zeitlich oder geographisch ungefähr in Veldekes Nachbarschaft gehören müssen, präziser einzuordnen. Der Stand unseres (Un-)Wissens bedeutet, daß die Frage des Lokalisierens und absoluten Datierens von der der literarischen Relationen nicht zu trennen ist. Es ist unsere Überzeugung, daß bei Werken, deren Entstehungszeiten sich überschnitten haben, Einflüsse in einer oder b e i d e n Richtungen verlaufen konnten.

Wir setzten Veldeke an den Anfang der Schilderung des höfischen Romans, weil er dadurch die Prominenz erhält, die ihm die Mit- und die Nachwelt zuschreiben, aber wir gestehen ihm auch objektiv die zeitliche Priorität vor einigen Werken zu, die man oft für älter erklärte. Es handelt sich um einige Werke, die auf den höfischen Roman hindeuten, Gemeinsamkeiten mit ihm haben oder in manchem schon höfische Romane sind: den ‚Trierer Floyris‘, ‚Graf Rudolf‘ und den ‚Tristrant‘ Eilharts von Oberg, dazu den ‚Straßburger Alexander‘ (s. Bd. I/2, S. 165 ff.). Für die relativen Datierungen sind wir auf stilistisch-sprachliche Parallelen angewiesen, die als Entlehnungen ausgelegt wurden. Nicht alle sind so auffallend, daß man in ihnen Entlehnungen sehen muß, oder daß sie in dem noch formelreichen Entwicklungsstadium der mhd. Epik nicht stilistische Gemeinsamkeiten wären.

Man würde das erste Erscheinen deutscher höfischer Epik französischer Inspiration im Nordwesten des deutschen Sprachgebiets erwarten – wir reden am besten von den mittelfränkischen Rheinlanden (Beckers) –, der Gegend, die den Beginn des französischen kulturellen Einflusses erlebt und ihn weitergeleitet hat. Sucht man nach den literarischen Zeugnissen dafür, so ist das Angebot spärlich.

Instruktiv ist der Fall des (noch vorhöfischen) ‚Alexander‘-Romans, den der Pfaffe Lamprecht wohl um die Jahrhundertmitte im Trierer Raum verfaßte (s. Bd. I/2, S. 163ff.). In der Vorauer Handschrift (um 1200) ist das Werk, sprachlich südbairisch gefärbt, vollständig erhalten. Eine stark erweiterte Fortsetzung (X*) ist relativ früh nach Lamprecht anzusetzen, aber sie ist nur aus der Form zu erschließen, in der sie in eine Basler Handschrift der ‚Sächsischen Weltchronik‘ aus dem 15. Jahrhundert eingegangen ist (‚Basler Alexander‘), bzw. aus der Straßburger Version, die das Werk ‚modernisierte‘ und mit weiteren Episoden versah. Die 1870 verbrannte Straßburg-Molsheimer-Handschrift, die allein diese Version überlieferte, enthielt – als Federprobe? – ein lateinisches Memorial: einen Versspruch auf die Eroberung

Jerusalems 1187 durch Saladin. Ob die ganze Handschrift nach diesem Datum entstanden ist oder nur der Teil, der nach dem Memorial steht, und wie lange danach, sind offene Fragen, aber es spricht einiges für eine Datierung vor spätestens 1210, wohl um die Jahrhundertwende (E. Schröder). Der ‚Straßburger Alexander' selbst gehört in die siebziger oder frühen achtziger Jahre des 12. Jahrhunderts. Seine Sprache ist aber nicht mehr moselfränkisch, sondern eher rheinfränkisch. Nur fragmentarisch erhalten sind ‚Graf Rudolf' (14 Fragmente einer einzigen Handschrift vom Ende des 12. Jahrhunderts) und der verstümmelte ‚Trierer Floyris'-Roman (16 knappe Bruchstücke einer um 1200 geschriebenen Handschrift, ingesamt nur 368 Verse).

Der Streit um die zeitliche Priorität betrifft hauptsächlich den ‚Straßburger Alexander' und Veldekes ‚Eneas' sowie diesen und Eilharts ‚Tristrant'. Wir können die Argumente nicht im Detail erörtern, was jede Diskussion erschwert, denn die Argumente bestehen eigentlich nur aus Details. Wir versuchen trotzdem durch eine Stichprobe einen Eindruck von der Art der Indizien und Argumente zu vermitteln.

Gehen wir von der Überlieferung der Werke und ihrer Quellen aus. Der Fall des ‚Straßburger Alexander' wurde geschildert – die Frage der Quelle(n) ist noch nicht gelöst. Veldekes ‚Eneas' und seine präzise Quelle sind erhalten. Bei Eilhart ist die Lage wieder anders: seine Quelle ist nicht erhalten, kann aber annähernd aus Bérouls ‚Roman de Tristran' erschlossen werden, der dieselbe oder eine ähnliche Quelle benutzt hat; das erste Drittel und der Schluß von Bérouls Roman fehlen; Eilharts Roman ist in auch nur annähernd ursprünglicher Form ausschließlich in Teilen von drei um 1200 entstandenen Handschriften und in einem weiteren Fragment überliefert, möglicherweise vom späten 13. Jahrhundert, das zwischen den alten Fragmenten und den Papierhandschriften des 15. Jahrhunderts vermittelt, aus denen allein wir das Werk – in bearbeiteter Form – als ganzes kennen (s. u. S. 274); der tschechische ‚Tristram', aus der zweiten Hälfte des 13. bzw. ersten des 14. Jahrhunderts und in zwei Handschriften des 15. Jahrhunderts überliefert, ist eine Kompilation, die abwechselnd Eilhart, Gottfried und Heinrich von Freiberg benutzte, also für Strecken einspringt, auf denen aus Eilhart geschöpft wurde. Wir haben also für den ‚Straßburger Alexander', den ‚Eneas' und den ‚Tristrant' nicht in zwei Fällen eine vergleichbare Ausgangsbasis.

Zum Beweis einer Übernahme ging man von Textstellen wie der folgenden aus. Im ‚Vorauer Alexander' heißt es von dem Schlag, den Alexander Pincun durch den Hals und den Helm auf den Kopf schlug: *der slach was unsuz, daz houvet viel ime vur die fuoze* (v. 1369f.) („der Schlag war unlieblich, sein Kopf fiel ihm vor die Füße"). Der Wortlaut, der in seiner stilistischen Gräßlichkeit der seines Inhalts nicht nachsteht – nichts deutet an, daß Lamprecht zu einer ironischen Färbung von *unsuz* fähig war –, wurde wohl vom Reimzwang mitveranlaßt. Minis machte wahrscheinlich, daß im ‚Alexander X*' die Stelle schon ähnlich lautete, denn im ‚Basler Alexander' bleibt der zweite Vers bestehen; die höfischere Straßburger Fassung hat das unlogische „durch den Hals und den Helm", das bizarre *unsuz* und das Motiv des fallenden Kopfes aufgegeben. Dort heißt es: *ûffe sîn houbit er in slûch durh den stêlînen hût einen sô freislîchen slach, daz er an der erden tôt lach* (v. 1883ff.) („er schlug ihm durch den stählernen Helm einen so grimmigen Schlag auf den Kopf, daß er auf der Erde tot lag"). Veldeke hat einen Passus, der an eine Anleihe denken ließ: *dorch den helm her in slûch einen vreislîchen slach, daz her tôt vor ime lach* („Eneas', v. 7860 ff.). Es ließ sich aber nachweisen, daß eben an dieser Stelle Veldekes Quelle dasselbe sagt („Roman d'Eneas', v. 5911 ff.). Auf die Anwendung der Figura Etymologica und des grammatischen Reims wäre er leicht von selbst gekommen. Solche Beispiele ließen sich vermehren.

Das besprochene Beispiel hätte nur wahrscheinlich machen, nicht beweisen können. Gewiß: wenn wir vor einer Reihe von Parallelen stehen, die die Richtung eines (möglichen) Einflusses offen lassen, aber in einem einzigen Fall ein Indiz entdecken, das eine Interpretation in die eine Richtung erzwingt, hat diese als potentielle Erklärung für die ganze Reihe den Vorzug, auch für die, bei denen Indizien fehlen. Es ist auch zu erwägen, ob schon die altfranzösische Quelle eines mhd. Textes auf die altfranzösische Quelle eines anderen eingewirkt hatte.

Angesichts der Häufigkeit von Formeln und der Beobachtung, daß die deutschen Dichter bei aller Freiheit des Übersetzens dem Wortlaut ihrer altfranzösischen Quellen oft doch nahe bleiben, haben wir damit zu rechnen, daß trotz der sprachlich-stilistischen Parallelen keine direkte Beziehung zwischen dem ‚Straßburger Alexander' und Veldeke bestanden hat. Falls man trotzdem an eine Entlehnung und nicht an den Zufall glauben will, muß man aufgrund von Veldekes Quellennähe in ihm den Gebenden und im ‚Straßburger Alexander' den Nehmenden sehen. Dem stehen keine chronologischen Schwierigkeiten im Wege, zumal dann nicht, wenn Veldekes ‚Eneas' während seiner „Entführung" noch durch den Vortrag zugänglich war.

Andere (z. B. inhaltsbezogene) Erklärungsversuche, zu denen man gegriffen hat, überzeugen ebensowenig. Ein Beispiel aus der Diskussion über das Verhältnis zwischen Veldeke und Eilhart genügt. Auch hier gründet sich das Argument weitgehend auf sprachliche Parallelen, besonders in den Minnemonologen Lavinias und Isaldes. Für vielsagend hielt man die Wendung *den leiden lîben man* („den widerwärtigen lieben Mann"), die Isalde (v. 2402) für Tristrant und Dido (v. 2295) für Eneas benutzt. Die Verbindung von *leide* und *liebe* ist aber eine geradezu stehende Wendung (z. B. ‚Nibelungenlied', Str. 17,3; 2378,4), weshalb die wegen der Alliteration naheliegende Verkürzung in den Oxymora der Veldeke- und Eilhart-Stellen wenig überrascht. Durch einen übernatürlichen Eingriff wird in Isalde eine Liebe zum Feind ihres Landes jäh erweckt. Man könnte die Theorie verfechten, daß schon von ihrem Schicksal her ein Liebesmonolog aus ihrem Munde eher konstitutiv wäre als einer von Lavinia. Dies ist fehlerhaft. Auch Lavinia – im ovidischen ‚Roman d'Eneas' – wird unversehens auf übernatürliche Weise durch die Liebe überwunden, und zwar mit einem göttlichen Pfeil, seltsamerweise nicht von Amor, sondern von Venus, ihrer künftigen Schwiegermutter abgeschossen (v. 10036). Isalde darf gegenüber Lavinia kein Vorrecht auf einen Minnemonolog erheischen.

In seinem Lied von Tristran (MF 58,35) benutzt Veldeke afrz. *poisûn* („Trank; Zaubertrank; Gift") für den Liebestrank (s. S. 111); *poisûn* steht nicht bei Eilhart, ist im Mhd. nur bei Veldeke belegt und läßt denken, daß Veldeke aus anderer Quelle die Tristan-Geschichte kannte. Bérouls Version spricht von *poison* (v. 1384) und Veldeke hätte sie bzw. ihre Quelle kennen können (s. S. 241 ff.).

Das Ergebnis enttäuscht: die Indizien erlauben keine definitiven Urteile über die relative Chronologie dieser frühen Epen, die das Fundament des mhd. höfischen Romans bilden. Wir meinen aber, daß das wenige Aufschlußreiche eher für die Priorität Veldekes spricht. Falls sich hierin ein vom modernen Geschmack gesteuertes Vor- und Werturteil äußert, trösten wir uns damit, daß Gottfried mit seinen überlegenen Kenntnissen unsere Meinung über die entwicklungsgeschichtliche Bedeutung und über den ästhetischen Verdienst Veldekes teilt. Diesem Urteil pflichtet auch Wolfram bei, insofern er Veldeke nennt und dessen Kunst lobt („Parzival', v. 292,18 ff.; 404,28 ff.; ,Willehalm' v. 76,22 ff.), aber aus Eilharts Werk Namensformen usw. herausbricht, ohne ihn zu nennen.

## Die frühen Romane

Über die spärlichen Fragmente des ,Trierer Floyris' ließe sich wenig sagen, wären nicht zwei vollständige altfranzösischen Dichtungen von ,Floire et Blancheflor' aus etwa dem dritten Viertel des 12. Jahrhunderts erhalten, eine davon wohl die Quelle der mhd. Fragmente. Aufgrund der Vers- und Reimtechnik, die weniger flüssig und geregelt wirken als im ,Straßburger Alexander', aber flüssiger und geregelter als im ,Vorauer Alexander', wird der ,Trierer Floyris' nicht viel später als dieser in die sechziger oder siebziger Jahre datiert. Die Sprache hat zu einer Lokalisierung an der Grenze zwischen dem Ripuarischen und dem Niederfränkischen geführt (de Smet; Beckers). Wie schwer zu fassen der Text als ganzes auch sein mag, seine Entstehung in diesem gärenden Kulturgebiet und seine Rezeption im Trierer Raum, wo nicht lange vorher der Pfaffe Lamprecht tätig gewesen sein dürfte, sind zukunftsträchtig, denn neben dem ,Tristan' bietet der Floyris-Roman d e n Liebesstoff par excellence (s. S. 377 f.). Er umfaßt: gegenseitige Liebe von Kindheit an; Trennung durch die Familie wegen des sozialen Unterschieds, vom Gegensatz zwischen Christen und Heiden verschärft; unerschütterliche gegenseitige Treue, die das Herz eines mächtigen, heidnischen Herrschers zu erweichen vermag; im Kontrast zum Tristan-Stoff aber Wiedervereinigung, mit glücklichem Ende. (Floyris und Blancheflur finden eine einzige Erwähnung in der Lyrik der Blütezeit, im Leich Ulrichs von Gutenburg [MF 74,23 ff.; s. S. 69 f.]). Durch das Minnethema und die Liebespsychologie ist der ,Floyris' mit dem entwickelten höfischen Roman verbunden, durch das Fehlen des Kämpferisch-Ritterlichen von ihm getrennt.

Die Fragmente des ‚Graf Rudolf' sind umfangreicher (rund 1400 Verse), aber die sicherlich altfranzösische Quelle ist nicht erhalten. Obwohl diese eher Chanson de Geste als Roman gewesen sein wird, erweckt der ‚Graf Rudolf' zugleich Vorstellungen von einem Spielmannsepos: die Reise Rudolfs in den Osten, um an einem Kreuzzug teilzunehmen; die Erwerbung einer Braut dort (vgl. ‚König Rother'; s. Bd. I/2, S. 100ff.), ohne hier das Hauptziel zu sein; Aufenthalt im Heiligen Land im Gefolge eines christlichen Herrschers; eine kontrastierende Zeit im Dienst des heidnischen Sultans, der sich aufrichtiger und humaner ausnimmt als sein christliches Gegenstück (vgl. ‚Herzog Ernst'; s. Bd. I/2, S. 183ff.); Liebe zur Tochter des Sultans (vgl. Wolframs ‚Willehalm'). Den nüchternen Respekt vor den Ungläubigen und das Fehlen der programmatischen Feindschaft, die wir z. B. im ‚Rolandslied' treffen, sieht man als realistisches Produkt einer Zeit des praktischen Nebeneinanderlebens von Christen und Heiden im Osten und nicht als Zeugnis einer – damals überraschenden – grundsätzlichen Toleranz.

Es ist genug von diesem orginellen Werk erhalten, um erkennen zu lassen, daß es sich trotz mutmaßlicher Ursprünge in einer Chanson de Geste und sporadischer Ähnlichkeiten mit der Spielmannsepik im wesentlichen um einen höfischen Roman handelt, und zwar um einen, der eine weitere Permutation der charakteristischen Ingredienzien zeigt. Unsere Sicht des höfischen Romans ist so stark von seiner arturischen Variante geprägt, daß wir rückblickend diese für den Typus schlechthin halten. Wir dürfen aber das Auftreten von Artus und die folgende Entwicklung nicht von vornherein mit einer für die frühere Periode anachronistischen Unabwendbarkeit versehen. Der ‚Graf Rudolf' hält unseren Sinn für die Bewegtheit der literarischen Entwicklung und für andere Möglichkeiten lebendig.

‚Graf Rudolf' lebt in den Fragmenten einer einzigen Handschrift, deren verlorene Anfangs- und Schlußteile vielleicht eine Auskunft über den Autor enthalten hätten. Die Handschrift (vom Ende des 12. Jahrhunderts) ist Abschrift einer früheren. Die spärliche Überlieferung könnte auf Zufall beruhen, aber da nirgends auf das Werk angespielt wird, scheint es wenig Widerhall gefunden zu haben. Es ist mit keinem Hof oder literarischen Gebiet zu verbinden, und die Datierung ist ebenso problematisch. Die Sprache, besonders die Reimpraxis, weist ins östliche Rheinfränkische, eher ins Hessische als ins Thüringische. Versuche, das Werk aufgrund der darin gespiegelten Beziehungen zwischen Christen und Heiden im Heiligen Land zu datieren, überzeugen nicht. Über die grobe Datierung „zwischen ca. 1170 und ca. 1187/90" und die Vermutung, daß das Werk für den Hof des 1190 auf dem Kreuzzug gestorbenen Landgrafen Ludwig III. von Thüringen gedichtet wurde (Ganz), kommen wir nicht hinaus. Das im ‚Graf Rudolf' erreichte Stadium der Entwicklung ist eine kuriose Mischung der Merkmale, die man für wesensbestimmend im höfischen Roman hält.

Es werden z. B. Kämpfe zu Pferde ausgefochten, aber es geht nicht um den Einzelkampf, wie ihn der entwickelte Roman erheischt, sondern um Schlachten: so in der Szene, in der Rudolf gezwungen wird, sich gegen die Christen zu verteidigen, sie aber vom Pferd mit dem flachen Schwert schlägt. Dagegen erwähnt die angedeutete Ritterlehre (v. γb 15ff.) neben dem *behurdieren mit deme schilde*, dem zünftigen ritterlichen Anrennen in Scharen, und zwar mit der neumodischen altfranzösischen Vokabel ausgedrückt, auch die *hovischeit* und ihr Gegenteil, die *dorpericheit*, und – besonders bezeichnend – den höfischen Frauendienst. Dieses der Spielmannsepik fremde Thema wird später in der Praxis dargestellt in dem leider verstümmelten Minnegespräch (v. E 1ff.), dessen schlicht zurückhaltendes, aber ergreifendes Minnegeständnis zwischen Rudolf und der Tochter des Heidenkönigs schmerzlich empfinden läßt, was wir verloren haben. Diese neue Schilderung der Gefühle erscheint in Rudolfs bewegter, leider auch abgebrochener Todesklage für Bonifait (v. Kb 39ff.). Es zeigt sich weiter ein ausgesprochen feudales Standesbewußtsein, besonders als der christliche König von Jerusalem, der den Ehrgeiz hat, in seiner Hofhaltung mit dem Kaiser zu rivalisieren, sich unter dem Gelächter Rudolfs durch diesen über die Vergeblichkeit des Unternehmens belehren läßt (v. Db 27ff.). Sonderbarerweise duzt Rudolf gerade an dieser Stelle, wo die Frage des Rangs und des Standesbewußtseins besonders brennend wird, den König. Dies widerspricht der Mode im Roman, und es fragt sich, ob die Erklärung in einem verloren Teil des Werks stand oder Früheres durchscheint. Aufforderungen, gut zuzuhören (z.B. v. F 33) – seltener als etwa bei Eilhart! – lassen wieder das ältere Jongleurhafte der Spielmannsepik anklingen. Der Roman zeigt aber auch einen Hang zum Moralisieren, der wie anderes vielleicht einen klerikalen Dichter nahelegt – vgl. den wiederholten Dank, den der Erzähler an Rudolfs Helfer richtet, (v. H 14 und 34; Hb 22), und sein ausgedehntes Lob (v. δ 44 – δb 8) der weisen Ratgeber und der guten Herrscher, die auf sie hören. Das Lob klingt auf andere Weise tugendhaft als der sonst herrschende Idealismus des höfischen Romans.

‚Graf Rudolf' zeigt eine ungewöhnliche und variationsreiche Palette der Motive des Romans jener Zeit. Die Musterung der Merkmale und die Beschreibung der in diesem Werk erreichten Zwischenstufe der Gattungsentwicklung sind aufschlußreich, helfen aber in der Datierungsfrage nicht, da wir nicht abschätzen können, inwiefern die Merkmale dem besonderen Wesen des Textes entspringen und die literarhistorische Aktualität der Merkmale regional bedingt ist. Mutatis mutandis gilt das für die gesamte besprochene Gruppe von Epen, die wir auch weiterhin nur als um oder nach Veldeke einordnen können.

## König Artus der Eroberer

Arthur, der schattenhafte britische Heerführer des 5. Jahrhunderts, der als *dux bellorum* („Kriegsherr") in Nennius' ‚Historia Brittonum' (9. Jahrhundert) zuerst erscheint, geht uns wenig an, denn der „wahre" Arthur, falls man ihn entdecken könnte, wäre nicht die Gestalt, die das 12. Jahrhundert zu kennen meinte. Wir benutzen daher die Namensform *Artus*, unter der er den höfischen Roman erobert und alle Rivalen aus dem Feld schlägt. Suchen wir den dominierenden Stoffbereich des Aventiure-Romans, so hat sich die von Hartmann von Aue („Iwein', v. 13f.) berichtete Behauptung seiner Landsleute: „sie erklären, er lebe noch heute", im übertragenen Sinne für das Mittelalter und bis heute bewährt. Die ereignisvolle Karriere dieses Artus von Britannien schildert zum ersten Mal eingehend die um 1136 vollendete ‚Historia Regum Britanniae' Geoffreys of Monmouth.

Wie sein Titel verrät, gehört Geoffreys Werk zum Typus der *historia*, in der die Geschichte der Bevölkerung eines begrenzten Gebietes von den sagenhaften Ursprüngen an geschildert wird. Sie unterscheidet sich dadurch vom Typus der Weltchronik, daß diese die Geschichte der ganzen Schöpfung von ihrem Anfang an zum Thema hat und unabdingbar die Heilsgeschichte in den Mittelpunkt rückt. Geoffreys Geschichte der ‚Britischen Insel' führt das britische Volk und seinen Namen auf den fiktiven Trojaner Brutus zurück. Die Geschichte wird bis zum Tod des Königs Cadwallader 689 erzählt.

Im Prolog sagt Geoffrey, seine Geschichte stamme aus „einem gewissen uralten Buch in britischer Sprache", das Walter, Erzdiakon von Oxford, ihm geschenkt habe. Der betreffende Walter ist mit einiger Wahrscheinlichkeit zu identifizieren, das Buch nicht. Die extremen Möglichkeiten sind, daß das Buch verschollen ist oder daß Geoffrey alles erfunden hat. Die Wahrheit liegt wohl dazwischen. Geoffrey bringt Reihen von Personen- oder Ortsnamen, die aus schriftlichen dynastischen Genealogien bzw. aus Nennius' Liste der Städte Britanniens stammen.

Die ‚Historia' erscheint bald in Versform in der Volkssprache: Waces anglonormannischer ‚Roman de Brut' (um 1155) und Layamons mittelenglisches ‚Brut' (zwischen 1190 und 1200). Beide bearbeiten Geoffrey, indem sie Episoden betonen oder herunterspielen, Details hinzufügen oder auslassen. Wace erwähnt als erster, daß Artus die runde Tafel einführte, um Streit über die Rangordnung zu vermeiden. Wace bietet besonnene Überlegungen über die Entwicklung der Erzählungen von den Abenteuern des Artus, die „so lange durch dieses mächtige Königreich verbreitet" wurden, „daß die Wahrheit zur Fabel und zum eitlen Gesang geworden ist. Solche Reime sind weder glatte Lügen noch reine Wahrheit [...] Der Spielmann hat seine Ballade so oft gesungen, der Erzähler seine Erzählung so oft wiederholt, nach und nach geschmückt und ausgemalt, bis durch diese Ausschmückung die Wahrheit hinter der Aufmachung des Märchens verborgen wird." Der Hinweis auf mündliche Artusberichte ist für uns wichtig.

Die Bearbeitungen durch Wace und Layamon bezeugen die Beliebtheit Geoffreys bei den Dichtern und die Überlieferung das Interesse der Mäzene an ihm: es existieren etwa zweihundert Handschriften, von denen um die fünfzig aus dem 12. Jahrhundert stammen. Die Rezeption ist national begrenzt. Geoffrey wird am stärksten in England und anderen anglonormannischen Gebieten rezipiert, weniger in Frankreich und kaum in Deutschland. Spätestens in der ‚Historia' ist Artus zum König geworden. Durch den Nachweis der weit zurückreichenden Thronfolge erhöht Geoffrey den Glanz des gegenwärtigen Monarchen. Es war ein besonderer Vorteil für die normannischen Könige Englands, die von den Angelsachsen als barbarische Eindringlinge bezeichnet wurden, daß Geoffrey die Angelsachsen so zeigt. Die propagandistische Stärkung der englischen Könige führte dazu, daß Geoffrey in Frankreich und auch in Schottland zögernder rezipiert wurde. Von all diesem blieb Deutschland unberührt. Es wird deutlich, wie ernst man den fabelhaften Artus politisch nahm.

Waces freiere Behandlung von Geoffreys ‚Historia' bereitet den Übergang zu den Versromanen Chrestiens de Troyes vor, der die Verwandlung des arthurischen Stoffes in den höfischen Roman vollendete. Während Geoffreys Erzählweise zwischen knappen chronik- oder gar annalenartigen Berichten und längeren, eher epischen Schilderungen wechselt, wird nirgends so ausführlich erzählt wie im Artus-Abschnitt. Die ‚Historia' behandelt zweitausend Jahre, aber knapp ein Viertel des Umfangs ist Artus gewidmet.

Geoffrey bietet „Politisches", das dem adligen Publikum Europas gefallen konnte. Daneben führten die Künste Merlins astrologische Zusammenhänge, den Zauber und die Aventiure ein.

Ein Traum fordert Artus auf, einen menschenfressenden Riesen zu erschlagen. Er bewältigt die Aufgabe im Einzelkampf, bemerkt dazu, daß er keinem so starken Wesen mehr begegnet sei, seit er den Riesen Retho erschlug. (Das Phantastische ist mit der „Geschichtsschreibung" also schon vermischt, als Modell für die Versromane. Allerdings wird in den frühesten Artusromanen, bei Chrestien, seinen Nachahmern und Übersetzern, das Phantastische gedämpft und die Aventiure dem König weitgehend abgesprochen. Thomas berichtet aber von Artus' Kämpfen, besonders gegen Riesen [‚Tristan', Fragment Sneyd[1], v. 673ff.])

In den frühesten romanhaften Behandlungen – paradoxerweise gerade aus dem anglonormannischen und dem französischen Königreich – galt Artus politisch schon als angesehner König und gesellschaftlich als weltweit berühmter Richtungsweisender in Mode und Kultur. In der anspruchsvollen Gattung des Versromans war es anscheinend undenkbar geworden, daß ein solcher (moderner) Potentat sich allein aufmachte, um Riesen zu töten oder ein sich präsentierendes Abenteuer in eigener Person zu bestehen. Die Glaubhaftigkeit engte also den Tätigkeitsbereich ein, der Artus gegönnt wurde: auf die Jagd, gelegentlich eine brauchtümliche (etwa auf den Weißen Hirsch), auf das Erwarten der Aventiure, die von außerhalb an seinen Hof kam, aber selten noch für ihn bestimmt. Ein anderer Ritter der Tafelrunde darf sich auf den Weg machen und allein dem Ruf der Aventiure folgen, Artus nicht. Ulrichs von Zatzikhoven ‚Lanzelet' kennt eine Zwischenstufe: Artus zeigt sich in einem gewalttätigen Turnier handfest (v. 3406 ff.) und wird im Kampf mit dem Entführer der Königin verwundet (v. 6744 ff.). (Im späten Artusroman, wo das Übernatürliche wieder wuchert, beteiligt sich Artus an Aventiuren, oft mit lächerlichen Ergebnissen: s. Bd. II/2, S. 106 ff.)

Die Forschung spricht von Artus als „roi fainéant", einem passiven Herrscher. Zu unrecht. Tatsächlich führt Artus in den fünf Romanen Chrestiens, die für die folgenden Artusromane maßgeblich werden, im

Gegensatz zu Geoffrey nur im ‚Cligés' einen regelrechten Krieg. Man meinte daher, in Chrestiens Romanen eine wachsende Kritik an Artus' Verhalten zu beobachten. Ein deutsches Beispiel bietet Wolframs ‚Parzival' (v. 148,29ff.), als sich Artus – ob geistesabwesend oder kummervoll –, durch Kei dazu manipulieren läßt, den törichten Parzival gegen Ither von der Leine zu lassen (v. 150,22), und so den tragischen Verwandtenmord herbeiführt.

Wenn wirklich Kritik vorliegt, wird sie nicht von den Dichtern artikuliert. Artus wird überall als ausgezeichneter König dargestellt, nicht aber als vollkommener, und der Vorwurf der Trägheit ist das Produkt einer schiefen Perspektive. Wenn wir nur von Chrestiens Artusromanen und den drei noch vorliegenden mhd. Bearbeitungen von ihnen ausgehen, sehen w i r Artus in einem Vakuum. Den mittelalterlichen Rezipienten, Dichtern oder Publikum war vor, neben und nach den großen zyklischen Romanen, z. B. dem ‚Lancelot-Graal-Zyklus' (s. Bd. II/2, S. 179ff.) mehr über Artus bekannt, als in den von Chrestien geprägten „Episoden-Romanen" steht. Weiteres war mindestens in Umrissen bekannt.

Chrestien hat seinen Stil und die gekonnte Organisation des Stoffes in seinen nicht erhaltenen, von ihm nur genannten Bearbeitungen von Ovid und anderen antiken Stoffen entwickeln können. Was seinen Zugang zur „matière de Bretagne" betrifft, haben wir an mündliche Quellen zu denken. Dies unterstützt sein Ausfall gegen Berufserzähler im ‚Erec'-Prolog (v. 20ff.): die würden im Vergleich zu seiner sinnvoll geordneten Erzählweise die Geschichte Erecs „verstümmeln und verderben". Es liegt nahe, daß er hier an mündliche Erzähler denkt. Ansonsten spricht er in den Prologen undeutlich von dem „Buch", das sein Gönner ihm verschafft (‚Perceval', v. 66f.) oder das er in einer Kirchenbibliothek gefunden hat (‚Cligés', v. 20f.); oder von dem „Stoff", den die Gönnerin lieferte (‚Lancelot', v. 26f.); oder er will „etwas Hörenswertes über den König erzählen, der einen solchen Ruhm hat, daß man überall von ihm s p r i c h t" (‚Yvain', v. 33ff.). Wiederholte Anspielungen in französichen und deutschen Werken auf Figuren und Ereignisse, die nirgends verwirklicht werden, dürften oft auf mündlich Erzähltes zurückgehen.

Die Konzentration auf eine Auswahl aus den Artus-Kenntnissen der Dichter und des Publikums hat unser Artusbild einengend entstellt und die Artuskritik geboren. Wahrscheinlich wußte das Publikum von Artus' Geburt, Thronbesteigung, Jugendabenteuern, Siegen über Riesen usw., auch wenn sie außerhalb der ‚Historia' nicht schriftlich fixiert wurden. Die jeweils einem Einzelhelden gewidmeten Romane konnten als Episoden aus der Gesamtgeschichte des Königs und seines Reiches beurteilt werden. Solche Episodenromane brachten die glänzenden Taten einzelner Mitglieder s e i n e s Hofs zum Vorschein und warfen auf Artus eher Glanz als Schatten. Solches Wissen um Artus hätte die Bahn für den kometenhaften Aufstieg von Chrestiens arthurischem Versroman in Frankreich und Hartmanns Bearbeitungen in Deutschland vorbereitet. Artus ist Mittelpunkt eines Hofs, dessen Ruf – auf aristokratischen Lebensstil, Großzügigkeit und

Gerechtigkeit gegründet – heransprengende, aufnahme- und ruhmsuchende Ritter anlockt, deren Zahl von der der dort Erzählstoffe suchenden Dichter bald übertroffen wird. Seine Rolle symbolisiert der König im Schachspiel: als conditio sine qua non für das Spiel an sich ist er wichtiger als alle anderen; durch die Last der Regeln und Verantwortungen des Amts ist die Bewegungsfreiheit des Königs beschränkt, aber wehe dem, der ihm z u nahe tritt.

Wegen Chrestiens grundlegender Bedeutung für den mhd. höfischen Roman interessiert uns das wenige, das man für die Fakten über ihn und sein Œuvre hält. Alles, was wir zu wissen meinen, entnehmen wir seinen Werken. Seine Kenntnisse der klassischen Literatur und Rhetorik weisen auf eine klerikale Ausbildung, auf ein geistliches Amt oder Pflichten in der Verwaltung. Im Prolog zum ‚Cligés' überblickt er seine bisherigen Werke: mit ‚Erec' beginnend, zählt er sieben oder acht auf, u. a. Übersetzungen von Ovid und die Geschichte von „König Mark und der blonden Iseut". Alle außer ‚Erec' sind verloren. Uns bleiben neben zwei Liebesliedern nur die fünf Artusromane, von denen der ‚Perceval' nicht und der ‚Lancelot' von einem anderen vollendet wurde. Die Liste zeigt, daß ‚Erec' sein erster Artusroman war, ‚Cligés' der zweite. Schmolke-Hasselmann hat nachgewiesen, daß Entsprechungen in den Details zwischen Chrestiens Darstellung der Krönung von Erec und Enide und dem Hoftag, den Heinrich II. von England Weihnachten 1169 zu Nantes hielt, über das hinausgehen, was man dem Zufall zumuten könnte. Wir könnten an einen Vortrag Chrestiens bei dieser Gelegenheit denken oder lediglich einen Terminus post quem darin sehen. ‚Cligés' datiert man auf 1176; die Widmung des ‚Lancelot' an Gräfin Marie von Champagne, die dem Dichter den Stoff quasi vorschrieb, ergibt einen (breiten) Rahmen – Marie (gestorben 1198) wurde 1164 Gräfin. ‚Yvain' und ‚Lancelot' setzt man aus stilistischen Gründen nahe aneinander zwischen 1177 und 1181 an. Für ‚Perceval' schafft die Identität des Gönners einen Rahmen: er ist dem Grafen Philipp von Flandern gewidmet, der seit 1168 Graf war und 1190 auf den Kreuzzug ging, auf dem er fiel. Man sieht im unvollendeten ‚Perceval' Chrestiens letztes Werk.

Es gehört zu den Mirakeln – wie auch zu den Vexierbildern – des literarischen Schaffens, daß Chrestiens Juwelen mit einem Schlag vollkommen, funkelnd und geschliffen da liegen, ohne identifizierbare Minen oder Muster. Seine Werke bestehen aus einem Amalgam von disparaten Elementen, so überzeugend integriert, daß wir uns anstrengen müssen, sie zu identifizieren, geschweige denn auseinanderzuhalten.

Zu den Hauptingredienzien gehören eine leichte, flexible Versform (achtsilbige Reimpaare), die den Bau flüssiger Sätze von stark variierender Länge ermöglicht; daneben steht eine kunstvolle Rhetorik mit differenzierten Registern, die jeden Ton vom Pathetisch-Tragischen bis zum Witzig-Komischen anklingen läßt.

An inhaltlich-thematischen Ingredienzien fallen auf: die höfische Liebe, deren Darstellung in der romanischen Literatur indirekt von Ovid gespeist wird, bei Chrestien aber direkt aus seinen Bearbeitungen von ihm. Daraus hätte er Einsichten in das Psychische und die Mittel gewinnen können, dieses auszudrücken. Weiter bietet Chrestien ein außerordentlich buntes Bild des verfeinerten aristokratischen Lebens am Hof. Bei ihm entfalten sich aber die vornehmen Sitten und das kostspielige Zubehör des Hoflebens weniger hektisch als bei seinen deutschen Bearbeitern. (Das höfische Ethos begleitet, wie sonst im höfischen Roman, ein relativ unproblematischer christlicher Glaube.) Das Lebensbild in Chrestiens Werken scheint – idealisiert, aber mit mehr skeptischer Ironie gewürzt als in vielen deutschen Gegenstücken – literarisch einerseits aus den vorangegangenen „romans d'antiquité" zu schöpfen, andererseits aber einer scharfen, humorvoll kritischen Beobachtung des zeitgenössischen Lebens zu entspringen. Der Lebensbezug zeigt sich z. B. in Szenen, in denen der Held auf Festungen und Städte zureitet: Da breitet sich ein Netz von Gassen aus, bei dessen Darstellung Chrestien – sehr im Gegensatz zu Hartmann oder Wolfram – ein anschauliches geschäftiges Bild der Bewohner malt („Erec', v. 345ff.) und selbst Handel und Handwerk in den Blick nimmt („Perceval', v. 5754ff.).

Chrestiens für die Zukunft des Versromans bei weitem bedeutsamster Schritt war das Aufgreifen der „matière de Bretagne". Vorteile dieses Themenkreises gegenüber den Antikenromanen berührten wir schon (s. S. 229ff.). Hier interessieren uns die inhärenten Eigenschaften, die ihn zum erfolgreichsten Themenkreis machen sollten. Wir stehen vor einem komplizierten Amalgam von Elementen, deren Wirkung und Bedeutung bei den damaligen Menschen offenbar einen – vielleicht noch nicht gespürten – Bedarf deckten oder erweckten.

Neben Ritterproben, für die Mut und Waffenkunst genügen, lauern weniger durchschaubare Abenteuer übernatürlicher Art, die sich schicksalhaft nur dem Erwählten bieten, nur von ihm bestanden werden können. Einige Aventiuren präsentieren sich à la Märchen als gefährliche, aber relativ harmlose Hindernisse magischer Natur. Manchmal nähert sich das Übernatürliche aber dem Mythischen und Archetypischen, weist traumartige zeitlose Züge auf, mutet bedeutungsschwerer an, Assoziationen mit dem *other world* erweckend. (Dieses *other world* drängt sich in den kymrischen ‚Mabinogion' stärker auf als bei Chrestien und bei diesem stärker als in den mhd. Werken.) Das Mythische eignete sich vorzüglich als Instrument der Formulierung des Selbstbewußtseins der ritterlichen Waffenträger, deren Gruppenethos die Literatur der Blütezeit dominierte. Die Eignung des Mythischen lag in seiner Fähigkeit, in einer für die Zeit exemplarischen Weise sowohl Physisches und Geistiges als auch Individuelles und Kollektives zu vereinen. Die – oft unheimlichen – Boten und drohenden Wächterfiguren lassen ahnen, daß man an der Grenze steht und daß die Reise des Helden jetzt in das Totenreich führt. Die Reise und die Proben, die dem individuellen Helden bevorstehen, lassen aber durch das mythische Element Blicke auf das erhaschen, was allen bevorsteht. In der Verknüpfung des Individuellen und des Kollektiven liegt eine Wurzel, die den Erfolg des Artusromans nährt.

Chrestiens Erzähltechnik bringt auf eine andere, strukturelle Weise einen tieferen Sinn hervor, der in noch höherem Maße sein eigenes Verdienst ist, weil es die inspirierte Wahl des Stoffes übersteigt. Die Technik, deren er selbst sich rühmt, ist die Kunst der „conjointure", der redenden Struktur (S. 262ff.), durch die die Ereignisse der Romane mittels einander kommentierender Parallelitäten oder Kontraste einen – jetzt eher ethisch-religiösen als mythischen – Sinn erhalten.

Chrestiens geniale Leistung liegt in der Verschmelzung aller Wesenselemente, und diese Verschmelzung ist es, die Europa eroberte. Wolfgang Mohr hat – vorrangig auf den ‚Yvain' zielend – das Ergebnis mit der Oper und den Komödien Shakespeares verglichen, was aber für die anderen Artusromane, auch die deutschen, zutrifft. Wir erleben Komödien, deren gefährliche Pfade an Abhängen entlangführen, von denen aus, wenn Figuren stolpern, wir Blicke hinab in erschreckende tragische Tiefen tun können. Die Sache läuft aber glimpflich ab, die Tragödien enden glücklich: Ende gut, alles gut – und man ist weiser geworden.

## Artus in Deutschland: Hartmann von Aue

Der Sieg des Königs Artus bei Franzosen und Anglo-Normannen wiederholt sich in Deutschland. Hier wie dort ist es unmöglich, bei der Verteilung der Lorbeeren zwischen dem König und seinem geschickten Verfechter, Chrestien de Troyes bzw. Hartmann von Aue, zu unterscheiden. Während wir aber durch Chrestiens Nennung seiner Auftraggeber und aufgrund des politisch-kulturellen Interesses der Anglo-Normannen und Franzosen an der „matière de Bretagne" einen beschränkten Einblick in die Gründe für die Wahl des Artusstoffs bekommen, fehlt Entsprechendes bei Hartmann völlig. Wir wissen nicht, was ihn zu Artus geführt hat. Er stellt uns vor ein Problem, dessen Unlösbarkeit ebenso niederschmetternd ist wie das der Quellen Chrestiens: Er weigert sich resolut, den Gönner zu nennen. Das gleichmäßige Schweigen spricht für einen einzigen Gönner, doch sind wir durch die Liedstrophe MF 210,23, in der Hartmann den Tod seines Herrn beklagt, gezwungen, an einen Gönnerwechsel zu glauben, es sei denn, daß ‚Die Klage' und alle epischen Werke entweder vor oder nach dem Todesfall entstanden sind. Das Fehlen der Gönnerzeugnisse könnte andeuten, daß Hartmann für denselben Hof schrieb, so daß es unnötig war, den allen Anwesenden bekannten Gönner zu nennen. Oder zu Hartmanns Zeit verlangten Gönner noch nicht, den eigenen Namen im Werk zu hören. Oder ist es Zufall, daß er zwei von den drei Chrestienschen Romanen bearbeitet, die ohne Gönnernamen sind? Es vertieft das Mysterium, daß ein Lied Hartmanns – was in deutschen Liedern viel weniger zu erwarten ist – ergriffen vom Tod seines ungenannten Herrn spricht. Hartmanns Herkunft ist ebensowenig zu identifizieren wie ein möglicher Mäzen.

Hartmann von Aue ist urkundlich nicht belegt. Er nennt sich in allen seinen Werken; ihn nennen auch Kollegen (z. B. Wolfram im ‚Parzival', v. 143,21 ff.; Gottfried dreimal ‚Tristan' v. 4621–4655; Wirnt von Grafenberg im ‚Wigalois', v. 6309ff.). Er präsentiert sich als *von Ouwe, Ouwaere* oder *ritter* und *dienstman* [...] *zu Ouwe* („Ministeriale [...] in Aue"). Mit *Ouwe* kann entweder der Ort der Herkunft, der Tätigkeit oder des Gutsbesitzes gemeint sein, und der Dichter konnte sozusagen „im eigenen Namen" *von Ouwe* bzw. *ein Ouwaere* heißen, oder weil er im Dienst eines Herrn dieses Namens stand. Der Anfang des ‚Armen Heinrich' (s.u. S. 253 ff.) wirft etwas Licht auf den Ort: der Held der Erzählung hatte seinen Sitz in Schwaben (v. 30 f.), war reich und fürstengleicher Abstammung (v. 38 ff.), hieß „Heinrich" und war *von Ouwe geborn* (v. 48 f.).

Hartmanns „Aue" liegt also in Schwaben. ‚Der Arme Heinrich' berichtet von der Ehe Heinrichs von Aue mit einer unfreien Meierstochter. Das mußte zum sozialen Abstieg seiner Nachkommen führen. Es ist wahrscheinlicher, daß die Sippe des Dichters gemeint ist, deren gegenwärtiger Status erklärt werden soll, als die seines Herrn. Wir interpretieren „Aue" also lieber als den Ort von Hartmanns Ansitz oder Dienst.

Unter *Swâben* haben wir uns das heutige schwäbische Dialektgebiet vorzustellen und das Territorium des alten Herzogtums Schwaben, d. h. neben etwa dem südlichen Zweidrittel des heutigen Baden-Württemberg das Elsaß, Bayern westlich des Lech und die deutschsprachigen Teile der Schweiz. Hartmanns Sprache weist nur allgemeine alemannische Züge auf. In dem alemannischen Großraum gab es mehrere Orte dieses Namens, meistens heute mit einer verdeutlichenden Determinativform gekoppelt, z. B. „Obernau" oder „Weißenau". Ein passendes Geschlecht „von Aue" hat man nicht ausfindig gemacht.

Hypothesen über den Ort und die Zeit von Hartmanns literarischem Schaffen und über die Identität seines Auftraggebers sind miteinander verquickt. Der Rahmen für eine Erörterung der Fragen kann nur die relative und absolute Chronologie seiner Werke sein. Es ginge kaum zu weit zu behaupten, daß wir nur zwei „Tatsachen" über die absolute Chronologie der deutschen Epik der Blütezeit wissen, beide die Produkte des Zufalls. Der Entwendung von Veldekes ‚Eneide' sind wir schon begegnet; die zweite verdanken wir Wolfram.

Im VII. Buch des ‚Parzival' erwähnt er (v. 379,18 ff.) bei der Schilderung einer Schlacht, daß die Weingärten von Erfurt „noch" denselben Schaden durch die Tritte von Schlachtrossen aufweisen. Dies wird auf die Belagerung Erfurts durch Philipp von Schwaben 1203 bezogen und als Terminus post quem für die Abfassung der Wolfram-Stelle in Anspruch genommen, deren genauere Datierung davon abhängt, wie lange man Weinberge in einem solchen Zustand gelassen hat. Man hat sich für die Zeit um 1204 entschieden. Das hat Folgen für die Chronologie des Hartmannschen Œuvres, denn im V. Buch (v. 253,10 ff.) hatte Wolfram schon auf Hartmanns ‚Iwein' angespielt und uns mit einem Terminus ante quem für dieses Werk versehen. Die Datierung läßt sich kaum weiter einengen, denn wir stehen vor Unwägbarkeiten wie Wolframs Arbeitstempo und dem möglichen zeitlichen Abstand zwischen der Entstehung des ‚Iwein' und der ‚Parzival'-Stelle. Aber Wolframs Pointe wirkt nur, wenn das Publikum schon mit dem ‚Iwein' vertraut war. Gottfrieds Überblick über die deutschen Dichter (um 1205–10) setzt Hartmann unter die lebenden Epiker („Tristan' v. 4621 ff.). Die Datierung auch der Gottfried-Passage ist aber von der „Parzival'-Stelle abhängig.

Die innere Chronologie der Werke Hartmanns, über die man sich ziemlich einig ist, wird aufgrund formaler Kriterien bestimmt. Man setzt eine sich in Hartmanns Schaffen entfaltende rhetorische und narrative Reife voraus. Hartmanns Lyrik ist keinem beschränkten Zeitraum zuzuweisen. Man setzt „Die Klage' früh an, weil man sie als Streitgespräch über die Minne mit Hartmanns Minnesang in Zusammenhang bringen will. Sie kann ebenso gut später sein. Wir bleiben also mit Fragezeichen bei der üblicherweise angenommenen Reihenfolge. Demnach stünden am Anfang der „Erec' (1180 bis etwa 1184) und „Die Klage' (ab 1180). Die Kreuzlieder kann man in Verbindung mit dem dritten Kreuzzug, 1189–92, oder dem gescheiterten „deutschen" Kreuzzug von 1197 oder beiden bringen. Dann käme der „Gregorius', vor 1187 oder zwischen 1190 und 1197. Geographische Aussagen, u. a. die Nennung des nicht weitbekannten Haspengaus [v. 1576], hat Bertau bestechend aus dynastischen Beziehungen des möglichen Gönners Bertholds IV. von Zähringen erklärt: der Haspengau gehörte seiner Mutter, Clementia de Namur, und war als Gegenstand eines aktuellen Erbschaftsstreites wohl Gesprächsthema am Zähringer Hof: dies führt zu der Datierung vor 1187, was keine unverhältnismäßig lange Arbeitspause nach dem „Erec' verlangt. Mittel zur Datierung des „Armen Heinrich' existieren nicht; man reiht es zwischen „Gregorius' und „Iwein' ein. Hartmanns meisterhafte Behandlung von Chrestiens Roman legt es nahe, den „Iwein' als den späten Gipfel seiner Kunst zu sehen, wofür der „Parzival' als Terminus ante quem 1203 bietet.

Man argumentiert nicht mehr mit einer Periode der religiös bedingten Weltabgewandtheit nach dem Tod von Hartmanns Herren. Dies erklärt sich nicht nur aus dem Fehlen von Quellen, die solche psychohistorischen Aussagen erst ermöglichen könnten. Ausschlaggebend war die Einsicht, daß die Vorstellung von einer Literatur abwegig wäre, deren erster Ursprung in der inneren Biographie des Künstlers läge, wenn sie schon von Auftraggebern bestellt wurde. Nicht daß das Seelische kein bedeutender Faktor bei der Abfassung der Werke war: gerade die Literatur der Blütezeit spricht dafür, aber die Reihenfolge der Aufträge erklärt die der Werke ebenso gut als die Stadien des Seelenlebens.

Hartmanns fragmentarischer Auskunft über sich selbst sind immerhin Einsichten in seine Situation als Dichter abzugewinnen. Er sagt von sich im Prolog zum „Armen Heinrich': *Ein ritter sô gelêret was daz er an den buochen las swaz er dar an geschriben vant* (v. 1 ff.); dies wiederholt er im Prolog zum „Iwein' und fügt hinzu: *swenner sîne stunde niht baz bewenden kunde, daz er ouch tihtennes pflac* (v. 21 ff.) („wenn er seine Zeit nicht besser zu verwenden wußte, übte er sich auch in der Dichtkunst"). Der zweimalige Hinweis auf einen Ritter, der lesen konnte – das schließt wohl Lateinkenntnisse ein –, betont die Seltenheit der Kombination und verdeutlicht vielleicht einen Einfall des Gönners, daß ein schriftkundiger Ritter und waffenkundiger Dichter des Auftrags würdig war, einen Ritterroman Chrestiens zu übersetzen. Französischkenntnisse oder einen begabten Dolmetscher und/oder

Schreiber müssen wir voraussetzen. Nirgends rühmt sich Hartmann dessen, daß er schreiben konnte. Rühmt er sich aber überhaupt?

Der Ton und Sinn von Hartmanns Aussagen müssen richtig erfaßt werden. Es liegt nahe, *ein ritter sô gelêret was daz er an den buochen las swaz er dar an gschriben vant* zu übersetzen mit: „ein Ritter war so gelehrt/gebildet, daß er in Büchern las, was er darin geschrieben fand." Selbst wenn die Bescheidenheit es dem Dichter nicht verboten hätte, sich als „so gelehrt" zu bezeichnen, macht die Fortsetzung stutzig. Die platte Antiklimax der Folgen des „so Gelehrtseins", nämlich: daß „er in Büchern las, was da stand", gibt zu denken. Das frühere Mhd. machte im Perfekt und Plusquamperfekt keinen Unterschied zwischen einem Zustands- und einem Vorgangspassiv: während die neue dreiteilige Konstruktion mit *werden* – etwa *was geprîset worden* („war gelobt worden": ‚Parzival', v. 57,30f.– der erste Beleg!) –, nur den Vorgang ausdrückte, deckte die frühere Umschreibung mit *sîn* Zustand oder Vorgang; Beispiele mit *sîn* sind zweideutig, auch Hartmanns Formulierung *sô gelêret was*, wäre nicht das Problem des Sich-Rühmens und seiner enttäuschenden Folgen. Wir verstehen die Phrase als Vorgangspassivum: „Ein Ritter war so unterrichtet worden, daß er in Büchern das las (lesen konnte), was er da geschrieben fand." Dies entspricht auch dem Ton der Fortsetzung im ‚Iwein' (v. 23ff.), wo es heißt, daß er las und auch das Dichten unternahm, „wenn er seine Zeit nicht besser verwenden konnte". Weit davon entfernt, ein Selbstlob auszusprechen, klingen die letzten Worte, als ob sich der Ritter Hartmann für seine dichterische Tätigkeit fast entschuldigt; es ist ein Bescheidenheitstopos.

Über Hartmanns Auftraggeber sind wir im dunkeln. Er war im schwäbischen Raum seßhaft und muß Beziehungen zur altfranzösischen Literatur gehabt haben. Er muß keinen Wert darauf gelegt haben, den eigenen Namen in beauftragten Dichtungen zu hören. Er oder sein Vorgänger muß zu gelegener Zeit gestorben sein. Man hat die drei großen Geschlechter der Staufer, der Welfen und der Zähringer erwogen. Da wenig für die Staufer spricht, erörtern wir nur die Welfen und Zähringer und beginnen mit den Zähringern.

Der Sitz der Zähringer, nordöstlich von Freiburg im Breisgau, erfüllt die geographische Bedingung. In Frage kämen Berthold IV. (Herzog 1152–86) und Berthold V. (1186–1218). Nur Berthold IV. bietet sich durch einen rechtzeitigen Tod als der Dienstherrn an, um den Hartmann klagt; ihm hätten wir den Auftrag für den ‚Erec', ‚Die Klage' und vielleicht den ‚Gregorius' zuzuschreiben. Das impliziert, daß ‚Der Arme Heinrich' und ‚Iwein' von einem weiteren Gönner in Auftrag gegeben wurden, dem nichts an dem Repräsentationswert der Koppelung seines Namens mit einem hervorragenden Literaturwerk gelegen war. Solches ließe sich am leichtesten dadurch erklären, daß Hartmann am gleichen Hof weiterarbeitete, und zwar für Berthold V., den Sohn seines ehemaligen Herrn. Ein anderes Modell wäre, daß Berthold IV. zwar der verstorbene Dienstherr war, Hartmann für ihn aber nur Lyrik gedichtet hatte; erst nach dem Tod Bertholds IV. hätte er sich im Auftrag des Sohns der Epik zugewandt. Das hieße aber, Hartmanns Anfang als Epiker spät anzusetzen, und der ‚Erec' wäre zu einer Zeit entstanden, in der die Mode, den Gönner zu nennen, um sich griff. Beziehungen zu französischsprachigen Ländern hatte Berthold IV., da er seit 1152 als „Rector" die Reichsrechte in Burgund wahrnahm, sowie über seine Mutter und seine zweite Frau, Ida de Boulogne, Nichte Philipps von Flandern, des Auftraggebers von Chrestiens ‚Perceval'. Auch Berthold V. hatte Beziehungen zu Frankreich, über seine Eltern und seine Gattin, Clementia von Auxonne, selbst Autraggeberin der ‚Wallersteiner Margarethe' (vgl. Bd. II/2, S. 138). Er erscheint sogar als namhafter Gönner, denn Rudolf von Ems berichtet in seinem ‚Alexander' (v. 15772ff.), daß Berthold von Herbolzheim sein ‚Alexander'-Epos „für den edeln Zähringer" gedichtet hatte (vgl. Bd. II/2, S. 118); es kann sich nur um Berthold V. handeln, denn mit ihm sterben die Zähringer aus. Entscheiden wir uns für sie, so ist Au bei Freiburg am wahrscheinlichsten Hartmanns „Aue".

Wenden wir uns den Welfen zu, dann kommt ernsthaft in Frage nur Welf VI., Onkel Friedrich Barbarossas und Heinrichs des Löwen, von 1152 bis zu seinem Tod 1191 Markgraf von Tuszien und Herzog von Spoleto, der aber in Altdorf-Ravensburg, mitten im fraglichen schwäbischen Raum, im buchstäblichen und im übertragenen Sinne, hofhielt. Falls er Hartmanns Gönner war, wäre Hartmanns „Aue" wahrscheinlich Weißenau bei Ravensburg.

Mit seinem Todesdatum, Dezember 1191, erfüllt Welf eine weitere Qualifikation als Dienstherr Hartmanns. Das Entgegenkommen der Befunde hört aber vor der Frage auf, wer sein Nachfolger als Mäzen gewesen sein könnte. Er hatte keinen Erben mehr und auch kein Erbe, da er in den siebziger Jahren seine italienischen Lehen an Kaiser Friedrich verkauft und einen Vertrag mit Heinrich dem Löwen geschlossen hatte, nach dem dieser gegen Geldzahlungen Welfs süddeutsche Eigenländer nach seinem Tod erhalten sollte. Da der Löwe nicht zahlte, wandte sich Welf dem Adler zu und traf ein ähnliches Abkommen mit dem Kaiser, der neben Welfs italienischen Lehen nach dessen Tod seine schwäbischen Güter erhielt. Der Grund für Welfs Geldbedarf ist verheißungsvoll, wenn wir in ihm den Gönner suchen. Er wurde zum berühmtesten Verschwender seines Zeitalters, der für glänzende Feste und Unterhaltungen, bei denen die höchsten Adligen des Reichs erscheinen, Italien „ausgegeben" hatte. Dafür wurde er von Geistlichen verpönt und von e i n e m Spruchdichter mit Namen verehrt; Walther, der ihn kaum noch gekannt haben wird, stellt ihn als Ideal hin (35,4f.): „sein Ruhm war vollkommen und besteht noch nach seinem Tod."

Walthers Urteil blieb mindestens bis zu Tannhäuser gültig (Leich VI, 39f. – vgl. Bd. II/2, S. 13f.). Sein Ruf bei Walther impliziert, daß Welf mit der Dichtung verbunden war, aber direkte Beziehungen sind nicht zu ermitteln. Man hat ihn als Auftraggeber des ‚König Rother' ernsthaft erwogen (vgl. Bd. I/2, S. 101ff.). Daß kein Gönnerzeugnis ihn mit dem Werk verbindet, besagt wenig. Die Spielmannsepen (vgl. Bd. I/2, S. 170ff.) sind durchweg anonym und ohne Gönnernennungen überliefert und für Hartmann suchen wir sowieso einen Auftraggeber, der in fünf Werken nie genannt wird, möglicherweise auf eigenen Wunsch. Für Welf VI. läßt sich sagen, daß er über seinen Neffen, Heinrich den Löwen und dessen zweite Gemahlin Mathilde Beziehungen zu deren Eltern, Heinrich II. von England und Eleonore, hatte. Die sind wahrscheinlich die Auftraggeber des ersten französischen Artusromans, Chrestiens ‚Erec' (s. S. 249). Er ist ohne Gönnernennung, und auch

Hartmann übersetzte ihn ohne Gönnernennung als ersten Artusroman ins Deutsche.

Ein gewisses Argument für die (oberschwäbischen) Welfen und gegen die Zähringer ergibt sich schließlich aus der geographischen Verbreitung der Handschriften der beiden Artusromane (Klein). Doch zeigt die Überlieferung des ‚Gregorius' und des ‚Armen Heinrich' ein anderes Bild.

Als Gruppe treten Chrestiens Artusromane in Deutschland in der zeitlichen Reihenfolge ihrer ursprünglichen Entstehung auf. ‚Cligés' und ‚Lancelot' fallen aus, da jener später übersetzt wurde (nur fragmentarisch erhalten; s. Bd. II/2, S. 26) und dieser überhaupt nicht. Die Datierung der deutschen Bearbeitung des Lancelot-Stoffes durch Ulrich von Zatzikhoven ist umstritten: einerseits wird vermutet, daß die altfranzösische Handschrift in kurzer Zeit übersetzt wurde, damit die Geisel termingemäß mit seiner Handschrift glücklich nach Hause zurückkehrte (s. S. 285f.); andererseits meint man, bei Ulrich den Einfluß von Wolframs ‚Parzival' zu spüren, was die Datierung in das erste Jahrzehnt des 13. Jahrhunderts verschiebt – vielleicht nicht weit, da Vertrautheit mit Wolframs Werk nicht dessen Vollendung verlangt. Die wachsende Dichte der Vertrautheit mit den Werken anderer, die sich in beiden Ländern entwickelt, gibt Anlaß, eher von Intertextualität als von Einfluß zu reden.

Wenn wir Ulrichs ‚Lanzelet' zu den deutschen Chrestien-Bearbeitungen stellen und ihn zeitlich kurz nach 1194 oder um die Jahrhundertwende ansetzen, steht er kurz vor oder neben Hartmanns ‚Iwein' und vor Wolframs ‚Parzival', unter den deutschen Artusromanen ungefähr an der Stelle ‚Lancelots' in Chrestiens Œuvre, d. h. nahe am ‚Yvain' und vor dem ‚Perceval'. Womöglich hatte ein schon verbreitetes Wissen um Chrestiens ‚Lancelot' ein starkes Interesse daran angeregt, das der Glücksfall der ‚Lanzelet'-Handschrift teilweise stillen konnte.

Auch über den Artusstoff hinaus wiederholt sich das französische Muster in Deutschland: der Eneas-Roman geht Chrestien voraus wie Veldeke Hartmann. Der Troja-Roman Herborts von Fritzlar tanzt aus der Reihe, aber der Anachronismus erklärt sich dadurch, daß Hermann von Thüringen, durch Heinrichs Diebstahl zufällig zum Auftraggeber des deutschen ‚Eneas' geworden, nachträglich seinen Fang durch den ‚Roman de Troie' abgerundet wissen wollte.

Es ist zumindest kurios, daß bei dem relativ großen zeitlichen Abstand zwischen dem Original und der jeweiligen deutschen Bearbeitung kein Roman den anderen bei der Übermittlung nach Deutschland überholt hat. Auch die jeweiligen zeitlichen Abstände sind vergleichbar.

Wegen ihrer Zahl sind die Beispiele kaum aussagekräftig, aber es fragt sich, ob das an den höfischen Romanen Beobachtete nicht in den allgemeineren Prozeß der literarischen Übernahme aus altfranzösischer Literatur blicken läßt. Es deutet an, daß sie als eine sich entfaltende Größe dem literarischen Bewußtsein interessierter Deutscher präsent war, und zwar eher wie eine sich beständig erneuernde Buchmesse, auf der sich das Neueste anbot, als wie ein ständiger Büchermarkt, wo sich Käufe aus verschiedenen Zeiten anboten. Die Auswahl aus dem Angebot zeigt, daß nicht alles dem deutschen Geschmack zusagte und daß die Ressourcen der mhd. Literatur einiges überflüssig machen konnten. Es wertet das Verfahren nicht ab, wenn wir als Triebkraft die Mode mit verantwortlich machen.

Wir nehmen an, daß man auch auf mündlichem Wege erfahren konnte, was sich in Frankreich tat. Das heißt nicht, daß jemand an einem französischen oder anglo-normannischen Hof einen Artusroman Chrestiens hörte und ihn dann in Deutschland vortrug. Wir denken an Berichte mit Beschreibung der Handlung und gewisser Höhepunkte, die Neugier entfachten und zu Bearbeitungsaufträgen führten. Nur über die Kette: Auftraggeber, Dichter, Schreiber, Handschrift, Zuhörer-Leser, Auftraggeber, Handschriftenausleihe, Dichter-Übersetzer (bei Übertragung in eine neue Sprache), Schreiber, Zuhörer-Leser usw. konnte ein mittelalterliches Werk geboren werden und sich aus einer einzigen Handschrift fortpflanzen. Das mühselige Verfahren relativiert den zeitlichen Abstand – etwa zehn bis fünfzehn Jahre – zwischen der Entstehung der Werke und ihrer Verpflanzung nach Deutschland.

Artus kommt in Mode, erobert im höfischen Roman anfangs beinahe ein Monopol und spielt danach lange eine bedeutende Rolle (vgl. z.B. Bd. II/2, S. 106ff.). Wie, wo und durch wen Hartmann zu Artus kam, bleibt ein Haupträtsel der mhd. Literaturgeschichte. Ungeachtet dessen tat Hartmann auf Veranlassung seines Auftraggebers den kühnen Schritt, Chrestiens ‚Erec', den ersten altfranzösischen Artus-Roman zum ersten deutschen Artus-Roman zu machen. Das Unternehmen war ein beispielloser Erfolg, obwohl die Überlieferungsgeschichte dem zu widersprechen scheint.

‚Erec' ist in nur einer Handschrift (nahezu) vollständig überliefert (es fehlen der Anfang und mindestens eine längere Partie) und das sehr spät. Im Auftrag Kaiser Maximilians schrieb Hans Ried, Zöllner in Bozen, zwischen 1502 und 1515 das sog. Ambraser Heldenbuch (A), in der in später Sprachform eine Reihe von mhd. Werken gesammelt wurde. Die Handschrift enthält u.a. als Gruppe Hartmanns ‚Iwein', ‚Die Klage' und das Hartmann fälschlich zugeschriebene ‚Zweite Büchlein', worauf ‚Der Mantel' Heinrichs von dem Türlin und Hartmanns ‚Erec' folgen, jener ohne den Schluß und dieser ohne den Anfang (vgl. Abb. 10). (Unter den Schätzen sind eine Reihe unschätzbarer Unika, ein weiteres Zeugnis für die schwindelerregende Zerbrechlichkeit der Überlieferung.) Trotz des über dreihundertjährigen Abstands zwischen Hartmann und dem Ambraser Heldenbuch galt dieses als sorgfältige Abschrift einer zuverlässigen Handschrift aus einer vom Dichter nicht allzu entfernten Zeit. Schon 1898 wurden Fragmente (drei Doppelblätter [Bl. III–VI] und vier schmale Streifen) einer ‚Erec'-Handschrift aus Wolfenbüttel (W; erstes Viertel des 13. Jahrhunderts) veröffentlicht, deren Sprache zwar mitteldeutsch mit einigen niederdeutschen Zügen ist, im Gegensatz zu der der oberdeutschen Handschrift A; trotzdem und trotz weiterer Unterschiede zum A-Text war

W mit jenem in Einklang zu bringen. (W konnte einspringen und mit 57 Versen eine Lücke in A teilweise füllen.) Zwei Blätter aus zwei Pergamenthandschriften oberdeutschen Dialekts, die in den vierziger bzw. siebziger Jahren in Wien (Hs. V; letztes Viertel des 14. Jahrhunderts; 89 Verse) bzw. Koblenz (Hs. K; erste Hälfte des 13. Jahrhunderts; zwei Abschnitte, insgesamt 353 Verse) entdeckt wurden, bestätigten das Bild weiter. Das wurde dann aus der erstaunlichsten Richtung verunsichert: 1978 wurden durch den Fund neuer Streifen in Wolfenbüttel die alten von W ergänzt und erst sinnvoll geordnet. Alle erwiesen sich als Teile eines einzigen Doppelblatts, das zum selben Kodex wie die früheren drei Doppelblätter gehörte. Dieser verstümmelte Text weicht von dem der Ambraser Handschrift so grundsätzlich ab, daß sich die Frage stellen konnte, welche von beiden Fassungen Hartmanns Werk ist.

Wie vom Gipfelwerk des Vaters des deutschen Artusromans nicht anders zu erwarten, ist der ‚Iwein' so gut überliefert, daß Details überflüssig sind. Es sind 32 Handschriften erhalten, darunter 15 vollständige; ihre Entstehungszeiten reichen vom frühen 13. bis ins 16. Jahrhundert. Die Überlieferung ist uneinheitlich, denn abweichende Gruppierungen reichen weit zurück. Sie ist aber hinsichtlich Zahl und Zuverlässigkeit der Handschriften gut.

Stellen die Wolfenbütteler Fragmente Hartmanns Ruf als Vater des deutschen Artusromans in Frage? Hartmanns Anspruch auf den Titel bleibt unantastbar. Entweder war er der erste deutsche Artusdichter oder er wurde es durch Eroberung. Er hat entweder den Artusroman nach Deutschland gebracht oder doch – falls es die vermutete frühe rheinische Artusepik gab oder die Wolfenbütteler Fragmente das Werk eines früheren Artusepikers darstellen – auf eine Weise, die seinen Helden Ehre macht, alle Rivalen beinahe spurlos aus dem Feld geschlagen. Die wohlfundierte Überlieferung des ‚Iwein' und das schwer erkämpfte Überleben des ‚Erec' sind Indizien seiner Selbstbehauptung. Dichterkollegen unterstreichen mit ihrer Hartmann-Rezeption, ob durch Entlehnungen oder Namhaftmachung, seine hervorragende Bedeutung. Er bringt es sogar fertig, Wolfram und Gottfried zu einigen. Dieser erkennt die überragende Bedeutung und Vergleichbarkeit der Rollen an, die Veldeke, der verstorbene Gründer des (antiken) höfischen Romans und Hartmann, der lebende Gründer des Artusromans gespielt haben. Wolfram begleitet Parzivals erste Ankunft am Artushof mit einem Dichterkommentar – kein Erzählerkommentar, denn der Kollege wird als Dichter angesprochen!: *mîn hêr Hartmann von Ouwe, frou Ginovêr iwer frouwe und iwer hêrre der künec Artûs, den kumt ein mîn gast ze hûs* (v. 143,21 ff.). Wolfram verlangt, Hartmann solle Artus und Ginover darum bitten, Parzival vor Spott zu schützen, sonst werde er Hartmanns Enite und ihre Mutter mißhandeln. Man hat den Spott – Thema des Ausfalls! – zu sehr in den Vordergrund gerückt und die Anerkennung übersehen. Indem Wolfram den König Artus Hartmanns „Herrn" betitelt und Parzival unter seinen Schutz stellt, erkennt er an, daß der deutsche Artusroman unter Hartmanns Schutzmarke steht. Wenn die rheinische Artusepik existierte, haben Wolfram und Gottfried nichts davon gewußt oder sich einfach auf Werturteile über Hartmanns künstlerisch führende Stellung konzentriert.

Nach dem Durchhauen des gordischen Knotens wenden wir uns den Merkmalen von W Bl. I–II zu, die die gängige Rekonstruktion der Anfänge des deutschen Artusromans und der Rolle Hartmanns darin umzustoßen drohen. Wir wählen Beispiele aus.

Die Handlungsabschnitte in den alten Fragmenten (W Bl. III–VI) laufen denen in A ohne große Abweichungen parallel oder ergänzen sie. Die Fragmente W I–II enthalten zwei Episoden, von denen man sich trotz Lücken noch ein Bild machen kann. Ihre Gestalt läßt sie nicht als Ergänzungen in Hartmanns Text einfügen und sie zeigen in Einzelheiten Abweichungen. In beiden Fällen sind Details der Episoden in W Bl. I–II der Darstellung Chrestiens näher als der Hartmanns. Die erste ist eine der Szenen mit dem Grafen, der Enite verführen möchte (Chrestien v. 3264 ff./Hartmann v. 3722 ff.). Der Graf heißt bei Chrestien Galoain, ist aber bei Hartmann namenlos (wie in der Chrestien-Handschrift C, wo das Reimpaar, das ihn nennt, fehlt). Beispielhaft für die Unterschiede ist, daß der Graf das Angebot macht, für die Unterkunft Enites und Erecs aufzukommen: das Motiv steht in W (Bl. I, v. 25 ff.) und bei Chrestien (v. 3277 ff.), fehlt aber in A. Die zweite Episode ist der erste Kampf zwischen Erec und Guivreiz (Chrestien ca. v. 3780 ff./Hartmann v. 4391 ff.): der Kampf endet in W (Bl. II, v. 79 ff.) wie bei Chrestien (v. 3828 ff.) damit, daß Guivreiz' Schwert zerbricht und er um Gnade bitten muß; bei Hartmann ist der Ausgang, daß Erec heftig zuschlägt, bis Guivreiz verwundet hinfällt und um Gnade bittet.

Die besprochenen Details fallen auf, wären aber nicht gravierend, wenn sich nicht dieselbe Konstellation (W und Chrestien gegen A) wiederholte. Hier wirkt sich der geringe Umfang der W-Überlieferung besonders unglücklich aus, denn im längeren Textabschnitt von W Bl. III–VI gehen W und A wenig auseinander. Wie es statistisch aussähe, wenn wir W vollständig besäßen, ist nicht zu sagen; wir können nur konstatieren, daß wiederholte Abweichungen in dem kleineren Fragment (180 Verse) vorkommen und weitgehende Übereinstimmung in dem größeren (358 Verse) herrscht (die ungefähre Zahl fehlender Zeilen wurde mitberücksichtigt). Wegen der Geringfügigkeit des Materials ist die Diskrepanz zwischen den Fragmentgruppen nicht zu erklären, jedenfalls nicht so, daß man etwa sagen könnte, die größere Probe müsse die repräsentativere sein. Ob etwas Grundsätzliches dahintersteht, etwa ein Wechsel der Vorlage von W, der tückischerweise gerade zwischen den Fragmenten liegt, steht dahin. Die Gestaltung der Episoden in W Bl. I–II ist zwar der Chrestienschen näher als der Hartmannschen, aber selbst hier ist W keine sklavische Übersetzung, sondern weist eigene Züge auf, wie beispielsweise die Neigung zum breiteren Erzählen.

Ehe wir dem Fehlen des zerschmetterten Schwertes zuviel Bedeutung zumessen, ist zu beachten, daß beim Sieg Erecs über Mabonagrin die Lage umgekehrt ist:

Hartmann läßt zuerst Mabonagrins und dann Erecs Schwert zerschellen, Chrestien aber nicht. Hat Hartmann das narrativ wirksame Motiv für später aufgespart, und zwar verdoppelt? Solches Aufsparen kennen wir aus dem ‚Parzival', wo Wolfram das für s e i n e Handlung belanglose Zerbrechen des Gralschwerts in den Hintergrund drängt (v. 434,25ff.) und das Zerbrechen eines Schwertes für den theatralischeren Kampf Parzivals gegen Feirefiz aufspart.

Auf anderer Ebene liegen zwei Befunde: die Wolfenbütteler Fragmente zeigen im Gegensatz zu A Dreireime; es gibt Unterschiede in den Namensformen von zwei wichtigen Figuren zwischen den Fragmenten auf der einen Seite und Chrestien und Hartmann auf der anderen.

Die Reime in W sind rein, so ist der Text zu einer Zeit entstanden, in der die höfische Dichtkunst bereits entwickelt war, also neben den Anfängen Hartmanns – besonders eng, wenn Hartmann der Verfasser war, was noch keineswegs ausgeschlossen ist. Als Stilphänomen sind Dreireime in der mhd. Literatur bezeugt, aber selten. In einigen wenigen frühmhd. Texten, z. B. der ‚Millstätter Sündenklage' (vgl. Bd. I/2, S. 40f.), markieren sie Abschnittsschlüsse. In der Literatur der Blütezeit sind sie seltener, aber es gibt markante Ausnahmen, z. B. benutzt sie Wirnt von Grafenberg im ‚Wigalois' regelmäßig am Ende seiner unregelmäßigen „Absätze"; Heinrich von dem Türlin verwendet sie in der ‚Crône' (vgl. Bd. II/2, S. 107ff.). Bei Hartmann fehlen Dreireime, aber vier (nicht unumstrittene) Beispiele kommen in den W-Fragmenten des ‚Erec' vor: je zwei in den früher und den später entdeckten Abschnitten. Es gibt Erzähleinheiten, die nicht mit Dreireim enden, so daß die Beispiele kein starkes Gestaltungsprinzip sind, obwohl sie an Abschnittsenden stehen. Es ist kurios, daß die zwei letzten Dreireime (W Bl. III, v. 4566ff. und 4578ff.) dicht beieinander 18 bzw. 29 Verse nach dem Einsatz der alten Fragmente stehen und kein Beispiel mehr in den weiteren 327 Versen vorkommt. Hat der Dichter, Kompilator, Schreiber diese Stilgewohnheit etwa an der Stelle aufgegeben, nach der auch die narrativen Motive stärker mit A zusammengehen?

Die Namensformen von *Gâwein* und *Keiîn* (handschriftlich *Cain, Caim* u. ä.) führen zu ähnlichen Ergebnissen. Sie erscheinen vorwiegend in diesen Formen im ‚Erec' in A; im ‚Iwein' gebraucht Hartmann *Gâwein*, aber *Keiî*, jetzt ohne Nasal. Dagegen heißen sie in W *Waliwan* und *Keye*, die man als ältere Formen, vielleicht aus einer älteren mitteldeutschen-rheinischen Artusepik herrührend erklären wollte. Wieder sind wir vor Rätsel gestellt, denn obgleich A beinahe immer *Gâwein* hat, heißt er dort – nur bei seinem ersten und letzten Auftritt (vv. 1152, 9915) *Walwân* wie in den W-Fragmenten; die Form *Key[e]* erscheint im Gegensatz dazu nur in W. War *Walwân* mitteldeutsch oder niederdeutsch oder gar niederländisch, so ließe sich seine Ersetzung durch *Gawein* als regional und vielleicht auch zeitlich durch die Mode bedingt verstehen, wobei die zwei an prominenten Stellen erscheinenden *Walwân*-Belege noch unerklärt blieben. (Unter „regionalen" Formen verstehen wir hier literarische Beziehungen, nicht Sprachgeographie. Der hochalemannische Ulrich von Zatzikhoven benutzt im ‚Lanzelet' die Form *Wâlwein* bzw. *Walwân*.) War aber Gawein im alemanischen Gebiet in anderen Texten als *Walwan* bekannt, dann fragt sich, ob das Schwanken problematisch ist. Ulrich hat im ‚Lanzelet' vorherrschend die Form *Walwein*, nur viermal *Walwân*, das die einzige Form in Eilharts ‚Tristrant' ist. Bei Wirnt lauten die Namen *Gawein* und *Key*, in Wolframs ‚Parzival' wieder anders *Gâwân* und *Keie/Kei*. Anscheinend duldeten Dichter, Auftraggeber und Publikum solches Schwanken. Sah man *Waliwan/Gawein* einfach als zwei Alternativformen des selben Namens an?

Was bedeutet die Existenz der Wolfenbütteler Fragmente für die Geschichte des deutschen Artusromans? Insbesondere, was haben sie mit Hartmann zu tun? Die zeitliche Entfernung zwischen Hartmann und der Ambraser Handschrift verunsichert, trotz der willkommenen Kontrolle der Wiener und Koblenzer Fragmente über kurze Strecken.

Die Ambraser Handschrift ist sprachlich oberdeutsch, südbairisch nicht alemannisch; Zuverlässigkeit im Sprachlichen ist ohnehin zufolge des ungefähr dreihundertjährigen Abstands zwischen Hartmann und der Handschrift nur bedingt zu erwarten; innere Widersprüche enthält A nicht; Schwanken zwischen engerer Anlehnung an Chrestien und größerer Freiheit gehört zur Norm solcher Bearbeitungen.

Zeitlich ist die Wolfenbütteler Handschrift aus der ersten Hälfte des 13. Jahrhunderts vielversprechend. Zwar liegt ihre mitteldeutsche Sprachform weit von Hartmanns ab, aber die Unterschiede überschreiten nicht das Maß dessen, dem wir in regional verschiedenen Handschriften desselben Werks begegnen. Wir dürfen also aus sprachlichen Gründen nicht ausschließen, daß wir es mit einer Bearbeitung von Hartmanns ‚Erec' zu tun haben. Die Aussagekraft der W-Fragmente ist w i r k l i c h problematisch nur aus zweierlei Gründen. Erstens wegen ihres geringen Umfangs: wenn wir Chrestiens ‚Erec' als den einzig möglichen Maßstab benutzen, überliefern sie etwa fünf Prozent des Gesamtwerks, und praktisch nur Text aus der ersten Hälfte. Zweitens sind die W-Fragmente problematisch, weil sie allein innere Widersprüche enthalten, hauptsächlich zwischen den früher und den später entdeckten Fragmenten, die tückischerweise Erzählabschnitte bringen, die nicht weit auseinanderliegen. Die Widersprüche sind die Dreireime und der Wechsel der Namen von Gawein und Keiî. Wenn wir diese Punkte als Grundlage für weitere Diskussion benutzen, bauen wir etwas Hohes spekulativ auf einer sehr schmalen Basis. Wir müssen aber – auf die Gefahr beider Arten des Schwindels hin – entweder versuchen, durch Spekulation den Fragmenten einen Sinn abzugewinnen oder sie als öffentliches Ärgernis beiseite schaffen.

Bei der Behandlung eines Problems, das unglaubwürdigerweise dadurch entstanden ist, daß zwei kurze Fragmente derselben Handschrift in verschiedene Richtungen weisen, ist man auf die Glaubwürdigkeit als Kriterium angewiesen. Wir neigen ohne Überzeugung dazu, die Wolfenbütteler Handschrift als eine mitteldeutsche Version – vielleicht einer frühen Version – von Hartmanns ‚Erec' zu sehen. Die Dreireime halten wir für eine Praxis, die Hartmann, wenn sie von ihm stammen, aufgegeben hat, und die aus der Quelle bzw. den Quellen der Ambraser, Wiener und Koblenzer Handschriften verschwunden waren; die Dreireime könnten aber von dem mitteldeutschen Bearbeiter stammen. (Es ist nicht unmöglich, daß Wirnt von Grafenberg seine Anwendung von Dreireimen aus einer Frühstufe der ‚Erec'-Überlieferung gelernt hatte; er bewundert Hartmann und ‚Erec' und teilt mit diesem den Fehler *Arlac* für Lanzelots Abstammung [‚Wigalois' v. 10071; ‚Erec' v. 1631, in A!]). Vielleicht bezeugen die von der Mehrheit der hochdeutschen Artusepik abweichenden Personennamen in W noch eine frühe Hartmannsche Stufe, wie die zwei *Walwân*-Stellen in A. Ihr Auftreten in W könnte aber einer nördlichen Vorliebe entspringen.

Zur Lokalisierung des mitteldeutschen ‚Erec' können wir vom Text wenig Auskunft erhoffen, da der Anfang und der Schluß, an denen vielleicht literarhistorische Auskunft stand, fehlen. Zwar nennt Hartmann nirgends Gönner oder Quelle. (Dies läßt hinter dem Vers *alse uns Crestiens sagit* [4629.12] [nur in W] eher den Bearbeiter als Hartmann vermuten.) Die Sprache von W wird nur relativ allgemein als „das Mitteldeutsch eines niederdeutschen (ostfälischen) Schreibers" charakterisiert (Klein).

Der mitteldeutsche ‚Erec' benötigte für seine Bearbeitung einen kulturellen Rahmen, in dem Interesse für ein solches Werk bestand und Handschriften von Chrestiens und Hartmanns ‚Erec' zugänglich waren. Es wäre verführerisch, auch an die norddeutschen Welfen, etwa Heinrich den Löwen – vielleicht als Auftraggeber des ‚Erec' überhaupt – zu denken. An seinem Hof wäre ein ostfälischer Schreiber, der mitteldeutsch schrieb, keine Seltenheit gewesen; Heinrich war bekanntlich an der Literatur interessiert (vgl. S. 12f. und S. 449); seine Schwiegereltern waren wohl die Auftraggeber von Chrestiens ‚Erec' und die Anschaffung einer Handschrift wäre möglich gewesen; dasselbe gilt für eine Hartmann-Handschrift. Zeitlich verursacht der Tod Heinrichs 1195 keine Schwierigkeiten. (Falls man für die Bearbeitung ein späteres Datum als geeigneter sieht, kämen seine Söhne, Heinrich und Otto, in Frage: jener, zweimal mit dem Vater in „englischer" Verbannung, obwohl erst die zweite Periode, ab 1189, auf den inzwischen Sechzehnjährigen einen literarischen Eindruck gemacht haben wird; Otto, wahrscheinlich in Argentan geboren und praktisch der adoptierte Sohn König Richards, hätte als Anwärter auf die Grafschaft York und Graf von Poitou Zugang zu einer Chrestien-Handschrift gehabt.)

Hartmanns Bearbeitung von Chrestiens ‚Erec' öffnet dem Artusroman in Deutschland Tür und Tor. Daß er auf dieses Werk den ‚Iwein' folgen läßt, und Wolfram von Eschenbach den ‚Parzival' wählte bzw. aufoktroyiert bekam, hat weitreichende Folgen für die Entwicklung des deutschen Artusromans und für die wissenschaftliche Beschäftigung mit ihm. Der Rang der beiden Dichter und die für das Mittelalter ansprechende Verbindung des Moralischen und des Unterhaltenden – des *prodesse et delectare* gemäß der Formel des Horaz – in den drei Werken stempelten diese als Modelle. Ihre handschriftliche Verbreitung und rezeptive Nachahmung bei anderen Dichtern geben dies zu erkennen. Das Schicksalhafte daran ist, daß das Format dieser Werke für den Artusroman nicht so typisch ist, wie man gemeint hat, vom Format der Dichter ganz zu schweigen. Unter dem Werkformat verstehen wir vornehmlich die Struktur des Handlungsablaufs, den sog. doppelten Kursus, der keineswegs typisch oder grundlegend für den Artusroman ist.

Im Prolog zum ‚Erec' (v. 12ff.) sprach Chrestien vom gefälligen Erzählen und von der Belehrung sowie von seiner Erfindung der *mout bele conjointure* („der sehr schönen Erzählfolge/des schönen Zusammenhangs"), die beides verbinde. Er thematisierte damit eine redende Struktur im Gegensatz zur sorglosen, sinnentstellenden Erzählweise der reisenden Berufserzähler. Doch auch gegenüber anspruchsvollen Dichtern stellt das einen Fortschritt dar. Hartmann hat sich diese Lehre in einem Grad zu Herzen genommen, der auf vielen Ebenen Auswirkungen auf seine beiden Romane hat, am ausgeprägtesten im ‚Erec'. Die Handlung eignete sich dazu, sie ist aber ebenso gut vorstellbar ohne das moralisch-lehrhafte Element. Wir versuchen den Handlungsablauf eines solchen Romans zur Illustration zusammenzufassen.

Der Königssohn Erec erlebt eine beschämende Demütigung, ohne sich verteidigen zu können; er rächt sich durch einen Sieg über den Ritter, der die Demütigung erlaubt hatte, und um seine gerettete Ehre zu bezeugen, schickt er ihn als Gefangenen zur Königin Ginover, die Erecs Beschämung miterlebt hatte; dabei hatte er Enite, das schönste Mädchen, gewonnen, und die Trauung findet mit großem Prunk am Artushof statt; es folgt ein Turnier, das Erec als den tapfersten Ritter bestätigt. Mit Enite an den Hof seines Vaters zurückgekehrt, widmet er sich der Liebe und vernachlässigt Ritterpflichten; die Mitglieder seines Hofs wenden sich von ihm ab, bis er ein Selbstgespräch Enites über seinen verlorenen Ruf belauscht. Erzürnt reitet er allein mit ihr los, um sie zu bestrafen oder auf die Probe zu stellen, ihr verbietend, während der Reise mit ihm zu reden. Er siegt in einer Reihe von Kämpfen über böse Gegner, u. a. einen Grafen, der Enite durch Gewalt zur Geliebten machen will, bis er nach einer Verwundung kurzfristig an den Artushof gebracht und teilweise geheilt wird. Ein Sieg über zwei Riesen führt zu einer schweren Verwundung und einem zweiten Grafen, der, während der scheintote Erec auf der Bahre liegt, die Scheinwitwe gewalttätig zur Heirat zwingt. Enites Schreie wecken ihn, sie entkommen und versöhnen sich. Erec besteht die gefährlichste aller Aventiuren, die übernatürlich anmutende *Joie de la curt*. Als der ruhmvollste Ritter gefeiert, kehrt er ein letztes Mal am Artushof ein, wo die Nachricht, daß sein Vater gestorben ist, ihn und Enite in sein Königreich zurückruft.

Die Wiederholung von leise variierten stereotypen Situationen ist offensichtlich, aber dies ist keine narrative Armut; wir denken an musikalische Themen und Variationen. Die artistische Seite! Darüber hinaus haben die parallelen, nicht ganz identischen Wiederholungen, die der Handlungsstruktur zugrundeliegen, eine Funktion: die Ähnlichkeiten zwingen zum Vergleich und die geringeren kontrastierenden Unterschiede werfen Licht nach beiden Seiten und lassen die Episoden oder Motive sich gegenseitig kommentieren, relativieren und erhellen. Dieses Ergebnis ist bei Chrestien vorgeprägt – seine *mout bele conjointure* –, aber weniger auffallend. Hartmanns

Text müht sich stärker ab, die Moral herauszuholen und sicherzustellen, daß wir nicht an ihr vorbeigehen. E i n Grund für die größere Länge. Es lag am Entwicklungsstadium von Hartmanns Technik und der Aufnahmefähigkeit seines allmählich geschulten Publikums, daß er als Dichter und Erzählerfigur so viel expliziter als Chrestien ans Werk gehen mußte. Dies gilt weniger für den ‚Iwein' des inzwischen geübteren Dichters, aber auch da in Grenzen noch.

Das Schema stellt sich so dar: Einem Ritter bringt erfolgreiches Bestehen von Proben Ansehen und führt zu einem glücklichen Minneverhältnis; schmachvoller Rückfall (mit Krise im Minneverhältnis); Bestehen von neuen Proben bringt neues, höheres Ansehen und befestigt das Minneverhältnis (bzw. stellt das Minneglück wieder her). Dem Grundschema kann eine Vorgeschichte vorausgehen, etwa eine Jugend- oder Elterngeschichte; es kann auch, wie im ‚Erec', eine krönende Schlußprobe angeschlossen werden.

Als Stichprobe nehmen wir die Hauptzüge von Erecs Abenteuern zwischen seinem Ausritt mit Enite und dem zweiten Kampf mit Guivreiz. Die Handlung untermauert das ethische Substrat, den Läuterungsprozeß des Helden und die daraus entspringende Lehre, indem die Aventiurenreise Erecs verdoppelt bzw. zweigeteilt wird. Parallelen locken zu einem Vergleich, der Kontraste aufwirft, deren Analyse ein Ethos enthüllt. Die zweite Serie ähnelt der ersten, ist aber mit gesteigerten Gefahren verbunden. (Auch innerhalb der Serien bilden die Episoden eine Steigerung.) In der ersten Serie besiegt Erec drei Räuber, dann fünf; Enite und er entkommen dem lüsternen Grafen durch List, obwohl Erec ihn im Kampf auch verwunden muß. In der zweiten Serie sind seine Gegner zu zwei Riesen angewachsen, und obwohl Erec sie besiegt, ist er so schwer verwundet, daß man ihn für tot hält; damit Erec und Enite dem zweiten Grafen, der sich mit Enite vermählt hatte, entkommen, muß der „tote" Erec den Grafen und einige vom Erscheinen des Toten verwunderte Gäste beim Hochzeitsfest sogar erschlagen.

Neben der Intensivierung der Gefahren bei der zweiten Abenteuerreihe verdeutlichen weitere Kunstgriffe die Läuterung Erecs und die Aussage. Bei der ersten Probenreihe wird – der mindestens zu ritterlichen Taten wiedererweckte – Erec von bösen Menschen gefährdet. Es bedarf aber jedesmal einer Warnung durch Enite, die sich aus Liebe bang entschließt, gegen das Schweigegebot zu handeln. Warum Erec das Waffengeklirr der Feinde nicht hört, wird bei Chrestien nicht klar; es ist wohl Symptom seiner noch völligen Verstocktheit. (Auf die fingierte Frage der Zuhörer erklärt Hartmann es physisch mit dem Geklirr von Erecs Rüstung: v. 4150ff.) Gleich am Anfang der zweiten Reihe hören bei Chrestien Erec u n d Enide Laute, die nun Erec als die Hilfeschreie eines Mädchens in Not erkennt (v. 4311ff.). (Hier unterstreicht Chrestien das Seelische kräftiger als Hartmann, bei dem [v. 5296ff.] Erec allein die Rufe hört; es wird noch keine neue gemeinsame Basis zwischen ihm und Enite gestiftet.) Wichtig ist bei beiden Dichtern, daß der zur Ritterschaft erweckte Erec endlich von selbst die Situation bemerkt, zur Ritterlichkeit zugunsten eines anderen Menschen zurückkehrt. Das normalere Verhältnis zwischen den Dichtern kehrt wieder, wenn Enite um den vermeintlich toten Erec trauert: Hartmann betont das Seelische, indem er Enites Klage, bei Chrestien 60 Verse, um das Sechsfache erweitert.

Schließlich rückt Hartmann Erecs Entwicklung entschiedener in den Mittelpunkt durch Motive in der Vorgeschichte und in Erecs letztem Abenteuer, die bei Chrestien fehlen. Erec wird gegen Chrestien als ein noch nicht erprobter Ritter dargestellt; so wird die Kurve seiner Laufbahn steiler. Chrestien hat Erecs Ruhm schon seinem zukünftigen Schwiegervater zu Ohren kommen lassen (v. 670ff.). Hartmanns Darstellung des Schlußabenteuers, der *Joie de la curt* in Brandigan, hebt den populären Witwen-und-Waisen-Aspekt des Rittertums nochmals stärker hervor. Wie Chrestien beschreibt er die Pfähle vor dem Wundergarten, auf denen die Köpfe von Erecs erfolglosen Vorgängern aufgespießt sind. Es gibt aber zwei Unterschiede zwischen den Schilderungen: neben dem einzigen unbesetzten Pfahl, der bei beiden Dichtern erscheint, findet sich bei Chrestien eine unbestimmte Zahl besetzter; bei Hartmann wird nicht nur deren Zahl angegeben – achtzig –, sondern es gehören zu ihnen achtzig Witwen, die sich von ihren Familienoberhäuptern nicht haben trennen können und trauernd Gäste König Ivreins geblieben sind. Ihre Anwesenheit beleuchtet Erecs Sieg über den Töter ihrer Gatten als rächende, rettende Tat, die andere vor demselben Schicksal bewahrt. Im opernhaften Schluß dient Erec den Witwen weiter, indem er sie zu Artus mitnimmt, der sie wieder in den Hof integriert.

Im Baumgarten der *Joie de la curt*, der einen einzigen unsichtbaren Eingang hat und zu dem ein Luft- (Chrestien) oder Wolkenzaun (Hartmann) anderen Zugang verwehrt, herrscht immer die Jahreszeit, in der es Obst gibt; dies kann man essen. Obwohl nie erklärt wird, warum Mabonagrin gegen die Kampfsitte des Artusromans seine Gegner tötet, so daß kein Ritter lebend herauskommt, und warum man das Obst nicht hinaustragen kann, denkt man wieder an das Totenreich. Von noch weiterreichender Bedeutung für die Sinngebung ist aber die Identität dieser Bewohner des magischen Baumgartens. Wir erleben nochmals eine kuriose Mischung des Natürlichen und des *other world*.

Mabonagrin und seine Geliebte sind ominös zweideutig: beide Dichter betonen seine fast übernatürliche Größe; er, sein Roß und seine Ausrüstung sind rot! Daß seine Geliebte aber die ursprünglich übernatürliche Gestalt und der Baumgarten ihre Domäne war, liest man daran ab, das s i e auch nach den Erkennungsszenen namenlos bleibt und den Baumgarten ungern verläßt, während Mabonagrin Erecs Sieg als Befreiung sieht. Wie sich aber herausstellt, ist von den beiden wohl ursprünglich mythologischen Figuren Mabonagrin am Hofe von Erecs Vater aufgewachsen und seine Geliebte die Kusine Enites!

Die Gruppe vier miteinander verbundener Gestalten bietet die letzte der lehrhaften antithetischen Parallelen. Ihre Vergangenheit stiftet paarweise Beziehungen, die zu Vergleichen ermuntern: Erec mit Mabonagrin, Enite mit dessen Geliebter. Ihre Handlungen provozieren weitere, die sich mit den ersten überschneiden und Enite neben Mabonagrin und Erec neben Mabonagrins Geliebte stellen. Diese hat die absolute Hingabe zu ihrem Liebhaber bzw. Gatten mit Enite gemein; der Hingabe der Namenlosen haftet aber eine asoziale manische Ausschließlichkeit an, während Enite die Isolation von Erec aufgezwungen wird. Hier rücken Mabonagrins Geliebte und Erec einander näher. Erecs zwanghaftes Beschäftigtsein mit Enite führt zur Vernachlässigung seiner Pflichten. Anders Mabonagrin, deren Dame ihn zur Aufgabe der gesellschaftlichen Verpflichtungen zwingt, wobei er im Gegensatz zu Erec zwar weiter kämpft, aber sinnlos – vergleichbar mit Erec zu Beginn seiner Rehabilitationskämpfe, ehe das Altruistische dominiert.

Die Auflösung von Erecs Disharmonien führt mittelbar zur Erlösung Mabonagrins und seiner Geliebten. Alle drei verdanken es Enite. Ihre unbeirrbare Liebe und innere Güte haben Dissonanzen unter den Protagonisten auf- und unter den Kritikern ausgelöst. Auch zwischen Hartmann und Chrestien herrscht nicht völlige Einheit. Ein Beispiel dafür:

Erecs in bezug auf die Außenwelt träge Ergebenheit seiner Gattin gegenüber wird mit *sich verligen* (Lexer: „durch zu langes Liegen in Untätigkeit [...] versinken") ausgedrückt, das man für einen festen Terminus nimmt. Das Wort begegnet im ‚Erec' nur zweimal, als es aktuell wird und im Rückblick (vv. 2971, 10123); es sind 7 Belege im ‚Iwein', 5 in Gaweins langer Predigt gegen die „Rübenritter" (bei Chrestien nur rudimentär vorhanden): da hier gegen Erec gewettert wird, sind sie als ‚Erec'-Zitate anzusehen.

Das *sich verligen* hat sich als Todsünde der Ritterschaft eingebürgert. Chrestien verhält sich zurückhaltend, als Erecs Verfehlung manifest wird; er erlaubt sich kein Urteil, erwähnt nur die Mißbilligung durch Erecs Freunde und Dienstleute (v. 2459ff.). Dagegen drückt Hartmanns Erzähler (z. B. v. 2968ff.) seine negative Meinung aus. Beide Werke sind undeutlich über das Ziel von Erecs roher Behandlung Enites. Chrestiens Gedankenführung in der Szene, in der Erec Enites heimliche Trauerrede beobachtet, ist variationsreicher als Hartmanns, ein größerer Teil ist direkte Rede bzw. innerer Monolog: auf Erecs Befehl aufzustehen, sich anzuziehen und ihren Zelter satteln zu lassen, reagiert Enite mit der Angst, Erec wolle sie entlassen; als sie hört, daß sie unter Schweigegebot mit ihm reiten soll, denkt sie, er hasse sie jetzt. Vor allem in der Versöhnung trennen sich die Dichter. Diesmal geht es bei Chrestien einfacher zu: Erec umarmt Enite und sagt, sie habe die Probe bestanden, er liebe sie mehr denn je und sei jetzt ihrer großen Liebe sicher (v. 4917ff.). Hartmann gestaltet anders (v. 6760ff.): nachdem Erec und Enite der Burg des Grafen entkommen sind, erklärt Enite, was geschehen sei; erst als Erec von ihrer Treue ihm, dem „Toten", gegenüber hört, hören wir (v. 6781 ff.), daß er es *durch versuochen* („als Probe") getan hatte, sie nun wie Gold in einem Schmelzofen geläutert ist und er ihren Wert kennt; er bittet um Vergebung, daß er sie so hat leiden lassen (v. 6795 ff.). Läutern weist auf Unvollkommenheiten, wovon bei Chrestien nicht die Rede war. Erecs Entschuldigung – sie fehlt bei Chrestien – stimmt schlecht zur Erklärung seiner Handlungsweise: wenn eine Läuterung stattgefunden hat, braucht er sich zu entschuldigen? Heikler ist die Frage, ob Enite läuterungsbedürftig war.

Solche Fragen sind nichtig nur, wenn man erwartet, eindeutige Antworten zu finden. Das Bedeutungsvolle ist, daß Fragen jetzt legitim sind und die Texte sie erzeugen. Erst bei Veldeke und Hartmann wird es sinnvoll, sie an die Texte zu richten, und sie verdanken ihre Existenz der neuen Konsequenz der Erzählkunst, Chrestiens *bele conjointure*.

Wiederholte Vergleiche mit Chrestien sind uns wichtig, weil sie angesichts des Grads und der Natur der damaligen Abhängigkeit der deutschen Literatur von der französischen Einblicke in die historische Entwicklung gewähren, die anders nicht zu gewinnen wären. Dies gilt um so stärker, wenn wir mit ‚Erec' und ‚Iwein' zwei Vergleiche durchführen können, die verschiedene Entwicklungsstadien betreffen. Der Vergleich der Vergleiche beleuchtet die markante Entwicklung von Hartmanns Erzähltechnik, die in erster Linie eine wachsende Gewandtheit enthüllt, welche sich besonders darin ausdrückt, daß Abweichungen von Chrestien unnötiger, seltener und unbedeutender werden.

Es wäre ungerecht, ex silentio den Eindruck zu erwecken, Hartmann erzähle Chrestien gegenüber stets primitiver. Wenn wir die Reaktion von Enites Vater auf die Nachricht, daß Erec ein Königssohn ist und um Enites Hand bittet, vergleichen, erzählt Chrestien märchenhafter und stereotyp: der Vater freut sich über den Königssohn. Der Zusammenhang ist bei Chrestien anders: der Vater hatte erklärt (v. 525 ff.), daß er seine Tochter längst einem der Edlen, die sie umworben hatten, hätte gewähren können, aber gewartet habe, bis ein ihrer würdiger König oder Graf käme; der Vater weiß schon von Erecs Vater, dem König Lac, und von Erecs Ruhm (v. 666 ff.). Bei Hartmann ist die Reaktion des Vaters eine emotional natürlichere, die überzeugend dem neuen Erzählhintergrund entspringt (v. 525 ff.): als verarmter Graf schämt er sich mehr seiner Lage, glaubt beim Eheangebot, es sei nicht Erecs Ernst, weint und bittet ihn, von solchem Hohn abzulassen. Zum Grafen erhoben, ist er empfindlicher als bei Chrestien und glaubt kaum, daß ein so Hochstehender um seine Tochter wirbt; er weiß nichts von Erecs Charakter, denn Hartmanns Erec ist noch unerprobt. Die Konsequenz steht Chrestiens nicht nach.

Hartmanns größere Freiheit im ‚Erec' als im ‚Iwein' ist an den Verszahlen abzulesen: Chrestiens ‚Erec' 6958, Hartmanns ‚Erec' 10135 (ca. 46 Prozent länger); Chrestiens ‚Yvain' 6818, Hartmanns ‚Iwein' 8166 (ca. 20 Prozent länger). Das über die Wortzahl pro Vers Gesagte (S. 237) mildert die Zunahme, aber sie bleibt erheblich. Der wichtigste Grund für den Zuwachs ist, daß der Bearbeiter sich genötigt fühlt zu verdeutlichen. Auch konnte Hartmann mit einer weniger routinierten Zuhörerschaft rechnen, besonders für sein Erstlingswerk. Bis zum ‚Iwein' hatten er und sein Publikum gelernt.

Elegante Klarheit, Flexibilität der Satz- und Versformen und ein abwechslungsreiches, fließendes Zusammenspiel der beiden kennzeichnen Hartmanns Dichten und das Stadium, das die mhd. Epik durch ihn erreicht hat. Verse sind kurz und oft unterfüllt; metrische Freiheiten zusammen mit dem durch Enjambement verstärkten kontrapunktischen Spiel zwischen der Grammatik des Satzbaus und der Metrik des Versbaus tragen zu jener Abwechslung bei, die lange Werke in Reimpaaren erträglich, gar geistreich und witzig macht. Freiheiten umfassen fehlende oder überschüssige Senkungen, ein- oder dreisilbige Takte, und Verse, die mit nur drei realisierten Hebungen keine Viertakter, sondern Dreitakter bilden (z. B. *mit zornigen siten*: ‚Erec', v. 4061). Man billigt nun solche Verse ohne „Verbesserungsversuche" als von Hartmann gewollt. Heusler nannte sie „mager" und erklärte sie mit hypothetischer Pausierung. Wir begrüßen sie als schlank.

Wie ist der ‚Erec' historisch einzuordnen? Hartmann hilft wenig, denn er erwähnt nie andere Werke. Es hilft aber das, worüber er nicht spricht. Chrestien entwickelte eine Abneigung gegen den Tristanstoff und schrieb seinen ‚Cligés' als einen Anti-Tristan, vergleicht im ‚Erec' Iseut nachteilig mit Enite; nach ‚Erec' und ‚Cligés' spricht er nie wieder darüber. Hartmann erwähnt nie Tristan oder Isolt. Wir schließen daraus, daß Hartmann nicht voraussetzen konnte, daß sein Publikum mit Isolt und Tristan vertraut genug war, um Chrestiens Anspielungen zu verstehen. Daß Hartmann sich nicht zu anderen Werken äußert, ist unwichtig, denn es geht um die Eliminierung von Anspielungen, die an den entsprechenden Textstellen bei Chrestien standen. Hartmann dehnt Chrestiens Schilderung des kostbaren Sattels mit der darauf abgebildeten Szene aus dem ‚Roman d'Eneas' (v. 5339ff.) mehr als vierfach (v. 7546ff.). Anscheinend konnte er damit rechnen, daß Vergil oder Veldeke seinen Zuhörern bekannt war. Wir schließen daraus, daß Eilharts ‚Tristrant' unter Hartmanns Zuhörern noch nicht bekannt war und datieren Eilharts Werk nach oder frühestens neben dem ‚Erec'.

Hartmanns ‚Iwein' hat in der Forschung an zweierlei gelitten: er wurde in enger Weise als Gegentyp zum ‚Erec' aufgefaßt; und er wurde im Gegensatz zu diesem, in den Hartmann viel Eigenes gesteckt hatte, für eine unoriginelle Übersetzung gehalten. Wie schon die Zahl der Handschriften zeigt, teilte die Mit- und die Nachwelt bis in die frühe Neuzeit hinein diese Ansicht nicht.

Schon der Vergleich des Stoffes und der Handlungsstruktur legt es nahe, im ‚Iwein' eine Inversion des ‚Erec' zu sehen. Auch im ‚Iwein' führt nach ruhmreichem Erfolg ein Vergehen zu einem Verlust, der durch neue Taten wiedergutgemacht werden muß, bis ein weise gewordener Held sein früheres Glück auf festerer Basis wiedererlangt. Hartmann ist an diesem Verständnis seines ‚Iweins' schuld: nachdem Iwein Laudine zur Frau und die Herrschaft ihres Landes gewonnen hat, warnt ihn Gawein (v. 2783 ff.) in einer Predigt von 130 Versen vor dem Leben der „Rübenritter", die sich auf ihre Güter zurückziehen und sich der Landwirtschaft statt einem ehrenvollen höfischen Leben widmen – er warnt ihn ausdrücklich davor, sich wie Erec wegen seiner Frau zu *verligen*. Bei Chrestien warnt Gauvain (v. 2484 ff.) kurz vor einer degenerierten Faulheit, die die Minne verursachen kann, erwähnt aber Rübenritter und Erec mit keinem Wort.

Iweins versäumte Rückkehr vom Turnieren als spiegelbildliche Umkehrung von Erecs Verfehlung zu sehen, verkennt, daß es sich nicht um die Verkörperung einer Lehre handelt, sondern um zwischenmenschliche Beziehungen, die eine Moral sichtbar werden lassen. Jede Beschreibung der Moral hat diesen Menschen und Beziehungen gerecht zu sein. Laudines Natur und individuelle Situation bestimmen die Natur von Iweins Versprechen und Verbrechen. Neben den territorialen Sorgen Laudines, die – wenn auch noch so märchenhaft – tödlich ernst sind, ist das menschliche Verhältnis zwischen Iwein und Laudine der bestimmende Faktor, dem das seelische Gewicht und der moralische Sinn des Werks entwachsen. Das Politische und das Menschliche sind nicht zu trennen. Das zeigt sich daran, daß Hartmann (v. 8121 ff.) Laudine nach Iweins Bitte um Verzeihung ihm vergeben und ihn um Vergebung bitten läßt, obwohl sie juristisch im Recht ist und Iwein ihr in ihrer politischen Machtstellung und als Individuum schweres Unrecht angetan hat. Die Durchführung des juristisch Erforderlichen verträgt sich bei aller Notwendigkeit nur schlecht mit dem Diktat der Liebe, das in Hartmanns Schilderung den Buchstaben des Gesetzes verschwimmen und die Schuldlose um Vergebung bitten läßt. Dies wiegt schwer in einer Szene, in deren Gestaltung Hartmann Chrestien recht genau gefolgt ist – bis auf Laudines Entschuldigung. Die Passage erscheint in nur drei Handschriften, darunter aber der frühen Gießener Handschrift B aus dem 2. Viertel des 13. Jahrhunderts.

Pochen auf den doppelten Kursus im ‚Iwein' übersieht die organische Struktur der Handlung, die sich z. B. in der zweiten Serie von Iweins Aventiuren zeigt. Weil Iwein wegen wiederholter Turniere den versprochenen Termin der Rückkehr zu Laudine versäumt hatte, wurde er von ihr entlassen und verfällt in Wahnsinn; endlich geheilt, unternimmt er selbstlos eine Reihe gefährlicher Ritterproben – jetzt keine leichtfertigen Turniere –, um andere zu retten. Durch einen zufälligen zweiten Besuch beim Zauberbrunnen gilt eine dieser Proben Lunete, die sein Leben gerettet und ihn und Laudine zusammengebracht hatte; er rettet ihr das Leben. Dies leitet über einen dritten – absichtlichen – Brunnenbesuch zur Vollendung des Kreises. Zum ersten Mal zeichnet sich in Chrestiens ‚Yvain' in ausgedehnter Form jene Erzähltechnik des verhängnisvollen erneuten Zusammenkommens von Menschen und Stätten ab, die ihren schicksalhaften, hieratischen

Höhepunkt in Wolframs Vollendung von Chrestiens Gralroman erlebt. Die Kürze der Zeit zwischen den Terminen von Iweins letzten Proben und die geographische Entfernung zwischen den Schauplätzen drängen sehr und setzen ihn dem Risiko aus, wieder wortbrüchig zu werden. Es ist weder eine Kleinigkeit noch Zufall, daß einer, dessen Sturz durch einen unbeachteten Termin verursacht wurde, den Weg zurück findet, indem er bei Gefahr des Lebens und des Ehrverlusts von Termin zu Termin gejagt wird, bei denen es um die Rettung anderer vom Tod geht.

Erklärungsschemata wie „Umkehrung der Problematik des *sich verligen*" werden der Komplexität des Werks ebensowenig gerecht wie die zweite Ansicht: daß Hartmann diesmal Chrestiens Werk bloß wiedergibt, und zwar im Vergleich mit dem ‚Erec' auf eine desinteressierte Weise. Es gibt in Hartmanns ‚Iwein' genug Abweichungen von Chrestien, wie z. B. ein Unterschied in der Darstellung des tödlichen Kampfes zwischen Iwein und dem Brunnenritter zeigt. Dieser wurde ironischerweise zur Basis einer schwerwiegenden Kritik an Iwein gemacht.

Chrestien: Bei Yvains Kampf mit dem Brunnenritter, Esclados (v. 811 ff.) greifen die Gegner einander sofort heftig an wie Menschen, „die sich auf Leben und Tod hassen" (v. 816 f.); Yvain versetzt Esclados endlich einen tödlichen Schlag; dieser versucht, in die Burg zurückzureiten; Yvain setzt ihm hitzig nach, denn er fürchtet sich vor Keus Spott, falls er als Beweis keinen toten oder lebendigen Gegner hat; Yvain erreicht Esclados nicht, der in die Burg entkommt, aber seinen Wunden erliegt.

Bei Hartmann verläuft es ähnlich: Nach der tödlichen Wunde flieht Ascalon, von Iwein verfolgt, der auch wegen Kei einen Besiegten braucht. Ascalons Verfolgung durch Iwein weicht aber in einem sprachlichen Detail und einem inhaltlichen von der durch ‚Yvain' ab: Iwein verfolgte ihn *âne zuht* (Hartmann v. 1056); heißt das „gegen die ritterliche Regel" oder „mit aller Kraft"? Die inhaltliche Abweichung ist, daß es Iwein gelingt, den Fliehenden noch mit einem Schwertschlag zu treffen. Ascalon stirbt, und es ist nicht zu ermitteln, ob er auch ohne den zusätzlichen Schlag gestorben wäre. Daß Ascalon (v. 1051 f.) schon nach dem Schlag, der ihn zur Flucht trieb, die „Todeswunde" spürte, legt nahe, daß der spätere Hieb nicht ausschlaggebend war.

Die zusätzliche Verwundung und die Verfolgung *âne zuht* haben eine Diskussion provoziert. Man hat die Abweichungen von Chrestien hervorgehoben, um Iwein einer schwereren Schuld zu bezichtigen. Wir meinen zu Unrecht. Die Frage, wie man einen Menschen *mit zuht jagt*, wäre eine müßige, wirft aber das Problem der besonderen Emphase des Ausdrucks auf. Meint er etwa: „ohne sich zurückzuhalten" und trägt mithin kein besonders schweres Gewicht? (Es gibt Belege, deren Kontext so gut wie ausschließt, daß *âne zuht* einen moralischen Vorwurf impliziert.) Unabhängig davon fragen wir, wie sich eine besondere Schuld in der Tötung Ascalons mit der zentralen Problematik des Werks vertragen würde. Nicht daß wir glauben, die Romane Chrestiens oder seiner Bearbeiter wollten eine Verfehlung in den Mittelpunkt stellen, von der aus alles andere zu verstehen ist. Im Gegenteil: es gehört zum Wesen des anspruchsvolleren höfischen Romans, daß sich viele Menschen auf unterschiedliche Weise verschiedenartiger Vergehen schuldig machen. Der Weise der Tötung Ascalons ein Extragewicht zuzuschreiben, würde höchstens die Ehe zwischen Iwein und Laudine in ein zweifelhafteres Licht rücken und von Iweins Schuld und Sühne Laudine gegenüber ablenken. Daß die Art und Zeit dieser Ehe u n s so zweifelhaft erscheinen, ist nur bedingt berechtigt. Man übersieht, wie für Landesherrinnen wie Laudine in der wirklichen Welt die Ehe einen notwendigen lehnsrechtlichen Vertrag mit Dienstleistungen und Gegenleistungen darstellte. Es macht auch stutzig, daß, wenn *âne zuht* ein schweres Vergehen beinhalten soll, weder Hartmann noch eine einzige Figur sich dazu äußert. Dichter, die über den ‚Iwein' reden, verlieren kein Wort darüber, z. B. Wolfram, der gerade Laudine und Lunete kritisiert (‚Parzival' v. 253,10ff.; 436,4ff.), aber von Iweins Kampf am Zauberbrunnen ohne Kritik spricht (v. 583,25ff.).

Es ist vergeblich, über einen bestimmten Punkt hinaus eine gewisse Art von Fragen an den Text des Artusromans zu richten, Es wäre z. B. abwegig zu fragen: Warum läßt die Herrin den Brunnen nicht zumauern? Solche Fragen sind nicht zulässig, weil sie gegen die Spielregeln verstoßen. Man kann sie nur beantworten, indem man selbst gegen die Regeln verstößt und antwortet, daß es ein vulkanisches Phänomen war, das durch Zumauern kritisch geworden wäre. Wir müssen akzeptieren, daß Laudine diese – eigentümliche – politische Verantwortung trug und einen Gatten gewinnen mußte, dessen Waffenkunst den Brunnen verteidigen konnte. Dieser Tatsache und Laudine schulden wir den Ernst, den Menschen verdienen, selbst wenn der komödienhafte Topos der leicht getrösteten Witwe anklingt, denn auch Komödien blicken tief in die Menschen hinein. Die Struktur des Romans erhebt die Beziehung zwischen Laudine und Iwein – politisch und persönlich – zum Kern seiner Bedeutung, seiner *meine.*

Wir behandelten Abweichungen von Chrestien, als müßten sie von Hartmann stammen. Einige Details scheinen aber eine andere Erklärung zu verlangen. Das sind Fälle, bei denen Hartmanns ‚Erec' von Chrestiens ‚Erec' abweicht, aber mit dem ‚Gereint' (dem kymrischen Gegenstück zum ‚Erec', aus dem 14. Jahrhundert überliefert, aber früher entstanden) und der nordischen ‚Erexsaga' (13. Jahrhundert) übereinstimmt. Die relative Chronologie und das Fehlen von kulturellen Verbindungswegen scheinen Beziehungen zwischen den drei Werken auszuschließen. Dies zwingt aber nicht zur Annahme eines verlorenen gemeinsamen Archetyps oder einer zusammenhängenden Nebenquelle Hartmanns. Fragen wir, ob Ähnlichkeiten ausreichen, um Chrestien als Hartmanns Quelle anzusetzen, ist die einzig mögliche Antwort ein ohrenbetäubendes „Ja!". So gesehen, sind der französische und der deutsche ‚Erec' dasselbe Werk – um so mehr die ‚Iwein'-Romane. Das starke Interesse an Artus läßt vermuten, daß Erzählungen – praktisch nur Wissen um ihn – auf mündlichen Wegen, z. B. durch den

Vortrag von Fahrenden, verbreitet – oder mit Chrestien zu reden: verstümmelt – wurden. (Die Kenntnisse der deutschen Dichter gehen deutlich über das hinaus, wofür wir deutsche Zeugnisse haben, falls es schriftliche je gegeben hat; z. B. redet Wolfram zweimal [‚Parzival‘ v. 387,1ff.; 583,8ff.] von der Probe Lanzilots auf der Schwertbrücke, einer Episode, die bei Chrestien erscheint, bei Ulrich von Zatzikhoven, dem einzigen deutschen Bearbeiter der Lanzelet-Geschichte, nicht; weiter spielt Wolfram [v. 583,12ff.] auf eine Garel-Erzählung an, zu der eine zeitlich passende literarische Entsprechung fehlt.) Ein solches Reservoir würde die Mischung von Details aus verschiedenen Versionen auch bei einem schreibenden Dichter ermöglichen. Nichts sagt, daß Chrestiens oder andere Versionen als kanonisch galten. Man sah wohl alle als sich ergänzende Berichte über den glanzvollen König. Keine schriftliche Version durfte ein Monopol auf die Wahrheit beanspruchen, denn auch sie war eben sekundär. Diese Annahme würde augenscheinliche Inkonsistenzen etwa in Freskenserien erklären, wo die Künstler ihre Aufgabe darin sahen, d i e Geschichte von Artus zu präsentieren und nicht unbedingt diesen oder jenen Artus-Roman zu illustrieren. Alle Berichte waren von Natur aus fragmentarisch und der Ergänzung bedürftig.

Es ist nicht so, daß Hartmann im ‚Iwein‘ Chrestien einfach übersetzt. Die Abweichungen sind geringer als im Fall des ‚Erec‘, wenn wir ihre Anzahl zum Kriterium nehmen. Gehen wir aber von ihrer Gewichtigkeit aus, so dürfte das jeweilige Verhältnis vergleichbar sein. Veldeke hatte sich dem ‚Roman d'Eneas‘ sprachlich und stilistisch gewachsen gezeigt und darin für Hartmann den Weg geebnet. Aber der Dichter des ‚Roman d'Eneas‘ war kein Chrestien und Hartmanns Aufgabe eine neue. Hätte er im ‚Iwein‘ Chrestien „bloß übersetzt", so könnte man ihm kein höheres Lob zollen. Als Hartmann mit dem ‚Erec‘ anfing, war es weder erzähltechnisch noch sprachlich möglich, Chrestien „bloß ins Mhd. zu übersetzen". War es zur Zeit seines ‚Iweins‘ möglich geworden, so war das sein Verdienst.

### Der Roman neben Hartmann

So unsicher die Datierung von Hartmanns Romanen auch sein mag, sie ergibt einen Rahmen zwischen 1180 und 1203, in den mindestens drei weitere Werke zu plazieren sind: der ‚Lanzelet‘ Ulrichs von Zatzikhoven, der ‚Tristrant‘ Eilharts von Oberg und das ‚Lied von Troye‘ Herborts von Fritzlar, ein Artus-Roman, ein Tristan-Roman – mit Artus – und ein Antikenroman. Wir beginnen mit Eilhart, den man sogar als Vorgänger Veldekes hat ansehen wollen, den wir aber frühestens neben, aber lieber noch nach Hartmanns ‚Erec‘ datieren.

Wesentlich ist, ob der Dichter des ‚Tristrant‘ – sein Name erscheint nur in späten Handschriften (v. 9446) als *von hobergin her eylhart* (D), *von oberengen / enthartte* (B), *von baubemberg / segehart* (H) – mit dem *Eilhardus de Oberch* identisch ist, der von 1189 bis 1209 (bzw. 1227) zwölfmal in Urkunden Heinrichs des Löwen und seiner Söhne Heinrich und Kaiser Otto auftritt. Der Name Eilhart von Oberg, der zur Zeit sonst nicht vorkommt, erscheint zuerst zusammen mit seinem Vater und wohl einem Bruder, beide namens Johannes. Es ist ein Ministerialengeschlecht mit Sitz in Oberg, einem Dorf zwanzig Kilometer westlich von Braunschweig, also in welfischem Besitz und im Ambiente des Welfenhofs. Wenn dieser Eilhart der Dichter war, ist er der früheste mhd. höfische Epiker, der in einer Urkunde erscheint. (Der Name Bligger von Steinach erscheint früher, seine Epik überhaupt nicht.)

Kein Argument, das hat nachweisen wollen, daß dieser Eilhart unmöglich der ,Tristrant'-Dichter sein könne, ist zwingend. Wir lesen z.B. (Werner Schröder, VL II, Sp. 411): „Nach allem, was wir von den eher geistlich gerichteten literarischen Interessen Heinrichs des Löwen wissen, kommt der herzogliche Hof in Braunschweig als Entstehungsort der ersten dt. Bearbeitung des hochmodernen Stoffes nicht in Betracht." Kein Indiz verrät, was einen potentiellen Auftraggeber n i c h t interessierte. Von dem in Auftrag Gegebenen auf Abneigungen zu schließen, ist unzulässig, und selbst die aktivsten Mäzene haben so wenig bestellt, daß die Indizien keinen überzeugenden Einblick in ihre Einstellung gewähren.

Weder das ,Rolandslied' noch der ,Lucidarius' schließt Heinrich den Löwen als Auftraggeber von Eilharts ,Tristrant' aus (s. S. 262 sowie Bd. I/2, S. 103ff.). Aber selbst Mertens, der das meiste für die Lokalisierung des ,Tristrant' geleistet hat, sieht im ,Lucidarius' „ein Zeugnis für das Interesse des alten Herzogs an der Wahrheit des Faktischen im Unterschied zum programmatisch Fiktiven des Artusromans. [...] Dagegen paßte die Liebesthematik des Tristan-Romans nach unserer Kenntnis der welfischen Literaturinteressen schlecht an den Herzogshof" (S. 266). Während wir „das Interesse [...] an der Wahrheit des Faktischen" zugestehen, ist uns dessen Entgegensetzung „zum programmatisch Fiktiven des Artusromans" suspekt: erstens wegen der Vorstellung, daß es programmatisch fiktiv gewesen sein soll; zweitens wegen der unzulässigen Umkehrung der These ins Negative. Liebe zur Wahrheit braucht Interesse am Fiktiven so wenig auszuschließen, wie Interesse am Grimmschen Wörterbuch Liebe zu den Grimmschen Märchen. Mertens' kenntnisreiche Ausführungen, denen wir vieles verdanken, versuchten zu zeigen (S. 270ff.), daß der Ministeriale Jordan von Blankenburg, der Truchseß Heinrichs des Löwen und seines Sohnes, als Gönner Eilharts eher in Frage kommt. Da uns grundsätzlich nichts hindert, in den Welfen Eilharts Gönner zu sehen, scheint der weitere Schritt unnötig.

Wegen ihrer verwandtschaftlichen und politischen Beziehungen zu anglonormannischen Gebieten kommen die Welfen als Gönner Eilharts in Frage. Geographisch verträgt sich die Lage ihres Einflußgebiets mit seiner Sprache, über die Klein urteilt (S. 80f.), daß er sich „ähnlich wie Veldeke in vielem nach der westlichen, rheinfränkisch-hessischen Erscheinungsform der thüringisch-hessischen Literatursprache gerichtet zu haben scheint". Hartmanns Unterdrückung der Anspielungen in Chrestiens ,Erec' auf den

Tristan-Stoff sahen wir als Indiz, daß der ‚Erec' dem ‚Tristrant' vorausging. Dafür spricht, daß Eilhart die Rolle des Königs Artus stärker hervorhebt als Béroul, der mit Einschränkungen Eilharts Quelle vertreten darf. Zumindest scheint Eilhart schon mit der Beliebtheit des Artusstoffes bei seinen Zuhörern zu rechnen.

Eilharts Roman ist in annähernd ursprünglicher Form nur aus Fragmenten von drei um 1200 entstandenen Pergamenthandschriften (R, M, St) bekannt, die rund 1100 Verse enthalten; der tschechische ‚Tristram' (C), zweite Hälfte des 13. oder erste des 14. Jahrhunderts und in zwei Handschriften des 15. Jahrhunderts überliefert, ist eine Kompilation, die streckenweise Eilhart, Gottfried von Straßburg und Heinrich von Freiberg benutzte und für Abschnitte, wo aus Eilhart geschöpft wurde, einspringen kann; der vollständige Text steht in zwei Papierhandschriften des 15. Jahrhunderts (Dresden [D], datiert 1433, und Heidelberg [H], zwischen 1460 und 1475); eine Berliner Handschrift (B) von 1461 schließt das letzte Drittel von Eilharts Werk an Gottfrieds ‚Tristan' an; die Prosaauflösung ‚Hystori von Trystrant und Ysalden', Wiegendrucke 1484 und 1498, ist als Zeugnis für den älteren Text brauchbar. Ein Fragment einer Pergamenthandschrift (S), das im Benediktinerstift St. Paul im Lavanttal (Kärnten) entdeckt wurde, gehört in die Zeit um 1300, in die zeitliche Lücke zwischen den alten Fragmenten und den Papierhandschriften. Die Überlieferung spricht für eine geographisch breite Rezeption.

Der Tristanstoff steht als eines der erfolgreichsten Erzählthemen der mittelalterlichen Literatur neben Artus und dem Gral. (Wenn wir allgemein von der Tristan-Geschichte reden, benutzen wir die Namensformen Gottfrieds von Straßburg „Tristan" und „Isolt", aber für eine andere Version die Formen des betreffenden Dichters.)

Tristans Schicksal erfüllt sich in seiner überwältigenden Liebe zu Isolt, aber es wird vorwiegend von ihm berichtet; wenn er und Isolt getrennt sind, weilt die Erzählung bei ihm. Die Tristan-Geschichte eignet sich auch nicht für die Entwicklung von Nebenhandlungen und -figuren. Brangäne und Kurvenal entwickeln sich bei aller Sympathie der Dichter über dienende Rollen nicht hinaus. Selbst die zweite Isolt steht im Dienst der zentralen Thematik, was schon ihr Name versinnbildlicht. Dagegen hat kein anderer Held eines höfischen Romans in dem Maße zu freistehenden Nebendichtungen Anlaß gegeben. Die wichtigsten sind der ‚Lai du Chèvrefeuil' von Marie de France (1160 bis 1170) und die zwei Versionen der ‚Folie Tristan' (die Berner vom Ende des 12. und die Oxforder vom Beginn des 13. Jahrhunderts), die eine Episode ausfüllen, die Eilhart erzählt. Es ist nicht zu entscheiden, ob wir es mit Verselbständigung einzelner Handlungsteile zu tun haben oder mit der Fähigkeit der Tristanfigur, verfügbare Erzählmuster wie Trabanten in ihre Umlaufbahn zu ziehen. Es spricht für letzteres, daß die Tristan-Geschichte sich eine Reihe von Motiven aus der Listmotivik des Fabliau oder des Schwankes aneignete. Der altfranzösische Prosaroman von Tristan (zwei Varianten: von ca. 1225-35 und aus der 2. Hälfte des Jahrhunderts) zeigt, wie sich die Tristansage nicht zu einem größeren Erzählkreis eignete. Ihm gelingt die Einbindung Tristans in einen Erzählzusammenhang nur durch Entstellung der Gestalt und des Schicksals des Helden bis zur Unkenntlichkeit: Tristan wird zum Artusritter. Nur so ist der Tristan-Stoff faktisch zu einem Erzählzyklus geworden, wie der ‚Lancelot‘ und der ‚Perceval‘ im ‚Lancelot-Graal-Roman‘ aufgingen, aber unvergleichlich primitiver, ohne den tragischen Sinn (s. Bd. II/2, S. 179ff.).

Den Tristan-Stoff verdanken wir keltischen Ländern. Wir besitzen aber keine frühen literarischen Ausformungen, die den französischen bzw. anglonormannischen Versionen vorausgingen. Wir weisen nur auf die Elemente hin.

Den Ursprung der Tristanfigur sieht man in Drust, dem Sohn des piktischen Königs Talorc (2. Hälfte des 8. Jahrhunderts). *Drostan* und *Talorcan* erscheinen in Chroniken der Pikten, *Drystan/Trystan*, Sohn des *Tallwch*, in den kymrischen ‚Triaden‘ – Listen mit drei Bestandteilen, in denen Elemente der heroischen Literatur bzw. der Geschichte zusammengestellt werden. Ihre Überlieferung beginnt im 13. Jahrhundert, aber ihr Material ist älter. Der Kontext der Drystan-Triade ist sonderbar: „Drei mächtige Schweinehirten der Insel Britannien: Drystan, Sohn des Tallwch, der die Schweine des March [...] hütete, während der Schweinehirt hinging, um Essyllt zu einem Stelldichein mit ihm [Drystan] zu bitten. Und Arthur war dabei, ihnen ein Schwein abzugewinnen, ob durch List oder Gewalt, aber er kriegte keines". Der rätselhafte Text bringt mindestens die Namen von Tristan, Marke, Isolt und Artus zusammen. Der Schauplatz der Sage wurde früh nach Cornwall und der Bretagne verlagert.

Man erkennt zwei typische keltische Erzählschemata hinter der Tristan-Geschichte. Der erste, im Altirischen *imram*, bezeichnet eine Meerfahrt (oft ins Blaue), auf der ein Held (oft ein unheilbar verwundeter) zu einer Insel am Rande der Welt kommt, wo er eine Fee entdeckt; sie verlieben sich ineinander und sie heilt ihn durch ihre Zauberkunst; die Unvereinbarkeit des Menschlichen und Übermenschlichen führt aber zur Trennung und Tragik. Der zweite Typus ist das *aithed*, die Flucht eines unverheirateten Liebespaars in den Wald, wo die Liebenden außerhalb der Gesellschaft ein bedrohtes Zusammenleben führen.

Die Geschichte Isolts und Tristans weist Ähnlichkeiten mit beiden Typen auf. Wir erkennen aber auch Motive aus der klassischen Literatur, dem hellenistischen Roman, der arabischen und der indischen Literatur und den Märchen verschiedener Länder wieder. Wir nennen: die Gewinnung einer Prinzessin durch die Erschlagung eines Drachen; durch Zauber (womöglich bei dem Falschen) bewirkte Liebe; die Befreiung eines Landes von einem Ungeheuer, das eine bestimmte Zahl Kinder fordert und wegschleppt.

Daß die Tristan-Geschichte Neues aufnahm, Altes abstieß, Motive verdoppelte, ist unleugbar. Daß wir aber auf der Basis von Ähnlichkeiten und Abweichungen zwischen erhaltenen Versionen eine bestimmte frühere Stufe mit ihrem besonderen Bestand an Inhalten auch annähernd erkennen können, ist illusorisch. Der Kern der Tristan-Geschichte ist ein alles aufs Spiel setzendes ehebrecherisches Verhältnis zwischen einem legendär kühnen, genialen Krieger, dem Neffen eines Königs, und dessen legendär schöner Gattin. Es würde nicht überraschen, hätte sich der Schwerpunkt des Interesses von Zeitalter zu Zeitalter verschoben, etwa vom Verrat und der List zur Liebe und Tragik.

Beispielhaft für die Rekonstruktion, der wir mißtrauen, ist die „Erklärung" des Liebestranks. Daß die zerstörerische Liebe Isolts und Tristans ihren Ursprung einem später hinzugedichteten, versehentlich getrunkenen Zaubertrank verdankte, der als halb entschuldigende Erklärung hinzutrat, ist unerwiesen und unnötig. Der Trank war ihr Schicksal, denn er verursachte ihre Liebe, aber er stand auch f ü r ihr Schicksal und verkörperte ihre plötzlich aufflammende Liebe, deren irrationale, alles überwältigende Rücksichtslosigkeit so alt sein dürfte wie die Menschheit. Daß die Trennung den Tod der Liebenden herbeiführte, dürfte auch ursprünglich sein. Ein solches leibhaftiges Symbol braucht die Liebe weder wegzuerklären noch zu entwerten. Eher wäre die auf einen beschränkten Zeitraum befristete Wirkung des Trankes (bei Béroul und Eilhart) eine spätere Wendung, die durch die Einführung der zweiten Isolt und die Trennung der Liebenden nötig wurde.

Eilharts Hauptruhm beruht auf dem Zufall: von den vier überlieferten Tristan-Gedichten aus unserem Zeitraum von Béroul, Thomas de Bretagne, Eilhart und Gottfried, ist Eilharts allein vollständig erhalten. Das Verhältnis zwischen Béroul und Eilhart bzw. Thomas und Gottfried besprechen wir im Zusammenhang mit Gottfried, nehmen hier aber einige Punkte vorweg.

Unter den zwei altfranzösischen Tristan-Dichtungen und den zwei mhd. zeichnen sich zwei Typen ab: Béroul und Eilhart gehören zum ersten, Thomas und Gottfried zum zweiten. Der erste wird als die „version des jongleurs" („Spielmannsversion") oder „version commune" beschrieben, der zweite als „version courtoise". Wir sprechen beim ersten Paar von der „handlungsbetonten" Richtung und beim zweiten von der „psychologisierenden". Die Diskrepanz beleuchtet der nur bei Thomas und Eilhart erhaltene Schluß. Nach dem Tod der Liebenden erzählt Eilhart (v. 9510ff.), wie Marke auf den Gräbern Isaldes und Tristrants eine Rose und eine Weinrebe pflanzen ließ, die untrennbar zusammenwuchsen, erklärt dies durch den Trank und endet mit einem Gebet an Christus. Thomas (Sneyd-Fragment[2], v. 814ff.) endet schlicht mit dem Tod Ysolts, der wie Tristrans Tod aus Liebe geschah, widmet sein Gedicht Liebenden, die Stoff zum Nachdenken und Trost darin finden mögen, wenn sie *encuntre tuiz engins d'amur* („begegnen allen Listen der Liebe"). Liebe hat und ist das letzte Wort.

Die vier Werke gehen auf eine verlorene altfranzösische Tristan-Dichtung zurück, die nicht lange nach der Mitte des 12. Jahrhunderts entstanden ist. Die gemeinsame Quelle wird von Béroul (v. 1789ff.) ‚Estoire' („Geschichte") bezeichnet, eine geschriebene, denn „Béroul sah die Geschichte geschrieben". Obwohl alle vier auf die ‚Estoire' zurückgehen, ist ihr Verhältnis zu ihr verschieden. Für Béroul war sie die direkte Quelle. Auch für Eilhart war dies wohl der Fall; doch weicht er von Béroul ab, und da die

,Estoire' fehlt, wissen wir nicht, ob Béroul oder Eilhart oder keiner die Quelle wiedergibt. Die Dauer der Wirkung des Liebestranks ist im psychologisierenden Typus unbegrenzt, im handlungsbetonten aber auf drei bzw. vier Jahre beschränkt.

Béroul (v. 1265ff.) und Eilhart (v. 9452ff.) zeigen, daß sie andere Versionen kannten, die sie als schlecht informiert zurückweisen. Thomas und Gottfried tun das auch, aber sie zielen wohl auf Versionen wie die Bérouls und Eilharts. Für Thomas war die ,Estoire' eher Ausgangspunkt als Quelle. Gottfried wollte sich (v. 160ff.) an Thomas halten. Daß er auch andere Quellen gefunden habe, könnte der Wahrheit entsprechen oder rhetorischer Topos sein, aber daß er mit dem handlungsbetonten Typus, Eilhart oder Verwandtem, vertraut war, ist evident.

Die Bezeichnung „handlungsbetont" hat für den Tristan-Stoff ihre besondere Bedeutung, denn der Tristan-Roman folgt anderen Gesetzen als dem im höfischen Roman üblichen Gleichschritt von Handlung und ethischem Sinn. Ihm ist keine Ethik direkt abzugewinnen. Für Eilhart und Béroul liegt die Lösung in einer unproblematischen Konzentration auf die Handlung aus der Sicht der Liebenden und ihrer Vertrauten. Den Liebenden müssen ihre Zusammenkünfte und schwankartigen Listen gelingen. Wer sie verhindert, ist ein Schurke und wird vom jongleuresken Erzähler verdammt, auch von Eilhart, aber weniger energisch als von Béroul.

Eilharts Gedicht ist eine ungewöhnliche Mischung von Merkmalen. Einige wären „modern" und „fortschrittlich" zu nennen, andere „primitiv" und „rückständig". Wie und in welchem Maße diese Bezeichnungen anzuwenden sind, liegt an der Datierung des ,Tristrant', die ihrerseits vom Auftreten dieser Merkmale abhängt. Akzeptiert man eine frühe Datierung um 1170, so sind die fortschrittlichen Merkmale sehr fortschrittlich; entscheidet man sich für die Zeit um 1195, so ist das Rückständige sehr rückständig. Die Mischung bleibt rätselhaft.

Der Stoff wurde „hochmodern" genannt. Ein Tristan-Roman, der – wie derjenige Thomas' und Gottfrieds – als Zentralthema eine physische Liebe schilderte, die, von einem Zaubertrank bewirkt, mit den Seelen der Liebenden harmonisierte und sie erfüllte, war „hochmodern". Bei Eilhart verhält es sich aber anders und seine Behandlung des Stoffes erregt den Verdacht, daß der Auftraggeber diesen gewählt hat. Gerade in der Gesamtauffassung des Werks ist Eilhart ratlos. Ahnungslosigkeit dem kommenden Typus des Tristan-Romans gegenüber läßt ihn Tristrant als den typischen epischen Helden umreißen (v. 39ff.) und eine List Tristrants, durch die er sich mit Isalde vereinigt, *eine grôze tumheit* (v. 3909) nennen. Selbst als Tristrants Anwalt vor Gericht müßte Eilharts unbeholfene Schilderung von Tristrants Karriere als der eines Mannes, dessen einzige Schuld war (v. 3140f.), daß „er nach Ehre strebte", Tristrant selbst verfremdend parteiisch oder schmälernd bieder vorgekommen sein. Eilharts ,Tristrant' ist nicht „hochmodern". Sein Verständnis des Themas ist archaisch.

Im Formalen herrscht eine ähnliche Mischung. Reime sind nicht rein, Assonanzen zahlreich (sie nehmen im Laufe des Werks ab); Freiheiten bei den Senkungen sind häufig, gehen aber auch zurück. Dagegen zeigt Eilhart eine Vorliebe für Stichomythie und Hemistichomythie, die modern anmutet – sie erscheinen z. B. bei Veldeke, aber weder im ‚Straßburger Alexander' noch im ‚Graf Rudolf'. Die Stichomythie kann aber leicht erlernt werden und stellt nicht andauernde Ansprüche an den Dichter. (Béroul verwendet sie auch, aber nicht an denselben Stellen wie Eilhart.)

Diese widersprüchlichen Indizien lassen ebenso eine frühe wie eine späte Datierung Eilharts zu. Kulturgeschichtliche Details wie das, daß weder Marke noch Tristrant lesen kann, helfen nicht weiter. Die Szenen, in denen Tristrant den Brief an Marke schreiben und sich dessen Antwort vom Einsiedler Ugrim vorlesen lassen muß (v. 4764ff.) und Marke ähnlich verfährt (v. 4839ff.), standen so in der ‚Estoire'. Der Analphabetismus Markes und Tristrants gehört aber nicht zu einem Kulturbild, sondern eher zu diesem narrativen Verlauf, der nur wirkt, wenn die Gestalten Analphabeten sind. (Oder Eilhart schilderte eine Stufe, die schon für ihn veraltet war. In der burlesken Szene mit dem Wolfseisen, die Béroul nur mit dem gestreuten Mehl, aber ohne Wolfseisen kennt, zwingt die Handlung Eilhart zu rechtfertigen, daß Marke und Isalde mit Artus und seinen Rittern im Saal schliefen [v. 5285ff.]. Er erklärt: Könige besaßen früher nicht so viele Privaträume wie die Herren jetzt.)

Beide Dichter erzählen auf kurze Sicht, was zwei Folgen hat: Das Berichtete steht oft nur im Dienst der wirksamen Gestaltung der gegenwärtigen Episode und nimmt wenig Rücksicht auf Vorangehendes oder Folgendes. Die Dichter bauen sie selten vor: Erst wenn Eilharts Tristrant in Irland ankommt, hört er (v. 1598ff.) vom Drachen. Dagegen weiß Gottfrieds Tristan längst von ihm – er war vom Anfang an das Fundament seiner Strategie. Béroul und (besonders) Eilhart lassen Figuren und Requisiten erst an der Stelle auftauchen, wo sie für die Handlung nötig werden, worauf sie rückwirkend erklärt werden müssen. Typisch hierfür ist Eilhart (v. 2264): „Ihre Mutter nahm einen Trank". Hier hören wir zum ersten Mal nicht nur vom Liebestrank, sondern von Isaldes Mutter.

Erzähltechnisch und ästhetisch gewichtig ist das Motiv des bloßen Schwertes, das Tristran zwischen sich und Yseut legt. Es gehört wohl zum alten Bestand der Geschichte, mindestens zur ‚Estoire'. Eine so kräftige symbolische Geste braucht nur zu wirken, nicht zu überzeugen, aber wir dürfen nicht übersehen, daß unsere Dichter ohnehin für ein Zeitalter schrieben, das, vor Tarnkappen, Zauberbrunnen, Liebestränke und den Gral gestellt, glauben möchte und nicht wie unser naturwissenschaftliches Zeitalter zweifeln will. Béroul (v. 1797ff.) erzählt schlicht, wie Tristran müde von der Jagd zurückkehrt, Yseut sich hinlegt, Tristan sein Schwert zieht, sich hin- und es zwischen sie legt, während beide völlig bekleidet sind. Béroul erklärt nicht, bemerkt nur, es wäre ihnen Schreckliches geschehen, wenn Yseut an dem Tag nackt gewesen wäre. Bei Gottfried ist das trennende Schwert eine List Tristans (v. 17403): er fürchtete, die Jagdhörner wären die von Markes Gefolge. Bei dem Motiv der bekleideten Liebenden und des bloßen Schwertes zeigt sich, daß nichts für Eilhart fataler ist, als sich über seinen Stoff Gedanken zu machen. Anstatt wie Béroul das Motiv für sich sprechen zu lassen, erklärt er (v. 4581 ff.), daß „Tristrant die Sitte hatte, [...] daß er, nachdem sie sich hingelegt und genug mit einander geredet [!] hatten, sein Schwert aus der Scheide zog und zwischen sie legte." Um die Gewohnheit noch überzeugender wirken zu lassen, kommentiert Eilhart (v. 4592): „das war eine sonderbare Denkweise für einen Mann." In der Tat.

Alles spricht dafür, daß Eilhart ein weniger begabter Spätling, kein Neuerer war. Daß wir den ‚Tristrant' zwischen 1185 und 1195 ansetzen, liegt daran, daß der urkundlich belegte Eilhart von Oberg aufgrund des Umkreises, in dem sein Name erscheint, und sprachgeographisch gut der Dichter sein könnte. Daß Eilhart voraussetzt, daß Artus und mindestens zwei seiner Ritter – Walwan und Keie (in der Rolle des gehässigen Feiglings) – zum Erwartungshorizont seines Publikums gehörten, unterstützt die Datierung. Die Kenntnisse erklären sich am einfachsten durch die Rezeption von Hartmanns ‚Erec'.

Die ‚Metamorphosen' Albrechts von Halberstadt sind als Ovid-Bearbeitung in der Epik der Blütezeit ohne Beispiel und unbequem einzuordnen. Das Werk ist zu seiner Zeit darin einmalig, daß hier zum ersten Mal ein mhd. Dichter einen weltlichen Stoff ohne französische Zwischenstufe aus dem Lateinischen übersetzt und bearbeitet hat. Es gibt auch einen positiven Grund, Albrecht hier einzureihen: Die Behandlung des antiken Materials und die preisende Erwähnung Hermanns stiften eine oberflächliche Verbindung mit Herbort von Fritzlar (S. 281 f.).

Es beginnt mit *Meyster Albrechts Prolog*; Albrecht hatte (v. 81 ff.) sein Werk entweder 1190 oder 1210 – seine Formulierung kann beides bedeuten – während der Regierungszeit des wegen seiner Vorzüge in allen Ländern bekannten Landgrafen Hermann von Thüringen geplant, begonnen und vollendet, und zwar in dessen Land auf der Jechaburg. Mehrere Personen namens Albrecht sind zur passenden Zeit und in der mutmaßlichen Gegend bezeugt, z. B. „ein Halberstädter Domherr (auch *sacerdos, presbyter, magister, scholasticus*; häufig bezeugt zwischen 1178 und 1193) sowie ein Jechaburger *scholasticus* und *magister* (mehrfach bezeugt ab 1217)" (Stackmann).

In ihrer ursprünglichen Form existieren Albrechts ‚Metamorphosen' nur in fünf Fragmenten einer Pergamenthandschrift der zweiten Hälfte des 13. Jahrhunderts. Da die Fragmente von den ca. 20'000 Versen des Originals nur 668 – davon einige verstümmelt – überliefern, bekommen wir nur über eine späte Bearbeitung Jörg Wickrams, zuerst in einem Druck von 1545 erschienen, einen Eindruck von Albrechts Werk. Deshalb ist „Albrecht" im folgenden in Anführungszeichen zu denken. Wickram war nicht imstande, Albrecht sprachlich treu zu bleiben; er hat Elemente aufgenommen, die Merkmale des eigenen Zeitalters sind. So ist es nicht möglich, das mhd. Werk aus dem frühneuhochdeutschen zu rekonstruieren: der mutige Versuch von Karl Bartsch in seiner Ausgabe von 1861 aufgrund von Fragment B erwies sich durch die Entdeckung von Fragment A auf deprimierende Weise als verfehlt.

Albrecht gehörte wahrscheinlich dem Chorherrenstift Jechaburg an, aber selbst Hermanns Vogtei dieses Stifts, muß nicht besagen, daß Albrecht ihn kannte oder von ihm beauftragt wurde (s. S. 31 ff.). Für Albrecht wird es leicht gewesen sein, sich ohne einen fürstlichen Gönner das Werk eines Schulautors wie Ovid zu verschaffen.

Im Prolog steht: weder ein Schwabe, ein Baier, ein Thüringer noch ein Franke habe das Werk gedichtet, was man beachten möge, wenn die Reime nicht zueinander passen; ein Sachse namens Albrecht, geboren zu Halberstadt, habe das Buch aus dem Lateinischen ins Deutsche gebracht (v. 46ff.). Ist die Aufzählung der Sprachgebiete eine kunterbunte Auswahl, die die Enthüllung von Albrechts Identität hinausschieben soll? Zählt er die Gebiete der führenden Literatursprachen auf, um mit der Überraschung aufzuwarten, daß es sich diesmal um einen Sachsen handelt? Wenn dies so gemeint ist, bekommen wir einen seltenen Einblick in die Hackordnung der Sprachgebiete, die dem Sächsischen nur einen bescheidenen Platz gestattet? Ist die Bemerkung über ungenaue Reime als Entschuldigung gemeint oder als selbstbewußte Erklärung, daß sie im Sächsischen rein sind?

Was Inhalt, Stil und Versform betrifft, versetzte das jeweilige Zeitalter weder Wickram noch Albrecht in die Lage, als das deutsche Sprachrohr Ovids zu fungieren. Man lese nur Ovids Einführung mit ihrer philosophisch-kosmogonischen Schilderung der Weltschöpfung, „Sintflut" und Theogonie und ihren elegisch schmachtenden Naturbildern des Goldenen Zeitalters, um sich zu vergewissern, daß Albrecht eine Aufgabe unternommen hatte, deren Bewältigung die mittelalterliche Kosmogonie, Theologie und die volkssprachliche Rhetorik vereitelten. Sein Versuch, theologischen Problemen zu entgehen, indem er die Ereignisse der ‚Metamorphosen' in ein Zeitalter verlagert, in dem die Menschen an Abgötter glaubten, wodurch die Teufel sie betrügen konnten (v. 22ff.), wirkt wie eine Ausrede. Wir erkennen aber an, daß kein deutscher Dichter der Zeit so Schwieriges unternommen hat, und räumen ein, daß wir uns wegen des Überlieferungsstands kein verläßliches Bild von Albrechts Leistung machen können.

Der ‚Lanzelet' Ulrichs von Zatzikhoven und das ‚Liet von Troye' Herborts von Fritzlar kennen in unserer Periode keine mhd. Parallelversionen oder Sprößlinge, und die Quellenlage ist klar.

Von Herbort wissen wir praktisch nichts. Im Epilog des ‚Liet von Troye' steht: *Ez* [das Werk] *tichte von fritslar herbort Ein gelarter schulere* (v. 18450ff.). Was das beruflich bedeutet, ist unklar. Wie bei Hartmann (s. S. 253f.) geben wir *gelart* nicht mit einem renommistischen „gelehrt" wieder. Wir beziehen es auf seine Ausbildung, verstehen darunter den „gelernten Schulmann". Ohne genaue Fundierung – Herbort tritt in keiner Urkunde auf – erwägt man die Möglichkeit, daß er am Chorherrenstift in Fritzlar unterrichtete oder als Hofkleriker in Thüringen tätig war. Wir kennen sein Werk aus einer vollständigen Handschrift von 1333 (H = Heidelberg), in der es ergänzend Veldekes ‚Eneas' vorausgeschickt wird; dazu kommen Fragmente von zwei Handschriften (B = Berlin und S = Skokloster), um 1300 geschrieben. Die Sprache ist mitteldeutsch.

Herborts Quelle war der breit überlieferte ‚Roman de Troie' Benoîts de Sainte-Maure. Er schöpfte aus einem lateinischen Werk wohl des 5. Jahrhunderts: ‚De Excidio Trojae Historia'. Dieses – mit einer angeblich von Sallust an Cornelius Nepos versehenen Widmung – gibt sich als lateinische Übersetzung des angeblichen verlorenen Berichts des Dares Phrygius aus, der in der ‚Ilias' als Priester zu Troja auftritt und als Augenzeuge höchste Glaubwürdigkeit verdiente. Als „griechisches" Gegengewicht zu dieser „trojanischen" Sicht bedienen sich Benoît und Herbort der ‚Ephemeres Belli Trojani', „Kriegstagebücher" des Dictys Cretensis, eines Kreters, der – ohne Homers Gewähr – auf griechischer Seite kämpfte. Dictys' fiktiver Bericht existiert auch nur in einer lateinischen „Übersetzung", wohl des 4. Jahrhunderts. Herbort nennt im Prolog nur Dares und Cornelius, Benoît nicht, und Dictys erst viel später (v. 14945).

Von Herborts Werk ist keine klare Rezeption zu belegen. Der Versuch, ihn als den Dichter der anonym und fragmentarisch überlieferten mhd. Pilatuslegende nachzuweisen, ist bestechend, aber nicht zwingend (s. S. 430).

Der Hochalemanne Ulrich von Zatzikhoven und der Mitteldeutsche Herbort sind kulturell durch ihre Werke indirekt miteinander verbunden, insofern die Beschaffung von Ulrichs Quelle sicher und von Herborts wahrscheinlich mit der Gefangenschaft von Richard Löwenherz zusammenhängt. (Dessen Mutter gilt als die Auftraggeberin Benoîts de Sainte-Maure.) Der Zusammenhang ergibt für beide einen Terminus post quem, aber da unsicher ist, wann die Übersetzungen begonnen bzw. beendet wurden, bleibt ein großer Spielraum für die Datierung.

Herbort teilt mit (v. 91 ff.), daß Landgraf Hermann von Thüringen ihm befohlen hatte, das Werk ins Deutsche zu übersetzen; also bildet Hermanns Herrscherzeit als Landgraf (1190–1217) den äußeren Rahmen für den Beginn der Arbeit. Zwar genügt dies allein nicht, denn es wäre denkbar, daß ein Dichter, der einen Auftrag vom Pfalzgrafen von Sachsen erhielt, im Laufe der Arbeit den von Hermann inzwischen angenommenen höheren Landgrafentitel zurückprojizierte.

Dank Meves können wir die Zeit der Beschaffung der Quelle einengen: Der Graf von Leiningen (Wormsgau/Pfalz), der nach Herborts Bericht (v. 94 f.) dem Landgrafen Hermann „das Buch" geschickt hatte, war sicherlich Friedrich I., von 1187 bis zu seinem Tod 1210 Graf von Leiningen. Er ist 1193 zusammen mit Hermann am Kaiserhof urkundlich bezeugt, wieder 1195 und 1207. Nach seiner Gefangennahme auf der Rückkehr vom Kreuzzug 1192 kam Richard Löwenherz 1193 in die Hände Heinrichs VI. Nach endlosen Verhandlungen sollte er gegen ein hohes Lösegeld freigelassen werden. Er verlangte, daß seine Mutter Eleonore und Vertreter des englischen Hochadels bei der feierlichen Freilassung zugegen waren, die im Februar 1194 in Mainz stattfand. Zu Richards und Eleonores Begleiter auf der Rückreise nach England wurde Friedrich von Leiningen bestimmt. Daß er tatsächlich an der Reise teilnahm, belegen englische Finanzquellen: z. B. erhielt er aus der Londoner Kämmerei vier Pfund für die Miete eines Schiffs nach Antwerpen.

Der Graf von Leiningen begleitete die mutmaßliche Auftraggeberin des ‚Roman de Troie' nach England; er schickte Hermann eine Handschrift des Werks, nach der Herbort übersetzt hat. Man kann keinen Zusammenhang zwischen den Vorgängen beweisen, aber das Gegenteil wäre ungeheuerlich. Wir dürfen die Zeit der Tätigkeit Herborts einengen und die Übersendung der Handschrift an Hermann zwischen 1194 und dem Tod Friedrichs von Leiningen 1210 ansetzen. Weil es aber Hermanns Interesse war, einen Bericht über die Ereignisse zu haben, die zu „seinem" ‚Eneas' geführt hatten, vermuten wir den Beginn von Herborts Dichtertätigkeit nicht lange nach 1194.

Formale und stilistische Merkmale sind als Hilfen für die Datierung im Falle Herborts noch problematischer als sonst. Wir besitzen zwar die Quelle, aber das Prinzip, nach dem Herbort arbeitet, unterscheidet sich einmalig und schwer deutbar von der Praxis anderer höfischer Epiker. Die bisher besprochenen mhd. Epen, deren altfranzösische Quellen wir besitzen, sind deutlich länger als die Originale. Die Ausnahme ist Herborts Gedicht, nur 18458 Verse gegen Benoîts 30316. Herbort erklärt (v. 6688 ff.), er verfahre so, weil sein Bericht *kurz enge und smal* sein soll. Aber was veranlaßt den Wunsch nach Kürze?

Außer dem Pfaffen Konrad ist Herbort der einzige, der sich ausdrücklich Gelehrter bzw. Kleriker nennt. Es zeigt sich praktisch in seinem Wissen über die griechischen, lateinischen und altfranzösische Vorlagen seiner Quelle, die er ergänzt. Selbst der sonst so bildungsbewußte Gottfried macht nicht derartige fachmännische Bemerkungen wie Herbort, daß das Bett, auf dem der tote Hector lag, mit einem kostbaren Stoff bedeckt war, auf den mit goldenen Buchstaben Worte Platons gestickt waren, dessen „Dialektik zur Zeit in Paris gang und gäbe ist" (v. 10667 ff.). Benoît sagt hier nichts Entsprechendes.

Es ist symptomatisch für Herborts Bildungsstand und die Natur seiner Quelle, daß er kürzen will. Er scheint vom „Beruf" her stärker als andere epische Dichter sein Werk als ein historisches zu verstehen und deshalb künstlerische Überlegungen historiographischen opfern zu können. Außerdem bot sich Benoîts Fassung zum Kürzen an: wiederholte, ausführliche Listen von Schlachten und Gegenständen konnten ohne Folgen gekürzt werden. Es beleuchtet Herborts Einstellung, daß die einzige Erwähnung Veldekes (v. 17381 ff.) nur dessen Stoff gilt.

Die schmale Überlieferung des Werks deutet auf eine Rezeption, die es als Geschichtswerk sah. Die Berliner Handschrift enthält Kolumnen-Unterschriften zur Orientierung des Lesers: ein aus der gelehrten lateinischen Literatur bekanntes, in der volkssprachigen Dichtung ungewöhnliches

Verfahren (vgl. Abb. 11). Die Skokloster Fragmente bezeugen die frühe Existenz einer verkürzten Fassung des Werks, was eine wißbegierige Leserschaft auch heraufbeschwört. Dagegen aber tilgt Herbort Benoîts eingehende Inhaltsübersicht (v. 145–714), ein für Historiker brauchbares Hilfsmittel.

Herborts Äußerungen im Prolog über die Schwierigkeiten seines Unterfangens und seine mangelnde Praxis in der Dichtkunst wirken überzeugender als sonst, so daß wir sie als Bescheidenheitstopos mit objektivem Wahrheitsgehalt sehen. Daß Herbort kein völlig freiwilliger Dichter war, bestätigt die Kombination von Kenntnissen der Rhetorik und gelehrtem lateinischem Schulwissen mit geringerer Fertigkeit in der Verskunst und Erzähltechnik. Die Kunstfertigkeit wächst aber im Laufe des Werks, und wir nehmen die Prologstelle ernst (v. 30ff.), an der er sagt, er sei gleichzeitig Schüler und Lehrer und lehre, indem er lerne.

Benoît und Herbort dehnen den Terminus „Roman" merkbar. Benoîts Text wirkt manchmal chronikartig, und Herborts Kürzungen erhöhen nur den komprimierten Eindruck. Der Bericht wird nur teilweise in einen höfischen Roman umgewandelt. Dafür einige Beispiele aus der Minne- und der Kampfthematik:

In den Romanen der Blütezeit war das Interesse an der Liebe viel größer als in den antiken Werken. Auch in Herborts Gedicht fallen Beschreibungen der Symptome der beginnenden Liebe als Krankheit auf, besonders, wenn die Liebesbeziehung unerwartet verursacht wird. Dies gilt für Herborts Jason (v. 679ff.) und Medea (v. 724ff.). Bei der Troja-Thematik ist es unmöglich, daß ein Minneverhältnis eine so bedeutende Rolle wie im Artusroman oder gar im ‚Eneas' spielt. Trotzdem erscheint der mit der Minne assoziierte Topos des Locus amoenus auf lyrisch anmutende Weise, die eine idyllisch komponierte Landschaft evoziert. Das Paradebeispiel ist die Schilderung vom Urteil des Paris (v. 2178ff.). Hinter Herborts idyllischer Szene lauert aber anderes: das unheilvolle Urteil, das die Zerstörung Trojas herbeiführt. Lyrischen Ursprungs sind dem Szenarium des Tagelieds entnommene Abschiedssituationen, die den Anfang neuer Schlachten gliedern (z. B. vv. 1295ff.; 4178ff.).

Anders als die begrenzte Wirkung des Minnethemas herrscht die düstere Färbung der Kämpfe vor. Noch ausgeprochener als bei Veldeke sind es Schlachten, nicht die Kämpfe mit versöhnlichem Ausgang des Artusromans. Der Modus der Schilderung entspricht der Natur der Kämpfe, und um Vergleichbares zu finden, muß man zu Wolframs ‚Willehalm' greifen, obwohl selbst hier die physischen Greuel, wie Herbort sie schildert, nicht ihresgleichen finden. Er listet z. B. in einer grauenvoll wortkargen deskriptiven Glanzleistung die zerhackten Glieder, aufgerissenen Körper mit entblößten, heraushängenden Organen und verschiedenen Todesarten der Gefallenen auf (v. 5842–863). Er kennt auch den Kriegerhumor der Heldendichtung (v. 5275ff.): Nachdem Polidamas Celidis erschlagen hat, klagen seine Leute über ihn: Hector verkürzt ihnen aber „die Zeit und das Leben/den Leib – mit dem Schwert"! In einer Szene (v. 10974ff.) stellt er anstelle der Beschreibung Überlegungen über die Wechselfälle des Glücks im Kriege an und schließt diese durch den Vergleich mit im Winde treibenden Federn evokativ ab. Das Zusammenballen der Ereignisse in geformte Szenen ist nicht Herborts Stärke. Das Bild eines regen Treibens bei der Vorbereitung einer Flotte lebendig, optisch und akustisch wachzurufen gelingt ihm eher (v. 3421ff.).

Aus der Heldenepik stammte wohl die Technik der epischen Vorausdeutung, die im höfischen Roman keine so konstitutive Rolle hat. Hier dient sie dazu, das Besserwissen eines Publikums, das das Werk schon gehört hat oder den Fortgang der Geschichte im voraus kennt, zu entschärfen. Dagegen dient die Vorausdeutung in der Heldenepik der Hervorhebung des unabwendbaren Schicksals und zum Nachweis, daß hier rückblickend Historisches berichtet wird.

Herbort und Veldeke sahen sich vor ein – für Kleriker besonderes – Problem gestellt: Wie waren die antiken Götter, die das Menschenschicksal entschieden, darzustellen? Für Herbort hing das Problem mit Prophezeiungen in der Quelle zusammen, als narrativ wirksames Mittel schwer entbehrlich, aber theologisch schwierig, wenn vorchristliche Wahrsager Wahres voraussagten. Die Einführung Cassandras wirft ein Schlaglicht darauf. Hier weicht Herbort der Schwierigkeit aus (v. 1694ff.): Er berichtet, daß sie Wahrsagerin war, aber erzählt nur, daß sie Christi Geburt prophezeit hatte, und zeigt sie in einem günstigen Licht. Dagegen spricht er sich heftiger als Veldeke gegen die Götter aus und sagt, daß zu Delphi Satan durch das Bild Apollos sprach (v. 3497ff.).

Prophezeiungen haben mit epischen Vorausdeutungen vieles gemeinsam, nur daß jene innerhalb des Erzählflusses zu stehen haben, diese außerhalb, als Kommentar. Wie Herbort die Typen kombinieren kann, ist an der Szene nach dem Waffenstillstand abzulesen (v. 9589ff.): Priam äußert in direkter Rede seine böse Vorahnung, daß Hectors von Cassandra vorausgesagter Tod nahe ist; der Erzähler erklärt es: Priam hat das eben geträumt; dann hören wir vom E r z ä h l e r die unmittelbare Vorausdeutung, die die Tragik der Prophezeiung und des Traumes bestätigt: *Doch wart ez leider alzvwar* (v. 9609). In der künstlerischen Wirkung haben Prophezeiungen und Vorausdeutungen viel Gemeinsames, denn beide betonen die Unabwendbarkeit des Gesagten; sie eignen sich schließlich besonders zum Ausdruck von Monumentalem und Tragischem – nicht zufällig werden sie besonders im ‚Nibelungenlied‘, im ‚Tristan‘ und hier verwendet.

‚Das Liet von Troye‘ hat auch Züge, die dem höfischen Roman in der Regel fremd sind, etwa sexuelle Derbheiten: so greift Jason nach kurzer Bekanntschaft der Medea unters Kleid (v. 604ff). Bloß drastisch, aber ebenso überraschend sind Verwünschungen, am schlimmsten die Flüche, die Andromache gegen ihren Schwiegervater, König Priam, schleudert, den sie „stinkenden Hund und übles Aas" nennt (v. 9780ff.). Die Derbheiten sind Teil von Herborts ungewöhnlichem Erzählklima.

Neben der Kürzung des Texts hat man als strukturelles Prinzip nur den Versuch erkannt, die Rolle und Bedeutung Achills zu steigern und ihn zum gleichrangigen Gegner Hectors zu machen (Worstbrock). Dazu kommt, daß Herbort die Stelle weggelassen hat, an der sich Benoît kritisch über Homer äußert – um eine Verringerung des griechischen Gewichts zu vermeiden?.

Herborts ungewöhnliche Laufbahn als höfischer Dichter im Verein mit der besonderen Art seiner Quelle macht es noch problematischer als sonst, mit dem Entwicklungsstadium der Literatursprache und der Form als Indizien zu operieren. Friedrich von Leiningen hätte die Benoît-Handschrift 1194 auf seiner ersten oder 1198 auf seiner zweiten Fahrt nach England erwerben können, aber wir neigen zur Annahme des früheren Datums.

Nach der Freilassung von Richard Löwenherz saßen Mitglieder des englischen Adels bis zur Vollbezahlung des Lösegelds als Geiseln in deutscher Haft. Wie Ulrich von Zatzikhoven berichtet (v. 9324–349), war unter ihnen ein Huc de Morville. (Zwei englische Ritter dieses Namens sind urkundlich belegt; die Geisel ist vielleicht der 1204 gestorbene Träger des Namens, der an der Ermordung Thomas Becketts beteiligt war.) Ulrich erzählt, wie Kaiser Heinrich die Geiseln verteilte und so *daz welsche buoch von Lanzelete*, das Hugh als Lektüre mitgebracht hatte, zu Ulrich kam; auf Bitten lieber Freunde habe er es ins Deutsche übersetzt und dabei „nichts ausgelassen oder hinzugefügt". Herborts Trojaroman und Ulrichs ‚Lanzelet' gehören als Teile derselben Ausfuhr des Königs und Einfuhr von Literatur zufällig zusammen.

Der ‚Lanzelet'-Dichter nennt sich *von Zatzikhoven Uolrich* (v. 9344). Er wird gleichgesetzt mit einem 1214 urkundlich bezeugten *capellanus Uolricus de Cecinchovin plebanus Loumeissae*, „Kaplan Ulrich von Cecinchovin (heute Zezikon, im Thurgau), Gemeindeseelsorger von Lommis" (in der Nähe von Zezikon – es ist nicht der einzige Ort dieses Namens im südwestdeutschen Raum: so hat man auch an den Weiler Zizingen bei Neuenburg am Oberrhein gedacht, der *Cecinchouen* u. ä. genannt wird). Es fehlt im ‚Lanzelet' jeder Hinweis, der die Beziehung zum Adel, die Übergabe der Handschrift gerade an den Pfarrer Ulrich und den Übersetzungsauftrag aufhellt. Wenn Ulrich wirklich einen adligen Auftraggeber hatte, stand es ihm frei, ihn wie Herbort zu nennen oder wie Hartmann zu verschweigen. Es stand ihm aber kaum frei, die Zwischenstellung einzunehmen und zu berichten, wie die Handschrift nach Deutschland kam, und dann nichts über den Gönner zu sagen. Falls die Identifizierung Ulrichs stimmt, hatte er als Pfarrer die Schriftstellerei nicht nötig, um sein Brot zu verdienen, und neben seinem Dienst die Muße zum Dichten. Das Werk zeigt, daß er Sprachkenntnis und -begabung hatte. Das Buch von Hugh of Morville auszuleihen war kein kostspieliger Aufwand, daher benötigte vielleicht die Entstehung des deutschen ‚Lanzelet' tatsächlich nur einen interessierten Freundeskreis um Hugh und dessen unbekannten, geiselfreundlichen Gastgeber.

Wir kennen den ‚Lanzelet' aus nur zwei vollständigen Handschriften: einer Wiener (W) aus dem frühen 14. Jahrhundert und einer Heidelberger (P) von 1420, sowie aus drei Fragmenten in Oxford (B – erstes Drittel des 13. Jahrhunderts), ehemals Straßburg (S – spätes 13. Jahrhundert, zerstört) und Harvard/Klagenfurt (G/Gk, 14. Jahrhundert).

Ulrichs Werk hat bei seinen Kollegen einen begrenzten Widerhall gefunden. Man meinte, seinen Einfluß bei Wirnt von Grafenberg und Wolfram zu spüren, aber sie äußern sich nicht über ihn; Rudolf von Ems nennt ihn zweimal (s. Bd.II/2, S.26f.): im ‚Alexander' (v. 3199ff.) und im ‚Willehalm von Orlens' (v. 2198f.) lobt er ihn als Dichter des ‚Lanzelet'.

Der Zusammenhang mit den Geiseln ergibt 1194 als Terminus post quem für die Beschaffung der französischen Handschrift; die Zeit der Bearbeitung ist nicht einzuengen. Wenn Hugh of Morville das Buch wieder nach England mitgenommen hat, bleibt etwa ein Jahr für die Übersetzung, es sei denn, man fertigte eine Kopie an.

Es ist unmöglich, den sprachlich-stilistischen Einfluß der altfranzösischen Quelle auf einen einzigen deutschen Epiker der Blütezeit durch sinnvolle Vergleiche auf die Probe zu stellen. In keinem Fall, in dem die Quellen identifizierbar und erhalten sind, hat sich ein mhd. Dichter mit zwei höfischen Romanen von verschiedenen altfranzösischen Dichtern beschäftigt. Wir kennen den Stil keines mhd. Romandichters ohne den Einfluß des Dichters seiner altfranzösischen Quelle bzw. unter dem Einfluß von zwei verschiedenen altfranzösischen Dichtern. (Werke in anderen Gattungen sind kein Ersatz.) Der altfranzösische *‚Lancelet' (Ulrichs Quelle) ist verschwunden, daher ziehen wir bei der Frage seines Beitrags noch unsicherere Schlüsse aus unschlüssigen Indizien.

Der Rezeptionsfaktor spielt eine große Rolle, wenn wir Ulrichs ‚Lanzelet' in den Rahmen der Artusromane einzuordnen versuchen. Wir meinen, das Vorhandensein von Ulrichs ‚Lanzelet' war aus marktwirtschaftlichen Gründen mit dafür verantwortlich, daß Chrestiens ‚Lancelot' nicht ins Deutsche übersetzt wurde. Sollten die akzeptierte Datierung von Chrestiens Werken und unsere Beobachtung (S. 256f.), daß der Abstand zwischen der Entstehung eines altfranzösischen Romans und seiner deutschen Bearbeitung zwischen zehn und fünfzehn Jahren liegt, Wahres an sich haben, so war die Zeit zwischen 1187 und 1196 für die Übersetzung von Chrestiens ‚Lancelot' reif. Ulrich bekam die Handschrift seines Alternativ-‚Lanzelet' 1194, gegen Ende dieses Zeitraums.

Man fragt sich, ob die vermutliche Kurzfristigkeit von *‚Lancelets' Existenz damit zusammenhängt, daß er ungefähr gleichzeitig mit Chrestiens Roman entstand, durch ihn sofort überholt und nicht konkurrenzfähig war. Wir halten es für unwahrscheinlich, daß der *‚Lancelet' nach dem ‚Lancelot' gedichtet wurde.

Man hat u.a. die Figur der Elidia als Stichelei gegen die Exzesse der Chrestienschen Artusromane sehen wollen: Ihre Hartherzigkeit gegen den Geliebten ließ sie passend in einen hürnenen Drachen verwandeln; durch Lanzelets Kuß erlöst, wird sie nach dem harten Praktikum zur Hofrichterin in Sachen der Minne (v. 7985ff.). Sie mahnt aber eher an die Liebeshöfe, die den Kreis der Gräfin Marie de Champagne, die Auftraggeberin von Chrestiens ‚Lancelot', beschäftigten (s. S. 61ff.). Von allen Romanen Chrestiens

*Der höfische Roman I*

näherte sich dieser am meisten den Anliegen eines Liebeshofs – Lancelots Zögern vor der Karre! Elidia erscheint aber als Element einer für Ulrichs ‚Lanzelet' charakteristischen narrativen Schicht, die an das Magisch-Keltische mahnt.

Einschlägig sind: die runde, kristallene Feenwelt, in der Lanzelet erzogen wurde; der Ehrenstein, der es nicht vertrug, daß ein Mann auf ihm saß, der nicht ohne *falsch oder haz* war (v. 5177ff.); der Mantel, der moralische Vergehen der Frauen enthüllte (v. 6110ff.). Dazu gehören – der Atmosphäre nach – die redenden Namen, mit denen oft – a n g e b l i c h weithin bekannte – Abenteuer verbunden sind: z. B. *der Verworrene tan* (v. 4981) („der Verworrene Tannenwald"), *daz Schrîende mos* (v. 7041) („der Schreiende Sumpf").

Chrestien kennt solche Namen, und sie sind für Béroul konstitutiv. Bei Ulrich herrschen sie am auffälligsten vor. Sie gehören zu den Bestandteilen, die die Grenze zum Übernatürlichen markieren. Die Linie setzt sich über Wirnt von Grafenberg fort, um im späteren Roman zu wuchern – und zu verblassen.

Das Magische knüpft z. B. an das Ehebruchsthema an. Der Ehebruch zwischen Lanzelet und Ginover fehlt bei Ulrich und fehlte sicherlich auch im *‚Lancelet'. Klingen aber doch schon leise der Ehebruch und der Untergang der Artuswelt im ‚Lanzelet' an? Wir denken an die Hervorhebung von Ginovers heißem Wunsch, Lanzelet kennenzulernen (vv. 2276ff.; 2299), und ihr Ehebruch in Gedanken, den die Mantelprobe aufdeckt, sowie die Betonung von Lanzelets Wunsch, Ginover zu befreien (v. 6818ff.). Es fragt sich, ob diese Züge darauf hinweisen, daß Ulrich bzw. seine Quelle mindestens eine Ahnung von der Entwicklung hatten. Eine harmlose Erklärung wäre aber, daß Lanzelet, als der anonyme, dann eponyme Held des Romans, Interesse bei allen, einschließlich der Königin erweckt, und als führender Kämpfer der Tafelrunde die Schmach der Entführung Ginovers besonders stark fühlt.

Daß man nach Chrestiens Werk Ginovers und Lancelots Ehebruch fallen lassen konnte, wäre unmöglich. Die Zentralität des Motivs zeigt der altfranzösische ‚Lancelot-Graal-Roman', in dem es letztlich zum Untergang des Artusreichs führt (vgl. Bd. II/2, S. 179ff.). Darauf deutet ein weiteres Motiv: Ulrich berichtet, daß Lout, der Sohn von Artus und Ginover, später mit Artus in ein Land (des Todes) ritt und die Briten ihre Rückkehr noch erwarten (v. 6905ff.).

Lanzelets Kindheitsgeschichte war ein Bauelement, das der *‚Lancelet'-Dichter in seinen Quellen vorfand. Seine Erziehung erhöhte erheblich die Zahl der Etappen, was die besonders episodenhafte Wirkung des ‚Lanzelet' schafft. Der Vergleich zwischen Ulrichs ‚Lanzelet' und Gottfrieds ‚Tristan' sowie Wolframs ‚Parzival', in denen die Kindheit des Helden geschildert wird, weist Parallelen und Antithesen auf, deren Inhalte zu den grundlegenden Anliegen des höfischen Romans gehören.

Jedem der drei Helden fehlt Wissen über sich selbst, aber die Lücken und ihre Ausfüllung sind verschieden. Alle drei sind über ihre Verwandtschaft im dunkeln, d. h. über die eigene Identität und den eigenen Status. Anders als Tristan wissen Lanzelet und Parzival nicht, wie sie heißen: Lanzelet wird die Auskunft direkt verweigert und ihre Erlangung mit der höchsten Ritterprobe nach einer langen Suche verbunden. Dagegen weiß Parzival nicht, daß er seinen Namen nicht weiß.

Bei allen drei begleiten die Suche nach Identität und Sippe, die die Aufdeckung der Vergangenheit impliziert, die Themen der Rache und der Wiedergewinnung. Wir bleiben bei der letzten. Das Motiv der Wiedergewinnung zeichnet den Weg jedes der drei Helden. Lanzelets letzter Triumph ist, daß er das Land seines Vaters wiedergewinnt, seine verlorene Mutter und weitere Verwandtschaft entdeckt; den Erfolg verdankt er seinem Ruf als Kämpfer und humaner Retter anderer, so daß er seine kriegerische Tüchtigkeit in seinem Erbreich nicht einzusetzen braucht. Tristan erobert das Lehen seines Vaters zurück, nur um es an Rual weiterzugeben (v. 5796ff.); er zieht die Königswürde seines Onkels vor mit der Folge, daß ihm weder Cornwall noch England, aber Isold zufällt. Als Kind wird Parzival durch den Tod des Vaters, die Aggression Lähelins und den Rückzug der Mutter seiner Erbschaft beraubt; nach langen Proben ist er in der Lage, die zwei Königreiche seiner Mutter wiederzugewinnen und mit denen seines Vaters und seiner Gattin zu vereinigen; er überläßt die Herrschaft aber anderen (v. 803,2ff.), besonders seinem Sohn Kardeiz, der über die vier herrschen soll; für Parzival wird die Wiedergewinnung durch die ethisch, nicht militärisch bewirkte (Neu-)Gewinnung des – ihm dynastisch und nun wesengemäß angemessenen – Grals schlicht irrelevant.

Die Forschung hat sich sehr bemüht, in Ulrichs ‚Lanzelet' eine bedeutsame Struktur zu erkennen. Auf jeden Fall gehört z. B. das Prinzip der Steigerung für die Doppelreihe der Geliebten und der Gegner Lanzelets zur Struktur. Der doppelte Kursus besitzt zwar keine kanonische Gültigkeit, aber sein Fehlen hat die Zuweisung des ‚Lanzelet' zur Trivialliteratur untermauert.

Die negative Qualifizierung gründet sich darauf, daß Lanzelet wegen des Zaubers aus dem Feenreich, in dem er aufgewachsen ist, die Sorge nicht kennt, und daß er keine moralische Schuld auf sich lädt. Um den Vorwurf der Oberflächlichkeit abzuweisen, ringt man um eine Auslegung der Struktur, die ein Hauptziel des Helden enthüllen soll. Man sah es in Lanzelets Namen- und Identitätsfindung, in der Artuswürdigkeit (mit der Erlangung des Status des besten Ritters), in der Tilgung der Schmach des Geißelschlags und in der Neugewinnung des vom Vater verspielten Königreichs. Eine neuere Auslegung (Thoran) nennt das Werk: „Fall und Wiederaufstieg der Könige von Genewis". Für Lanzelet aber sind die angesprochenen Aufgaben alle wichtig, und Ulrich gibt nicht zu erkennen, wie er sie betont wissen will. So vermeidet er mindestens die Schwarzweißmalerei, der die höfische Literatur leicht verfällt.

Sollte aber dem ‚Lanzelet' der Tiefgang von Hartmanns ‚Erec' fehlen, so liegt es nicht am Fehlen der Schuld, sondern der Schuldhaftigkeit. Es fällt z. B. auf, wie selten Lanzelet die *sicherheit* annimmt, den „Untertänigkeitseid" des Besiegten, der ihm sein Leben rettet. Diese Haltung läßt ihn sogar dem

Vater seiner endgültigen Gattin Iblis den Kopf abschlagen (v. 4556ff.). Aber dies wird ihm nie zum Vorwurf gemacht. Wir schließen daraus, daß Ulrich (und seine Quelle?) eine Schuld des Helden nicht interessierte.

Dafür charakterisiert den ‚Lanzelet' die Zahl der Episoden und ihre rasche, kurzatmige Schilderung. Selbst wo dem Aufbau eines Abenteuers mehr Zeit gewidmet wird, folgt seine Auflösung mit unpassender Kürze, eine Disproportion, die beim endlichen Sieg über den Erzfeind Valerin besonders fühlbar ist (v. 7357ff.). Das Muster der Abenteuer wiederholt sich, der Held reitet aus der Burg hinaus und im selben Atemzug wird uns der stolze Anblick der nächsten Burg beschrieben. Für das oberflächliche Aussparen von Wegstrecken entschädigen die Reize eines köstlich bebilderten Stundenbuchs.

Wir kehren zu Ulrichs literarischer Stellung und Beziehungen zu anderen Werken zurück. Zeitgenössische mhd. Romandichter zeigen kaum Kenntnis der Lanzelot-Gestalt. Bei Eilhart und Gottfried erscheint Lanzelots Name nicht, bei Hartmann einmal, aber „falsch", bei Wirnt von Grafenberg zweimal, einmal „falsch"; Wolfram redet zweimal (‚Parzival', v. 387,1ff.; 583,8ff.) von der Probe Lanzilots auf der Schwertbrücke, die bei Chrestien vorkommt, bei Ulrich nicht. In keinen zwei Werken stimmen alle Einzelheiten überein. Wir greifen einen Punkt heraus.

In Chrestiens ‚Erec' erscheint in einer Liste bei der Begrüßung Enites *Lancelot del Lac* (v. 1674). An der entsprechenden Stelle bei Hartmann steht *Lanzelot von Arlac* (v. 1631). Auf eine für ihn einmalige Weise integriert Chrestien die Handlungen zweier seiner Romane, indem er Guenievres Entführung (‚Lancelot', v. 45ff.) durch einen Bericht über ihre Befreiung von Meleagant, der „Lancelot noch gefangen hält", in die Zeitstruktur des ‚Yvain' einfügt (v. 4740ff.). An der entsprechenden Stelle (‚Iwein' v. 5678ff.) redet zwar Hartmann von der Befreiung der Königin von *Meljaganz*, erwähnt aber Lancelot nicht. Im ‚Wigalois' kommt *Lanzelot* in zwei Listen vor (v. 9571; 10071), das zweite Mal als *Lanzelot der Arlac*.

Literarhistorisch ist der Befund schwer verwertbar. Am aufschlußreichsten ist Hartmann: die Wiederholung von Chrestiens ungewöhnlicher zeitlicher Integration der beiden Romane, ohne Lanzelot zu erwähnen, legt nahe, daß er Chrestiens ‚Yvain'-Stelle kannte; die fehlerhafte Form *von Arlac* spricht dafür, daß Lancelot (del [du] Lac) für ihn aber keine bekannte Größe war. Wirnts Fehler muß auf Hartmanns ‚Erec' zurückgehen, von dem er ausdrücklich spricht (v. 6307ff.). Dies läßt vermuten, daß auch Wirnt keine direkten Kenntnisse von Lanzelot hatte, und untergräbt die Vermutung, daß das späte Ambraser Heldenbuch an Hartmanns *von Arlac* schuld war. Hartmann kannte also trotz relativer geographischer und zeitlicher Nähe auch Ulrichs ‚Lanzelet' nicht. Aus chronologischer Sicht ist es noch rätselhafter, daß sich die gleiche Unwissenheit bei Wirnt von Grafenberg wiederholt.

Obwohl sich die Literaturproduktion bis zu dieser Zeit erheblich entwickelt hatte, exemplifiziert die bunte Verschiedenheit der grundsätzlich andersartigen Quellen- und Überlieferungslagen der Werke Eilharts, Herborts und Ulrichs die Labilität einer Situation, in der die Tradierung der damaligen Werke äußerst prekär war, und selbst ihre Entstehung noch beinahe aufs Geratewohl geschehen konnte.

## Heldenepik: ‚Das Nibelungenlied'

Aus chronologischen Gründen wenden wir uns vorerst dem einzigen Beispiel der Heldenepik aus dem Zeitraum dieses Bands zu, dem ‚Nibelungenlied', das seit den ersten Jahren des 13. Jahrhunderts – wohl nicht lange nach seiner Entstehung – in anderen Texten spürbar wird. In Wolframs ‚Parzival' setzt sich Liddamus, um die unheroische Einstellung zu unterstreichen, von einer Reihe weitbekannter Heißsporne ab und identifiziert sich mit ihren friedfertigen bzw. feigen Gegenspielern (v. 419,11 ff.): es erscheinen z. B. aus Heldendichtungen Ermanarich und Sibiche, die w i r mhd. erst aus der späteren Heldenepik kennen (s. Bd. II/2, S. 122ff.), auch Wolfhart, Siegfried und Rumolt. Ermanarich und Sibiche kannte Wolfram wohl aus mündlicher Dichtung. Wolframs Konstellation von Gestalten und Ereignissen aus der Nibelungensage paßt genau zu der des ‚Nibelungenlieds' und macht es fast sicher, daß er unser erhaltenes Gedicht in der Version *C kannte. Als Terminus post quem für die Entstehung des ‚Nibelungenlieds' lassen Stil und Reimkunst an eine Zeit nach 1190 denken; Wolframs Anspielung im VIII. Buch ergibt als Terminus ante quem eine Zeit nicht lange nach 1204.

Die prompte Reaktion eines Kenners der Epik, wie Wolfram, ist der Herold einer begeisterten zeitgenössischen Rezeption, die (nach Ausweis der reichen handschriftlichen Überlieferung) bald eingesetzt hat. Mit dem ‚Nibelungenlied' behandeln wir auch ‚Die Klage', ein Begleitwerk, das in der Überlieferung von Anfang an mit dem ‚Nibelungenlied' verbunden ist. Es ist ein Anhang, in dem aus einer ganz speziellen Sicht – der Trauer – auf das Geschehen zurückgeblickt wird. Das andere Wesen der ‚Klage' findet seinen Ausdruck in der Versform: während das ‚Nibelungenlied' in Strophen geht, benutzt sie Reimpaare.

Wir besitzen 35 Handschriften des ‚Nibelungenliedes', darunter 11 vollständige. Von den vollständigen stammen vier noch aus dem 13. Jahrhundert: C (die Donaueschinger – 2. Viertel), B (die St. Galler – Mitte oder 3. Viertel), A (die Hohenems-Münchener – vielleicht um 1280) und J (die Berliner – gegen 1300).

Die wahrscheinliche Verbindung zwischen dem ‚Nibelungenlied' und Wolfger von Erla wurde schon besprochen (s. S. 43). Am Schluß berichtet die ‚Klage' (v. 4295ff.), wie Bischof Pilgrim von Passau nach Berichten der Augenzeugen seinen Schreiber Meister Konrad *ditze maere* („Kunde" oder „Geschichte") „in lateinischen Buchstaben" vollständig niederschreiben ließ; später sei *daz maere* oft in deutscher Sprache „gedichtet" worden. Das wahre Ziel dieser Verfassernotiz ist schwer zu ermitteln. Die Betonung der Niederschrift, und zwar einer lateinischen, sowie die Unterstreichung der Vollständigkeit (v. 4302ff.) dienen der Beglaubigung. Die Sache wird dadurch vertrackter, daß die Wahrheit der Ereignisse gleichzeitig mit der der Niederschrift beglaubigt wird. Wir sehen Pilgrims lateinische Niederschrift als eine Fiktion. Der Dichter beteuert es zu sehr.

Man vermutet hierin Passauer Propaganda. Wie Wolfgers Karriere vor und nach seiner Passauer Zeit sowie in Aquileia zeigt, gehörte die Bestrebung, seine Autorität zu festigen und die Macht seines Territoriums auszubauen, zu seinem Wesen und seiner Politik. So hat man vermutet, daß es sein Ziel war, durch die Begründung eines neuen Bistums innerhalb der Passauer Diözese selbst Metropolit zu werden, was er in Aquileia auch erreicht hat. Seine Passauer Zeit (1191–1204) deckt sich mit dem aus literarhistorischen Gründen vorgeschlagenen Zeitraum für die Entstehung des ‚Nibelungenlieds‘. Daß der Dichter über eine genaue Kenntnis Passaus und seines Raums verfügt, deutet wie das Bairisch-Österreichische der Sprache in dieselbe Richtung. Er war literarisch gebildet, ob er nun Kleriker oder ein gebildeter Ritter war.

Eine Besonderheit der Nibelungenüberlieferung ist die parallele Existenz von zwei Fassungen, die von Anfang an in den Handschriften präsent sind: Fassung *AB oder ‚Not-Fassung‘ (letzter Satz: *daz ist der Nibelunge nôt*, „das ist das Leiden der Nibelungen") und Fassung *C oder ‚Lied-Fassung‘ (letzter Satz: *daz ist der Nibelunge liet*, „das ist das Lied von den Nibelungen"). Die *C-Fassung ist eine Bearbeitung, die den Text modernisiert und die Motivierung umgebaut hat. Sie geht aber nicht auf *AB, sondern auf eine gemeinsame Vorstufe zurück. Das bedeutet u.a., daß sie Züge enthalten kann, die älter sind als die von A und/oder B.

Geographisch ist die Überlieferung literarhistorisch bezeichnend, denn trotz ihres Reichtums beschränkt sie sich vornehmlich auf das österreichisch-bairische Gebiet, wo wir generell den Sitz des Hauptinteresses an der Heldendichtung lokalisieren (s. Bd. II/2, S. 52ff. und 122ff.).

Es ist ein erstaunliches Zeugnis für die Zählebigkeit der heroischen Dichtung der Zeit nach den germanischen Völkerwanderungen (s. Bd. I/1, S. 80ff.), daß sie bis zu ihrer Verschriftlichung im späten 12. und im 13. Jahrhundert mündlich fortgelebt hat. Sehen wir vom mittellateinischen ‚Waltharius‘-Epos (vom 10. Jahrhundert?) mit seiner an der antiken Rhetorik geschulten Grundlage ab, so haben wir aus der Zeit zwischen der Niederschrift des ‚Hildebrandslieds‘ im 9. Jahrhundert (s. Bd. I/1, S. 104f. und 116ff.) und der Verschriftlichung des ‚Nibelungenlieds‘ um 1200 kein Beispiel der Heldendichtung aus dem deutschen Raum.

Die Diskussion des Wesens der Heldenepik orientiert sich an Gegensätzen zum höfischen Roman. Die beiden Gattungen hatten aber nicht verschiedene Publikumskreise. Wolframs Anspielungen auf das ‚Nibelungenlied‘ und andere Heldendichtungen bauen auf Kenntnisse der Heldendichtung bei seinem Publikum.

Unter den Bezeichnungen, die für das ‚Nibelungenlied' benutzt wurden, ist „Heldenepos" die häufigste. Der oberflächlich friedliche Terminus lebt von Antinomien, aus denen allein seine besondere Anwendung in der deutschen Literaturgeschichte zu verstehen ist. „Epos", weil man ein längeres Werk ins Auge faßt, im Gegensatz zum gedrängten „Heldenlied" nach Art des ‚Hildebrandslieds'. „Epos" soll auch einen Gegensatz zum „Roman" ausdrücken, primär in der Versform: Strophe gegen Reimpaarvers. Ansonsten lassen sich Epos und Roman im Formalen weniger scharf abgrenzen. Die Unterschiede sind graduell und gehen auf die verschiedenen Ursprünge der Typen zurück: Das Epos ist durch die Zusammensetzung und Ausmalung von einheimischen mündlichen Erzählungen – teilweise unter Einfluß des Romans – entstanden; der Roman dagegen war von vornherein eine aus dem Ausland eingeführte Gattung mit einer Komplexität und Konsequenz der Handlungsführung und Darstellung, die nur im Medium der Schrift vollziehbar waren.

Der „Held" der Heldendichtung ist ein anderer als der des Romans. Primitiv unterscheiden sie sich durch rohes, aber ehrenhaftes Haudegentum auf der einen Seite und humane Ritterlichkeit auf der anderen. Diese Unterscheidung vereinfacht aber die Lage. Der Held der Heldendichtung sucht keine Aventiure, die er allein zu bestehen hat. Er führt als Schutz seines Stammes einen Krieg auf Leben und Tod. Daß er aus Einzelkämpfen besteht, ist dadurch bedingt, daß es Ziel der Heldendichtung ist, den Helden durch die Darstellung seiner Taten zu verewigen, die stellvertretend einen Glanz auf sein Volk werfen.

Man hat Alternativen zum Terminus „Heldenepos" bzw. zur Bezeichnung des ‚Nibelungenlieds' vorgeschlagen: Ranke spricht von einem „höfischen Heldenepos", de Boor von einem „höfischen Heldenroman", Kuhn von einem „Brautwerbungs-Staatsroman" und Wolf von einem „heroischen Minne- und Kriegerepos". Alle vier Termini haben Vorzüge – außer dem der Handlichkeit. Die Reihe zeigt zunehmend den Versuch, das Werk transparent zu charakterisieren: Ranke und de Boor betonen mit „höfisch" den Einfluß des Lebens und der Literatur der Zeit auf das ‚Nibelungenlied', de Boor und Kuhn mit „Roman", daß Ähnliches mit der literarischen Darstellungsweise geschehen ist. Kuhns „Brautwerbungs-Staatsroman" weist auf wichtige Elemente des Inhalts und ihre Prominenz in der Entfaltung der Handlung. Wolfs „heroisches Minne- und Kriegerepos" hebt einsichtsvoll die neue, für eine Heldendichtung unerhörte Verbindung zwischen Minne und Kämpfertum hervor. Es ist aber gegen diese Neuerungen im allgemeinen einzuwenden, daß auch sie Mißverständnisse verursachen können. Nur ein Beispiel: wenn man von „Roman" spricht, ist es überraschend zu entdecken, daß es sich um ein Werk in Strophen handelt. Wir bleiben bei „Heldenepos".

Der Stoff des ‚Nibelungenlieds' bringt Historisches, Mythisches und Märchenhaftes zusammen. Seine Entstehung ist schwer rekonstruierbar, und auch die Analyse des Endprodukts führt nicht weiter, denn chemisch gesehen ist das Ganze zwar eher eine Verbindung als eine Mischung, aber es besteht aus einer Kombination von Chemikalien, die teilweise selbständig, teilweise aber schon gemischt oder in Verbindungen zusammenkamen. Wir können daher viele der Elemente erkennen und uns über ihre Ursprünge Gedanken machen, über das Verfahren und seine Stadien aber kein Bild gewinnen. Wir mustern trotzdem die wenigen, besser erkennbaren, zum Teil „historischen" Kerne der Nibelungensage (vgl. dazu Bd. I/1, S. 92ff.).

Am deutlichsten zu identifizieren war das Schicksal der ostgermanischen Burgunder, die im frühen 5. Jahrhundert zwischen Mainz und Worms ansässig waren. Unter ihrem König Gundahar versuchten sie um 435, ihr Gebiet nach Westen auszudehnen, worauf ihr Heer 436 von hunnischen Kriegern vernichtet wurde. Die Vernichtung, richtig als Untergang des Herrscherhauses und seiner Krieger dargestellt, aber fälschlicherweise dem erst 433 Hunnenkönig gewordenen Attila (Etzel) zugeschrieben, bildet den zweiten Hauptteil des ‚Nibelungenlieds'. (Hier werden die Burgunden aus nicht ersichtlichen Gründen ab Str. 1523 zunehmend auch *Nibelunge* genannt.) Dem neuen Burgunderreich in Savoyen verdanken wir die Kodifizierung der alten Gesetze der Burgunder in der ‚Lex Burgundionum'. Diese bringt die latinisierten Namen von vier ehemaligen Königen der Burgunder: *Gundaharius*, *Gislaharius*, *Gundomaris* und *Gibica*; hinter den beiden ersten erkennen wir den *Gunther* und seinen Bruder *Giselher* des ‚Nibelungenlieds'; *Gundomaris* entspricht in der nordischen Überlieferung *Gothorm*, der im ‚Nibelungenlied' *Gernot* heißt; *Gibica* entspricht *Gibiche*, dem Namen des Vaters der burgundischen Könige in der Nibelungensage außer dem ‚Nibelungenlied'. Weitere erkennbare historische Namen gehören nicht mehr zum diskutierten Zusammenhang: z. B. Attila und sein Bruder Bleda (*Bloedel[in]*), und der Ostgotenkönig Theoderich der Große (*Dietrich von Berne*), zur Zeit der Aufreibung der Burgunder noch nicht geboren.

Weitere historische Anknüpfungspunkte sind zweifelhafter. Für den N a m e n Brünhilds und die R o l l e Kriemhilds hat man Brunichild, die westgotische Gemahlin des 575 ermordeten Frankenkönigs Sigibert I. erwogen; die gefährliche Machtpolitik der Witwe Brunichild zeigt reichlich Parallelen zum ‚Nibelungenlied', aber zu allgemeine, um als zusammenhängende Quelle zu überzeugen. Es ist noch schwieriger bestellt mit Anknüpfungen für den – dem Namen nach – Franken Siegfried, Hauptheld der ersten Aventiuren des ‚Nibelungenlieds'. Problematisch ist, daß er Drachentöter ist und bei den Burgunden als Heilbringer auftritt. Er ist auch sonst mit Übernatürlichem belastet: er ist nur an einer Stelle verwundbar und besitzt eine magische Tarnkappe.

Daß das ‚Nibelungenlied' ein Sammelbecken ursprünglich unabhängiger Stoffe ist, ist durch den Vergleich mit anderen german. Dichtungen nachzuweisen. Für das ‚Nibelungenlied' am einschlägigsten sind die ‚Atlakviða' der ‚Älteren Edda' (vielleicht zum Teil schon im 9. Jahrhundert entstanden, aber erst im 13. Jahrhundert schriftlich bezeugt), und die ‚Thidrekssaga' (eine kombinierende Prosasammlung von Geschichten über Dietrich von Bern), die – vielleicht nach dem ‚Nibelungenlied' – auch die Geschichte der Burgunden/Nibelungen erzählt. Der Vergleich zeigt u. a.: daß Handlungsteile des ‚Nibelungenlieds' anderswo selbständig in der Kurzform des Lieds leben; daß die Konstellationen der Figuren manchmal anders als im ‚Nibelungenlied' sind; daß einige innere Widersprüche und Ungereimtheiten im ‚Nibelungenlied' zu erklären sind, wenn man diese als Nebenwirkungen von Änderungen versteht, deren weitere Implikationen vom kompilierend bearbeitenden Dichter nicht mit voller Konsequenz durchdacht worden waren. Wir illustrieren die drei Punkte durch je ein Beispiel.

In der ‚Atlakviða' hören wir, wie Atli („Etzel"), mit Gudrun („Kriemhild") verheiratet, gierig nach dem Goldhort ihrer Brüder diese, d.h. den Burgundenkönig Gunnar („Gunther") und Högni („Hagen" – hier Bruder Gunnars), unter dem Vorwand eines Fests in sein Land lockt und ermorden läßt, nachdem sie die Übergabe des Schatzes verweigert haben; Gudrun tischt Atli die Herzen ihrer beiden Söhne auf, erschlägt ihn in seinem Bett und steckt die Halle der Hunnen in Brand, wo sie mit ihnen umkommt. Das Beispiel illustriert unsere ersten beiden Punkte: Das Äquivalent des zweiten Teils des ‚Nibelungenlieds' existierte unabhängig in weniger amplifizierter Form; während Kriemhild im ‚Nibelungenlied' ihren zweiten Gatten Etzel benutzt, um Siegfried, ihren von Hagen und ihren Brüdern ermordeten ersten Gatten, an diesen zu rächen, rächt Gudrun ihre Brüder an ihrem zweiten Gatten. Für den dritten Punkt, innere Widersprüche, gibt die Ankunft der Burgunden in Etzels Land ein charakteristisches Beispiel ab (Str. 1716f.): Von einem hohen Fenster beobachtet Kriemhild die Ankunft ihrer Brüder, an denen sie sich rächen will, und bricht in Freude aus, denn „hier bringen meine Verwandten manchen neuen Schild und blinkende Kettenpanzer mit". Die Stelle ist nur als Überrest der Stufe verständlich, als Gudrun noch auf der Seite ihrer Brüder stand.

Aus heutiger Sicht ist ein vollständiges Gedankengebäude wie der berühmte, mit wenigen Texten auskommende Sagenstammbaum Heuslers nicht mehr annehmbar. Man stellt sich die Situation fließender vor, rechnet mit mündlich Erzähltem und mit Dichtungen, die sich in Strömungen und Gegenströmungen kreuzten und beeinflußten. Nach Heusler wäre der epochale Schritt zur Verbindung der Geschichte Siegfrieds mit dem Burgundenuntergang erst im ‚Nibelungenlied' getan. Die Annahme einer reicheren Erzähltradition läßt die Lage heute unsicherer erscheinen und eröffnet die Möglichkeit, daß andere Ansätze den Weg zu dieser Verbindung halb oder ganz vorbereitet hatten. Der letzte Schritt war, ein schriftliches Buchepos, wie wir es im ‚Nibelungenlied' besitzen, zu schaffen.

Züge wie die motivische Verknüpfung der Komponenten und die Vorbereitung von Episoden auf lange Sicht werden schwerlich vor der Ankunft des höfischen Romans in Deutschland entstanden sein. Das Werk ist kein Roman, aber die alles überspannende Narration im Großformat, die eine erfolgreiche Kombination der verschiedenen Erzählungen, die das ‚Nibelungenlied' bilden, erforderte, ist wohl auf Kenntnis des höfischen Romans zurückzuführen. Es ging dem Dichter wie Chrestien darum, mündliche Erzählungen – vielleicht auch schriftliche – zu vereinigen, einander anzupassen und für ein anspruchsvolleres Publikum zu bearbeiten. Da das

‚Nibelungenlied' am wahrscheinlichsten nach Veldekes ‚Eneas' und Hartmanns ‚Erec' gedichtet wurde, würde es eher überraschen, wenn der Dichter die führende neue Gattung nicht im Blick gehabt hätte.

Es ist frustrierend, daß wir den Beitrag des Nibelungen-Dichters nicht auszusondern wissen, obwohl wir bereit sind, ihm den Löwenanteil zuzuschreiben. Doch spricht einiges für Heuslers Postulierung eines kurz nach 1160 entstandenen österreichischen Burgundengedichts, einer ‚Älteren Nibelungennot'. Wir halten nicht an Heuslers Bild dieses Gedichts fest, aber manches verlangt doch die Ansetzung mindestens einer Version vor dem ‚Nibelungenlied', in der etwa Kriemhild ihre Rache schon gegen die Brüder richtete und die Strophenform bereits die des ‚Nibelungenlieds' war. Heinzle schildert einen solchen Fall am Beispiel von Str. 1912: Kriemhild, „da der Kampf nicht anders ausgelöst werden konnte", ließ Etzels Sohn zur Tafel tragen. Im letzten Vers fragt der Erzähler, wie eine Frau um der Rache willen jemals schrecklicher hätte handeln können. Der Kommentar paßt aber nur zu einem Verlauf, wie wir ihn in der ‚Thidrekssaga' und in der ‚Heldenbuch-Prosa' vom Ende des 15. Jahrhunderts finden: da fordert Kriemhild den Sohn auf, Hagen zu schlagen, um diesen zur Ermordung des Kinds zu reizen und so den Kampf zu eröffnen. Im ‚Nibelungenlied' ist der Verlauf ein anderer und der Kommentar bleibt ohne Bezug. Die Strophe ist ein Überbleibsel.

Die Identifizierung des Nibelungen-Dichters wäre vielleicht ein Hilfsmittel zum Verständnis der Chronologie und der Genese. Dem steht aber die Anonymität des Werkes entgegen. Um 1200 nennen sich schon mhd. Dichter. Daß der Nibelungen-Dichter es nicht tut, ist gattungsbedingt. Anscheinend mußte sich ein Dichter-Bearbeiter einer Heldengeschichte nur als den formenden Vermittler einer überpersönlichen Tradition empfinden.

Als Entschädigung ermöglicht die parallele Überlieferung von vielen Episoden und Motiven des erhaltenen ‚Nibelungenlieds' in anderen Werken Zugang zu seiner Genese. Daß selbst späte Werke, die dieselben Themenkreise behandeln, neben Neuerungen auch altes Material bewahren können, sahen wir an der ‚Heldenbuch-Prosa', und Ähnliches gilt für ‚Das Lied vom Hürnen Seyfrid', das wohl zwischen dem späten 13. und dem 15. Jahrhundert entstanden, aber erst in Drucken des 16. und 17. Jahrhunderts erhalten ist. Auch der relativ große Umfang der betreffenden Partien und ihre Gewichtung gibt Gelegenheit, den formenden Willen des letzten Meisters zu erkennen und – mit Vorsicht – entziffern.

Von der „modernen" höfischen Inszenierung im ‚Nibelungenlied' ist am stärksten Siegfrieds Jugendgeschichte mit ihrer mythisch-magischen Aura betroffen. Im ‚Nibelungenlied' wird sie so gut wie ausgeblendet. Dafür bekommt Siegfried eine neue Rolle als Ritter, der der neuen Krankheit der höfischen Minne in einer extremen Form erliegt: der Minne aus der Ferne, vom Hörensagen (Str. 44ff.). Zur Vorbereitung auf dies und anderes muß er mit der Sorgfalt, die einem künftigen Herrscher gebührt, höfisch erzogen werden, daran abzulesen, daß innerhalb von elf Strophen *der snelle degen guot* („der kühne gute Kämpfer": Str. 21,1) zu einem wird, der *riters namen* trägt (Str. 31,4). Das mag oberflächlich sein, aber seine narrative Auswirkung geht tief. Siegfrieds Jugendtaten, etwa die Tötung eines Drachen und das unverwundbar machende Bad in dessen Blut entsprechen dem Geschmack und den kulturellen Ansprüchen der Gesellschaft nicht mehr und werden auf einen rückblickenden Bericht Hagens reduziert (Str. 86–100). Man kann nicht ohne weiteres behaupten, daß sich Siegfrieds Jugendtaten je in einer Vorstufe des ‚Nibelungenlieds' a b s p i e l t e n. Hagens Bericht über sie zeigt aber, daß der Nibelungen-Dichter sie zurückhaltender aufgenommen hat als z. B. die ‚Fáfnismál', die ‚Thidrekssaga' und die ‚Völsungasaga' (2. Hälfte des 13. Jahrhunderts).

Siegfrieds Vergangenheit wird auf anderer Ebene in der Handlung selbst des ‚Nibelungenlieds' spürbar. Als Gunther beschließt, nach Island zu fahren, um Brünhild zur Frau zu gewinnen, und Siegfrieds Beistand als Leiter der Expedition sucht (Str. 329ff.), wird klar, daß dieser Kenntnisse über Island und Brünhild hat – er weiß z. B., wie sie aussieht (Str. 393). Als sie in Island ankommen und Siegfried sich – ohne erkennbaren Grund, aber mit unheilvollen Folgen – als Gunthers Vasall ausgibt, zeigt sich, daß er für Brünhild keine unbekannte Größe ist. Trotz der Geste, mit der er Gunthers Roß an Land führt und festhält, während er aufsitzt (Str. 396f.), grüßt Brünhild Siegfried als ersten, mutmaßlich Vornehmsten (Str. 419); sie hatte schon die Vermutung geäußert, es sei sein Ziel, um ihre Minne zu werben (Str. 416). Den Ursprung der Bekanntschaft und des Wissens beleuchtet das ‚Nibelungenlied' nicht. Die Ahnung davon wird aber zu einem bedeutenden Movens.

Auch in der Hochzeitsnacht bedarf Gunther Siegfrieds Unterstützung. Brünhilds übernatürliche Stärke, die an ihre Jungfräulichkeit gebunden ist, bewirkt, daß Gunther die Ehe nicht vollziehen kann, sondern von Brünhild gefesselt an die Wand gehängt wird. Unsichtbar unter der Tarnkappe tritt am nächsten Abend Siegfried mit Gunther und Brünhild in die Schlafkammer ein (Str. 664ff.) und ringt Brünhild nieder, bis sie nachgibt; Gunther nimmt Siegfrieds Platz ein und vollzieht die Ehe, nachdem dieser Brünhild ihren Ring und Gürtel genommen hat. Auf Kriemhilds Lob ihres Mannes (Str. 815ff.) folgt Brünhilds verständliche, falsche Behauptung, Siegfried sei Gunthers Dienstmann; daß Siegfried seiner Frau Brünhilds Ring und Gürtel geschenkt hat, veranlaßt diese zu der falschen Behauptung (Str. 839f.), Siegfried sei Brünhilds erster Liebhaber gewesen, und dies führt zu Siegfrieds Ermordung. So vollzieht sich in einer lawinenartig wachsenden Bewegung die Tragödie. Die Szene in Gunthers Schlafkammer und das Folgende spielen sich vor der Ahnung ab, daß es diese dunkle frühere Beziehung zwischen Brünhild und Siegfried gegeben hat, wie u. a. die ‚Thidrekssaga' andeutet (s. S. 293f.).

Auch ohne Kenntnisse der Verbindungswege zwischen den anderen Erzählungen und dem ‚Nibelungenlied' bleibt der Vergleich instruktiv.

Das nordische ‚Alte Sigurdlied' (im Nordischen heißt Siegfried „Sigurd") schildert, wie Sigurd, der (durch Zauberei) Gunnars Aussehen angenommen hatte, für diesen Brynhildr gewann, die geschworen hatte, sich nur dem zu geben, der zu ihr durch den Flammenwall zu reiten wagte; nur Sigurd gelang es. In einer wieder etwas anderen Version erzählt die ‚Thidrekssaga' aber, wie Sigurd, der Grimhild schon verlobt ist, es war, der seinem Schwager Gunnar Brynhildr als Braut empfahl und sich bereit erklärte, ihn zu ihr zu führen, denn er „kenne alle Straßen dahin". Bei der Ankunft behandelt Brünhild Thidrek und Gunnar freundlich, Sigurd aber abweisend, denn er hatte geschworen, nur sie zu heiraten. Schon dieses Verworrene deutet auf einen anderen Hintergrund zum gespannten Verhältnis zwischen Siegfried und Brünhild im ‚Nibelungenlied'.

Es handelt sich nicht nur um Unzulänglichkeiten des ‚Nibelungenlieds'. Auf verschiedene Weisen entdecken wir zwischen verschiedenen Versionen und gelegentlich sogar innerhalb derselben Version Diskrepanzen, mit denen ein rationalistisches Zeitalter schwer leben kann. Das Schlüsselwort ist „Mündlichkeit". Es ist für die Diskussion der Genese und des literarhistorischen Orts der deutschen Heldendichtung unentbehrlich, taugt aber nicht als Dietrich, der alles aufschließt.

Das ‚Nibelungenlied' hat seine Wurzeln in der mündlich tradierten Heldendichtung, ist aber selbst ein ausgesprochenes Buchepos. Dies zeigt sich u. a. an seiner Länge und heterogenen, kompilierten Natur, die die Quellen nicht einfach addiert, sondern so mit einander verwebt, daß man sich gegen die Annahme der mündlichen Komposition sträubt. Dagegen zeigt das Werk seinen Ursprung in mündlichen Dichtungen an den Inkonsequenzen wie der besprochenen Freude Kriemhilds über die Bewaffnung ihrer Brüder. Grundlegend ist, daß das ‚Nibelungenlied' vor einem mündlichen Hintergrund gedichtet und vorgetragen wurde. Es präsentiert sich als mündliches Werk und zehrt eklektisch von der Lebensart der mündlichen Heldendichtung. So wird z. B. nahegelegt, daß mehr zum Erzählten gehört, als erzählt wird, und daß Zuhörer von anderswo her mit diesem Mehr schon vertraut sind. Dieses – angenommene – Wissen unterstellt den weiteren Gedanken, daß Kunde von diesen w a h r e n Ereignissen so oder so den Zuhörern zu Ohren gekommen sein muß. Zusammengenommen wirkt der Komplex wie die mündlichen Berichte der Augenzeugen einer wirklichen Katastrophe. Man erwartet, daß ihre Berichte sich teils decken, teils verschiedene Details herausgreifen und teils Lücken und Diskrepanzen aufweisen, die man als normale Begleiterscheinungen einer solchen Situation auffassen würde. Die nordische Überlieferungslage, wo zahlreichere, sich am Rande berührende Dichtungen erhalten sind, erweckt noch entschiedener diesen Eindruck. Die Erzählhaltung des Nibelungen-Dichters bestärkt die Wirkung um so mehr, als er wie ein außerhalb stehender Beobachter und nicht wie der das Herz der Akteure durchschauende Verfasser des höfischen Romans berichtet. Die wenigen Aussagen über die Gefühle und Beweggründe der Figuren werden vorwiegend – wie die Vermutungen eines

Augenzeugen — durch die Redewendung *ich waene* („ich meine/ahne") vom außenstehenden Dichter-Erzähler zögernd vorgelegt. Das Innenleben der Figuren bleibt geschlossen. Selbstverständlich wird der Eindruck, daß man einen Augenzeugen hört, künstlich erzeugt.

Diese Seh- und Ausdrucksweise ist abhängig von der Verwendung von Strophen. Während die Reimpaare des höfischen Romans eine sprachliche Stilisierung bedeuten, verursachen sie in den Händen der Meister eine so unauffällige Störung des Sprachflusses, daß sie beinahe „natürlich" wirken. Im Gegensatz dazu ist die Strophe des ‚Nibelungenlieds' auffällig monumental, sogar schwerfällig. Der Dichter kann einiges tun, um ihre Wirkung weniger auffallen zu lassen, aber die beschwerende, verlangsamende rhythmische Markierung des Strophenendes setzt dem Grenzen. Wiederholt hebt der Erzähler neu an. Positiv gesehen verlockt das Sperrige des Strophenendes, das ohnehin den Erzählfluß unterbricht, zu moralisierender Zusammenfassung des eben Geschehenen, zu Urteilen darüber und zu manchmal fatalistischer Spekulation über die Folgen, die in epische Vorausdeutung münden kann. Gerade die *ich waene*-Vermutungen des als Augenzeuge berichtenden Erzählers finden häufig am Strophenende ihren Platz, dem Raum für Kommentare vorbehalten ist. Dieses angeblich auf Vermutungen Angewiesensein dient sekundär als Zeugnis für die historische Wahrheit von Material, über das der gewissenhafte Dichter mehr als Vermutungen nicht wagt.

Die Strophenform des ‚Nibelungenlieds' gibt literarhistorische Rätsel auf. Sie ist mit der des frühesten erhaltenen Minnesängers, des Kürenbergers (um 1160), wesentlich identisch, und beide gehören zum selben Sprachraum. Wenn nicht der Kürenberger und der Nibelungen-Dichter die Strophe aus einer gemeinsamen Quelle bezogen, müssen wir die überraschende Übernahme in der einen oder der anderen Richtung ansetzen. Daß die von etwa Mitte des 13. Jahrhunderts an erscheinende spätere deutsche Heldenepik (s. Bd. II/2, S. 52ff. und 122ff.) überwiegend Strophen benutzt, ist historisch nicht zu erklären, aber wir gehen wohl nicht fehl, wenn wir dem ‚Nibelungenlied' einen mächtigen Einfluß zuschreiben.

Kürenbergers Dichten in langzeiligen Strophen steht mit der lyrischen Praxis Meinlohs und Dietmars in einem historischen Zusammenhang. Daß er als Exponent des neuen Gesanges über Minne eine existierende epische Strophe übernahm, leuchtet weniger ein, als daß der bahnbrechende Schöpfer eines eklatant erfolgreichen heroischen Buchepos als geniale Neuerung die Strophenform einführte und dazu die eines räumlich nahen Vertreters der neuen Minnelyrik wählte. Es ist allerdings unmöglich, den Beitrag des Dichters der ‚Älteren Not' von dem des ‚Nibelungenlied'-Dichters zu unterscheiden. War das Verhältnis zwischen den beiden wie das zwischen frühen Erzeugnissen der Blütezeit und ihren prompten modernisierenden Neubearbeitungen, etwa zwischen dem ‚Rolandslied' des Pfaffen Konrad und Strickers ‚Karl dem Großen' (s. Bd. I/2, S. 103ff., und Bd. II/2, S. 121f.)?

Eine Übernahme der Strophenform aus dem modernen Minnesang des Kürenbergers würde zu der neuen Gewichtung der Minne im ‚Nibelungenlied' passen. Ihre Rolle ist geringer als im höfischen Roman, aber man kontrastiere sie mit der minnelosen Brautwerbung der Spielmannsepik, um das Neue des ‚Nibelungenlieds' zu empfinden. Indem das ‚Lied' mit dem Mädchen Kriemhild, ihrem Traum und der Thematik der zu *leide* führenden *liebe* (Str. 17) beginnt und gleich die 2. Aventiure dem jungen Siegfried widmet, wird die Minne in den Vordergrund gestellt. Auch in drei der dreizehn Strophen des Kürenbergers kommt das Wortpaar *liebe* und *leide* vor (MF 7,10; 7,19; 9,21). Wenn wir dies als Indiz für den Einfluß des Kürenbergers auf das ‚Nibelungenlied' auslegen, klammern wir uns an einen Strohhalm, aber er wird durch einen Umstand verstärkt: wenn Kürenbergers Strophe (MF 8,1), in der eine Dame berichtet, wie sie einen „Ritter Kürenbergs Melodie" singen hörte, wirklich Selbstreklame des Kürenbergers ist, nennt sich der Dichter auf eine im Minnesang seltene Weise im Lied und erhebt Anspruch auf die Strophenform. Es wäre unerhört, wenn er sie der Heldenepik entwendet hätte.

Die Strophe besteht aus vier Langzeilen, die paarweise reimen. Jede Langzeile wird durch eine Zäsur in Anvers und Abvers geteilt. Die Anverse haben weibliche (klingende) Kadenz, die Abverse männliche. Alle Anverse und die ersten drei Abverse haben drei vollbetonte Silben (Haupthebungen), der letzte Abvers ist um eine vierte verlängert. Diese Abverslängung ist das metrische Kennzeichen der Nibelungenstrophe, das den akustischen Eindruck prägt, das Strophenende markiert und die besondere rhetorische Wirkung hervorruft.

Wie der Artusroman feiert das ‚Nibelungenlied' Feste, genießt Reichtum und trägt höfische Kleider. Daß sich der Reichtum anders als im Roman sporadisch in Orgien der Textilienbeschreibung sammelt, wirkt oberflächlich. In diesen als „Schneiderstrophen" abgetanen Stellen bloß einen Überzug zu sehen, der Älterem ein neues Aussehn verleihen sollte, ist ungerecht, da dieses Element im Epos ebenso genuiner Ausdruck des neuen Geists der Gesellschaft ist wie im Roman. Personenschilderungen sind seltener als im Roman, und wo es geschieht, spürt man Absicht. Gegen Ende der Jagd, auf der Siegfried sich als die Beute herausstellt, werden plötzlich sechs Strophen (Str. 951 ff.) seiner glänzenden Erscheinung gewidmet; sie unterstreichen das Pathos und das Üble des Mords. Ein Bild des Mörders bekommen wir erst viel später. Es wird auch nicht ohne Zweck geboten, eingeschoben bei der Ankunft der Burgunden am Etzelhof (Str. 1734), unter dem Vorwand, daß Etzels Leute wissen wollen, welcher der ist, der Siegfried, den mächtigsten Helden und Gatten ihrer Königin Kriemhild erschlagen hatte – der Kontext und das grimmige Bild Hagens bereiten die Katastrophe vor.

Die Darstellung des aristokratischen Reichtums im Heldenepos macht den Unterschied zum höfischen Roman besonders bemerkbar. In diesem ist der Reichtum vornehmlich Mittel zum aristokratischen Leben, das sich in Architektur, Kunst und Kleidung ausdrückt. Mhd. *rîche* bedeutet zwar „reich", aber in erster Linie „mächtig". Letzteres paßt gut zum ‚Nibelungenlied', wo der reichste aller Schätze, der Nibelungenhort, für die Figuren das Symbol der Macht ist.

Die Heldendichtung präsentiert Geschichte als Abfolge von Taten einer kleinen Gruppe mächtiger Adliger und verwandelt die Politik in zwischenmenschliche Dramatik. Sie entstellt die Wirklichkeit damit weniger, als wir Bewohner der von Billionen bevölkerten Erde annehmen möchten. In den kleinen Gemeinschaften des Mittelalters konnte die Wichtigkeit eines mächtigen einzelnen proportional viel größer sein als in der heutigen Welt. Die politische Macht der Führenden war im Vergleich zu allem, was die moderne Welt kennt, so absolut, daß ein König oder Fürst auf eine heute unvorstellbare Weise für ganze Völker buchstäblich Geschichte machen konnte. Dem entsprechen die übermenschlichen Taten, die Hunderte von Toten, die im Kampf einem hervorragenden einzelnen Helden zugeschrieben werden. Das ist mehr als nur eine hyperbolische Topik, denn im Handgemenge der damaligen Kämpfe hatte ein einziger wohlernährter Krieger mit guten Waffen und Kettenpanzer im Vergleich zu der schlichten Bewaffnung der oft hungernden, gewöhnlichen Sterblichen mindestens den Wert eines Maschingewehrs neben dem einer Pistole.

Die Erzählweise des ‚Nibelungenlieds' bedeutet, daß die Interpretation es schwer hat, eine Entscheidung über die Verteilung von Billigung und Tadel im Sinne des Dichters zu gewinnen. Daß der Dichter neutral zurückstehen und die Geschichte den Zuhörern einfach fatalistisch vorlegen wollte, ist unwahrscheinlich. Schon das Ende der *C-Fassung, in der das schlichte, eindrucksvolle Ausblenden, mit dem die *B-Fassung uns verläßt, durch eine Zerdehunung der letzten Strophe (*B 2379) auf zwei Strophen (*C 2439–40) modifiziert wird, scheint anzudeuten, daß sich mindestens ein Bearbeiter hier nicht glücklich fühlte. Die ‚Klage' verdankt ihre Existenz ua. wohl dem Eindruck, daß das ‚Nibelungenlied' keinen befriedigenden Schluß bietet.

Verschiedenes erschwert die Interpretation. Der Dichter erzählt weitgehend so, als gehe es um eine objektive Reportage wirklicher Ereignisse, und es wird so berichtet, daß wir selten die Herzen der Charaktere und ihre Beweggründe durchschauen. Weiter stellte die Genese des ‚Lieds', die Koppelung der Siegfried-Brünhild-Sage mit der Burgundensage, den Dichter vor große Probleme bei der Entscheidung, ob er für Kriemhild oder für ihre Brüder und Hagen Partei ergreifen sollte, und wie im resultierenden Konglomerat die Taten der Hauptgestalten zu motivieren waren. Ein Dichter muß sich nicht mit Motivierung abgeben. Wenn er einfach neutral seine Geschichte von außen erzählt und Beweggründe auf sich beruhen läßt, sind seine Leser nicht unfähig, der Handlungslogik zu folgen. Jeder legt die Geschichte aus, denkt sich die Motivation und füllt die Lücken. Das hat aber Folgen, deren erste wir eben unterbewußt angedeutet haben: wenn die Entwicklung der Literatur weit genug gediehen ist – und dies verführte uns dazu, von einer „Lücke" zu reden –, beginnt der Leser psychologische Einsichten zu e r w a r t e n. Ihr Fehlen hat zur Folge, daß die Wucht der Begegnung mit einer fremden Psyche verpufft, wenn der Leser gezwungen wird, solche Einsichten aus sich selbst heraus zu gewinnen.

Solange die Siegfried-Brünhild-Sage und die Burgundensage nichts miteinander zu tun hatten, mußte das Publikum angesichts der goldgierigen Gewalttätigkeit Etzels in der Burgundensage auf der Seite der Burgunden und ihrer Schwester stehen. Dies wird dadurch erschwert, daß in dieser Gestaltung der Ereignisse das Ausmaß der Rache, die Gudrun/Kriemhild nimmt, Bedenken erregen muß, die wiederum dadurch halb zurückgenommen werden, daß sie sich tragisch im Brand vernichtet und Schuld und Unschuld in Flammen löscht.

Obwohl man bei der moralischen Beurteilung der Charaktere in den verschiedenen Versionen der Siegfried-Brünhild-Sage schwanken kann, verlangen Siegfrieds R u f als der des größten Helden und die unheroisch verräterische Mordtat, daß das Urteil zu seinen Gunsten ausfällt. Doch konnte die Verbindung der beiden Sagen nicht geschehen, ohne daß die bereits instabile moralische Gewichtsverteilung noch unsicherer wurde.

Es wäre denkbar, die bösen Burgunden der ersten Sage als die mutigen Opfer der zweiten ohne Erklärung darzustellen. Dies ist ein Teil der Wirkung der zweiten Hälfte des ‚Nibelungenlieds', aber nur ein zufälliger. Die erste endet (Str. 1142) mit dem Hinweis auf eine dreizehnjährige Periode nach dem Tod Siegfrieds. Mit der 20. Aventiure, dem Tod von Etzels Gattin und seinem Entschluß, um Kriemhild zu werben, beginnt die Sage vom Burgundenuntergang. Der Schluß der ersten Hälfte, *daz si des recken tôdes vergezzen kunde niht. si was im getriuwe [...]* („daß sie [Kriemhild] den Tod des Helden [Siegfried] nicht vergessen konnte. Sie war ihm treu [...]") ist in seiner Stimmung verhängnisvoll. Wo die Sympathien der Rezipienten hingehören, liegt an ihrer Interpretation der Motivation der Hauptgestalten, besonders: Kriemhilds. Ist es legitim, von Motivierung im ‚Nibelungenlied' zu reden?

Zwar darf explizite Motivation fehlen und dürfen Urteile den Rezipienten überlassen werden. Die Voraussetzung ist, daß ihr Bild den Vorgaben des Textes und der Logik Rechnung tragen muß. Die Sache stellt sich aber anders dar, wenn die Vorgaben einander widersprechen – wozu es kommen kann, wenn, wie im ‚Nibelungenlied', zwei verschiedene Geschichten und möglicherweise noch je verschiedene Versionen dieser Geschichten zusammengebracht werden. Wir müssen darauf gefaßt sein, daß widersprüchliche Auslegungen gleichberechtigt nebeneinander existieren.

Am meisten hat man Verwirrung der Motivierung bei Kriemhild moniert. Will sie primär Siegfrieds Nibelungenhort wiedergewinnen oder Siegfried rächen? Am Schluß des ersten Teils (Str. 1142) brütet sie über Siegfrieds Tod. Dementsprechend beendet Dietrich von Bern seinen Willkommensgruß an die Burgunden mit den Worten: *Kriemhilt noch sêre weinet den helt von Nibelunge lant* (Str. 1724,4). Anscheinend im Gegensatz dazu fordert Kriemhild bald von Hagen den Nibelungenhort (Str. 1739 ff.). Hagen erklärt, er habe geschworen, daß er das Versteck des Hortes nicht verraten würde, solange einer der Burgundenkönige noch lebe (Str. 2367 ff.); Kriemhild läßt Gunther, den letzten, ermorden und erschlägt mit eigener Hand Hagen, da er triumphierend noch den Hort verweigert.

Wenn wir Klarheit suchen, wollen wir die angebliche Verwirrung genetisch erklären oder wegerklären? Im ersten Fall verursachen die Identifizierung der Witwe des ermordeten Siegfried mit der Schwester der Burgunden sowie die Identifizierung des Schatzes, den Siegfried den Nibelungen bzw. dem Drachen abgewonnen hatte, mit dem, den Atli den Burgunden abfordert, allerlei Spannungen. Die Schwester, die die Burgunden an Atli rächt, wird zu Kriemhild, die ihren Gatten Siegfried an ihren Brüdern rächt. Aspekte der Rolle bleiben gleich: z. B. erschlägt die Gattin Atlis diesen mit dem Schwert; Etzels Gattin erschlägt Hagen mit dem Schwert, aber hier mit der Waffe, die früher ihrem Gatten gehörte, den Hagen ermordet hatte. Die Frau mit dem Schwert, der sagenhafte Hort: diese Motive sprechen für die Autonomie des herausragenden Einzelzugs, der zäh weiterlebt, selbst wo er die Erzähllogik stört. Man kann Logik in die Verbindung des Rachemotivs mit dem Hortmotiv bei Kriemhild hineinlesen, aber man kommt in die Situation des Dichters, der, indem er Stoff von anderer Seite benutzte, um eine Lücke zu schließen, eine neue schuf, usf.

Siegfried ist tot. Daran kann Kriemhilt nichts ändern, aber sein Besitz, der Hort, steht ihr rechtmäßig zu, und sie weiß, daß derselbe Mensch sie des Gatten und des Hortes beraubt hat. Den Hort könnte Kriemhild benutzen, um unabhängig von Etzel ihre Macht am Hof zu stärken. Sie hat einen praktischen Grund, den Hort und die Rache in Zusammenhang zu sehen, und auch einen emotionalen, denn der Missetäter war derselbe. Sie konnte den Hort auch weiter ausnutzen: Es wäre unsinnig gewesen, Siegfried zurückzuverlangen, aber um Mißstimmung und Konflikt auszulösen, kann sie – weniger fadenscheinig – ihren Besitz einfordern.

Die Themen der Rache und der Verweigerung des Hortes waren vom Dichter auf lange Sicht vorbereitet. Aber überzeugt es oder schlägt die Struktur doch an anderer Stelle leck? Fragwürdig wird nunmehr die Logik der Handlungsweise Hagens, durch die er den Tod Gunthers herbeiführt, dem er mit blinder Treue immer diente. Auch hier gibt es erzählgenetische Abhilfe: In der ‚Atlakviða' stirbt als letzter Gunnar, der Atli den Hort verweigert, bis er das Herz Högnis vor sich sieht. Warum kehrt das ‚Nibelungenlied' die Reihenfolge um? Der Gunnar der ‚Atlakviða' ist nicht der schwache des ‚Nibelungenlieds'. Hält Hagen, der durch Prophezeiung des Meerweibs (Str. 1574) weiß, daß keiner lebend davonkommt, diesen Gunther für nicht ganz zuverlässig? Zieht er es daher vor, selbst als letzter Hüter des Horts Kriemhilds Rache zu verfallen oder verlangt es die künsterlische Symmetrie der Rache für die Ermordung Siegfrieds?

Man k a n n Kriemhilds Rache so auslegen. Das Ergebnis ist einleuchtend, aber nicht zwingend. Die neuen Umstände verlangen wie die alten, daß Kriemhild wie Gudrun stirbt, aber die Verschiebungen lassen die

Hinrichtung Kriemhilds anstelle von Gudruns Selbstmord angebracht erscheinen. Man kann sich die Rache Kriemhilds aus- und zurechtlegen, bloß äußert Kriemhild sich nicht dazu, so daß wir die Indizien entbehren, die der höfische Roman meistens bietet. In beiden Gattungen tun die Charaktere – wie im modernen Roman – das, was die Rolle erfordert. Wie offenkundig das geschieht, nimmt aber in den drei Gattungen progressiv ab. Die Indizien im ‚Nibelungenlied' widersprechen unserer Auslegung nicht. Inwiefern sie sie unterstützen, bleibt offen. Die Heldenepik verlangt solche Mitarbeit des Rezipienten.

Es ist ungerecht, uns vorwiegend mit vermeintlichen Schwächen und Problemen abzugeben, vor die die gewaltige Aufgabe der Erschaffung eines großangelegten Buchepos den Dichter gestellt hat. Seine Hauptstärke ist die Gestaltung einzelner Szenen, die Formulierung von gewichtigen, schlichten, ergreifenden Reden, oft düster und versteckt verhängnisvoll. Daß solche Reden und die sie begleitenden Taten trotz ihres altertümlich heroisch anmutenden Tons nicht nur vom Dichter Ererbtes darstellen, zeigen die Gestalt und das Schicksal Rüdigers von Bechelaren.

Rüdiger ist die Erfindung des ‚Nibelungenlied'-Dichters. Er hat eine Reihe von Funktionen, von denen einige, z.B. die Gesandtschaft an Kriemhild, für den höfischen Roman typisch wären. Andererseits gibt es nichts in dem Werk, das für das Schicksal eines germanischen Helden typischer wäre als Rüdigers moralisches Dilemma, dessen Lösung und der Tod des Helden.

Zum Schluß ein Blick auf das Ende des ‚Nibelungenlieds': wie der Dichter der entsetzlichen Szene hilflos ohne weiteren Kommentar den Rücken kehrt, ist für uns eindrucksvoll. Dieses Ende war aber für das mittelalterliche Publikum anscheinend nicht abgerundet und ließ zuviel offen, so daß man den Vorhang wieder gehoben und die ‚Klage' gespielt hat. Die ‚Klage' kann man aber eigentlich nicht „spielen", und selbst ein Wagner hätte höchstens ein Oratorium daraus geschaffen.

Der einführende Abschnitt der ‚Klage' durchmustert, kommentiert und erklärt die Tragik des ‚Lied'-Schlusses. Er nimmt Kriemhild in Schutz und rechtfertigt ihre Taten aufgrund ihrer Treue zu Siegfried. Der versöhnliche Ton, der u.a. für Giselher angeschlagen wird, der an der Ermordung Siegfrieds angeblich unbeteiligt war (v. 477ff.), verstärkt diese Gedankenwendung.

Es beginnt damit, daß in extenso von den Klagen der noch Lebenden – allen voran Etzel – berichtet und die Beisetzung der Gefallenen beschrieben wird. Die „Handlung" besteht aus einer Wiederholung der Reise der Burgunden von Worms ins Hunnenland in umgekehrter Richtung. Etzels Spielmann Swämmel, der den Weg mit der fatalen Einladung schon geritten war, wird zum Hauptboten. Er und zwölf Begleiter machen besonders in den Hauptorten der Hinreise Station. Die erste rührende Einkehr ist in

Bechelaren bei Rüdigers Witwe und Tochter, denen die Katastrophe verborgen werden soll, bis Dietrich kommt. Sie ahnen aber sofort Schlimmes (v. 2807ff.), wobei die Tochter durch unschuldige Fragen über die Festlichkeiten bei Etzel die bittere dramatische Ironie unterstreicht (v. 3014ff.); die gelogenen Nachrichten täuschen nicht, und auf die Enthüllung der Wahrheit stirbt Rüdigers Witwe. Wie es sich für einen Bischof gehört, der auch Onkel der Burgunden war, teilt Pilgrim die Trauer, versucht aber, das Klagen zu mäßigen; er urteilt, daß Kriemhild weitgehend dem Tadel entgangen wäre, wenn sie Gernot und Giselher hätte leben lassen, die nicht wie Hagen an Siegfrieds Ermordung schuldig waren (v. 3406ff.); er meint, daß die Burgunden in Sicherheit zu Kriemhild hätten reiten dürfen, wenn sie nicht den Hort geraubt hätten; Pilgrim bittet Swämmel darum, auf der Rückreise wieder bei ihm einzukehren, so daß er nach den Berichten Swämmels und anderer Augenzeugen die Tragödie aufschreiben lassen kann (v. 3459ff.). Dies begründet die Angabe am Ende der ‚Klage‘, daß Pilgrim alles durch seinen Schreiber, Meister Konrad, aufschreiben ließ. Letzter Schauplatz der Überbringung der Nachricht ist der Ausgangspunkt der Reise der Burgunden, ihre Hauptstadt Worms. Hier erreicht das Klagen seinen Höhepunkt. Ute stirbt daran (v. 3952ff.). Brünhild, die im ‚Nibelungenlied‘ nach der Ermordung Siegfrieds selten erwähnt wird und nie erscheint, blickt bedenklich auf ihr gespanntes Verhältnis zu Kriemhild zurück (v. 3968ff.). Der feige bzw. besonnene Rumolt sieht seine friedfertige Einstellung gerechtfertigt und schreibt die Schuld allein Hagen zu (v. 4017ff.).

Trotz der Reihe der im wesentlichen gleichförmigen Auftritte mit gleichem Inhalt ist die ‚Klage‘ weniger eintönig, als man befürchten könnte. Die parallelen Berichte und Reaktionen auf die Tragödie sind variiert. Wir erleben echte Sympathie und Augenblicke der Zärtlichkeit, etwa die Szene zwischen Dietrich und Rüdigers verwaister Tochter (v. 4225ff.). Von Einkehr zu Einkehr wächst auch die Masse des Beileids, die Swämmel weiterzuleiten hat. Die Idee hinter der ‚Klage‘ ist künstlerisch und menschlich nicht ungeschickt und nicht unwirksam. Es geht nicht bloß um Klage, sondern um die Klage anderer Menschen, und zwar wichtiger Menschen, deren Bewunderung und Lob der Verstorbenen und deren Trauer um sie gern gehört und hoch eingeschätzt wird und so indirekt die Trauer anderer erleichtert, weil sie auf Schultern verteilt wird, die als breit anerkannt sind. Ähnlich bieten die heutigen Medien der gierigen Öffentlichkeit die jeweils anders ausgedrückten, aber das gleiche sagenden, unwichtigen Meinungen von wichtigen Personen über Katastrophen. Ästhetisch liegt ein Hauptfehler darin, daß das rivalisierende Klagen der einzelnen Gruppen zu einer Tränen-Olympiade zu führen droht.

Als Anhang zum ‚Nibelungenlied‘ und zeitgenössischer Kommentar dazu ist die ‚Klage‘ willkommen. Die für das Mittelalter ungewöhnliche künstlerische Symbiose bestätigt das moderne Gefühl, daß bei aller Größe und

Großartigkeit im ‚Nibelungenlied' alles nicht klar ist. Daran ändert auch nichts die Tatsache, daß die von uns dem ‚Klage'-Dichter unterschobene Absicht, den Schluß des ‚Nibelungenlieds' erklärend abzurunden, unserem ästhetischen Gefühl diametral entgegengesetzt ist.

# Der höfische Roman II

## *Gottfried von Straßburg*

In der Sprach- und Erzählkunst, im Stoff und im Ton, geschweige denn in der Lebensphilosophie könnten zwei Meisterwerke, die ungefähr gleichzeitig entstanden sind, kaum verschiedener sein als das ‚Nibelungenlied' und Gottfrieds ‚Tristan'. Eine Gemeinsamkeit setzt sie aber von der übrigen Epik der Blütezeit ab: sie sind die einzigen Werke mit tragischem Ausgang. Das Heldenepos wandte sich an dasselbe Publikum wie der höfische Roman, und die Tragik des ‚Nibelungenlieds' und des ‚Tristan' sprach zu denselben Hörern wie die frivole Tiefsinnigkeit des Artusromans. Beim ‚Tristan' kennen wir zumindest den Dichter – gerade noch: auch Gottfried tritt in keinem historischen Dokument auf.

Wir behandeln Gottfried vor Wolfram, obwohl die Anfänge des ‚Parzival' früher anzusetzen sind als Gottfrieds Dichterschau (v. 4600ff.). Dagegen liegt die Nichtvollendung des ‚Tristan' wohl vor der Nichtvollendung des ‚Willehalm' und vielleicht sogar vor der Vollendung des ‚Parzival'. Höfische Romane wurden wohl im Entstehen abschnittsweise bekannt gemacht. Dies hätte den Dichtern ein neugieriges Interesse und eine Bekanntheit eingetragen, die ihnen willkommen sein mußten. Wir meinen, daß ‚Tristan' und ‚Parzival' zumindest über gewisse Strecken nebeneinander entstanden sind.

Der Name „Gottfried von Straßburg" erscheint in seinem eigenen Werk nicht. Es steht nichts im Prolog und das unvollendete Werk ist ohne Epilog. Angesichts der Glanzleistung des ausführlichen Prologs (242 Verse) würde es überraschen, wenn ein Gottfried nicht ein würdiges Gegenstück für den Schluß geplant hätte. Es hätte wohl die Dichternennung gebracht.

Zur Ausschmückung des Prologs gehört ein Akrostichon, das über ihn hinausreicht. In den meisten Handschriften durch Großbuchstaben kenntlich gemacht, beginnt es schon mit dem ersten Buchstaben des Prologs. Dessen erster Teil besteht aus zwei Reihen von jeweils fünf Gruppen von vier Versen, die dadurch zu Vierergruppen werden, daß in jeder die gleichen Reimwörter wiederholt werden. (Es handelt sich trotzdem um Reimpaare: von „Strophen" zu reden, ist irreführend.) In der ersten Reihe erscheinen die Reimwörter jeder der fünf Gruppen alternierend: *niht* : *geschiht niht* : *geschiht* usw., und in der zweiten fünfmal chiastisch: *list* : *ist ist* : *list* usw. Solche durch Großbuchstaben markierte Quasi-Strophen sind durch das Werk verstreut. Soweit erkennbar ergeben die Großbuchstaben bis zu dem Punkt, an dem das Werk abbricht, Folgendes: G DIETERICH TIIT O RSSR T IOOI E SLLS; also *G* für *Gotevrit*, dann *Dieterich*, vielleicht der Name von Gottfrieds Gönner; dann zweimal der erste Buchstabe von *Tristan* und von

*Isolt*, chiastisch gegliedert, so daß Tristans Buchstaben Isolts umschlingen; der zweite Buchstabe von *Gotevrit*, darauf die zweiten Buchstaben von *Tristan* und *Isolt* zweimal und chiastisch gegliedert usw. Am Ende des Gedichts ist das Akrostichon beim Dichternamen nur bis *GOTE* gediehen.

Das Akrostichon hätte nicht so viel hergegeben, wenn wir nicht von außerhalb Angaben hätten, die uns auf die Spur bringen. Ulrich von Türheim verfaßte im Auftrag Konrads von Winterstetten, vielleicht um 1240, aber sicherlich vor 1243 (s. Bd. II/2, S. 26f.), eine Fortsetzung von Gottfrieds ‚Tristan', die notwendig war, *sît Meister Gotfrit ist tôt* (v. 4) („da Meister Gottfried tot ist"). Dies bestätigt die Vermutung, daß das Akrostichon den Namen des Dichters enthält. Um 1290 dichtete Heinrich von Freiberg eine zweite Fortsetzung (s. Bd. II/2, S. 106), die von *meister Gotfrit von Strâzburc* (v. 15f.) spricht, damit den Ort seiner Herkunft oder Tätigkeit angebend. (Nichts an Gottfrieds Sprache spricht gegen Straßburg – einige Formen sprechen für das Niederalemannische –, und die frühe handschriftliche Überlieferung des ‚Tristan' zeigt starke Beziehungen zum Elsaß. Herkunft aus oder Dienst in einer der Sprachgrenze nahe liegenden Stadt wie Straßburg würde Gottfrieds elegante Beherrschung des Französischen erklären.) Beide Fortsetzer bezeichnen Gottfried als „Meister", was sich auf seine Ausbildung, seine Stellung oder seinen Rang als Dichter oder eine Kombination davon beziehen könnte. Seine Bildung und weitreichende Gelehrsamkeit, die die antike und die französische Literatur umfaßt, seine Kenntnisse der Rhetorik und Musik, wie auch seine Vertrautheit mit der exegetischen Auslegung, weisen auf einen Studierten. Seine dichterische Begabung und sein Ruf bei anderen Dichtern, darunter stilistisch geschulten „Meistern" wie Konrad von Würzburg (s. Bd. II/2, S. 33ff.) und Rudolf von Ems (s. Bd. II/2, S. 25ff.), rechtfertigen die Ansicht, daß der *meister*-Titel eine Anerkennung ausspricht.

Der ‚Tristan' ist gut überliefert, was das Alter und die Zahl der Handschriften betrifft: 11 vollständige und 16 Fragmente sind erhalten. Von den vollständigen stammen zwei aus dem 13. Jahrhundert: M (München) wohl vor der Mitte, H (Heidelberg) gegen Ende des Jahrhunderts. Viele der älteren Handschriften weisen alemannische, vielfach elsässische Sprachcharakteristika auf. An der reichen ‚Tristan'-Überlieferung fällt auf, daß sie auf eine relativ frühe Zeit konzentriert ist. Wenn wir von elf „vollständigen" Handschriften reden, meinen wir den vollständigen Text Gottfrieds. Vollständig in dem Sinne, daß sie die Fortsetzung Ulrichs oder Heinrichs anschließen, sind alle außer W (Wien, erste Hälfte des 14. Jahrhunderts); die Wahl fällt mit sieben Stimmen gegen drei zugunsten Ulrichs aus. In zwei Handschriften (R und S) wird das anonyme Episodengedicht ‚Tristan als Mönch' (s. Bd. II/2, S. 107) zwischen Gottfrieds und Ulrichs Text eingeschoben, während P nach Ulrich den ‚Tristrant' Eilharts von Oberg anhängt.

Von Gottfrieds Leben wissen wir nichts. Obwohl sich im ‚Tristan' eine außerordentlich starke Erzähler-Persona spürbar macht, bietet diese keine persönlichen Details über sich an. Für die Datierung von Gottfrieds Tätigkeit sind wir ebensosehr auf Spekulation angewiesen wie für die Lokalisierung. Gottfrieds Dichterschau und Literaturkritik (v. 4600–4820), die von Veldeke und Reinmar als Verstorbenen (v. 4732ff.) und von Hartmann und Walther als Lebenden spricht, trägt wenig zur absoluten Datierung bei, denn von keinem wissen wir, wann er gestorben ist. Die Kontroverse darüber, ob es zwischen Gottfried und Wolfram eine „Fehde" gab, hat ein höheres Profil als die „Fehde" selber. Wenn man Anspielungen in einer eindeutigen Richtung konstatieren könnte, wäre das Verhältnis zu Wolfram eine wichtige zeitliche Stütze, denn das VII. Buch von Wolframs ‚Parzival' läßt sich relativ präzise um 1204 datieren. Leider sind die Wolfram-Anspielungen bei Gottfried und die Gottfried-Anspielungen bei Wolfram aber alles andere als eindeutig – falls sie existieren.

In seinem Literaturexkurs spottet Gottfried über einen ungenannten Dichter, der *des hasen geselle* (v. 4637) („Freund des Hasen") sei und auf Hartmanns Lorbeerkranz als führender Epiker der Zeit Anspruch erheben will. Die Kritik reicht bis Vers 4690, aber es ist nicht klar, ob sich alles noch auf den den „Hasenfreund" bezieht, denn mit Vers 4650 geht Gottfried zu einem allgemeinen *swer* („wer auch") über, und die folgenden männlichen Pronomina könnten auch allgemein gemeint sein; ab Vers 4665 geht es um die *vindaere wilder maere* („Erfinder von wüsten/fremdartigen Erzählungen") im Plural, wobei aber die *vindaere* und die folgenden Pronomina wahrscheinlich bloß die verallgemeinernden Singularpronomina fortsetzen. Obwohl *swer* und die *vindaere wilder maere* typisierend funktionieren, hegen wir den Verdacht, daß im Hintergrund immer noch von *des hasen gesellen* geredet wird. Falls Wolfram gemeint ist, zielt Gottfrieds Kritik hauptsächlich auf den ‚Parzival'-Prolog.

In diesem hören wir eine Diskussion der Schwierigkeiten, die *tumbe* („Unerfahrene") beim Verständnis von Wolframs Elster-Vergleich (v. 1,3ff.) erleben werden. Wolfram gesteht, daß der Sinn nicht leicht zu erhaschen ist, und bezeichnet seinen Vogelvergleich spielerisch (v. 1,15) als „fliegendes Gleichnis/Wort", das den *tumben* entgehen kann *alsam ein schellec hase* (v. 1,19) („wie ein auffahrender Hase"). Wolfram fährt mit dem Thema der Schwierigkeit des Bilddeutens fort, bricht aber vorübergehend ab (v. 1,26ff.) und wendet sich einem Hyperkritiker zu, der ihm etwas vorwirft, dessen er nicht schuldig ist, was er einer treulosen Gesinnung zuschreibt. Dann hält er dafür (v. 2,5ff.), daß auch der Weise zum Verständnis des Hintersinnes Unterstützung gut gebrauchen könnte.

Wenn man meint, daß Gottfried Wolfram kritisiert, ist die Kritik auf Wolframs Hasen und auf die Notwendigkeit von Hilfe zum richtigen Verständnis bezogen: Gottfried beschreibt, wie die *vindaere* – er bezeichnet sie auch als *wildenaere* (v. 4666) („Jäger"), das Wortspiel fortsetzend, denn der Terminus paßt zu dem Hasen, dem fliegenden Vergleich und der Wortheide (v. 4639) – ihren Geschichten Ausleger mitgeben müssen (v. 4683ff.).

Umgekehrt hat man im Vorwurf der Treulosigkeit (‚Parzival' v. 2,1ff.) einen Angriff – vielleicht einen Gegenangriff – Wolframs auf Gottfried sehen wollen. Falls er existiert, könnte er auch gegen Gottfrieds Roman gerichtet sein, wo kein Mangel an Untreue herrscht, wenn man so will.

Die vermeintlichen Anspielungen sind eher möglich als zwingend. Die Wolfram-Anspielungen bei Gottfried wirken überzeugender als umgekehrt. Wenn jeder Dichter mit diesen Versen den anderen bei seinem Publikum schlechtmachen und es für sich einnehmen wollte, dann setzt das auf beiden Seiten sehr feinhörige Rezipienten voraus. Wie immer die Entscheidung über mögliche Anspielungen ausfällt, die verdächtigten Stellen ergeben bei beiden Dichtern einen Sinn, ohne daß wir sie auf eine Kontroverse beziehen. Wir gehen trotzdem auf verbleibende Rätsel ein, denn es geht um mögliche historische Beziehungen zwischen den beiden größten Epikern des deutschen Mittelalters.

Wolfram kannte die Tristrant-Geschichte. Als er Parzivals künftige Gemahlin Condwiramurs beschreibt, sagt er (v. 187,12ff.), daß ihr Aussehen u. a. die Schönheit *béder Isalden* übertraf, die Namensform von Eilharts Version. Wolframs Vergleich verrät an sich keine Antipathie gegenüber der Tristan-Geschichte, doch läßt vielleicht anderes daran denken. Bei Chrestien hieß Percevals Geliebte wie Tristans Mutter: *Blancheflor*; bei Wolfram hat sie als Namen das französisch klingende, in seiner Bildung aber deutsch anmutende Kompositum *Condwiramurs* – ein typisch Wolframisches Rezept. Paßte es Wolfram nicht, daß Parzivals Gemahlin denselben Namen hatte wie die Mutter Tristans?

Das Rätselhafteste am Verhältnis zwischen Gottfried und Wolfram ist, daß keiner den andern beim Namen nennt, obwohl beide zeitgenössische Dichter erwähnen. Wir glauben nicht, daß sie nichts voneinander gewußt haben. Das Schweigen legt es nahe, eine Spannung zu vermuten und in Gottfrieds Hasengesellen Wolfram zu sehen. Sonst hätten wir nebeneinander in einem Überblick über die zeitgenössische Literatur nicht nur die Nichterwähnung des beliebtesten Epikers des Jahrhunderts, sondern auch die eingehende Diskussion einer Gestalt, für die wir und Gottfried keinen Namen finden. Angesichts der Persona, die jeder von sich als Dichter und von seiner Kunst- und Lebensauffassung herausfordernd präsentiert, war ein Zusammenprallen ihrer Persönlichkeiten bzw. Personae unausweichlich.

Die geographische Zuordnung Gottfrieds ist schwach fundiert, aber es spricht wenig gegen Straßburg und einiges leise dafür. Die Überlieferung des ‚Tristan' spricht für das Elsaß. Man hat versucht, die Episode, in der Isolt die Probe mit dem glühenden Eisen besteht, speziell mit Ereignissen in Straßburg in Zusammenhang zu bringen. Als Handelsstadt und Bischofssitz bot Straßburg Möglichkeiten des geistigen und kulturellen Lebens und hatte Reichtum genug, Mäzene hervorzubringen, die an den Künsten interessiert waren. Diese Stadtluft hat für den ‚Tristan'-Roman an einen Auftraggeber aus dem Patriziat denken lassen. Man sah es als Kompliment in dieser Richtung, daß sich der kultivierte Tristan bei seinen gefährlichen Missionen nach Irland als Kaufmann verkleidet, und auch als Jüngling am Hofe Markes seinen adligen – vermeintlichen – Vater, der für seine Kultiviertheit verantwortlich ist, als einen *edelen* Kaufmann darstellt. Ob ein Patrizier sich geschmeichelt fühlte, wenn Vertreter des hohen Adels geruhten, sich als kultivierte Stadtbürger zu zeigen, entzieht sich unserer Kenntnis.

Seiner Bildung nach war Gottfried zweifellos ein *clericus*. Er kann ein Hofkaplan, ein Schreiber oder ein Lehrer gewesen sein. Im letzten Fall wäre die Hervorhebung der Rolle Curvenals als Erzieher Tristans und Tristans als Erzieher Isolts als stillschweigendes Lob einer gesellschaftlichen Funktion mit dem Bild des edlen Kaufmanns vergleichbar. Gottfrieds

Kritik der Probe mit dem glühenden Eisen macht es unwahrscheinlich, daß er im Dienst Heinrichs II. von Veringen, des konservativen Straßburger Bischofs (1202–23), stand. Wenn die Probe im ‚Tristan', wie mehrfach vermutet, mit ihrer Anwendung bei den grauenvollen Ketzergerichten zusammenhängt, die 1211 in Straßburg abgehalten wurden und schon Januar 1212 dem Bischof einen kritischen Brief von Papst Innozenz III. einbrachten, wurde die betreffende Partie frühestens in diesem Jahr gedichtet. Dagegen stand die Probe vermutlich schon bei Thomas, und die Ablehnung von Gottesurteilen mußte nicht auf den Brief des Papstes warten.

Wir sprachen (S. 276f.) von den zwei Erzähltypen der Tristangeschichte, die durch Béroul und Eilhart und durch Thomas und Gottfried vertreten sind. Gottfrieds Quelle ist die wohl anglo-normannische Version von Thomas de Bretagne, vielleicht für den Hof Heinrichs II. und Eleonores gedichtet: dafür sprechen die Herkunftsbezeichnung des Thomas (*de Bretagne*), die Sprache und das überschwengliche Lob Londons (Douce v. 1375 ff.). Von Thomas' Roman ist nur das letzte Viertel erhalten, das mit geringer Überlappung den nie gedichteten Teil von Gottfrieds Roman ersetzt. Den äußeren zeitlichen Rahmen für seine Abfassung ergeben Anleihen aus Waces ‚Brut' (beendet 1155) und die Nennung bei Gottfried, die wahrscheinlich ins erste Jahrzehnt des 13. Jahrhunderts gehört. Gottfried und die stark kürzende Übersetzung und Prosa-Auflösung ‚Tristrams saga ok Isondar', die der Mönch Robert 1226 auf Geheiß des norwegischen Königs Hakon verfaßte, müssen für das Fehlende einstehen.

Gottfried macht sich öffentlich ein Gewissen daraus, Thomas zu folgen. Im Prolog (v. 131–171) berichtet er, daß viele von Tristan erzählt haben, aber nur wenige richtig, da sie nicht nach der echten Version des Thomas erzählt haben, der in britischen Büchern die Lebensläufe der betreffenden Fürsten studiert und sie weitergereicht habe. Gottfried will auch (v. 155ff.) in romanischen und lateinischen Büchern geforscht haben, um „in der Richtung/mit der Richtigkeit" des Thomas die Geschichte zu erzählen. Die Behauptung, nach der Quelle zu erzählen, ist Sitte bei den Romandichtern, aber daß die Quelle die richtige ist, deren Richtigkeit man selbst erforscht habe, wird selten berichtet.

Der erste Teil dieser Aussage: die Betonung der Richtigkeit der benutzten Version und der Zuverlässigkeit ihres Dichters ist indes bei Thomas vorgebildet. Man hört bei Gottfried den Widerhall von Thomas' Text (Douce, v. 841 ff.): „Diejenigen, die die Tristangeschichte zu erzählen und vorzutragen pflegen, erzählen sie verschieden. Ich habe viele davon erzählen hören. Ich weiß wohl, was jeder darüber gesagt hat und was sie der Schrift anvertraut haben, aber nach dem, was ich gehört habe, zu urteilen, erzählen sie nicht nach Breri, der die heroischen Geschichten und Romane von allen Königen und Grafen kennt, die in Britannien gewesen sind."

Von Breri weiß man nichts. Thomas' Lob spricht für sich selbst. Thomas will alle mündlichen und schriftlichen Erzählungen von Tristan kennen, aber er verrät nicht, ob Breris zu diesen oder jenen gehört. Das völlige Fehlen jeder anderen Kenntnis von Breri legt Mündliches nahe.

Es beleuchtet Gottfrieds Temperament (Persona?) und literarische Situation, daß er sofort in polemischer Haltung auftritt. Die Einstellung entspringt seiner Methode, mit seinem heiklen Stoff umzugehen. Sonst macht nur Wolfram so viel Aufhebens von der Korrektheit seiner Quelle und der Mühe seines Gewährsmanns, in verschiedensprachigen Quellen, die wahre Geschichte herauszufinden – nur handelt es sich nicht um Chrestien, die wahre Quelle, sondern um den wohl fiktiven Kyot (s. S. 340f.).

Gottfrieds und Wolframs Reflexionen über die Quellen ihrer Werke bezeugen einen hohen Grad von literarischem Bewußtsein und Selbstbewußtsein, die bei den deutschen Epikern im letzten Jahrzehnt des 12. Jahrhunderts deutlich werden und seit dem ersten Jahrzehnt des 13. die Regel sind. Anfangs drückt sich ihr Bewußtsein von dem eigenen dichterischen Prozeß schlicht in der Benennung der Quelle aus. Später kann es zur Auseinandersetzung mit ihr kommen. Zunehmend wird frühere stillschweigende Entlehnung und Nachahmung von anderen deutschen Werken und Dichtern ausdrücklich besprochen – vorwiegend als Opposition oder Bewunderung. Kenntnisse weiterer Werke, ob eigener oder solcher von anderen deutschen Dichtern, werden als so selbstverständlich vorausgesetzt, daß wir vom letzten Jahrzehnt des 12. Jahrhunderts an von Intertextualität sprechen müssen. Gottfried zeigt, daß deutsche Dichter mit den Spannungen unter den französischsprachigen Dichtern vertraut sein können und daß dieses Wissen ihr eigenes Bild von der Literatur und der eigenen Stellung in ihrem Werden mitbestimmen kann.

Am exponiertesten zeigt sich die Entwicklung bei Gottfried, der (v. 4589–820) die erste Zusammenschau und Kritik der deutschen höfischen Literatur schreibt und an anderer Stelle auf deutsche und französische Literaturgeschichte eingeht, und seine Einstellung gegenüber beiden zu einem Schwerpunkt des eigenen künstlerischen Credos macht. Es drückt sich vornehmlich in diskursiven Abschnitten wie dem Prolog, der Dichterschau und den längeren Exkursen aus, die ein auffallendes Merkmal von Gottfrieds Erzählstil und ein Eckpfeiler in der Darstellung seiner untrennbar verstrickten Lebens- und Kunstphilosophien sind. Auseinandersetzungen mit anderen Erzählern sind aber auch in narrative Abschnitte eingefügt, z.B. als Gottfried diejenigen verspottet, die erzählen, wie eine Schwalbe mit einem Haar Isolts im Schnabel von Irland nach Cornwall flog und Marke daraufhin erklärte, nur die Frau, von der dieses Haar stammt, heiraten zu wollen (v. 8601ff.). (Es ist typisch für Gottfrieds oft unfaire Einstellung, daß er diese Episode verdreht und sagt [v. 8624ff.], Marke und sein Rat hätten Idioten sein müssen, ehe sie Tristan aufs Geratewohl übers Meer hinausgeschickt hätten, um Marke eine Braut zu gewinnen. Es ist aber das einzige mhd. Beispiel für eine Brautabwerbungsfahrt, denn Marke wollte keine Braut gewinnen und seine Ratgeber wollten Tristan loswerden.) Auf wen Gottfried zielte, ist nicht zu ermitteln. Die von Eilhart und Béroul vertretene „Vulgatversion" wird wohl gemeint sein, denn jener erzählt (v. 1381 ff.) von einem Schwalbenpärchen mit einem schönen Haar.

Gottfrieds Angabe über seine Quelle ist zweifellos ernst zu nehmen. Wir können nichts über die frühe Geschichte des Tristan-Stoffes sagen, das über das zu Eilhart Gesagte hinausführt (S. 275 ff.). Wir nannten Thomas den Initiator der psychologisierenden Richtung in der Entwicklung der ‚Estoire': diese Richtung legt mehr Gewicht auf die Konsistenz des Erzählens sowie auf die Psychologie der Figuren, die ihre Handlungen von sich aus verständlich machen dürfen. Gottfried vollendet, was Thomas begonnen hat. Er unternimmt auch Gewagteres, indem er nicht nur psychologisiert, sondern das Seelenleben der Figuren spiritualisiert – angesichts des Tristanthemas kein leichtes Unternehmen. Alle Mittel der Dichtkunst werden eingesetzt, die Ohren werden umworben, der Intellekt wird hypnotisiert. Gottfrieds Leser wird einer subtilen Manipulation unterzogen. Der Beweggrund für die extremen Maßnahmen entschuldigt sie: sie entspringen Gottfrieds Bewunderung für Isolt und Tristan und seinem einfühlenden Verständnis für ihre Versuche, sich mit ihrem Los abzufinden. Wir sagen „Gottfried", denn hier können wir nicht zwischen Dichter und Erzähler unterscheiden. Diesen Eindruck hinterläßt auch das Gesamtwerk. Er rührt daher, daß Gottfried mit Persönlichem eher geizig als sparsam ist. Es spricht für sein Genie, daß wir vermuten, Dichter und Erzähler seien so gut wie identisch geworden, und dabei nicht wissen, was Dichtung und was Wahrheit ist.

Falls Gottfrieds Auftraggeber den Stoff wählte, war die Wahl Gottfrieds für dieses Thema genial. Die klassische Rhetorik mit ihren für forensische Zwecke entwickelten Praktiken hielt Rezepte für den Fall bereit, daß man eine zweifelhafte Sache zu vertreten hatte. Gottfried kannte zweifellos die empfohlene Methode und wandte sie virtuos an. Was berechtigt uns aber, von der „Sache" des Dichters zu reden? Ist es überhaupt seine Sache, eine zu haben? Im Falle Gottfrieds ist die Antwort ein zweifaches „Ja", ein gattungsmäßiges und ein spezifisches. Die Dichter höfischer Romane nehmen keine neutrale Haltung ihren Figuren gegenüber ein. Ohne so energisch für sie Partei zu ergreifen wie Béroul und Eilhart, ist es doch üblich im Roman, daß der Dichter hinter seinem Helden steht. Das verursacht Probleme, wenn die Haupthandlung darin besteht, daß der Held mit der Heldin, der Gemahlin seines ihm wohlgesonnenen Onkels, Ehebruch begeht. Daß der Onkel ein König ist und alle Beteiligten königlicher Abstammung und glänzende Mitglieder der glänzenden adligen Gesellschaft sind, verschlimmert die Sünde und erhöht die Sensation. Der Dichter kann lindern, sonst nur zurückstehen und alles seinem Ende entgegengehen lassen. Im Gegensatz aber zum gewöhnlichen höfischen Roman ist hier das Ende das Ende, nicht der Beginn eines „so leben sie noch heute". Zwar mildert Gottfried den heiklen Stoff, indem er die Gegner der Liebenden als eigennützige Neider darstellt. Er geht zur Offensive über und hält seine ehebrecherischen Liebenden sogar als ideale Muster für alle echten Liebenden hoch. Kenner der wahren Minne haben Tristan und Isolt als Märtyrer der Minne anzuerkennen und nachzuahmen.

Bei Gottfried wissen wir so wenig wie sonst, wie der Roman heißen soll. Aber daß das Werk eher als Tristanroman denn als Isoltroman gemeint ist, wird dadurch unterstrichen, daß – außer im Prolog – 7715 der 19548 Verse des unvollendeten Romans verflossen sind, ehe wir von Isolt hören; erst 246 Verse später beginnt sie, eine Rolle zu spielen (v. 7961ff.), und sie muß dann noch 1323 Verse warten, bis sie ein Wort sprechen darf (v. 9283). Die Handlung bleibt vorwiegend bei Tristan, wenn er und Isolt räumlich getrennt sind.

Tristans Kindheit wird geschildert, denn sie ist besonders verhängnisvoll. Rual, der Ziehvater Tristans – wie dieser meint, sein leiblicher Vater, der er moralisch auch ist – erklärt bei der Taufe *Tristan* etymologisch, daß der Knabe so genannt werde, weil die Geschichte seiner Eltern *triste* war. In Tristans Fall sind die Umstände seiner Kindheit seelisch-schicksalhaft, aber auch faktisch die Vorbereitung für sein Schicksal, ohne die er sich dieses sozusagen nicht hätte aneignen können.

Seine Sprach- und Schachkenntnisse verursachen seine Entführung (v. 2270ff.), die ihn aber nach Cornwall, dem Land seines Onkels bringt; seine Vertrautheit mit der modischsten Form der Jagd und der Zerlegung des Hirschs verschafft ihm Zugang zu dessen Hof (v. 2792ff.), wo ihm seine Meisterschaft als Musiker einen dauerhaften Platz sichern kann (v. 3522ff.). Seine Waffenkunst läßt ihn Morold erschlagen (v. 6833ff.), und danach ermöglichen es ihm seine Beherrschung des Irischen und seine musikalischen Künste, im feindlichen Irland am Hof aufgenommen zu werden (v. 7799ff.).

Gottfrieds frühreifer vierzehnjähriger Abiturient beherrscht Fertigkeiten auf Gebieten, die bei den Helden anderer höfischer Romane nicht erscheinen. Dasselbe gilt für die Auswahl an narrativen Elementen. Die Rolle und die moralische Einschätzung der List, die die Tristangeschichte bei ihrem Publikum voraussetzt, sind andere als im Artusroman. In diesem kommt List zwar vor, erhält aber keine zentrale Stelle als Lebensstrategie und wird nur von moralisch verwerflichen Figuren oder von Guten gegen Bösewichte angewendet.

Suchen wir eine Entschuldigung für die zahlreichen Listen, die Tristan und zunehmend Isolt gebrauchen, so genügt die negative Erklärung nicht, daß ihre Geschichte ohne Listen nicht existieren kann. Intrigen werden bereits vor dem Trinken des Liebestranks praktiziert, bevor sie den Liebenden zur existentiellen Notwendigkeit werden. Der ‚Tristan' lebt vom Genuß der listigen Strategie. Ohne einen Thomas oder Gottfried müßte uns dies, wie bei Eilhart, in unbequeme Nähe zum Schwank versetzen. Gottfried verschafft uns moralische Absolution, indem er die Gegner der Liebenden,

*Der höfische Roman II*

besonders Markes Höflinge, als gemeine, neidische „agents provocateurs", und nicht als aufrichtige Hüter der Moralität zeichnet.

Dies beschreibt die Listen nicht völlig. Im ‚Tristan' unterscheiden sie sich von denen des Schwanks durch ihre Skala und den Stil ihrer Narration. Die beiden Glanzstücke werden von der älteren und von der jüngeren Isolt weitsichtig geplant. Beim ersten (v. 9771 ff.) sind es die theatralischen Szenen, in denen die irische Königin mit dem Truchsessen rhetorisch und juristisch Katz und Maus spielt, seine Hinterlist überlistend; beim zweiten geht es um den Plot, den die englische Königin Isolt für ihr Gottesurteil mit dem glühenden Eisen komponiert bzw. inszeniert (v. 15325 ff.). Die Benutzung von Theatertermini ist berechtigt, denn jede der beiden Listen wird im Werk vor gespannten Zuschauern gespielt, für die Stück und Inszenierung gedacht waren. Der Eindruck der Unvermeidbarkeit der Listen, den Gottfried erweckt, ihre gerissene Verwebung mit der weiteren Handlung – „Intrigrierung" wäre das Wort – und die Subtilität ihrer Ausführung erhöhen das ästhetische Niveau. Im Dienst der aristokratischen Tristangeschichte wird das Schwankhafte veredelt, obwohl nicht alle Unreinheiten mit der Schlacke zu entfernen sind. Trotzdem wird diese sonst trübe Seite des Stoffes in ein Mittel verwandelt, höhere intellektuelle und künstlerische Ansprüche zu befriedigen, und zur Quelle eines erhöhten Genusses gemacht, mit der Spannung, die zum Reiz des Kriminalromans beiträgt.

Die Gandin-Episode dient zur Illustration der Listmotivik. Da Eilhart die Episode nicht erzählt, fehlte sie wohl in der ‚Estoire' und war wohl Thomas' Innovation. Abgesehen von Roberts üblicher Kürze steht seine Version (Kapitel 49 ff.) derjenigen Gottfrieds (v. 13097 ff.) so nahe, daß wir annehmen, daß Thomas so erzählte. Der Kern ist das Motiv der gedankenlos gewährten Bitte, die ein Fremder, plötzlich am Hof erschienen, listig an einen König richtet. Die später enthüllte Bitte, hier die Vergabe Isolts, kann der König ohne Ehrenverlust nicht abschlagen.

Abgesehen davon, daß die Liebenden nach Isolts Befreiung von Gandin die Rückreise zur Liebe nutzen, gehört der Betrug an ihm zu den moralisch einwandfreien, weil gegen verwerfliche Figuren gerichteten Listen. War die Anwendung der List anrüchig, so bot sich hier ein leichter Ausweg. Wieder (vgl. v. 5973 ff.) weigern sich Markes feige Höflinge zu kämpfen (v. 13247 ff.), und Marke zeigt sich in keinem guten Licht; Tristan ist unterwegs, aber Gandins Gefolgsleute haben Angst, daß der Gefürchtete zurückkehren könnte. Es wäre nichts leichter gewesen, als Tristan Isolt mit dem Schwert zurückerobern zu lassen. Die poetische bzw. musikalische Gerechtigkeit verlangt aber, daß Gandin, der durch eine List als Lohn für seine Musik zu Isolt kommt, durch eine List als Lohn für Tristans Musik um sie kommt. Die Rache Tristans wird bei Gottfried auch um ein Subpattern bereichert, das von Thomas stammt: Gottfried (v. 13353 ff.) – auch Robert – läßt Gandin unüberlegt versprechen, daß er Tristan die beste Kleidung, die er hat, schenken wird, falls dieser seine musikalische Kunst zeigt; Tristan willigt ein, und als er durch eine List, die nichts mit seinem musikalischen Können zu tun hat, schon mit Isolt auf seinem Pferd sitzt, weist er Gandin darauf hin, daß er die beste Kleidung hat, die er bei Gandin nur finden konnte (v. 13420 ff.).

Es ist, als ob Marke mit seiner Feigheit sein Recht auf Isolt verwirkt, während Tristans Rettungstat sein moralisches Recht auf sie verstärkt, das ihm schon durch die Drachentötung gehörte. Die Ethik des Märchens wird in der Gandin-Handlung durch die des Schwanks bestätigt. Die Rede von Moral und Ethik führt unmittelbar ins Herz der Problematik der Tristansage mit ihren sowohl bei den Figuren des Romans wie bei den Zuhörern gespaltenen Loyalitäten. Wenn unsere Sympathie zugunsten Isolts und Tristans ausfällt, steht sie in Opposition zur Ehe als einem juristischen Vertrag und einer von der Kirche gesegneten Institution. Die Schaffung dieser Sympathie ist Sache der raffinierteren Dichter wie Thomas und Gottfried, die anders als Béroul und Eilhart nicht unproblematisch für die Liebenden Partei ergreifen und dies durch den Minnetrank rechtfertigen. Dies entlastet zwar die Liebenden, droht sie aber zu Marionetten zu degradieren und der Tragik ihres Schicksals zu berauben. Gottfried versteht es, im Leser rückblickend das Gefühl zu erwecken, daß die Liebenden auch ohne den Trank das getan hätten, wozu der Trank führte. Er erreicht das nicht durch Verteidigung, sondern durch einen Angriff nach zwei Seiten: durch eine lenkende Darstellung der Geschichte und durch Beeinflussung des Publikums.

Diese liegt Gottfrieds ganzer Kunst zugrunde. Eine seelische und intellektuelle Verwandtschaft zwischen den beiden Hauptgestalten und dem Erzähler, die dieselben Talente und Strategien benutzen, wurde festgestellt. Der Erzähler versucht, die einfühlsame Sympathie, die er für die Liebenden hegt, auch den Zuhörern einzuflößen und sie mit ihm zu seelischen Mitverschworenen der Liebenden zu machen. Es folgt eine Auswahl der Strategien, rhetorischen Mittel und versteckten, insinuierenden Argumentationsweisen, die er benutzt.

Gottfried ist ein ausgesprochen reflektierender Dichter, bereit, mitten in der Erzählung Überlegungen anzustellen. Die Tendenz nimmt auch die Form von kürzeren oder längeren theoretischen Äußerungen an, so im Prolog und in mehreren Exkursen wie der Dichterschau (v. 4600ff.), der kurzen Rede von der Minne (v. 12183ff.), dem Angriff auf falsche Freundschaft (v. 15047ff.), der allegorischen Auslegung der Architektur der Minnegrotte (v. 16923ff.) und dem langen Exkurs (v. 17770–18114), der als Predigt gegen die *huote* („Bewachung") der Frauen bezeichnet wird. (Die Bezeichnung reicht nicht; es werden andere Themen behandelt, besonders das Wesen der Liebe und des Verhältnisses zwischen Mann und Frau; der Exkurs zeigt Frauen in ihren Minnebeziehungen in einem besseren Licht als die Männer trotz der durch das Eva-Bild angeregten klerikalen Misogynie der Zeit.) Gottfrieds ‚Tristan' hat wie die Artusromane Hartmanns keine Zeitstruktur, es entsteht kein Eindruck vom Verfließen der Zeit. Es genügt festzulegen, daß die Tristangeschichte eine lange Zeitstrecke impliziert. Gottfried kann aber Exkurse über ihre Funktion als interpretatorische Aussagen hinaus dazu benutzen, das Vergehen der Zeit vorzutäuschen: der Exkurs nach der Einnahme des Liebestranks und der während der Idylle der Minnegrotte verunklaren den Zeitfluß und erlauben die Annahme, daß bis zum Punkt der Rückkehr zur Handlung längere Zeit verstrichen ist. So bleibt das empfindliche Thema, wie die Liebenden die beiden Zwischenzeiten ausgefüllt haben, unberührt. Für eine Geschichte über illegitime Liebe ist Gottfrieds Roman sehr keusch.

Gottfrieds Propaganda zugunsten Isolts und Tristans beginnt im „strophischen" Prolog mit der Erschaffung eines idealen Zuhörerkreises. Zuerst redet er nur von der moralischen Verpflichtung, das Gute, das ein guter Mensch für das Wohl der Mitmenschen tut, wohlwollend aufzunehmen. Es zeigt sich aber, daß das Verhältnis zwischen Kunst und boshaften Kritikern das eigentliche Thema war, und der Übergang zu Gottfrieds Tätigkeit (v. 41 ff.) insinuiert, daß die eigene Lage geschildert wird. Er skizziert das ideale Publikum, die *edelen herzen*, fähig, Freude und Leid als untrennbare Pole der Liebe zu begrüßen. Die wohltuende Wirkung der Liebesgeschichten auf Liebende leitet zur Vorstellung des Inbegriffs der Liebe über: zu Isolt und Tristan, deren Leben und Tod – mit Anklängen an die Eucharistie – als Brot aller treuen Liebenden bezeichnet wird (v. 230ff.). Daher sind sie als Märtyrer der Minne anzusehen. Unmerklich ändert sich das Argument, Überzeugung wird zur Überwältigung. Alle Register werden gezogen, auch die alogischen lautlichen Elemente der Sprache. Alliteration, Reim, Rhythmus, parallele und chiastische Wortreihungen, Antithetik und Parallelismus werden eingespannt und miteinander durchwoben, um eine akustische Hypnotisierung herbeizuführen. Die Manipulation der Zuhörer ist an der Rolle der *edelen herzen* abzulesen. Weil sie Tristans und Isolts Bereitschaft, Freude und Leid für die Liebe zu leiden, teilen, werden sie für deren Geschichte Verständnis haben und daran noch lange nach dem Tod der Liebenden ihren Gefallen haben (v. 211ff.). Da die Wesenszüge und Erfahrungen der Liebenden das Brot der *edelen herzen* sind (v. 230ff.), wird allmählich unterstellt, daß sie Isolts und Tristans Leben auch gutheißen werden und sie als Märtyrer der Liebe nachahmen sollen. Das heißt nicht, daß für eine echte Liebe der Ehebruch obligatorisch ist; Isolts Ehe mit Marke gehört, sub specie aeternitatis gesehen, zu den Akzidenzien der Liebe. Aber die Liebe herrscht absolut. Isolt und Tristan mußten die Leiden und Gefahren, die ihre Liebe mit sich brachte, um der Liebe willen auf sich nehmen, sonst wären sie vergessen und ihr Schicksal wäre nicht die großartige Tragödie, die es geworden ist (v. 211 ff.). Es gehört zur Manipulation des Publikums, daß Gottfried Opposition unterdrückt, indem er seine *edelen herzen* als ideale Gruppe erscheinen läßt. Wer unter den Zuhörern hätte die Stirn zu gestehen, daß er/sie n i c h t zu ihnen gehört?

Gottfrieds virtuoses Sprachinstrumentarium hat einen ungeheuren Reichtum und eine Flexibilität, die sich im Verhältnis zwischen Satz- und Versmustern zeigt. „Zeigt" ist aber kein gerechtes Wort, denn Gottfrieds Kunst liegt darin, daß Reim und Rhythmus so gehandhabt werden, daß sie sich nicht zeigen, es sei denn, daß er sie zur Schau stellen will. Sätze von sehr verschiedener Länge und Form schlängeln sich geschmeidig und mit der kristallenen Klarheit, die er an Hartmann rühmt (v. 4628ff.), die Versstruktur entlang. Komplexität, monumentale Schlichtheit und eine elegante narrative Ebene lösen sich abwechselnd ab. Das Lyrische der Beschwörung des Maifests vor Tintagel (v. 536ff.) kontrastiert mit dem kunstvollen Auslöschen jedes Gedankens an Kunst, als Isolt auf Tristans Geständnis, daß ihm nichts in seinem Herzen lieb sei außer ihr (v. 12028), kurz antwortet: ‚*herre, als sit ir mir*'.

Gottfried arbeitet aber auch an der Handlung und den Gestalten selbst und versucht so, Emphasen zu verschieben und das Kraftfeld der Spannungen zu ändern. Er führt die Verunglimpfung der Gegner der Liebenden psychologisch subtiler durch als Béroul und Eilhart, wie die ausführlichere Motivation des gespannter werdenden Verhältnisses zwischen Tristan und Marjodo enthüllt. Gerade die Nutznießer des Moroltkampfes, deren Kinder durch Tristans Heldentat gerettet wurden, erweisen sich nicht nur bald als undankbar, sondern werden durch Neid getrieben, sich gegen den inzwischen geheilten Tristan zu verschwören, so daß er um sein Leben bangt (v. 8424ff.). Ironischerweise bringt gerade dieser Mißstand, der längst vor der berechtigten Empörung über die Situation zwischen Isolt und Tristan existiert, ihn auf die Brautwerbungsfahrt nach Irland und Isolt nach Cornwall. Mit Isolts Ankunft fahren die Höflinge wie früher fort. Bezeichnend ist, daß sie nur als Gruppe erscheinen; ihre Stimmungen und Meinungen schwanken von Extrem zu Extrem. Der Mangel an Persönlichkeit erweckt den Eindruck eines gesichtslosen, negativen Wesens im Hintergrund und verunklart die moralische Situation – zum Vorteil der Liebenden.

Isolt und Tristan gehören zum Typus von Anna Karenina und Graf Oblonskij oder Francesca da Rimini und Paolo – denen Dante im zweiten Kreis des Inferno durch nur sechs Verse von Tristan getrennt begegnet. Sie können nicht unproblematisch die Billigung der Zuhörer genießen. Gottfried leidet wie alle Tristandichter daran, daß er eine sympathische Darstellung einer teils unsympathischen Geschichte zu schaffen hat. Nirgends erscheint das Problem akuter als in der Figur Markes. Für Blanscheflur, die unverheiratet mit Tristan schwanger geht, ist er als strenger König und Bruder zu fürchten, der sie hinrichten lassen könnte (v. 1469ff.). Der wohlwollende Schutzherr Tristans, der zu seinem Onkel wird und ihn zu seinem Erben macht, muß sich in die klägliche, tyrannische, aber im Vergleich mit Eilharts Figur noch zivilisierte Gestalt des betrogenen Ehemanns verwandeln. Hier läßt Gottfried uns im Stich: Die Änderung, die sich mit Marke vollzieht, wird nicht dargestellt, w i r müssen sie zurechtlegen.

Marke ist keine Ausnahme. Es werden uns selten Einblicke in die Köpfe auch der anderen Figuren gewährt. Verschiedene Faktoren bewirken dies. Im ‚Tristan' ist z. B. die individuelle Szene, die sich sehr theatralisch abspielen kann, eine unabhängige Einheit, die nicht immer über das Faktische der Handlung hinaus auf ihre Vorgänger und Nachfolger Rücksicht nimmt. Die Gestaltung ist eher auf eine thematische Verbindung und eine Steigerung der Ernsthaftigkeit der Gefährdung als auf ein kontinuierliches Fortlaufen der Handlung gerichtet. Vielleicht spielt auch noch ein weiterer Faktor eine Rolle: Die Episoden, in denen Figuren Geheimstrategien anwenden, werden so erzählt, daß die Pläne bis zu ihrer Durchführung dem Publikum ebenso wie den Opfern verheimlicht werden. Die List und der Erfolg enthüllen sich gleichzeitig als Überraschung für beide Gruppen, bei den Überrumpelten von Zähneknirschen begleitet und bei den Zuhörern von erleichterter Freude darüber, daß den böswilligen Feinden der Liebenden wieder einmal Sand in die Augen gestreut wurde. Typisch dafür ist Tristans zweite Irlandfahrt: wir erfahren seine Strategie nur, indem sie sich entfaltet. Erst, nachdem er die Erlaubnis bekommen hat, an Land zu gehen (v. 8898ff.), hören wir überhaupt von dem Drachen, obwohl dessen Tötung von vornherein geplant war. Das beste Beispiel ist Isolts Inszenierung der Probe mit dem glühenden Eisen. Es ist, als wäre die Verheimlichung der Gedanken der Figuren Gottfried zur Gewohnheit geworden. Wir wissen kaum, was Isolt, Tristan und andere Gestalten unter normalen Umständen denken. Es intensiviert das Rätsel, daß die Figuren – selbst die Liebenden – kaum miteinander reden und uns daher Mittel fehlen, ihre Gedanken zusammenzusetzen.

Für einen *clericus* wird der Tristanstoff zum Problem. Gottfried besitzt theologische Gelehrsamkeit. Deren Methodik zeigt sich z.B. in seiner symbolischen Auslegung der Architektur der Minnegrotte als die wesentlichen Elemente der Liebe, die sich an Interpretationen der Struktur mittelalterlicher Kathedralen orientiert. Dagegen besteht die objektive Bedeutung der Grotte-Episode in der Gesamthandlung darin, daß sie den Liebenden die einzige Gelegenheit bietet, idyllisch und ungestört mit- und füreinander zu leben. Sie ist aber keine Wirklichkeitsflucht: sie lassen Brangaene zurück in der Hoffnung, daß sie eine Versöhnung mit Marke bewerkstelligt (v. 16673ff.), und Kurvenal soll sie alle zwanzig Tage aufsuchen, um Nachrichten zu bringen und zu warnen, falls Marke ein Mordkomplott gegen sie schmiedet (v. 16789ff.). Isolt und Tristan sind für das modische Leben in der Öffentlichkeit geschaffen. Nachdem man sie entdeckt, und Tristans List mit dem sie trennenden blanken Schwert Markes Zweifel über ihre Schuld neu erweckt hat, ergreifen sie die Gelegenheit, an den Hof zurückzukehren. Der Beweggrund ist ihre *ere* (vv. 16875ff.; 17696ff.) – „öffentliches Ansehen" –, das die Bedeutung der höfischen Gesellschaft für ihr Leben bestätigt und auf dem Schiff Tristan bewogen hatte, trotz des Liebestrankes Isolt zu Marke zu bringen (vv. 11767ff.; 12513ff.).

Für einen *clericus* war es bewußt gewagt, die ehebrecherischen Liebenden als Märtyrer der Minne zu zeichnen. Der Schock, der von Gottfrieds Gebrauch solcher religiös inspirierter Gedanken für die weltliche Liebe ausging, war aber wohl nicht größer als der von Bernhards von Clairvaux Sprache der körperlichen Liebe für die Vereinigung der Seele mit Gott. Hat Gott aber eine Rolle im ‚Tristan'? Im Artusroman rufen aufrichtige Menschen in Not Gott an, und er hilft ihnen. Mit dem Erhören des Notrufs ist Gottes Rolle allerdings erschöpft. Im ‚Tristan' spielt er diese Rolle, aber sie ist größer und komplizierter.

Die norwegischen Kaufleute sehen bei Tristans Entführung den Sturm als Gottesstrafe an und geloben Gott, Tristan an Land zu setzen, wenn der Sturm sich lege (v. 2406ff.). Gottfried ist vorsichtig: Zwar sagt er, daß Gott, dem die Elemente gehorsam sind und der Ungerechtigkeit ausgleicht, den Hoffnungen der Entführer entgegenwirkte, aus Tristan Gewinn zu schlagen; er fährt fort, daß nach Gottes Gebot ein großer Sturm losbrach, aber ein transitives Verbum, das das gezielte Eingreifen Gottes angezeigt hätte, fehlt: der Sturm *huop sich* („erhob sich"). Gottfried vermeidet jede gefährliche Äußerung darüber, daß hier ein Wunder um Tristans willen geschehen sei. Es bleibt offen, das Geschehen als Teil der allgemeinen göttlichen Vorsehung zu interpretieren. Tristans Gebet um die weitere Gnade Gottes (v. 2487ff.) ist allgemein.

Weitere religiöse Züge sind analogisch oder symbolisch zu verstehen, z. B. das „Speisewunder", Gottfrieds Behauptung, die Liebenden hätten während ihres Aufenthalts in der Grotte keiner leiblichen Speisen bedurft (v. 16902ff.).

Rätselhafter, gefährlicher, kontroverser und beunruhigender als alles andere ist, daß Isolt ohne Brandwunde die Probe mit dem glühenden Eisen besteht, denn hier geschieht Übernatürliches. Die schuldige Isolt beweist ihre Unschuld mit einem Ergebnis, das über das hinausgeht, was die Unschuldigste hätte erhoffen können. Im normalen Verlauf wurde die unausbleibliche Wunde verbunden und nach drei Tagen ärztlich untersucht; eiterte sie, galt das Opfer als schuldig, wenn nicht, als unschuldig. Im Falle Isolts gibt es keine Symptome, die die Unschuld beweisen, sondern es geschieht ein Wunder. Wer es bewirkt, wird nicht gesagt, aber nur einer hat die Macht dazu. Warum er es tut, wird verschwiegen, aber wer kennt seine Wege?

Das Bestehen der Probe ist von dem Sturm, der Tristan rettete, grundsätzlich verschieden: der Sturm ist ein Naturereignis, das durch die Zeit seines Auftretens verdächtig wird, während die Unversehrtheit Isolts übernatürlich bleibt. Gottfried schweigt. Er operiert mit Handlungsmustern, deren Sinn offen bleibt, die uns aber in eine bestimmte Richtung weisen könnten: die Norweger beten zu Gott, und nach der Rettung vor dem Sturm dankt Tristan Gott. Vor der Probe wendet Isolt sich an Christus (v. 15544ff.) und danach wird ihre Rettung eben Christus zugeschrieben – mit schwer deutbarer Ironie (v. 15733ff.). Jedesmal läßt die Entsprechung der Instanz am Anfang mit der am Ende einen Zusammenhang vermuten, aber Gottfried schweigt zum ersten Fall und äußert sich zum zweiten in einem ironisch distanzierenden Ausfall.

Gottfried wollte sicher nicht naiv den Eindruck erwecken, daß Gott keine andere Wahl hatte, als Isolt zu retten, weil ihr Eid in einem begrenzten

Sinne buchstäblich wahr ist. Gottfrieds scheinbarer Schluß aus der Episode ist (v. 15733ff.): „Da wurde geoffenbart und allen Leuten bestätigt, daß der allmächtige Christus sich wie ein [herabhängender] Ärmel im Wind hin und her treiben läßt [...] er steht jedem Herzen zur Verfügung, ob für ehrliche oder betrügerische Zwecke." Daß dies nicht buchstäblich gemeint ist, steht nicht zur Debatte – selbst die ironische Auslegung war gefährlich genug. Wir behaupten dies nicht primär wegen der möglichen Gefahr, die Gottfried von Seiten der Kirche drohte. Stärker gegen die Annahme, daß Verbotenes vorgetragen wird, spricht, daß er, der gerissene Taktiker, der Sympathie der Zuhörer für Isolt gewinnen möchte, ihren positiven Eindruck nie dadurch gefährdet hätte, daß blasphemische Äußerungen ihre Entlastung begleiteten. Die Folgerung über den fügsamen Christus ist beißende Ironie und besagt: wer an den Unfug von Gottesurteilen glaubt, müßte die Befreiung Isolts als Beweis nehmen, daß der allmächtige Christus ... . Gewagt formuliert, aber die kritische Einstellung zur Institution des Gottesurteils war bis in höchste Kirchenkreise hinein verbreitet.

Das Bestehen der Probe ist von allen Listen die gewagteste, raffinierteste und künstlerisch befriedigendste. Sie ist Isolts Leistung, von ihr bis ins kleinste Detail geplant. Sie muß Umstände planen, die sicherstellen, daß ihr falscher Eid einen buchstäblich wahren, aber irreführenden Sinn hat, und die Gelegenheit schaffen, die zweideutigen Details in den Eid hineinzuschmuggeln.

Auf dem Weg zum Gericht soll Tristan, als Pilger verkleidet, Isolt vom Schiff tragen und so hinfallen, daß er ihr in den Armen und an der Seite liegt. Tristan tut das, worauf die gnädige Königin ihn vor Schlägen rettet (v. 15603ff.), weil er „schwach und ohnmächtig" sein muß. Ihre Güte gewinnt das Mitleid der Zuschauer; scherzend bemerkt sie, daß der Pilger vielleicht erotische Absichten hatte, und fügt hinzu, daß sie nun wird nicht schwören können, daß keiner außer Marke ihr in den Armen und an der Seite gelegen habe. Die Zuschauer werden ihr durch den Witz noch freundlicher gesonnen, und ihre Bußkleidung (v. 15656ff.), die die im Mittelalter als höchst erotisch geltenden Fußgelenke und Arme entblößt, ist darauf angelegt, die Betrachter nicht abzustoßen. Jetzt hat Isolt die faktische Basis für die Befreiungsklausel, und der Witz schafft den Vorwand für deren Einführung in den Wortlaut des Eids. Ihr fehlt noch die Gelegenheit, den Eid selbst formulieren zu dürfen. Diese verschafft ihr die Böswilligkeit ihrer Gegner, die ihr im Streit um einen passend strengen Wortlaut erlauben, einen eigenen Vorschlag zu machen (v. 15681ff.). Ihre Formulierung, daß keiner außer Marke und dem Pilger ihr in den Armen und an der Seite gelegen habe, bietet mehr, als der Hinterlistigste erwarten konnte und sie willigen gierig darin ein. Ihre Bosheit wird belohnt, denn gerade der vermeintliche Überschuß der Formulierung deckt das Defizit, das die Befreiungsklausel bedeutet.

Unsere Stellung ist eine gespaltene, dadurch aber auch eine spannende: weil wir die Wahrheit über die Liebe Isolts und Tristans und über Tristans Rolle als Pilger wissen, befinden wir uns hinter dem Vorhang, aber da wir Isolts weiteres Programm erst erfahren, indem es sich abspielt, sitzen wir auch im

Zuschauerraum. Über das Prinzip, das hinter der Episode des glühenden Eisens steht und zur Rechtfertigung Isolts führt, fehlt uns jede Erklärung. Gottfried konnte dazu Zuflucht nehmen, daß die Geschehnisse so waren und das, was Gott denkt, den Menschenverstand übersteigt. Das Gefühl ist aber berechtigt, daß Gottfried mitlenkt. (Man möchte wissen, was bei Thomas stand. Bruder Roberts Bericht [Kap. LVIff.] ist dem Gottfrieds ähnlich. Es gibt aber zwei Abweichungen: erstens läßt Robert Isond selbst die Probe mit dem glühenden Eisen vorschlagen, nicht wie bei Gottfried den König; zweitens sagt Robert bei der Probe selbst nur, daß Gott Isond rechtfertigte, was heißen kann, daß Isond zufolge fehlenden Eiterns freigesprochen wurde.) Ebenso rätselhaft ist Gottfrieds Mitteilung, daß Isolt sich einen Plan ausgedacht hatte, *vil verre uf gotes höfscheit* (v. 15550ff.) („im weitgehenden Vertrauen auf die Courtoisie Gottes"). Ist Isolts Rettung darauf zurückzuführen und ihr zweideutig angelegter Eid eine höfische, schonende Sprachformel der Gottheit gegenüber? Wir dürfen nur konstatieren, daß in Gottfrieds Sicht Gott mitwirkt, und zwar auf eine Weise, die der Ethik und Ästhetik des Schwanks treu bleibt. Obwohl Isolts Rettung ein Wunder ist, erscheint kein angelus ex machina; alles läuft nach den hergebrachten Prinzipien ab, und Isolt wird – auf außergewöhnliche Weise – durch die Probe als unschuldig erwiesen. Es entspricht also der Ethik des Schwanks oder Schelmenromans, daß nicht der Unschuldige, sondern der weniger Verwerfliche über verdorbene, bösartige Gegner siegt. (Anständige Kritiker der Liebenden an Markes Hof erscheinen nicht.) Isolt und Tristan bleiben im Gegensatz zu ihren von Haß getriebenen Gegnern durch alle Leiden hindurch ihrer Liebe treu, und in ihrer Zwangslage ist diese Treue eine Tugend. Die Probe-Episode bewahrt die ästhetische Abgewogenheit eines gutkonstruierten Schwanks: den übelwollenden Gegnern wird mit eigener Münze heimgezahlt, indem ausgerechnet i h r e Probe Isolts Unschuld beweist.

Der Liebestrank ist kein Wunder. Dieses Erzeugnis der älteren Isolt gehört zu einer zu Gottfrieds Zeit vergangenen Science der Science-fiction. (Im Gegensatz zur Moderne zieht das Mittelalter die Vergangenheit als Milieu für Erstaunliches vor.) Während Robert ausdrücklich von der Zauberkunst der Mutter Isonds spricht, drückt sich Gottfried vage aus, die Königin Isolt stellte einen Liebestrank *mit [...] kleinen sinnen* (v. 11432ff.) („subtil") her. Obwohl Gottfried den Trank ernst nimmt und gleichzeitig herunterspielt, paßt es nicht gut zu seiner Darstellung der innigen Liebe zwischen Tristan und Isolt, daß sie der Zauberkunst entspringt – hier herrscht Undeutlichkeit. Dagegen herrscht völlige Klarheit über die Wirkung: sie besteht in gegenseitiger liebender Hingabe bis zum Tod. Gottfrieds Methode, den Trank mit seinem Bild von Isolt und Tristan in Einklang zu bringen, ist nicht, ihn zu ändern oder seine Bedeutung abzuschwächen, sondern ihn zur Nebensache werden zu lassen, nachdem die Liebe entstanden ist.

Es geschieht durch die folgenden Mittel. Noch bevor der Trank ins Spiel kommt, werden Isolt und Tristan als füreinander geeignet geschildert; die Ebenbürtigkeit beruht auf ihrer Abstammung, ihrer Schönheit, ihren gemeinsamen Talenten und Interessen; es ist Isolt, die nach der Tötung des Drachen den halbtoten Tristan entdeckt, „wie die Gerechtigkeit es haben wollte" (v. 9369 ff.) – bei Eilhart findet ihn Brangaene. Es ist ein Naturgesetz, daß der Drachentöter die Prinzessin gewinnt, aber eine Perversion, wenn er erklärt, die Tötung sei im Auftrag eines anderen geschehen.

Zweitens: Gleich nach dem Trinken wird der Trank dadurch unbedeutender, daß die Liebenden die Wirkung erleben wie andere Liebespaare, die sich ohne Liebestrank verlieben; sie ringen mit dem Gefühl, bis schließlich Isolt es wagt (v. 11985 ff.), durch das mehrdeutige afrz. Wort *lameir* ihre Liebe zu gestehen (d. h. *l'ameir* „das Lieben"/*amer* „bitter"/*la meir* „das Meer"); Tristan durchschaut das Wortspiel und gesteht, daß er ähnliches fühlt, und nur sie ihm lieb ist, worauf Isolt einfach antwortet, „so geht es auch mir" (v. 12028). Die schlichte Absolutheit und absolute Schlichtheit der Liebeserklärungen der Liebenden exemplifizieren, wie Gottfrieds dichterische Meisterschaft eine höchste Glanzleistung ohne Glanz hervorbringen kann. (Das Wortspiel steht in dem neuen in Carlisle entdeckten Thomas-Fragment.) Als Brangaene erklärt, daß der Trank den Tod der beiden bedeutet (v. 12487 ff.), erklärt ihn Tristan für eine erfreuliche Vergiftung, und daß Isolt ein Tod ist, nach dem er ewig streben will. Er übernimmt die Verantwortung für die Liebe und sein Schicksal mit einer Entschlossenheit, die einem Helden der Heldenepik zur Ehre gereicht hätte.

Drittens: Gottfried entlastet den Trank, indem er nach Ablehnung der Behauptung anderer, der Wein, der Marke in der Hochzeitsnacht zu trinken gegeben wurde, sei der Liebestrank gewesen (v. 12651 ff.), den Trank nie wieder erwähnt. Die künstlerische Wirkung dieses totalen Schweigens spürt man besonders, wenn sich in anderen Versionen die Liebenden elegisch erinnernd über den Tag des Trankes unterhalten.

Rückblickend scheint nichts natürlicher als die Liebe zwischen den beiden, aber gibt Gottfried im voraus Andeutungen, daß bei einem oder beiden vor dem Trank ein Liebesinteresse an dem anderen existierte? Wir stimmen jenen zu, deren Ergebnis lautet, daß im voraus nichts direkt an Liebe zwischen Isolt und Tristan denken läßt. Die Stelle (v. 10057 ff.), an der Isolt bald darauf feststellen soll, daß Tantris Tristan ist, und der Erzähler bemerkt, daß „es nochmals Isolt so ging, wie das gerechte Schicksal verlangte, und sie wieder ihre Herzensqual vor den anderen entdeckte", spricht mit dem Zukunftswissen des Erzählers, deutet nicht auf die Gegenwart. Man sollte aber zugeben, daß, wenn unterbewußte Liebe gemeint gewesen wäre, Gottfried geschickt genug war, das erst in Erscheinung treten zu lassen, als sich Heldin und Held dessen bewußt wurden. Höchstens Isolts unbändiger Zorn, nachdem sie die Identität von Tantris entdeckt, könnte vielleicht auf das Gefühl einer betrogenen jungen Frau deuten, die Tantris interessant, schön und in starkem Kontrast zu seinem niedrigen Stand gefunden hatte (v. 9990ff.). Hatte sie sich wegen dieses Stands den leisen Gedanken aber aus dem Kopf geschlagen und fühlt sich nun betrogen, weil sie den Gedanken trotzdem verwerfen muß – aus dem neuen Grund, daß er der Mörder ihres Onkels ist, der Erzfeind Tristan? Die Suche nach Indizien klammert sich freilich an einen Strohhalm.

Gottfrieds Erzählweise gestattet den Liebenden größere Unabhängigkeit und Würde als frühere Versionen, denn er scheint noch mehr als Thomas um eine konsequente Psychologie bemüht zu sein. Dies hat Folgen, die Gottfrieds Fortführung der Erzählung erschweren. Nachdem Marke die Liebenden nackt und schlafend im Obstgarten entdeckt hat, flieht Tristan ins Ausland. Er erwirbt sich im Dienst Jovelins von Arundel durch Heldentaten Ruhm (v. 18686ff.). Nochmals gewinnt er die Bewunderung eines Hofs und lernt Jovelins Tochter Isolt (mit den weißen Händen) kennen (v. 18949ff.). Sein Wesen und seine Kunst als Musiker gewinnen Isolts Liebe, zumal er in seine Lieder den Refrain einbaut: *Isot ma drue, Isot mamie, en vus ma mort, en vus ma vie* (v. 19210ff.) („Isolt meine Geliebte, Isolt meine Freundin, in Euch mein Tod, in Euch mein Leben"). Der Hof und Isolt beziehen Tristans Refrain auf Kaedins Schwester; Tristan denkt an Isolt von Irland.

Tristans Leiden fern von Isolt läßt ihn sich in Gedanken mit der nahen, in ihn verliebten Isolt beschäftigen, eine Entwicklung, die Gottfried für Liebende analysiert und philosophierend erklärt (v. 19363ff.). Er tut dies in Worten, die durch abwechselnden syntaktischen Parallelismus und Chiasmus mit semantischer Synonymie oder Antithetik verwoben, zum Ergebnis haben: „hierin verwirrte sich Tristan". Tristans Verwirrung verwirrt auch die Zuhörer und bringt sie – beinahe – dazu, ihn zu entschuldigen, wie er sich selbst entschuldigt. Tristans Gedankengang rationalisiert und rechtfertigt seine Gefühle und Wünsche. Die Scheinlogik führt ihn zum Gedanken, daß es Isolt besser gehe als ihm (v. 19484ff.): zu Hause sehnt sie sich nicht nach ihm, wie er sich in der Fremde nach ihr, was die verräterische Idee erweckt, daß sie sexuelle Befriedigung mit Marke finden kann, während er sie in Arundel entbehrt. Er entscheidet daher (v. 19457ff.), daß er – gegen seinen schicksalhaften Namen – *ein triureloser Tristan* („Tristan ohne Trauer") werden soll. Mitten in dieser gequälten Rationalisierung bricht Gottfrieds Werk ab. Nicht alle halten es für ein Fragment. Wir sind entschieden anderer Meinung.

Falls Gottfrieds Werk vollendet war, waren dreißig Jahre nach seinem Tod der Fortsetzer Ulrich von Türheim und sein Auftraggeber, der in literarischen Sachen bewanderte Konrad von Winterstetten, sowie ungefähr fünfzig Jahre später Heinrich von Freiberg im Irrtum und weniger gut informiert als wir. Zweitens: Die Dichtkunst der Blütezeit läßt erwarten, daß höfische Romane einen Anfang und einen Schluß haben, die sie durch

Inhalt und Form als solche kenntlich machen. Anders als Werke der Moderne hören sie nicht mit einem offen gelassenen Monolog auf. Gottfried erfüllt die Erwartung am Beginn mit dem kunstvollen Prolog. Wenn der ‚Tristan' vollendet ist, wäre er das einzige zeitgenössische Beispiel für einen solchen offenen Schluß. Das schließt nicht aus, daß es bei einem Dichter wie Gottfried so gewesen ist, aber die Annahme setzt voraus, daß die Indizien, die sie gebären, kräftig sein müssen – das ist nicht so.

Der entschiedenste Zeuge gegen die These ist Gottfried – seine Praxis und eine seiner Ausführungen über dichterische Prinzipien. Mit Praxis denken wir an das unvollständige Akrostichon. Wenn Gottfried sich e n t s c h l o s s e n hatte, sein Werk dort zu beenden, wo es aufhört, dann war es eine Veränderung im Plan. Um das Akrostichon zu vollenden, brauchte Gottfried nur noch fünfzehn und einen weiteren Vers. So wie das Gedicht jetzt aufhört, ist das Akrostichon ein Wrack. Die Äußerung zur dichterischen Theorie hat mit der Wahrhaftigkeit und Genauigkeit des Dichtens zu tun. Wer die eigene Suche nach der besten Quelle und das eigene Nachprüfen ihrer Richtigkeit so eingehend bespricht wie Gottfried (v. 145ff.) und dann die Geschichte ohne die Ehe mit Isolt Weißhand, die Halle der Statuen und den Tod der Liebenden beendet, erzählt „in der Richtung nicht, wie Thomas von Britannien berichtet". Ein penibler Kritiker und schlauer Taktiker wie Gottfried hätte die Änderung begründet oder die Passage über die genaue Befolgung der Quelle getilgt.

Wir teilen die Ansicht, daß Gottfrieds einfühlsam idealisierende Darstellung der Liebenden und Bemühung um Konsistenz zwischen einzelnen Episoden ihm angesichts Tristans Verstrickung mit Isolt Weißhand und drohenden Verrats an Isolt von Irland zum Problem geworden sind, und daß dies den Fortschritt des Erzählens hätte erschweren können. Hier hatten es Béroul und Eilhart leichter. Es besteht aber kein Grund anzunehmen, daß Gottfried nicht wie Thomas fortgefahren wäre, wenn ihn nicht etwas daran gehindert hätte – sei es sein Tod, der seines Gönners oder die innere Unmöglichkeit, weiter zu dichten.

Der Tristanstoff umfaßt Elemente des Heldenepos, des Ritterromans und des Schwanks. Thomas und noch ausgeprägter Gottfried haben sie umgewandelt und in ein Neues verwandelt, das zum ersten Mal die noch nicht existierende Gattung des Liebesromans realisiert und keimhaft den Künstlerroman und den pikaresken Roman erahnen läßt. Eilhart, der eine List Tristrants, die ihm erlaubte, sich nochmals mit Isalde zu vereinigen, als *eine grôze tumheit* (v. 3909) verurteilen konnte, schreibt einen Ritterroman, in dem der Minne größere Bedeutung zukommt, aber nur Sprungfeder für eine Abenteuerhandlung ist. In der Nachfolge des Thomas behält Gottfried dieselben Elemente, dreht sie um und schafft aus dem Amalgam den ersten großen tragischen Liebesroman deutscher Sprache.

## Wolfram von Eschenbach: Die epischen Dichtungen

Hartmanns Œuvre ist das variationsreichste der Blütezeit, Wolframs das umfangreichste. Sehen wir auf die Zahl der Handschriften, die Länge ihrer Entstehungszeit und die Vielfalt sowie zeitliche Erstreckung der ehrfürchtig lobenden Erwähnungen bei zeitgenössischen und späteren Kollegen, war Wolfram der Beliebteste und Angesehenste.

Unsere Liste der Lebensdaten sieht bei Wolfram anders aus als bei den anderen Dichtern. Obwohl er wie die meisten Epiker in keiner Urkunde erscheint, gibt er in den Werken vielfältige Auskünfte über sich und seine Zeitgenossen. Die Chronologie stützen wir auf Anspielungen auf historisch belegte Figuren und Ereignisse, auf Aussagen anderer Dichter und auf die relative Datierung ihrer Werke und derer Wolframs. Um sie ist ein plausibler biographischer Rahmen zu bauen.

Die Datierung des ‚Parzival' orientiert sich an der erwähnten Anspielung im VII. Buch (379,16ff.) auf die seit 1203 verwüsteten Erfurter Weinberge: daher setzen wir die Zeit zwischen 1190 und 1210 für seine Entstehung an, eher vielleicht 1195–1210. Für den ‚Willehalm' ergibt sich aus der Nennung von „K a i s e r Otto" (393,30ff.) der 4. Oktober 1209 als Terminus post quem. Man könnte aus der Nennung Landgraf Hermanns gegen Ende des Werks (417,22ff.) als Terminus ante quem für die bis dahin vollendeten Teile Hermanns Todestag, den 25. April 1217, erschließen, wenn sie sich auf den Lebenden bezöge. Es ist aber anzunehmen, daß er wie im Fragment gebliebenen ‚Titurel' (Str. 82a) als Verstorbener erwähnt wird. Mit einiger Sicherheit sind die beiden unvollendeten Werke im zweiten Jahrzehnt des 13. Jahrhunderts entstanden. Wir stellen uns Wolframs Leben so vor: etwa 1170 geboren, um 1190 als (Lieder-)Dichter aufgetreten und um 1220 gestorben.

Das Werk keines anderen zeitgenössischen deutschsprachigen Laiendichters ist annähernd so intensiv und anhaltend überliefert wie dasjenige Wolframs. Vom ‚Parzival' besitzen wir 16 vollständige Handschriften, einen Druck und 68 Fragmente. Auch von dem unvollendeten ‚Willehalm' existieren außerordentlich viele Handschriften: 12 vollständige, dazu eine Prosafassung aus dem 15. Jahrhundert und 65 Fragmente sowie eine Anzahl von Ausschnitten, die z. B. in die ‚Weltchronik' Heinrichs von München aufgenommen wurden. Die Überlieferung des ‚Titurel' ist spärlicher: die beiden Fragmente, insgesamt 164 Strophen, erscheinen „vollständig" nur in der Münchner ‚Parzival'-Handschrift G aus dem 13. Jahrhundert (d. h. nur dort erscheinen sie zusammenhängend in jeweils vollem Umfang); teilweise sind sie auch im ‚Ambraser Heldenbuch' aus dem Anfang des 16. Jahrhunderts (H) und im Münchener Bruchstücke M von ca. 1300 enthalten. Man ist darauf gefaßt, daß die Überlieferung eines Werks, dessen ursprüngliche Gestalt wohl aus nur wenigen Fragmenten bestand, exzentrisch ist. Die ‚Titurel'-Überlieferung bietet Überraschungen: H und M enthalten über G hinaus elf Strophen, über deren Echtheit man uneinig ist. Angesichts der Art und des Orts der Überlieferung ist es schwer, die Echtheit der Strophen prinzipiell zu bezweifeln. Sie führen zur Frage nach der Wirkung des ‚Titurel'.

Abgesehen von Chrestiens ‚Perceval', dessen Umfang unvergleichlich größer ist, kann die Weiterwirkung kaum eines Fragments derjenigen von Wolframs ‚Titurel' das Wasser reichen. Der Hauptrezipient ist Albrecht, dessen ‚Jüngeren Titurel' man lange für ein Werk Wolframs gehalten hat (vgl. Bd. II/2, S. 110ff.). Der ‚Jüngere Titurel' gehört mit seinen 6207 Langzeilenstrophen zu den längsten epischen Werken der Zeit und – wie die Überlieferung mit 11 vollständigen Handschriften, 46 Fragmenten und einem Druck zeigt – zu den beliebtesten. Man kann von einer ‚Parzival-Titurel'-Explosion sprechen.

Wir stellen uns Wolframs Arbeit am ‚Parzival' als teilweise zeitlich parallel mit Gottfrieds Arbeit am ‚Tristan' vor. Wolfram hat wohl etwas früher begonnen. Selbst wenn Gottfried – ob er es nun durch eine anonyme Anspielung ausdrückt oder durch gezielte Nichterwähnung andeutet – nicht so emphatisch zu Wolframs Gegnern gehört hätte, zwänge uns doch der grelle Kontrast, der zwischen den Werken der beiden besteht, in diesen die Pole unter den Epikern der Blütezeit zu sehen. Der Gegensatz ist eine gründliche Verschiedenheit der Persönlichkeiten oder der Erzähler-Rollen, die sie sich konstruiert haben. Wo Gottfried den Standpunkt des literarisch und theologisch geschulten Gelehrten einnimmt, stellt Wolfram sich als Ritter dar (‚Parzival', v. 114,12ff.). Der Anlaß zu dieser Passage, Wolframs sog. „Selbstverteidigung", ist sein Zorn gegen eine namenlose Frau. Die Erwähnung der Beziehung zu dieser Frau dient ihm als Vorwand, sich als Minnesänger vorzustellen, und der Zorn ist angeblich der Grund für die Verwendung der Kampfmetaphorik, die a n s c h e i n e n d zur Schilderung von Wolframs tatsächlichem Beruf als Krieger führt. Er erklärt mit Stolz: *schildes ambet ist mîn art* (v. 115,11) („ritterlicher Kampf ist mein Beruf und gehört zu meinem Wesen") und verurteilt jede Frau als dumm, die ihn um seines Minnesangs willen liebte. Er schildert Turniere und Kämpfe mit einem Sachverstand, der ihn von anderen Dichtern abhebt und der mit seiner Behauptung über seinen Beruf in Einklang steht.

Der Gegensatz zu Gottfried verschärft sich, indem sich Wolfram in der Selbstverteidigung für einen Analphabeten ausgibt: *ine kan decheinen buochstap* (v. 115,27) (buchstäblich: „ich kann keinen Buchstaben" – ob „lesen", „schreiben" oder beides, verschweigt er). Hinsichtlich seines vermeintlichen Analphabetentums, herrscht heute die Ansicht, Wolfram verrate wiederholt, daß er kein Illiterat war: Seine Kenntnisse auf vielen Gebieten – etwa der Naturkunde, Astronomie, Medizin – hätte er vielleicht durch Hören erwerben können, aber sie scheinen verdächtig breit. Daß er bei einer Beschreibung der Gegenmittel gegen Schlangenbisse sechs Schlangenarten mit einer einzigen Abweichung alphabetisch aufzählt (v. 481,8ff.), stimmt uns noch mißtrauischer. Wenn Wolfram in jeder Hinsicht den Eindruck eines Autodidakten macht, dann rührt das von der Weise her, in der er seine Kenntnisse aus den verschiedensten Bereichen bezieht und einsetzt (eine Zielscheibe für Gottfrieds Attacken: ‚Tristan' v. 4688ff.). Wolfram hatte wohl auch begrenzte Lateinkenntnisse.

Das Entscheidende ist, daß er sich in stärkstem Kontrast zu Gottfried für einen Illiteraten ausgeben wollte. Im Gegensatz zu Gottfrieds schattenhafter Persona redet Wolfram humorvoll, frech, anzüglich, selbstironisch, selbstbewußt und eingehend von sich und "tritt" vielfach in seinen Werken "auf". Er nennt sich mit Namen – dreimal im ‚Parzival', einmal im ‚Willehalm' –, und zwar im ‚Parzival'-Prolog wie in der „Selbstverteidigung" im Kontext von Besprechungen dichterischer Prinzipien und Praxis. Es ist unberechtigt, dem Vergleich zwischen dem Mangel an Speisen in der belagerten Stadt Pelrapeire und der eigenen Not bei sich zuhause (v. 184,27ff.), wobei er sich nennt, jeden biographischen Wert abzusprechen. Alle drei Stellen weisen spielerische Züge auf, und das heißt, daß wir sie vorsichtig auszulegen haben. Wir dürfen trotzdem aus der dritten Stelle schließen, daß es Wolfram materiell nicht so gut ging, als daß er einen Beitrag von einem ab- oder anwesenden Gönner abgelehnt hätte, selbst wenn die Darstellung der Not der verhungernden Mäuse „zuhause" übertrieben sein dürfte.

Nach Zielsetzung, Ton, Einstellung und Stil weichen diese Dichtereingriffe nicht von den Stellen ab, die üblicherweise als Erzählerkommentare verstanden werden. Bei Wolfram unterscheidet die Kategorien nur, daß er sich in den Erzählerkommentaren nicht nennt. Es stellt sich die Frage, ob beide fiktional sind oder nicht, oder ob man sie getrennt zu beurteilen hat. Gegen die Annahme, hinter ihnen stehe Wirklichkeit, darf man nicht anführen, daß es im Mittelalter so etwas nicht geben konnte. Wenn wir uns auf diesen Standpunkt stellten, dann hätte es – wie wir sehen werden – Wolfram und sein Werk im Mittelalter nicht geben dürfen. Es gibt sie aber, und wir glauben nicht, daß Wolframs unerhörter Erfolg nichts mit dieser Persönlichkeitsprojektion zu tun hatte, wie sie nach allgemeiner Meinung erst in der Renaissance zu erwarten wäre. Es ist jedenfalls nicht zulässig, die biographische Frage als unzulässig abzulehnen. Neu ist, daß die bunte Reihe persönlicher Anspielungen auf historische Personen und bekannte Orte eine größere – und wegen ihrer Unvollständigkeit und Zweideutigkeit noch frustrierendere – Chance bietet, uns ein Bild des Dichters, seines Umkreises und seines Lebens zu machen.

Von Orten namens Eschenbach gilt fast einhellig das mittelfränkische Städtchen südöstlich von Ansbach, dessen Name 1917 in Wolframs-Eschenbach umgeändert wurde, als Wolframs Eschenbach. Ob er aus einem Geschlecht „von Eschenbach" stammte oder im Dienst eines solchen stand, ist nicht zu ermitteln. Ein weder besonders begütertes noch bedeutendes adliges Geschlecht dieses Namens ist in der zweiten Hälfte des 13. Jahrhunderts für Wolframs-Eschenbach bezeugt; wir wissen aber nicht, ob es mit Wolfram verbunden war. Albrecht, der Dichter des ‚Jüngeren Titurel', spricht (im letzten Drittel des 13. Jahrhunderts) Wolfram als *friunt von Blienvelde* an; das heutige Pleinfeld liegt südöstlich von Wolframs-Eschenbach und gehörte wie dieses zu Wolframs Zeit zum Besitz des Eichstätter Bischofs. Albrechts Bezeichnung bleibt schleierhaft. Pleinfeld gesellt sich aber zu einer Gruppe von (z. T. unbedeutenden, aber Wolfram vertrauten) Orten, die bei Wolfram vorkommen, und diese sprechen mehr als alles andere für das fränkische Eschenbach. In den heutigen Namensformen sind das u. a. im ‚Parzival' Wasser- oder Hohentrüdingen (184,24), Abenberg (227,13), Dollenstein (409,8) und im ‚Willehalm' Nördlingen (295,16) und der *Virgunt* (390,2), ein Wald zwischen Ellwangen und Ansbach. Zusammen mit den anderen Orten gruppieren sie sich so um Wolframs-Eschenbach, daß der am weitesten entfernte weniger als 50 Kilometer Abstand hat.

Wolfram verrät genauere Kenntnisse über diese Orte und scheint mit Anspielungen auf Sitten, Erzeugnisse oder Zustände dort solches Wissen bei seinen Zuhörern vorauszusetzen. So steht der Vergleich zwischen dem von Hufschlägen beim Turnieren nicht zertrampelten Rasen der trauernden Gralsburg mit dem ähnlich geschonten Gras zu Abenberg, wo das Grafengeschlecht kürzlich ausgestorben war, durchaus auf einer Stufe mit dem Vergleich zwischen dem aufgewühlten Boden vor Bearosche und den noch zertretenen Erfurter Weinbergen (,Parzival', v. 379,16ff.). Wolfram setzt voraus, daß das Publikum die Anspielungen versteht, wobei das Wissen über den Erfurter Vorfall unvergleichlich verbreiteter war.

Eine Schwierigkeit ergibt sich daraus, daß Wolfram den ignoranten jungen Parzival als typischen *Wâleisen* charakterisiert, einen Bewohner von Valois, von denen er sagt, sie seien noch „törichter als w i r Bayern, wenn auch durchaus tüchtig im Kampf" (v. 121,7ff.): das fränkische Eschenbach wurde erst 1805 bairisch. Stammte Wolfram aus Baiern und kam er im Dienst nach Eschenbach? Es paßte besser zu seinem Geschick, das Publikum zu manipulieren, wenn er hier in seiner sich selbst lächerlich herabsetzenden Rolle die Kritik nur auf sich und seine Landsleute richtete, ohne die Zuhörer miteinzubeziehen.

Namen wie Thüringen, Haidin und die Drau in der Steiermark, das Lechfeld, Regensburg, Kitzingen, und Sand (ein Stadtteil Nürnbergs) könnten über Zusammenhänge mit Gönnern Anhaltspunkte für die Fixierung von Wolframs Karriere als Dichter und Ritter liefern. Die Rekonstruktion hat aber mit Wertheim (,Parzival', v. 184,4) an der Tauber-Main-Mündung und der Burg Wildenberg (,Parzival', v. 230,13), unweit Amorbachs, zu beginnen. Das entferntere liegt kaum 100 Kilometer von Wolframs-Eschenbach ab.

Einige Orte liegen geographisch und auch im Text in enger räumlicher Nachbarschaft zueinander: Wassertrüdingen und Wertheim im IV., Abenberg und Wildenberg im V. Buch des ,Parzival', so daß es sich um die Geographie der Gegend handeln kann, in der ein Teil des Werks gedichtet wurde. Das verwiese auf eine zeitliche Stufe seiner Entstehung, und zwar eine frühe, besonders wenn man die beiden ersten Bücher über das Leben der Eltern Parzivals vor seiner Geburt für später entstanden hält. („Buch" bezieht sich auf Lachmanns Einteilung des ,Parzival' und des ,Willehalm' in Erzählabschnitte.)

Angesichts der jämmerlichen Kost der belagerten Bewohner von Pelrapeire bemerkt Wolfram (v. 184,4ff.): „mein Herr, der Graf von Wertheim wäre ungern Söldner [um Lohn und Nahrung Dienender] da gewesen: er hätte mit ihrem Sold Leib und Seele nicht zusammengehalten". Weil solcher Mangel auch *mir Wolfram von Eschenbach* (v. 185,6f.) oft geschieht, scheint die Ausdrucksweise *mîn hêrre der grâf von Wertheim* neben der Selbstbenennung nicht einfach eine Betitelung auszudrücken, sondern ein Dienstverhältnis. Die Grafen von Wertheim hatten im fränkischen Eschenbach Landbesitz. Anstelle der zitierten Lesart *mîn herre der grâf von Wertheim* bietet die Mehrzahl der Handschriften *grave Poppe von Wertheim*. Beider Existenz ist leicht nachvollziehbar. Falls der Name *Poppo* richtig ist, stehen nur zwei Grafen von Wertheim zur Debatte: Poppo I., der bis 1212, und sein Sohn Poppo II., der bis 1238 in Urkunden auftritt. Wolfram verfaßte die spätere Stelle über den Zustand der Erfurter Weinberge („Parzival', v. 379,16ff.; s. S. 252f.), nicht lange nach 1203. Poppo II. urkundet seit 1183, von früh an auch als „Graf", weshalb nicht zwischen ihm und seinem Vater als möglichem Gönner Wolframs zu unterscheiden ist.

Bei der Schilderung der herrlichen Kamine der Gralsburg stellt der Dichter einen Vergleich an. Er sagt: *sô grôziu fiwer sît noch ê sach niemen hie ze Wildenberc* (v. 230, 12ff.). Man hat sich für die Burg Wildenberg im Odenwald entschieden, die Rupert von Durne (heute Walldürn) um 1180 vollendete und deren oberer Palas „ein Menschenalter später" (Hotz) ausgebaut wurde. Die Möglichkeit wurde erwogen, daß wir unter den Herren von Durne den Auftraggeber des ‚Parzival' zu suchen haben. In Frage kämen nur Rupert I. von Durne oder sein Sohn Ulrich. Rupert erscheint zwischen 1171 und 1196 in Urkunden u. a. Kaiser Friedrichs I. und Kaiser Heinrichs VI. Daß Rupert nach 1196 nicht mehr vorkommt, könnte bedeuten, daß er nur nicht mehr aktiv im Dienst stand. Ulrich I., sein Sohn und Nachfolger als Vogt des Amorbacher Klosters, erscheint 1192 zuerst neben seinem Vater in einer Urkunde Kaiser Heinrichs VI. und schon 1201 in einer Urkunde König Philipps von Schwaben zum letzten Mal.

Eine Verbindung zwischen den Herren von Durne und Wolfram spricht vielleicht aus Wolframs Namen für die bei Chrestien namenlose Gralsburg: man hat angenommen, *Munsalvaesche* sei als volkssprachlich-romanisch klingende Form von *Mont sauvage* gemeint, mit der Wolfram *Wildenberg* übersetzt habe. Dieses Kompliment an die Herren von Durne wird mit dem Hinweis verbunden, daß die Kamine in der Gralsburg größer waren als die der Herren von Durne. (Zwischen den Ruinen der Burg Wildenberg existiert heute ein sehr großer Kamin [s. Abb. 12]). Heißt es etwa: „Selbst hier zu Wildenberg, [das ja wegen des riesigen Kamins weitbekannt ist,] hat man nie so große Feuer gesehen"?

Die geringe Entfernung zwischen Wildenberg, Wertheim und Eschenbach, die territorialen Besitzverhältnisse und die Erwähnung von Wildenberg und Wertheim im IV. und V. Buch lassen an ein frühes Stadium der Entstehung des ‚Parzival' denken. Bedenken gegen Rupert oder Ulrich von Durne als mögliche ursprüngliche Auftraggeber gründen auf ihren Stand und sind nicht ohne weiteres von der Hand zu weisen. Für die Durner als potentielle literarische Auftraggeber spricht aber vielleicht gerade der Bau der Burg Wildenberg, der einen Aufstiegswillen anzeigt, mit dem auch literarische Ambitionen durchaus in Einklang zu bringen wären. Wolframs Redeweise: *mîn herre der grâf von Wertheim* deutet zwar auf ein engeres Verhältnis, aber auch dies schließt eine Beziehung zu den Durnern nicht aus.

„Graf Poppo II. von Wertheim" tritt „zwischen 1190 und 1196 insgesamt vierundvierzig Mal in Urkunden Kaiser Heinrichs VI. als Zeuge auf, davon siebenunddreißig Mal gemeinsam mit Rupert von Durne." So Meves, der auch nachweist, daß Poppo I. über seine Frau Beziehungen zum Geschlecht der als Minnesänger aktiven Burggrafen von Regensburg und Rietenburg hatte, daß Rupert von Durne zusammen mit bedeutenden Literaturmäzenen wie Heinrich dem Löwen, Hermann von Thüringen und Wolfger von Erla urkundlich bezeugt ist und daß 1190 Graf Poppo und Rupert von Durne im Gefolge des Kaisers in einer Urkunde zusammen mit Graf Philipp von Flandern, dem Aufftraggeber von Chretiens Gralroman, erscheinen. Die Grafen von Wertheim und die Herren von Durne hatten Gelegenheit, Kenntnisse der neuesten Literatur zu gewinnen und Interesse daran zu entwickeln.

Die Vermutung, daß der erste Auftraggeber des ‚Parzival' unter diesen Herren, die Wolfram mit Sicherheit kannte, zu suchen sei, ist nicht abwegig. Entscheidet man sich für Rupert und/oder Ulrich von Durne, so könnte Ulrichs frühes, noch unerklärtes Verschwinden aus den Urkunden Wolframs Übergang zu Hermann von Thüringen begründen. Wenn wir die Rolle aber Poppo I. von Wertheim zuschreiben, wäre der Übergang nicht erklärt, vielleicht aber die nicht mehr so vertrauliche Lesart der G-Handschriften: *Graf Poppo von Wertheim*, die nach späteren Entwicklungen verdeutlichend auf die Anfänge zurückblickt.

Nirgends nennt Wolfram eindeutig den oder die Auftraggeber des ‚Parzival'. Im ‚Willehalm' und im ‚Titurel' wird nur von Hermann von Thüringen gesprochen, aber auch hier wird nicht gesagt, daß er der Auftraggeber war, obwohl zwei Umstände es nahelegen: Wolfram sagt, daß Hermann ihn mit der ‚Willehalm'-Geschichte bekannt gemacht habe (v. 3,8f.). Diese Auskunft steht im Prolog, an der Stelle, an der man Auskunft über den Auftraggeber erwartet.

Damit sind wir mitten in der Frage nach Zeit und Art von Wolframs Auftreten als Dichter. Wir glauben, daß er schon im letzten Jahrzehnt des 12. Jahrhunderts zu dichten angefangen hat. Am Ende seiner Schaffenszeit hat er nur noch 1782 Verse des ‚Willehalm' nach jener Stelle gedichtet, an der Hermann zum letzten Mal erwähnt wird, wobei wir nicht wissen, wie lange nach Hermanns Tod sie verfaßt wurden. Man nahm früher an, daß Wolframs Tod – wohl um 1220 – für das Abbrechen verantwortlich war. Später suchte man den Grund in Hermanns Tod, d.h. im Verlust des Gönners. Die genaueren Faktoren, die in einer solchen Situation maßgebend waren, sind uns unbekannt, aber der einmalige Ruhm Wolframs, den seine Rezeption lange nach seinem Tod verbürgt, läßt die Frage aufkommen, ob nicht ein so gesuchter Dichter leicht einen neuen Gönner für die beiden unvollendeten Werke hätte finden können. Tod des Dichters oder Altersschwäche bleiben eine wahrscheinlichere Erklärung.

Es stellt sich die noch fundamentalere Frage: Was führte dazu, daß einer, der sich so abschätzig über die *buoch*-Kunst äußern und sich für einen Analphabeten ausgeben konnte, den wichtigsten epischen Auftrag der damaligen Literaturszene erhielt? Der Superlativ entspringt nicht im nachhinein unserem Wissen von dem späteren Erfolg, der der Geschichte des Grals auf Französisch und Deutsch beschieden war. Dem Auftrag kam von vornherein diese Bedeutung zu, denn es handelte sich nicht nur um die deutsche Bearbeitung eines Werks des größten europäischen Epikers seiner Zeit, sondern sogar um dessen Weiterführung und Beendigung, um die – notgedrungen schöpferische – Abrundung des reifsten, originellsten, tiefsinnigsten und wegen seiner Doppelstruktur kompliziertesten der Romane Chrestiens, den dieser selbst als *le meillor conte Qui soit contez a cort roial* (v. 63f.) („die beste Geschichte, die je an einem königlichen Hof erzählt wurde") bezeichnet hatte. Und dazu nimmt irgendein unbekannter Auftraggeber einen literarisch Unausgewiesenen, der sich für die Aufgabe dadurch empfiehlt, daß er sich als Analphabeten ausgibt?

Der Gedanke liegt nahe, daß Wolfram den ‚Parzival'-Auftrag erhalten hat, weil er sich schon vorher als außerordentlicher Dichter, als Meister der Rhetorik, der Bildsprache, des affektiven Dialogs und der stimmungsvollen und ergreifenden Szenengestaltung ausgewiesen hatte – im Tagelied. Im Gegensatz zum Romandichter benötigt der Minnesänger weder Auftraggeber noch französische Handschriften, sondern durfte – seinem Können entsprechend, mit oder ohne Publikum und, soweit wir wissen, mit oder ohne besondere Ausbildung – auftreten und vorsingen.

So bekommt die Stelle in der merkwürdigen „Selbstverteidigung" zwischen dem II. und dem III. Buch, in der Wolfram sich mit Namen vorstellt – normalerweise Aufgabe des Prologs – ein bisher nicht bemerktes Gewicht (s. S. 325). (Wir haben hierin vielleicht tatsächlich Reste eines ursprünglichen Prologs, falls die beiden ersten Bücher später hinzugedichtet wurden.) Wolfram spricht da von sich als Minnesänger (v. 114,12f.): „Ich bin Wolfram von Eschenbach und kenne mich im Minnesang einigermaßen aus"; er betont, daß er gerade nicht durch seinen Minnesang die Gunst der hohen Damen gewinnen möchte, sondern es vorzieht, ihnen durch seine Waffenkunst zu imponieren. Der Minnesänger entpuppt sich als Epiker und wendet sich tatsächlich der *âventiure* zu (v. 115,24). Die anscheinend selbstbewußte Untertreibung hätte dann den Zweck, dem Publikum den ihm längst bekannten Minnesänger in ironischem Ton als frischgebackenen Epiker vorzustellen. Wenn wir damit recht hätten, würden wir nicht zögern, die Anfänge Wolframs als ritterlicher Minnesänger, dessen Lyrik wir vielleicht nur bruchstückhaft kennen, schon in das letzte Jahrzehnt des 12. Jahrhunderts zu setzen. Dies mit Hinblick auf seine Karriere, nicht auf die Vorstellung, daß Minnesang in die Jugend eines Dichters gehören müßte.

Wolframs Aufgabe war so außerordentlich wie seine Lösung. Die altfranzösischen Fortsetzer des ‚Perceval' hatten ihre Dichtungen derjenigen

Chrestiens anzuhängen. Die vier Dichter der umfangreichen Versfortsetzungen verhalten sich unterschiedlich zu Chrestiens unvollendetem Roman. Der Verfasser der ersten Fortsetzung übersieht aus Mißachtung oder mangelndem Verständnis die Gegebenheiten des Chrestienschen Torsos dermaßen, daß er das Schicksal des Haupthelden Perceval völlig zugunsten Gauvains vernachlässigt. Die anderen verfahren weniger mutwillig, aber auch bei ihnen handelt es sich letztlich um etwas, das an Chrestiens vorangehenden Text angehängt werden mußte – freilich proportionierter und passender.

Anders Wolfram: Sein Verfahren ist ein genetisches und das Produkt ein organisches. Die Teile des Werks, die über Chrestien hinausgehen und erfunden werden mußten, werden in den Teilen, die den von Chrestien ausgeführten entsprechen, mittels subtiler Änderungen und Einpflanzungen angelegt. Daß und wie Wolfram bei aller Treue zur Vorlage die von Chrestien ausgeführten Teile als Ganzes einer grundsätzlichen Bearbeitung unterzog, zeigt sich an Randelementen des Werks wie an seinem Kern.

Als Beispiele dienen die Umstände des Todes von Parzivals Mutter und die Art der Gralsfrage. Bei Chrestien dreht sich Perceval beim Abschied von der Mutter um, sieht, wie sie hinfällt und ohnmächtig daliegt, „wie tot", reitet aber weiter (v. 620ff.); wie er von seinem Priester-Onkel erfährt (v. 6392ff.), war er infolge dieser „Sünde" nicht imstande, die zwei heilenden Fragen – warum die Lanze blutet und wen man mit dem Gral bedient – zu stellen. Wolfram ersetzte Chrestiens zwei Fragen durch eine einzige. Genauer: er unterdrückte die Frage als eine, die eine Antwort erheischte, und verwandelte sie für Parzival wie für die Aussage des Werks in einen Ausdruck der Menschlichkeit (vv. 484,23ff.; 795,28f.). Da aber das Nichtstellen dieser Frage schon an sich wegen mangelnder *caritas* moralisch verwerflich ist, konnte Wolfram ihre Verquickung mit Gefühllosigkeit gegenüber der Mutter aufgeben und Parzival trotzdem als mit mehreren Verfehlungen belastet zeigen. Diese gehören zu der Kette von Schuld und Sühne, die dem ‚Parzival', obgleich er wie andere Artusromane durchaus heiter wirkt, seinen andersartigen moralischen und religiösen Ernst und damit einen wesentlichen Teil seines einmaligen Erfolgs verleiht. Wolframs Folgerichtigkeit verbietet es, daß der Held die Mutter fallen sieht, ohne zurückzukehren: dies hätte der bis dahin dargestellten Natur des jungen Parzival widersprochen. Parzival dreht sich nicht um; er sieht nicht, was mit der Mutter geschieht. Damit legt Wolfram schon im III. Buch die Mitleidsfrage und das Besondere an Parzivals Weg zum Gralskönigtum grundsätzlich anders an als Chrestien.

Auch sonst erweckt Wolframs Fortsetzung des Chrestienschen Torsos den Eindruck eines dem Vorhergehenden organisch zugehörigen Gliedes, nicht den einer Prothese. Schon die feierliche Prozession der ersten Gralszene weicht von Chrestiens märchhaftem Ton ab, bereitet damit den anderen Seelenweg Parzivals vor und bestimmt den quasi-religiösen Ausgang des Werks. Das Verhältnis zu Chrestiens Schilderung sagt viel über Wolframs weltanschauliche Einstellung, eine eigentümliche Laienfrömmigkeit, aus. Es deckt auch die geistigen und ästhetischen Erwartungen auf, die er in Literaturwerke setzte, und die Ansprüche, die er an sie stellte. Die Kombination der Probleme, vor die die Übersetzung und Fortsetzung des ‚Perceval' Wolfram stellten, war einmalig, und das Ergebnis zeigt, daß der Auftraggeber, der auf das Genie des unbeschriebenen Blattes Wolfram setzte, auch als Dichterkenner nicht ohne Begabung war.

Wenn wir den Gedankengang fortsetzen, Wolframs Œuvre als Gesamtheit betrachten und nach der Entstehung des ‚Willehalm' fragen, liegt das Neue darin, daß der Auftraggeber nach dem ‚Parzival' mit einem bekannten Großen rechnen konnte. Es ist möglich, daß Hermann mitten in der Entstehung des ‚Parzival' zum Gönner Wolframs geworden war und daß er – als ehemaliger Kreuzfahrer – den ‚Willehalm' angeregt hat. Die Wahl des Stoffes läßt sich aber genauso plausibel aus Wolframs eigener Entwicklung erklären. Der Anfang und das Ende des ‚Parzival' befassen sich auffällig mit dem Orient, mit Gegensätzen und Affinitäten zwischen Christentum und Heidentum (Gahmuret, der *bâruc*, Bagdad, Feirefiz, Priester Johannes, Indien).

Wolframs Wissen vom Osten und seine Faszination durch dort und anderswo beheimatete irdische Utopien k a n n ihren Nährboden in dem fingierten, damals aber für echt gehaltenen lateinischen ‚Brief des Priesterkönigs Johannes' (‚Presbyterbrief') an den Ostkaiser Manuel I. Komnenos (1143–1180) gefunden haben (Gerhardt). Der ‚Brief', für dessen Entstehung Manuels Regierungszeit allein den zeitlichen Rahmen liefert, verstärkte den Appetit der Zeit auf Wunder des Ostens und nährte auch mit seinem Bild vom Priesterkönig Johannes als geistlichem und weltlichem Staatsoberhaupt im heidnischen Osten die idealistische Sehnsucht der Zeit nach einem harmonischen Gottesreich in allen geographischen, politischen und konfessionellen Bereichen des Lebens und der Erde. Albrecht rezipierte ihn so intensiv, daß er eine deutsche Bearbeitung als Bericht in den ‚Jüngeren Titurel' einfügte (Str. 6139–6278).

Das Interesse am Orient und am Geist der Kreuzzüge im ‚Willehalm' läßt sich nach den Erfahrungen des ‚Parzival' bei Wolfram ohne Hermann unschwer erklären (womit die Rolle des Landgrafen als Gönner nicht in Frage gestellt werden soll). Da der ‚Titurel' so eng mit dem ‚Parzival' verflochten ist, läßt sich schwer ermitteln, wann Wolfram mit seiner Erarbeitung begonnen hat. Aber selbst wenn Hermann zu der Zeit noch am Leben war, ist er als Anreger des ‚Titurel', in dem er zwar noch erwähnt wird, überflüssig. Hier schöpfte Wolfram ganz aus eigenen Quellen: dem ‚Parzival' und der eigenen Einfühlungs- und Einbildungskraft. Es scheint, als hätte Wolfram die Behandlung des Themas der ‚Titurel'-Dichtung schon im früheren Werk angelegt, obwohl das tatsächliche Verfahren wohl überwiegend das umgekehrte war. („Überwiegend", weil nicht auszuschließen ist, daß Wolfram mit dem Blick auf den ‚Titurel' bzw. von ihm aus Einzelheiten im ‚Parzival' geändert oder eingeführt hat.)

Es ist unsere Absicht gewesen, die Zeit sowie die Art und Weise der Entstehung der Werke Wolframs zu umreißen. Daß wir uns jetzt mitten in den Werken befinden, ist bezeichnend, denn Details erweisen sich bei Wolfram als Segmente eines Ariadnefadens, der (verkehrterweise) ständig zur Mitte führt. Wenn man die Machart von Wolframs Werken auf eine Formel bringen will, spricht man am besten von beherrschter, konsequenter Komplexität. Denken wir an den ‚Parzival', so ist die Komplexität mehr als nur keimweise bei Chrestien angelegt. Es ist nicht zu erklären, warum dieser seinem Gralroman eine von der seiner anderen Werke so abweichende Handlungsstruktur verliehen hat. Daß er zwei Helden, Gauvain und Perceval, in den Mittelpunkt setzt, entsprang vielleicht dem Bedürfnis des jetzt an seinem fünften Artusroman schreibenden Dichters nach Variation. Er erneuert das Erzählschema seiner früheren Romane, indem er es verdoppelt, aber ineinander schachtelt. Die Verdoppelung bewirkt u. a. folgendes: Wenn die Handlung Perceval zugunsten Gauvains verläßt oder umgekehrt, entsteht ein Hintergrund, in dem sich das nicht berichtete Schicksal eines der Helden ungesehen fortsetzt. Eine solche Perspektive kennzeichnet eher den Roman der Neuzeit und unterscheidet den ‚Perceval' von anderen höfischen Romanen Chrestiens und chrestienscher Prägung. Den stärksten Gegensatz bietet der ‚Erec': Erec steht seit dem Punkt seiner Einführung in den Roman im Vordergrund der Erzählung – nur während der kurzen Passage, in der von Yders Besuch am Artushof berichtet wird (v. 1081–1237) ist Erec aus dem erzählerischen Vordergrund abwesend. Im ‚Lancelot' bedeutet die Entführung des Helden, daß er für längere Zeit aus dem Blick verschwindet (v. 5099–5451), was aber in keinem Verhältnis steht zu dem Eindruck, den der ‚Perceval' in dieser Hinsicht hervorruft.

In der Handhabung des Perspektivenwechsels besteht aber ein bedeutender Unterschied zwischen Chrestien und Wolfram. Bei Chrestien existiert zwar ein rudimentärer Hintergrund, aber kaum eine Zwischenzeit. Hierfür gibt es zwei Gründe: Zum einen macht Chrestien die Zwischenzeit nicht fühlbar. Dagegen läßt Wolfram Parzival während Gawans Aventiuren in Bearosche, Ascalun und Schastel marveil hintergründig auftreten oder erinnert an ihn (z. B. vv. 388,8ff.; 400,13ff., 424,15ff.; 559,9ff.). Zum andern macht Chrestien kehrt, wenn sich die Handlung zum zweiten Mal von Perceval zu Gauvain wendet. Wir befinden uns wieder an dem lange zurückliegenden Zeitpunkt, an dem wir Gauvain verlassen hatten. Im Gegensatz dazu ist bei Wolfram auch im Parzival-Strang Zeit verflossen, und die neue Gawan-Episode schließt sich im objektiven Zeitfluß direkt an den beendeten Parzival-Abschnitt an.

Die Verdoppelung des Protagonisten und Wolframs Technik der Verflechtung der Schicksale der beiden Helden stellen selbst im Verhältnis zu dem innovativen ‚Perceval' einen ungeheuren Fortschritt in der Tiefe und Tiefenschärfe des höfischen Romans dar. Wolframs konsequente Darstellung von Geographie, Zeit und Charakter ist analysiert worden (Wynn;

Weigand; Steinhoff; Mohr). Es ist wie ein Ruck in Richtung auf den neuzeitlichen Roman, der durch wechselnden Schauplatz, wechselndes Personal und zeitliche Breite einen Eindruck der komplexen Verschlungenheit des Innen- und des Außenlebens der Personen hervorruft. Wolframs Fortschritt ist allerdings nicht unmittelbar zukunftsträchtig, sondern ein Anachronismus: nach seinem ,Willehalm' wird Ähnliches lange nicht mehr versucht.

Die Doppelhandlung bringt nicht nur quasi-realistische strukturelle Nebenwirkungen narrativer Art hervor, sie steht auch gut mittelalterlich im Dienst einer vertieften Aussage durch den Vergleich, den sie erzeugt. Grob gesagt, stellt Gawan das Ideal des Artushofs dar, während der „verspätet weise" (v. 4,18) Parzival – dessen ritterliche Karriere die Artuswelt beeindruckt, stört, neu für sich gewinnt und durchquert – eine tiefere Spiritualität vertritt, die die Gralswelt verkörpert. Diese relativiert und übersteigt geistig und moralisch die Artuswelt, ohne sie zu entwerten. Parzival wird im Leid und ins Leid hinein geboren. Das ist das Schicksal der Familie seines Vaters Gahmuret. Noch ausgesprochener gehört das Leid aber zum Schicksal und inneren Wesen der Mitglieder seiner Familie mütterlicherseits, der Gralsdynastie, obwohl wir 13640 Verse lang zu warten haben (455,20) – und Parzival selbst weitere 659 (477,19ff.) –, bis es Wolfram beliebt, Parzivals Zugehörigkeit zu ihr zu verraten. Seine anfangs törichte, nach Verfehlungen verstockte, aber immer wohlmeinende, hilfsbereite Natur stößt ständig auf Leid und verursacht es für sich selbst und andere. Es kann sozusagen durch seine bloße Existenz geschehen – wenn die Vögel getötet werden (v. 118,29ff.) oder wenn Schionatulander ermordet wird, der in seinem Dienst stand (v. 138,21ff.); oder ohne Absicht, gedankenlos, aber tadelnswert – wenn er Jeschute entehrt (v. 130,26ff.) oder Condwiramurs verläßt (v. 223,8ff.); oder ernsthafter in Fällen, wo es unabsichtlich geschieht, aber er es schon hätte besser wissen sollen – wenn er seinen Verwandten Ither, der ihn höflich behandelt, jähzornig erschlägt (v. 154,4ff.) oder wenn er aus mißverstandenem höfischen Anstand die ihm auf der Zunge liegende Frage, die seinen Onkel, den Gralkönig geheilt hätte, nicht stellt (v. 239,8ff.). Als Parzival die fröhliche, nicht zu seinem Gemütszustand passende Artusversammlung heimlich verlassen will, denkt er: *ich wil ûz disen freuden varn* (v. 733,20) („ich will diese Freuden hinter mir lassen"). Die Worte sind situationsbedingt, charakterisieren aber ihn und seine Sippe in einem tiefgehenden Sinn. Die Fähigkeit, Leid zu empfinden und fruchtbar zu ertragen, die Gottfrieds „edle Herzen" auszeichnet (s. S. 315), gehört auch zu Wolframs Figuren, besonders zu Herzeloyde, Parzival, Condwiramurs, Trevrizent, Sigune, Anfortas, Willehalm und Giburg.

Wenn Chrestien den ,Perceval' vollendet hätte, wäre in ihm dem Seelenleben eine größere Rolle zugekommen als in seinen anderen Romanen. Wolfram hat vielleicht daraus gelernt. Auf jeden Fall hat er das Prinzip im Verhältnis zu Chrestien denkbar weit getrieben und auf andere, eigene Weise entwickelt. Die Hauptunterschiede liegen in der Zeit- und Raumstruktur, der Charakterschilderung und -motivation, speziell aber in der Schaffung eines Netzes von Beziehungen, die die Figuren und Ereignisse mit- und untereinander verbinden. (Als besonderes Merkmal fällt die Herstellung weitgedehnter verwandtschaftlicher Gruppierungen auf.) Daß dies alle drei epischen Werke Wolframs betrifft, deutet an, daß dies ein innerer Grundzug seines Schaffens war und nicht dem jeweiligen Quellenmodell entnommen wurde.

Wir begrenzen die Diskussion des Themas vorerst auf den ‚Parzival‘, obwohl die Ausführungen, leicht modifiziert, auch für die anderen Werke zuträfen. Verwandtschaftliche Beziehungen bestimmen von innen und von außen – d.h. durch Gene, durch Ratschläge und Beeinflussung – Parzival und seinen Lebensweg mit. Und dies geschieht trotz der Versuche Herzeloydes, sein zukünftiges ritterliches und dynastisches Los durch einseitige und abseitige Erziehung in der Wildnis zu pervertieren. Die besonderen Charakteranlagen des Helden spielen im Schicksal keines anderen Protagonisten eines Artusromans eine so wesentliche Rolle. Denn trotz der Modifizierung des narrativen Grundschemas und des geistigen Kerns des Werks bleibt der ‚Parzival‘ ein Artusroman. Gawan ist durchaus Artusheld, Parzival noch in vielem. Dies sehen wir z.B. in der hartnäckigen Tapferkeit und der Waffenkunst, die zur Verteidigung und Bewahrung der Gralsgemeinschaft ebensosehr notwendig sind wie seine – auch vom Gral geforderte – eheliche Treue.

So, wie Wolfram die Geschichte Parzivals behandelt, kann sie nur wirken und überzeugen, wenn die Persönlichkeit der Figuren das Gewicht und die Tiefe hat, die nötig sind, ihre Handlungen und Aussagen glaubwürdig und ernsthaft zu machen. Es muß auch der Eindruck entstehen, daß sie dem Inneren der Figuren entspringen. Betrachtet man Parzivals Karriere vom Standpunkt der Einflüsse von außen, so ist festzustellen, daß die wichtigste Art Einfluß in den Ratschlägen anderer liegt. Von den vier einflußreichsten Ratgebern – Herzeloyde, Sigune, Trevrizent und Gurnemanz – sind die ersten drei Mitglieder seiner Sippe. Der verwandtschaftliche Einfluß verdoppelt gleichsam Parzivals genetische Zusammensetzung. Schon die Betrachtung einer kurzen Zeitspanne der Handlung deckt die Verflochtenheit dieser Kräfte in der Entwicklung des jungen Parzival auf.

Um Parzival vor dem Schicksal seines Vaters, dem Tod im Ritterkampf, zu bewahren, läßt Herzeloyde ihn als Säugling in einen entlegenen Wald bringen, wo er um seine königliche Lebensweise betrogen unter Dienern aufwächst, denen es verboten ist, auch nur das Wort *ritter* laut werden zu lassen (v.118,2ff.). Seine vom Vater geerbte Veranlagung (v.118,28) läßt ihn schon als Kleinkind beim Gesang der Vögel melancholisch werden. Parzivals Protest gegen Herzeloydes überängstlichen Versuch, die Vögel deshalb zu töten, läßt sie zufällig von Gott sprechen; der unwissende Parzival fragt nach Gott und bekommt u.a. zu hören, dieser sei strahlend hell und man solle zu ihm beten (v.119,18ff.). Damit beginnt ein faseriges Seil aus bedeutsamer Auskunft und folgenschwerem Rat mit Strängen von verschiedener Länge, die Parzivals Lebensweg bis zu den Begegnungen mit Trevrizent bestimmen (vv. 456,4ff.; 797,16ff.). Als er zum ersten Mal Rittern begegnet, hält er deren Anführer Karnachkarnanz, dessen Panzer strahlend blitzt, für Gott und handelt nach dem Rat der Mutter, kniet vor ihm nieder und betet ihn an (v. 120,24ff.). Karnachkarnanz erzählt ihm, daß er ein Ritter ist, und antwortet auf Parzivals Frage, wer Ritter mache: „König Artus", wobei Parzival, der primär an der glänzenden Ritterrüstung interessiert ist, diese als integralen Teil des Rittermachens versteht (v. 123,7ff.). Er will die Mutter verlassen, und sie gibt ihm eine sonderbare Mischung weiterer Ratschläge (v. 127,13ff.): er soll ungebahnte dunkle Furten meiden, alle Menschen grüßen, den Rat eines grauen Weisen befolgen und, wo er sie bekommen kann, den Ring und die Zuneigung einer guten Frau annehmen und sie küssen; sie sagt ihm auch, wie Lähelin ihn zweier Lande beraubt und seine Leute erschlagen hat. (Das wiederholte Zusammenwürfeln von Ratschlägen, die die Zukunft geheimnisvoll anklingen lassen, mit Auskünften, die die Vergangenheit und die Gegenwart nachträglich erhellen, gehört zum Kern von Wolframs Erzähltechnik.)

Parzival verläßt die Mutter, kommt an ein Wässerchen, das ein Hahn hätte überschreiten können, reitet aber, da es durch Pflanzen verdunkelt ist, daran entlang, bis es hell wird (v. 129,7ff.); die Befolgung des mütterlichen Rats bringt ihn zur Begegnung mit Jeschute, die er vorschriftsgemäß küßt und ihres Ringes beraubt, so daß sie den Zorn ihres Gatten Orilus erleiden muß (v. 131,11ff.). Parzival reitet fort, grüßt jeden, dem er begegnet, nach dem Rat der Mutter und stößt auf seine ihm unbekannte Kusine Sigune, die über dem Leichnam ihres Geliebten Schionatulander trauert (v. 138,11ff.); auch sie grüßt er und bedauert ihre Lage, und sie, die erste, die ihm seinen Mangel an Mitleid im Unterlassen der Gralsfrage vorwerfen wird (v. 255,2ff.), dankt ihm für sein Mitleid (v. 140,1f.). Hier erhält er wieder von einem verwandten Menschen eine Reihe von Auskünften, die von der Mutter Erzähltes bestätigen und mit Nützlichem, z. B. seinem Namen, ergänzen. Er will Schionatulander an Orilus rächen, aber Sigune, die schon jetzt aus dem von ihr fahrlässig bewirkten Tod Schionatulanders gelernt hat und den „größeren Schaden" der Tötung des Jünglings – und vielleicht, wie sie weiß, künftigen Gralkönigs? – befürchtet, schickt diesen in die falsche Richtung – auf einen Weg, der zufällig noch verhängnisvoller ist: er führt ihn zu Artus.

Vor dessen Hof trifft er einen ihm unbekannten Verwandten, Ither, den Roten Ritter, den er grüßt, wie immer hinzufügend, daß seine Mutter es ihm empfohlen habe (v. 145,9). Ither lobt die Mutter, die den äußerlich als Narren gekleideten Parzival geboren hat, denn wie Karnachkarnanz erkennt er dessen inneren Adel (v. 146,5ff.). Parzival reitet zu Artus und verlangt von ihm die Ritterwürde und – als deren Komponente – Ithers rote Rüstung, was ihm der anscheinend geistesabwesende Artus und der boshafte Keie zu gönnen scheinen (v. 150,11ff.). Er kehrt zu Ither zurück und fordert von ihm die mißverstandene Komponente des Rittertums, die rote Rüstung, bis der darüber Entrüstete, um dem närrischen Parzival seine Weigerung klarzumachen, die Lanze umdreht und ihn schlägt. Parzival erschlägt ihn daraufhin mit seinem Jagdspieß (v. 153,21ff.).

In der roten Rüstung Ithers und auf dessen Streitroß kommt Parzival zu Gurnemanz. Dessen Rat hat aufgrund der Empfehlung Herzeloydes für ihn eine besondere Kraft (v. 162,27ff.). Gurnemanz bringt ihm den Ritterkampf bei und rät ihm u. a., über die Mutter zu schweigen (ein Erzählstrang läuft aus!), nicht so viele Fragen zu stellen und den besiegten Gegner nicht generell zu töten, es sei denn, dieser habe ihm schweren Schaden zugefügt (v. 170,9ff.).

Wie Chrestien inszeniert Wolfram eine vorgängige Probe der Durchführung des Frageverbots (v. 188,15ff.): Am Tag seines Abschieds von Gurnemanz erinnert sich Parzival im Angesicht von Condiwamurs' einmaliger Schönheit an die Worte des Gurnemanz und schweigt, bis sie ihn endlich anspricht und er antwortet. Der Zusammenhang ist so harmlos, geradezu lächerlich, daß sich kaum ein Skeptiker unter uns bemühen würde, zu protestieren. Wir tappen in die Falle: Parzivals unverfängliches Schweigen in ihrer Gegenwart legt diesen Teil seiner psychischen Ausstattung und seines charakteristischen Benehmens fest und bereitet so vor, was durch den Stoff vorgeschrieben war: die sonst unerklärbare, schwerwiegende Unterlassung der Frage vor dem Gral (v. 238,9ff.).

Die Nacherzählung hat sich empfohlen, weil der Abschnitt in seinen Details für den Fortlauf und Ausgang der Handlung bedeutsam ist, besonders aber, weil die weit vorausschauende, manipulierende Darstellungsweise, die hier zutage tritt, für Wolfram charakteristisch ist und zu seiner Zeit einmalig war (sie erinnert an den modernen Roman). Ansatzweise findet sie sich schon in Chrestiens ‚Perceval', vor allem in der Doppelhandlung. Wolfram entwickelt die Doppelstruktur viel weiter, auf eine andere Weise und wohl mit anderer Zielrichtung. Indem Parzival seiner Zukunft näher rückt, wird ihm – und uns – die Vergangenheit, die ihn geformt hat, allmählich enthüllt, und zwar stets aus der Perspekive einer Kraft, die sein zukünftiges Schicksal prägt. Dieser narrative Janus-Blick Wolframs ist schärfer als in anderen höfischen Romanen.

„Schicksal" führt zur Rolle Gottes und der Vorsehung, einem Gewicht, das bei Wolfram einer besonderen Art von Religiosität zukommt. Chrestien und Wolfram behandeln die Religion unterschiedlich. Wolfram spielt die institutionelle Seite der Kirche an Stellen, wo sie bei Chrestien erscheint, herunter. Er tilgt den Rat der Mutter an Perceval (v. 567ff.), in Kirchen zu beten, und ihre Erklärung der glänzenden Erscheinung solcher Gebetsstätten; es verschwinden die kleine Kapelle, Priester usw., die Percevals namenlosen Einsiedler-Onkel umgeben, bei dem er auch die Kommunion empfängt (v. 6341ff.): Wolfram ersetzt sie durch die armselige Felsenhöhle des Einsiedlers Trevrizent (v. 452,13ff.). In Kontrast zum Eliminierten kennzeichnet Wolframs ‚Parzival' global eine Erhöhung des Religiösen gegenüber Chrestiens ‚Perceval'.

Wolfram gibt zu verstehen, daß keiner die mysteriöse Gralsburg finden kann, der sie sucht, und daß sie in einer wilden Gegend steht. Bei Chrestien hat der leidende Gralkönig die Burg hingegen als Jagdschloß bauen lassen und genießt sie (v. 3528ff.). Die Erlösung des Gralkönigs verlangt bei Chrestien zwei Fragen: warum die Lanze blutet und wen man mit dem Gral bedient. Das sind Fragen, die im Gegensatz zu der Mitleidsfrage bei Wolfram eher den Eindruck eines Zauberspruchs machen. Chrestiens unvollendetes Werk erlaubt keinen Vergleich mit der Art, wie Parzival die heilenden Frage stellt, die durch ein feierliches Gebet eingeleitet wird. Wir sind auf die erste (einzige) Gralsszene bei Chrestien angewiesen. Doch vermuten wir, daß das atmosphärische Verhältnis zwischen Chrestiens und Wolframs Darstellungen der Heilungsszene demjenigen zwischen den beiden Schilderungen der ersten Gralsszene entsprochen hätte.

Während Chrestiens Gralsszene geheimnisvoll übernatürlich wirkt, haften ihr während des Geschehens keine eindeutigen Spuren des Religiösen an. Nur im Rückblick wirft Percevals Priester-Onkel ein religiöses Licht auf die Szene, indem er erklärt, wie man auf den Teller (*graal*) eine Hostie legt und zum alten König, dem Vater des Fischerkönigs, bringt, der dank der mirakulösen Kraft des Grals seit zwölf Jahren nur von Hostien lebt (v. 6417ff.).

Im Gegensatz dazu umgibt bei Wolfram von vornherein eine religiöse Aura die feierliche Gralprozession, trotz der (bei Chrestien fehlenden) Tischlein-deck-dich-Seite des Grals. Trevrizents spätere Erklärung, wie am Karfreitag eine weiße Taube eine Hostie vom Himmel bringt und auf den Stein (d. h. den Gral) legt, wodurch er seine übernatürliche Kraft erhält, rückt die wunderbare Erschaffung von Speisen aber aus dem Bereich des Märchens heraus und bringt sie in den Bereich der Eucharistie (v. 469,29ff.). Es fällt auf, daß die namenlose häßliche Gralsbotin, wenn sie am Artushof Perceval sein Vergehen beim Gral vorwirft, anders als Wolframs Cundrie (v. 315,17ff.) keineswegs auf eine „Sünde" anspielt, sondern davon spricht, daß er die von der Fortuna gebotene Gelegenheit verpaßt hat (v. 4642ff.). Wolfram krönt die religiöse Auffassung der Verhältnisse in der Gralsburg und der Leiden des Gralkönigs damit, daß er zu dessen Heilung Gott mit einem ausdrücklichen Wunder eingreifen läßt (v. 795,30ff.).

Wolframs Einstellung zur Religion wird als „Laienreligiosität" bezeichnet. Der Terminus ist berechtigt, aber gefährlich. Wolframs Persona und Persönlichkeit machen einen profund christlichen Eindruck. Der besondere Weg aber, den Wolframs Darstellung nimmt, ist kein Sonderweg im Artusroman über die Tatsache hinaus, daß es sich um einen Helden handelt, der ein Laie ist, der von früh an ein starkes, unproblematisches Gefühl für Gott hat, dessen Aufgaben aber stärker als sonst in der Gattung religiösethischer Natur sind. Wolframs zwingende Darstellung der feierlichen Gralsgemeinschaft und ihres Dienstes am Gral sowie der Haupt- und Nebengestalten läßt uns leicht vergessen, daß auch sie alle Laien sind und aus der Sicht des orthodoxen Christentums bestenfalls Teilnehmer an einer frommen, wohlgemeinten, harmlosen Fiktion, schlimmstenfalls Häretiker sind. Wir teilen die erste Meinung, glauben aber, daß man in beiden Fällen bei Wolfram fehlgeht, wenn man sein Modell für die Gralsgemeinschaft bei historischen Häretikergruppen sucht. Schon seine – nie überzeugend erklärte – Verwendung des Namens *templeise* für die Gralritter macht das wegen der Anklänge an den Orden der Tempelritter unwahrscheinlich.

Parzivals Lebensweg ist aber ein länger anhaltender Reifungsprozeß als der gewöhnliche Lebensweg des Helden im Artusroman; er führt ihn stärker als der aller anderen Artushelden zu Proben, die schließlich christlicher Natur sind. Die enge Verbindung der Sphären des Ritterlichen und des Religiösen ist die notwendige Folge.

Bei Wolfram finden wir gegenüber Chrestien einen Ausbau des Religiösen, das alles durchdringt und sich direkter als bei diesem auf das Leben und die Schuld des Haupthelden auswirkt. Daß die viel besprochene Frage nach Parzivals Schuld keine Antwort gefunden hat, spricht für Wolfram.

Parzival ist durch seine Existenz schuld an der Tötung der Vögel (v. 118,24ff.), der Ermordung Schionatulanders (v. 141,2ff.), dem Tod seiner Mutter (v. 128,18ff.) sowie der Mißhandlung von Cunneware und Antenor (v. 151,21ff.); dazu kommt die Enttäuschung der Hoffnungen von Gurnemanz und Liaze (v. 177,12ff.). Tadelnswerter, obwohl nur Folge der Torheit, ist das lange Leiden Jeschutes (v. 135,25ff.). Noch tadelnswerter, auch wenn es auf einem von Kei boshaft verstärkten Mißverständnis beruht und in momentanem Zorn geschieht, ist Parzivals Tötung seines ihm unbekannten Verwandten Ither, der dem als Narren gekleideten Jüngling höfisch und höflich begegnet war (v. 154,27ff.): selbst ein Tor hätte wissen sollen, daß man einem Menschen seinen Besitz nicht abfordert. Am auffälligsten im Stoff und in seiner narrativen Entfaltung ist die Unterlassung der Gralsfrage; sie bleibt schwerwiegend, gleichgültig, ob man im Rat des Gurnemanz, Fragen zu unterlassen, mildernde Umstände sieht (v. 239,8ff.). Als letzte Schuld bzw. Sünde bleibt, daß Parzival die Schuld für seine Unterlassung der Gralsfrage auf Gott geschoben hat, sowie seine daraus entstehende vierjährige Rebellion gegen ihn (v. 332,1ff.).

Wir haben in dieser Rebellion, deren Ansage mit Worten beginnt, die Parzivals Kindheitsfrage wiederholen (v. 332,1ff.: *wê waz ist got?*), seine Hauptverfehlung zu sehen. Seine viereinhalb Jahre dauernde Wanderzeit stellt, nach den Regeln des Grals zu urteilen (v. 483,20ff.), eine hoffnungslose Suche dar. Zeitlich macht sie einen großen Teil der Handlung aus, wird aber physisch durch die Gawan-Bücher vertreten. Bezeichnenderweise decken sich diese öden Wanderjahre mit Parzivals Trotz gegen Gott. Ihr Ende beginnt mit einer anbrechenden Erweichung Parzivals durch die Versöhnung mit Sigune (v. 442,9ff.), die ihn als erste wegen seiner Unterlassung der erlösenden Frage verflucht hatte (v. 255,2ff.). Die Erweichung, die in Reue und Sühne mündet, wird am Karfreitag durch den Grauen Ritter und seine Familie fortgesetzt (v. 446,10ff.) und durch Trevrizent vollendet. Erst als Parzival sein Verhältnis zu Gott geklärt hat, kann die Wiedergutmachung seiner anderen Verfehlungen bzw. die Buße für sie beginnen. Das Fehlen des Gotteshasses bei Chrestien betont seine Bedeutung für Wolfram. Anders als jener hat Wolfram keine Kette von Sünden, in der die Glieder unverrückbar aufeinander folgen. Während Perceval unfähig ist, aufgrund seiner einzigen schwerwiegenden Sünde die heilenden Fragen zu stellen, begegnen wir bei Wolfram einer lockeren Reihe von

Verfehlungen. Sie sind zahlreicher als bei Chrestien und gelten für verschiedene Strecken der Handlung, überlappen einander teilweise und haben eine kumulative Wirkung, in der die verschiedenen Vergehen wegen ihrer relativen Schwere nicht gegeneinander abgewogen zu werden brauchen. Ihre Verflochtenheit verweist auf einen Seelenzustand des Helden und darauf, daß seine Schuld allein in seiner Geburt liegt.

Diese Fragen betreffen Momente der Mehrsträngigkeit der Gralsgeschichte, wie Chrestien und Wolfram sie erzählen. Der dargestellte Lebensraum wird dadurch vielfältiger und reicher, daß die Welten des Artushofs und der Gralsburg mit ihren verschiedenen Anliegen nebeneinander existieren. Auch durch die Tatsache, daß die beiden Helden mit ihren kontrastierenden Wesenszügen und Aufgaben diese Welten bewohnen, werden sie echter und bunter. Das Verfahren wird fortgesetzt, indem die Welt von Wolframs ersten beiden Büchern, die die Karriere von Parzivals Vater Gahmuret und vor allem seine Ehe mit der heidnischen Mohrenkönigin Belacane erzählen, am Ende des Werks mit dem Erscheinen von Parzivals schwarz-weißem Halbbruder Feirefiz wieder in den Blick rückt. Diese dritte Welt des Orients wird der Artuswelt und der Gralswelt an die Seite gestellt und schließlich durch die Ehe zwischen Feirefiz und der Gralsträgerin Repanse de schoye mit der Gralswelt verbunden: der zukünftige Sohn der Ehe, der Priester Johannes, wird das Christentum in Indien befestigen helfen (v. 822,23ff.).

Die Frage von Wolframs Quelle bzw. Quellen ist nicht restlos geklärt. Die überwiegende Masse der Entsprechungen im großen wie im kleinen zwischen Chrestien und Wolfram beseitigt jeden Zweifel, daß jener diesem als Hauptquelle diente -- wir meinen als ausschließliche Quelle, versteht man darunter einen längeren geschriebenen Text. Weniger sicher ist, ob Wolfram eine erhaltene Version von Chrestiens ‚Perceval' benutzt hat, und ob er zu weiteren Quellen Zugang hatte. Es wird u. a. die Ansicht vertreten (besonders von Fourquet), daß Wolfram nach dem VI. Buch des ‚Parzival' als Vorlage eine andere Handschrift des ‚Perceval' benutzte. Es kompliziert die Frage, daß Wolfram am Ende seines Werks Chrestien als unglaubwürdigen Erzähler der Parzivalgeschichte zugunsten eines provenzalischen Dichters namens Kyot ablehnt, der allein die Wahrheit über Parzival berichtet habe (v. 827,1ff.).

Wer ist dieser Kyot, den die Forschung inbrünstiger gesucht hat als Parzival den Gral? Die Verteilung der Belege stimmt uns mißtrauisch: neben der Erwähnung im Epilog ist sonst fünfmal von Kyot die Rede (vv. 416, 20ff.; 431,2; 453,5ff.; 776,10ff.; 805,10). Alle Belege erscheinen in der zweiten Hälfte des Werks und die ersten drei und die letzten drei liegen jeweils innerhalb einer kurzen Erzählspanne. Wolfram nennt Kyot einen provenzalischen Sänger, der französisch dichtete, was ungewöhnlich wäre und einer Erklärung bedürfte. Weder die altfranzösische noch die provenzalische

Literaturgeschichte kennt diesen Mann, obgleich er *wol bekant* sei (v. 453,11). Wir halten die Existenz einer Quelle für ganz unwahrscheinlich, die in vielem mit Chrestien beinahe identisch gewesen sein muß und die zum ersten Mal nach 12499 Versen eingeführt wird, nur um zu bezeugen, daß ein Vasall „Liddamus" hieß (v. 416,20ff.) und daß Gawan vor seiner Abreise gespeist hatte (v. 431,1f.). Von Angelegenheiten, die noch welterschütternder sind als Gawans Mittagsessen, wurde ohne solche Quellenberufungen berichtet. Wenn wir in Betracht ziehen, daß wir es mit dem Possenspieler Wolfram von Eschenbach zu tun haben, der vor nichts Respekt hat, und der fähig ist, sich als illiteraten dichtenden Ritter hinzustellen, nähme es nicht wunder, wenn er Quellenberufungen einführte, um gelehrte Dichter zu verspotten.

Wir halten Kyot aus diesem Grunde für eine Fiktion Wolframs. Wenn man betrachtet, was Wolfram aus Situationen und Figuren gemacht hat, für die Chrestien eindeutig das genaue Modell lieferte, lernt man, daß Wolfram eine eigene Erfindungskraft besitzt, die jede Quelle überflüssig machen konnte, und daß man bei dem schöpferischen Gebrauch, den er von seinen Modellen gemacht hat, wenig Chancen hat, sie als solche zu erkennen, selbst wenn man sie findet.

Entsprechungen zu anderen Erzählungen sind bei Wolfram zahlreich. Man macht es sich gewiß sehr leicht, wenn man dann mündliche Quellen postuliert. Ehe wir diese Erklärung aber ablehnen, sollte es Mahnung genug sein, ernsthaft auch mit mündlichem Material zu rechnen. Knapp zwanzig Jahre vor Wolframs ‚Parzival' war Chrestien für seine Artusromane anscheinend ganz auf mündliche Quellen angewiesen.

Wolframs Vorstellung vom Gral und seine Behandlung des Motivs sind nicht zu trennen von der Frage nach seinen Quellen. Seine Gralauffassung ist besonders geeignet, das Elsternsyndrom zu illustrieren, das ihn bei seinem Umgang mit Informationsquellen stets begleitet. Bis zum Punkt, wo Chrestiens Text abbricht, erfahren wir nichts über den Ursprung oder die Bedeutung des Grals. Seine Gralsszene läßt nicht erkennen, was aus dem Gral werden und wofür er stehen sollte.

Bei Chrestien erscheint der Gral einmal, als bei Percevals Besuch in der Gralsburg eine schöne Jungfrau eintritt, die in beiden Händen *un graal* (v. 3220ff.) trägt („einen breiten, tiefen Teller"), aus Gold und mit Edelsteinen besetzt. Chrestien spricht von „einem Gral", faßt *gral* mithin nicht als Namen auf. Daß später von „dem Gral" geredet wird, gehört zur Anwendung der unglücklich „unbestimmt" und „bestimmt" genannten Artikel: Bei der ersten Erwähnung eines Objekts wendet man jenen und bei folgenden Erwähnungen diesen an. Wolfram dagegen gebraucht eine Wendung, die es ihm erlaubt, gleich am Anfang mit einem bestimmten Artikel zu beginnen: *ûf einem grüenen achmardî truoc si den wunsch von pardîs.* [...] *daz was ein dinc, daz hiez der Grâl* (v. 235,20ff.): („auf einem kostbaren grünen Seidenstoff trug sie das Höchste, was der Mensch sich nur wünschen kann, [...] Das war ein Ding, das ‚der Gral' hieß"). Der bestimmte Artikel wird über „ein Ding" hineingeschmuggelt und „Gral" sofort (potentiell) als Name präsentiert.

Wolframs erste Bezeichnung des Grals als *ein dinc* (nochmals v. 454,21) ist zutreffend, aber vage. Da der Gral indes nie existiert hat, dürfen wir nicht erwarten, daß Wolfram über andere literarische Gestaltungen hinaus etwas zur Enträtselung hätte beitragen können. Wenn wir uns auf erhaltene Schriften beschränken, waren zu seiner Zeit Literaturwerke die einzigen Informationsquellen über dieses zuerst von Chrestien erwähnte Objekt. Wolfram war auf sie und die eigene Einbildungskraft angewiesen. Wir vermuten hinter Chrestiens Gralroman eine keltische mündliche Erzählung (und sei es nur aus dem Grund, daß wir andernfalls neben einer schriftlichen Quelle auch deren Verlust postulieren müßten). Jede Suche nach dem Ursprung der Gralssage hat mit Chrestien zu beginnen. Erst nach ihm und über ihn hat die Gralsgeschichte die Menschen gepackt. Falls der Gral vor ihm bekannt war, hat seine Version nicht nur alle anderen vernichtet, es hat auch der „Name", den er ihm gab – die alltägliche altfranzösische Vokabel *graal* –, alle früheren Namen ausgelöscht, so daß auch in anderen Sprachen nur das französische Wort gilt. Die literarhistorische Konsequenz ist, daß für die Entwicklung der Gralsgeschichte in der Form, in der sie in den folgenden Jahrhunderten ihre epochemachende Bedeutung erlangte, nur Chrestien, seine Nachfolger und seine Bearbeiter in verschiedenen europäischen Sprachen von Bedeutung sind. Für diese Entwicklung ist das irrelevant, was Chrestien vorfand. Von allen Bearbeitern Chrestiens ist Wolfram vielleicht der einflußreichste, wenn wir unser Urteil jeweils auf das eigene Sprachgebiet der Dichter begrenzen. Sein ‚Parzival' ist kohärent und definitiv, so daß er Versionen, die von ihm abweichen, effektiv im Wege stand. (Dies im denkbar stärksten Gegensatz zu Chrestiens einladend offenem „Schluß".) Selbst die die Zukunft erobernden, riesigen Prolegomena zu und Fortsetzungen von Chrestiens ‚Perceval', die mit der düster tragischen ‚Mort Artu' ein glorreiches Zeitalter zu Ende bringen, fanden in Deutschland nur eine zögernde Resonanz (s. Bd. II/2, S. 179 ff.). Es ist unwahrscheinlich, daß es etwas anderes war als Wolframs souveräne Darstellung von Parzival als dem definitiven Gralserben, das Lancelot und dem Erlöser Galaad die ihnen gebührende Wirkung abgeschnitten hat.

Wenn wir aber Wolframs Gralsbild mit dem anderer Dichter vergleichen, entdecken wir, daß es anderweit nichts Vergleichbares gibt. Bei Wolfram ist der Gral, dem er auch den viel umrätselten Namen *lapsit exillîs* (v. 469,7) zuschreibt, ein Stein (v. 469,3), auf dem Inschriften himmlischen Ursprungs erscheinen. Diese benennen insbesondere die Mädchen und Jünglinge, die zum Gralsdienst berufen werden (v. 470,21 ff.). Sie dürfen später die Gralsgemeinschaft verlassen und heiraten – dies ist in der Gralsburg nur dem Gralkönig erlaubt –, falls ein Land eine Herrin oder einen Herrn benötigt; dahinter steht die Absicht, die Kinder dieser Ehen als neue Gralshüter zu gewinnen. Dies erklärt die erste Ehe Herzeloydes mit Castis, und da dessen Land nach seinem Tod herrenlos wird, ihre zweite Ehe mit Gahmuret und die Existenz Parzivals, der nicht nur zum Gral zurück, sondern auch zum Gralkönigtum berufen ist (v. 494,5 ff.). Die ersten Hüter des Grals auf Erden waren die neutralen Engel, die bei Luzifers Fall weder für noch gegen Gott kämpften (v. 471,15ff.); es ist unklar, ob sie den Gral mit auf die Erde brachten oder ob er schon da war. Sie wurden von Titurel, dem ersten Gralkönig, und seiner Dynastie abgelöst, in der die Sukzession von Titurel zu dessen Sohn Frimutel und dann zu dessen Sohn Anfortas ging (v. 455,17ff.; 478,1ff.). Die Auffassung des Grals als Stein bleibt Wolfram eigentümlich. Sie steht im Gegensatz zur Auffassung als Kelch, die wir um 1200 im ‚Roman de l'Estoire dou Graal' von Robert de Boron finden und die zur herrschenden Vorstellung werden sollte. Robert versteht den Kelch als den, den Christus beim letzten Abendmahl benutzte. Später soll er in die Hände Josephs von Arimathia gekommen sein, der während einer jahrelangen Gefangenschaft nur durch Speise und Wasser am Leben blieb, die der Kelch auf wunderbare Weise spendete. (Die Parallele zu dem Greis in der Gralsburg bei Chrestien bzw. zu Titurel bei Wolfram fällt auf.)

Wolframs Beharren auf einem Stein, sein alternativer Terminus *lapsit exillîs*, die Existenz des Grals schlechthin, haben zu einer ausgedehnten Suche nach seiner Inspiration für das Gralkonzept in lateinischen, griechischen, keltischen und arabischen Schriften geführt. Keine der Theorien überzeugt, und in ihrer Gesamtheit wirken sie unfruchtbarer als das öde Land, von dem im ‚Perceval' die Rede ist. Es steht nicht einmal fest, daß die Fragestellung hinter dieser Quellensuche angebracht ist. Zum einen entstellt Wolfram resolut so vieles, daß der Sinn des Ursprünglichen für Wolframs Werk nicht mehr gültig wäre; zum andern läßt sich der neue Sinn, den Wolfram dem Themenbereich geben wollte, nur durch Wolframs Werk selbst gewinnen. Das setzt aber voraus, daß Wolfram dem Gral und seinem Roman einen solchen Sinn geben wollte. Die Ansicht ist vertretbar, daß bei einem Gegenstand wie dem Gral, der geheimnisvoll ist und dessen Ursprünge und Sinn das Wissen gewöhnlicher Menschen übersteigen, Unbestimmtheit so entschieden am Platz ist, daß Wolfram seine berufliche Aufgabe mißlungen wäre, hätte er Klarheit geschaffen.

Das ist ernster gemeint, als es scheinen mag. Wir sehen wiederholt, wie gern Wolfram seine Zuhörer anführt, ihnen auf mysteriöse Weise Informationen vorenthält und sie dann – aber nicht immer – später aufklärt. Offenbar fand er Gefallen an seinen eigenen literarischen Erfindungen. Viele Quellenberufungen, in denen er uns versichert, daß etwas – meist Unwichtiges – von der *aventiure* („Quelle") berichtet wird, wo aber nichts dergleichen bei Chrestien steht, können als irritierende Vexierbilder gemeint sein. In solchen Fällen haben wir schon die Grenze zur Fiktion überschritten, so schwierig es auch sein mag, Wolfram eindeutig dabei zu ertappen.

Weil es sich um spielerischen Betrug handelt, führt die vorangehende Überlegung zu einem der wichtigsten Elemente von Wolframs narrativer Kunst, dem Humor, den Wolfram, nach der Zahl und der Bedeutung der Stellen zu urteilen, an denen er erscheint, sehr ernst nimmt. Es ist fraglich, ob „Zahl der Stellen" ein adäquater Ausdruck ist. Der Humor ist eine Grundeinstellung, die das Ganze färbt und sich gegen alles richten kann, vom Haupthelden (etwa v. 445,2ff.) bis zu Wolfram selbst (etwa v. 116,1ff.). Die Typen des Humors bei ihm haben eine ebenso breite Spannweite wie seine Zielscheiben. Sie reichen von der Situationskomik (z. B. 445,2ff.: wir sollen Parzival nicht vorwerfen, daß er sich ohne Henker erhängen wollte), bis zu unmöglichen Wortspielen (z. B. v. 257,23f.: man solle die von den letzten Fäden ihres zerrissenen Kleides kaum noch bedeckte Jeschute nicht *vilân* „Bäuerin" nennen – nicht weil sie eine Herzogin war, sondern – weil sie nicht *vil an* hatte). Beide Ausfälle zeigen den typischsten Zug des Wolframschen Humors, den Versuch, die Schuld für die Unverschämtheit anderen zuzuschreiben: Uns wird verboten, dem Helden den fehlenden Henker vorzuwerfen, und wir werden bezichtigt, w i r hätten das *vilân* ins Spiel gebracht.

Der Ausfall gegen Trevrizents altruistische Lebensweise (v. 487,1ff.) – diesmal schiebt der Erzähler die Schuld auf die eigene alte Ungezogenheit – beleuchtet die Rolle des Humors in Wolframs Erzählkunst. Wieder ist unsere Ausdrucksweise nicht adäquat, denn „gegen" ist zu feindselig für eine Gemütsverfassung, die auf humorvoll humane Art imstande ist, Gegensätze zu versöhnen, Konflikte zu schlichten, die Menschen angesichts der Tragik des Lebens zu stärken, ihnen Mut einzuflößen und als Lebensphilosophie zu dienen.

Wolframs Humor wirkt auch als Witz, als pointierte Sprache, die in gewissen Kontexten als pointiertes Denken durch Komprimiertheit sogar Ernstes mit erhöhter rhetorischer Kraft ausdrückt, am schwerwiegendsten in der ironisch mit Litotes verbundenen Figura etymologica, die aus der Heilung des Gralkönigs durch Gott zusammenfassend den Schluß für Wolframs Gegenwart zieht: *got noch künste kan genuoc* (v. 796,16) („auch heute vermag Gottes Kunstfertigkeit noch eine Menge").

Hier, beim glücklichen Ende der Leiden des Anfortas wie an anderen Stellen, macht uns der ‚Parzival' stärker als andere Artusromane bewußt, wie nah Komik und Tragik beieinander liegen. Zahlreich sind die Todesfälle, die, durch den ritterlichen Kampf verursacht, glückliche Ehen zerstören oder vereiteln. Zentral ist Gahmurets ritterlicher Tod im Morgenland, der die verwitwete Königin Herzeloyde erneut zur Witwe macht (v. 494,16ff.; 105,1ff.). Weitere Beispiele sind: die Tötung von Gahmurets Bruder Galoes (v. 80,14ff.), Schionatulanders (v. 138,16ff,), des Gralkönigs Frimutel (v. 474,10ff.), der drei Söhne Gurnemanz', darunter Schionatulanders Vater Gurzgri (v. 177,12ff.), und Cidegasts, des Geliebten der Orgeluse (v. 612,28ff.). Es wird auch vom Sterben mehrerer Frauengestalten berichtet: u. a. Parzivals Mutter (v. 128,18ff.); Schoysiane, die Mutter Sigunes (v. 477,2ff.); Sigune (v. 804,21ff.); Condwiramurs' namenlose Mutter (v. 189,27ff.).

Die vorzeitigen Todesfälle führen wiederholt dazu, daß Länder nicht den zu erwartenden Erben, d. h. Söhnen, sondern Witwen, Töchtern und Neffen zufallen. Deshalb können die Frauen ihre Erbländer gegen Angriffe von außen nicht verteidigen, so Belakane, Herzeloyde und Condwiramurs. Das Phänomen hat man aus kultureller, sozialanthropologischer oder gar psychoanalytischer Sicht erklärt, aber es ist es auch ständisch und politisch bedingt. Eine aggressiv nach Macht und Land strebende feudale Klasse, deren Landbesitz geographisch in relativ kleine Machtbereiche aufgeteilt war und deren Aufgabe in der Kriegsführung lag, konnte auch ohne Kreuzzüge oder weniger gefährliche Übungen wie Turnierkämpfe mit einem hohen Quantum von Todesfällen rechnen. Daß es gerade in diesem höfischen Roman reichlich Witwen und Waisen gibt und dies sich auf die Erbschaftsverhältnisse auswirkt, spiegelt in einer besonderen Konzentration einen Aspekt des zeitgenössischen Lebens wider.

Es ist gefährlich, Begriffe wie „realistisch" auf mittelalterliche Literatur zu beziehen. Trotzdem eignet Wolframs ‚Parzival' ein höherer Grad von Realismus – vielleicht Wahrhaftigkeit – als anderen Artusromanen. Das liegt an Faktoren wie der durchdachten Organisation der Handlung und des Personals sowie der Darstellung von Raum, Zeit und Charakter. Es liegt aber auch an der weit länger hinausgezogenen Handlung, die anders als in Chrestiens ‚Perceval' mit der Geschichte von Parzivals Eltern – schon Gahmurets Eltern – beginnt und eingehender als bei Chrestien die Kindheit von Wolframs noch kindlicherem Helden vorführt. Der künstlerische Fortschritt in dieser Richtung tritt für moderne Leser dadurch noch mehr hervor, daß die Hauptprobe des Helden eine innere ist. Wolframs umfangreicheres Personal und verwickeltere Handlung, neben den beschriebenen Faktoren, schaffen eine Komplexität, die sich erst nach langer Zeitspanne lösen kann. Das hat Wolfram im Auge, wenn er mit *krümbe* (v. 241,15f.) („Verkrümmung") den Verlauf seiner Erzählung bezeichnet. Auch für seine Sprache benutzt er *krump*: *mîn tiutsche ist etswâ doch sô krump*, (‚Willehalm' v. 237,11ff.) („mein Deutsch ist hier und da doch so krumm ..."). Sonderbarerweise treiben die Schwierigkeit der Sprache und der komplizierte, durch Hindernisse erschwerte Verlauf der Handlung die Hörer oder Leser dazu, mit dem Werk zu ringen, und die Anstrengung erhöht die Belohnung des siegreichen Verständnisses. Das Ergebnis ist ein Roman von größerem Ernst, eben weil sich der Held – wie der Hörer oder Leser – zu dem vorherbestimmten Schluß des Artusromans erst nach ernsthafterer Gefährdung, mühseliger, aber überzeugender als sonst durchringt.

Viele sehen den „Schluß" des ‚Parzival' aber als „offen" an. Das ist nur halbwegs richtig. Geht man davon aus, daß der Artusroman normalerweise damit endet, daß der Held sich von einer Schuld gereinigt, seine Aufgabe erfüllt und seine Gattin und sein Land gesichert hat, dann hat ‚Parzival' den für die Gattung normalen Schluß. Das gilt, wenn man sich auf die Schicksale von Gawan und Orgeluse und Parzival und Condwiramurs konzentriert. Fragen wir aber nach Feirefiz, Repanse und ihrer Nachkommenschaft oder nach den Kindern Parzivals, so ändert sich unsere Sicht.

Der zukünftige Sohn von Feirefiz und Repanse soll der Priester Johannes werden und in Indien das Christentum festigen (v. 822,23ff.). Seine Abstammung ähnelt Parzivals: beide Mütter sind Schwestern des Gralkönigs Anfortas; Parzival ist Gahmurets Sohn, der Priester Johannes sein Enkel. Von Parzivals Zwillingssöhnen soll Loherangrin als Schwanritter vom Gral nach Antwerpen gesandt werden (v. 824,28ff.). Kardeiz soll aber Condwiramurs' Land Brobarz erben (bei ihm wird künftiges Geschehen zumindest angedeutet: v. 781,20ff.).

Der Unterschied zwischen dem Ende des ‚Parzival' und dem von Hartmanns ‚Erec' ist also nur ein optischer: im ‚Erec' verharrt der Blick beim Haupthelden und seiner Gemahlin, und das Werk endet mit einer Vorschau auf das künftige gottgefällige Leben der beiden. In beiden Fällen werden keine Einzelheiten des weiteren Lebens der Protagonisten erzählt. Wolframs Werk endet ähnlich, nur daß die Zusammenfassung von Parzivals und Condwiramurs' Zukunft fehlt und die Zukunft ihrer Kinder sowie die Zukunft Feirefiz', Repanses und ihres Sohnes thematisiert werden. Was hier am Ende geschieht, ist aber nicht verschieden von dem, was Wolfram sozusagen auch an den Seiten des Romans tut. Er hat z.B. diktatorisch Jeschute zur Schwester Erecs und Orilus daher zu Erecs Schwager gemacht.

Der ‚Titurel' ist eine Fortsetzung von Wolframs Beschäftigung mit den Figuren des ‚Parzival' aus einer Perspektive, die den Vordergrund des früheren Werks zum Hintergrund macht und umgekehrt. In den Fragmenten erscheinen vor allem Figuren, die der Gralsgemeinschaft angehören oder ihr verbunden sind. Im zeitlichen Verhältnis zum ersten Auftreten Sigunes und Schionatulanders (den Zentralfiguren, nach denen das Werk genannt werden sollte) im ‚Parzival', stellt der ‚Titurel' teilweise einen ursächlichen Rückblick, teilweise einen Seitenblick auf Geschehnisse dar, die angeblich mit der Parzival-Handlung parallel laufen, aber dort nicht erzählt werden. Es heißt ‚Titurel', weil Titurel die erste Figur ist, von der im ersten Vers des ersten Fragments gesprochen wird. Titurels darauffolgende Rede füllt die zweite Hälfte der ersten Strophe und die nächsten neun. Dadurch, daß in den ersten zweieinhalb einführenden Versen der Kontrast zwischen dem ehemals rüstigen Ritter Titurel und dem jetzigen Greis angesprochen wird und daß dieser auf seine Gralsherrschaft zurückblickt, wird der Ton des Erinnerns angeschlagen und die Erzählhaltung als eine rückblickende bestimmt. Sie scheint im ganzen Gedicht zu dominieren. „Scheint", weil die Kürze mit höchstens 175 Strophen und die fragmentarische Natur Reaktionen hervorrufen, die sich vielleicht ändern würden, wenn Wolfram das Gedicht vollendet hätte oder wir noch weitere Fragmente besäßen. Aus der einzigen Optik, die für uns möglich ist, umgibt das Ganze von vornherein eine elegische Stimmung.

*Der höfische Roman II*

Die Charakterisierung „elegisch" reizt zum Widerspruch, da das Wort zur Erklärung der besonderen Form der ‚Titurel'-Strophen und der Tatsache, daß Wolfram hier überhaupt Strophen benutzt, bemüht wurde.

Wir wissen nicht, was Wolfram zu dem für seine Zeit einmaligen schöpferischen Schritt führte, ein neues Werk aus seinem früheren zu schaffen. Wir ahnen, daß die Sympathie, die er im ‚Parzival' Sigune entgegenbrachte – einer Figur, die er aus Percevals namenloser Kusine selbst geschaffen hatte –, neben seinem Streben nach komplexer Vollständigkeit dahintersteht. Auf jeden Fall dürfen wir aber wiederholen, daß Wolframs Quelle – woher auch immer er die Inspiration gewonnen haben mag – die eigene Einbildungskraft war.

Das erste Fragment berichtet – vieles i s t nur Bericht –, wie der altgewordene Titurel das Gralkönigtum an seinen Sohn Frimutel weiterreicht. Seine Tochter Schoysiane, die erste Trägerin des Grals, heiratet den Herzog Kyot und stirbt bei der Geburt ihrer Tochter Sigune. Tampunteire, der Bruder Kyots, nimmt Sigune zu sich und läßt sie zusammen mit seiner Tochter Condwiramurs erziehen, bis Sigune nach seinem Tod zu ihrer Tante Herzeloyde kommt. Die Erzählung wendet sich zu Gahmuret und seinem Knappen Schionatulander, von dessen Vater Gurzgri, dem Sohn des Gurnemanz, erzählt wird (Str. 41,4), daß er durch die aus dem ‚Erec' bekannte Aventiure von Joie de la curt das Leben verloren hatte. Schon in jungen Jahren werden Schionatulander und Sigune von gegenseitiger Minne ergriffen. Das Bewußtwerden der Minne zwischen den beiden jungen Leuten wird eingehend behandelt (Str. 46–56), worauf das Wagnis des Liebesgeständnisses folgt. Sigune verlangt, daß Schionatulander sie durch ritterliche Taten verdiene, ehe sie ihm die Erfüllung der Liebe gewähren will. Gahmuret kehrt nach Bagdad zurück, um den Baruc in einem erneuten Krieg zu unterstützen, und Schionatulander reist mit; unterwegs erkennt Gahmuret an ihm die Symptome der Minne (Str. 94,4ff.), fragt ihn aus und billigt nach hohem Lob Sigunes die Liebe zu ihr (Str. 103,1ff.). Ähnlich ergeht es Sigune, als Herzeloyde ihren Kummer erkennt (Str. 111,1ff.) und ihr Geständnis hört (Str. 117,1ff.). Herzeloyde billigt die Minne zu Schionatulander in einer Eloge auf ihn, die Gahmurets Worte über Sigune erklingen läßt (Str. 123,1ff.). Im seismographischen Profil des Artusromans hätten wir jetzt die Ruhe vor dem glücklichen Ausgang. Das hieße aber, ohne den Wolframschen Erdstoß zu urteilen, der mit der tragischen Ironie hereinbricht, die – weil wir aus der Sicht des ‚Parzival' lesen – in Sigunes letzten Worten des ersten Fragments anklingt: „*ôwol mich, muome* [...] *daz ich den Grâharzoys vor al der werlde nu mit urloube sô minne!*" (Str. 131,3ff.) („selig bin ich, Tante, [...] daß ich jetzt mit Erlaubnis den [Jüngling] von Graharz in aller Offenheit so lieben darf!").

Noch unmittelbarer als das erste geht das kurze – nur 39 Strophen – zweite Fragment in medias res. Es zeigt unvermittelt Schionatulander und Sigune in einem Zelt im Wald (Str. 132,1ff.): „Sie hatten nur eine kurze Zeit so gelegen; da hörten sie bald [...] einen Spürhund auf der Jagd bellen, der auf sie zu lief." Schionatulander fängt den Hund und dessen lange, mit Edelsteinen besetzte Leine – und damit zugleich Kummer, Kampf und Krieg (Str. 138,1ff.). Die Edelsteine auf der Leine und auf dem kostbaren Halsband bilden eine Inschrift. Sie teilt den sprechenden Namen des Hundes, *Gardeviaz* („Hüte den/deinen Weg") mit, und daß die junge

Clauditte nach dem Tod ihrer Schwester Florie Königin wurde. (Auf eine Weise, die Kenner des ‚Parzival' sofort als Sigunes künftiges Schicksal erkennen werden, hatte Florie von Jugend an ihre Liebe Ilynot, dem Sohn des Artus [‚Parzival', v. 585,29ff.] geschenkt, ohne die Liebe physisch zu erfüllen, bis er im Ritterkampf starb und sie ihm folgte [Str. 147,1ff.].) Clauditte entschloß sich, den Herzog Ehkunaht, den sie schon früh geliebt hatte, zu heiraten; als Liebeszeichen hatte sie Leine und Halsband anfertigen lassen und den damit geschmückten Spürhund an ihn geschickt. Der Hund war Ehkunaht entlaufen, kurz bevor Schionatulander und Sigune ihn bellen hörten (Str. 157,1). Ehe Sigune die Inschrift lesen kann, läuft der Hund ihr weg (Str. 154,2ff.). Schionatulander versucht vergebens, ihn einzuholen. Er möchte Sigune klarmachen, daß es nicht wichtig ist, die Inschrift vollständig zu lesen, aber sie antwortet, es sei ihr wichtiger als ihr Herzogtum (Str. 165,1ff.). Schionatulander erklärt sich bereit, auf die Suche nach dem Hund zu gehen, und Sigune verspricht ihm, alles tun zu wollen, was eine Geliebte ihrem Geliebten schuldet (Str. 168,1ff.). Mit einer Strophe von düsteren Vorahnungen endet das Fragment und für uns das Werk.

In der Diskussion um den ‚Titurel' kommen die Worte „fragmentarisch" und „Fragment" oft vor. Selbst die Termini sind aber nicht so eindeutig, wie wir meinen könnten. Wir haben zwei „Abschnitte" des Werks, die nicht unmittelbar zusammenhängen. Daß sie selbst fragmentarisch sind, d. h. daß an ihren Anfängen und Enden etwas verlorengegangen ist, ist unwahrscheinlich, aber nicht sicher zu verneinen. Es verstärkt unsere Unsicherheit, daß im ‚Titurel' stets auf Früheres oder Späteres angespielt wird, auch mitten in den Fragmenten, so daß bei einem Werk, das so voller atmosphärischer Vergleiche und Anspielungen ist, Hinweise, denen nichts Präzises im Text entspricht, nicht unbedingt für Lücken sprechen. So setzt das zweite Fragment plötzlich ein: *Sus lâgen si unlange* (132,1). Jedes Werk der Literatur fängt „plötzlich" an, aber hier meint man, mitten in die Handlung hineinzufallen, ohne daß klar wird, ob das auf Fehlendes hindeutet oder ob es das Verlangen nach einer Aufmerksamkeit heischenden künstlerischen Wirkung ausspricht.

Selbst wenn die erhaltenen Abschnitte des ‚Titurel' in sich nicht fragmentarisch sind, bleibt die Frage nach den Teilen, die uns möglicherweise fehlen, weil sie verschollen sind oder nie gedichtet wurden. Die Überlieferung spricht für die Annahme, daß nicht viel vom ‚Titurel' verloren gegangen ist. Die Wolfram-Strophen, die in den Text von Albrechts ‚Jüngerem Titurel' eingebaut sind, geben sehr weitgehend den Wortlaut der Strophen in den Wolfram-Handschriften wieder. Dazu decken sich die Wolfram-Strophen bei Albrecht auch in der Zahl mit denen in den ‚Titurel'-Handschriften. Aus diesen und anderen Gründen sind Versuche, weitere Wolfram-Strophen im ‚Jüngeren Titurel' zu entdecken, äußerst problematisch. Man muß sich fragen, ob man imstande wäre, die von Albrecht eingebauten Wolfram-Strophen zu erkennen, wenn man nicht im Besitz von Wolframs Originalstrophen wäre. Eine Schreibsituation, in der sich bloß sehr kleine Gruppen von Wolfram-Strophen oder gar einzelne erhalten hätten, ist schwer vorstellbar. Selbst die 39 Strophen des kleinen Fragments ergeben eine sinnvolle Erzähleinheit. In Albrechts Werk scheint es keine weiteren von Wolfram stammenden Strophen zu geben als diejenigen, die den beiden Wolfram-Fragmenten entsprechen.

Wichtiger ist die Frage nach Wolframs Vorhaben als ganzem. Daß er ein fragmentarisches Werk geplant habe, lehnen wir so entschieden ab wie im Falle von Gottfrieds ‚Tristan' (s. S. 322f.). Dagegen spricht, daß neben dem Anfang des zweiten Fragments, der auf eine zwischen ihm und dem ersten liegende Erzählstrecke verweist, selbst sein „Ende" auf etwas Folgendes hindeutet (Str. 170,3f.). Es bleiben die Alternativen, daß Wolframs Ziel ein kontinuierliches Werk war oder ein episodisches, das Höhepunkte aus der Geschichte von Sigune und Schionatulander herausgriff.

In jedem Fall sollte die Erzählung – vielleicht nach einem Prolog – wohl mit dem erhaltenen ersten Fragment anfangen, die Zeit zwischen diesem und dem zweiten füllen bzw. noch eine Episode aus diesem Zeitabschnitt in die Lücke einfügen und mit dem Tod Sigunes enden. Eine Erzählung in Episoden stand Wolfram frei, weil dem Publikum der stoffliche Rahmen durch den ‚Parzival' vertraut war und die Handlung daher nicht lückenlos zu sein brauchte. Das Wesen des Stoffes, seine einmalige Quelle und die Wirkung dieser Faktoren auf die Erzählweise verdienen Aufmerksamkeit.

Wolframs vier Sigune-Szenen entspringen dem Kern von Chrestiens einziger Szene mit der *germaine cousine*. Auskünfte, die Perceval von seiner ungenannten Kusine erhält, werden teils in Wolframs zweiter Szene belassen, teils nach vorne in die erste und teils nach hinten in die Begegnung zwischen Parzival und Trevrizent versetzt. Schon die beiden ersten Szenen Wolframs bringen Auskünfte, die Parzival von Sigune bekommt, Einsichten, die er über sie gewinnt, und Erfahrungen, die er durch sie macht. Chrestien hat nichts Vergleichbares. Die dritte und vierte Begegnung mit Sigune hat Wolfram völlig neu erfunden. Mit anderen Worten: schon im ‚Parzival' gehört vieles an Sigune und Schionatulander zu einem von Wolfram erdachten Hintergrund. Im ‚Titurel' tut er so, als wolle er Weiteres aus diesem Hintergrund hervorholen, obwohl wir wissen, daß er zu dem skizzenhaft umrissenenen Hintergrund einen neuen skizzenhaften Hintergrund erfindet.

Bezeichnend für den anscheinend zusätzlich enthüllten Stoff ist die Szene, in der Gahmuret die Minnequalen Schionatulanders durchschaut und ihn zum Geständnis seiner Liebe bringt (Str. 88–108). Es ist besonders charakteristisch für den ‚Titurel', wie das Seelische der Charaktere dargestellt wird, wie wir Einblicke erhalten, die uns schon von außen bekannte Auftritte und auch neue durch die Darstellung der inneren Psychologie ergänzen. Der Eindruck entsteht, daß im ‚Parzival' zufällig Ausgelassenes jetzt nachträglich hinzugefügt wird. Dominierte in der Darstellung Gahmurets bisher – in der Terminologie des Strum und Drang – der Kraftkerl, so behauptet sich jetzt in seinem Verständnis für die Emotion seines jungen

Verwandten der Gefühlsmensch. Sein Mitgefühl ist allgemein und spezifisch: Es geht einerseits um das universale Wesen der Minne, andererseits um die Einheirat in die Gralsdynastie, eine Entwicklung, die Schionatulander vor sich haben könnte und Gahmuret hinter sich hatte. Daß Gahmuret zu Beginn seiner Aufklärung Schionatulanders über die Minne seine ehemalige Mätresse Ampflise und nicht seine Gemahlin Herzeloyde bemüht (Str. 96,2), überrascht, leuchtet aber ein. Es war Ampflise, die Schionatulander als Knappen zu Gahmuret geschickt hatte. Daß mehr dahintersteht, wird bestätigt, als Schionatulander seine Sehnsucht darstellt und dabei Gahmurets Liebe zu Ampflise beschwört (Str. 99,2ff.), was eine bleibende sentimentale Zuneigung Gahmurets zu Ampflise bezeugen könnte. Dies findet in Herzeloydes Unsicherheitsgefühl Bestätigung: als sie von Sigunes Liebe zu Schionatulander hört, fragt sie in Sigunes Gegenwart, ob Ampflise Schionatulander nur geschickt habe, um ihr, Herzeloydes, Glück zu zerstören und für den Verlust Gahmurets Rache zu nehmen (Str. 122,2ff.).

Bei dieser Hintergrundsmotivation ist es auf eine für Wolfram typische Weise wichtig, daß sich das Verhältnis zwischen Gahmuret und Herzeloyde tatsächlich nicht als Modell für den höfischen Minnedienst eignet. Wolfram denkt an die konkreten Umstände des Falls. Gahmuret hatte durch seine voreiligen Heldentaten das Turnier in Kanvoleiz vereitelt und damit unabsichtlich buchstäblich über Nacht Herzeloyde gewonnen (,Parzival', v. 94,2ff.). Sie hatte sich, trotz des Einspruchs von Ampflises Kaplan wegen Gahmurets zeitlich früheren Minnediensts für seine Herrin (v. 87,7ff.), resolut als Preis nicht ablehnen lassen. Das Beispiel charakterisiert Wolframs Technik, im wechselseitigen Bezug zwischen ,Parzival' und ,Titurel' das Innenleben beider zu beleuchten. Das „Innenleben" wirft die Frage der Strophenform auf.

Die Titurelstrophe besteht aus vier langen Versen. Der erste hat acht Hebungen, der zweite zehn, der dritte sechs und der vierte wieder zehn. Mit Ausnahme des dritten werden sie durch eine Zäsur geteilt, sind also Langzeilen. Nach Lachmanns Schema liegt die Zäsur jeweils nach der vierten Hebung. Versucht man aber, das Prinzip beim Vortrag mechanisch zu realisieren, so erschwert dies ihn derart bzw. entstellt so den Sinn, daß man damit rechnen muß, daß die Zäsur auch an anderen Stellen gesetzt werden oder fehlen konnte. Hinsichtlich des metrischen Prinzips und der künstlerischen Wirkung ist die Regelung der Kadenzen grundsätzlich anders als in der Nibelungenstrophe. Die Anverse der ersten, zweiten und vierten Verse und alle Versschlüsse der Titurelstrophe zeigen zweisilbige (klingende) Kadenz, während in der Nibelungenstrophe die Kadenzen der Anverse klingend, die der Abverse voll sind (s. S. 298f.).

Was Wolfram den ,Titurel' überhaupt in Strophen, sogar in Langzeilenstrophen, verfassen ließ, ist eine ebenso umstrittene Frage wie die nach den Ursprüngen dieser Strophenform. Man dachte an den Einfluß des ,Nibelungenlieds', das ja das einzige umfangreiche epische Werk ist, das zu Wolframs Zeit in Strophen gedichtet war und in geschriebener Form vorlag. Es machte Epoche, und Wolfram war mit ihm vertraut. Man kann auch tatsächlich begrenzte Parallelen zwischen beiden Werken entdecken. Unter Affinitäten, die Wolframs Blick vielleicht auf das ‚Nibelungenlied' hätten lenken können, stechen am meisten hervor, daß beide Werke mit dem ‚Tristan' zu den wenigen der Blütezeit mit einem tragischen Ausgang gehören; der Inhalt des ‚Nibelungenlieds' und des ‚Titurel' war dem Publikum im voraus bekannt, wenn auch auf völlig andere Weise.

Die größere Länge der ‚Titurel'-Verse und die ausschließlich klingenden Kadenzen wirken akustisch völlig anders als die Nibelungenstrophe. Die größere Länge der Strophe -- in der Wortzahl durchschnittlich um zwölf Prozent länger als die Nibelungenstrophe --, Wolframs Gewandtheit im Syntaktischen und größerer Einfallsreichtum bei der Entdeckung von Reimen bedeuten, daß die Strophenstruktur trotz der größeren Komplikation einen geringeren Zwang auf die Aussage ausübt. Die Sprache des ‚Parzival' neigt einerseits dazu, umgangssprachlich zu sein, andererseits gehoben und intensiv, wobei die Intensität durch Feierlichkeit oder durch überwältigende Schlichtheit erzielt werden kann. Die Sprache des ‚Titurel' gehört zum zweiten Typus und geht damit Hand in Hand mit der Strophenform, vor allem mit ihrem Ende, das sich für zurückschauende, wertende Zusammenfassungen des Geschehenen eignet. Der ‚Titurel' blickt ausschließlich zurück, wenn man vom vollendeten ‚Parzival'-Geschehen her Ausschau hält. Der Eindruck wird sofort durch die Eingangsworte Titurels potenziert, denn sie weisen mit Nostalgie auf noch weiter Zurückliegendes zurück. Rückschau auf traurige Ereignisse heißt „Elegie", und trotz der Stimmen gegen die Ansicht, daß die Strophenform des ‚Titurel' im Dienst des Elegischen steht, meinen wir, daß es keine bloß subjektive, moderne Reaktion ist, wenn die manchmal pathetisch wertenden und preisenden, klingenden Kadenzen von uns so gelesen, gehört und empfunden werden. Wer die elegante Preisung Schoysianes und Kyots hört (Str. 14), weiß schon, daß sie bei Sigunes Geburt zu sterben hat und daß Kyot, der trauernde Witwer, auch Sigune als seine einzige Tochter an den Tod verlieren soll. Suchen wir ein Echo in Ton und Ausdruck, so finden wir es in Wolframs Tageliedern, auffallend in den Schlußversen des Liedes *Ez ist nu tac* (7,41).

Der Gedanke an die Tagelieder knüpft an einen anderen Aspekt der Strophenform des ‚Titurel' an: die Strophenform setzt eine Melodie voraus. Der höfische Roman wurde möglicherweise parlando vorgetragen und das Heldenepos wurde gesungen. Was die Melodie betrifft, dürfte die Titurelstrophe eine Mittelstellung zwischen der Lyrik und dem Heldenepos eingenommen haben. Die künstlerisch kompliziertere Organisation der Strophe hatte sicherlich in der Melodie ihr Gegenstück. Ihre genaue emotionale Wirkung können wir nicht abschätzen, aber es leuchtet ein, daß die Tatsache, daß hier eine Strophenform mit Melodie begegnet, sofort zumindest als Signal gewirkt hat. Es war vielleicht Zeichen des Schicksalhaften, das als Aura sowohl das ‚Nibelungenlied' als auch den ‚Titurel' umgibt.

Trotz möglicher Anleihen handelt es sich um einen gänzlich anderen, neuen Literaturtypus, dessen einziger Vertreter der ‚Titurel' geblieben ist. Trotz Unterschiede zum ‚Parzival' hat der ‚Titurel' noch vieles mit jenem gemeinsam. Wir denken z. B. an die Weise, in der Leute eingeführt und mit einer Verwandtschaft sowie einem Hintergrund versehen werden. Auch wäre es falsch, dem ‚Titurel' das Epische abzusprechen. Wolfram hatte entweder ein zusammenhängendes, aber kurz gefaßtes episches Werk oder eine größere Reihe von Episoden im Auge, die durch Berichte über Geschildertes oder im Hintergrund Angedeutetes aus dem ‚Parzival' verbunden werden sollten. Trotz der Gefahr des Spekulierens meinen wir, daß angesichts des bereits im ‚Titurel' Angelegten und aus dem ‚Parzival' Bekannten, das Ende des Gedichts – und das heißt Sigunes Ende – die tiefe, mit dem ‚Parzival' in den höfischen Roman eingeführte Laienreligiosität nur fortgesetzt und intensiviert haben kann. Doch überrascht es nicht, daß wir nichts Definitives über Fragmente sagen können, deren innerstes Wesen im Experiment liegt.

Gleichermaßen schöpferisch war die Wahl des ‚Willehalm'-Stoffes und ebenso genial seine Neugestaltung durch den reifen Dichter. Wolfram sagt im ‚Willehalm'-Prolog, daß Hermann von Thüringen ihn mit der Geschichte Willehalms bekannt gemacht habe (v. 3,8f.). Wir hören nichts Genaueres über die Quelle, dürfen aber annehmen, daß es sich um die ‚Bataille d'Aliscans', eine Chanson de Geste aus dem Zyklus um Guillaume d'Orange, handelte. Doch sind wir wieder in einer uns vertrauten Lage: Wolfram benutzte keine erhaltene Version der Chanson.

Vor dem ‚Willehalm' war Konrads ‚Rolandslied' die einzige deutsche Bearbeitung einer Chanson de Geste gewesen (s. Bd. I/2, S. 103 ff.). (‚Karl und Galie' dürfte etwa gleichzeitig mit dem ‚Willehalm' oder etwas später entstanden sein: vgl. S. 372 ff.) Daß die Chansons de Geste in Deutschland so spärlich rezipiert wurden, ist überraschend angesichts ihrer großen Verbreitung im Frankreich des 12. Jahrhunderts. Chansons de Geste und deutsche Heldenepen haben vieles gemeinsam: Beide beziehen ihren „historischen" Stoff aus der Stammesgeschichte, beide zeigen lange nach ihrer ursprünglich mündlichen Komposition und der späteren Niederschrift (oder bei den späteren gar nach ihrer schriftlichen Komposition) einen Stil, der stark mündlich wirkt.

Neben einzelnen Chansons de Geste gibt es Kreise von Stoffen, die besonders wegen der verwandtschaftlichen Verästelung der Akteure allmählich zu Zyklen verarbeitet wurden. Die drei Hauptgruppen spielen zur Zeit Karls des Großen und seiner Nachfolger. Der erste Zyklus, die „Gestes du Roi", gruppiert sich locker um die Figur Karls und erzählt von seiner Jugend, seiner Fahrt ins Heilige Land, seinen Kämpfen gegen die Sachsen und gegen die Mauren in Spanien: das zentrale Werk ist die ‚Chanson de Roland'. Der zweite Zyklus ist noch lockerer gefügt, denn es sind Geschichten, die nur durch den gemeinsamen Zug verbunden sind, daß sie als

Zentralfiguren einen oder mehrere Empörer gegen ihren Lehnsherrn, oft Karl den Großen, haben. Bei diesem Zyklus sind Versuche, die Figuren der einzelnen Chansons miteinander in Verbindung zu bringen, besonders fadenscheinig. Der dritte Zyklus kreist um die Figur Guillaumes d'Orange, mhd. *Willehalm*. Thematisch klingen die beiden anderen Zyklen im Guillaume-Zyklus an: Wie im ersten geht es auch hier häufig um Karl den Großen bzw. seinen schwachen Nachfolger Ludwig; wegen dieser Schwäche droht ständig Empörung – auch von Seiten Willehalms – gegen den unentschlossenen Karlssohn.

Als Hauptquelle für das Leben und Wirken des historischen Guillaume dient die um 1130 entstandene ‚Vita Sancti Wilhelmi', die den Helden im Licht seiner späten Jahre nach seinem Eintritt in das Kloster sieht. Die ‚Vita' sagt wenig über den Kämpfer Guillaume, setzt aber seine Heldentaten als bekannt voraus. Diese waren berühmt, und weil sie als Unternehmungen im Dienst des christlichen Glaubens galten, reiht z. B. Dante im ‚Paradiso' Guillaume direkt nach Karl dem Großen und Roland und vor Rinoardo („Rennewart") ein (Canto XVIII, v. 43ff.). Trotzdem bleibt Guillaume eine schattenhafte Gestalt, die nur vereinzelt in Chroniken als erfolgreicher Führer in Südfrankreich gegen Sarazenen oder Basken zur Zeit Karls des Großen und Ludwigs des Frommen lobend genannt wird. Er stiftete 804 das Kloster Gellone, das in der Verdus-Schlucht nordwestlich von Montpellier liegt und heute nach ihm Saint-Guilhem-le-Désert heißt (s. Abb. 13). Guillaume trat im selben Jahr als Mönch dort ein, starb 812 und wurde später heiliggesprochen.

Schon die Zahl der Erzählungen im Zyklus bezeugt den Ruhm Guillaumes, der nicht zu den großen Gestalten der Geschichte gehörte, sondern seine Beliebtheit der Art seiner Kämpfe verdankte – vergleichbar wäre Roland. Bis in das 13. Jahrhundert hinein wurden neue Geschichten über ihn und seine Sippe gedichtet und dem Zyklus hinzugefügt, der in seiner ausgedehntesten Form mehr als zwanzig Chansons umfaßt. Der Kern besteht aus einer Handvoll Texte, die Guillaume zum Haupthelden haben, mit seiner Kindheit (‚Les Enfances Guillaume') und der Sicherung der Thronfolge für Ludwig (‚Le Couronnement de Louis') beginnen und mit dem Bericht seiner größten Schlacht (‚La Chanson de Guillaume') und seinem Eintritt ins Kloster (‚Le Moniage Guillaume') enden. Die ‚Chanson de Guillaume', die grob gesehen denselben Handlungsabschnitt erzählt wie Wolframs ‚Willehalm', erscheint separat überliefert: In den Handschriften, die den Zyklus enthalten, finden sich an ihrer Stelle spätere Bearbeitungen, Versionen der ‚Bataille d'Aliscans', die sich weniger als die ‚Chanson de Guillaume' auf dessen Neffen Vivien und in einer erweiterten zweiten Hälfte mehr auf Rainoart konzentrieren.

Wolfram hat diese Quelle, die einer ganz anderen Gattung angehört, wie einen höfischen Roman bearbeitet, obwohl die Aufgaben und Probleme grundsätzlich anderer Art gewesen sind. Was er von Chrestien de Troyes gelernt hatte, setzt sich mutatis mutandis im ‚Willehalm' fort. Die narrative und poetische Technik ist im ‚Willehalm' mindestens so anspruchsvoll wie im ‚Parzival', obgleich die Quelle ungleich primitiver war. Am auffallendsten angesichts der Erzählweise der Chansons de Geste ist Wolframs Behandlung der Personen, das Durchdenken ihrer Situationen und der daraus entstehenden Implikationen für ihre weiteren Handlungen.

Wolfram schafft hier wie im ‚Parzival' für die Gestalten eine Vergangenheit, aufgrund derer sie konsequent handeln und durch die ihre Handlungen uns verständlich werden, selbst wenn sie überraschen, bis uns die nötige Einsicht gewährt wird. Dagegen tun die Figuren der Chansons de Geste das, was die Handlung im gegenwärtigen Augenblick von ihnen verlangt, und dies mit Begeisterung, oft von hyperbolischem Lob des Dichters begleitet – und dies auch dann, wenn dadurch die Verhaltensweise ein und derselben Figur in unterschiedlichen Szenen völlig widersprüchlich wird. Die unglaublichen Taten der Helden des höfischen Romans übersteigen oft das menschlich Mögliche. Die der Helden der Chansons de Geste sind einfach unglaubwürdig und „nicht möglich". Oft werden in Schlachtschilderungen die grauenvollen Folgen der Schläge des Helden so geschildert, daß sie den Effekten eines Trickfilms gleichen, in dem Geschlagene in einen Haufen einzelner Glieder zerfallen. Das Ergebnis der hyberbolischen Drastik ist kaum grauenhaft, da die Gestalten wie Pappfiguren zweidimensional wirken. Die derbe Komik der Riesenfigur Rainoart bei seinen Kraftproben in der Küche oder auf dem Schlachtfeld, wo er Abertausende von Heiden tötet, bringt Wolfram auf eine etwas wahrscheinlichere Stufe. Die Mischung von grotesker Unwissenheit und ungeheurer Stärke erscheint bei Rennewart noch, aber gedämpft und in der Richtung des lächerlichen jugendlichen Parzival entwickelt.

Wolframs Wahl des Stoffes war genial, weil er darin das Potential erkannt oder geschaffen hat, große menschliche Fragen seiner Zeit und aller Zeiten darzustellen und die religiöse und weltanschauliche Vertiefung des vorgefundenen Stoffes, die nicht zuletzt die Leistung des ‚Parzival' ausmacht, auch hier durch den Stoff der Chanson de Geste weiterzuführen. Erhielt der Artusstoff durch Wolfram eine bisher unerhörte religiöse Tiefe, so wurde der scharfe, aber veräußerlichte religiöse Zusammenstoß in ‚Aliscans' von Wolfram in die Charaktere (besonders Giburg) hineinversetzt, vertieft und verschärft, indes durchaus nicht gelöst. (In der Machtpolitik gehen ‚Aliscans' und ‚Willehalm' insofern auseinander, als es sich in jenem um französische Politik, in diesem um Reichspolitik handelt. Die heidnischen Angriffe in ‚Aliscans' gefährden Südfrankreich und richten sich gegen St. Denis und Paris. Bei Wolfram reichen die Ziele Terramers bis zum Thron in Aachen und selbst nach Rom [v. 340,4ff.], d. h. zu Stätten, die politisch nur im Sinne des „deutschen" Reichs zusammenhängen.)

‚Parzival' und ‚Willehalm' haben viele gemeinsame Erzählmotive und -schablonen. Dies gilt in wesentlich geringerem Maße für die beiden Quellen. Wir zählen einige Züge auf, die in beiden Werken erscheinen. Die herausragende Bedeutung des angesprochenen Motivs kann allerdings sehr verschieden sein kann.

Ein junger Sohn, Mitglied einer königlichen Familie, wächst ohne Kontakt mit seiner Sippe unter Umständen auf, die seiner Geburt und seinen Fähigkeiten nicht angemessen sind; in beiden Fällen ist die Verwandtschaft weitreichend und von Weltgeltung. Antikonie und Giburg erscheinen als kämpfende Verteidigerinnen der Interessen ihrer Männer. Orient und Abendland, der Kontrast zwischen ihren Religionen und deren Rolle in der Frage der Ehe, die für Giburg und Willehalm und vielleicht für Rennewart und Alyse entscheidend ist, wird auch im ‚Parzival‘ – allerdings individuell, nicht universell tragisch – im Verhältnis zwischen Gahmuret und Belacane thematisiert, auch auf vergnügliche Weise in der Beziehung zwischen Feirefiz und Repanse. In beiden Werken spielt die Religion auch sonst eine zentrale Rolle, was sich für den ‚Willehalm‘ von selbst versteht, während sie im ‚Parzival‘ eine weniger selbstverständliche, bedeutende Funktion im Hinblick auf die Schuld und die Entwicklung des Helden hat. Wie Parzival kommt Willehalm in Gefahr, seinen Bruder zu töten.

Auch auf der Ebene der Erzählweise und -technik sind Übereinstimmungen zwischen Wolframs Roman und dem ‚Willehalm‘ festzustellen. Beide haben eine durchdachte Handlungsstruktur, die die Aussage unterstützt, und eine folgerichtige Zeitstruktur, die auf wichtige Weise den Eindruck vermittelt, daß die Handlung gleichzeitig im Vorder- und im Hintergrund weiterläuft (Steinhoff): dies ist dem Artusroman ebenso fremd wie einer Chanson de Geste.

Im ‚Willehalm‘ war Wolframs Leistung die Erfüllung einer zweistufigen Aufgabe, deren Stufen für den ‚Parzival‘ Chrestien und er sich geteilt hatten: erstens die Verwandlung der Quelle in ein literarisch anspruchsvolleres Werk und zweitens die Bearbeitung in deutscher Sprache. Das Hauptgewicht der oben angeführten Merkmale spricht dafür, daß Wolfram aus der Chanson de Geste ‚Aliscans‘ einen Roman gemacht hat; wenn wir gezwungen wären, eine klare Entscheidung zu treffen, würden wir den ‚Willehalm‘ einen Roman nennen. Da wir aber an Hybriden in der Literatur glauben, ist es geboten, auf widersprüchliche Elemente einzugehen.

Die Bedenken beginnen schon beim Stoff. Im Vergleich mit dem Artusroman gibt es im ‚Willehalm‘ keine Aventiuren, nur ernste blutige Massenschlachten. Solche kommen auch im Artusroman vor: z.B. Gahmurets Kämpfe im Osten, Clamides Belagerung von Pelrapeire oder der Krieg im letzten Teil von Wirnts ‚Wigalois‘. Sie gehören dort aber eher zum Hintergrund und werden nicht in gräßlichen Einzelheiten geschildert, wie es in den Chansons de Geste geschieht. Im ‚Willehalm‘ wird die Gräßlichkeit durch Wolframs realistischeren Ton und Erzählstil gemäßigt und intensiviert. Gemäßigt, weil die grotesken Übertreibungen getilgt werden; intensiviert, weil die lebensnähere Luft und die Beschäftigung mit den Akteuren als Menschen ihre verstümmelnden Verletzungen fühlbarer machen. Wenn wir von höfischen Romanen reden, dürfen wir nicht ausschließlich an den Artusroman denken. Aber selbst in dem Beispiel, in dem Schlachten eine zentrale Rolle spielen und am gräßlichsten dargestellt werden, nämlich in Herborts ‚Liet von Troye‘, gibt es nichts, das vergleichbar wäre mit dem ungeheuren Abschlachten von Menschen, das Wolfram schildert. Die

Bindung an die zeitliche Progression im sprachlichen Kunstwerk verbietet
- anders als in der bildenden Kunst - die Darstellung von Gleichzeitigem
und dies zeigt sich gewaltsam für einen Epiker wie Wolfram bei einem
Stoff wie dem von ‚Aliscans'. Die Teichoskopie erübrigt sich hier, denn
man stünde wieder bei dem epischen Erzähler, dessen Unfähigkeit Ausgangspunkt des Problems war.

Der einzige Weg, die Lage zu beschreiben, ist der weite Überblick über
das Schlachtfeld, auf den die Beschreibung einzelner Kämpfe folgt. Wolfram geht diesen Weg, aber wir erleben bei ihm auch anderes, das einen
Eindruck der Schlacht vermittelt: über die Beschreibung hinaus evoziert er
indirekt das Grauen der Kämpfe. Dies entsteht z.B. aus der Aufmerksamkeit, die er auf die Reaktionen der Akteure richtet und auf das zukünftige
Leiden der Verwandten und der hochgeborenen Frauen, in deren Minnedienst die Opfer der Schlacht stehen. Seine hochgespannte Sprache dient
demselben vermenschlichenden Zweck. Wir zitieren den lieblichen Vergleich zwischen dem sommerlichen Blumenteppich der Heide und den
bunten Röcken der Heiden (v. 20,4ff.). Der liebliche Vergleich enthüllt sich
als grausames Element, denn die Heiden trugen keine Kettenpanzer und
waren so *ir lebens milte* („großzügig mit ihrem Leben"). Die herzzerreißende
Wirkung dieses Satzes erhöht es, daß der Dichter sein Bedauern ausspricht
für den Fall, daß ihr Gott Tervigant die Sterbenden damit zur Hölle verdammt haben sollte.

Als letztes Mittel aus Wolframs dichterischem Arsenal zur Vergegenwärtigung der Schlacht nennen wir einen Kunstgriff, der die Weiterentwicklung einer für uns schwer nachvollziehbaren Praxis im ‚Parzival' darstellen
könnte. Wenn sich Parzival und Feirefiz am Artushof zu Artus setzen,
entwickelt sich ein Gespräch über bedeutende Kämpfer (v.766,19ff.). Als
Feirefiz hört, daß sein Gegenüber der große Artus ist, lobt er ihn als weitbekannt. Artus weist das Lob bescheiden zurück (v.769,1ff.); er fordert
Feirefiz und Parzival auf, die von ihnen besiegten Kämpfer aufzuzählen.
Jeder sagt eine lange Liste von Namen und Titeln, Feirefiz nicht weniger
als dreißig. Was mit solchen Listen beabsichtigt war und wie sie auf Wolframs Zeitgenossen wirkten, ist für uns schwer abzuschätzen. Zum einen
rufen sie Bewunderung über die hohe Zahl der Siege hervor. Zum anderen
entwickelt sich durch die exotischen, fremdklingenden Namen von Orten
und Personen sowie deren Titel ein Gefühl für die Breite und Buntheit der
Welt. Poetisch dürfen wir das feierlich Faszinierende des Aussprechens
aristokratischer Namen und die fesselnde und sprachmelodische Wirkung
der langen Aufzählungen nicht überhören. Im ‚Willehalm' ist der Kunstgriff
der Kämpferliste ins Monströse angeschwollen, aber hier geht es nicht um
besiegte Gegner, sondern um den endlosen Anmarsch neuer Feinde. Wie
vermittelt ein Dichter einen Eindruck vom Aufmarsch einer Armee, deren
Mitglieder zahlreicher sind als die Sandkörner am Meeresstrand? In Wolframs Fall lautet mindestens ein Teil der Antwort: durch das unnachgiebige

Aufzählen der Namen und Titel der adligen Kämpfer, bis die Liste so lang wird wie die Schlacht. Wie man sich bei einem Werk der *minimal music* schließlich fragt, ob der Komponist jetzt die Frechheit haben kann, die minimale Einheit noch einmal zu wiederholen, so geschieht dies auch bei Wolfram, der aber v o r der Fortsetzung antwortet: *allrêrst ich nennens grîfe zuo* (v. 29,12) („jetzt gehe ich erst recht ans Nennen"). Anders als die baren Listen im ‚Parzival' ist die Aufzählung im ‚Willehalm' mit Auskünften verschiedener Art gespickt (v. 26,9–37,7): Immer wieder gehen die Namen in Querverweise über, die über die Freundinnen der Krieger, ihre Länder und ihre weiteren Verwandten informieren – unter ihnen Arabel-Giburg, mit bedrohlichen Hinweisen auf die Folgen des Zusammenstoßes für sie (v. 30,21 ff.). Nach einer Reihe solcher Auskünfte kehrt der Erzähler aber mit einem Satz wie *sînes bruoder kint noch umbenant sint, die man dâ komende vant* (v. 32,9 ff.) („die Söhne seines [Arofels] Bruders sind noch nicht genannt, die man da kommen sah ...") zur Aufzählung zurück, als ob er wirklich aus Versehen von seinem Vorhaben abgekommen sei. Trotz der Informationen und Nebenbemerkungen, die dieser Erzählabschnitt enthält, ist der Haupteindruck ein bedrohliches Bewußtsein des wachsenden Heidenheers und der sich ansammelnden Schrecken, die daraus entstehen werden.

Neben diesen objektiven Indizien, aus denen wir Einsichten auch in die Gattungsfrage bekommen, nehmen wir Wolframs eigene Äußerungen qua Dichter unter die Lupe. In Frage kommt hier in erster Linie der Prolog, der besonders kunstvoll gearbeitet ist. Von Anfang bis Ende wirkt er wie ein geistlicher Text.

Die Anrede an die Trinität, mit der der Prolog beginnt, mündet nach dem Staunen des Dichters über Gottes Allmacht in eine Auslegung seiner persönlichen Beziehung zu Gott als Sohn-Vater-Verhältnis, das die Taufe bestätigt. Es folgt eine Übersicht über die Sphären im Himmel und auf der Erde, in denen sich Gottes Macht wundersam offenbart. Extreme Schwierigkeiten verursachen die zwei darauffolgenden Verse. Man hat ihnen keinen allgemein akzeptierten Sinn abgewinnen können: *der rehten schrift dôn und wort dîn geist hat gesterket* (v. 2,16 f.) (unter dem Zwang, eine Übersetzung geben zu müssen, bietet Heinzle als Möglichkeit das interpretierende: „Wortklang, Wortsinn der Heiligen Schrift sind stark aus Deinem Geist"; buchstäblich steht da: „Dein [d. h. Gottes] Geist hat den Laut [„die Laute"?] und die Worte der richtigen Schrift [des richtigen Schriftwerks] gestärkt/verstärkt/stark gemacht/untermauert"). Wolfram fährt fort: „Mein Verstand/mein Geist richtet sich kräftig auf Dich. Demgegenüber, was in den Büchern geschrieben steht, habe ich kein Können [bin ich ohne Verständnis geblieben]. Ich bin sonst auf keinerlei andere Weise unterrichtet worden, außer daß, wenn ich irgendwelches Können habe, es meinem [auf Dich gerichteten] Verstand entspringt." Es wäre zu erwägen, ob der Zusammenhang nicht der ist: Gott hat das Universum und alles darin geschaffen, von dem er Kenntnis bis ins letzte Detail hat. Die aufgezählten Wunder der Schöpfung sind die richtige Schrift, deren Text, ob gesprochen oder gelesen, Gott [als das Buch der Natur] befestigt/festgelegt hat. Des Dichters

Intelligenz richtet sich auf Gott und sein Weltall – das richtige Buch – und hat aus geschriebenen [menschlichen] Büchern nichts gelernt. Hat er irgendwelches Können, so entspringt es seiner [auf Gott und dessen Buch] gerichteten Intelligenz.

Nachdem der Dichter seine Fähigkeiten auf Gott zurückgeführt hat, folgt ein Gebet, eine Bitte, Gott möge ihn inspirieren (v. 2,23ff.). Das ist zugleich eine Anrufung der Musen. Die Aufgabe, für die er Unterstützung braucht, ist das Lob eines Gottesritters, der sein Leben für den christlichen Glauben und aus Liebe zu einer Frau zweifach aufs Spiel setzte und am Ende Gottes Gnade erhielt. Die hohe Abstammung dieses französischen Ritters wird verkündet, wir hören endlich seinen Namen: *kuns Gwillâms de Orangis* (v. 3,11), und der Dichter, der auf den eigenen ritterlichen Beruf stolz ist („Parzival', v. 115,11 ff.) fleht den ritterlichen Heiligen um Beistand an.

Der Prolog mit seiner Anrufung der Trinität spricht dafür, den ‚Willehalm' der Gattung der Heiligenlegende zuzurechnen. Doch haben wir es hier mit einer Art Geistlichkeit zu tun, die stark mit Laienhaftem durchzogen ist und dem Leser des ‚Parzival' nicht fremd vorkommt. Es überrascht daher nicht, wenn sich Wolfram in seiner gewohnten Ich-Form mit vollem Namen vorstellt (v. 4,19 ff.) und dazu übergeht, über die Aufnahme seines ‚Parzival'-Romans zu räsonieren, in dem im Vergleich mit anderen höfischen Romanen die Religion bereits eine ungewöhnlich herausragende Stelle einnahm. Manche Aspekte des ‚Willehalm'-Prologs haben mit Wolframs Projektion seines Selbst zu tun, richten sich aber gleichzeitig auf die Willehalm-Geschichte. Der Prolog ist eine geistliche Diskussion, die Fragen wie die des Verhältnisses zwischen Gott, dem Vater, und den Christen, seinen Kindern, erörtert. Solche Aussagen erscheinen aber in einem anderen Licht, wenn in der Erzählung selbst der christliche Glaube ein Hauptfaden der Handlung ist. Er führt direkt zur Hauptfigur, einem Kämpfer, Sünder und Heiligen, dessen Liebe Giburg gilt, der Gestalt, die die entscheidende Rolle für die Entfaltung des Geschehens spielt. Giburg sieht sich in dieser Rolle, da sich bei allen theologischen Überlegungen der massive Konflikt zwischen Christentum und Heidentum in ihr zuspitzt oder gar um sie dreht. Alle Ebenen treffen sich hier, und man sieht, daß wie im ‚Parzival' und im ‚Titurel' die Geschichte von den Personen her gesehen und von ihnen angetrieben wird.

Während der Stoff in seinem Kern der Legende nahekommt, weist der Umfang der Teile, die dem Kampf und seiner Vorbereitung gewidmet werden, auf den Roman. Wir finden alle Charakteristika des höfischen Romans, wie Wolfram sie im ‚Parzival' entwickelt hatte: die eigentümliche Erzähltechnik, die zeitliche, geographische und narrative Strukturierung der Handlung, die Schilderung der Personen und ihrer Motivation. Im Verhältnis zu den legendenhaften Elementen sind diese Momente so allgegenwärtig, daß s i e die Natur des Werks bestimmen. Es bleibt trotzdem eine Hybride.

Wolfram stellt kaum eine Figur dar, ohne sich in sie hineinzuprojizieren, sie mit einer Vergangenheit zu versehen oder sich Gedanken über ihre Reaktionen auf die gegenwärtige Situation zu machen und die Beweggründe für ihr darauf folgendes Handeln zu erfinden. Solche Faktoren, die die Figuren motivieren, erklären oder offenbaren, werden dem Publikum nicht unbedingt in der objektiven chronologischen Reihenfolge präsentiert, in der sie entstanden sind. Das kunstvolle Zusammenspiel von Verhüllen und Enthüllen der Zusammenhänge, das Kyot befohlen (453,5ff.) und der angeblich gehorsame Wolfram im ‚Parzival' in die Praxis umgesetzt haben soll, wird auch im ‚Willehalm' befolgt (s. S. 360 und S. 363ff.). Man hat Wolfram vorgeworfen, er sei im ‚Willehalm' oft gezwungen gewesen, Informationen aus früheren Erzählungen des Guillaume-Zyklus nachzuholen, weil er anfänglich so flüchtig von den Zusammenhängen berichtet habe. Die Frage der Nachlässigkeit stellt sich nicht, denn das lange Zurückhalten der Information gehört fundamental zu Wolframs Erzähltechnik, und es erscheint an Stellen, wo er das Berichtete selbst erfunden hat. Das Ergebnis ist, daß im ‚Parzival' wie im ‚Willehalm' die Figuren Brennpunkte der Handlung und der Aussage sind.

Die ‚Chanson de Guillaume' und Wolfram – dessen Werk im Umfang anders ist – beginnen mit der massiven Überfahrt und Ankunft des Heidenheers, mit Viviens Vorbereitungen und frühen Kämpfen. Anders setzt ‚Aliscans' mitten in der Schlacht ein.

Die Handlungstruktur des ‚Willehalm' weist nicht den doppelten Kursus des ‚Erec' oder ‚Iwein' auf, aber sie zeigt doch im Vergleich mit ‚Aliscans' Merkmale, die eine Entwicklung in dieser Richtung darstellen. Wir entdecken Fälle von Parallelismus und Symmetrie, die in ‚Aliscans' nur ansatzweise vorliegen, und weitere, die dort gänzlich fehlen. Jene wurden vermutlich von Wolfram ausgebaut und diese von ihm geschaffen. Wir untersuchen einige Unterschiede zwischen den narrativen Strukturen von ‚Aliscans' und ‚Willehalm'.

Bei der Niederlage in der ersten Schlacht wird Vivianz vermißt, dann sterbend von Willehalm entdeckt – in der zweiten Schlacht bleibt das Christenheer, nachdem der Ausgang lange im Unklaren war, siegreich, aber Rennewart wird von Willehalm vermißt und bleibt es bis zu dem Punkt, an dem das Werk abbricht. Wie Wolfram dieses auch beenden wollte (wir meinen, daß er seiner Quelle mindestens soweit treu bleiben mußte, daß Rennewart am Leben blieb), Rennewarts Verschwinden hat in ‚Aliscans' kein genaues Gegenstück. Allenfalls regte Wolfram an, daß Rainoart dem Siegesfest fernblieb. Der Sinn von Rennewarts Fehlen bei Wolfram könnte sein, daß dadurch eine Parallele mit umgekehrtem Vorzeichen entsteht: der in der christlichen Niederlage verlorene Christ Vivianz, Neffe des christlichen Heerführers, wird beim letzten Sieg der Christen von dem – noch – heidnischen Rennewart, dem Bruder Giburgs, Schwager des christlichen Heerführers und Sohn des heidnischen, der vor allen anderen den Sieg der

Christen ermöglicht hatte, abgelöst und, soweit das möglich ist, ersetzt. Die Parallelisierung wirft ein Licht auf die komplizierten Rollen und verwandtschaftlichen Verästelungen der Akteure und verstrickt sie über die Grenzen der Glaubensgegensätze hinaus miteinander.

Weitere Parallelen sind nicht so schwerwiegend, doch auch nicht wirkungslos. So versucht man den nach Laon reitenden Willehalm in Orleans als vermeintlich zollpflichtigen Kaufmann zu verhaften; dabei erschlägt er den Stadtrichter, entkommt und verbringt die nächste Nacht in einem Kloster. Auf der Rückreise kehrt der erfolgreiche, jetzt weniger verbissene Willehalm in dem inzwischen von den Heiden niedergebrannten Kloster und dann in Orleans wieder ein, wo es zur Versöhnung kommt. In ‚Aliscans' fehlt Guillaumes Klosterbesuch. Rainoart hatte indes auf dem Weg nach Orange in einem Kloster Unheil gestiftet, was die burleske Kennzeichnung seiner Natur ausbaut. Wiederum sehen wir in der ‚Aliscans'-Episode Wolframs Inspiration: Er hat Rainoarts einzigen Klosterbesuch zweimal an Willehalm verschenkt. Die Verdoppelung hier und die beiden Zwischenfälle in Orleans dienen dazu, Willehalms inneres Wesen und Stimmung zu schildern. Auf dem Weg nach Laon handelt er verbissen, wo er schlecht behandelt wird (Orleans), im entgegengesetzten Fall aber friedlich (im Kloster). Die Stimmung begleitet ihn nach Laon und droht, seine Mission dort zum Scheitern zu bringen. Durch seine Verwandten, besonders durch die Liebenswürdigkeit Alices umgestimmt, kehrt er erfolgreich und anderen Sinnes nach Orange zurück, was sich in der Versöhnung mit der Stadt Orleans zeigt und vom Erzähler kommentiert wird (v. 209,17ff.). Umgekehrt wirkt jetzt der Besuch im mittlerweile abgebrannten Kloster: Dessen Schicksal muß um so bedrohlicher erscheinen, als Willehalm und das Reichsheer aus der Ferne die Flammen der brennenden Stadt Orange erblicken, ohne zu wissen, daß die Burg selbst noch in Giburgs Hand ist (v. 223,26ff.).

Solche Vergleiche werden durch einen Kunstgriff verstärkt, der in ‚Aliscans' fehlt. Wolfram erweckt den Eindruck, daß die Handlung im Vordergrund und im Hintergrund weiterläuft, indem er zwischen den Schauplätzen hin und her springt, aber beim Übergang immer mit Vorgängen beginnt, die später stattfinden als die im anderen Handlungsstrang soeben erzählten. Er versteht es auch, durch verstreute Andeutungen einen Eindruck von dem zu vermitteln, was geschieht. Das kann die Spannung erhöhen. So endet etwa das IV. Buch mit einem Vers, der knapp und rätselhaft auf Zukünftiges deutet: Willehalm ist beunruhigt, *die nôt gap im bî naht ein viur* (v. 214,30) („ein Brand in der Nacht verursachte ihm diesen Kummer"). Der Satz bezieht sich auf die brennende Stadt Orange, die er aus der Ferne sieht, bleibt aber unerklärt, denn die Handlung schaltet gleich mit dem nächsten Satz zu Giburg um, und setzt zu dem Zeitpunkt ein, an dem wir Willehalm verlassen hatten.

Es ist bezeichnend, daß das wichtige Religionsgespräch zwischen Giburg und ihrem Vater Terramer, für das ‚Aliscans' kein Modell bot, in einem

*Der höfische Roman II* 361

zeitlichen Zwischenraum stattfindet, den Wolfram geschaffen hat. Es ist in einen Abschnitt der Handlung eingeschaltet, der nicht in der Quelle stand, weil er eines der Segmente ist, die entstehen, wenn die Erzählung vom Vordergrund zum Hintergrund umschaltet (v. 215,1).

Das Phänomen einer kommentierenden Struktur, die zur Aussage des Werks beiträgt, war ein Charakteristikum einiger Artusromane Chrestiens. Aber nur im ‚Parzival' und ‚Willehalm' ist die sprechende Struktur für ihre Wirkung derart abhängig von der Existenz lebender Figuren – bei Wolfram dürfen wir getrost von „Charakteren" reden – mit ihrer eigenen seelischen Tiefe. Die Wellen, die von ihren Namen ausgehen, verdanken ihre Kraft dem beharrlich entstehenden Bild, das von jedem gezeichnet wird. Es entsteht das Bild eines Charakters wie sonst an keiner Stelle in der mhd. Literatur, weil Wolfram die Gestalten im Gespräch oder Selbstgespräch viel sprechen läßt. Die intensive Ausdruckskraft seiner poetischen Sprachkunst, die so viele Register zwischen dem Lächerlichen und dem Tragischen zu ziehen versteht, sickert in die Ausdrucksweise der Charaktere ein. Mit ihren Worten enthüllen sie mittelbar ihr Innerstes. Das Bild wird durch Kommentare des Dichter-Erzählers vertieft und durch Aussagen anderer Charaktere abgerundet. Es überrascht, wie oft sie ü b e r einander reden.

Der extremste Fall ist Vivianz, dessen Name zuerst im 381. Vers fällt (13,21), der schon im 2051. Vers stirbt (69,11) und der zum letzten Mal erst im 13771. Vers genannt wird (460,1). Zwischen seinem Tod und dem „Ende" des Werks wird der Gestorbene dreiundvierzig Mal genannt. Wiederholt wird der junge Held und Märtyrer von anderen Figuren an kritischen Stellen heraufbeschworen, in der Bitterkeit Willehalms und der Trauer seiner Sippe (vv. 120,18ff.; 151,11ff.; 152,9ff.) wie in den Gesprächen in Laon, die Königin und König Willehalms Bitte um eine Armee erfüllen lassen (vv. 164,26ff.; 167,30ff.; 184,7ff.). So hat er, wie der wiederholte Gedanke an die umlagerte Giburg, als Leidmotiv eine gewichtig kritische Rolle zu spielen.

Die weiterführende Konsequenz dieser narrativen Technik ist, daß Charaktere die Hauptorgane der Aussage sind, die von ihnen und durch sie gemacht wird. Dies liegt in der Natur eines Stoffes, in dem innere Konflikte so zentral sind, oder daran, daß es so sein könnte, wenn ein Dichter mit Einsicht diese Seite ausnutzen wollte und die Begabung hatte, es zu tun. Diese Bedingungen erfüllten sich bei Wolfram. Mit Vivianz, Willehalm, Giburg und Rennewart haben wir dafür die Paradebeispiele.

Der mechanische, aber auch tiefere Grund für die vorangehende Behauptung ist, daß Giburg und Willehalm die Schlüsselgestalten sind, die im ‚Willehalm' diesen spezifischen Konflikt zwischen den Weltreligionen ausgelöst haben. Sieben Verse am Anfang bringen die kritischen Geschehnisse und Hauptfragen grammatisch-syntaktisch gedrängt zusammen:

> *Arabeln Willalm erwarp,*
> *dar umbe unschuldic volc erstarp.*
> *diu minne im leiste und ê gehiez,*
> *„Gîburc" si sich toufen liez.*
> *waz heres des mit tôde engalt!*
> *ir man, der künic Tîbalt,*
> *minnen vlust an ir klagete.* (v. 7,27 ff.)

(„Willehalm hatte Arabel gewonnen, wofür schuldlos viele starben. Die ihm Liebe gewährte, die Ehe versprochen hatte: ‚Giburg' ließ sie sich taufen. Heerscharen haben das mit ihrem Leben bezahlt! Ihr Mann, der König Tibalt, beklagte sie und mit ihr den Verlust der Liebe.")

In einer fatalen Verstrickung sind Religion und Machtpolitik verbunden. Das persönlich Intime der Liebe und der Verletzung der Ehe erhitzt die religiöse Feindschaft und bringt sie zum Kochen. Dann tritt das Erstaunliche ein: Der Gedanke der religiösen Toleranz wird erwogen. Der Auftritt von Feirefiz und seine Taufe hatten gegen Ende des ‚Parzival' eine gelockerte Einstellung zur Frage entstehen lassen, aber das geschah auf einer spielerischen Ebene, im Licht der Orienterfahrungen Gahmurets. Die unbeantwortbare Frage drängt sich auf: Woher bezieht Wolfram den Toleranzgedanken ausgerechnet zur Zeit der Kreuzzüge? Wir sahen schon im ‚Parzival' orientalische Motive, die in Chrestiens ‚Perceval' fehlen, und hielten den ‚Presbyterbrief' für eine mögliche Quelle.

Wir vermuten die Erklärung des Toleranzgedankens allerdings an dem Ort, an dem das Problem entstanden ist: im Dichter, der seine unabhängigen Ansichten, seine religiös fundierte Menschlichkeit und seine Achtung vor den Heiden in dem anderen Werk darstellte.

Wolframs Gestalten haben ihm sozusagen diese Einstellung aufgedrängt. Er ist zum Objekt der eigenen Einbildungs- und Einfühlungskraft geworden. Es scheint ihm unmöglich, vor einer Figur seiner Quelle zu stehen, ohne sie sich lebendig vorzustellen und sich über ihre Gefühle und Motivationen, ihre Vergangenheit und ihre Verwandten Gedanken zu machen – das heißt: sie zu erschaffen. Mit dieser Einstellung war es unmöglich, daß Wolfram sich nicht über die Gestalt Gedanken machte, deren Rolle die quälendste war, sich in ihre Lage zu versetzen versuchte und sie ausmalte, Giburg, die Wurzeln in beiden Kulturen hat und weiß, daß sie die Ursache dieses Zusammenstoßes zwischen ihnen ist (v. 306,12 ff.).

Es finden zwei „Religionsgespräche" zwischen Giburg und ihrem Vater statt (vv. 109,22 ff.; 215,10 ff.). Im zweiten zeigt sich Terramer trotz seiner früheren Drohungen recht unentschlossen, Giburg zu töten, wenn sie dem christlichen Glauben nicht abschwört, aber er wird vom *bâruc*, den Wolfram als den heidnischen Papst interpretiert, und seinen Priestern unter Druck gesetzt. Die „Religionsgespräche" sind eigentlich von den Rednern abwechselnd vorgebrachte, komprimierte Aussagen über Grundsätze des jeweiligen Glaubens; sie ähneln eher der Disputation, sind aber nicht als solche gestaltet. Sie (v. 222,1ff.) verdeutlichen die Festigkeit von Giburgs christlichem Glauben, ihre fragliche Position zwischen Christen und Heiden und ihr dadurch gequältes Bewußtsein. Die drei Faktoren motivieren ihren großen Appell an das Christenheer für Toleranz gegenüber ihren Landsleuten und ehemaligen Glaubensgenossen und sind dessen Ausgangsbasis (v. 306,12ff.).

Giburg bittet Willehalm und seine Kampfgenossen darum, die Heiden zu schonen, wenn sie sie besiegen sollten: *hoeret eines tumben wîbes rât schônet der gotes hantgetât!* (v. 306,27ff.) („Hört auf die Lehre einer ungelehrten Frau: schont die Geschöpfe aus Gottes Hand"). Giburg propagiert keinen universellen Pazifismus. Sie fordert, daß besiegte heidnische Gegner nicht sinnlos getötet, sondern wie christliche geschont werden. Schon im Gespräch mit *ir liebstem vater* hatte sie Christen und Heiden mit dem zum Leitmotiv werdenden Wort „[Gottes] *hantgetât*" zusammengefaßt und sich den *schûr* („Hagelschauer/Vernichtung") beider Gruppen genannt (v. 253,9ff.). Ihre feierliche Rede vor dem versammelten Hof stellt zwischen den drei Gruppen, in die die Menschheit zerfällt – Heiden, Juden und Christen –, Gemeinsames fest (v. 306,29ff.). Heiden sind alle, die weder Juden noch Christen sind (dazu Juden, die vor Gottes Bund mit Abraham lebten, denn die mit diesem Bund eingeführte Beschneidung galt im Mittelalter als Äquivalent zur Taufe), aber auch alle „Christen", bevor sie getauft wurden: also sind oder waren alle Menschen Heiden. Daß Wolfram Giburgs Ansichten teilt, wird bestätigt, als der Erzähler sich Giburg anschließt und sie zitiert:

> *die nie toufes künde*
> *enpfiengen, ist daz sünde?*
> *daz man die sluoc alsam ein vihe,*
> *grôzer sünde ich drumbe gihe;*
> *ez ist gar gotes hantgetât,*
> *zwuo und sibenzec sprâche, die er hât.* (v. 450,15ff.)

(„Wenn Menschen nichts vom Christentum erfuhren, ist das Sünde? Daß man sie erschlug wie Vieh, das nenne ich eine große Sünde: sie alle sind von Gottes Hand gemacht, die zweiundsiebzig Völker, die er hat.")

Zweiundsiebzig war die Summe der Sprachen auf der Welt. Damit betont Wolfram, daß alle Menschen das Kunstwerk, *hantgetât*, Gottes sind, weil er Adam und Eva, anders als den Rest der Schöpfung, mit der eigenen Hand geschaffen hatte. Die Toleranz löst den Konflikt zwischen Christentum und Heidentum nicht: der Gegensatz bleibt, aber man hat beiderseits die Gegner als Menschen zu achten und zu behandeln. Die Auffassung ist Wolframs Zutat, zumindest in Vergleich mit ‚Aliscans'.

Wenn wir die Wurzel des Toleranzgedankens in Wolframs lebendiger Vorstellung von den Figuren seiner Quelle und ihrer abgerundeten Realisierung durch seine Kunst suchen, trauen wir ihm eine für seine Zeit ungewöhnliche Begabung in der Darstellung des Psychischen zu. „Ungewöhnlich" ist zu wenig: wir trauen ihm hierin eine einmalige Begabung zu. Als Beispiel dafür ist am imponierendsten und subtilsten sein scheinbares Eindringen in Giburgs Psyche, als es darum geht zu schildern, wie sie bemerkt, daß Rennewart ihr Bruder ist. Wir haben impressionistisch gesprochen, denn das Eindringen und die Technik, die Wolfram benutzt, schaffen in Wahrheit Giburgs Psyche und den Ablauf in ihrem Seelenleben. Diese Darstellung sucht in der deutschen Literatur des hohen Mittelalters ihresgleichen. Das Überraschende ist, daß in einer Literatur wie der hochmittelalterlichen deutschen, die eher feststellt und eher mit Aussagen als mit Assoziationen arbeitet, es so etwas überhaupt gibt. Äußerst zart und zögernd und in zeitlichen Abständen läßt Wolfram Giburgs geradezu ängstliches Bewußtsein entstehen und wachsen, daß Rennewart ihr Bruder ist.

Die Entwicklung beginnt (v. 271,6ff.), indem Rennewart, dessen wahre Schönheit und angeborener Adel trotz seines vom Rost verdeckten Aussehens noch erkannt werden konnten, zwar mit großem Lob, aber objektiv aus der Sicht des Dichters beschrieben wird. Die Vermutung, daß wir mit den Augen des Dichters sehen, wird bestätigt, als er uns daran erinnert, daß unter ähnlichen Umständen Karnachkarnanz das wahre Wesen des wilden jungen Parzival erkennen konnte – die Gestalten des ‚Willehalm' sind kaum in der Lage, von Wolframs ‚Parzival' zu reden (v. 271,17ff.). Es folgt sofort eine Frage ihres Schwiegervaters an Giburg, wer der starke, außerordentliche Jüngling sei (v. 271,27ff.). Das Ineinanderfließen von Innerem und Äußerem charakterisiert die daraufffolgende Schilderung. Giburg erzählt, wie Rennewart zu Willehalm gelangt war, und verrät dabei, daß sie ihn beobachtet hatte – genau wie wir und der Dichter (v. 272,2ff.). Die Art ihrer Reaktionen auf ihn ist von großem Interesse. Sie hat Verständnis für seine Geschichte und gegenwärtige Lage, und daß sie sagt, seit der Zeit Karls des Großen und Baligans sei kein schöneres Kind als Rennewart geboren worden, hat etwas Prophetisches, wenn man das bevorstehende Gemetzel und Rennewarts und Giburgs seelische Stellung zwischen den christlichen und heidnischen Lagern bedenkt (v. 272,14ff.). Ergreifend trägt Giburgs Darstellung ihrer Reaktionen auf Rennewart zu der eigenen Charakterisierung bei (v. 272,21ff.): „Mein Herz vermutet in ihm etwas, das mich seufzen läßt, seit ich ihn heute morgen sah: Freude oder Kummer wird mir bald sein Kommen bringen. Wie aus dem Gesicht geschnitten ist er manchem meiner Verwandten." Giburgs fürsorgliches Interesse an Rennewart setzt sich fort, als Willehalm sie zu ihm in die Küchenregion schickt, Teile der Burg, die die hohe Herrin nie zuvor betreten hatte (v. 289,20ff.). Nochmals steigt bei seinem Anblick eine unerklärliche Angst in ihr auf: *ir ougen im nie gewancten; eteswaz si an im erblicte, dâ von ir herze erschricte* (v. 290,16ff.) („Sie ließ die Augen nicht von ihm: etwas hatte sie an ihm erblickt, von dem ihr Herz erschrocken war"). Als Rennewart erklärt, er sei Heide, seufzt sie auf und weiß endlich, daß er zu ihrem Geschlecht gehört (v. 291,25ff.). Dieser Einsicht hält Rennewarts Antwort auf ihre Frage, ob er Geschwister hat, die Waage, und wir erfahren, daß in ihm der entsprechende Verdacht aufsteigt, daß Giburg seine Schwester sei (v. 292,27ff.).

Wenn irgendwo in der Literatur der Blütezeit das Unerhörte geschieht und das Unterbewußtsein auf seine Kosten kommt, dann in diesem inneren Drama zwischen Giburg und Rennewart. Während es sich entfaltet, beobachten wir ein weiteres Charakteristikum von Wolframs Stil: die Häufigkeit, mit der er die Bedeutung und Folgen des Handlungsverlaufs abschätzt, ausdrückt oder kommentiert. Daß er am Ende gleichwohl keine Lösung im Diesseits zu bieten hat, besagt weder, daß er ein fragmentarisches Werk schaffen wollte, noch, daß er nicht wußte, wie er sein Werk beenden sollte. Wir können nicht vom Dichter verlangen, daß er ein Problem löst, das noch der Lösung durch Gott harrt. Für Wolfram als Ritter, als frommen, denkenden Laien und epischen Dichter war Willehalm, der Ritter, spätere Mönch und schließlich heiliggesprochene Glaubenskämpfer als Fürsprecher, Schutzheiliger, Muse und epischer Stoff buchstäblich ein Geschenk des Himmels.

Den großen Erfolg des ‚Willehalm' haben wir an der Zahl der Handschriften abgelesen. Die ‚Willehalm'-Fortsetzungen und -Ergänzungen bestätigen das anhaltende Interesse: In den vierziger Jahren des 13. Jahrhunderts hat Ulrich von Türheim mit seinem ‚Rennewart' (zweieinhalbmal so lang wie der ‚Willehalm'!) eine Fortsetzung gedichtet, aber nicht im Sinne Wolframs. Dasselbe gilt für das ‚Willehalm'- bzw. ‚Arabel'-Gedicht, das Ulrich von dem Türlin einige Jahrzehnte später als Vorgeschichte zum ‚Willehalm' dichtete (s. Bd. II/2, S. 26f. und 120f.). Sowohl Ulrich von Türheim als auch Ulrich von dem Türlin zeigen kein Verständnis für das, was wir als den geistigen Kern von Wolframs Werk verstehen. Dies unterstreicht den Unterschied der Zeiten, die Einmaligkeit Wolframs oder beides – je nach dem, ob wir der Intoleranz bezichtigt werden möchten oder nicht.

## Romandichter neben und nach Wolfram

Es bleiben vier Romane, die wohl in unserem Zeitraum entstanden sind: der ‚Wigalois' Wirnts von Grafenberg, der anonyme ‚Karl und Galie', Ottes ‚Eraclius', weiter Konrad Flecks ‚Flore und Blanscheflur'-Roman (s. S. 377f.), dessen Datierung noch unsicherer ist (er könnte etwas später entstanden sein). Die drei erstgenannten dehnen unser Inventar aus, erhellen aber nicht geographisch oder zeitlich das Gesamtbild der Entstehung der höfischen Epik. Der ‚Wigalois' ist ein Artusroman nach einer oder mehreren altfranzösischen Quellen, die wir nicht genau kennen; ‚Eraclius' ist u. a. ein „historischer" Text und als Untertyp des Romans schwer einzuordnen, falls die Bezeichnung „Roman" zutrifft: er beruht auf einem schon heterogenen Werk – dem von Gautier d'Arras nach 1159 begonnenen ‚Eracle' –, und Otte hat für den Schlußteil zusätzlich zu chronikalischen Quellen gegriffen.

Der ‚Wigalois' ist leicht als Weiterentwicklung der behandelten höfischen Romane zu erkennen. In Sprachstil und Motivik etwa blickt er auf Hartmann und Wolfram zurück. Wirnt verwendet die einschlägigen sprachlichen Kunstgriffe und inhaltlichen Motive mit großer Selbstverständlichkeit. Er beruft sich ausdrücklich auf Hartmann und Wolfram; über diesen fügt er die inzwischen geflügelten Worte hinzu: *leien munt nie baz gesprach* (v. 6343ff.) („kein Laienmund sprach je beredter"). Die einzigen Dichter, die Wirnt nennt, sind Hartmann, Wolfram und Ovid (vv. 6309; 6343; 991). Der Anlaß für die Erwähnungen Hartmanns und Wolframs ist der Gegensatz zwischen der häßlichen Ruel im ‚Wigalois' und Enite, Lunete und Jeschute im ‚Erec', ‚Iwein' und ‚Parzival', eine ironische Kontrasttechnik, die Wirnt aus Wolframs Schilderungen der Cundrie lernen konnte.

Wirnt von Grafenberg erscheint in keiner Urkunde. „Grafenberg" wird mit der Stadt Gräfenberg (nordöstlich von Nürnberg) identifiziert. Es war zur Zeit Wirnts im Besitz der Zollern, und man vermutet in Wirnt einen Ministerialen in ihrem Dienst. In der Kurzerzählung ‚Der Welt Lohn' (s. Bd. II/2, S. 34 und 142) beschreibt Konrad von Würzburg, wie die elegante schöne Frau Welt zu einem *ritter* namens Wirnt von Grafenberg kommt, als dieser zur Unterhaltung liest. Er fühlt sich von der ihm unbekannten schönen Dame stark angezogen, und als sie erklärt, er habe lange in ihrem Dienst gestanden, fragt er nach ihrem Namen; sie verrät, sie heiße *Diu Werlt*. Als sie ihm aber den Rücken kehrt, sieht er – einer ikonographischen Tradition entsprechend (vgl. Bd. II/2, Abb. 6 und 7) –, daß ihre Rückseite ein stinkender Kadaver voller Maden ist. Der erschrockene Wirnt schwört ihr ab, geht auf den Kreuzzug und rettet seine Seele. Konrad nennt Wirnt „Ritter", sagt aber nicht, daß er gedichtet habe, es sei denn, daß die Aussage, Wirnt habe es verstanden, seinen Ruhm „mit Werken und mit Worten" überall zu verbreiten, literarisch gemeint ist. Konrad schildert Wirnt als Ritter, der lesen konnte. Seit Konrads Zeit war es üblicher geworden, daß ein Ritter lesen konnte, aber Wirnt sagt, er wolle die Leute mit seinem Mund unterhalten (v. 125 ff.). Das kann ein Topos in der Nachfolge Wolframs sein; er erzählt aber, daß er seine Quelle nur aus dem Munde eines Knappen (v. 11686 ff.) gehört habe.

Die Möglichkeit einer Datierung von Wirnts dichterischer Tätigkeit – er sagt (v. 140), der ‚Wigalois' sei sein erstes Werk, und wir kennen kein weiteres – wird dadurch reduziert, daß er keinen Auftraggeber nennt. (Vielleicht benötigte er keinen, wenn seine Hauptquelle wirklich ein redseliger Knappe war.) Es liegt nahe, den Auftraggeber in einem Mitglied des Geschlechts der Zollern zu vermuten. Eine mögliche Bestätigung sah man darin, daß der Auftritt des kämpferischen Draufgängers Hoyer von Mansfeld, den Wigalois im Kampf überwindet, eine Ehrbezeugung an einen Zollern sein könnte: Wiprecht von Groitzsch, der den historischen Hoyer in der Schlacht beim Welfenholz (1115) tötete, gehörte zu den Ahnen Konrads von Zollern, der zu einem Kreis von interessierten Literaturkennern in dieser nordbairischen Umgebung gehören könnte (Mertens). Die einzige Stelle, die einen Gönnerhinweis enthalten könnte (v. 8062 ff.), weist jedoch auf ein anderes Geschlecht: das der Herzöge von Andechs-Meranien. Sie findet wie Wirnts Erwähnungen Hartmanns und Wolframs ihren

Anlaß im Verlauf der Handlung: Die Klage über den Tod Japhites erweckt beim Dichter Gedanken an den „Tod eines sehr edlen Fürsten von Meran", wo Wirnt Zeuge maßloser Trauer gewesen sein will.

Kenntnis von Wolframs ‚Parzival' ist vorauszusetzen. Wirnts einzige ausdrückliche ‚Parzival'-Anspielung (v. 6325 ff.) bezieht sich auf die erste Jeschute-Episode, und es gibt keine Hinweise darauf, daß Wirnt den ‚Parzival' über Buch III hinaus gekannt hat. Doch darf man nicht viel daraus schließen. Die einzige konkrete Anspielung auf Hartmanns ‚Erec' (v. 6307 ff.) betrifft eine frühe Szene, was nicht hindert, daß Wirnt auch den späteren ‚Iwein' kannte (v. 6396 ff.). Als Terminus ad quem gilt die Kölner Handschrift A, deren Entstehung aus paläographischen Gründen neuerdings ins erste Viertel des 13. Jahrhunderts gesetzt wird. Wenn diese Datierung zutrifft, könnte nur Berthold IV. (gestorben 1204) der beklagte Meraner sein.

Die Entscheidung zugunsten der früheren Datierung wird dadurch gestützt, daß der Wolfram-Verehrer Wirnt sich nicht auf den ‚Willehalm' bezieht – Versuche, Bezüge nachzuweisen, überzeugen nicht. Die Formulierung des Wolfram-Lobs steht dem nicht entgegen.

> *daz lop gît ir* [Jeschute] *her Wolfram,*
> *ein wîse man von Eschenbach;*
> *sîn herze ist ganzes sinnes dach;*
> *leien munt nie baz gesprach.* (v. 6343 ff.)

Wir verstehen das Präsens *lop gît* als das zeitlose Tempus, das verwendet wird, um in der Schrift immer noch Wirkendes, hier Wolframs Lob Jeschutes, einzufangen. In der zweiten Aussage, daß in Wolframs „Herzen die vollkommene Verständigkeit ihren Sitz hat", ist das Präsens zeitlich genau zu nehmen, und zwar in dem Sinne, daß Wolframs Verständigkeit noch funktioniert. Das Feierliche eines Nachrufs, das man dem folgenden: *leien munt nie baz gesprach* zuzuschreiben pflegt, wird durch zweierlei hervorgerufen: durch die starke Interpunktion nach *sinnes dach*, mit der der Herausgeber einen isolierten, gewichtig tönenden Satz herstellt, und dadurch, daß man den elliptischen Vergleich damit zu ergänzen pflegt, daß man nach „nie besser sprach" ein „als Wolfram sprach" hinzudenkt. Man tut besser daran, ein „als Wolfram spricht" hinzuzudenken, denn das stimmt mit dem Präsens von „in seinem Herzen hat die vollkommene Verständigkeit ihren Sitz" überein. Wenn Wirnt auf potentielle Rivalen zurückblickt und erklärt, das von Wolfram Geleistete sei von keinem Laien übertroffen worden, heißt das nicht, daß auch Wolframs Person der Vergangenheit angehört. Mögliche Schwierigkeiten, die die Tempusform *gesprach* für die Consecutio temporum zu haben scheint, entspringen dem modernen Sprachgefühl und sind weniger gravierend als die Frage, wie man „hat [...] ihren Sitz" mit *gesprach* logisch zusammenreimt. Wir vermuten, der ‚Wigalois' ist nach dem ‚Parzival' und etwa gleichzeitig mit dem ‚Willehalm' entstanden.

Die Überlieferung des ‚Wigalois' ist breit und lang anhaltend. Die letzte grundsätzliche Durchsicht der Handschriftenverhältnisse (Hilgers) zählte 13 vollständige und 26 fragmentarische Handschriften, zu denen weitere Fragmente hinzugekommen sind. Die Überlieferung setzt im ersten Viertel des 13. Jahrhunderts ein und reicht bis spät ins 15.; es folgen die Aufnahme in Ulrich Füetrers ‚Buch der Abenteuer' (1480), eine oft gedruckte Prosabearbeitung, und Übersetzungen in mehrere

Sprachen. Neben Konrad von Würzburg lobt ihn auch Rudolf von Ems in der Dichterschau seines ‚Alexander' (v. 3192ff. – die Stelle ist vielleicht bald nach 1230 gedichtet: s. Bd. II/2, S. 27).

Wirnt hat bei seinem zeitgenössischen Publikum großen Anklang gefunden: offenbar haben die mittelalterlichen Auftraggeber von Handschriften und mindestens zwei achtbare Dichter anders gedacht als manche Germanisten. Die Beliebtheit, die die Rezeption bezeugt, ist leicht zu verstehen. Wirnt verfügt über hohe Formkunst und schreibt – an Hartmann, Wolfram und vielleicht auch Gottfried geschult – flüssig, zweckmäßig und elegant. Er versteht es auch, eine Handlung proportioniert darzustellen und spannend zu strukturieren. Diese Leistungen sind um so imponierender, wenn er tatsächlich bloß den Wortlaut seiner Quelle kennenlernte und seine Version nach dem Anhören zu gestalten hatte.

Parallele Episoden und Motive weisen darauf hin, daß Wirnts Hauptquelle der Roman ‚Le Bel Inconnu' von Renaut de Beaujeu war, aus einer Handschrift des späten 12. Jahrhunderts bekannt. Die Parallelen betreffen aber nur die ersten Teile des ‚Wigalois', und Versuche, eine oder mehrere weitere zusammenhängende Quelle(n) aufzufinden, müssen als erfolglos gelten. Selbst im ersten Teil weicht Wirnt in der Wahl der Episoden und in Details von Renaut ab. Am wahrscheinlichsten ist, daß Wirnt die Bestandteile seines Werks einzeln von hier und da zusammenlesen mußte.

Man nennt den ‚Wigalois', zusammen mit der (wie wir meinen: späteren) ‚Krone' Heinrichs von dem Türlin und weiteren ungefähr zeitgenössischen Romanen, „nachklassisch". Der ‚Wigalois' stellt in mehrfacher Hinsicht ein neues Stadium in der Entwicklung des höfischen Romans in Deutschland dar.

Erstens: Gawein, der sonst wie ein roter Nebenfaden Artusromane durchläuft und ihnen eine überbrückende Kontinuität verleiht, indem er bei den Zuhörern Vertrautheit erweckt, wird jetzt befördert. Der ewige Trauzeuge und Frauenheld, der bisher nur im ‚Parzival' hatte heiraten dürfen, darf jetzt nicht nur heiraten, sondern – noch ohne davon zu wissen – auch Vater und Mentor eines Romanhelden, eben Wigalois', werden. Diese Richtung in Gawans Karriere wird in Heinrichs ‚Crône' weiter geführt, wo er zum ersten Mal der unangefochtene Hauptheld eines Romans ist.

Zweitens ist die starke Zunahme des Übernatürlichen – als Zauber oder Satanisches – im ‚Wigalois' ein weiterer Schritt in der Evolution des Artusromans, ein Zuwachs, der in der ‚Krone' als vulkanische Eruption ausbricht. Auf dem Gebiet des Zaubers erreicht der ‚Wigalois' aber etwas Neues: Das Böse – besonders die dunklen Zustände und drohend hallenden Vorgänge in der Burg des Roaz – macht bei Wirnt einen atmosphärisch spannenderen, stärker furchteinflößenden Eindruck, als man das bisher im höfischen Roman erlebt hat. Der Kunst, im Aufnehmenden unmittelbar Furcht zu erregen, begegnet man im Mittelalter kaum. Es scheint, daß die Dichter sich darauf verlassen konnten, daß der christliche Glaube die

Arbeit leistete und einen Resonanzboden schuf, der durch die religiöse Abscheu vor dem Treiben der Anhänger Satans ohne psychologische Kunstgriffe des Dichters Furcht erregte.

Eine mittlere Form des Übernatürlichen sind die wundertätigen Gegenstände, mit denen wohlwollende Figuren die Gestalten des Romans, besonders den Helden, beschenken. Es gehören zu ihnen: ein Wunderbrot; ein von einem Priester geschenkter Brief, der, an einem Schwert befestigt, gegen jeden Zauber schützt; Baumblüten, die vor dem tödlichen Gestank eines Drachen schützen; eine tödliche Lanze, die ein Engel gebracht hat, usw. Sogar die Handlung des Romans wird durch einen wundertätigen Gegenstand – einen Zaubergürtel – ausgelöst, der allein es dem König Joram ermöglicht, Gawein zu überwinden, ihn in sein Land zu bringen, mit seiner Nichte Florie zu vermählen und so Wigalois auf die Welt zu bringen. Solche Wundergegenstände bringen Probleme mit sich, denn sie drohen, die angeborenen Kräfte und Tugenden des Helden in den Schatten zu stellen und ihn um seinen verdienten Ruhm zu bringen. Es gelingt Wirnt, Wigalois' Ruhm zu retten, indem er deutlich macht, daß der außerordentliche Held von vornherein der außerordentlichsten Gaben würdig ist, und indem er ihn die Wundergegenstände gewissenhaft fahrlässig behandeln läßt, was ihre schädliche Nebenwirkung dämpft.

Solche Fragen sind eng mit der narrativen Perspektive verbunden, die den ‚Wigalois' von den klassischen Romanen abhebt. Die Ansicht ist verbreitet, daß seinem Roman die geistige Tiefe fehlt. Der Mangel wird daraus erklärt, daß Wigalois nie einen Fehltritt begeht und daher keine moralische Schuld trägt. Wenn die Figur des Wigalois ohne Tiefe ist, liegt das an der umfassenderen Tatsache, daß er so gut wie kein Innenleben hat, ob es Schuld impliziert oder nicht. Wenn wir sagen, daß eine Figur keine Psyche hat, heißt das nur, daß der Dichter sie nicht analysiert oder in Bewegung schildert. Der Leser muß mit einer Psyche rechnen, genau wie er anzunehmen hat, daß alle Personen atmen, obwohl dies z.B. im ganzen ‚Parzival' nur für Gawan bestätigt wird (v. 576,4ff.). Selbst in der Szene, in der Wigalois sich in Larie verliebt (v. 5753ff.), stellt Wirnt den Vorgang von außen als eine *Psychomachia* in Miniatur dar: die Minne siegt über den Helden ähnlich dem Muster der Minnetrankszene im ‚Tristan'.

Der Zaubergürtel, den Joram Gawein schenkt und der später Wigalois zufällt, stellt sicher, daß sein Träger immer siegreich ist und sich vor nichts zu fürchten hat (v. 625ff.). Neben seiner objektiven Wirkung ist der Gürtel aber auch Symbol für das Schicksal des jugendlichen Helden, genau wie der Wunderstein (v. 1477ff.), der Wigalois' innere Vollkommenheit von Anfang an kundtut, oder das Glücksrad von Jorams Burg, das sich Wigalois zum sprechenden Wappen nimmt (v. 1036ff.). Diese Gegenstände sichern bzw. symbolisieren die Tatsache, daß Wigalois keine ernsthaften Probleme haben wird; aber selbst wo solche drohen, werden wir nicht ernsthaft in seine Gemütsverfassung versetzt.

Wirnt begünstigt die epische Vorausdeutung, aber im Gegensatz etwa zum ‚Nibelungenlied‘, in dem die Vorausdeutungen schicksalhaft sind, auf lange Sicht Folgen einzelner Handlungen heraufbeschwören und dadurch die Großstruktur des Epos mitkonstituieren, beziehen sich die Vorausdeutungen im ‚Wigalois‘ auf Kurzfristigeres und sind ohne strukturelle Bedeutung. Sie dienen eher dem Moralisieren, zu dem Wirnt eine Neigung zeigt (z. B. v. 3280ff.). Immerhin hat man eine deutliche Struktur im Aufbau des Romans erkennen können.

Als Wigalois vom Artushof wegreitet und die über die Wahl des unerprobten Wigalois als Kämpfer erzürnte Nereja einzuholen versucht, wird er in eine Reihe von uneigennützigen Kämpfen mit Rittern und Riesen verwickelt. Sie bereiten ihn für seine gefährlichste Probe, die Überwindung des Zauberers und Teufelsbündlers Roaz und die Befreiung Korntins, des Erblands seiner künfigen Gemahlin Larie, vor. Die Reihe umfaßt Kämpfe sehr verschiedener Art, ausgesprochene Aventiuren, d. h. sinnlose, zum Brauch gewordene Kämpfe (z. B. gegen einen Ritter, der Fremden nur Übernachtung gewährt, wenn sie ihn im Kampf überwinden: v. 1932ff.), ebenso wie etwa die Befreiung einer von zwei Riesen entführten Jungfrau (v. 2054ff.). Die Proben stellen nicht wie im ‚Erec‘ eine Steigerung dar. Daß die ganze Reihe aber als Beweisprobe für die zweite Reihe gemeint ist, die zur Befreiung Korntins führt, wird durch zweierlei angedeutet: Der letzte Kampf der Reihe geht gegen den König Schaffilun, der sich vorgenommen hatte, Korntin zu befreien, weswegen er um das Recht, die Befreiung zu unternehmen, bis zum Tode gegen jeden kämpfen will. Wigalois tötet ihn und erhält die Berechtigung für das Korntin-Abenteuer. Die anonyme Botin, der die Wahl von Wigalois als Kämpfer so mißfallen hatte, erkennt ihn als den künftigen Erlöser Korntins an (v. 3614ff.). Wirnt hatte ihren Namen verheimlicht, und es bestätigt das Ende dieses wichtigen Erzählabschnitts, daß wir nun hören, daß die Botin „Nereja" hieß (v. 4069).

In der zweiten Aventiurenreihe, auf der Reise zur Stadt Glois und zur Burg des Roaz, begegnet Wigalois in dem Drachen Pfetan und dem riesenstarken, alten Weib Ruel, dem er nur durch eine direkte Intervention Gottes entkommt (v. 6505ff.), gefährlicheren Gegnern als bisher. Diese unheimlichen Wesen bereiten das noch unheimlichere Reich Korntin vor, wo sich Zauber, teuflische Technologie – z. B. ein Pechnebel (v. 6725ff.) und ein Schwerterrad (v. 6773ff.) – in die Kämpfe mischen und als Gegner Teufelsdiener, ein feuerspritzender Kentaur und der mächtige, mit dem Teufel verbündete Zauberer Roaz – wiederholt als Heide bezeichnet – auftreten, dessen Tötung die zweite Aventiurereihe beendet. Der ‚Wigalois‘ benutzt den doppelten Kursus, der hier für die Handlung ästhetisch wirksam ist, aber nichts zur Aussage des Werks beiträgt.

Es wird Kenner des Artusromans nicht wundern, daß teuflische Geschöpfe im Kampf den Tod finden, aber es ist überraschend, daß auch in den „natürlichen" Aventiuren der Gegner so oft erschlagen wird und daß in der Vorgeschichte ausdrücklich darauf hingewiesen wird, daß der human höfische Gawein viele Gegner getötet hatte (v. 349f.)! Die Tötungen im ‚Wigalois' stechen auch vom ‚Bel Inconnu' ab: der Held erschlägt dort z. B. weder den Orguillous de la Lande (den Ritter, dem er den Spürhund abgewinnt) noch Lanpars (der Fremden nur Unterkunft gewährt, wenn sie ihn überwinden).

Wenn Wirnt den ‚Bel Inconnu' als Quelle benutzt hat, deutet der Vergleich auf wesentliche Änderungen, deren Ursachen aber nur über Hypothesen zu ermitteln sind. Der Kontrast zwischen Kämpfen dort mit tödlichem und hier mit harmlosem Ausgang könnte etwa auf Unterschiede zwischen dem Stand der sozio-literarischen Entwicklung in Frankreich und Deutschland zu dem betreffenden Zeitpunkt weisen. Wirnt wäre als direkt verantwortlich für die Änderungen zu sehen. War Renaut nicht Wirnts Quelle, so entfällt die Vorstellung einer oppositionellen Gegenreaktion, aber der Vergleich wirft noch immer Licht auf beide Werke.

Die Fälle, in denen Wigalois einen menschlichen Gegner totschlägt, hängen mit einem Merkmal der Darstellung des Helden zusammen. Man hat diesen als eine Heilsbringer- oder Erlösergestalt bezeichnet (Grubmüller). Damit geht zusammen, daß er kein Innenleben hat und es auch nicht braucht, weil der geborene, unentwegte Heilsbringer seine Pflicht kennt und tut. Bei Wolfram erlebt selbst der untadelige Gawan innere Konflikte. Der Berufserlöser jedoch darf und kann auf seinem Rettungsweg nur externe Hindernisse erleben, von außerhalb seines Wesens, was zur Kritik führte, daß dem ‚Wigalois' innere Konflikte und geistige Tiefe fehlten.

Ein Gegengewicht zur Wunderwelt, die Wigalois bis zu seiner Hochzeit mit Larie umgibt, bildet die letzte Aventiure des Werks, die großangelegte Belagerung Namurs. Das herrliche Fest, bei dem Wigalois gekrönt und mit Larie verheiratet wird, hätte eigentlich am Schluß des Romans stehen sollen (v. 9054ff.). Es kommt aber die Nachricht (v. 9799ff.), daß Lion den König Amire von Libyen vor Namur erschlagen und dessen Gattin Liamere entführt hat. Abstrakt gesehen hat die Namur-Episode, die auf den doppelten Kursus folgt, eine abrundende Funktion wie die Joie de la curt in Hartmanns ‚Erec': eine letzte superlativische Herausforderung des Helden vor einem großen Publikum, die seinen ewigen Ruhm sichert. Die Andersartigkeit des ‚Wigalois' ist aber auch hier zu erkennen. Während Erec in der Joie de la curt-Aventiure in eine Zauberwelt gerät, die mächtiger ist als alles Übernatürliche, dem er schon begegnet war – z. B. einige Riesen! –, wird Wigalois nach tatkräftiger Beschäftigung im *autre monde* in die (relativ) wirkliche Artuswelt zurückgeholt, wo er als krönende Aventiure eine politisch-militärische Aufgabe löst, die den Namen „Aventiure" nicht mehr verdient, sondern bloß ein Abenteuer ist. Der Tradition des Artusromans gemäß macht Wigalois einen letzten Besuch am Artushof (v. 11392ff.) und erhält danach auf der Reise nach Korntin die Ratschläge des im Umgang mit den Menschen unvergleichlich bewanderten Gawein (v. 11519ff.). Wenn der Ton besonders moralisch ausfällt, kommt das daher, daß der väterliche Gawein diesmal als wirklicher Vater amtiert. Oder haben wir es mit dem auch sonst ernsthaft moralisierenden Wirnt zu tun?

Der anonyme ‚Karl und Galie' schließt sich eher der Welt des „wirklichen" Namur-Abenteuers an. Wir betreten wieder das Feld der Bearbeitungen der Chanson de geste, das sich im ‚Rolandslied', vielleicht im ‚Graf Rudolf' und in Wolframs ‚Willehalm' aufgetan hatte. Nach langer Vernachlässigung haben neuere Untersuchungen (insbesondere von Beckers) das Werk ins rechte Licht gerückt. Als eine der wenigen epischen Dichtungen aus dem nordwestdeutschen Raum ist es von besonderem Interesse und Wert.

Die Sprachanalyse zeigt, daß der Text im westripuarischen Gebiet entstanden ist, wahrscheinlich in Aachen, Grabstätte Karls des Großen und – seit der durch Barbarossa betriebenen Heiligsprechung von 1165 – Zentrum eines blühenden Karlskultes. Auch die Überlieferung weist nach Aachen: vollständig kennen wir das Werk nur aus der ‚Karlmeinet'-Kompilation, einem Sammelwerk, das im 14. Jahrhundert von einem Aachener Kompilator zusammengestellt wurde (weshalb Bekkers vom ‚Aachener Buch von Karl' spricht). Dazu kommen Fragmente von vier oder fünf Handschriften etwa aus dem letzten Viertel des 13. Jahrhunderts, die zusammen um die 1000 der insgesamt ca. 14000 Verse überliefern.

Die französische Quelle von ‚Karl und Galie', auf die der Dichter sich bezieht, war wohl eine Chanson de geste, aber der Text weicht von den Redaktionen der Sage von Mainet – Karls Deckname im maurischen Spanien –, die in den romanischen Sprachen erhalten sind, stark ab; so kann keine die direkte Vorlage gewesen sein.

Bei der Einarbeitung in die Kompilation, deren erster Teil es bietet, mußten Prolog und Epilog des ursprünglichen Werks einer Einleitung zur Gesamtkompilation bzw. einer Überleitung zum zweiten Teil weichen. Das bedeutet den schmerzlichen Verlust der Textpartien, in denen wir Aussagen des Dichters über sich und die Entstehung des Werks erwarten dürften. Der verspielte Hinweis auf das konsonantische Skelett des Dichternamens in der Handschrift A (v. 16 ff.) dürfte eher das Werk des ‚Karl und Galie'-Dichters als das des Kompilators sein, da von der Übersetzung aus dem Französischen die Rede ist, doch entnehmen wir der Stelle nichts Klares über den Dichter. Dieser macht keine Anspielungen auf zeitgenössische Verhältnisse oder sich selbst. So wissen wir nichts über seinen Namen, seine Identität oder die des Auftraggebers. Die zeitliche und geographische Einordnung des Romans stützt sich nur auf die Sprache und hypothetische literarhistorische Beziehungen.

Am wahrscheinlichsten scheint eine Datierung auf ca. 1215–20 (Beckers). Das würde bedeuten, daß ‚Karl und Galie' vielleicht etwas später als Wolframs ‚Willehalm' gedichtet wurde, streckenweise gleichzeitig. Ein zeitlicher Zusammenhang wäre hier interessant, denn der Stricker hat nicht viel später seinen ‚Karl' gedichtet, eine modernisierende Bearbeitung von Konrads

‚Rolandslied', deren Änderungen die Bedeutung Karls verstärken (s. Bd. II/2, S. 121 f.). Aus literarhistorischer Sicht lassen ‚Karl und Galie' und Strickers ‚Karl' wegen ihrer Quellen (Chansons de geste) und ihrer Themen (Beziehungen zwischen Heiden und Christen) an einen Zusammenhang mit Wolframs ‚Willehalm' denken, während man aus politisch-historischer Sicht einen Zusammenhang mit der neuen Grablegung Karls des Großen 1215 in Aachen in der Gegenwart Friedrichs II. erwogen hat.

Es wäre falsch, in den auffälligen Veränderungen, denen die Chansons de geste bei der Übernahme ins Deutsche unterzogen wurden, den Ausdruck einer bewußten künstlerischen Auseinandersetzung mit der Gattung zu sehen, wie sie in Frankreich etwa Jean Bodels Epos ‚Saisnes' (um 1200) darstellt. Während Bodel etwas Althergebrachtes modifizierte und in Auseinandersetzung mit der etablierten Gattung etwas Neues schuf, hatten die deutschen Bearbeiter aus eigenen Ressourcen mit Hilfe schon werdender, aber noch im Fluß befindlicher literarischer Gebilde eine passende Form für eine fremde Gattung zu finden, für die es kein deutsches Gegenstück gab.

Auf dem Gebiet der Versform macht der ‚Karl und Galie'-Dichter ein überraschendes Experiment: Als (v. 8968ff.) Karl nach Toldeo zurückgekehrt ist und wie Romeo heimlich nachts vor Galies Haus steht, tritt diese ans Fenster und drückt ihre Sehnsucht nach ihm in einem Liebeslied aus; Karl antwortet mit einem neuen Lied, in dem er ihr seine Gegenliebe und den Plan, sich mit ihr zu treffen, kundtut. Beide Lieder tragen die Amtsinsignien des Minnesangs: Galies Strophe beginnt mit einem Natureingang, in dem sie den Vogelsang und das Aufsprießen der Blumen in starken Kontrast zu ihrer Trauer um den geliebten abwesenden Karl setzt. Umgekehrt lobt Karl in seinem antwortenden Lied denselben Vogelsang und Glanz der Blumen, weil sie mit seiner Stimmung über die jetzt bestätigte Erwiderung seiner Minne für Galie harmonisieren. Man spricht von einem „Liebesduett". Es handelt sich tatsächlich um eine Klage der verlassenen Frau im Stil des frühen Minnesangs, einen Monolog, wie in den Strophen des Wechsels, nur daß die grundlegende Monolog-Form durch die Belauschung und Beantwortung gesprengt wird.

Wenn Beckers' Versuch, aufgrund des Fragments K den Text zu rekonstruieren, stimmt, ist das „Duett" u. a. wegen der Kreuzreime ein einmaliges Experiment in der mhd. Epik der Zeit. Da die Quelle von ‚Karl und Galie' nicht erhalten ist, können wir nicht wissen, ob oder inwiefern das Experiment einem französischen oder dem deutschen Dichter zuzuschreiben ist. Daß die herrschende Meinung diesem das Verdienst anrechnet, beruht auf plausiblen Überlegungen: Keine der anderen Mainet-Dichtungen enthält etwas dem „Liebesduett" Vergleichbares; wenn es aber doch in einer nicht erhaltenen altfranzösischen Version gestanden haben sollte, dann hätte der deutsche Dichter mit äußerster Raffinesse die Stelle nicht übersetzt, sondern die frühe deutsche Lyrik nach passenden, gleichwertigen Motiven und

Ausdrucksweisen durchsucht. Ein für unsere Begriffe historisch so gerechtes, beinahe wissenschaftliches Verfahren ist einem damaligen deutschen Dichter kaum zuzutrauen. Eine so adäquate Montage wäre noch genialer als eigene Erfindung.

Die Motivik und die mit ihr verbundene Struktur zeigen Züge, die noch grundsätzlicher und umfassender als die besprochenen für die Verwandlung einer Chanson de geste in einen höfischen Roman sprechen. Aus dem der Volkskunde bekannten Exile-and-Return-Muster schafft der ‚Karl und Galie'-Dichter einen höfischen Roman. Wir gehen auf die vermutete Quellenerzählung ein.

Karl kommt als minderjähriger Thronfolger durch die usurpatorischen Beschützer des Reichs, Huderich und Hanfrat, in Todesgefahr. Mit einigen Getreuen flieht er unter dem Namen Meinet an den Hof des sarazenischen Königs Galafer in Toledo. Hier wächst er zum Ritter heran, gewinnt die Liebe von Galafers Tochter Galie und hilft Galafer durch siegreiche Zweikämpfe gegen einen afrikanischen König. Als Gegenleistung hilft Galafer „Meinet", sein eigenes Land zurückzugewinnen. Nochmals verkleidet, kehrt Karl heimlich nach Toledo zurück, entführt Galie und reist keusch mit ihr zusammen. Nachdem er die Versuche des sarazenischen Fürsten, Galie zu ergreifen, durch dessen Tötung abgewehrt hat, bringt er sie triumphierend nach St. Denis und vermählt sich mit ihr bei einem herrlichen Hoffest.

Die Liebe, die in Karl und Galie aufkeimt, wird in der Einsamkeit bis zum Punkt des gegenseitigen Geständnisses heimlich gehegt. Das Liebesverhältnis steht hier im Bann und unter dem Banner der höfischen Minne. Zu den üblichen Liebeszweifeln tritt aber beiderseits der besondere Gedanke, daß Zugehörigkeit zur fremden Religion Mißachtung erwecken könnte. Schon solche inneren Zweifel und die Minne als die Kraft, die Karl zu ritterlich-heroischen Taten bewegt, stempeln das Werk zum höfischen Roman. Wir sahen, daß in den Spielmannsepen, die mit ‚Karl und Galie' vieles gemeinsam haben – einen politischen Hintergrund, Reisen in Verkleidung mit wenigen Getreuen, arabische Könige mit schönen Töchtern usw. –, die Minne als Innerliches nicht existiert. Auch die Erziehung zum Ritter und die erste Ritterprobe sind zumeist für das Spielmannsepos belanglos. Im Gegensatz dazu haben sie in ‚Karl und Galie' einen zentralen Platz. Diese Merkmale zeigen die beachtliche Begabung des Dichters bei der Bearbeitung eines verjährten fremden Literaturtyps, aus dem er ein überzeugendes neues Werk der neuen Art schafft, die der neuen literarischen Situation in einem anderen Land angemessen ist.

Der dritte Text unserer disparaten Gruppe, Ottes ‚Eraclius', gilt nicht ohne weiteres als „Roman". Über die Identität des Dichters sowie den Ort und die Zeit seiner dichterischen Tätigkeit wissen wir nur, was dem Werk selbst zu entnehmen ist.

Der ‚Eraclius' ist in drei Handschriften des 14. Jahrhunderts annähernd vollständig überliefert. Als selbständiges Werk enthält ihn nur die Münchner Handschrift B. In der Wiener Handschrift A erscheint er als Teil der ‚Kaiserchronik', in der Gothaer Handschrift C als Teil der ‚Weltchronik' Heinrichs von München. Textkritisch müssen die drei Handschriften als gleichwertige Zeugen gelten.

Wir vernehmen, daß *Ein gelerter man hiez Otte* (v. 140ff.), seine Geschichte erzählt, „wie er es in einem Buch las, wo es auf Französisch geschrieben war." Mehr erfahren wir über ihn nicht. Versuche, Ort und Zeit der Entstehung des Werks zu ermitteln, waren erfolglos. Die Sprache enthält mitteldeutsche und oberdeutsche Züge, was man damit erklären wollte, daß Otte als mitteldeutscher Dichter in Oberdeutschland tätig war. Ottes Ausbildung wird durch seinen Umgang mit den Quellen bestätigt. Sie ließ vermuten, daß er in einer Stadt – Landshut oder Regensburg – vielleicht als Kanzlist tätig war. Dafür, daß das Werk aus städtischem Milieu stammt, spricht einiges: ein großer Teil der Handlung spielt sich in d e r Stadt schlechthin – in Rom – ab; Eraclius gehörte bis zum Tod seines Vaters (v. 178ff.) zum Stadtpatriziat.

Für die absolute Datierung des ‚Eraclius' bietet sich nur als Terminus post quem, daß Gautier d'Arras seinen ‚Eracle', Ottes Quelle, nach 1159 begonnen hat. Sonst sind wir auf vermeintliche literarische Beziehungen angewiesen, die nicht überzeugen können. Die meiste Zustimmung findet eine Spanne zwischen ca. 1180 und 1230. Wenn wir dazu neigen, den ‚Eraclius' zögernd in die Zeit um 1220–30 zu datieren, liegt das an dem mutmaßlichen städtischen Milieu, das in eine spätere Zeit weist, während die Stilebene nicht allzu entwickelt ist. Auch hier werden die Prämissen durch das noch zu besprechende Problem der Gattung verunklärt.

Die ‚Eraclius'-Rezeption liefert keine Auskünfte über Otte oder sein Werk. Weder er noch sein Gedicht werden von einem anderen Dichter genannt. Die ‚Eraclius'-Rezeption, die die Handschriften belegen, ist aufschlußreich, weil sie das Werk in den Kontext von Chroniken stellt, so wie Otte selbst für den Schlußteil der Dichtung zu Chroniken gegriffen hat. Man hat erwogen (Smits), daß die Zeichnung des Heraklius im ‚Buch der Könige *alter und niuwer ê*', einem Vorspann zum ‚Schwabenspiegel' aus dem letzten Viertel des 13. Jahrhunderts (s. Bd. II/2, S. 77 und 171), von Otte beeinflußt wurde.

Ottes ‚Eraclius' ist aus drei Teilen zusammengesetzt, deren überbrückende Einheit bezweifelt wurde. Wir fassen ihn zusammen:

I: Eraclius ist der Sohn eines römischen Patriziers. Nach dessen Tod lassen sich er und seine Mutter als Sklaven verkaufen, er an den Hof des Kaisers Focas. Wie Eraclius in einem himmlischen Brief berichtet wird, hat er von Gott drei Gaben, die ihn befähigen, den inneren Wert von Edelsteinen, Pferden und Frauen zu erkennen. Dies bringt ihn zu hohem Ansehen bei Focas, der durch alle drei profitiert, vor allem durch die Gewinnung der von Eraclius als innerlich und äußerlich vollkommen erkannten Gemahlin Athanaïs. II: Ihretwegen vernachlässigt Focas seine kaiserlichen Pflichten, bis er nach Ravenna muß, um einen Aufstand niederzuschlagen. Gegen Eraclius' Rat läßt Focas Athanaïs während seiner Abwesenheit in einem Turm einsperren. Sie darf wegen eines Festes der Stadtbürger den Turm kurz verlassen, wodurch sich ein echtes Liebesverhältnis zwischen ihr und Parides entspinnt. Als Focas zurückkehrt, fühlt sich Eraclius, der Athanaïs durchschaut hatte, gezwungen, ihm die Wahrheit zu sagen. Es gelingt ihm, Focas zu überreden, das junge Paar nicht hinrichten zu lassen, sondern ihm zu verzeihen. III: Focas stirbt und Eraclius wird Kaiser. Der heidnische Perserkönig Cosdroas bemächtigt sich des Heiligen Kreuzes, aber Eraclius erschlägt ihn und will mit Pomp hinter dem zurückgewonnenen Kreuz in Jerusalem einziehen. Das Stadttor schließt sich und ein Engel macht Eraclius seinen sündhaften Hochmut klar. Er betet reumütig, bis das Tor sich öffnet. Nach weiteren Vergehen wird der reuevolle Eraclius von Gott begnadigt und findet in Konstantinopel nach seinem Tod seine letzte Ruhestätte.

Die Frage der Gattungszugehörigkeit ist kompliziert, weil Verwandtschaft mit dem Märchen, dem höfischen (Minne-)Roman und der Heiligenlegende jeweils einen Abschnitt bestimmt. Grob gerechnet, stehen sie der Verszahl nach im Verhältnis 2 : 4 : 1 zueinander. Da jeder der drei Abschnitte mit eigenem Gewicht erzählt wird, läßt sich die Gattung des Gesamtwerks nicht nach der Größenordnung bestimmen. Dies gilt um so mehr, als keine der narrativen Einheiten ohne Änderung ihres Modells bleibt. Der erste Abschnitt mit den drei Gaben hat zwar in einem orientalischen Märchen eine Parallele, aber während es dort um Zauberkräfte geht, haben wir es im ‚Eraclius' mit von Gott verliehenen Wunderkräften zu tun. Auch sonst mildert Otte – selbst im Vergleich mit Gautier – das Übernatürliche. Der Vorteil, der durch die Entzauberung erreicht wird, ist aber kein reiner Segen. Wir haben den Preis zu zahlen, daß die besondere Auswahl der Gaben, die Gott Eraclius verleiht – Erkenntnis des inneren Wertes von Edelsteinen, Pferden und Frauen –, zumindest kurios, wenn nicht lächerlich anmutet.

Es ist gleichgültig, ob ein Werk in eine schon bestehende Gattung hineinpaßt oder nicht, solange es einen eigenen organisch überzeugenden Charakter besitzt. Ottes ‚Eraclius' erreicht dies nicht. Die Figur des Eraclius hätte alles verbinden können, aber sie tut es nicht. Der junge Aufsteiger und dann vertraute Rat des Kaisers verschwindet im Mittelteil – d. h. für mehr als die Hälfte des Gesamtwerks – aus dem Blick und erscheint wieder im dritten Teil in einer neuen Rolle. Otte schafft keine Durchblicke, die Eraclius während der Abwesenheit des Kaisers als im Hintergrund tätig zeigen könnten. Die Reise des Kaisers nach Ravenna und zurück bedeutet keinen Reiseweg oder Zeitverlauf. Zwischen Vordergrund und Abwesenheit existiert kein Mittelgrund. Zwar wird gleich im Prolog knapp erwähnt (v. 82ff.), daß Eraclius das Kreuz wiedergewinnen sollte, aber die mit chronikartiger Kürze artikulierte Vorausdeutung schafft keine umspannende Einheit, die bis zur abschließenden Kreuzlegende reicht und sie einbindet. Ebenso ist die Figur des Eraclius zu eindimensional und zu schattenhaft, um das zu leisten. Abgesehen von der Liebeshandlung, bleibt die gedrängte Darstellung der Ereignisse bei der durch die Überfülle des Stoffes bedingten Atemlosigkeit der Chronik. Die Handlung läuft vor keinem erkennbaren

Raum und nach keinem wahrnehmbaren Zeitschema ab. Der Befund hat zu einem rationalisierenden Rätselraten geführt, ob nicht doch eine einheitstiftende Thematik vorliegt (etwa die Erkenntnis der Harmonie oder Diskrepanz zwischen Innen und Außen oder zwischen Sein und Schein). Dadurch ist aber kein künstlerisch wirksames Ganzes zustandegekommen.

Zeitlich am Rande unseres Zeitabschnitts oder gar nach ihm steht Konrad Fleck, der mit seinem Ehrgeiz, schattenhaft zu bleiben — er nennt sich absichtlich nicht, um nicht angeberisch zu scheinen —, erfolgreich gewesen ist. Dementsprechend enthält sein einziges erhaltenes Werk, die Liebesgeschichte von ‚Flore und Blanscheflur', keine persönlichen Details. Es nennt ihn auch keine Urkunde. Selbst seinen Namen kennen wir nur, weil Rudolf von Ems ihn zweimal nennt (‚Alexander' v. 3239ff.; ‚Willehalm von Orlens' v. 2219ff.). Beidemal steht er in einer Liste lobenswerter Dichter, im zweiten Fall unter den verstorbenen. Den ‚Willehalm von Orlens' setzt man zwischen 1235 und 1243 an; davor muß Konrad gestorben sein; genauer ist er nicht zu datieren. Rudolf nennt an beiden Stellen die Geschichte von ‚Flore und Blanscheflur', im ersten Fall auch den Cligés-Stoff (s. Bd. II/2, S. 26), und beide Male heißt es: *her Vlec der guote Kuonrât*. *Guot* entspricht den Eindruck, den Konrad — ungern — macht.

Die Rezeption scheint nicht intensiv gewesen zu sein. Das Werk ist vollständig in zwei Handschriften des 15. Jahrhunderts erhalten. Dazu kommen zwei Fragmente aus dem 13. und dem 14. Jahrhundert.

Dem Stoff von ‚Flore und Blanscheflur' begegneten wir schon im ‚Trierer Floyris' (S. 243). Die schwierige Liebe zwischen dem Heiden und der Christin, die am selben Tag geboren sind, erinnert an die schwierige Liebe zwischen Willehalm und Giburg oder Tristan und Isold. Doch fehlt hier dem Trennend-Vereinenden — grundsätzlich und besonders bei Konrad — das Zwingende der Beziehung. Flore ist seinem Charakter nach stärker zum Christentum vorbestimmt als Giburg, und die Umstände seiner Konversion sind viel weniger welterschütternd. Den Hindernissen, die den Liebenden entgegenstehen, fehlt anders als im ‚Tristan' j e d e moralisch sanktionierende Kraft. Daraus ergibt sich die gemäßigte, gedämpfte Wirkung, die durch Flores Standpunkt und den Ton seiner Äußerungen untermauert wird. Wie Konrad selbst erforscht er dezidiert die moralischen Implikationen beinahe jeder Aussage und Handlung, ein zivilisierendes Verfahren, das ein Segen für die Gesellschaft ist und ein Fluch für die Epik sein kann. Selbst die grauenhaften Strafen, mit denen der Amiral droht, verlieren ihre Schrecken, weil Blanscheflur und selbst Flore als Märtyrer erscheinen.

Konrads Stil und Verstechnik sind äußerst elegant und gekonnt. Er ist bei Hartmann in die Schule gegangen, man spürt aber auch den Einfluß Wolframs; einzelne Versgruppen, die durch denselben Reim gebunden sind, erinnern an Gottfried (z. B. v. 5323–5328). Den ‚Trierer Floyris' scheint Konrad nicht zu kennen.

Anders als in den anderen europäischen Ländern hat der Stoff von ‚Flore und Blanscheflur' in Deutschland wenig Widerhall gefunden. Noch mehr gilt das für den anderen Mittelmeerstoff, den ‚Cligés', dem sich sonderbarerweise auch Konrad Fleck zugewandt hatte. Dem Mittelmeerstoff war außer in den Spielmannsepen wenig Erfolg in Deutschland beschieden.

An anderen epischen Stoffen aus unserem Zeitraum erwähnen wir nur noch die modernisierende Bearbeitung ‚Herzog Ernst B', die wohl in den ersten Jahrzehnten des 13. Jahrhunderts entstanden ist (s. Bd. I/2, S. 183ff.).

## Das Tierepos

Dieses Kapitel handelt von einem einzigen Werk. Dem Umfang nach verdient es die Bezeichnung „Epos" kaum, seine Struktur und sein Stoffreichtum aber lassen sie als angemessen erscheinen. Die Rede ist vom ‚Reinhart Fuchs' des Dichters, den wir nur als Heinrich kennen. In der Forschung hieß er „Heinrich der Glîchezaere" (d. h. „Gleisner"), doch beruhte das auf einem frühen Mißverständnis eines Schreibers/Bearbeiters, der die Bezeichnung „Gleisner" auf den Dichter anstatt auf den (Anti-)Helden bezog.

In der Blütezeit treten Exemplare neuer Gattungen oder Typen zum ersten Mal an den Tag und bleiben das einzige Beispiel. Das ist auch das Schicksal von Heinrichs ‚Reinhart Fuchs', der indes das Inventar der höfischen Erzähldichtung ungemein bereichert.

Auf keinem Gebiet der Literatur dieser Zeit ist das Verhältnis zwischen der lateinischen und der volkssprachlichen Dichtung reger als auf dem der Tierepik. Es bleibt zugleich weniger nachvollziehbar, weil mündliche Verbreitung – durch berufsmäßigen Vortrag ebenso wie durch Verwendung im Schulunterricht und in der Predigt – hier eine große Rolle gespielt haben dürfte. Über der Frage des Anteils von antiken, byzantinischen und mittellateinischen und womöglich auch noch orientalischen sowie einheimischen Stoffkomponenten, die hier zusammengekommen sind, und über den Wegen, auf denen das geschah, herrscht eine absolute Finsternis.

Als Beispiel für die Schwierigkeiten, mit denen wir es hier zu tun haben, sei erwähnt, daß wir für zentrale Motive – den Hoftag des kranken Löwen und den Wolf als Klosterbruder – keine frühen lateinischen Quellen kennen. Zwar begegnet das erste Motiv als eingeschobener Rückblick in der ‚Ecbasis cuiusdam captivi per tropologiam' aus dem 11. Jahrhundert, aber ob das in klassischen Hexametern verfaßte Gedicht antike Wurzeln hat, bleibt umstritten. Ein breiteres Spektrum von Motiven und Episoden, die später im ‚Reinhart Fuchs' erscheinen, finden wir im ‚Ysengrimus', den ein Kleriker (der vielleicht Nivardus hieß) um 1149 vollendet hat.

Es gehört zur Natur der Tierepik und so auch zu der des ‚Reinhart Fuchs' und seiner französischen Quelle, des ‚Roman de Renart' von Pierre de Saint-Cloud, daß ihre Stoffe zu vielen Zwecken dienlich sein können und daß ihr Ort an den Grenzen zwischen dem Gelehrten und dem Volkstümlichen den Austausch von Motiven nach allen Seiten begünstigt. Die Folge ist aber, daß Entstehung und Ausbreitung des Stoffkreises nicht zu ermitteln sind. Obwohl wir kein mhd. Beispiel der Tierepik vor dem ‚Reinhart Fuchs' kennen, gibt es immerhin spärliche Indizien, die auf die Existenz vielleicht mündlicher – wahrscheinlich deutschsprachiger – Tierfabeln deuten.

Wir sahen (S. 194) die Spruchdichter Herger und Spervogel auf Tierdichtung anspielen, die dem Publikum anscheinend bekannt war. Bei den Spruchdichtern des 13. Jahrhunderts werden Hinweise häufiger, so beim Marner (s. Bd. II/2, S. 97ff.), der Tierdichtung nicht nur kennt, sondern auch im Spruch wiedergibt oder erfindet (z. B. XIV 14). Im ‚Parzival'-Prolog (v. 2,20ff.) spielt Wolfram wohl auf die ‚Brunellus'-Fabel des englischen Satirikers Nigellus Wireker (Whiteacre) an: die Präterita weisen auf eine bestehende Geschichte hin und die lakonische Anspielung setzt die Erzählung als bei den Zuhörern in deutscher Sprache bekannt voraus.

In den neunziger Jahren des 12. Jahrhunderts scheint die Zeit reif gewesen zu sein für eine deutsche Bearbeitung des ‚Roman de Renard'. Dieser ist in der Anlage ein grundsätzlich anderes Werk als das Heinrichs, noch stärker auf den mündlichen Vortrag gerichtet: er besteht aus zahlreichen *branches*, d. h. „Ästen", die zwar miteinander verwandt, aber eher verästelt kumulativ wirken als zeitlich oder ursächlich aufeinander bezogen. Heinrich hat Material oder Motive auch andernorts bezogen, aber man ist sich weitgehend darüber einig, daß er keine verlorenen Branchen benutzte, sondern daß die Hauptmasse und das Wesentliche aus dem erhaltenen ‚Renard' stammen, der als die Quelle zu gelten hat. Die Annahme hängt mit der Datierung der beiden Werke, der Person Heinrichs und der Überlieferung des ‚Reinhart Fuchs' zusammen. Wir gehen zunächst darauf ein.

An die Zeit des Dichters heran reichen die Kasseler Bruchstücke (S), die auf beiden Seiten zweier durchgeschnittener Pergamentblätter aus dem frühen 13. Jahrhundert 702 z. T. verstümmelte Verse in elsässischer Sprache überliefern. Den vollständigen Text bewahren zwei Handschriften (P und K) aus dem ersten Drittel des 14. Jahrhunderts. Der Text von P und K soll nicht aus dem der Handschrift S geflossen sein, sondern mit diesem auf einen Archetypus zurückgehen.

Die Rezeption von Heinrichs Werk ist also beschränkt geblieben. In einem breiteren deutschen Kontext verdankt die Geschichte ihren Ruhm besonders der mittelniederländischen Bearbeitung des französischen Stoffes (‚Van den Vos Reynaerde'), die ein gewisser Willem in der ersten Hälfte des 13. Jahrhunderts angefertigt hat, und ihrer Fortsetzung im 14. Jahrhundert, deren mnd. Version (‚Reynke de Vos') von 1498 auf Goethe wirkte.

Von Heinrich wissen wir nur, was das Werk berichtet: „Er heißt Heinrich, der dieses Buch über Ysengrines Not [die Lesart des alten Fragments S – ein lächerlich pathetischer Anklang an ‚Der Nibelunge Not'?] zurechtgelegt hat" (v. 1788ff.); und „Diese [Erzählung] hat Herr Heinrich [...] gedichtet und er hat die Reime nicht in Ordnung gelassen, was ein anderer, der sich auch einigermaßen in der Dichtkunst auskennt, später verbessert hat" (v. 2251ff., im Epilog). Die Fragmente weisen tatsächlich unreine Reime, überfüllte Verse und altmodische Wörter auf, die in P und K selten sind. Die chronologische Verwertung des „altmodisch-primitiven" Stils scheint nun aber mit der einzigen Erwähnung einer historischen Person in Konflikt zu geraten, die auf den Gönner deuten könnte. Heinrich zitiert (v. 1024ff.) einen gewissen Walther von Horburg: „Herr Walther von Horburg sprach bei allen Gelegenheiten, egal was für ein Mißgeschick einem anderen widerfuhr, mit heldenhaftem Mut wie folgt: ‚Mir wird es wohl zum Vorteil, wenn es mir kein Unglück verursacht.'" Zynische Gleichgültigkeit über das Leiden anderer und egoistisches Selbstinteresse passen zur Handlung des Tierschwanks, uns aber interessiert der außerliterarische Hintergrund des Zitats.

Walther von Horburg, von 1130 bis 1156 und möglicherweise noch nach 1162 urkundlich bezeugt, ein elsässischer Adliger, war besonders wegen einer aufsehenerregenden Fehde mit dem Grafen Hugo von Dagsburg bekannt. Dieser griff mit Verbündeten, die auch zu den Gegnern der Hohenstaufen zählten, 1162 die Burg der Horburger an und zerstörte sie. Kaiser Friedrich I. schritt ein, bezwang die Burg der Dagsburger und beendete die Fehde, die Zerstörungen im ganzen Elsaß verursacht hatte. Wenn der Dichter des ‚Reinhart Fuchs' im Dienst der Dagsburger stand, paßte das zu der spöttischen Erwähnung Walthers von Horburg und der antistaufischen Einstellung des Gedichts.

Weiteres könnte in diesen Zusammenhang gehören: Wir hören (vv. 1438 und 1995), daß das Kamel aus Tusculanum (Tusculum) stammte. Wie Reinharts Freund, der Elephant, vom dankbaren Löwenkönig Böhmen zu Lehen bekommt (v. 2101ff.), wird das Kamel zur Äbtissin des elsäßischen Klosters Erstein bestimmt (v. 2120ff.), dort aber sofort wieder hinausgejagt. Man hat erwogen, daß Heinrich an den Rückzug der staufischen Truppen aus Tusculum dachte, den König Heinrich VI. 1191 rücksichtslos befahl, um seine Kaiserkrönung zu sichern, worauf die stauferfreundliche Stadt von den Römern zerstört wurde. Drei Tage nach der Krönung schenkte der Kaiser in der Nähe von Tusculum dem Straßburger Bischof das Kloster Erstein, um ihn wegen des Debakels von Tusculum zu besänftigen. Wie das Kamel wurde der Bischof beim Hagenauer Reichstag 1192 förmlich aus dem Kloster gejagt, weil die Schenkung unrechtmäßig war.

Die historischen Fakten sind noch lange keine literarhistorischen und werfen ihrerseits Probleme auf. Sie nicht zu beachten, hieße aber, auf die Suche nach dem literarischen Ort des ‚Reinhart Fuchs' gänzlich zu verzichten.

Der Dichter Heinrich war ein heller Kopf, der aus verschiedenen Branchen des ‚Roman de Renard' ein strukturiertes, wenn auch kurzes Epos geschaffen hat. Auffallend sind seine eingehenden Kenntnisse des Rechts und der juristischen Verfahren (besonders auffallend bei der peinlich korrekten dreimaligen Ladung Reinharts: v. 1441–1812). So lag es nahe, in ihm einen Rechtsgelehrten zu sehen, der auch im Minnesang und in der Heldenepik belesen war.

Sollte zwischen dem Epos und den genannten historischen Ereignissen ein Zusammenhang bestehen, ergäbe das 1192 als Terminus a quo. Dazu würde der Stand der Stil- und Formkunst des S-Textes schlecht passen.

Doch liegen die Dinge nicht so einfach. Es finden sich im Text Wahrheitsbeteuerungen, die mit dem Vorschlag an die Zuhörer verbunden sind, den Dichter unbelohnt zu lassen, wenn sie die Geschichte für nicht glaubwürdig erachten (vv. 854f. und 1791f.). Man fragt sich, ob solche Äußerungen für einen wandernden Berufsdichter nicht doch zu leichtsinnig gewesen sein müssen. War Heinrich aber wirklich ein gebildeter Kenner des Rechts, so sind die Hinweise auf den Lohn ein Schwindel, zum Zwecke der Satire und des Spottes als Lokalkolorit und auf die Vorstellung hinwirkend, es handle sich um ein Werk der berufssängerischen Sphäre. Es ist auch fraglich, ob der Zynismus über Bestechung, die sich am Hof bezahlter mache als der Lehnsdienst (v. 2069ff.), im Interesse eines Berufsdichters lag. So wäre es denkbar, daß der markige Stil, unregelmäßige Verse usw. den Eindruck einer altmodischen, primitiveren Erzählart hervorrufen und die epischen Vorausdeutungen an die Heldenepik erinnern sollten. Ein satirischer Pastiche paßte glänzend zum Ton des Gesamtwerks, und wir dürften den ‚Reinhart Fuchs' nach den Ereignissen von 1192 datieren.

Weder die Argumente für eine frühe Datierung um 1170/80 noch die für eine spätere sind zwingend. Für die spätere entscheiden wir uns wegen der folgenden Punkte: Erstens läßt die satirische Einstellung gegenüber dem Hofleben oder gar der zynische Geist schlechthin in der deutschen Literatur eher an das 13. Jahrhundert als an das 12. denken. Zweitens paßt zu diesem Bild – wir bauen freilich Hypothese auf Hypothese – besser ein Dichter, der Geldspenden erheischende, fahrende Unterhaltungskünstler ironisch nachahmt, als einer, der selbst einer war. Drittens erhalten die Anspielungen auf Tusculum und Erstein durch die spätere Datierung einen Sinn.

Zunächst etwas zum Typus der Tierepik. Während die Tierfabel auf die Antike zurückgeht, z. B. auf den angeblichen Sklaven Äsop (wohl um 500 v. Chr.), ist das Tierepos eine Erscheinung des Mittelalters (s. S. 378f.). Noch später tritt der volkssprachige Tierschwank in schriftlicher Form auf. Er erzählt von Tieren Geschichten der Art, wie der Schwank sie von Menschen berichtet, d. h. komische, oft derbe Geschichten von listigem Betrug, Ehebruch und diversen „menschlichen" Schwächen. Der satirische Tierschwank ist eine Art naschhafter Tierfabel, der selbst dann weniger an der Nahrung der Tugend als an der Würze der Erzählweise gelegen ist, wenn eine Moral auf der Hand liegt. Die drei Gattungen – Tierfabel, Tierschwank und Tierepos – unterliegen einer moralisierenden Einstellung, ob explizit oder nicht. Ihr Auftreten oder Fehlen ist kein taugliches Unterscheidungsmerkmal zwischen den Gattungen, abgesehen von der offensichtlichen Folgerung, daß alles weniger in einer Moral einzufangen ist je umfangreicher das Werk ist. Bezeichnend ist der offene, tragische Nibelungenschluß des ‚Reinhart Fuchs' (der Nibelungenhort wird v. 662 genannt), an dem der König beklagt wird, dessen Kopf sich in drei und dessen Zunge sich in neun Stücke pathetisch gespalten hatte:

> *Sie weinten alle dvrch not*
> *vmbe des edelen kvniges tot.*
> *Sie dreuweten alle harte*
> *dem gvten Reinharte.* (v. 2245 ff.)

Ein Werk, das damit endet, daß ein guter Meuchelmörder einen edlen König tötet, der um seiner Heilung willen bereit war, jedes Opfer zu bringen, vornehmlich das Leben seiner getreuen Räte, wirft die Frage seiner Moral auf.

Passender als „Ständesatire" wäre „Standsatire", denn es geht allein um die Adligen, um den Hof, an dem es nur Tiere gibt. Menschen, die im Hintergrund in einer mit der Tierwelt problemlos verbundenen Menschenwelt auftreten, spielen eine nebensächliche Rolle. Selbst die Kleriker und das Klosterleben – traditionelle Opfer der mittelalterlichen Ständesatire – bilden keine zentrale Zielscheibe, sondern werden nur sporadisch von einem verirrten Pfeil getroffen (etwa wenn der Hase seine Jensseitsvisionen hat [v. 1498 ff.]). Es stellt sich die Frage, weshalb Heinrich zur Gattung des Tierepos griff, den ‚Roman de Renard' zur Quelle wählte. Als Frage nach der Intention des Dichters ist dies aber unzulässig, so betonen wir eher die Wirkung des Werks.

Vielleicht suchte er Deckung, weil die Opfer seiner Satire bösartig und mächtig waren. Das würde aber voraussetzen, daß sie auch naiv gewesen sind. Den Humor, der dem Mißverhältnis zwischen der menschlichen Handlungs- und Redeweise des Hofs und seinem tierischen Wesen entspringt, setzen wir als selbstverständlich voraus. Wichtiger ist, daß der Anthropomorphismus zu einem präziser eingestellten Blick auf den besonderen Tiermenschen bzw. das besondere Menschentier führt, als eine gewöhnliche Darstellung der Menschen es tun könnte. Weil das Hauptcharakteristikum jeder der Tierpersonen von konventionalisierten Annahmen über die Lebensweise und Physiologie einer jeden Tiergattung und das daraus erschlossene Temperament abhängt (die Natur des Fuchses ist hungrige Schlauheit, des Wolfs gefräßige Kraft usw.), kann man einseitige, von einem dominierenden Trieb motivierte Figuren schildern, die viel einseitiger wirken müßten, stellte man sie als Menschentypen dar.

Daß Heinrich mittels einer Auswahl aus verschiedenen Branchen des zerstreuten ‚Roman de Renard' eine Erzählung geschaffen hat, deren Länge (2268 Verse) und wirksame Strukturierung sie tatsächlich der Bezeichnung „Epos" würdig machen, gereicht seiner Formkunst zur Ehre. Die Handlung besteht aus drei Abschnitten, die auf unterschiedliche Weise, thematisch oder narrativisch, zum Abschluß führen oder auf ihn vorausweisen.

Der 1. Teil (bis v. 384) berichtet von einer Reihe demütigender Niederlagen, die Reinhart unter den „Händen" kleinerer Spezies – Hahn, Meise, Rabe – erleben muß. Der Erzähler bemerkt (v. 217 f.): „Reinhart war verschlagen, doch ist heute nicht sein Tag." Daß der Erzschelm schwache Stunden hat, zeigt sich auch später, als er in den Brunnen hinuntersieht, sein Spiegelbild für die geliebte Gattin hält und, wie Parzival über den Blutstropfen, hypnotisiert dasteht.

Wie Reinhart von Kleineren überwunden werden kann, wird auch er Größere hineinlegen können. Dies zeigt der 2. Teil (vv. 385–1238), der Reinhart, sobald er sich von seinen Mißerfolgen erholt hatte, den Wolf Ysengrin finden läßt. Dessen Demontage in sich steigernden Streichen füllt den 2. Erzählteil.

Der 3. Teil beginnt mit einer Wendung, die eindeutig nur zu deutschen Rechtsbräuchen und politischen Verhältnissen paßt, ihren Ursprung also nicht im ‚Roman de Renard‘ hat. König Vrevel erscheint wieder, der Reinharts Freveltaten ein Ende machen soll: *Ditz geschah in einem lantvride* (v. 1239). Reinharts verräterische Listen gegen Ysengrin sind moralisch verwerflich, juristisch strafbar und Bruch eines vom König erlassenen Landfriedens. Die Majestät dieses Löwenkönigs und seines mit umgekehrtem Vorzeichen redenden Namens (mhd. *vrevel* heißt „kühn") wird ausgesprochen relativiert: Er leidet an der quälenden Anwesenheit eines wahrhaft grimmigen Königs in seinem Kopf, des Königs der Ameisen, den Vrevels Zerstörung der Ameisenburgen in Harnisch und Vrevels Ohr gebracht hatte (v. 1251 ff.). Dies war der Grund für den Landfrieden (v. 1247 ff.): der gequälte Vrevel wollte aus Angst vor seinem bevorstehenden Tod Lehnsleute und Räte um sich sammeln und versäumte Gerichtstage nachholen (v. 1321 ff.). Die Anklagen der versammelten Tiere gegen Reinhart und Versuche, ihn zur Rede zu stellen, bilden den letzten Teil.

In ihm treten Heinrichs Kenntnisse und Kunst glänzend zutage. Versuche, Reinhart in seiner Abwesenheit u. a. für die Vergewaltigung Hersants, der Gattin Ysengrins, kurzerhand zu verurteilen, stoßen auf diverse Einwände aus der Rechtspraxis, die u. a. das Kamel (v. 1437 ff.) und der Dachs (v. 1761 ff.) vorbringen. Es werden Einsprüche gegen eine voreilige Verurteilung erhoben (z. B. wegen Voreingenommenheit der Zeugen zugunsten oder zuungunsten des Angeklagten aufgrund von Verwandtschaft). Erzähltechnisch geschickt ist Heinrichs Nutzung der Tatsache, daß die Freunde Reinharts darauf bestehen, daß der Angeklagte dreimal vor den Hof geladen werden muß, eher er in Abwesenheit verurteilt werden kann. Die Rechtsformalitäten werden als narratives Prinzip benutzt, um der Handlung Form – einen dreifachen Kursus (drei Boten reisen zu Reinhart) – zu geben, die komische Spannung zu steigern und eine Struktur zu schaffen, die durch Parallelismus und Antithetik den Stoff kommentiert.

Die Schlußepisoden gelten den öffentlichen, gleichwohl hinterhältigen Machtkämpfen an einem königlichen Hof, aber auch andere Seiten des höfischen Lebens kommen unter Heinrichs Lupe. Bis in die ehrerbietige Pluralform des Pronomens hinein werden die Töne der höfischen Minne, gar des Minnesangs in Reinharts Gesuch an die Wölfin Hersant angeschlagen (v. 423 ff.): „Gesellin, wolltet Ihr nur den großen Kummer, den ich trage, wahrnehmen! Von Eurer Minne, das ist meine Klage, bin ich sehr schmerzhaft verwundet." Darauf antwortet die Minneherrin: *tv zv, Reinhart, dinen munt* (v. 428). Höflich ständisches Pronomen und vornehmer Ton verpuffen wirkungslos. Die Dame begründet die Ablehnung nicht mit ehelicher Treue, sondern damit, daß ihr Gatte einen so schönen Körper hat, daß sie einen Liebhaber gut entbehren kann, und fügt, den kleineren

Fuchs in die Schranken weisend, hinzu: *So werest dv mir doch ze swach*. Wird betont, daß Tiere keinen Sinn für die höfische Minne haben? Das ist unwahrscheinlich, denn es kommt dem Dichter eines Tierepos darauf an, die Parallelen mit Menschen nach Möglichkeit aufrechtzuerhalten. Die Satire in Reinharts Fall liegt darin, daß er sich berechnend der Sprache des Minnesangs zum Zweck der sexuellen Befriedigung ohne Zuneigung bedient (wie er denn später die Tat ohne Einwilligung der Partnerin durchführt). Hersant durchschaut die Absicht, ihre Antwort läßt die verstiegene Minnesprache ins Leere laufen und schneidet die heuchlerische Verstellung ab. Der Akteur, nicht das Stück, wird dementiert.

Hängen die Eigenschaften, die mit den verschiedenen Tierarten assoziiert werden, bei einigen von den feststehenden Aussagen der Naturkunde ab, so ist bei anderen die Zuschreibung willkürlich. Wahrscheinlichkeit verlangt, daß einige Merkmale wie etwa die relative physische Größe der Tierarten beachtet werden. Bei Reinharts Werbung um Hersant und der späteren Vergewaltigung bekommt die Frage der relativen Größe eine beinahe leitmotivische Rolle. Hersant lehnte Reinhart als Liebhaber ab, weil er als Fuchs für sie als Wölfin nicht groß genug war. Das stellt sich unter überraschenden Umständen als wahr heraus.

Reinhart soll schwören, daß er nicht um Hersant geworben hat (v. 1097ff.). Gewarnt, daß der Gerichtstag eine Falle ist, entflieht er, von Ysengrin und Hersant, die jenem vorausläuft, verfolgt. Reinhart flüchtet sich in seinen Schlupfwinkel, die Wölfin will folgen, bleibt aber in der Öffnung stecken. Reinhart verläßt durch einen anderen Ausgang das ihm geliehene Dachsloch und begattet die sich in der Klemme befindende größere Wölfin, die er, bei *ir* bleibend, mit *vrvndin* („Geliebte"), dem Terminus technicus des Minnedienstes, anredet. Brun, der Bär, erhebt vor dem Hof die Anklage wegen Vergewaltigung (v. 1370ff.), die der Dachs Krimel mit zynischer Anwendung der ablehnenden Behauptung Hersants, Reinhart sei nicht kräftig genug für sie, zurückweist, obgleich, fügt er hinzu, der Beischlaf *dvrch minne* („aus Liebe") möglich gewesen sein kann (v. 1390ff.).

Der Zynismus, der es beiden Parteien ermöglicht, dieselben Argumente mit halber Wahrheit für ihre Zwecke zu gebrauchen, durchdringt den ganzen ‚Reinhart Fuchs', in dem alle als Lügner dargestellt werden. Dieser Ton des Fabliau, des Schwanks, der in der Kleinepik des 13. Jahrhunderts in Deutschland in den Vordergrund tritt und den Geist einer neuen Epoche verkündet, wurde von Heinrich erfolgreich aus Frankreich importiert. Anscheinend war die Zeit dafür reif, aber Heinrich ist nicht nur Werkzeug. Er schafft eine Struktur, die es ihm ermöglicht, den Stoff und dessen implizite Aussagen durchsichtig zu machen. Ob die Struktur wirklich „redet" oder nicht, sie ist ausdrucksvoll und zeigt ein damals im Deutschen einmaliges Bild des Hofes. Es ist aus einer ungewöhnlichen Sicht gemalt und präsentiert die Kehrrichtseite des höfischen Lebens.

## Kleinepik

An Kleinepik mit weltlichem Stoff sind nur zwei Stücke erhalten, die mit Sicherheit unserem Zeitraum zugehören – vielleicht gab es nie mehr. Es handelt sich um einen neuen Literaturtypus im Mhd., jetzt erst von deutschen Dichtern aufgegriffen: um den ‚Armen Heinrich' Hartmanns von Aue und den anonymen ‚Moriz von Craûn'. Beide sind stilistisch geschliffen und erzähltechnisch raffiniert.

Es ist symptomatisch für das Stadium, das die literarhistorische Entwicklung in Deutschland bis dahin erreicht hatte, daß die beiden Texte von anderen zeitgenössischen Werken so verschieden sind. Erstens war die Blütezeit immer für Neues empfänglich und brachte ständig Neues hervor. Zweitens war es die Zeit, in der immer mehr literarische Gattungen und Untergattungen zu Pergament gebracht wurden. Dies war bei kurzen Gattungen weniger dringend als bei längeren, solange es nicht wie hier um anspruchsvolle Sprachkunst ging.

Hartmanns ‚Armer Heinrich' und der ‚Moriz von Craûn' haben gemeinsam, daß sie jeweils gänzlich allein dastehen. Dies gilt für den Stoff und für die besondere Sicht, aus der geschrieben wird und die von der des höfischen Romans abweicht. Wir vergleichen mit dem Roman, weil nur dort der Stoff und die Themen vergleichbar sind. Beim ‚Moriz von Craûn' käme ergänzend der Minnesang dazu. In beiden Werken wird die optimistische Sicht des höfischen Lebens in Frage gestellt.

Für den ‚Armen Heinrich' verweisen wir auf die relative Datierung der Werke Hartmanns (S. 253). Da es außer Stilmerkmalen keine brauchbaren Daten gibt, folgen wir der allgemeinen Auffassung und setzen den ‚Armen Heinrich' zwischen den ‚Gregorius' und den ‚Iwein'. Er kann aber auch neben dem ‚Iwein' entstanden sein. Als äußerer Rahmen für die Entstehung ergibt sich damit ein Zeitraum, der vor 1187 (bzw. nach 1190) beginnt und um 1203 endet. Ursprünglich waren drei vollständige Handschriften erhalten, von denen A als Teil der Straßburg-Molsheimer Handschrift 1870 verbrannt ist, aber erst, nachdem Breitinger eine Abschrift des ‚Armen Heinrich' gemacht und Myller sie 1784 gedruckt hatte. Die beiden noch vorhandenen vollständigen Handschriften B$^a$ (Heidelberg) und B$^b$ (Cologny-Genève, früher Kalocsa), beide aus dem ersten Drittel des 14. Jahrhunderts, bieten eine (einzige) andere Redaktion, denn B$^b$ ist von B$^a$ abgeschrieben. Dazu kommen vier Fragmente, von denen C (Berlin, früher St. Florian) aus der ersten Hälfte des 13. Jahrhunderts der älteste Textzeuge ist.

Die Überlieferung des ‚Moriz von Craûn' ist noch dürftiger, denn er gehört mit Hartmanns ‚Erec' zu den kostbaren Unika, die das Ambraser Heldenbuch gerettet hat (s. S. 257f.); das Werk steht zwischen Strickers ‚Frauenehre' und Hartmanns ‚Iwein' und ‚Klage'.

Die Quellen tragen nichts zur Datierung bei: Hartmanns Anspielung auf *ein rede die er geschriben vant* (v. 17) und *daz selbe maere* (v. 29) ist vage und könnte erfunden sein. Für den ‚Moriz von Craûn' wird eine französische Erzählung als Quelle angesetzt. Der Dichter beschreibt in einem Nachwort (v. 1778ff.) die Schwierigkeit des Dichtens auf Deutsch und bezeichnet diese Sprache als „arm". Die Betonung des „Deutschen" leuchtet nur bei einem übersetzenden Dichter ein. Auch der Inhalt zwingt zur Annahme einer französischen Quelle, die aber nicht erhalten ist.

‚Der arme Heinrich' erzählt (v. 32ff.) von dem Leben eines adligen Ritters, der alle nur wünschenswerten Güter, Begabungen und Tugenden besaß: Reichtum, fürstengleiche Abstammung, Beherrschung der Kunst des Minnesangs, Waffenkunst – Heinrich, der Schild seiner Verwandten. Das anscheinend ideale Leben faßt die Wendung zusammen: *er was [...] der werltvreude ein spiegelglas* (v. 60f.) (vielleicht absichtlich mehrdeutig: „Er war ein Spiegel der Freude aller Menschen", oder „der größten Freude" [vgl. *werltzage*, „größter Feigling"] oder „der weltlichen [d.h. diesseitigen] Freuden"). Dieses Leben wurde durch eine Katastrophe vernichtet, durch Aussatz und die Vertreibung aus der Gesellschaft, die die Etymologie des Wortes beschwört. Das höfische Leben, wie die Romane es kennen, erscheint als brüchig.

Weniger existentiell tiefgehend, aber ebenso entschieden unterhöhlt der ‚Moriz von Craûn' das in der Literatur gebotene Bild des höfischen Lebens. Die *triuwe* der angebeteten (diesmal verheirateten!) Minneherrin wird auf die Probe gestellt. Dies geschieht aus der Sicht des werbenden Minnesängers, u n d – entsprechend den Möglichkeiten der erzählenden Gattung – in mehrfacher Perspektivierung, die Walther so charakterisiert: ‚*si tuot, sin tuot, si tuot, sin tuot, si tuot*' (66,10). Wie es der Minneherrin geziemt, benimmt sie sich zuerst ablehnend, wird weicher, erklärt sich bereit nachzugeben, nimmt das wieder zurück und bereut wiederum die Zurücknahme – aber zu spät: ein längeres Schlußbild (vv. 1644–1725) zeigt sie uns, von Elementen des Natureingangs umgeben (v. 1679ff.), in der Rolle der verlassenen, sehnsuchtsvollen Frau des frühen Minnesangs. Die höfische Minne wird geschildert; zwischen den eintretenden und den potentiellen Folgen erahnen wir den weiten Raster der Liebe, die ein solches Verhältnis umfassen kann.

‚Der arme Heinrich' und ‚Moriz von Craûn' zeigen Seiten des Lebens an einem feudalen Hof, denen der höfische Roman bis dahin den Rücken gekehrt hatte. Man kann nur fragen, ob hierin bloß der dichterische Versuch spürbar wird, das epische Themenfeld für artistisch-künstlerische Zwecke zu verbreitern, oder ob sich schon der Geist einer neuen Epoche zu rühren beginnt oder beides.

Die Gattungsfrage bleibt ungelöst, denn diese ersten Vertreter der Kleinepik teilen Charakteristika mit verschiedenen Erzähltypen. Beim ‚Armen Heinrich' läßt eine Reihe von Merkmalen an die Legende denken: der Umfang; die erbaulichen religiösen Elemente, oft mit moralischer Kommentierung; der Eindruck, daß die Biographie Heinrichs und des Mädchens wie im Heiligenleben in verkürzter Form unter einem bestimmten Gesichtspunkt erzählt wird; das drastische Ausmalen der Vorbereitung für das Opfer bzw. Martyrium; das Eintreten eines Wunders. Dagegen wird das diesseitige Leben in seinem irdischen Reichtum am Ende nicht überwunden, sondern wiederhergestellt. Dazu begegnen auch Schilderungen, die an Details über das hinausgehen, was die auf das Jenseits gerichtete Legende bietet. Hingegen weist der ‚Moriz von Craûn' Elemente auf, die auf das Fabliau, den Schwank oder die Novelle deuten: den Umfang; das Ehebruchsthema; die burleske Komik des durch das „Gespenst" erschrockenen Ehemanns. Gegen die Klassifizierung als Schwank sprechen aber: die tiefere Darstellung der Gefühle, bzw. daß sie überhaupt dargestellt werden; die Schilderung von Gegenständen, Architektur usw.; eine Auffassung von der Minne, die diese auch als gegenseitige Liebe versteht, und in ihr nicht nur Sex, Ehebruch und Anlaß zu Intrigen sieht.

Weder in dem einen noch in dem anderen Fall reicht die betreffende Kombination von Stoff, Thematik, Struktur, Erzählweise, Lebensphilosophie, Ton usw. aus, um als Kriterium für die Zuweisung des Werks zu einer erkennbaren Erzählgattung zu dienen. Wir ziehen es vor, von „Kurzgeschichten" zu reden, weil beide Glieder des Kompositums unleugbar zutreffend sind.

‚Der arme Heinrich' ist leicht zu verstehen, ergibt aber keinen Sinn, den man dem Dichter zuweisen kann. War aber Hartmann bereit, die Problematik als ohne klare Lösung offen zu lassen, dürfen wir intellektuell beruhigt wesentliche Punkte als zweideutig hinnehmen und seelisch-moralisch beunruhigt damit weiterleben. Wir bewegen uns wieder im Feld ewiger Konflikte der menschlichen Existenz, vor denen Dichter der Blütezeit nicht zurückgewichen sind. Gleichgültig, was dahinterliegt, entstehen einige zentrale Probleme durch die Eigenart des Inhalts und der Struktur des Werks.

Am Aussatz erkrankt und von der Gesellschaft verstoßen, sucht Heinrich von Aue, ein schwäbischer Adliger, den Rat der Ärzte. In Salerno erfährt er, daß das einzige Heilmittel das Herzblut einer heiratsfähigen Jungfrau ist, die sich freiwillig opfert. Überzeugt, daß dies unmöglich ist, verschenkt er seinen Besitz und zieht sich auf seinen letzten Bauernhof zurück, wo ihn die ihm verpflichtete Meiersfamilie treulich aufnimmt. Die achtjährige Tochter – namenlos, obwohl sie die Heldin ist – wird seine anhängliche Begleiterin; er nennt sie seine „Gemahlin". Auf die Frage des Meiers verrät Heinrich in der Gegenwart des inzwischen elfjährigen Mädchens das unmögliche Heilmittel. Mühselig überredet das Mädchen seine Eltern mit einer Beredsamkeit, die sie der Inspiration des Heiligen Geistes zuschreiben, daß sie ihr Leben für den geliebten Heinrich opfern darf. Sie macht ihm den Vorschlag; er lehnt ab, aber erklärt, um sie zu beschwichtigen, er wolle die Entscheidung ihren Eltern überlassen, ahnungslos, daß sie bereits eingewilligt haben. Er erfährt es und gibt nach. Mit dem kostbar ausgestatteten Mädchen reist er nach Salerno. Der ausgesperrte Heinrich hört das Wetzen des Messers und sieht durch eine Spalte ihre nackte Schönheit, die durch den Vergleich zu seinem entstellten Körper die Ungeheuerlichkeit des egozentrischen Unternehmens verdeutlicht. Schlagartig wird ihm klar, daß er Gottes Willen geduldig ertragen muß. Er zwingt den Arzt aufzuhören; das Mädchen sieht sich um das ewige Leben gebracht, gerät außer sich und beschimpft Heinrich. Er reist mit ihr nach Schwaben zurück. Gott erkennt die liebende Opferbereitschaft des Mädchens und die neue Geduld Heinrichs an – und heilt ihn. In der Heimat begrüßt, erhält er den Rat, eine Gattin zu nehmen. Verwandte und Lehnsleute raten Verschiedenes, bis Heinrich sagt, daß er das Mädchen zur Frau nehmen will, das ihn gerettet hat. Er erklärt (v. 1497): „sie ist so freigeboren wie ich". Alle willigen ein, die Trauung findet sofort statt. Nach einem glücklichen Leben kommt das Paar in den Himmel. Das Gedicht endet mit der Gebetsbitte, es möge uns ebenso ergehen.

‚Der arme Heinrich' vereinigt Elemente aus zwei Erzählmustern, die die Heilung des Aussatzes durch das Herzblut eines unschuldigen Opfers thematisieren. Den ersten Typus vertritt die Silvesterlegende, wie sie z. B. die ‚Kaiserchronik' berichtet (s. Bd. I/2, S. 27ff.): Da erfährt der lepröse Kaiser Konstantin von dem grausigen Heilmittel und ist anfangs bereit, Kinder ermorden zu lassen, bis die Klagen der Mütter sein Mitleid erregen; er erweist sich dadurch und durch seinen geduldigen Gehorsam Gott gegenüber der Heilung durch die von Silvester zelebrierte Taufe würdig. Der zweite Typus erscheint in der Legende von ‚Amicus und Amelius', die Konrad von Würzburg z. B. im ‚Engelhard' benutzt (s. Bd. II/2, S. 116f.): Einen von zwei treuen Freunden befällt der Aussatz; der andere opfert die eigenen Kinder, um mit dem Blut den Freund zu heilen. Gott ruft die Kinder wieder ins Leben.

‚Der arme Heinrich' teilt mit beiden Typen einzelne Züge, weicht aber auch in Wichtigem von beiden ab. Konstantin ist bereit, das Blut der Kinder mit Gewalt zu gewinnen, während es im ‚Armen Heinrich' und im ‚Amicus und Amelius' Grundprinzip der Heilung ist, daß das Opfer freiwillig gebracht wird. Allerdings ist es im ‚Engelhard' der Vater, der seine Kinder opfert, während sich im ‚Armen Heinrich' das Mädchen selbst ans Messer liefert. Die Kinder bleiben Objekte, von denen nur gesprochen wird – eine Verdrängung, die möglich und erträglich ist, weil der Dichter weiß und der Zuhörer ahnt, daß die Kinder dem märchenhaften Typus der Legende entsprechend ins Leben zurückgerufen werden sollen. Das macht es auch möglich, daß bei diesem Typus die Aufopferung durchgeführt wird. Wie für Konstantin ist es für Heinrich wichtig, daß er geduldige Selbstverleugnung lernt und auf die Opferung anderer verzichtet, während Zwischenfiguren den zweiten Typus verunklären, denn nicht der Kranke entscheidet sich für das Opfer, sondern der Freund. Dieser opfert nicht sich selbst, sondern die eigenen Kinder, aber aus selbstloser Liebe dem kranken Freund gegenüber.

Wenn wie im ‚Armen Heinrich' eine sympathische Charakterisierung des Helden vorliegt, wird es überaus schwierig, die Annahme des Opferangebots darzustellen. Hartmann hat die Sache mit dem vorab gegebenen Versprechen der Eltern geschickt eingefädelt, aber die Verse: *Ze jungest dô bedâhte sich ir herre, der arme Heinrich [...]* (v. 1011f.) („Schließlich entschloß sich [dazu] ihr Herr, der elende Heinrich ...") reichen nicht aus, die bedeutsame Sinnesänderung glaubwürdig zu begründen. ‚Der arme Heinrich' – sosehr uns das reizende Genrebild mit der für eine Legende ungewöhnlich plastischen Schilderung des Lebens einnimmt – steht doch der reinen Form der Gattung nahe, in der die Erzählweise, auf das Jenseits gerichtet, sich selbst subsumiert und vielleicht der künstlerischen Gestaltung zuwider dem Ende zu- und über das Ende hinauseilt.

Trotzdem wirft ‚Der arme Heinrich' noch einmal die Frage nach Hartmanns Dienstherrn und nach der Quelle auf. Der Held heißt Heinrich *und was von Ouwe geborn* (v.49). Man kann nicht umhin, eine Beziehung zu Hartmanns eigener Familie oder der seines Herrn zu hören. Da aber eine Ehe mit einer Meierstochter zu einem sozialen Abstieg hatte führen müssen, fragte man sich, ob ein Dichter so etwas über die Vorfahren seines Dienstherren erzählen könne. Es müßten wohl besondere Umstände im Spiel gewesen sein, von einer Art, die wenig Aussicht bietet, daß wir sie aufdecken können.

Wir wissen nichts über Hartmanns genaues Verhältnis zu Aue (vgl. S. 252). Es ist unwahrscheinlich, daß der Herr von Aue der Auftraggeber des ‚Erec' oder ‚Iwein' war, der des kleineren Werks, in dem sogar Hartmanns Heimat und das Geschlecht „von Aue" mehrfach erwähnt werden, könnte er gewesen sein. Wenn das Heilungswunder nicht genügte, der statusschädigenden Wirkung für das Geschlecht von Aue die Spitze zu nehmen, muß man anderes suchen. Paradoxerweise könnte es in Aufstiegshoffnungen derer von Au liegen. Es wird nicht gesagt, daß sie früher zum Fürstenstand gehörten, sondern bloß, daß Heinrichs „Geburt makellos und der von Fürsten vergleichbar war" (v. 42f.). Da wird eher ein Sinn unterlegt als juristisch Nachprüfbares behauptet. Ein Wunder, das sich vormals an dem Geschlecht ereignet hatte, und frühere Zugehörigkeit zu einem höheren Stand hätten möglichen Aufstiegsambitionen des Geschlechts nützlich sein können.

Die Kombination verschiedener Elemente war vielleicht in einer Quelle vorgegeben oder Hartmann hat sie geschaffen. Auf jeden Fall gewinnt man den Eindruck, daß die Umgebung und die entscheidenden Vorgänge Hartmann und seinem Publikum vertraut waren. Die besondere Verbindung mit der Heimat und dem Geschlecht der Auer legt es nahe, den Schöpfer dieser einzigartigen, anmutigen Kurzgeschichte, die aufgrund der Komponenten auch als höfische Legende bezeichnet wurde, in Hartmann zu sehen. Daß sein ‚Gregorius' auf die Darstellung des Seelischen im höfischen Roman – etwa bei Wolfram – einen profunden Einfluß hatte, ist kein Geheimnis. Ob Heinrichs kleine Gemahlin eine adlige Verwandte in Gawans kindlicher Minneherrin Obilot fand, kann man nur den vielfach von Hartmann profitierenden Wolfram fragen.

Der vereinsamten späten Überlieferung des ‚Moriz von Craûn' – auch im Ambraser Heldenbuch – entspricht die Tatsache, daß wir nichts von einer

Rezeption des Textes feststellen können. In überraschendem Gegensatz dazu steht das Maß, in dem dieses schmale Werk seinerseits literarische Anregungen von außerhalb rezipiert hat. Wie sah die französische Quelle aus? Eine genaue ist nicht erhalten, aber die fabliauartige Erzählung ‚Le chevalier qui recovra l'amor de sa dame' könnte eine Bearbeitung desselben Stoffes sein, freilich eine stärker auf das Schwankhafte angelegte. Dieses fehlt dem ‚Moriz von Craûn' nicht, spielt aber eine bescheidene Rolle. Die Quelle hatte gewiß dieselben Hauptpersonen: Maurice de Craon und die Vicomtesse de Beaumont sind historisch bezeugte, angesehene Mitglieder des französischen Adels des 12. Jahrhunderts. Der Name Maurice kommt im Geschlecht der Herren von Craon oft vor; man hat sich auf Maurice II. als Vorbild geeinigt, der um 1130 geboren wurde, im Dienst Heinrichs II. von England zweimal (1168 und 1190) als Kreuzfahrer im Heiligen Land gewesen ist und am 12. Juli 1196 starb. Den betrogenen Ehemann sieht man in Richard, Vicomte de Beaumont, weil er ein Zeitgenosse von Maurice war und mit ihm in Urkunden erscheint. Von der Gemahlin ist nichts bekannt. Ob zwischen ihnen ein berühmtes Liebesverhältnis bestand oder dieses eine „romantische" Erfindung war, ist unwesentlich – für uns.

Skandale wie der des Herrn von Craon und Anspielungen auf manchmal nur leicht kaschierte Verhältnisse oder Ereignisse in der aristokratischen Gesellschaft gehören zum Stoff der romanischen Lyrik und spielen in der französischen Epik eine gewisse Rolle. Für die Datierung des ‚Moriz von Craûn' helfen sie nicht weiter, denn wir dürfen nicht etwa annehmen, daß eine solche Erzählung erst nach Maurices Tod hätte kursieren können.

Für das deutsche Werk sind wir als Terminus a quo auf die Nennung Heinrichs von Veldeke (v. 1160) und Beziehungen zu dessen ‚Eneas' angewiesen, die auf eine Zeit nach 1174 oder nach 1184 deuten. Die Möglichkeit einer Anspielung auf Hartmanns ‚Klage' führt nicht weiter, denn ‚Die Klage' ist weder absolut zu datieren noch in der relativen Hartmann-Chronologie präzis unterzubringen. Weitere Bezüge sind spekulativ: so muß die Bemerkung des ‚Moriz'-Dichters über die Armut der deutschen Sprache schon deshalb nicht – wie behauptet – heißen, daß er Gottfried oder Wolfram noch nicht kannte, weil er speziell vom eigenen Ringen mit dem Übertragen aus dem Französischen ins Deutsche spricht. Wenn er ein Publikum erreichen wollte, dürfte der Stoff, der den Schwank schon ahnen läßt, eher auf das zweite Jahrzehnt des 13. Jahrhunderts als auf eine frühere Zeit verweisen.

Das kuriose, hybride Werk beginnt mit einem übermäßig langen Prolog von 262 Versen. Die Zuhörer werden mit dem ersten Wort angesprochen und bekommen sofort eine Geschichte der Ritterschaft erzählt. Berichtet wird von ihrem Ursprung im klassischen Griechenland; von ihrer Translatio nach Rom; von ihrer Degeneration, die mit Nero eingesetzt haben soll; von der Flucht der Ritterschaft ins Frankenreich Karls des Großen, wo sie bei Olivier und Roland gute Aufnahme fand. Plötzlich (v. 254ff.) heißt da Ritterschaft aber auch Ritter- bzw. Minnedienst, und im Nu (v. 263ff.) sind wir – nicht ungeschickt – zu Mauricius von Craûn, dem Helden der Erzählung, gebracht worden, der es glänzend verstand, Waffen- und Minnedienst zu vereinigen. Äußerst direkt erzählt der Dichter, wie die Minne Moriz zwang, seine Liebe und seinen Dienst an die Gräfin von Beaumont zu wenden.

Eingehend wird die Wirkung der universalen Macht der Minne beschrieben (vv. 294–358). Als handfester Ritter siegt Moriz überall. Es handelt sich allerdings um Turniere mit einer im Groben erkennbaren Geographie, d. h. um Möglichkeiten des wirklichen Lebens in einem sozialen Rahmen, nicht um Aventiuren; daraus ergibt sich ein ständisch stilisierter Realismus, der das Ganze eher umweht als durchdringt. Rasch spielt sich die Minnegeschichte ab: Moriz, der lange an seiner Minne gelitten hat, sucht schließlich die Begegnung mit seiner Minneherrin (v. 524ff.), bleibt aber à la Morungen in ihrer Gegenwart unfähig zu sprechen. Endlich fragt sie ihn, was ihm fehlt, worauf ein stichomythischer Sprachkrieg der Geschlechter ausbricht, in dem er ihr sagt, daß ihm weh ist, worauf sie ihm schnippisch empfiehlt (v. 554), nach Salerno zu fahren. Das Scheingefecht nimmt ein Ende, als er ihr deutlich sagt, daß er um ihretwillen von Sinnen ist und als Lohn entweder sichere Hoffnung oder den Tod fordert. Sie erklärt sich für unschuldig, fühlt sich aber verantwortlich und willigt ein, ihm ihre Liebe zu schenken, wenn er zu ihrer Ehre ein Turnier vor ihrer Stadt veranstaltet und als ihr Ritter kämpft. Er bereitet das Turnier und sein Auftreten dort mit enormem Kostenaufwand vor. Er läßt z. B. ein prunkvolles Schiff zimmern, das sich mittels versteckter Pferde fortbewegt. Darauf „segelt" er mit Musikbegleitung quer durch Frankreich zu dem Turnierplatz. Die Gräfin beobachtet es von den Fenstern der Burg aus. Am Anfang des Turniers erschlägt der Gatte der Gräfin unwillentlich einen Ritter und zieht sich weinend zurück. Moriz besiegt jeden Gegner, wofür die Gräfin ihn küßt (v. 1022). Ein Bote begleitet ihn sofort zu der Burg, wo er in einem Schlafgemach mit der Zofe auf die Dame warten soll. Schmuck und Möbel werden beschrieben, vor allem das Bett, das „dem vergleichbar war, das Meister Heinrich von Veldeke für Salomon machte" (v. 1158ff.). Da er vom Turnier ermüdet ist, schlägt die Zofe vor, er solle schlafen, und verspricht, ihn zu wecken, wenn die Gräfin da ist. Diese erscheint aber plötzlich, entdeckt Moriz schlafend, zieht sich, über diese ungalante Handlungsweise empört, trotz der Bitten der sich schuldig fühlenden Zofe zurück und weigert sich, mit Moriz zu sprechen. Der bestürzte Moriz, dessen Stirn von dem Turnier noch blutig ist, dringt ins Schlafgemach der Gräfin ein, die mit dem Grafen im Bett liegt. Im Dunkel gibt er sich für den Geist des vom Grafen Erschlagenen aus, der den Grafen zu sich in die Hölle holen will. Dieser springt erschrocken aus dem Bett, verletzt sich, wird ohnmächtig. Moriz legt sich zur Gräfin, die ihn – um seinen Zorn zu besänftigen – küßt und umarmt, worauf er mit ihr schläft. Danach steht er auf, gibt ihr ihren Ring zurück, erklärt zornig, daß er nie wieder einer Frau dienen würde, wenn alle wie sie wären, und verläßt sie – bei der Frauenklage.

Wir haben nacherzählt, weil man sonst keinen Eindruck von der sonderbaren Mischung der Elemente bekommt, aus denen dieses ungewöhnliche Werk besteht, und von dem eigentümlichen Geschmack, den es hinterläßt. So gibt das literarisch ausdrücklich artikulierte Moment des Skandals der

Erzählung jene Aura von kultiviertem Edelklatsch, der für den Kulturhistoriker zu den Hauptreizen der altfranzösischen Literatur gehört, während die mittelhochdeutsche damals solches nicht kannte. Eine präzise Datierung des merkwürdigen Gedichts wäre für die Geschichte des literarischen Geschmacks in Deutschland von großem Interesse.

## Geistliche Epik

Zu den markantesten Erscheinungen der Literatur der Blütezeit wurde lange das neue Auftreten weltlicher Dichtungen gerechnet, die, von Laien für Laien verfaßt, die frühere Hegemonie geistlicher Dichter auf dem Gebiet der geschriebenen Literatur beendeten. Diese Entwicklung fand tatsächlich statt, sie stellt aber nur einen Teil des Gesamtbildes dar. Es ist daher von Nutzen, wenn wir uns die tatsächliche Buntheit der Entwicklung vergegenwärtigen. Die geistliche Epik der Blütezeit eignet sich vorzüglich, dies darzustellen und die vielfältigen Wechselbeziehungen zwischen geistlichen und weltlichen Themen und zwischen Geistlichen und Laien als Dichtern zu verdeutlichen.

Es sei vorweggenommen, daß die geistliche Epik grundsätzlich ein anderer Boden als die höfische ist, weil für jene vorwiegend lateinische Quellen in Frage kamen. Von einem sozioliterarischen Standpunkt aus gesehen hatte das zwei wichtige Folgen. Erstens setzten die beiden Literaturtypen verschiedenartige Sprachkenntnisse bei den entsprechenden Dichtergruppen voraus, denn bei der Übertragung der französischen Literatur ging es um eine Sprache, von der die Dichter – von Fall zu Fall in verschiedenem Grad – aktive Kenntnisse gehabt haben müssen, weil sie sie wohl von Muttersprachlern mündlich gelernt hatten und/oder beherrschten (wir hören nichts von Handbüchern oder schriftlichen Sprachkursen zur Erlernung des Französischen aus dieser Zeit, und sie existierten wohl auch nicht). Zweitens waren die Quellen der geistlichen Epik – ob Bibel oder Legenden – in Prosa verfaßt. Das bedeutete, daß der Dichter von seiner Quelle formale Unterstützung im Hinblick auf Vers- und Reimkunst nicht erwarten konnte. Es ist aber ein Zeugnis für den Stellenwert und die innere Potenz der deutschen höfischen Literatur – und wohl auch für den Ernst ihrer eigenen geistigen Ziele und ihrer gesellschaftlichen Funktion –, daß der Versuch nicht gemacht wurde, die lateinische Prosa der Quellen der geistlichen Epik in mhd. Prosa wiederzugeben. Trotz der anderen Gattung und der anderen sprachlichen Herkunft behauptete sich als Ziel die höfische Dichtersprache – soweit die Dichter der geistlichen Epik ihrer fähig waren. Die verfeinerte höfische Sprach- und Verskunst war selbst das Ergebnis einer Vereinigung der Sprache und Versform der frühmhd. geistlichen Epik mit der anspruchsvolleren Formkunst der neuen, altfranzösischen Modelle. Die geistlichen Dichter sahen dieses Ergebnis offenbar als angemessen auch für ihre Ziele an und verwirklichten es auch – der eigenen

Begabung entsprechend. Schon die Reimbestrebungen deuten an, daß sich die Dichter der geistlichen Epik nach dem Frühstadium der Entwicklung der höfischen Dichtersprache diese und nicht die frühere Bibelepik zum Vorbild nahmen.

Die Haupttypen, die wir zu behandeln haben, sind Bibelepen (zufälligerweise durchweg aus dem Bereich der Apokryphen) und Legenden, vornehmlich Heiligen- und/oder lokale Bischofslegenden. Wir beginnen mit dem ‚Servatius' Heinrichs von Veldeke, weil er das früheste Beispiel darstellt. Da die Datierung der weiteren geistlichen Epen aber so unsicher ist, behandeln wir im folgenden die Heiligenlegenden – mit dem Untertyp der Visionsliteratur – und die Bibelepik als getrennte Gruppen, jeweils in chronologischer Reihenfolge (mit dem Vorbehalt, daß sich diese nur ungefähr feststellen läßt).

## Legenden

Von seinem Ursprung her hat das Wort „Legende" die Bedeutung: „etwas zum Lesen Bestimmtes". Da dies aber eine Eigenschaft ist, die nichts Schriftlichem sinnvollerweise fehlen darf, haben wir den Terminus spezieller zu verstehen im Sinne von: „etwas, das zum Vorlesen bestimmt ist". Es tritt also ein Element der Öffentlichkeit hinzu, und dieses weist auf den Kult, auf die christliche Gemeinde. Der Anlaß zum Vorlesen konnte ein besonderer sein, etwa das Fest des betreffenden Heiligen, im Fall eines Klosters oder einer Kirchengemeinde vielleicht mit dem Patrozinium verbunden, oder ein allgemeiner, z.B. das tägliche Vorlesen beim Abendessen im Refektorium des Klosters. Das Gemeinschaftliche an solchen literarischen Tätigkeiten drückt am deutlichsten das mittellateinische Wort *collatio* aus, das auf unentwirrbare Weise das zum Vorlesen und zum Essen Zusammengetragene bezeichnete.

Die dichterischen Bearbeitungen in der Volksprache hatten mit ihren lateinischen Quellen gemeinsam, daß auch sie zum Vorlesen bestimmt waren, allerdings aus anderen Gründen. Ihr Ziel war die erbauliche Unterhaltung eines Publikums, das nicht nur des Lateinischen, sondern auch des Lesens unkundig war. Und wie die formalen Kunstmittel – und in manchem Fall die literarischen Ansprüche – zeigen, bezogen die Bearbeiter ihre Kunstsprache und ihre dichterische – d.h. rhetorische und narrative – Technik aus der höfischen Literatur. Wir dürfen daraus wohl vorsichtig schließen, daß die Texte weitgehend dasselbe höfische Publikum ansprachen wie die entsprechende weltliche Literatur.

Die Zahl der lateinischen Legenden, die die häufigsten Quellen der deutschen geistlichen Epen bilden – an zweiter Stelle stünden wohl Bibelerzählungen – hat zusammen mit den komplizierten Wechselbeziehungen zwischen verschiedenen Werken und verschiedenen Versionen desselben Werks zur Folge, daß sich die Abstammung und die Zugehörigkeit der einzelnen deutschen Versionen manchmal nur ungenau bestimmen lassen. Dies ist ein weiterer Grund, warum nur grobe Datierungen möglich sind.

Diese werden durch die Zurückhaltung der Dichter weiter erschwert, die
– ob aus Ehrfurcht vor ihrem Stoff oder aus (vielfach berechtigter) Bescheidenheit im Hinblick auf die eigene literarische Begabung – mit persönlichen Details auffallend sparsam sind. Daß mancher Dichter anscheinend nur ein einziges Werk verfaßt hat, vermindert die Chancen der Identifikation noch zusätzlich. Trotzdem läßt eine Auswahl aus der Gruppe der Dichtungen, auf die wir in diesem Abschnitt einzugehen haben, die erwähnte Mischung der Stände, der Œuvres und der Textsorten gut erkennen.

Mit Veldekes ‚Servatius' tritt uns ein Text vom Typus der lokalen Bischofslegende entgegen, die von einem geistlichen Dichter verfaßt wurde, der anschließend den ersten deutschen höfischen Roman dichtete. Hartmanns ‚Gregorius' ist eine Heiligenlegende, die in ihrer Erzählweise und Erzähltechnik an den Roman grenzt, und zwar von einem dichtenden Ritter, der vorher den ersten deutschen Artusroman geschaffen hatte. Sollte Herbort von Fritzlar der Verfasser der fragmentarischen ‚Pilatuslegende' sein, so hätten wir einen weiteren Fall, der dem Veldekes ähnelt: ein geistlicher Dichter, der neben einem Antikenroman ein geistliches Werk verfaßt, allerdings eines mit einer apokryph-legendären Quelle. ‚Das Leben des Heiligen Ulrich' von Albert von Augsburg vertritt den Typus einer ausgesprochen lokalen Heiligenlegende aus der Hand eines geistlichen Dichters, der, soweit wir wissen, keine weiteren Werke in deutscher Sprache gedichtet hat, aber vielleicht mit dem Verfasser zweier Heiligenlegenden und anderer geistlicher Werke auf Latein identisch ist (s. u.). Konrad von Fußesbrunnen, der Verfasser der ‚Kindheit Jesu' stellt schließlich den Typus eines ritterlichen Dichters dar, der eine geistliche – aus der Sicht des späteren Kanons apokryphe – neutestamentliche Bibelerzählung verfaßt hat, von dem wir aber keine weiteren Dichtungen kennen.

Schon die Aufzählung der diversen sozialen Zugehörigkeiten der Dichter und der literarischen Typen der Werke sowie ihrer vielfachen Kombinationen vermittelt einen Eindruck von der neuen, intensiven Intertextualität, die den literarischen Stil der Blütezeit, die Verhältnisse zwischen ihren Dichtern und diese Literatur als Gesamterscheinung kennzeichnet. Aus mehrfachen Gründen gab es damals keine Vorstellung von so etwas wie Belletristik. Allein die Forderung, daß Dichtung nützlich sein müsse (*prodesse*), stand dem im Wege. Trotzdem zeigt die beschriebene Vermischung verschiedenster Bereiche, wie eine Literatur in deutscher Sprache, die weder an den Stand des Dichters noch an die geistige Sphäre des Materials automatisch gebunden war, an den Tag trat und sich verfestigte. Diese Ablösung interpretieren wir als Charakteristikum einer eher wertfreien Auffassung von Literatur, die dann das Unterhaltsame, Erfreuende (*delectare*) als Eigenwert, als etwas Autonomes akzeptieren wird. Die Austauschbarkeit der Dichter und Stoffkreise, die nicht nach gesellschaftlicher Herkunft und literarischer Zugehörigkeit fragt, bedeutet freilich nicht, daß etwa die Legende aufhört, eine erbauliche Funktion auszuüben, sondern nur, daß die Grenzen sich verwischen.

*Geistliche Epik*

## *Heiligenlegenden*

Wir zählen zunächst einfach einige Texte auf, um einen Eindruck von den in der zweiten Hälfte des 12. Jahrhunderts entstandenen und kursierenden deutschen Legendenübersetzungen zu vermitteln. Sie sind so fragmentarisch überliefert, daß sich wenig über sie sagen läßt, geschweige denn, daß wir (über dialektale Indizien hinaus) ihren chronologischen oder geographischen Ort bestimmen könnten. Trotz ihres fragmentarischen Zustandes bezeugen sie das rege Interesse der Zeit an Heiligenviten und unterstreichen, wie sehr diese damals den Bibelerzählungen zahlenmäßig überlegen sind. Die drei Hauptfälle – abgesehen von der Patricius-Legende, die wir später (S. 418) in Zusammenhang mit der ‚Visio Tnugdali' besprechen – sind die Legenden von den Heiligen Albanus, Alexius (sog. Fassung I) und Andreas. (Die Namen lassen den Verdacht aufkommen, daß die Parze, deren Schere die Verstümmelung von Handschriften besorgt, alphabetisch vorgegangen, aber relativ früh ins Stocken geraten ist.)

Von der ‚Albanus'-Legende, die wir zusammen mit Hartmanns ‚Gregorius' behandeln (s. u. S. 412), sind nur zwei Fragmente (119 Verse) auf einem Doppelblatt erhalten (jetzt in Krakau); die Sprache weist auf den Norden des moselfränkischen Gebiets. Die Übersetzung bleibt, abgesehen von der Versform, dem lateinischen Original treu. Auffällig ist die außerordentliche Länge mancher Verse. Ob sie gewollt oder nur ein Produkt mangelnder Kunstfertigkeit ist, läßt sich nicht entscheiden. Als Abfassungszeit kommen am ehesten die achtziger Jahre des 12. Jahrhunderts in Frage.

Der Stand der Überlieferung der ‚Alexius'- und der ‚Andreas'-Legende ist dem der ‚Albanus'-Legende ähnlich. Vom ‚Alexius' waren auf zwei verschollenen Pergamentblättern 149, vom ‚Andreas' auf einem ebenfalls verschollenen Pergamentblatt 113 (z. T bruchstückhafte) Verse erhalten. Beide Übersetzungen entstanden wohl in der zweiten Hälfte des 12. Jahrhunderts. (Zu den besser erhaltenen ‚Ägidius'- und ‚Juliana'-Legenden s. Bd. I/2, S. 162f.).

Der enorme Gewinn, den es für den Literarhistoriker bedeutet, wenn ein Dichter mehrere Werke verfaßte, identifizierbare Auftraggeber gehabt hat und noch dazu bereitwillig über sie und sich selbst Auskunft gibt, wird am Fall Heinrichs von Veldeke besonders deutlich (s. S. 232). Wir sind in der glücklichen Lage, daß er sogar in seiner ‚Servatius'-Bearbeitung solche Informationen bietet, die wir eher vom Roman erwarten würden.

Soweit wir es beurteilen können, eröffnet der ‚Servatius' Veldekes literarische Karriere. Wie wir sahen, lobt er da die Gräfin Agnes von Loon, von der er als seiner *lieben vrouwen* spricht, und redet anschließend von dem Herrn Hessel, dem Küster der Servatiuskirche in Maastricht (v. 3236ff.). In diesen beiden Gestalten, derer er im Epilog noch einmal gedenkt (vv. 6177ff.; 6194ff.), haben wir die Auftraggeber bzw. Anreger des Werks zu sehen. Mit der Gräfin Agnes ist wahrscheinlich die Gattin Ludwigs I. von Loon († 1171) gemeint, die bis 1175 urkundet; Hessel könnte mit einem in Maastricht zwischen 1171 und 1175 urkundlich bezeugten *Hezelo diaconus* identisch sein. Als Küster hatte er die Servatius-Reliquien und die weiteren Schätze der Kirche in seiner Obhut, und wir schließen uns der schon erwähnten Vermutung an, daß die Entstehung des „Servatius" mit der Fertigstellung des prächtigen und kunsthistorisch wichtigen Servatius-Schreins (1160–65?) und der ungefähr gleichzeitigen, großangelegten Erweiterung der Servatiuskirche zusammenhängt (s. Abb. 14). Beides wurde wohl mit Blick auf die für einen Küster und seine Schatzkammer nicht uninteressanten Pilger unternommen. All dies führt, wie auch schon erwähnt (S. 232), zu einer Datierung des „Servatius" in der zweiten Hälfte der sechziger Jahre.

Ob dieses Lokalinteresse den Dichter von vornherein veranlaßt hat, sich einer stärker limburgischen bzw. maasländisch geprägten Sprache zu bedienen, läßt sich kaum entscheiden. Die Überlieferung ist jedenfalls ausschließlich maasländisch-limburgische. Erhalten sind eine einzige vollständige Handschrift aus der zweiten Hälfte des 15. Jahrhunderts, die in einem Maastrichter Kloster geschrieben wurde und sich jetzt in Leiden befindet, und Fragmente einer älteren Limburger Handschrift vom Anfang des 13. Jahrhunderts, die in München und Leipzig entdeckt wurden.

Die Verehrung des heiligen Servatius war weit verbreitet, aber ihre Wirkung zeigt sich nirgends so intensiv wie im Gebiet der Tätigkeit des Heiligen selbst: am Niederrhein und an der Maas, wo er im 4. Jahrhundert Bischof von Tongern war. Die Breite der Verehrung zeigt an, welche Bedeutung das Volk Servatius als Schutzherrn beimaß, während die Dichte der Servatius-Patrozinien und anderer Zeichen des Andenkens um Maastricht herum den Lokal- und Besitzstolz der Bewohner der Gegend bekunden. Dieser kommt auch in der Legende stark zum Ausdruck, und Veldeke betont ihn stärker als seine Vorlage. Ein kurzer Blick auf den Anfang der Mission, die Servatius nach dem Westen bringt, genügt, um dies zu verdeutlichen.

Es wird berichtet, wie Servatius in Armenien aufwächst und erzogen wird, die Priesterweihe erhält und in Jerusalem von Gott den durch einen Engel übermittelten Auftrag erhält, Bischof von Tongern zu werden. Typisch für die unendliche Reihe der an ihm und durch ihn geschehenen Mirakel ist die Wiederholung des Pfingstwunders (v. 645ff.): sobald der neu angekommene Servatius in der Kirche in Tongern den ihm von einem Engel überreichten Bischofsstab angenommen hat, spricht er, der ja nur Griechisch kann, die Gemeinde an, und alle können ihn verstehen – solange er von geistlichen Sachen redet. Redet er von Weltlichem, wird er unverständlich. Doch ist die Harmonie in Tongern nicht von langer Dauer. Der Teufel facht den Haß der Einwohner an und veranlaßt sie, sich gegen Servatius zu erheben und ihn zu vertreiben; auf Befehl eines Engels flieht er nach Maastricht, wo er Einsiedler wird. Diese von Gott befohlene Handlung dient (wie u. a. auch die spätere, wegen der Hunnengefahr von der Bevölkerung selbst gutgeheißene Überführung der Kirchenschätze Tongerns nach Maastricht) zur Legitimierung des zu Veldekes Zeit bestehenden Status quo, d. h. zur Befestigung Maastrichts als d e r Servatius-Kultstätte.

Wenn wir Letzteres mit einer Gewichtsverschiebung der lateinischen Legende gegenüber in Zusammenhang bringen, ist das nicht zynisch gemeint. Es zeigt höchstens, daß die Auftraggeber geistlicher Epik wie die der höfischen eigene Anliegen haben konnten – sei es neben der religiösen Verehrung auch lokalpatriotische Begeisterung für einen Lokalheiligen.

Es war von der Quelle die Rede, und in dieser Hinsicht ist Veldekes ‚Servatius' beispielhaft für die erwähnte Unsicherheit hinsichtlich der genauen lateinischen Quelle mancher deutschen Legende. Veldekes Quelle war die lateinische ‚Vita S. Servatii', vielleicht in einer verkürzten Form, aber keine erhaltene Version kann seine Vorlage gewesen sein. Obwohl man von „Viten" spricht, sind Heiligenviten – wie Artusromane – nur in einem beschränkten Sinne „Lebensbeschreibungen", d. h. sie sind „Lebensbeschreibungen" aus einer besonderen, engen Sicht. Die vergleichbare Bezeichnung „Gesta", die in der Praxis nur eine tendenziell andere Betonung, aber keinen grundsätzlichen Unterschied ausdrückt, richtet den Blick stärker auf die (meist wunderbaren) Taten des Heiligen wie der Artusroman auf die Aventiuren des Helden. In beiden Fällen sind die geeignete Veranlagung, die nötigen Charakterzüge (z. B. Mut, Geduld, Ausdauer, Menschlichkeit, Menschenliebe und Vertrauen zu Gott) Voraussetzungen. In beiden geht es um einen Ruf, aber während in der Legende die Instanz, von der dieser ausgeht, eindeutig Gott ist, hat der Ruf im Artusroman auch seine weltliche Seite. Wie dem auch sei: beide Gattungen erzählen vornehmlich aus der Sicht der Berufung und des Berufs. Das hat Folgen für die Erzählstruktur und für die besonderen Geschehnisse und Fragen, die jeweils in den Brennpunkt gerückt werden.

Gerade die Struktur von Veldekes Werk ist aber sonderbar auf eine Weise, die kaum zu Lasten der Vorlage gehen wird. Es zerfällt in zwei Teile von fast gleicher Länge, von denen der erste das Leben des Heiligen bis zu seinem Tod erzählt, der zweite die Wunder, die danach durch ihn geschehen sind, oft an oder im Zusammenhang mit seinem Grab und seinen Reliquien. Der erste Teil endet mit einem Epilog, in dem wir hören, wie Veldeke sich dem Dienst des Heiligen Servatius gewidmet hatte und von der Gräfin Agnes und dem Küster Hessel gebeten wurde, das Leben des Heiligen zu erzählen; am Schluß des Abschnitts steht ein Gebet an Servatius, der für uns bei Gott eintreten soll. Das Sonderbare daran ist, daß der zweite Teil mit einem Epilog endet, in dem beinahe Identisches wiederholt wird. Es muß offen bleiben, ob Veldeke die erste Hälfte zuerst als vollständiges Werk verfaßt hatte und es später erweiterte oder ob der erste Teil eine verkürzte Fassung darstellt, die entweder er oder ein Bearbeiter unter Benutzung des Epilogs geschaffen hatte. Jedenfalls hätte dann der Schreiber bzw. Bearbeiter, der für die Leidener Handschrift oder ihre Vorlage verantwortlich war, den zweiten Teil der längeren Version dem ersten zur Vervollständigung angehängt, nachdem er den ersten Teil nach einer Handschrift beendet hatte, in der er als vollständiges Werk erschien; dabei wäre ihm entgangen, daß beinahe derselbe Epilog zweimal vorkam. Die Möglichkeit, daß dies dem Dichter selbst – etwa nach einer Arbeitspause – unterlaufen ist, leuchtet uns nicht ein, obwohl, wie wir sahen (S. 31), Veldeke notgedrungen zur Inkarnation der Arbeitspause werden sollte. Wir haben keinen Grund anzunehmen, daß die gesellschaftlichen und literarischen Bedingungen bei der Verbreitung und Rezeption der volkssprachigen Heiligenlegenden andere waren als bei der sonstigen Epik. Das würde heißen, daß Veldeke das eigene Werk vorzutragen pflegte, und so wäre ihm unweigerlich aufgefallen, daß zweimal dasselbe gesagt wurde.

Wenn Veldeke sich im ‚Servatius' auch nicht der Technik des neutralen Reims bedient, bemüht er sich doch um reine Reime, und zwar – wenn man mundartliche Faktoren berücksichtigt – weitgehend mit Erfolg. Im Vergleich mit anderen etwa gleichzeitigen mhd. Epen steht der ‚Servatius' hierin allein, genau wie in der Reimtechnik der Lyrik zu Veldekes Zeit seinen hohen Ansprüchen nichts Vergleichbares an die Seite zu setzen ist. Wir sahen schon, wie weit Veldeke in der Reimkunst der Entwicklung des oberrheinischen Minnesanges voraus war (S. 107f.).

Da es sich in der Heiligenlegende vornehmlich um einen Bericht über Geschehnisse – meistens Wunder – handelt, deren Fort- und Ausgang im überirdischen Bereich (vor)bestimmt werden, richtet sich der Blick nicht lange auf das Ringen, die Motivierung und die spannenden Zweifel der Menschen. Es gehört daher zum Wesen der Legende, daß, nach epischen Maßstäben gemessen, kurze Episoden in einer langen Reihe nacheinander erzählt werden, ohne daß die Zeit und der Raum, die dazwischen liegen, ausgefüllt werden oder auf sie eingegangen wird. Daß Veldekes ‚Servatius' in dieser Hinsicht seinem ‚Eneas' nachhinkt, dürfte allerdings nicht nur auf die andere Gattung, sondern auch auf die literarische Überlegenheit der Quelle, den ‚Roman d'Eneas', zurückzuführen sein. Aber eben nicht n u r darauf, denn Veldekes ‚Eneas' ist einer der wenigen Fälle, in denen die mhd. Bearbeitung auf ihre Weise dem altfranzösischen Original künstlerisch überlegen ist. Der vollendete Erzähler, der sich im ‚Eneas' zeigt, ist bereits im ‚Servatius' zu spüren. Schon hier wird manche neue Episode nicht mit einem einfachen – wörtlichen oder nur gedachten – „Dann ..." angehängt, vielmehr besteht die Neigung, das Neue vorausschauend in die Wege zu leiten. Dies wird u. a. dadurch bewirkt, daß der Erzähler zurückblickende Gedanken auf die vorige Episode richtet und aus ihnen Schlüsse zieht, die auf das Folgende weisen. Zeit und Raum werden – und sei es noch so skizzenhaft – präziser angezeigt, oft durch die Einfügung kleiner unbedeutender Handlungen abgerundet, die das Irdisch-Menschliche unterstreichen. Dies läßt sich an einem verhältnismäßig unscheinbaren, aber typischen Beispiel illustrieren.

Nachdem Servatius Attila zum Christentum bekehrt hat, erzählt die ‚Vita' (12,5), im lateinischen Original in 29 Worten, wie jener, „nachdem er Italien verlassen und die Alpen hinter sich gebracht hatte, endlich die Grenze des Elsaß erreichte und, die Wormser Gegend in einem fort durchreisend, als alter Mann, der er war, sich sehr müde und durstig auf der Straße hinsetzte. Da war wahrlich weder Brunnen noch Fluß." Bei Veldeke dagegen heißt es in den 157 Worten des Originals

*Geistliche Epik* 399

(v. 2017–2052): „Der vortreffliche Servatius, der heilige Prediger, nachdem er das Vorhergehende vollführt hatte, nahm von dem Hunnenführer sofort Abschied. Der Gottergebene machte sich dann schnell auf den Weg. Als er durch die Toskana und die Lombardei ging, eilte er sehr; er nahm den direkten Weg. Als er über die Berge gekommen war, folgte er der Straße und durchquerte das Elsaß und kam bald ins Bistum Speyer, wo Gott auf seine Bitte hin ein schönes Zeichen St. Servatius zu Ehren gab. Er hatte großen Durst, denn er war bei großer Hitze einen langen Weg gegangen. Wegen großer Müdigkeit setzte er sich an einer Stelle neben der Straße hin. Äußerst demütig flehte er Gott an und bat ihn darum, daß er ihm, wie schon oft, in seiner Barmherzigkeit helfen sollte. Da war kein Tropfen Wasser, weder Bach noch Brunnen, der so rein oder dazu brauchbar war, daß er ihn hätte trinken können."

Der Vergleich mit dem lateinischen Text zeigt, daß die größere Länge des Abschnitts bei Veldeke nicht nur darauf beruht, daß eine analytische Sprache wie die deutsche mit ihren Artikeln, Präpositionen und Hilfsverben notgedrungen mehr Wörter benötigt als das synthetische Latein. Auch die gebräuchlichen, von der Rhetorik vorgeschriebenen Finten des bearbeitenden Übersetzers, z. B. die Erweiterung durch Hinzufügung und/oder Vermehrung von Adjektiven, die Benutzung von parallelen, oft synonymen Wörtern und Phrasen usw., die ohne Zweifel hier zu beobachten sind, reichen nicht aus, die größere Länge völlig zu begründen. Weit darüber hinausgehend werden als Bindeglieder, aber auch als humanisierende Züge knappe Schilderungen anscheinend überflüssiger menschlicher Handlungen hinzugefügt: z. B. verabschiedet sich Servatius von dem eben von ihm bekehrten Attila (v. 2020f.); oder ein Gefühl für den Raum und die Zeit entwickelt sich dadurch, daß der Ablativus absolutus der ‚Vita', der die Abreise des Servatius aus Italien und seine Überquerung der Alpen komprimiert und lakonisch in die Vorvergangenheit verlegt, zu einer Reise „durch die Toskana und die Lombardei" und dann „über die Berge" ausgeweitet wird (v. 2024ff.). Dem objektiven *usque* („in einem fort") der Reise durch das Wormser Gebiet steht Veldekes *he ilede vile harde* („er beeilte sich sehr") des Wegs durch Italien gegenüber, das die dringende Notwendigkeit, die Servatius drückt, spüren läßt – und damit den Menschen. Auf derselben Ebene liegt es, wenn die ‚Vita' als Einleitung zu dem Wunder des Springbrunnens, den Gott für Servatius aufquellen lassen sollte, das Fehlen des Wassers nüchtern feststellt, Veldeke aber als weitere Begründung für die Bedürftigkeit des Heiligen hinzufügt, daß „große Hitze" (v. 2039) herrschte.

Die angeführten narrativen Züge sind nicht welterschütternd, aber sie sind zahlreich, sie durchdringen das Werk und sind Symptome einer entwickelten Epik. Die breitere Erzählweise schafft Raum für die Darstellung des menschlichen Lebens auf Erden, vor allem des Innenlebens. Dieser Zug kennzeichnet etwa die Spannungen und die menschlichen Gefühle beiderseits, die den vergeblichen Versuch des heiligen Servatius beleben, die ihm vorher feindlich gesonnenen Einwohner von Tongern vor den Hunnen zu retten. Sie kennzeichnen besonders stark die Episode, in der Servatius sein Gebet an Gott richtet, daß er die Tongerner schonen möge. Stellvertretend weist St. Peter mitleids- und verständnisvoll das Gebet ab, verkündet Servatius aber als Zeichen der göttlichen Gunst die Verleihung von Peters eigener Schlüsselgewalt und bestätigt das symbolisch mit der Überreichung des Silberschlüssels, der sich noch unter Servatius' Reliquien befinde (v. 1587–1772). (Ein Silberschlüssel wird noch heute in der Maastrichter Schatzkammer aufbewahrt.)

Die Darstellungweise der besprochenen Episode ist typisch für ein weiteres Charakteristikum des Werks: Durch die demütige Größe der Gestalt des Servatius entwickelt sich sowohl während des Berichts über sein Leben wie auch im Handlungsteil, der die Wunder darstellt, die er nach seinem Tod bewirkt, ein außerordentlich starker Eindruck der Durchlässigkeit zwischen Himmel und Erde, eines nicht nur seelisch, sondern auch physisch kontinuierlichen Fluidums. Diese Wirkung ergibt sich vor allem aus der Betonung der liebenden Fürsorge im Jenseits und aus dem in der geistlichen Epik ungewöhnlich eingehenden Verweilen bei der entsprechenden Darstellung der menschlichen Ängste und Hoffnungen im Diesseits. All dies wird durch die größere narrative Breite erreicht und ist wohl mit der Grund für die ungewöhnliche Länge des ‚Servatius' im Vergleich mit anderen mhd. Versbearbeitungen lateinischer Heiligenlegenden in Prosa. Ohne daß er wie Hartmann im ‚Gregorius' die Schranken der Heiligenlegende durchbricht, geht Veldeke so weit, daß er – auch auf diesem Gebiet – auf eine Weise „neue Reiser impft", die ihn berechtigt, beide Teile des Titels „geistlicher Epiker" in Anspruch zu nehmen.

Die Verehrung des heiligen Servatius war stark konzentriert im geographischen Gebiet der Tätigkeit Veldekes und des Heiligen, aber nicht darauf begrenzt. Dies wird durch den anonymen, wahrscheinlich in Baiern entstandenen sogenannten ‚Oberdeutschen Servatius' literarisch bezeugt. Der Wunsch, literarhistorische Zusammenhänge aufzudecken, hat schon früh zu Versuchen geführt, den ‚Oberdeutschen Servatius' mit Veldekes ‚Servatius' bzw. mit seiner Auftraggeberin, der Gräfin Agnes von Loon, in Verbindung zu bringen, deren gleichnamige Tochter 1172 oder 1173 den Grafen Otto V. von Scheyern-Wittelsbach, nach 1180 Herzog von Bayern, heiratete. Es wurde versucht, den Einfluß von Veldekes ‚Servatius' auf das oberdeutsche Werk und den der Gräfin bei der Verpflanzung des Servatiuskultes nach Oberdeutschland nachzuweisen. Beide Versuche sind mißlungen.

Im ersten Fall ist das darauf zurückzuführen, daß Veldeke die ‚Vita Sancti Servatii' als Quelle diente, während der ‚Oberdeutsche Servatius' auf den ‚Gesta Sancti Servatii' beruht. Weder hier noch dort ist es aber möglich, die genaue Version, die der Dichter benutzt hat, zu identifizieren. Dies verunsichert die Vergleichsbasis, aber zwingende sprachliche und stilistische Gemeinsamkeiten zwischen Veldeke und dem Oberdeutschen sind ohnehin nicht aufzuweisen.

Im zweiten Fall läßt sich nachweisen, daß der Servatiuskult lange vor der Ankunft der Gräfin Agnes in Baiern gefestigt war. Dagegen liegt es durchaus nahe, an den Einfluß der Gräfin/Herzogin bei einer Intensivierung des

Interesses an Servatius in Oberdeutschland zu denken, aber weder der
Dichter noch der Ort und die Zeit der Entstehung sind mit einiger Wahrscheinlichkeit, geschweige denn mit Sicherheit zu bestimmen. Aus Gründen, auf die wir im folgenden eingehen, neigen wir dazu, die Entstehung
des oberdeutschen Gedichts spät im 12. Jahrhundert anzusetzen. Wir sind
aber wieder auf die groben Entscheidungen beschränkt, die sprachlich-
stilistische Indizien ermöglichen.

Der Dichter des ‚Oberdeutschen Servatius' steht mit Veldeke auf einer Stufe,
insofern beide Geistliche waren und dieselbe Heiligenlegende bearbeitet haben.
Damit hört die Ähnlichkeit aber auf, es sei denn, der anonyme bairische Dichter
hätte weitere – verlorene oder nicht mit ihm in Zusammenhang gebrachte – weltliche, epische oder gar lyrische Werke auf Deutsch verfaßt. Wie die Dinge liegen,
können wir aber weder einen literarhistorischen Hintergrund aufdecken noch eine
dichterische Entwicklung nachzeichnen. Versuche, die Entstehung des Werks in
Augsburg zu lokalisieren, sind plausibel, aber spekulativ.

Von kurzen Fragmenten abgesehen, deren ältestes (SUB Prag, Frgm. 11) noch
vom Ende des 12. Jahrhunderts stammt, ist der ‚Oberdeutsche Servatius' nahezu
vollständig nur in einer Wiener Handschrift (W) aus der Zeit um 1300 überliefert
– es fehlt am Schluß ein Blatt.

Der Stand der Sprach- und Formkunst läßt an eine Entstehung etwa um
1190 denken. Die Reime sind rein, der Versbau ist weniger „modern", was
die Alternation von Hebung und Senkung und die Länge der Verse betrifft;
überlange Zeilen markieren oft das Ende eines Erzählabschnittes. Der
Wortschatz ist weitgehend der der höfischen Epik. Die Interessensgebiete
kreuzen sich zum Teil auch mit ihr. Bei der Weihe des Servatius in Tongern z. B. gewinnt das Wort Investitur durch die außerordentlich eingehende Schilderung der festlichen Gewänder des Bischofs ein Guttteil seiner
buchstäblichen Bedeutung wieder (v. 470–610). Während aber Gottfried
von Straßburg bei einer solchen Beschreibung seine Kenntnisse der Texti-
lien, Schnitte und Farben gemäß der neuesten Mode der höfischen Haute
Couture an den Tag legt, geht es dem Dichter des ‚Oberdeutschen Servatius' um die eingehenden spezialisierten Kenntnisse der Feinheiten nicht nur
der Schneider-, Schuster- und Juwelierkunst, sondern auch um das fachmännische Wissen des Geistlichen um die Feinheiten der priesterlichen
Kleidung und um die Termini technici für die einzelnen Kleidungsstücke.
Oder, um einen anderen Vergleich zu ziehen, die einzelnen Stücke und Stufen der Bekleidung des Gotteskämpfers verdienen und bekommen dieselbe
rituale und technische Aufmerksamkeit wie die Ausrüstung eines Ritters vor
dem Ritterschlag oder der entscheidenden Aventiure. Ob der Dichter einem
geistlichem Publikum ein Gegenstück zu den höfischen Schilderungen bieten oder den Laien zeigen wollte, daß es derlei auch bei den Klerikern gab,
muß offen bleiben, da wir uns mangels eines knappen Gönnerzeugnisses
kein Bild vom sozialen Hintergrund des Werks machen können.

Etwa gleichzeitig mit dem ‚Oberdeutschen Servatius' dürfte das ‚Ulrichsleben', die Vita Bischof Ulrichs von Augsburg (924–973), eines gewissen Albertus von Augsburg entstanden sein. Die einzige Handschrift, in den ersten Jahrzehnten des 13. Jahrhunderts entstanden, gehörte, wie ein Besitzvermerk zeigt, früher dem Kloster St. Ulrich und Afra in Augsburg, wo sie wahrscheinlich auch geschrieben wurde. Sie kann nicht das Original gewesen sein, stand ihm aber wohl nahe. Auf eine ungewöhnlich enge Weise hängt auch Inhaltliches, speziell die Identität des Dichters mit der physischen Gestalt dieser Handschrift zusammen: auf das Akrostichon im Prolog, das den Dichternamen ergibt, wird – etwas sinnwidrig im Kontext eines schüchtern zurückhaltenden Bescheidenheitstopos (v. 1574ff.) – im Epilog hingewiesen: „Wer seinen Namen wissen möchte, der soll die roten Buchstaben auf der ersten Seite zusammensetzen." Das Ergebnis lautet: *Albertus*, und dieser Albertus ist „höchst wahrscheinlich [...] identisch mit dem seit Anfang des 13. Jahrhunderts urkundlich bezeugten und nach 1240 verstorbenen Prior des Klosters, [...] Adilbert von Augsburg" (Geith). Der Dichter berichtet im Prolog (v. 31ff.), er wolle um gewisser *geistlichen kint* willen etwas für ihn Neues (d. h. das Dichten) beginnen, wozu ihn seine liebsten Freunde veranlaßt hätten. Wenn es sich tatsächlich um Adilbertus, den Prior von St. Ulrich und Afra handelt, der mehrere, mit dem Kloster verbundene lateinische Werke verfaßte, z. B. eine ‚Vita Simperti' und einen ‚Prologus in conversionem et passionem S. Afrae', so muß das ‚Ulrichsleben' ein Erstlingswerk aus seiner Jugend sein, was gut zu einer Entstehungszeit um 1190 passen würde. Die Vermutung, daß die Weihe der neuen Kirche zu St. Afra, die die 1183 von einem Brand zerstörte ältere ersetzte, der besondere Anlaß für die Dichtung war, ist ansprechend, aber nicht zu beweisen. Die Weihe und die feierliche Translation der Gebeine des heiligen Ulrich, die während des Baus zutage gekommen waren, fanden 1187 in Gegenwart des Kaisers statt.

Im Vergleich mit den beiden Servatiuslegenden, besonders derjenigen Veldekes, macht das ‚Ulrichsleben' künstlerisch einen bescheidenen, ja unbeholfenen Eindruck, der mit einem auch bescheidenen Ziel und Gebrauchszweck zusammenhängen dürfte. Daß die Handschrift so lange im Augsburger Ulrichs-Kloster blieb – nämlich bis zu dessen Auflösung im Jahre 1806 – könnte dafür sprechen, daß das Gedicht nur für den internen Gebrauch des Klosters bestimmt war. Es ist eine Übersetzung der 1030 von Berno, Abt von der Reichenau, in lateinischer Prosa verfaßten ‚Vita sancti Ulrici'. Aber wie bei den beiden ‚Servatius'-Dichtungen besitzen wir nicht die genaue Redaktion der Quelle, die Albertus benutzt hat. Der Verlust dieser Quellen ist ein beinahe überflüssiges, aber doch zusätzliches Zeugnis dafür, daß die Heiligenlegenden über eine lange Zeit hin intensiv rezipiert worden sind, und verdeutlicht den dringenden Bedarf der Zeitgenossen an entsprechenden Handschriften, der zu einer Vielfalt von Textredaktionen führte.

*Geistliche Epik* 403

Im Gegensatz zu den beiden Versionen der Servatiuslegende weist das ‚Ulrichsleben' Ausschmückungen der Quelle relativ selten und Mißverständnisse relativ häufig auf. Auch dieser Umstand könnte auf ein Jugendwerk des Dichters deuten. Trotzdem kennzeichnet das Gedicht die uns allmählich vertraut werdende, für die letzten Jahrzehnte des 12. und die ersten des 13. Jahrhunderts typische Mischung von Altem und Fortschrittlichem. Sie ist je nach dem Entstehungsort und der Begabung und Interessenrichtung des Dichters verschieden und zeigt sich in wechselnden Kombinationen der sprachlichen, stilistischen, verstechnischen und narrativen Züge – um nur einiges zu nennen. Bei Albertus begegnen wir z. B. dem erwähnten Akrostichon, das den Prolog in Zwei- und Vierzeiler gliedert – einer sogar als Vierreim realisiert (v. 5ff.) –, allerdings ohne die tektonische Symmetrie, wie wir sie bei Gottfried finden. Dreireime treten gelegentlich auf, ohne aber, wie etwa in Wirnts ‚Wigalois', den Schluß eines Erzählabschnitts zu markieren. Die Reime sind vorwiegend rein. Metrisch erlaubt sich der Dichter viele Unregelmäßigkeiten, die sich freilich aus der engen Anlehnung an den komplizierten Bau der langen lateinischen Sätze der Quelle erklären könnten: dafür spricht, daß Prolog und Epilog gewandter, flüssiger und verständlicher wirken, d.h. gerade die Stellen, für die die Quelle kein Vorbild bot.

Obwohl Wolframs ‚Willehalm' gattungsmäßig eine unbestimmte Position zwischen Chanson de Geste, Roman und Heiligenlegende innehat, verbieten doch Charakteristika wie die Ausmaße des Werks, seine narrative Technik und seine Darstellung der Menschen eine Entscheidung zugunsten der Legende. Dagegen ist eine Entscheidung zwischen Legende und Roman beim ‚Gregorius' Hartmanns von Aue unsicherer. Im Gegensatz zu den schon besprochenen Heiligenlegenden stellen wir den literarhistorischen und sozialen Unterschied fest, daß sich Hartmann, der Ritter, einer französischen Quelle zuwendet. Im Gegensatz zu Veldeke und den Dichtern des ‚Oberdeutschen Servatius' und des ‚Ulrichslebens' hatte er als Quelle ein Werk, das selbst einer dichterischen Bearbeitung unterzogen worden war: nicht nur der bearbeitenden Übersetzung aus dem Lateinischen, sondern auch der Umgießung in Reimpaare. Wir können uns fragen, ob es Zufall war, daß gerade der erfahrene weltliche Epiker Hartmann bzw. sein Auftraggeber auf die anonym überlieferte ‚Vie du pape Grégoire' gekommen ist. Sie ist ein Reflex der Ödipus-Sage, aber mit doppeltem Inzest – nicht nur zwischen Sohn und Mutter, sondern auch zwischen Bruder und Schwester –, und sie hat neben einer epischen Kontur eine geradezu melodramatische Handlung. Hartmann selbst bezeichnet sie als *vil starc ze hoerenne* (v. 53) (d.h. „nur mit großem Schrecken anzuhören"). Es ist nicht ohne Ironie, daß der größte Romandichter unter unseren Verfassern von Heiligenlegenden das Leben eines fiktiven Heiligen erzählt, denn den sündhaften, heilig gesprochenen Papst Gregorius hat es nie gegeben. Der Freiheit der historischen und der geistlichen Wahrheit gegenüber, die dies für erzählerische

Zwecke gewährt, hatte man sich bei viel früheren Gliedern in der Kette der Überlieferung bemächtigt. Ein Dichter des Artuskreises konnte von dem dadurch gewährten Spielraum profitieren, womit wir Hartmanns Glauben an die Wahrheit der Gregorius-Geschichte nicht in Frage stellen wollen. Schon die Gestalt der wie Fiktion anmutenden fiktiven Geschichte verlockt von sich aus zu weiterer künstlerischer Umformung oder Abrundung, auch ohne bewußte libertäre Bestrebungen. Die Quelle hierfür war in Hartmanns Fall der höfische Roman Chrestienscher Prägung. Doch ehe wir dies besprechen, wenden wir uns Hartmanns Quelle zu.

Die altfranzösische ‚Vie du pape [bzw. saint] Grégoire' ist in sechs Handschriften aus der Zeit zwischen dem 13. und 15. Jahrhundert überliefert; die älteste (B 1) stammt aus dem Anfang des 13. Jahrhunderts. Sie teilen sich in zwei Gruppen (B 1–3 und A 1–3), die tendenziell zwei verschiedene Bearbeitungen bzw. Redaktionen der Legende repräsentieren. Das Verhältnis zwischen den beiden Versionen sowie die Zeit der Entstehung des Werks sind nicht eindeutig geklärt. Die um dreißig Prozent längere A-Redaktion ist wahrscheinlich die spätere. Ob sie eine Bearbeitung von *B darstellt oder mit dieser eine gemeinsame Vorstufe hatte, ist nicht zu entscheiden. Hartmanns ‚Gregorius' liegt eine B-Version zugrunde, er weist aber auch Züge auf, die nur in den A-Handschriften erscheinen. Das ist am ehesten wohl dadurch zu erklären, daß er eine Vorstufe benutzt hat, aus der später sowohl die B- als auch die A-Redaktionen geschöpft haben. Doch ist die Möglichkeit nicht auszuschließen, daß seine Quelle einen verlorenen Typus – einen sonst nicht erhaltenen Zweig neben *B und *A – vertritt. Die Möglichkeit, daß Hartmann mit den beiden Typen eklektisch verfahren ist, leuchtet uns weniger ein, schon weil die Voraussetzung dafür wäre, daß ihm zwei altfranzösische Handschriften verschiedener Provenienz zugänglich waren.

Der Schlußteil des Werks veranschaulicht die Komplikationen: Bei Hartmann finden wir eine Schilderung sowohl des fröhlichen Festes, mit dem die Römer Gregorius, den neuen Papst, bei seinem Einzug in Rom empfangen, als auch der dabei eintretenden Wunder; die ‚Vie' A 1 hat an dieser Stelle eine Lücke, aber die Szene wird in A 2 ausführlich beschrieben und erscheint in A 3, B 2 und B 3 weniger ausführlich behandelt oder mindestens impliziert. Im Gegensatz dazu fehlt überraschenderweise in B 1 die Episode, in der Grégoires Mutter zur Buße zum Papst nach Rom reist, dem von ihr nicht erkannten Sohn beichtet und, nachdem sie sich erkennen, in einem naheliegenden Kloster den Rest ihres Leben verbringt; dagegen wird diese von Hartmann ausführlich gestaltete Episode (v. 3831 ff. – 124 Verse) auch in A 1 eingehend mit 109 Versen erzählt und auch von den restlichen Handschriften bezeugt.

Die Datierung der ‚Vie' steht nicht fest. Nach herrschender Meinung ist sie um 1150 entstanden. Man hat aber auch für eine Zeit bis in die späten achtziger Jahre argumentiert, wogegen uns die Entstehungszeit von Hartmanns Gedicht zu sprechen scheint, besonders wenn wir dem in der Mehrzahl der Fälle beobachteten zeitlichen Abstand zwischen der Entstehung der deutschen epischen Werke der Blütezeit und der ihrer französischen Quellen Rechnung tragen (s. S. 256f.). (Die Sprach- und Verskunst des ‚Gregorius' steht ungefähr auf einer Stufe mit der des ‚Erec'; stilistisch ist er vielleicht etwas einfacher, was durch die Verschiedenheit der

Quellen oder die andere Thematik oder beides [mit]bedingt sein könnte.) Man hat auch erwogen, ob es ein französisches Grégoire-Gedicht schon um die Mitte des 11. Jahrhunderts gegeben hat; die Indizien dafür sind aber sehr unsicher, und selbst wenn ein solches Werk – eine *Chanson de saint*, wie man sagt – existiert hätte, wäre es nach Gattung und Stil eher ein literarischer Vorgänger von Hartmanns Quelle gewesen als eine weitere Redaktion.

Hartmanns ‚Gregorius' ist gut überliefert. Sechs mehr oder weniger vollständige Handschriften und fünf Fragmente bezeugen seine Beliebtheit und Wirkung. Und die Lebendigkeit und Breite der Rezeption wird durch ein einmaliges Ereignis bestätigt. Daß Hartmann im Gegensatz zu den schon behandelten deutschen Legendendichtern keine lateinische Quelle benutzte, hat sich gerächt, denn sein ‚Gregorius' ist der erste bekannte Fall der Übersetzung eines deutschen erzählenden Werks der Zeit ins Lateinische. Zwischen etwa 1210 und 1213 hat Arnold († 1213), Abt des Lübecker Johannisklosters, im Auftrag Herzog Wilhelms von Braunschweig († 1212), des Sohns Heinrichs des Löwen, Hartmanns ‚Gregorius' übersetzt. Arnolds Stellungnahme zu dem Auftrag hört sich allerdings abschätzig an: *usum legendi talia non habemus* („es ist nicht unsere Gewohnheit, derartiges zu lesen") [Schilling S. 69]. Wir können nur raten, ob Arnolds Verachtung dem Stoff, Hartmanns volkssprachigem Text oder beidem galt.

Arnolds ‚Gesta Gregorii peccatoris' benutzen zwei verschiedene Versformen, von denen die eine der des deutschen höfischen Romans nahesteht, während die andere in Hexametern gedichtet ist. Er bleibt Hartmanns Text vorwiegend treu, aber die Änderungen, die er unternimmt, scheinen tendenziell einige von denen rückgängig zu machen, die Hartmann seiner Quelle (und wohl auch solche, die diese Quelle ihrer lateinischen Vorlage) gegenüber vorgenommen hatte. So wird der lange, in der Ich-Form gestaltete Prolog mit seiner autobiographisch klingenden Beichte und der damit verbundenen Diskussion der literarischen Ziele völlig unterdrückt. Dasselbe gilt für andere Stellen, wo Hartmann sich als Dichter oder Erzähler einmischt. Trotzdem bleibt Arnolds Übersetzung dem ‚Gregorius'-Text so treu und steht ihm zeitlich so nahe, daß das Werk sogar für die Herstellung eines kritischen Textes wichtig bleibt und hinsichtlich des Textverständnisses, ungewöhnliche Einblicke aus einer Hartmann fast zeitgenössischen Sicht gewährt.

Es folgt eine rege Rezeption des ‚Gregorius' über die Jahrhunderte, die sich in der Herstellung weiterer Handschriften, in Bearbeitungen und in von Hartmanns Version angeregten Umdichtungen manifestiert. So gibt es eine zweite lateinische Bearbeitung (ein stark verkürzendes Gedicht in Hexametern aus dem späteren 14. Jahrhundert), eine Prosaauflösung in der sehr verbreiteten Legendensammlung ‚Der Heiligen Leben' aus der zweiten Hälfte des 14. Jahrhunderts (s. Bd. III/1) und, von anderem abgesehen, schließlich die Bearbeitung in Thomas Manns Roman ‚Der Erwählte'. Am meisten steht Wolfram in der schöpferischen Schuld des ‚Gregorius', freilich im Stillen.

Die ‚Gregorius'-Handschriften sind vornehmlich oberdeutscher Herkunft und stammen hauptsächlich aus dem späteren 13. und dem 14. Jahrhundert. Der zeitliche Abstand zwischen ihnen und dem Original ist also nicht gering. Deshalb haben wir für die Beantwortung der Frage nach der Gattungszugehörigkeit des ‚Gregorius' – höfischer Roman oder geistliche Legende? – von der Kodikologie, d. h. speziell von seiten der Mitüberlieferung nur begrenzte Unterstützung zu erhoffen. Der zeitliche Abstand hat zur Folge, daß die Einschätzungen des Werks, die die Zusammenstellung der Texte in den verschiedenen Handschriften implizieren, mit denen Hartmanns oder seiner Zeitgenossen nicht übereinzustimmen brauchen. Es bleibt aber doch von Interesse, daß der ‚Gregorius' kaum in Verbindung mit höfischer Epik überliefert wird. Als Nachbartexte wiegen Legenden oder andere geistliche Epik und geistliche oder weltliche Lehrschriften so ausgesprochen vor, daß es trotz des geäußerten Vorbehalts auf eine deutliche Aussage zumindest für die Zeit nach der Mitte des 13. Jahrhunderts hinausläuft. Auf höfische Epik als Begleittext stoßen wir nur zweimal: im vielleicht ältesten Textzeugen, der Handschrift A (2. Viertel des 13. Jahrhunderts) – gebührenderweise bei dem päpstlichen Protagonisten in der Vaticana aufgehoben – steht der ‚Gregorius' zwischen Strickers ‚Karl' (Bd. II/2, S. 121f.) und Minnetexten, die aber von einer Hand des 14. Jahrhunderts nachgetragen sind. Im zweiten Fall, der Wiener Handschrift E vom Ende des 15. Jahrhunderts, geht dem ‚Gregorius' Seifrieds ‚Alexander' voraus (beendet 1352 – vgl. Bd. III/1). Hier wie auch im Falle des Strickers meint man den Zusammenhang damit begründen zu können, daß beide Romane weniger als Romane denn als historische Werke zu gelten hatten, was den lehrhaften Ernst der Absicht bestätigen würde. Daß E Wirnts ‚Wigalois' auf den ‚Gregorius' folgen läßt, widerspricht dem nicht, denn der erste Teil des Kodex, der den ‚Schwabenspiegel' und einen Pseudo-Bernhard-Text enthält, der zweite mit Seifried und Hartmann und der dritte mit ‚Wigalois' sind drei ursprünglich eigenständige Handschriften, die erst im 16. Jahrhundert zusammengebunden wurden.

Die Datierung der ‚Vie du pape Grégoire', auf die wir schon eingegangen sind, ist für die Geschichte der literarischen Entwicklung in Deutschland nicht unwichtig, denn eine Entstehungszeit um 1150 würde sie in die Nachbarschaft des anonymen ‚Roman de Thèbes' setzen. Aus der Sicht der Gregorius-Legende ist der Theben-Roman vom Stoff aus betrachtet die Geschichte des für sie geradezu archetypischen Ödipus. Aus der Sicht der epischen Kunst ist er wohl auch der erste höfische Roman schlechthin (s. S. 228f.). Trotzdem erlebte der Themenkreis des Theben-Romans in unserem Zeitraum keine deutsche Bearbeitung. Hartmanns ‚Gregorius' konnte von den beiden Gattungen profitieren. Er steht tatsächlich zwischen Legende und Roman (allerdings dem Roman Chrestiens de Troyes) mit dem Hartmann als Bearbeiter des ‚Erec' und Begründer des deutschen Artusromans zur Zeit seiner ‚Grégoire'-Bearbeitung gut vertraut war. Dies hatte weitgehende Konsequenzen für das Wesen der Hartmannschen Bearbeitung.

Da die Charaktistika der Legendengattung im ‚Gregorius' offensichtlich sind, konzentrieren wir uns hauptsächlich auf jene, die eher Hartmanns Erfahrungen mit dem Roman zuzuschreiben sind. Allgegenwärtig sind selbstverständlich die entwickelte Reim- und Verskunst und die rhetorische

Gestaltung des Satzbaus und Satzflusses, die – wie gesagt – ungefähr auf der Stufe des ‚Erec' stehen. Ähnliches gilt für die Erzählkunst, denn trotz des Gattungsunterschieds ist die Handlung der Gregorius-Legende mit ihren abwechselnden Erfolgen und Aporien von vornherein ungewöhnlich für eine Legende und zeigt in den Wechselfällen eines Lebens, das als Lebensreise dargestellt wird, eher Verwandtschaft mit dem Roman – sehen wir von seiner Botschaft ab.

Es gehört zum Wesen der Legende, daß ihr Hauptinteresse und ihre Darstellung des Schicksals und des Charakters ihrer „Heldinnen" und „Helden" mit einer Erzählperspektive zusammengehen, die die Handlung zu den thematischen Höhepunkten der Gattung treibt: Bekehrung der Ungläubigen und Sünder, Gründungen von Bistümern und Klöstern, Wunder, Martyrium. Da die Legende ihrer Intention nach von der am Schluß erlangten Weisheit aus ständig belehrend rückwärts weist, blickt ihre Handlungsführung auf den Schluß und die hinter ihm liegende Ewigkeit. Was zwischen den bedeutungsvollen Höhepunkten liegt, wird übergangen oder rasch abgetan. Es gibt keine detaillierte Beschreibung oder Erläuterung der Umstände, und logische oder psychologische Zusammenhänge werden nicht so sehr vernachlässigt als übersehen. Es ist nicht Sache der Legende, innere Konflikte zu schildern. Sie werden kurz erwähnt, aber es wird selten auf sie eingegangen. Wo sie behandelt werden, geschieht es ohne Spannung, denn die persönliche Entscheidung und der Ausgang verstehen sich trotz inneren Ringens bei Helden oder Heldinnen von selbst, die von vornherein als Heilige von ihrem Ende bzw. ihrem ewigen Anfang betrachtet werden. Das zu Bestaunende und Bewundernde ist an anderer Stelle verankert als im Roman, und der narrative Blick richtet sich danach. Selbst bei einem Dichter mit dem epischen Potential eines Veldeke entsteht der Eindruck, daß wir einen Bericht hören, der Geschehenes erzählt, und nicht die Schilderung eines Vorgangs erleben. Die Vergangenheitsformen der Verben sind Vergangenheitsformen, während sie im Roman als epische Werkzeuge semantisch Präsensformen sind, die Gegenwärtiges sich vor unseren Augen entfalten lassen.

Es wurde angedeutet, daß sich die Gregorius-Legende wegen ihres besonderen Inhalts und ihrer Handlungsstruktur für eine ausgedehnte epische Behandlung eignet. Schon das Handlungsschema läßt den doppelten Kursus des Artusromans anklingen (ohne ihm freilich genau zu entsprechen). Des weiteren ist Gregorius' Lehrzeit als Heiliger ungewöhnlich lang; zusammen mit seiner Geburt und Kindheit füllt sie bei Hartmann mehr als Dreiviertel des Gedichts aus, was eher für den Ritterroman typisch ist. Dagegen steht im Gegensatz sowohl zum höfischen Roman als auch zur Legende in Gregorius' Fall der Inzest seiner Eltern, der Tod des Vaters und die heimliche Aussetzung, die mit den frommen Eltern und ihrer fürsorglichen Erziehung des zukünftigen Heiligen, denen wir in Legenden sonst zu begegnen pflegen, kontrastieren. Man könnte sich keinen ungeeigneteren Anfang für eine Legende ausdenken. Dies unterstreicht aber die Botschaft, daß keine Situation hoffnungslos und daß die Verzweiflung über Begangenes die Todsünde ist, denn für alles kann Buße geleistet werden. Reue und fromme Ergebenheit in den Willen Gottes können sogar bewirken, daß der größte Sünder zum Höchsten auf Erde benannt wird.

Worin besteht aber Gregorius' Sünde? Nur in dem Sinne, daß er wie alle Menschen an der Erbsünde teilhat, kann man ihm eine Sünde vorwerfen. Der Inzest seiner Eltern, durch den er erzeugt wird, bedeutet für ihn selbst trotz rechtlicher Folgen, die Stand, Besitz usw. angehen, ebensowenig eine Schuld wie der eigene unwissentliche Inzest mit der Mutter. (Obwohl unter den Fachleuten die Meinungen bis zu einem gewissen Grad auseinandergehen, wußte die Theologie des Mittelalters durchaus zu berücksichtigen, ob eine Sünde wissentlich oder unwissentlich begangen wurde.)

Nach den niederschmetternden Worten seiner heiß geliebten Gattin: *„ich bin iuwer muoter und iuwer wîp"* (v. 2604) wird Gregorius zwar der *guote sündaere* (v. 2606) genannt. Es fragt sich aber, ob *guot* und *sündaere* so zu verstehen sind, daß sie in verkehrter zeitlicher Reihenfolge seine Laufbahn charakterisieren sollen, oder ob sie als gleichzeitig wirksam gedacht werden müssen, als Oxymoron, das das Paradox der Lage des Helden ausdrückt. Aus dieser Ironie wäre zu schließen, daß die Rede vom Sünder nicht unbedingt buchstäblich zu nehmen ist. Er ist ein Sünder, weil er Inzest begangen hat, und ein guter Sünder, weil das unwissentlich geschehen ist. Man hat Gregorius auch ankreiden wollen, daß er gegen den Rat des Abtes das Kloster verließ, aber das hieße, den nicht gerade unparteiischen Klostermann allzu streng beim Wort zu nehmen. Es steht nichts im Text, das eine solche Auffassung auch nur annähernd rechtfertigt. Weiter hat man in Gregorius' Entscheidung für die ritterliche Laufbahn und das damit verbundene Hofleben eine gravierende Sünde sehen wollen. Das unterschiebt Hartmann aber eine asketischere Einstellung, als sein Text erlaubt. Daß die Mutter ihren Reichtum aufgibt und sich vom Hofleben zurückzieht – in der ‚Vie' beendet sie ihr Leben in einem Kloster in Rom (v. 2675ff.) –, würde selbst in der höfischen Literatur nicht überraschen, die man nicht verdächtigt, daß sie alles Höfisch-Weltliche abzulehnen versucht.

Nach der Entdeckung seiner Verwandtschaft mit der Gattin steht Gregorius vor zwei neuen Gefahren: er könnte in der Sünde verharren oder er könnte wie Parzival an Gottes Güte und Gnade zweifeln. Anfangs wendet er tatsächlich seinen Zorn gegen Gott. Mit beißender Ironie hält er die Erfüllung seines Gebets, Gott möge ihn zu seiner Mutter bringen, mit Worten fest, die in der Literatur der Zeit zum Ausdruck von zwei anderen heißersehnten Erfüllungen benutzt wurden – wir finden sie (etwas später?) im Gebet Simeons in der bearbeiteten Version D (um 1200) von Priester Wernhers ‚Maria' (v. 4726ff.) und im Freudenausbruch Walthers über seine (imaginierte) Ankunft im Heiligen Land (15,3f.) – *„diz ist des ich ie bat, daz mich got braehte ûf die stat [...]"* „dies ist es, worum ich immer betete, daß

Gott mich an den Ort bringen möge [...]". Im Gegensatz zu Parzival zähmt Gregorius aber bald – besonnen, zerknirscht und bußbereit – sein Aufbäumen wie auch die Verzweiflung der Mutter/Gattin (v. 2695ff.). Von nun an ist sein Benehmen exemplarisch, es sei denn, man wollte seine Buße als übermäßig asketisch betrachten.

Gregorius' Situation wirft auf ironische Weise alle Kategorien durcheinander, denn als Kind aus einem inzestuösen Verhältnis war er z. B. auch unehelich, dagegen vermeidet er dadurch, daß er die Mutter heiratet, zumindest die Unzucht einer außerehelichen Vereinigung. Die Folgerung klingt unverschämt und trivial, aber sie gehört zum paradoxen Kern der Lage von Mutter und Sohn und beleuchtet die schuldige Tat und den unschuldigen Willen der beiden Figuren. Die Forschung hat Gregorius' Situation unterschiedlich beurteilt, indem sie teils theologisch, teils juristisch argumentierte. Um zu einem angemessenen Urteil zu gelangen – einer Art Verständnis, keiner „Lösung" –, sind wir schließlich auf eine Prüfung von Hartmanns Werk selbst angewiesen, bei der ein Vergleich mit der französischen Quelle eine willkommene Stütze sein kann. Es sei vorweggenommen, daß es möglich, verständlich und völlig angebracht ist, wenn wir am Ende mit dem Problem nicht fertig werden, denn dieses Problem ist ein existentielles, das kein irdischer Mensch – kein Dichter und kein Geistlicher – lösen kann. Eine weitere Möglichkeit, die uns ebenso ratlos lassen müßte, bestünde darin, daß hier überhaupt kein Problem existiert, denn ohne den ersten Inzest hätte es biologisch und ohne den zweiten theologisch keinen Heiligen Gregorius gegeben.

Die Gregorius-Geschichte bewegt sich zwischen Roman und Legende. Es wurde schon auf die romanartige Handlung hingewiesen, aber in welchem Roman der Zeit hat unter den handelnden Personen nur der Protagonist einen Namen? Natürlich liegt das z. T. in der Erzähllogik, mindestens im Hinblick auf die Namen der Eltern. Weil die Geschichte sich für wahr ausgibt und es um die Schande des Inzests geht, sollte das (historische) Adelsgeschlecht, um das es sich handelt, geheim bleiben. Dies wird in der ‚Vie' und bei Hartmann zusätzlich dadurch unterstrichen, daß die Mutter den Text der Elfenbeintafel, die dem Säugling mit ins Boot gelegt wird, eigenhändig schreibt (v. 511ff., besonders 519f.) und dabei die Namen der Betroffenen verschweigt. Aber auch Orts- und Ländernamen sind spärlich: nur Aquitanien und Rom werden genannt, wenn wir von Gegenden des Deutschen Reichs absehen, die vom Erzähler-Dichter zum Vergleich herangezogen werden. Jene Namen sind aber unentbehrlich. Die Nennung Aquitaniens geht über die bloße Quellentreue hinaus, weil es für ein Publikum, das unter deutschem Recht lebte, begründet werden mußte, daß eine Frau die Landesherrschaft erben konnte. (Nebenbei ist das Meer für die frühen Teile der Handlung ebenso unabdingbar wie Rom für die spätere Erhebung zum Papsttum.) Mit der Namenlosigkeit der Figuren geht jener Mangel an Konkretheit in allem Physischen einher, der die Gattung der Legende kennzeichnet: das Aussehen der Menschen, die Details der Kleidung, Rüstung, Kämpfe, des Essens, der Architektur, Landschaft usw. werden völlig vernachlässigt, es sei denn, daß die Einzelheiten in der Entfaltung der Geschichte eine besondere Rolle zu spielen haben, etwa die Topographie von Gregorius' Inselfelsen.

Für eine Heiligenlegende setzen Wunder in der Gregorius-Geschichte ungewöhnlich spät ein. Erst mit Gottes Botschaft, die gleichzeitig zwei römischen Geistlichen im Traum Gregorius als den nächsten Papst ankündigt, und dann mit dem Überleben des Gregorius ohne Speise auf seinem Felsen können wir mit Sicherheit von Wundern sprechen, denn seine Rettung aus dem Meer als Kleinkind ist zwar wunderbar, aber kein echtes Wunder. Selbst diese Wunder gehören zu dem Typus der an dem Heiligen vollzogenen und nicht zu dem der von ihm bewirkten. Die lange Prüfungszeit des Helden ist eher typisch für den Roman, nur daß das geduldige Leiden nicht wie die Taten des sich vervollkommnenden Ritters dargestellt werden können, sondern durch Platzwechsel ausgespart und rückblickend angedeutet werden müssen.

Vieles bleibt zwischen Legende und Roman in der Schwebe. Der Einzug des neuen Papstes in die Stadt Rom z. B. gehört zur Institution der Kirche, so wie das Festliche auf die gemeinschaftliche Religion zielt und dazu dient, den Ruhm des Gefeierten zu erhöhen, wie es sich für die Legende gehört. Die damit verbundenen Wunder – Kranke werden geheilt, Glocken läuten von selbst usw. – haben dieselbe Funktion, verkünden nicht nur einen Papst, sondern auch einen zukünftigen Heiligen und befestigen den Glauben an die Allmacht Gottes. Von einem ästhetischen und gesellschaftlichen Standpunkt aus gesehen, mutet alles aber auch wie der endgültige triumphale Einzug des siegreichen, erprobten und bewährten Ritters in den Artushof an.

**Durch die Gattung erzeugte Unterschiede zwischen Legende und Roman vermengen sich mit individuellen zwischen dem Dichter der ‚Vie' und Hartmann. Die Darstellung der Psychologie, besonders der Gefühle, hat im allgemeinen weniger Gewicht in der Legende als im Roman, aber trotz der Entwicklung in Richtung Roman spielt sie in Hartmanns ‚Gregorius' eine noch geringere Rolle als in der ‚Vie'.** Dies spürt man, wenn man in den beiden Werken die Schilderungen der Episode vergleicht, in der der Teufel es dazu bringt, daß der Bruder seine sündige Liebe zur Schwester vollzieht: in der ‚Vie' (v. 179 ff.) führt eine anfangs unschuldige erotische Handlung des Bruders verführerisch unaufhaltsam zur nächsten; im Gegensatz dazu zählt Hartmann die vier Faktoren auf (v. 323 ff.), die zur Sünde beitragen, und widmet den Machenschaften des Teufels größeren Raum, ohne daß die erotische Versuchung in der Darstellung eine besondere Rolle zu spielen hat. Auch bei der Aussetzung des Kleinkinds tritt das Psychische in Hartmanns Darstellung zurück: anders als die ‚Vie', die uns den genauen Text der Elfenbeintafel hören läßt, gibt der ‚Gregorius' den Inhalt mittelbar als indirekte Rede wieder und übergeht völlig den Schlußteil, der im französischen Text eine rührende direkte Anrede der Mutter an den zukünftigen Jüngling ist (v. 546 ff.). Das Emotionale ist bei Hartmann im Vergleich mit der ‚Vie' wiederum gedämpft, als die Mutter den Säugling für die Seefahrt vorbereitet: die Liebkosungen und Trauer der Mutter in der ‚Vie' (v. 494 ff.) bedürfen bei Hartmann nur einer halben Zeile (v. 709).

Wir dürfen aber nur sehr vorsichtig Schlüsse aus den beiden letzten Vergleichen ziehen, da wir, wie oben ausgeführt, nicht im Besitz der genauen Version der ‚Vie' sind, die Hartmann benutzt hat. So ist z. B. im letzten Fall die Darstellung der Trauer der Mutter in Fassung B1 der ‚Vie' kürzer als in der Fassung A1. Ehe wir aber daraus schließen, daß Hartmanns kürzere Passagen dadurch zu erklären sind, daß er eine B-Variante der ‚Vie' zur Hand hatte, haben wir zu beachten, daß im Gegensatz zu Hartmanns kürzerer Wiedergabe der Schrift auf der Elfenbeintafel sowohl B1 als auch A1 eine längere Version bieten. Wenn wir nicht andere, verlorene Varianten des B-Typus ansetzen wollen, müssen wir bereit sein, Hartmann – neben den allgemein anerkannten und zahlenmäßig vorherrschenden Zusätzen – auch Kürzungen anzulasten.

Gelegentlich erzählt die ‚Vie' nicht nur knapper, sondern auch straffer und mit einer stärkeren inneren Logik als Hartmann. So hören wir dort (v. 1222ff.), wie Grégoire nach dem Abschied vom Kloster die Richtung seiner Seefahrt Fortuna überläßt und diese ihn zum Land seiner Mutter bringt. Auch Hartmann läßt Gregorius nach einem Gebet, daß Gott seine Reise leiten möge, den Seeleuten befehlen, aufs Geratewohl loszusegeln, was sie auch tun, bis sie ein Sturm in das Land der Mutter bringt (v. 1825ff.). Es ist kein ungewöhnliches Motiv in der Epik, daß der Held durch einen Sturm an eine Küste verschlagen wird, die für ihn bedeutungsvoll werden soll. Wer aber kein Reiseziel hat, kann nicht verschlagen werden bzw. kann n u r verschlagen werden. Der Sturm ist ein unentbehrliches narratives Werkzeug bloß in Fällen, wo der Held durch ihn von einem beabsichtigten Ziel abgelenkt und dadurch auf ein für ihn verhängnisvolleres gelenkt wird. Im Gegensatz zu Shakespeares Sturm ist der Hartmannsche überflüssig, wie die ‚Vie' erkennen läßt.

Gregorius' Aussetzung und die Entdeckung des Inzests der namenlosen Eltern bedeuten für ihn eine Identitätskrise, wie sie dem Helden des höfischen Romans – einem Iwein, Parzival, Tristan – nicht unbekannt ist. Die ‚Vie' spielt mit der Zerrüttung der Verwandtschaftsverhältnisse, indem Verwandtschaftsbezeichnungen paradox durcheinander gebracht werden und schon im Prolog verkündet wird (v. 49ff.), daß Grégoires Onkel sein Vater war und seine Tante ihn austrug usw. Darauf geht Hartmann weniger ein, obwohl er später die Mutter, als sie den Papst, ihren Sohn, aufsucht, dessen „Mutter, Tante und Frau" nennt (v. 3831). Die ‚Vie' enthält aber nichts, das so ergreifend und treffend ins Herz der Krise zielt wie der Satz des Gregorius, nachdem er vernommen hat, wie er ins Land des Abtes kam: *ich enbin niht der ich wânde sîn* (v. 1403) („ich bin nicht, der, der ich zu sein wähnte").

Der zweite Inzest bedeutet für Gregorius einen zweiten Rückschlag. Daß er als Sohn seiner Tante der Neffe seines Vaters ist, läßt sich nicht besser verschlimmern als dadurch, daß er seine Mutter-Tante heiratet. Daß er damit seinen Vater zum Schwager und sich selbst zum Vetter gewinnt, gehört zu den weniger schwerwiegenden Identitätskrisen, in die ein Mensch in einer solchen Situation gebracht wird. Der Gregorius-Geschichte hierin ähnlich ist die Albanus-Legende, in der auch ein doppelter Inzest vorkommt. Wir gehen hier auf sie ein, weil jede der beiden Erzählungen das Wesen der anderen beleuchtet.

Für die vollständige Kenntnis der Albanuslegende sind wir angesichts der fragmentarischen Überlieferung des deutschen Gedichts auf die frühere lateinische Version angewiesen. In ihr verliebt sich ein Kaiser, dessen Gemahlin gestorben ist, in seine Tochter. Der Sprößling ihres inzestuösen Verhältnisses ist Albanus, der als Säugling von den Eltern ausgesetzt, dann aber von dem kinderlosen König Ungarns entdeckt, aufgezogen und schließlich zum Erben und Nachfolger bestimmt wird. Der König vermählt Albanus mit der Tochter des Kaisers, d. h. mit der eigenen Mutter. Der Inzest wird ruchbar, und Mutter und Sohn tun dafür Buße. Als aber der Kaiser und seine Tochter wieder ihrer alten Sünde erliegen, erschlägt der zornige Albanus seine Eltern und verläßt die menschliche Gesellschaft, um in der Abgeschiedenheit auch für sein neues Verbrechen zu büßen. Er wird schließlich ermordet, an seinem Leichnam geschehen aber Wunder.

Die Unterschiede zwischen Albanus und Gregorius sind auffällig und gehen in ihrer Bedeutung über triviale objektive Unterschiede hinaus. Zu diesen Unterschieden gehört z. B., daß der erste Inzest in Albanus zwischen Vater und Tochter, nicht zwischen Bruder und Schwester geschieht; oder daß der Vater noch am Leben und für seinen Sohn und Schwiegersohn ein potentieller Rivale ist. Der Vergleich beleuchtet wichtige Züge der Gregoriusgeschichte, inbesondere Charakterzüge des Protagonisten, den wir nur in Gregorius' Fall den Helden nennen dürfen. Anders als Albanus begegnet Gregorius jedem Rückschlag mit demütiger Geduld; Albanus übersteht die Gefahren nicht und verbindet durch die Besonderheit seiner Lage die Rolle des eifersüchtigen Liebhabers mit Vater- und Muttermord. Als Sünder ist er besser qualifiziert als Gregorius, verdient aber als Mörder kaum das Epitheton *guot*, trotz der – an sich überraschenden – Wunder, die mittels seiner Person geschehen. (In diesem Zusammenhang dürfen wir nicht übersehen, daß im Mittelalter der Ermordete ebenso häufig Furcht und Abscheu erntete wie Mitleid.) Gemeinsam sind dem ‚Gregorius' und der ‚Albanuslegende' die bedeutenden Themen der freiwilligen Isolierung und der Warnung vor Verzweiflung, da Hoffnung selbst für den sündhaftesten Bußfertigen besteht, auch wenn er durch doppelten Inzest belastet und wie Albanus noch dazu ein Mörder ist. Das zeigt Gregorius' Erhebung zum Papst, und die durch Albanus nach seiner Ermordung bewirkten Wunder deuten wohl dasselbe an.

Affinitäten zwischen Hartmanns ‚Gregorius' und dem höfischen Roman haben wir schon mehrfach erwähnt, aber zu den auffallendsten gehören Ähnlichkeiten mit Hartmanns eigenen Romanen (was sich selbstverständlich a u c h aus Hartmanns enormem Einfluß auf die Prägung des mhd. Romans erklärt). Besonders hervorstechend ist das Persönliche bzw. „Personahafte", das Hartmann als Dichter-Erzähler an verschiedenen Stellen im

Gegensatz zur ‚Vie du pape saint Grégoire' einführt (etwa vv. 171 ff.; 714; 722ff.; 2635ff.; 3310ff.; 3321 ff.; 3989ff.) und das bei ihm so stark die Erzählhaltung und das Verhältnis zum Publikum prägt. Das beginnt schon im Prolog, wo Hartmann seinen bisherigen, weltlichen Dichtungen abschwört und über eine kurze Homilie und ein Gleichnis dazu kommt, den Übersetzer und Dichter selbst mit Namen vorzustellen (v. 171 ff.). Wir dürfen die Absage an die bisherigen Dichtungen nicht zu ernst nehmen und autobiographisch auslegen. Das künstlerische Sündenbekenntnis ist eher eine Einführung, die eine Brücke zum Erzählstoff baut und stilistisch mit dem seelsorgerischen Wesen und dem Ton der folgenden Legende übereinstimmt. Wer die Absage buchstäblich nimmt, muß angesichts der Fortsetzung von Hartmanns Œuvre zumindest zugeben, daß dieser anderen Sinnes wurde. Noch heikler ist ein humoristischer persönlicher Eingriff Hartmanns, der den Gedanken an eine frühere Stelle in Hartmanns ‚Erec'-Roman wachruft und von dem wir annehmen könnten, daß er dem Wesen der Legende diametral entgegensteht.

In einem Abschnitt des ‚Erec' (v. 7286ff.), den wir als Hartmanns Eigentum oder mindestens als ein besonderes Anliegen von ihm betrachten dürfen aufgrund eines fehlenden Vorbildes bei Chrestien, beschreibt er sehr ausführlich das Pferd, das Enite geschenkt wird. Es folgt eine Beschreibung des Reitzeugs, aber Hartmann erklärt, nur kurz von dem wunderbaren Sattel reden zu wollen; durch Fragen an die Zuhörer (vv. 7286ff.; 7461) hatte er diese schon zur Teilnahme verlockt, und er erfindet jetzt einen Zuhörer, der sich einmischt und gern die Beschaffenheit des Wundersattels erraten möchte (v. 7493 ff.). Hartmann – wir dürfen diesmal von ihm und nicht von dem „Erzähler" reden, denn er wird eingangs mit Namen angesprochen – führt diesen Zuhörer dann etwa dreißig Verse lang an der Nase herum, indem er ihn einzelne Charakteristika des Sattels aufzählen und beschreiben läßt und ihn ermuntert, weiter zu erzählen, bis er zum Schluß verrät, daß alle Vermutungen des Zuhörers falsch waren. Ähnlich im ‚Gregorius': Als der Ezähler sich Gregorius' Aussehen nach den siebzehn Jahren auf dem Stein zuwendet, in denen er dem Durst und dem Hunger, der Sonne und dem Regen preisgegeben war (v. 3379 ff.), beschreibt er den Wunderschönen, dem Hunger und Kälte nicht geschadet hatten, wohlgestalt und in Seide und Gold gekleidet, mit strahlenden Augen und goldenem Haar und gut rasiert, einen Mann, den es nicht gab!

Detail um Detail hat Hartmann hier die Zuhörer irregeführt, aber warum? Was soll hier ein Witz? Es ist selbstverständlich ein rhetorisches Mittel, das wahre, verhungerte und verkommene Aussehen und dadurch die echten Leiden des künftigen Heiligen durch einen Trick zu unterstreichen. Es ist aber gefährlicher als das und erzeugt eine zusätzliche Spannung: das schließliche Leugnen der Reihe von wunderbaren Einzelheiten im Aussehen des Heiligen, heißt Wunder nach Wunder leugnen, und zwar Wunder, an denen die Zuhörer einer Heiligenlegende keinen Anstoß genommen, nein, die sie sogar erwartet hätten. Mit anderen Worten: Hartmanns Frechheit wägt die Gläubigkeit gegen die Leichtgläubigkeit ab und zielt auf das Herz einer Gattung, in der die Gläubigkeit ein Kernelement sein sollte und die Leichtgläubigkeit eins war. Wie sein Bewunderer, Gottfried von Straßburg, wendet sich Hartmann allerdings nicht gegen das Heilige, sondern gegen dessen Perversion.

Der Vollständigkeit halber haben wir hier noch die Geschichte von ‚Barlaam und Josaphat' zu nennen, die Otto II., 1184 zum Bischof von Freising gewählt, als Dichtung in Reimpaarversen aus dem lateinischen Prosaroman geschaffen hat. Sie steht allein, ist kaum erforscht und hat keine nachweisbare Nachwirkung gehabt, außer der Tatsache, daß die einzige erhaltene Handschrift noch gegen Ende des 14. Jahrhunderts „vermutlich im Zisterzienserkloster Arnsberg bei Lich entstand; 1803 kam sie in die Gräflich Solms-Laubach'sche Bibliothek zu Laubach, weshalb man den Text auch ‚Laubacher Barlaam' nennt" (Wyss). Der Dichtername wird durch ein Wortspiel im Epilog, der von einem anderen stammt, bekanntgemacht: *er mac wol heizen* **Otto**, *swie er ez wolde verholen sîn, er ist ein* **bischof** *alsô frî; singen suln wir nu* [...] (v. 16678ff.). Der Reim- und Verkunst nach könnte Otto, der 1220 gestorben ist, das lange Werk (16704 Verse) möglicherweise schon um 1200 gedichtet haben. Ottos Quelle, der er treu folgt, war die lateinische Übersetzung des Barlaamromans von Johannes von Damaskus (ca. 750–850). Das Werk ist ein Unikum. Wir erwähnen es nur deshalb mit der geistlichen Epik zusammen, weil sein Stoff in dem Sinne religiös ist, daß die Geschichte der Bekehrung Buddhas schon von Johannes neubearbeitet und zum Zwecke der Darstellung der christlichen Bekehrung Josaphats, des Sohnes eines indischen Heidenkönigs, benutzt wurde. Auch der Terminus ‚Legende' darf nur auf eine verhältnismäßig großzügige Weise auf das Gedicht bezogen werden. Otto gibt die Quelle genau wieder und verfährt streng didaktisch, indem auch die Reihe von weiteren Bekehrungen für erbauliche Zwecke ausgebeutet wird. Zu den früheren Werken Rudolfs von Ems gehört eine viel freiere, episch unabhängiger gestaltete Bearbeitung des Stoffes, die keinen Einfluß von Ottos Version verrät (s. Bd. II/2, S. 25, 131).

## *Visionsliteratur*

Die Kriterien, die angewendet wurden, um die Typen und Untertypen der geistlichen Epik zu definieren, sind unter sich sehr verschiedenartig. Die kennzeichnenden Merkmale der Legende als Erzähltyp liegen, wie wir sahen, teilweise in ihrem Zweck und teilweise in ihrem Inhalt. Dagegen verdankt die Bibelepik ihren Namen der Quelle ihres Stoffes. Wieder anders steht es mit dem Typus der Visionsliteratur, den wir hier einreihen, weil er mit der Legende verwandt ist bzw. als Untertyp gelten kann. Der Stoff der Visionsliteratur ist legendär, d. h. wunderbar, übernatürlich und zielt auf das Jenseits, von dem die Hauptfigur der Erzählung durch eine Vision – am häufigsten im Traum – Kunde gewinnt. Mit anderen Worten: das bestimmende Element ist weniger ein eigentümlicher Stoff oder eine besondere Art von Quelle als das Medium, durch welches der Inhalt der Erzählung der Hauptfigur der Erzählung zukommt – eben die Vision.

Legende und Visionsliteratur haben ein gemeinsames Interesse an der religiösen Erbauung der Zuhörer. Während in der Heiligenlegende jedoch ein ideales, frommes Leben als nachahmenswertes Muster geschildert wird, zeigen die Visionen die Wonnen des Himmels oder die Schrecken der Hölle, d. h. die Paränese bedient sich als didaktischer Technik des Zuckerbrot-und-Peitsche-Prinzips. Ein weiterer Unterschied zwischen der Heiligenlegende und der Visionsliteratur liegt in der Rückschau der Legende und dem Zukunftsblick der Vision. Dies dürfte wohl ein wichtiger Grund für den großen künstlerischen Erfolg der Visionsliteratur gewesen sein. Das Heiligenleben zeigte ein exemplarisches Leben, das man in der Praxis nachahmen konnte oder auch nicht. Das Verhalten der Zuhörer diesem Beispiel aus der Vergangenheit gegenüber durfte ein durchaus willkürliches, lässiges bleiben. Anders steht es mit der Vision. Für sterbliche Zuhörer ist das Jenseits eine Sphäre, die in einer für sie zur Zeit räumlich unerreichbaren Gegenwart liegt. Der Visionsliteratur fehlt aber die willkürliche Freiwilligkeit der Lehre gegenüber, die der Heiligenlegende eignet, denn die Vision stellt keine fakultative -- geistliche -- Aventiure einer dritten Person dar, sondern die unentrinnbare Zukunft jedes Zuhörers. Besonders drastisch kommt das in einer mhd. Übersetzung der ‚Visio Tnugdali' durch einen gewissen Alber zum Ausdruck. Da handelt es sich nicht um eine Vision, die durch einen Traum oder einen anderen Zustand der Entrücktheit vermittelt wird, sondern um den Tod des Protagonisten, der die Qualen der Hölle und Freuden des Himmels als Seele sozusagen am eigenen Leibe erlebt und dann ins Leben zurückgerufen wird. Den Gewinn an Unmittelbarkeit, den das im Vergleich mit der Traumdichtung bedeutet, könnte man mit dem Kontrast zwischen Autobiographie und Biographie veranschaulichen.

Wir brauchen uns nur relativ kurz mit der Visionsliteratur zu beschäftigen, da Albers erwähnte deutsche Übersetzung der ‚Visio Tnugdali' das einzige vollständig erhaltene Beispiel der Gattung ist, das in unserem Zeitraum entstand. Dafür ist der mhd. ‚Tnugdalus' aber ein Zeuge eines der auf europäischer Ebene erfolgreichsten Werke, von dessen lateinischem Original mehr als 150 Handschriften erhalten sind und dessen Übersetzungen in 15 verschiedenen Sprachen in beinahe 100 Handschriften vorliegen. Schließlich erscheint der ‚Tnugdalus' auch in frühen Drucken, von denen etwa zwei Drittel deutsche sind.

Marcus, der Dichter der lateinischen ‚Visio Tnugdali', die wir zumindest von einem literarhistorischen Gesichtspunkt aus als das Original zu betrachten haben, datiert die Vorgänge, die seiner Erzählung zugrundeliegen, d. h. den Scheintod und die Vision des Tnugdalus, auf das Jahr 1148 bzw. 1149 – die genaue Entscheidung hängt von der besonderen Methode der Zeitrechnung ab, die man Marcus zuschreibt. In der Einleitung setzt der Autor Tnugdalus' Vision zeitlich zum zweiten Kreuzzug und anderen zeitgenössischen Ereignissen und Persönlichkeiten in Beziehung. Seine

Erzählung widmet er einer *domina G.*, in der man Gisela, von ca. 1140 bis 1160 Äbtissin des Benediktinerinnenklosters St. Pauli in Regensburg, sieht. Der Verfasser dieses lateinischen Prosaberichts nennt sich in der Widmung *frater Marcus*, aber ob er Mitglied der irischen Benediktinergemeinschaft in Regensburg war oder sich nur zeitweilig dort aufhielt, ist nicht zu ermitteln. Wie u. a. seine Vertrautheit mit irischen Verhältnissen zeigt, war er jedenfalls ein irischer Mönch. Albers Übersetzung geht über die Nennung des Marcus als Mönch nicht hinaus (v. 44ff.), aber Marcus selbst will (4,6ff.) sein Werk *de barbarico* – in diesem Fall sicherlich „aus dem Irischen" – ins Lateinische übersetzt haben. Die dadurch unterstellte schriftliche irische Quelle dürfte seine eigene Erfindung sein, deren Rolle wie die der auch sonst peinlich genau berichteten Umstände der Erlebnisse des „historischen" Tnugdalus darin besteht, die Historizität des Falls zu untermauern.

Die ‚Visio Tnugdali' erzählt, wie ein adliger irischer Ritter namens Tnugdalus, der ein in jeder Hinsicht gottloses Leben führt, unversehens wie tot hinfällt und von seinen Bekannten auch für tot gehalten wird, die ihn nach drei Tagen auf der Bahre zur Beerdigung tragen. Dabei kommt er wieder zu sich. Man bringt ihm rasch das Abendmahl, und er schwört seiner vorigen Lebensweise bußfertig ab. Darauf erzählt er die Geschehnisse der Zwischenzeit: Nach seinem „Tod" kam ein Engel, der ihn durch Purgatorium, Hölle und Himmel führte; diese sind in verschiedene Zonen eingeteilt, in denen die Sünder und die Rechtschaffenen je nach Art und Grad der besonderen Sünde oder des besonderen Verdienstes gruppiert und gefoltert bzw. belohnt werden. Tnugdalus' Seele mußte der Reihenfolge nach verschiedene Qualen der Gruppen der Sündigen selbst erleben, die Freuden der verschiedenen Stände der Seligen aber durfte sie nur betrachten und sich sehnsuchtsvoll vorstellen, bis sie klagend in den Leib und das irdische Leben zurückkehrte und anderen die Qualen und Wonnen des Jenseits kundtat.

Dem Bild des Jenseits liegt ansatzweise das Prinzip zugrunde, der jeweiligen Sünde eine passende Strafe zuzuteilen, ohne daß es so weitgehend oder systematisch durchdacht wäre wie etwa bei Dante. Trotzdem dürfen wir, ohne an eine direkte Verbindung zu denken, in dieser Hinsicht im Dichter des ‚Tnugdalus' einen Vorgänger Dantes sehen. Beide haben über – verschiedene und verschiedenartige – Zwischenstufen wohl Anregungen aus dem VI. Buch von Vergils ‚Aeneis' erhalten, wo eine derartige Einteilung zumindest locker vorliegt. Das Auffallendste am Bericht des Tnugdalus ist aber die phantasievolle Erfindungskraft des Autors, dessen Sinn für das Mysteriöse und Übernatürliche auf geistlichem Gebiet dem seiner keltischen Stammesgenossen auf dem Gefilde der Artusdichtung in keiner Weise nachsteht.

Zwei deutsche Bearbeitungen, die die ‚Visio Tnugdali' in Verse umgießen, sind aus der Zeit um 1200 erhalten. Von der ersten, dem ‚Niederrheinischen Tundalus' (die Namensform ist eine Entstellung von *Tnugdalus*), besitzen wir nur 505 intakte Verse in drei Fragmenten ein und derselben Handschrift. Sie enthalten die predigtartige Einführung des Erzählers, in der neben dem Erbaulichen u.a. Irland und die keltischen Völker hervorgehoben werden, und zwei Abschnitte aus Tundalus' Reise durch das Purgatorium. Auch die zweite deutsche Tnugdalus-Dichtung, Albers Bearbeitung, ist nur in einer einzigen Handschrift überliefert, allerdings vollständig. Die verschwindend geringe Überlieferung hier wie dort scheint auf eine beschränkte Wirkung zu deuten, was angesichts der breiten internationalen Beliebtheit des Stoffes überrascht.

Der Erhaltungszustand des ‚Niederrheinischen Tundalus' und das Fehlen des Autornamens verbieten jeden Versuch, das Werk genauer zu datieren oder – über die Tatsache hinaus, daß die Sprache mittelfränkisch ist – zu lokalisieren. Wie Alber hat sich der mittelfränkische Dichter für den Reimpaarvers entschieden. Er ist sprachlich anspruchsvoll sowohl in seinen flüssigen Satzstrukturen als auch in den Reimen, die rein und um einiges exakter sind als die des niederbairischen Alber. Dieser erlaubt sich zahlreiche Freiheiten wie z.B. das Reimen einer Form auf Schlußnasal mit einer ohne Schlußnasal, etwa *jungen : bezzerunge* (v. 65 f.), und weitere Ungenauigkeiten mit den Konsonanten im In- und Auslaut wie *lîden : schrîben* (v. 9f.), *samenungen : nunnen* (v. 47 f.), *daʒ : was* (v. 39 f.) usw. Wir dürfen die reineren Reime des ‚Niederrheinischen Tundalus' aber nicht unbedingt als Indiz eines späteren Entstehungsdatums auslegen: der Vergleich zwischen den Minnesängern Heinrich von Veldeke und Friedrich von Hausen belehrt uns da eines Besseren (vgl. S. 107 f.).

Während die Fragmente des ‚Niederrheinischen Tundalus' keine Andeutung über das intendierte Publikum geben, kündigt Alber sein Ziel direkt an: er will mit seiner Übersetzung *die ungelêrten liute* (v. 63 f.) erreichen. Schon seine ersten Worte sind vielleicht an solche gerichtet, denn er bittet – eher im Ton der Spielmannsepik als in dem der Predigt – sofort um Stille. Offenbar folgt er auch dem lateinischen Text weniger genau als der mittelfränkische Dichter. Der Vergleich mit dem lateinischen Text zeigt, daß Albers Gedicht zwar ungefähr denselben Umfang hat wie das mittelfränkische, dies aber bei erheblichen Kürzungen gegenüber der Quelle auf der ausfüllenden poetischen Formung beruht. Die Kürzungen betreffen vor allem Theologisches, was wiederum Rücksicht auf ein ungelehrtes Publikum verraten könnte.

Die mittelfränkischen Fragmente geben keine Auskunft über den Dichter oder einen Auftraggeber. Alber ist in dieser Hinsicht sehr mitteilungsfreudig. Er nennt sich Priester, und zwar den *aller schuldigste[n] man, der briesters namen ie gewan* (v. 2183 ff.), und er gibt seinen Namen an. Weiter berichtet er (v. 2147 ff.), ein gewisser Bruder Konrad zu Windberg habe um die Bearbeitung gebeten. Mit Windberg ist ohne Zweifel das bairische (bei Straubing gelegene) Prämonstratenser-Doppelkloster dieses Namens gemeint (unter dessen Angehörigen auch der Name Alber mehrfach bezeugt ist, ohne daß es möglich wäre, einen von ihnen mit unserem Dichter zu identifizieren). Und die opinio communis sieht in jenem Konrad den gleichnamigen Kanonikus des Klosters, der von 1191 bis 1200 als

Konrad I. Abt war. Wenn diese Vermutung stimmt, ergibt sich als Terminus ante quem für Albers Gedicht 1191: wäre es später entstanden, hätte Alber Konrad als Abt bezeichnet. Schließlich nennt Alber noch (v. 67ff.) drei *frouwen* (Otegebe, Heilke und Gisel) als Anregerinnen der Übersetzung. Das Vorkommen der drei Namen im Totenbuch von Windberg unterstützt die Annahme, daß die drei vornehmen Frauen dort Nonnen waren.

Dem Thema der Jenseitsvision, oft mit der Erweckung eines Toten oder Scheintoten und seinem Bericht über das Jenseits verbunden, begegnen wir auch an anderer Stelle in der deutschen Literatur des 12. Jahrhunderts. Zu den frühesten bekannten Beispielen gehört eine – nicht erhaltene – Fassung von ‚Brandans Meerfahrt‘, die um die Mitte des Jahrhunderts entstanden sein soll. Ihre phantasievolle, erregende und literarisch epochemachende Erzählung von Abenteuern im Dies- und Jenseits kennen wir nur aus späteren Bearbeitungen vom 13. bis zum 15. Jahrhundert. Weiter besitzen wir die verstümmelten Fragmente – ca. 130 Verse – einer alemannischen Übersetzung der lateinischen ‚Tertia vita Patricii‘. Die Handschrift wurde wohl früh in der zweiten Hälfte des 12. Jahrhunderts geschrieben. In den Fragmenten, deren Inhalt zum Teil nur durch Ergänzung aus der ‚Vita‘ verständlich gemacht werden können, erweckt der irische Heilige Patricius (Patrick) einen verstorbenen König, der daraufhin getauft wird und über seine Erlebnisse als Toter berichtet. (Übrigens begegnet Albers Tnugdalus sowohl Brandan als auch Patricius im Jenseits.) Weitere Dichtungen über Todesvisionen wurden durch das apokryphe Evangelium Nicodemi angeregt, von dem (S. 420f. und S. 428ff.) in Zusammenhang mit der Pilatus-Legende die Rede sein wird. Auch in Veldekes ‚Servatius‘ hören wir vom Tod eines unbußfertigen Ritters, der auf die Fürbitte des Heiligen reuevoll ins Leben zurückgeschickt wird und über seine Höllenfahrt berichtet (v. 5580ff.). Was die Nennung des Dichters und persönliche Auskünfte über ihn und die Auftraggeber betrifft, stehen Veldekes ‚Servatius‘ und Albers ‚Tnugdalus‘ auf ungefähr derselben Stufe. Trotzdem neigen wir zu einer Datierung des letzteren um 1190 (oder sogar um 1200, falls die Identifizierung Konrads und die Argumention mit seiner Erhebung zum Abt nicht für zwingend gehalten wird).

Wie die meisten mittelalterlichen Dichter, die das Thema behandeln, ergötzt sich Alber vor allem an der Schilderung der Schrecken der Hölle. Seine und der anderen Bemühungen darum machen deutlich, wie sehr die mhd. Literatursprache, selbst die der Blütezeit, referentiell und darlegend und wie selten ihre Kunsttechnik eine evokative und affektive ist. Die Hörer und Leser mußten sehr viel aus Eigenem hinzutun, mußten ihre Einbildungskraft, ihren Glauben und ihren Aberglauben anstrengen, wenn sie sich durch die Texte erschrecken lassen wollten. Wie dem auch sei: Die Anstrengungen der Dichter erschrecken den etwa an Edgar Allan Poe geschulten Leser nicht, und Albers Darstellung der Flammen der Hölle lassen den modernen Leser kalt, ihre arktischen Zonen rufen nichts Extremeres als kühlen Abstand hervor. Ungewöhnlicherweise sind es die Regionen, Hierarchien und Stände der Seligen – tugendhafte Laien, Mönche und Nonnen, Heilige, Märtyrer, Apostel –, deren idyllische Landschaften und entzückte Existenz uns am ehesten rühren und bewegen und in den predigtartigen Schlußteil passend hinüberführen.

## Bibelepik

Da es sich um Heilige handelt, sind in den verschiedenen Legenden die Konturen der Handlungen und die Perspektive einander sehr ähnlich. Selten bieten sie dem aufgeweckten Dichter solche narrativen Gelegenheiten wie die Gregorius-Geschichte. Nicht so bei der Bibelepik, denn die Bibel ist – von allem anderen abgesehen – quantitativ wie qualitativ eine der größten Sammlungen von Erzählungen der Weltliteratur. Dies beruht nicht auf Zufall, denn die besondere Materialsammlung, die die Bibel darstellt, ist zum Teil tatsächlich unter diesem Gesichtspunkt zusammengebracht bzw. geschaffen worden. Mehrere ihrer Teile verdanken ihre Existenz direkt dem Horror vacui und dem epischen Drang, ihn zu bewältigen.

Wir dürfen selbstverständlich nicht nur von den in nachmittelalterlicher Zeit als kanonisch geltenden Schriften ausgehen. Besonders die apokryphen neutestamentlichen Bücher wurden für die mhd. Bibelepik ausgebeutet. Dabei müssen wir beachten, daß wir nicht in der Lage sind, die intellektuelle und emotionale Einstellung der mittelalterlichen Dichter und ihrer Zuhörer den apokryphen Schriften gegenüber nachzuvollziehen, und daß selbst die „objektive" Trennung zwischen Kanonischem und Apokryphem nicht adäquat ist. Für das Mittelalter haben wir selbst bei Geistlichen und erst recht bei Laien mit undeutlichen, fließenden Grenzen zu rechnen und mit einer Masse von Vorstellungen, in der Glaube und das, was wir Aberglaube nennen würden, nebeneinander stehen. Nicht alles, was nicht zur streng orthodoxen Lehre gehörte, war sofort Häresie. Die christliche Landschaft kannte einen Mittelgrund, auf dem das, was wir nur als theologisch Volkskundliches beschreiben können, friedlich blühte, von der Kirche toleriert und an seinen Rändern gar geteilt. Nur besonders Üppiges, Wucherndes oder gar Giftiges wurde ausgejätet, allerdings weniger bei der unbedeutenden „Zivilbevölkerung", als bei geistlichen Lehrern und Denkern.

Die vier kanonischen Evangelien galten von den frühesten christlichen Zeiten an als die wahre Bezeugung des Lebens Christi. Seit dem zweiten oder dritten Jahrhundert aber entstanden weitere Berichte, die nicht nur den Anspruch erhoben, die Wahrheit darzustellen, sondern in einigen Fällen, z. B. in dem des ‚Proto-Evangeliums Jakobi', sogar auf Augenzeugen zurückzugehen. Obwohl sie angefochten und teilweise als häretisch abgelehnt wurden, griff ihre Verbreitung allmählich um sich. Die Berichte erwarben sich eine prekäre, unpräzise Toleranz, aber keine offizielle Anerkennung. Einige, die auf die Gnostiker zurückgingen, stießen auf energischen Widerstand, wurden als häretisch gebrandmarkt und schon in frühen Zeiten ausgerottet, so daß wir nur einiges über sie wissen, aber nichts von ihnen besitzen. Andere waren eher volkstümlichen Ursprungs. Das zweite und das dritte Jahrhundert scheinen ein Frühbeet für die Züchtung beider Typen gewesen zu sein.

Ein Hauptgrund oder gar d e r Hauptgrund für die Erfindung zusätzlicher Berichte waren Lücken in den Evangelien oder Stellen, an denen weniger ausführlich berichtet wurde, als der fromme Glaube und die menschliche Wißbegierde verlangten. Wie in jedem Bericht wird in den kanonischen Evangelien nicht alles erzählt. Das bedeutet, daß der Leser tatsächlich berechtigt ist, sich einiges hinzuzudenken. Dabei ist die Bestimmung der Grenze der wunde Punkt. Der Rigorismus, der im Mittelalter in bestimmten Kreisen dazu führte, daß das Lachen verpönt wurde, weil die Evangelien nirgends erzählen, daß Christus gelacht hat, erstreckt sich zum Glück für das Überleben des Christentums nicht etwa auf das Atmen. Man muß und darf also in Gedanken ergänzen und annehmen, daß Christus geatmet hat. Dieses allgemein vorherrschende Bedürfnis des Menschen wurde aber von gewissen Stellen in der Biographie des Heilands durch weniger eingehende Schilderung besonders angestachelt, vor allem, wenn der Vergleich mit parallelen Situationen, die ausführlicher berichtet wurden, das Fehlende noch schmerzlicher vermissen ließ.

Hervorstechend in dieser Hinsicht ist der Kontrast zwischen dem Bericht des Lukas-Evangeliums (I, 5ff.) über die Abstammung von Zacharias und Elisabeth, den Eltern Johannes' des Täufers, über ihr kinderloses Leben und die Empfängnis des Sohnes einerseits und andererseits der gleich darauffolgenden, auf einen Vers reduzierten Einführung und Vorstellung Josephs und Marias (I, 27). In bezug auf diese und zwei andere besonders interessante Episoden, die in den kanonischen Evangelien sehr knapp erzählt bzw. ausgelassen werden – die Kindheit Jesu und die Erlebnisse Christi zwischen seiner Kreuzigung und Auferstehung – war man besonders wißbegierig. Das zur Befriedigung dieser und anderer Bedürfnisse Geschriebene hat sich in den Apokryphen niedergeschlagen. Unter den apokryphen Evangelien gibt es drei, von denen eines sich jeweils vornehmlich einer der drei Lücken, die wir nannten, widmete.

Das erste Beispiel, das ‚Proto-Evangelium Jacobi', behandelt das Leben Mariä, die lange Kinderlosigkeit ihrer Eltern, ihre Empfängnis und Geburt sowie die Empfängnis Jesu und endet mit der Errettung des noch kindlichen Täufers vor Herodes und der von diesem veranlaßten Ermordung des Zacharias. Der Kindheit Jesu hatte sich das zweite Beispiel, das nur in späteren, bearbeiteten Versionen erhaltene ‚Thomas-Evangelium', gewidmet. Der Verlust des Originals ist aber zu verschmerzen, weil sein Inhalt das erhaltene und im Mittelalter als epische Quelle besonders eifrig benutzte ‚Pseudo-Matthäus-Evangelium' gespeist hat. Der dritte der zur Diskussion stehenden apokryphen Texte, das ‚Evangelium Nicodemi', erzählt in seinem ersten Teil in gegenüber den kanonischen Schriften stark erweiterter Gestalt

u. a. von Pilatus' Verhörung Christi und dessen Kreuzigung sowie von den wunderbaren Erlebnissen Josephs von Arimathia; der zweite Teil, der eine spätere Fortsetzung oder eine ursprünglich unabhängige, später angehängte Erzählung darstellt, erzählt von den beiden verstorbenen Söhnen Simeons, die, vom Tode erweckt, vom Abstieg Christi in die Hölle zwischen seiner Kreuzigung und Auferstehung berichteten, den sie als Augenzeugen erlebt hatten. (Zur weiteren, wenig späteren Aufnahme dieses Materials durch Konrad von Heimesfurt s. Bd. II/2, S. 131 f.) Es ist der frühere Teil, die ‚Gesta Pilati', mit dem wir uns zu beschäftigen haben.

Wir sahen schon, daß das experimentfreudige, innovative Wesen der Blütezeit und ihre relativ kurze Dauer dafür verantwortlich sind, daß dieser oder jener Literaturtypus innerhalb dieses Zeitabschnitts durch nur ein einziges Beispiel vertreten wird. Dies gilt auch für Stoffkreise, z.B. die drei eben beschriebenen: die Eltern, die Empfängnis, die Geburt und das frühe Leben Mariä bilden den Hauptinhalt der ‚Driu liet von der maget' des Priesters Wernher; die Überschrift Konrads von Fußesbrunnen *Daz buoch heizet diu chintheit unsers herrn Jesu Christi* zeigt deutlich, welches Themengebiet von ihm behandelt wird. Schließlich erzählte das ‚Pilatus'-Gedicht, soweit das Fragment ein Urteil erlaubt, vornehmlich wie das ‚Evangelium Nicodemi' das Leben des Pilatus, d. h. wohl ohne den Teil, der die Höllenfahrt Christi schildert.

Die ‚Driu liet von der maget' (d. h. ‚Drei Bücher von der Jungfrau') des Priesters bzw. Pfaffen Wernher ist das älteste der drei hier zu besprechenden Beispiele der Bibelepik. Der Name *Wernher* kommt zweimal im Text vor (v. 1296 und 5803), und zwar wird er in den Handschriften C und A an beiden Stellen „Priester" genannt und an der einzigen Stelle in D „Pfaffe". In C und A hören wir auch (v. 5799ff.), daß er sein Werk 1172 dichtete, und zwar auf Geheiß eines Priesters namens Manegold, der ihn auf das Materiel aufmerksam gemacht, zu sich eingeladen und in seinem Haus so gut wie gefangen gehalten hatte, bis das Gedicht vollendet war (v. 5811 ff.). Ob dieser Bericht von Wernher selbst herrührt oder von einem Späteren hinzugefügt wurde, ist nicht restlos zu klären (daß der Bericht von Wernher in der dritten Person spricht, ist dabei nicht ausschlaggebend).

Wie diese Entscheidung auch ausfallen mag: wir haben keinen Grund, die ‚Maria'-Dichtung einem gewissen „Wernher" abzusprechen oder an der Richtigkeit des Datums zu zweifeln. In dem Priester Manegold sah man den angegebenen Propst des Klosters Siebnach und später des Klosters St. Ulrich und Afra in Augsburg, dessen Abt er nach 1178 war. Wenn das zutrifft, ergibt sich eine Möglichkeit, das Werk auch zu lokalisieren. Die Hypothese, daß Wernhers ‚Maria' im Augsburger Kloster entstanden sei, und zwar in Zusammenhang erstens mit der Bestrebung, das Fest der Verkündigung dort zu etablieren, und zweitens mit dem späteren Versuch (1184-87), für das Fest der Empfängnis Mariä einen Platz in der dortigen Liturgie zu gewinnen (Masser), ist weder zu beweisen noch zu widerlegen, besitzt aber einige Wahrscheinlichkeit.

Die relativ reiche Überlieferung stammt aus einer etwas späteren Zeit. Erhalten sind zwei vollständige Handschriften: D (erstes Viertel des 13. Jahrhunderts, Berlin [z. Zt. Krakau], mit zahlreichen Federzeichnungen versehen und besonders interessant als früheste erhaltene, in Europa entstandene Handschrift, die das Leben der Jungfrau illustriert: s. Abb. 15); und A (Wien, drittes Viertel des 13. Jahrhunderts, österreichisch). D und A werden als Umarbeitung bzw. spätere Bearbeitung Wernhers angesehen. Daneben besitzen wir Fragmente von fünf weiteren Handschriften. Der älteste Zeuge ist E (Teile in Innsbruck und Nürnberg), wohl am Anfang des 13. Jahrhunderts entstanden, eine Bearbeitung, die aber in Versbestand und Reimtechnik dem Original anscheinend nahesteht.

Die Überlieferung von Wernhers Werk, die vorwiegend, aber nicht ausschließlich oberdeutsch ist, deutet auf eine aktive Rezeption im 13. Jahrhundert, die dann offenbar rasch versiegte. Das bedeutet, daß wir mit einer intensiven Rezeption schon in den ersten Jahrzehnten nach der Entstehung rechnen müssen, auch wenn die – durch die Bearbeitungen überholten und vielleicht beiseite gelegten – Textzeugen des 12. Jahrhunderts paradoxerweise gerade deshalb fehlen. Derlei ist nicht ungewöhnlich für Werke, die zu Beginn der Blütezeit entstanden sind: Ein bahnbrechendes Frühwerk wird bald von der raschen literarischen Entwicklung der Blütezeit überholt, ist aber zu wirkungsvoll und bedeutend, als daß man es vergessen könnte. Mit dem Blick hauptsächlich auf Sprach- und Formkunst wird das Erneuerungsbedürftige bearbeitet, und es bleiben uns bestenfalls noch fragmentarische Reste des Ursprünglichen. Die Überlieferung von Wernhers Gedicht hat auch zur Folge, daß wir aus der Koppelung mit anderen Werken wenig Einsicht in seine Rezeption bekommen. Es leuchtet aber ein, daß die Wiener Handschrift A auf Wernhers ‚Maria' die ‚Kindheit Jesu' Konrads von Fußesbrunnen folgen läßt, und zwar von derselben Hand geschrieben.

Daß Wernhers Hauptquelle das ‚Pseudo-Matthäus-Evangelium' war, steht außer Zweifel, aber wir sind wieder in der Lage, in der wir uns mehrmals bei der Diskussion der Heiligenlegenden befanden, d. h. wir können die benutzte Version der Quelle nicht identifizieren. Es wurde auch gezeigt (vor allem von Fromm), daß das Problem in Wernhers Fall ein größeres und äußerst verwickeltes ist, denn er verbindet an vielen Stellen die Erzählung mit theologischen Kenntnissen, die weit über Vertrautheit mit dem ‚Pseudo-Matthäus-Evangelium' hinausgehen. Vertrautheit mit der christlichen Exegese, mit der Liturgie, mit dogmatischen Schriften und denen der Mariologie, mit Augustin und weiterem, teilweise vielleicht einem Florilegium entnommen, ist naheliegend. Anderes, das sonst nicht belegt ist, läßt an mögliche Mißverständnisse Wernhers oder gar abrundende Erfindung seinerseits denken. Das tut dem Rang seiner Dichtung keinen Abbruch, sondern ist Teil seines auch sonst lebendigen, bewegten Erzählstils.

Daß er solche Kenntnisse angebracht hat, wirft die Frage auf, ob Wernher damit ein bestimmtes dogmatisches Ziel verfolgte. Der erhaltene Text scheint dazu aber weder ausgedehnt noch systematisch genug (was nicht heißen soll, daß Wernher sich für Dogmen nicht interessierte). Es besagt eher, daß er seine Erzählung und ihre Thematik vor einem Hintergrund ausbreitete, der bei mindestens einem Teil seines Publikums – dem Klerus und den gebildeten Laien – mit Resonanz und einem entsprechenden Bewußtsein von der Bedeutung der angesprochenen Fragen rechnen konnte.

Obwohl Wernhers Verskunst hinsichtlich Metrik und Reimklang dank dem zufälligen Verhältnis zwischen der Entstehungszeit der ‚Maria' und der raschen Entwicklung der höfischen Literatur relativ bald überholt gewesen sein muß, berührt solche Kritik nicht seine Meisterschaft in der flüssigen und wirksamen Formung der Sätze und erst recht nicht die Ausdruckskraft seiner Sprache. Er beherrscht ein abwechslungsreiches Instrumentarium, was zum Beispiel der Vergleich zwischen der lebendig schauderhaften Schilderung der Schlachtung der Unschuldigen Kinder (A v. 4273–4324) und der ekstatischen Darstellung der heilenden Wunder Christi (C v. 5409–5490) besonders einleuchtend vorführt.

Wernher war Zeitgenosse Veldekes, aber wir müssen einen erheblichen Abstand zwischen der Sprachkunst der beiden konstatieren (was wiederum als literarhistorische Feststellung, nicht als Werturteil zu verstehen ist). Selbst der ‚Servatius', für den Veldeke – wie Wernher für sein Werk – eine lateinische Prosaquelle hatte, zeigte in der Reimkunst einen „modernen" Zug, der Wernher fehlt und schon in den frühen Teilen des mit Wernhers ‚Maria' gleichzeitigen ‚Eneas', für den eine französische Versquelle vorlag, wesentlich auffälliger geworden ist. Aber schon zur Zeit der Komposition des ‚Servatius' dürfte Veldeke dank der Lage seines Tätigkeitsbereichs Kenntnisse der altfranzösischen Literatursprache gehabt haben. Deren Einfluß erreichte Wernhers oberdeutsches Tätigkeitsfeld sicherlich wesentlich später und wirkte sich ohnehin auf die geistliche Literatur erst nachträglich aus.

Als gestaltender Dichter und Erzähler gibt sich Wernher durchaus selbstbewußt. Wie wir sahen, nennt er z.B. seinen Namen, und er tritt – wenn auch weniger auffallend als die Dichter des höfischen Romans – gelegentlich als Autor bzw. Erzähler in Erscheinung. Im Gegensatz zu seinem anderen Zeitgenossen, dem Pfaffen Konrad, Dichter des ‚Rolandslieds' (s. Bd. I/2, S. 103ff. und oben S. 12f. und S. 96), der zwar über seinen Gönner und das eigene Verfahren beim Übersetzen berichtet, aber sonst über die Abfassung des eigenen Werks kaum spricht, thematisiert Wernher das Verfahren.

Schon die Einteilung in drei Bücher stellt ein narratives Prinzip dar, das die drei Themenbereiche unterstreicht: erstens die Empfängnis und Geburt Mariä; zweitens ihre Jugend und ihre Vermählung mit Joseph sowie die Verkündigung und Empfängnis Jesu; drittens dessen Geburt.

Wernher selbst betont den Aufbau und die Einteilung, indem er etwa das Ende des zweiten Buches und den Anfang des dritten ausdrücklich als solche präsentiert (D v. 2827f.; 2927) und an mehreren anderen Stellen seine *driu liet* erwähnt, am auffallendsten dort, wo er bzw. ein Bearbeiter davon spricht, daß jede Wöchnerin, die *diu driu liet* der Maria in der rechten Hand hält, nur kurz in den Wehen liegen und kein mißgestaltetes Kind gebären wird (D vv. 2853 ff.; 2867 ff.).

Das Prinzip hinter der Einteilung und das vornehmlich auf der damals zunehmenden Mariolatrie und Mariologie basierende seelsorgerische Ziel treten deutlicher dadurch hervor, daß sowohl das zweite als auch das dritte Buch mit einem homiletischen Lob der Jungfrau und einer Bitte um ihre Fürsprache endet. Selbst Kleinigkeiten wie Wernhers Angst, daß Verstrikkung in die Geschichte des Täufers ihn von Maria, seinem Hauptthema, ablenken könnte (D v. 2821 ff.), rufen unser Bewußtsein des anwesenden Dichters und der sich entfaltenden dichterischen Tätigkeit auf eine Weise wach, die mutatis mutandis eher an die weltliche Dichtung der Blütezeit als an die geistliche Dichtung zur Zeit Wernhers denken läßt. Schließlich läßt die Stelle (D v. 136 ff.), an der sich der Dichter an Maria wendet, um ihre Hilfe bei dem Versuch zu erbitten, ihre Geschichte richtig und passend auf deutsch zu erzählen, teils Wolframs Wendung an den Heiligen Geist im ‚Willehalm'-Prolog und teils Gottfrieds Anrufung der Musen im ‚Tristan' vorausahnen, denn Wernhers Rede schwebt zwischen einem christlichen Gebet und einer klassischen literarischen Bitte um Inspiration. Die angeführten Charakteristika sind, vereinzelt gesehen, nicht besonders schwerwiegend, aber zusammen verleihen sie Wernhers ‚Maria' trotz aller „vorhöfischer" Züge ein anderes, „moderneres" literarisches Gesicht, als es die gleichzeitigen geistlichen − und teilweise auch die weltlichen − deutschen Dichtungen zeigen.

Gehörte der Priester Wernher zur Vorhut der Entwicklung der deutschen geistlichen Epik seiner Zeit, so war die Situation Konrads von Fußesbrunnen ungefähr eine Generation später eine denkbar andere. Anders als Hartmann − der gebildete ritterliche Dichter einer geistlichen ‚Gregorius'-Legende, der bereits über Erfahrungen mit dem höfischen Roman verfügte −, tritt der Dichter der ‚Kindheit Jesu' als ritterlicher Dichter auf dem Gebiet der geistlichen Epik gänzlich als Anfänger auf. Dies geschah allerdings zu einem Zeitpunkt, zu dem ein gewichtiger Teil der höfischen Epik der Blütezeit schon vorlag. In dem kurzen epilogartigen Schlußteil der ‚Kindheit Jesu' (v. 3005 ff.), in dem Konrad sich als Dichter nennt, äußert er sich über die Entstehung des Werks und seine Bearbeitung der Quelle. Die Stelle zeigt ihn als des Lesens und des Lateinischen kundig. Er stellt sich im Dichten ungeübt dar, lehnt eventuelle böswillige Kritik ab, erklärt sich aber bereit, Mängel zu verbessern, die ihm von Wohlwollenden angezeigt werden. Der Abschnitt klingt überzeugend und erweckt nicht den Eindruck der Widerspruch erwartenden Demutsformel. Der Schritt eines ritterlichen Dichters in Richtung auf die geistliche Epik, den Hartmanns ‚Gregorius' darstellt, wird jetzt weitergeführt. War Veldekes ‚Servatius' die Bearbeitung einer lateinischen Prosalegende durch einen Geistlichen und Hartmanns

‚Gregorius' die Bearbeitung einer französischen Verslegende durch einen Ritter, so stellt Konrads Fall die neue Kombination der Bearbeitung einer lateinischen, geistlichen Prosaquelle durch einen ritterlichen Laiendichter dar.

Ein gewisser Konrad von Fußesbrunnen ist um 1182 urkundlich belegt; der Ort ist das heutige Feuersbrunn in Niederösterreich, nördlich der Donau, westlich von Stockerau. Dieser Konrad gehörte zu einem dort ansässigem edelfreien Geschlecht. Es spricht nichts dagegen, in ihm unseren Dichter zu sehen. Auch die Entstehungs- bzw. Aufbewahrungsorte eines wesentlichen Teils der Handschriften stehen dieser Annahme nicht entgegen.

Es sind drei vollständige und sieben fragmentarische Handschriften der ‚Kindheit Jesu' erhalten; dazu kommt eine lateinische Prosaübersetzung aus der zweiten Hälfte des 13. Jahrhunderts. Die vollständigen Handschriften sind: A (Wien, östliches Mittelbaiern, aus dem dritten Viertel des 13. Jahrhunderts); B (Wien, entstanden im frühen 14. Jahrhundert ebenfalls im östlichen Mittelbaiern); C (Karlsruhe [ehem. Donaueschingen], vom Anfang des 14. Jahrhunderts, aus dem nordwestlichen Bodenseeraum). B gilt heute als die dem Original am nächsten stehende der vollständigen Handschriften; die 3027 Verse – die ungerade Zahl entsteht durch einen Siebenreim, mit dem das Gedicht endet – werden von A um mehr als ein Drittel gekürzt; C stellt eine weitere Bearbeitung dar, aber man nimmt an, daß diese zusammen mit A einen B gegenüberstehenden Zweig der Überlieferung vertritt. Wie wir sahen (s. S. 422), läßt die Handschrift A die ‚Kindheit Jesu' auf Wernhers ‚Maria' folgen; sie enthält auch kurze geistliche Texte, darunter zwei an Maria gerichtete Gebete. Handschrift B enthält wie A ausschließlich geistliche Werke: sie beginnt mit der ‚Kindheit Jesu', der sie die ‚Urstende' Konrads von Heimesfurt folgen läßt (s. Bd. II/2, S. 131 f.), neben anderen Werken, denen wir schon begegnet sind, z. B. dem ‚Oberdeutschen Servatius' und Albers ‚Tnugdalus'. Auch Handschrift C verbindet Konrads ‚Kindheit Jesu' mit einem Werk Konrads von Heimesfurt, diesmal seiner ‚Himmelfahrt Mariae'. Überraschend aber ist die Zusammenstellung mit zwei Gedichten der Dietrich-Epik und – nur etwas einleuchtender – mit dem ‚Willehalm von Orlens' Rudolfs von Ems, obwohl das höfische Element, das Konrad z. B. beim zweiten Empfang bei dem guten Schächer heraushebt, und die Tatsache, daß gerade dieses Werk Rudolfs das einzige ist, in dem Konrad von Fußesbrunnen genannt wird, eine Brücke sind – freilich eine schwache.

Die Versfüllung entspricht etwa der bei Hartmann. Der Abstand scheint noch geringer, wenn wir berücksichtigen, daß man heute Abweichungen vom mechanischen Versschema eher als variierende Erleichterungen für den Vortrag auslegt, die zu einer differenzierten Gefühls- und Ausdrucksstärke beitragen können, und nicht wie früher der Überlieferung zur Last legt. Auf ähnliche Weise spricht die Reimtechnik für ein entwickeltes Stadium der höfischen Literatursprache. Konrads Reime sind weitgehend rein, wenn auch mit – teilweise regional bedingten – Abweichungen. Dagegen bleibt die Wortwahl ohne Risiken oder schöpferische Überraschungen. Konrad bewegt sich innerhalb der bestehenden Reimgrammatik der höfischen Dichtung, ungefähr so, wie man sich innerhalb der sprachlichen Konventionen einer Schriftsprache bewegt. Dabei benutzt er taktvoll beherrscht die von den anderen Dichtern gelieferten Schablonen, ohne selbst als schablonenhaft aufzufallen. Sätze werden geschickt gehandhabt: sie sind z. B. nach Form und

Länge variationsreich, mit einer flüssigen Struktur, die gerade beim ausdrucksvollen Vortrag klar verständlich gewesen sein wird. Es ist ein besonderes Merkmal von Konrads Stil, daß höfische französische Vokabeln und Ausdrucksweisen häufig auftreten, obwohl seine Quelle eine lateinische war; einige davon sind im deutschen höfischen Roman um 1200 nicht sehr gewöhnlich: z. B. *petitmangir* („Frühstück/ Imbiß": v. 1874), *terraz* („Wall": v. 2669), und auf einen deutschen Abschied *wirt, got sî mit iu!"* folgt als Gegenrede dasselbe auf französisch, *„sire, dex vo comdiu"* („Herr, Gott begleite euch!": v. 1923ff.). Die Sitzgelegenheit für den Empfang bei dem guten Schächer ist sogar *nâch franzeiser sit* („nach französischer Mode": v. 2410).

Neben diesem höfischen Strang, der Konrad von den geistlichen Dichtern geistlicher Epik unterscheidet, läuft ein alltäglicherer, beinahe realistischer Strang, der andeuten könnte, daß Konrad keineswegs zu den höchsten Schichten der höfischen Gesellschaft gehörte oder zumindest mit den Schichten unter ihm vertraut war. Dies zeigt sich vor allem, wo er den Haushalt zuerst des noch armen und dann des reich und höfisch gewordenen guten Schächers schildert. Es zeigt sich auch in Konrads moralisierenden Gedanken über die gastfreundliche Begrüßung der Heiligen Familie durch den Schächer: *ern vlôch niht hinden ûz durch daz, sô nû ist maniges wirtes sit, daz man in hête dâ mit die herberge verseit* (v. 2328ff.) („er floh nicht zur Hintertür hinaus – wie es bei manchem heute Sitte ist –, um ihnen damit die Herberge vorzuenthalten"). Das ist eine Ebene des Lebens und der Sprache, die wir in der geistlichen Epik vielleicht auch in den Schimpfreden der Fischerfrau in Hartmanns ‚Gregorius' finden (v. 1307ff.).

Diese Feststellungen über die Literatursprache und anderes sind nicht als Werturteile, sondern als Indizien gemeint, die bei der literarischen Einordnung und der Datierung der ‚Kindheit Jesu' von Nutzen sein könnten. Die einmalige Mischung scheint auf eine Entstehungszeit ungefähr im letzten Jahrzehnt des 12. Jahrhunderts zu deuten, aber das darauffolgende Jahrzehnt wäre auch denkbar. Selbst wenn die Beobachtung stimmt, daß die ‚Kindheit Jesu' keinen nachweisbaren Einfluß von Hartmanns ‚Iwein' erkennen läßt, besagt das nicht, daß Konrad den ‚Iwein' nicht kannte. Und selbst, wenn Konrad den ‚Iwein' nicht kannte, würde das keineswegs bedeuten, daß sein Werk nicht nach dem ‚Iwein' entstanden sein kann.

Konrad spricht von einem *meister Heinrîch* (v. 98ff.), der ihm zuvorgekommen sei und ein *liet* über die Jugend Mariä und ihre Mutter, die heilige Anna, gedichtet habe, weshalb Konrad dies nicht habe wiederholen und die eigenen dichterischen Prinzipien gefährden wollen (v. 129ff.). Über diesen Heinrich und sein Werk ist nichts bekannt. Konrads Gesprächigkeit über den literarischen Hintergrund seines Werks, die auch seine Erzählabsicht darlegt, wirkt wiederum relativ modern. Dasselbe gilt für die Erzählerrolle, die er in seine Geschichte einbaut. Sie ist zwar nicht so ausgeprägt wie in den entwickelten höfischen Romanen, fällt aber im Vergleich zu anderen Bibelepen auf. Es gibt Passagen, in denen das Ich des Erzählers wiederholt vorkommt und sich sogar wie Hartmann oder Wolfram kleine Scherze erlaubt. Er erklärt sich z. B. bereit, die Sitzordnung und Bedienung zu beschreiben, als die Heilige Familie bei ihrem zweiten Besuch vom guten Schächer festlich empfangen wird (v. 2409ff.), leitet dann, als es um die köstlichen Speisen geht, zu dem Unfähigkeitstopos über, er besitze nicht die Kunst, sie zu beschreiben. Er unterminiert aber auch dies, indem er hinzufügt, daß es ihm sowieso nicht gelingen könnte, weil er nicht anwesend war. Die Ebene des Geschehens und die des Erzählens werden durcheinandergewürfelt. Es scheint, daß Konrad auch mit dem Prinzip der dramatischen Ironie vertraut war. So wissen Konrads Zuhörer, als die Armut von Josephs Reisegruppe deutlich geworden ist, daß die spöttischen Worte der anderen Räuber, mit denen sie sich ironisch über die herrliche Beute des guten Schächers lustig machen, ironischerweise buchstäblich wahr sind, so daß die Ironie schließlich auf die Spötter zurückfällt. Dramatische Ironie ist auch gegen den Lehrer gerichtet, als er in seinem Zornausbruch gegen den jungen Jesus sagt: *„dîn wîsheit ist unmenschlîch"* (v. 2985ff.), denn seine Worte sind wahrer als er weiß; mit *unmenschlîch* meint er: „geht über das Menschliche hinaus, weil es etwas Teuflisches an sich hat", während wir wissen: „weil es göttlich ist".

Konrad benutzt wie Priester Wernher vor allem das ‚Pseudo-Matthäus-Evangelium' als Quelle und bleibt ihm treu, obwohl sein Werk zusätzliches Material enthält, das dort nicht begegnet. So fehlt im ‚Pseudo-Matthäus' die Episode mit den Räubern, deren Doppelempfang bei dem guten Schächer Konrad zur Konstruktion eines doppelten Kursus nach dem Muster des Artusromans nutzt. Ob er eine Version des ‚Pseudo-Matthäus-Evangeliums' kannte, in der die Schächer-Episode schon enthalten war -- die Integration ist erst im 14. Jahrhundert belegt --, oder ob er sie aus einer anderen Quelle hinzugefügt hatte, ist nicht zu ermitteln, doch ist die erste Möglichkeit wohl die wahrscheinlichere.

Wie die Überschrift der Handschrift B verdeutlicht, konzentriert sich Konrad vornehmlich auf die Kindheit des Heilands: Flucht nach Ägypten, Kinderspiele, Spielfreunde, Schule usw., aber alles mit gehörigen Wundern. Trotz Überschneidungen, die vor allem die Zeit vor der Geburt Christi betreffen, z. B. die Anklagen gegen Maria und Joseph, die Wasserprobe (v. 573ff.) usw., erzählt Konrad Szenen aus dem ‚Pseudo-Matthäus-Evangelium', die Priester Wernher nicht aufnimmt. Sie stellen zumeist die Wunder dar, die Jesus als Kind vollbringt: die Erweckung eines bei einem Unfall umgekommenen Schulkameraden, wobei Jesus fälschlicherweise der Verantwortung für den Tod bezichtigt wird (v. 2663ff.); die Verlebendigung tönerner Vögel (v. 2910ff.); die Zurechtweisung des besserwisserischen Lehrers, der ihn schlägt (v. 2941ff.). Mit dieser Episode hört die Erzählung plötzlich auf. In Wahrheit scheint sie eher abzubrechen und jäh in den Epilog überzugehen, als zu enden. Der Eindruck wird dadurch verstärkt, daß sich Konrad an dieser Stelle in der Version der Handschrift B halb entschuldigt und sagt (v. 3005ff.), daß er nie zu Ende gekommen wäre, wenn er in seiner Quelle oder in anderen Büchern weitere Geschichten gefunden hätte. Daß hier etwas nicht völlig zufriedenstellend ist, bestätigt die Handschrift A, die an derselben Stelle einen überleitenden Abschnitt bringt, der straffend auf das weitere Leben, den Tod und die Himmelfahrt Christi hinweist.

Mit seiner Auswahl aus den Kindheitsszenen hat sich Konrad den Vorwurf eingehandelt, er schildere Jesus bloß als kleinen Zauberer. Hinter ihr steht wohl der Eifer, die Allmacht des Heilands schon in seiner Kindheit darzustellen und auf einer weltlichen, volkstümlichen Ebene mit Einzelheiten des alltäglichen Lebens auszumalen. Die Ansicht, daß Priester Wernher solche Szenen als der Behandlung unwürdig erachtet habe, mag ihre Richtigkeit haben. Wernher verfügte über eine theologische Schulung und mag wohl, wie spätere Theologen auch, Unbehagen über die abergläubischen, an Ketzerei grenzenden Exzesse der Laien empfunden haben, die darin zum Ausdruck kommen. Dagegen dürfen wir nicht vergessen, daß Wernher auf die beabsichtigte Struktur seines Werks ausdrücklich hingewiesen und zum Programm erhoben hatte, nicht von seinem mariologischen Hauptthema abgelenkt zu werden (D v. 2821 ff.). Gleichgültig, was man über Konrads Auswahl der zu behandelnden Szenen denken mag, verdienen seine Gestaltung des Stoffs und seine flüssige Erzählkunst Aufmerksamkeit. Es überrascht nicht, daß das Werk – wie die Überlieferung zeigt – Erfolg gehabt hat.

Von den ‚Gesta Pilati' als Teil des ‚Evangelium Nicodemi' war schon die Rede. Der Stoff findet sich in der deutschen Dichtung unseres Zeitraums nur in den 621 erhaltenen Versen eines fragmentarisch und anonym überlieferten ‚Pilatus'-Gedichts. Er ist überwiegend legendär, aber er ergibt keine Legende von der Art, wie wir sie besprochenen haben. Andererseits gehört das Gedicht nur in einem sehr begrenzten Sinne zur Bibelepik, da die kanonischen Evangelien in sehr geringem Maße an seinem Inhalt Anteil haben. Aufgrund der apokryphen Beziehungen und des narrativen Niveaus ist die Behandlung des ‚Pilatus'-Gedichts nach dem Werk Konrads von Fußesbrunnen wohl der am wenigsten ungeeignete Platz.

Soweit das Fragment ein Urteil erlaubt, ist das Gedicht als selbstbewußtes, gekonntes Erzählwerk mit legendärem, geistlichem Stoff mit Hartmanns ‚Gregorius' vergleichbar, obwohl der „Held" keineswegs ein Heiliger ist. Die mittelalterlichen Pilatus-Erzählungen entwickelten sich in zwei entgegengesetzten Richtungen, was aber nicht verhinderte, daß sie gegebenenfalls miteinander verbunden bzw. aneinandergereiht erscheinen. Auf der einen Seite stand der Versuch, zu einem ausgefüllten, abgerundeten Bericht über das Verhör Christi vor Pilatus zu gelangen und geeignete Zeugen zu gewinnen, die die Wunder, Mildtätigkeit, Unschuld und Göttlichkeit des Heilands sowie die Schuld und die meineidige, verräterische Untreue seiner Gegner enthüllen konnten. Pilatus wurde dabei als ein gerechter, unparteiischer, aber letzten Endes gegenüber der Zahl und dem Haß der Verschwörer und dem gegen Christus aufgehetzten Volk hilfloser Richter dargestellt. Auf der anderen Seite wurde Pilatus zu einer Judas-Gestalt, die nicht nur die Ermordung Christi verschuldete, sondern durch frühere Morde an die Macht gekommen und später mit Selbstmord endete. Daß dieser Pilatus als unehelicher Sohn des Tyrus – eines Königs an Maas, Main und Rhein – in Deutschland gezeugt, geboren und erzogen wurde, hat das Interesse an dem Stoff unter wißbegierigen Deutschen sicherlich wenig gedämpft.

Ein ungewöhnlich langer und kunstvoller Prolog (176 Verse) behandelt die folgenden Themen: die Schwierigkeit des Dichtens auf Deutsch; die Fähigkeit, die von Gott stammt und dem Dichter hilft, die eigenen Gedanken zu entwickeln; eine Bitte an Gott, dem Dichter die Hilfe des Heiligen Geistes zu gewähren, damit er eine Geschichte erzählen kann, die zu der Zeit stattfand, als der Gottessohn von Maria geboren wurde; Lob der Jungfrau und die Bitte an sie, dem Dichter in der würdigen Gestaltung ihres Lobs beizustehen; ein langes Lob der Jungfrau; der Wunsch, die Erzählung möge dem Dichter gelingen, der jetzt von denjenigen sprechen will, die sich gegen den Gottessohn verschworen hatten, und von dem, der ihn verurteilt hatte. Wir hören, wie der sternkundige Tyrus während einer Jagd am Stand der Sterne abliest, daß die Stunde die Erzeugung eines klugen und später berühmt werdenden Kindes begünstigt. Da seine Gattin nicht mit auf der Jagd ist, läßt er Pîla, die Tochter des armen Müllers Atus, bringen und zeugt mit ihr Pilatus. Dieser wird nach einigen Jahren an den Hof des Tyrus in Mainz gebracht und zusammen mit seinem Halbbruder dort erzogen. Wegen der überragenden Eigenschaften des Pilatus kommt es zwischen den beiden zu einer Rivalität (v. 360ff.) – in Widerspruch zur Quelle, wo der Halbbruder der Überlegene war –, bis Pilatus, weil der legitime Halbbruder bessere Beziehungen zu den Menschen hat, diesen schließlich erschlägt. Anstatt Pilatus hinzurichten, schickt man ihn als Geisel zu Julius Caesar nach Rom. Dort erschlägt er aus Eifersucht den ebenfalls als Geisel gehaltenen Sohn des Königs von Frankreich. Als Strafe wird Pilatus zum wilden Volk des Landes Pontus verbannt, wo er gegen alle Erwartung nicht umkommt, sondern die rauhen Eingeborenen bezähmt. Der König Herodes, der in den aufsässigen Juden ein ähnliches Volk zu bändigen hat, holt den nun Pontius Pilatus Heißenden zu sich nach Judäa. An dieser Stelle endet die von Anfang an unvollständige Abschrift in der verlorenen Straßburg-Molsheimer Abschrift: *hî ist ûz pilâtus.*

Wir besitzen nur 621 Verse des Gedichts. Die Länge und das anspruchsvolle Niveau des Prologs legen den Gedanken an ein umfangreiches Werk nahe, das dem ‚Evangelium Nicodemi' entsprechend möglicherweise über das Leben des Pilatus hinaus erzählte. Das Selbstbewußtsein des Dichters, wie es sich etwa in den gekonnten Demutsformeln und dem kunstreichen Lob Marias (besonders v. 92–142) zeigt, läßt keinen Anfänger vermuten.

Der Abstand zwischen dem hochrhetorisierten Prolog und den im Vergleich mit diesem nüchternen Erzählpartien überrascht nicht und bedeutet keineswegs, daß der Versuch, durch den stilistischen und formalen Vergleich mit anderen Texten die allgemeine literarhistorische Entwicklungsstufe zu erkennen und ein ungefähres Bild von der Entstehungszeit zu gewinnen, vergeblich ist. Auch bei anderen Dichtern der Blütezeit sticht die Bravour der Sprachkunst des Prologs von der der Erzählung ab. Das Phänomen erklärt sich durch den natürlichen Wunsch des Dichters, gleich bei der exponierten Eröffnung des Gedichts zu brillieren, und aus der Tatsache, daß vor allem für dieses rhetorische Versatzstück Muster und Lehrsätze in Fülle vorlagen.

Der Versuch, den ‚Pilatus' zu datieren, hat die in der neueren Forschung wieder ernsthaft diskutierte Möglichkeit in Betracht zu ziehen, daß Herbort von Fritzlar der Dichter war. Sein ‚Liet von Troye' haben wir (s. o. S. 281 f.) in die Zeit bald nach 1195 gesetzt. Das Wachsen des dichterischen Könnens und Selbstvertrauens, das man im Verlauf schon dieses Werks spüren kann, scheint sich im ‚Pilatus' fortzusetzen. Sollte es sich um denselben Dichter handeln, so kann der ‚Pilatus' nur das spätere Werk sein. Bei einem Vergleich haben wir allerdings in Rechnung zu stellen, daß die jeweiligen Quellen denkbar verschieden sind. (Im ersten Fall war die Quelle sprachlich schon fertig, schon volkssprachlich und schon ein Versroman: eben der ‚Roman de Troie' Benoîts de Sainte-Maure. Im zweiten lag ein apokryphes lateinisches Prosa-Evangelium vor.)

Die Merkmale, die an Herbort als den Dichter des ‚Pilatus' haben denken lassen, sind zahlreich und verschiedenartig. Gemeinsam ist zunächst die Mundart, die nach Edward Schröder auf Mittelfranken – Moselfranken oder Lahnfranken – weist. Schröder hat des weiteren in den Reimen „beider" Dichter Gemeinsamkeiten nachgewiesen, was sowohl die mundartlichen Aspekte des Reimklangs als auch die künstlerische Seite der Reimpraxis betrifft, z. B. Vorliebe für bzw. Abneigung gegen bestimmte Reimtypen, etwa klingende oder rührende Reime usw. Weiter wurde bei Herbort und im ‚Pilatus' eine ähnliche Selbständigkeit in der Figurenzeichnung gegenüber der Quelle festgestellt. Es ist nicht zu beweisen, daß Herbort der Dichter war; wir stünden vor ähnlichen Problemen, wenn wir bei anderen Werken der Zeit durch interne Indizien zu beweisen hätten, daß sie von dem Dichter sind, der sich nennt. Wenn wir nicht bereit sind, den ‚Pilatus' Herbort zuzuschreiben, sind wir gezwungen, einen weiteren, mindestens ebenso begabten anonymen Epiker zu postulieren. Die Frage bleibt offen.

## Formen der Rede

### Allgemeines

Man versteht heute unter „Literatur" in erster Linie „schöne" Literatur, grob gesagt Literatur, unter deren Zielen die Unterhaltung eine wichtige, wenn nicht die wichtigste Rolle spielt. Dabei umfaßt „Unterhaltung" auch Tiefes, und der ästhetische Genuß, auf den sie zielt, entspringt dem Inhalt und dem Medium – der kunstvollen Sprache. Daß Literaturtypen, die durch Inhalt, Form und Sprachgebrauch gekennzeichnet sind, eher Übergänge als klare Abgrenzungen kennen, liegt auf der Hand. Darstellungsweise, Form und Stil tragen dazu bei, daß wissenschaftliche, philosophische, theologische oder historische Schriften in „Literatur" übergehen können.

Die Frage verschärft sich, wenn wir von mittelalterlicher Literatur reden. Wir sehen uns mit der Frage konfrontiert, was mittelalterliche Menschen als Hörer oder Leser empfanden, welche Kategorisierung sie vorgenommen und als Dichter beachtet haben. Daß uns bis lange nach der Blütezeit theoretische Äußerungen über die volkssprachige Literatur fehlen, erschwert die Situation, und wir dürfen nicht annehmen, daß die lateinische Literaturtheorie – ob aus dem Altertum übernommen oder im Mittelalter entwickelt – einspringen kann, unmittelbar auf die volkssprachige Literatur anzuwenden ist und Licht auf sie wirft. Die U n t e r s c h e i d u n g zwischen Lehre und Unterhaltung ist z. B. dem Mittelalter fremd, was aber nicht besagt, daß in den betroffenen sozialen Kreisen in der Praxis Unterhaltung nicht ebenso wichtig war und eine so bedeutende Rolle spielte wie heutzutage. Daß ein Großteil unserer mittelalterlichen Literatur zum Vortrag bestimmt war, verunklart z. B. den situativen Unterschied zwischen Lektüre und Aufführung, der sonst die Unterscheidung zwischen Textsorten – etwa zwischen dem Roman, der Legende, dem Drama, der Lyrik oder der Predigt – erleichtern könnte.

Die andersartige mittelalterliche Einteilung und Einschätzung der Literatur hat verschlungene Wurzeln. Die literarische Rolle des Christentums als partielle Quelle der Stoffe und alleiniger Erzeuger-Vermittler des Mediums Schrift zeigt sich in der anfangs ausschließlich und noch lange vorherrschend geistlichen Natur des Schrifttums in deutscher Sprache. Die dahinterstehende geistige Einstellung blieb noch lebendig, als Geistliche angefangen hatten, für Laien Werke zu dichten, die das vorherrschend Geistliche abgestreift hatten und sich als weltliche Texte oder geistlich-weltliche Mischformen darstellen. Solche finden wir beim Pfaffen Lamprecht, Pfaffen Konrad und Veldeke (s. Bd. I/2, S. 163 ff.; auch oben S. 398 ff.). Auch formale Kriterien ermöglichen keine deutliche Kategorisierung, denn die geistliche Epik z. B. bedient sich nicht nur des Verses, sondern überwiegend sogar der Reimpaarverse wie die höfische Epik mit weltlichem Stoff.

In einer Blütezeit, in der beinahe alles im Werden war, zeichnen sich feste Umrisse nicht ab. Dies weist auf die unaufhaltsam gärende Erfindungskraft der Zeit. Neben allem Traditionalismus prägt die Experimentierlust vielfältig die literarische Praxis, sei es in der Erschaffung oder in der Wahl, der Einfuhr und der weiteren Entwicklung des Neuen, Fremdartigen. Ein Ergebnis ist, daß in unserem kurzen Zeitraum Werke geschaffen werden, die – nach der Überlieferung zu urteilen – gattungsmäßig als das literarische Gegenstück zum Hapax Legomenon – dem nur einmal belegten Wort – erscheinen. Dagegen enthüllen sie sich im Blick auf die weitere Entwicklung als Vorläufer späterer Literaturtypen. Wir stehen nochmals vor der praktischen Schwierigkeit, daß wir „Gattungen" zu schildern haben, die einstweilen aus einem einzigen Exemplar bestehen. Solches Aufsprießen darf man einer Blütezeit aber kaum zum Vorwurf machen.

Der Kern einer literarischen Form, die wir „Rede" nennen, ist der Inhalt, der vorwiegend Auskunft als Lehre präsentiert. Diese kann philosophisch-moralischer, religiöser oder praktischer Art sein und kann abschreckend, ermahnend, beispielgebend, informierend oder einfach mnemonisch wirken. Die verschiedenartigsten Mischungen treten auf, doch bleibt die Absicht zu belehren ihr Bindeglied (s. Bd. I/2, S. 119f.).

Dieser Gebrauch des Terminus „Rede" geht auf mhd. *rede* zurück, das neben seiner Hauptanwendung als „Rede, Rechenschaft, durch die Sprache Vermitteltes" als Bezeichnung für literarische Texte – in Prosa oder Versen – diente; auch epische Werke, etwa Erzählungen und Romane gehören dazu, obwohl für diese in der Blütezeit *maere* und *âventiure* allmählich vorherrschen. Dagegen behauptet sich *rede* als Terminus für Abschnitte in längeren Werken und selbständigen Schriften, in denen Vermittlung von Wissen das Hauptanliegen ist. In diesem letzten Sinn wird das Wort hier benutzt.

Die vergleichende Literaturgeschichte weist auf eine Schicht mündlicher Lehrdichtung in den frühen germanischen Literaturen, die am deutlichsten in der Gnomik zutage tritt, aber auch Didaktisches, Geschichts- und Rechtswissen vermittelt hat (s. Bd. I/1, S. 75ff.). Die Verschriftlichung dieser mündlichen Lehrdichtung gelingt am deutlichsten in der frühen, gnomischen Spruchdichtung. Die wenigen Lehrschriften aus unserem Zeitabschnitt bilden aber ein mageres Inventar von heterogenen Werken, die auf ganz unterschiedliche Weise den Anspruch erheben, als „Lehrdichtung" zu zählen: Das ‚Predigtbuch' des Priesters Konrad; die Minne- und Sittenlehre ‚Der heimliche Bote'; der ‚Lucidarius', ein Kompendium des Wissens in Dialogform; die ‚Klage' Hartmanns von Aue, ein Streitgespräch über die Minne; ‚Der Welsche Gast' Thomasins von Zerklaere, ein Verstraktat, in dem Fragen der Religion, Moral, Ethik und Sitten abgehandelt werden; zwei Verhaltenslehren für junge Leute, ‚Winsbecke' und ‚Winsbeckin'.

## Predigt

Neben der unübersehbaren Masse lateinischer Predigten aus dem frühen und dem hohen Mittelalter erscheinen bald Reste volkssprachiger Beispiele (s. Bd. I/1, S. 251ff.) und der Prozeß der Predigtübersetzung und -bearbeitung setzte sich in frühmhd. Zeit fort (s. Bd. I/2, S. 45ff. und 120ff.). Die wichtigsten frühen Sammlungen sind die deutsche Bearbeitung des ‚Speculum ecclesiae' des Honorius Augustodunensis, die ‚Oberaltaicher Sammlung', die ‚Leipziger Sammlung' und das ‚Predigtbuch' Priester Konrads, das wahrscheinlich allein dem Zeitraum dieses Bandes zugehört. Die Datierung der erhaltenen deutschen Texte bleibt problematisch, u. a. weil sie auf lateinische Predigten angesehener kirchlicher Schriftsteller zurückgehen und immer wieder – neu bearbeitet oder nicht – abgeschrieben wurden. Der lebendige Umgang mit den Texten hat zur Folge, daß sich oft nicht mehr als die Lebenszeit des ursprünglichen Autors als weit zurückliegender und daher nichtssagender Terminus post quem bietet.

Es existiert aber im 12. Jahrhundert noch keine mhd. Predigtsammlung, die von einem profilierten Individuum geprägt wurde. Das ändert sich um die Mitte des 13. Jahrhunderts mit dem Werk Bertholds von Regensburg (s. Bd. II/2, S. 69ff. und 173ff.). Eine halbe Ausnahme liegt aber in der Predigtsammlung des Priesters Konrad vor. Eine Ausnahme, weil wir bei diesen Bearbeitungen lateinischer Predigten den Namen des Bearbeiters zu hören bekommen – aber eine nur halbe, weil es sich nicht um die Rhetorik einer praktischen Predigertätigkeit handelt, sondern um die Erstellung paradigmatischer Muster, nach denen sich Priester beim Verfassen von Predigten für die Laiengemeinden richten konnten. Dies soll Konrads Leistung nicht schmälern. Ihre Bedeutung ist am regen Prozeß des Abschreibens, Bearbeitens und Verbesserns seiner Predigten abzulesen, der sich noch in den Handschriften des 14. und 15. Jahrhunderts beobachten läßt.

Konrads Predigtsammlung erscheint ganz oder teilweise in 12 Handschriften, deren Entstehung vom späten 12. Jahrhundert bis zum Jahre 1451 reicht. Daß wir seinen Namen kennen, beruht auf der Redaktion der Sammlung, die die Wiener Handschrift W1 überliefert (nach neuester Forschung allerdings sehr spät: im 3. Viertel des 13. Jahrhunderts entstanden). Konrad bezeichnet sich in der Vorrede als *ego Cûnradus prespiter*; *prespiter* „Priester" – wie das Übersetzen selbst – deutet auf ein Interessensgebiet, das Laien als Zielgruppe im Auge hatte. Dies unterstreicht die Angabe, daß das Predigtbuch für *plebeis et popularibus prespiteris* bestimmt war: für „Prediger, die sich an das Volk wenden". Konrad hat vermutlich nach der Mitte bzw. gegen Ende des 12. Jahrhunderts in Tirol gewirkt.

Die Predigten gehen z.T. auf eine nicht erhaltene Kompilation (Y*) zurück, eine umfangreichere deutsche Sammlung aus der Mitte des 12. Jahrhunderts; Konrad hat auch andere mhd. und lateinische Predigten benutzt. Die lateinischen Autoren, aus denen er schöpfte, sind oft erkennbar, aber es bleibt offen, ob er sie unmittelbar benutzte oder auf lateinische Predigten zurückgriff, in denen sie schon bearbeitet waren.

Daß Konrads ‚Predigtbuch' im vorangehenden Band unserer Literaturgeschichte vorkam (Bd. I/2, S. 120 und 124), erklärt sich nicht nur aus der Unsicherheit der Datierung. Die Musterpredigt stellt – wie die Predigt selbst – eher eine Tätigkeit als einen Gegenstand dar. Wir haben daher das Moment der fortwährenden Bearbeitung zu berücksichtigen, das die Überlieferung des ‚Predigtbuchs' prägt. Die Predigten waren daher nicht nur in Konrads Händen Produkte verschiedener Zeitalter; die verschiedenen Handschriften des ‚Predigtbuchs' stellen vielmehr verschiedene Entwicklungsstufen dar. Dies gilt für die Gestaltung des ‚Predigtbuchs' und seinen Sprachstil.

Auf dem ersten Gebiet bezeugen Aufbau und Anordnung der Predigten in der Handschrift W1 diesen lebendigen Umgang mit der Überlieferung. Wie Mertens gezeigt hat, geht ihre dreifache Gliederung nach dem Inhalt in „Predigten für die Sonntage und Feste des Kirchenjahrs [...], Predigten für bestimmte Heiligenfeste [...] und Predigten für Heiligenfeste allgemein" nicht auf Konrad zurück. Für Mertens gilt die Wiener Handschrift als zuverlässig, soweit es sich um den Bestand der Predigten handelt, nicht aber im Hinblick auf ihre Anordnung. Die Frage des Umfangs erhebt sich ebenfalls. Die Länge einer Predigt Konrads kann von Handschrift zu Handschrift verschieden sein, eine Variation, die bei den einzelnen Schreibern/Bearbeitern Prinzip zu sein scheint. So war nicht für jede Gemeinde dieselbe Länge geboten, und es stand nicht bei jeder Gelegenheit – selbst für das gleiche Heiligenfest – dieselbe Zeit für den Gottesdienst zur Verfügung, weshalb Kürzung und Ausdehnung zum Modus vivendi der Gattung gehören. Auch auf dem Gebiet des Stils bleibt Konrads eigene Leistung unklar, z.B. ist der Anteil möglicher deutscher Vorlagen nicht zu bestimmen.

Obwohl Konrads eigener Beitrag nicht auszusondern ist, prägt ein fühlbarer Stil das ‚Predigtbuch' als ganzes. Wie Mertens' Analyse beispielhaft gezeigt hat, legt Konrad eine Sprachkunst an den Tag, die trotz der anspruchsvollen hypotaktischen Satzstrukturen den Sinn für eine Gemeinde von Zuhörern klar hervortreten läßt und eine Leserschaft von nacheifernden Predigern exemplarisch anzuspornen vermag. Er gibt ein musterhaftes Beispiel für den begabten und bescheidenen Dienst am Wort und an der Sache, das die (wenigen) anderen Prosawerke der Blütezeit sprachlich in den Schatten stellt. Daß aber eine spürbare Wirkung seines ‚Predigtbuchs' nicht sichtbar ist, liegt daran, daß seine Hauptrezeption in der mündlichen Praxis der Priester zu liegen hatte, die Texte mit Modellfunktion benötigten. Es ist daher unmöglich, Konrads flüssigen, zielstrebigen Stil zeitlich festzulegen, seine Rezeption nachzuzeichnen oder ihm gebührend eine Rolle in der Entwicklung des Prosastils der Blütezeit zuzuschreiben.

## Verhaltenslehre

### *Minnereden*

In der höfischen Epik und Lyrik herrscht eine stark normative, moralisierende Einstellung, und aus den exemplarischen Situationen ziehen die Dichter – bzw. ihre Sprecherrollen – wiederholt explizit die Lehre. Es ist daher schon aus praktischen Gründen unerläßlich, bei den Formen der Rede, die als Verhaltenslehren bezeichnet werden, zwischen Werken zu unterscheiden, die sich von der Gattung her vorsätzlich mit Lehre abgeben, und jenen, auf die die Lehre als Seitensproß einen bedeutenden, aber partiellen Schatten wirft. Weitere Gegensätze liegen z.B. darin, ob die Lehre geistlicher oder weltlicher Art ist, ob sie der Gesellschaft im allgemeinen oder speziell dem Hof gilt und ob sie auf das Verhalten generell zielt oder thematisch spezialisiert ist, etwa auf die Minne. Von den vier

Verhaltenslehren aus unserem Zeitraum befaßt sich Hartmanns ‚Klage' am intensivsten mit der Minne, während Thomasins ‚Welscher Gast' eine breite Lehre für das ganze Spektrum des Hoflebens bietet, in der die Minne ihren Platz erhält; ‚Der heimliche Bote' und die Winsbeckischen Gedichte nehmen eine Mittelstellung ein. Gestreift wird das Thema Minne schon in einer Verhaltenslehre, die vor unserem Zeitraum (oder zu seinem Beginn) entstanden ist, dem nach seiner Quelle so genannten ‚Moralium dogma philosophorum' Wernhers von Elmendorf (s. Bd. I/2, S. 97ff.; S. 152f.). Die ethisch, seltener religiös orientierte Darstellung des richtigen Verhaltens des Menschen, der mit Höfen zu tun hat, bezieht sich nicht auf das „Höfische" im Sinne der folgenden Jahrzehnte. Die Vorschriften zielen auf viele Sphären des Lebens, auch kurz auf die Liebe (v. 339ff.), aber eher als Warnung denn als Ermahnung (v. 439ff.). Nach einer relativen Pause im 13. Jahrhundert begannen lehrhafte Gedichte über die Minneproblematik zu wuchern (s. Bd. II/2, S. 152f.).

Verschiedene Bezeichnungen waren für diese Gedichte über die Minne üblich. Man sprach von „Minneallegorien", weil sich eine Reihe von Texten einer allegorischen Darstellungstechnik oder durchgehaltener Personifizierung bedient. Wegen Zweifel, ob sie wirklich Allegorien waren, und der Tatsache, daß viele Texte sie nicht enthielten, einigte man sich allmählich auf ‚Minnerede' als den umfassendsten Oberterminus. „Minne-" erfaßt vom Inhalt her einen Gedichtypus, der in der Zeit nach 1300 eine dominierende Rolle spielte; „-rede" läßt den Terminus „Rede" im Sinne von „belehrender Literatur" anklingen und hebt hervor, daß die Gedichte als Reden gestaltet werden. Sie sind entweder als fiktive Monologe an einen als gegenwärtig gedachten Adressaten gerichtet (‚Der Winsbecke' und der erste Teil des ‚Heimlichen Boten) oder sie sind Dialoge zwischen Personen (‚Die Winsbeckin') oder zwischen personifizierten Eigenschaften bzw. menschlichen Körperteilen (Hartmanns ‚Klage').

‚Der heimliche Bote' ist die früheste erhaltene deutsche Minnelehre. Er ist ein Unikum: zeitlich, räumlich und entwicklungsgeschichtlich kaum einzuordnen. Es existiert ein einziges, beschädigtes, durch chemische Behandlung teilweise unlesbar gewordenes Blatt, das in einer lateinischen Handschrift des 12. Jahrhunderts eingeheftet war. Die Schrift des Blattes weist auf das erste Viertel des 13. Jahrhunderts. Versuche, es über die Sprache zu lokalisieren, schwanken in ihren Ergebnissen zwischen aleman. Herkunft und mitteldeutschem Ursprung mit aleman. Überlieferung. Eine Entscheidung über Datierung und literarhistorische Einordnung hängt von dem literarischen Kontext ab, in den man das Werk stellen will. Sieht man den Ursprung in einem Versuch, deutschen Laien eine lehrhafte lateinische Schrift über das rechte moralische Verhalten am Hof – vornehmlich auf die Beziehung zwischen den Geschlechtern bezogen – zugänglich zu machen, so wäre eine Entstehung beinahe zu jeder Zeit in der zweiten Hälfte des 12. Jahrhunderts denkbar. Deshalb wurde ‚Der heimliche Bote' schon im vorangehenden Band behandelt (Bd. I/2, S. 151). Will man ihn aber mit der von Frankreich ausgehenden höfischen Kultur verbinden, insbesondere mit der höfischen Minne und dem Minnesang, so hat man ihn in die Zeit um oder nach 1180 zu setzen. Da wir das Erscheinen einer Lehrschrift über das Thema als sekundäre Stufe der immer noch jungen deutschsprachigen Beschäftigung mit der Minne betrachten, vermuten wir zögernd eine spätere Entstehungszeit nach 1180. So gesehen, wäre die wenig entwickelte Sprach- und Verskunst als Zeichen der Entstehung nahe an 1180 oder als mangelhaftes Können ohne chronologische Aussagekraft zu deuten. Die Struktur verhilft zu keinem Verständnis, denn obwohl die fünfzig Reimpaare nicht einmal die erste Seite des Blattes füllen, fallen sie in zwei Teile auseinander, jeder von einer anderen Hand geschrieben.

Die ersten 56 Verse sind die fiktive Rede des Boten eines Mannes an eine Dame. Sie sind eine Ermahnung, sich nur d e m Mann zu schenken, der fähig ist, richtig zu lieben, Liebe zu erwecken und sie zu verheimlichen. Vor Männern wird gewarnt, die durch Aussehen oder ritterliche Kampfkraft zu imponieren hoffen. Solche vernachlässigen die Frauen im Gegensatz zum guten Liebhaber, der nach der Lehre des Buches ‚Phaset' zu lieben wisse. Der zweite Teil (44 Verse) ist ein Rat an die Männer: Der Mann solle durch demütigen Dienst vorankommen. Selbst einer, der an Armut leidet, könne dies durch Güte und wohlanständiges Benehmen überwinden und die Gunst seiner Mitmenschen gewinnen.

Wurden die beiden Teile des ‚Heimlichen Boten' nur deshalb zusammengebracht, weil sie von demselben Dichter stammen? Oder hat man ein unabhängiges Gedicht eines anderen Dichters einfach aus thematischen Gründen als männliches Pendant an die Frauenlehre angehängt? Sprachliche Unterschiede fallen nicht auf, was bei der winzigen Sprachprobe nicht überrascht, und eine einheitliche Sprachfärbung hätte auch durch regionale Überlieferung entstehen können. Oder handelt es sich trotz des Schreiberwechsels doch um ein einziges Werk? Die Identität des Redners im zweiten Teil wird nicht klar. Darin kommt die Phrase „wie ich ihm rate" zweimal vor. Setzt der fiktive Bote des ersten Teils noch in der Gegenwart der Dame seine Frauenlehre mit einer Männerlehre fort? Undenkbar ist das nicht, aber unwahrscheinlich. Der zweite Teil ist keine Minnerede mehr, aber die den Männern anempfohlenen Tugenden könnten als die Kehrseite der Frauenlehre gemeint sein, der Weg, den die Männer gehen müssen, um die vorher aufgestellten Bedingungen zu erfüllen.

Die Quelle des ‚Heimlichen Boten' – falls es eine solche gab –, muß ein lateinischer oder ein romanischer Text gewesen sein. Auf das im Gedicht erwähnte Buch ‚Phaset', das „von guter Minne viel erzählt", geht der Dichter nicht ein. Mindestens zeigt die Anspielung Kenntnis der lateinischen Liebesliteratur. Gemeint ist der ‚Facetus moribus et vita', eine schwer datierbare mittellateinische Schrift in der Nachfolge Ovids. Für unsere Auffassung des Aufbaus des ‚Heimlichen Boten' könnte es von Bedeutung sein, daß der ‚Facetus' Ratschläge in Sachen Liebe für Frauen und Männer bietet.

Wir behandeln zunächst die Winsbeckischen Gedichte, weil sie sich, obwohl jünger als Hartmanns ‚Klage', trotz typologischer Unterschiede eher zum ‚Heimlichen Boten' stellen. ‚Der Winsbecke' und ‚Diu Winsbeckin' sind gut überliefert. Daß sie erst spät in den im späten 13./frühen 14. Jahrhundert einsetzenden Liederhandschriften erscheinen, rührt daher, daß sie – vermutlich wegen des Themas – in die Überlieferung des Minnesangs gerieten.

Der ‚Winsbecke' erscheint vollständig in sechs Handschriften, darunter der Weingartner und der Großen Heidelberger Liederhandschrift (B und C), und fragmentarisch in fünf weiteren. Die ‚Winsbeckin'-Überlieferung ist spärlicher: vollständig in vier Handschriften, darunter B und C; Fragmente in zwei Handschriften. Die gemeinsame Strophenform ist: zehn Viertakter mit dem Reimschema ababbxbcxc. Reine Reime herrschen vor, aber es erscheinen mehr Freiheiten, als in der mutmaßlich gleichzeitigen Lyrik zu erwarten wären. Die Entstehung des ‚Winsbecken' setzt man um 1210/20 an. Dies beruht aber auf Erwägungen zur literarischen Entwicklung: grundsätzlich wäre eine Entstehung einige Jahrzehnte später ebenso denkbar. Den Terminus a quo liefern Wolfram und Walther, die man sprachlich und inhaltlich überall im ‚Winsbecken' hört. Daß die Anklänge an Wolfram über die Intertextualität hinausgehen, zeigt die Anführung Gahmurets als Muster im ‚Winsbecken' (Str. 18,5ff.). Den Namen „Der Winsbecke" bezeugt lediglich die Hs. C, und dies auch nur in der Überschrift; er bedeutet „der Mann/Ritter von Windsbach", einer Stadt etwas östlich von Wolframs Eschenbach.

Die ersten 56 Strophen sind der älteste Teil des ‚Winsbecken'. Sie bilden ein selbständiges Gedicht, woran eine schwächer bezeugte, von einem anderen herrührende Fortsetzung von 24 Strophen angehängt wurde. In den 56 Strophen unterrichtet ein weiser Mann seinen Sohn über das vorbildliche Verhalten, das wir aus der höfischen Epik und der Spruchdichtung kennen. Neben einem geistlich orientierten Argumentationsstrang läuft ein gnomischer, volkstümlicher, der als sprichwörtlich bezeichnet wird (Str. 33,8ff.). Wir hören den Lehr- oder Minnespruch, befinden wir uns doch in dem Zeitraum, in dem der Spruch als Gattung deutlicher hervortritt. Jede Strophe ist eine Rede des Vaters an den Sohn. Die Lehre umfaßt Themen, die für ein christliches Leben grundlegend sind; sie ist systematisch, aber nicht starr geordnet, d. h. es wird eher assoziativ verknüpft als taxonomisch gegliedert, Abschnitte fließen oft ineinander über.

Ton und Inhalt des Anfangs sind geistlich: im Leben hat man stets an das Jenseits zu denken, was zu den Geistlichen führt (Str. 1–8). Es folgen die Themen Ehe und Minne (Str. 9–16) und eine Hoflehre (Str. 17–46). Diese handelt von Rittertum, Hofzucht, Reichtum (Mahnung zur *mâze*), der Bereitschaft, auf Rat zu hören, und von Untugenden, die den Ritter anfechten (*hôchvart, verligen*, Glücksspiel). Die wirtschaftlich und ethisch richtige Haushaltung wird behandelt, die Reichtum, mildtätige Großzügigkeit und Wohlerzogenheit verlangt und zur *hûsêre* („Ansehen des Hauses") führt (Str. 47–51). Man soll: Gott lieben, wahrhaftig und *zühtic* („gesittet") sein (Str. 52–56).

Die weiteren 24 Strophen sind ein Zusatz. Schon Divergenzen in der Überlieferung lassen aufmerken. Verdächtig ist das Aufgeben des rigoros eingehaltenen Blickpunkts der vorangehenden Strophen, die mit Ausnahme der ersten dreieinhalb einführenden Verse aus den Worten des Vaters bestehen, der jede Strophe mit dem Wort „Sohn" beginnt. Dagegen bietet die Fortsetzung ein Gespräch, in dem der Sohn fünf Strophen spricht, der Vater zwei, der Sohn wieder eine und der Vater sechzehn. Ebenso überrascht in einem zusammenhängenden Werk das jähe Umspringen der Aussage. Der Vater hatte im früheren Teil gelehrt, wie man unter Berücksichtigung des Jenseits hier ein gottgefälliges Leben führen kann. Seine letzten Strophen wirken inhaltlich und in der Kraft ihrer Rhetorik wie ein gültiges Lebensbild, kein Argument, das auf seine Dementierung wartet. Jetzt aber warnt der Sohn den Vater wegen dessen Sünden; dieser sieht das ein, gibt sofort seine sorgfältig begründete Lehre über das rechte Leben im Diesseits auf, plädiert für Abkehr von der Welt, die er in die Praxis umsetzt, indem er seinen Reichtum aufgibt, ein Spital gründet und mit dem Sohn dort einzieht. Es ist ausgeschlossen, daß derselbe Dichter den einheitlichen Sprecherstandpunkt und die konsequent ausgearbeitete Lebensphilosophie der ersten 56 Strophen in den folgenden 24 so aufgegeben hat.

Die Überlieferung der 45 Strophen der ‚Winsbeckin' weicht teilweise von der des ‚Winsbecken' ab, was den Verdacht unterstützt, daß auch diese nicht zusammengehören. Die Strophenform der ‚Winsbeckin' ist die des ‚Winsbecken', die Rollenverteilung steht aber der der ‚Winsbecken'-Fortsetzung näher: die noch gleichmäßigere Verteilung der Reden, hier zwischen Mutter und Tochter, erweckt noch stärker als in der ‚Winsbecken'-Fortsetzung den Eindruck eines Gesprächs. Denkt man an mhd. literarische Muster für die beratende Rolle in den ‚Winsbeckischen Gedichten', so kämen für den ‚Winsbecken' vornehmlich Wolframs Gurnemanz und Trevrizent, für die Fortsetzung der Abt in Hartmanns ‚Gregorius' in Frage. Dabei hätte der quasi-monologische ‚Winsbecke' von den Vorbildern nur den Inhalt, nicht die Gesprächsform. Als Anregung für die ‚Winsbeckin' liegen Veldekes Minnegespräche zwischen Lavinia und ihrer Mutter nahe, was die Erwähnung von Venus – freilich zusammen mit dem ebenfalls genannten Ovidius –, unterstützen könnte (Str. 35). Trotz der Nennung Gahmurets im ‚Winsbecken' geht der Preis „der süßen Jungfrau, Lunete, die stets tugendhaft nach Lob strebte" (Str. 11,6f.), direkt auf Hartmanns ‚Iwein' zurück, denn Wolfram lobt Lunete gerade nicht. Minne spielt in der ‚Winsbeckin' eine größere Rolle als im ‚Winsbecken', aber auch sie wäre nur bedingt als Minnerede zu bezeichnen. Eine ähnlich größere Betonung der Minne war im ersten Teil des ‚Heimlichen Boten' zu beobachten. Alle drei haben gemeinsam, daß sie sich als lehrhafte Reden präsentieren. Wenn der Eindruck, den die Minnereden machten, nicht auf der Lehre allein zu beruhen hatte, müssen wir vermuten, daß solche Texte ihren Reiz aus einer geistigen Hochspannung gewannen, die die geistliche Moral und die gesellschaftliche Ethik der Zeit in Fragen der Minne-Liebe erzeugten.

Mit der ‚Klage' Hartmanns von Aue bewegen wir uns in einer anderen Welt. Früher hieß das nur im Ambraser Heldenbuch (s. S. 257) überlieferte Werk ‚Das Büchlein', weil sich der in der Handschrift folgende Text, der der gleichen Gattung angehört, selbst ein *kleinez büechel* nennt (Haupt hatte auch diesen Text Hartmann zugeschrieben und folglich vom „Ersten" und vom „Zweiten Büchlein" gesprochen). ‚Die Klage' geht auf Hartmann zurück (v. 29f. – s. u.).

Die chronologische Stelle der ‚Klage' in Hartmanns Œuvre erörterten wir im Zusammenhang mit seiner Epik (S. 253). Es liegt nahe, eine Verwandtschaft zwischen dieser Disputation über die Minne – denn um eine solche handelt es sich – und Hartmanns Minnesang anzunehmen. Die gängige Meinung, daß ‚Die Klage' nach ca. 1180 entstanden sei, wird stimmen, ob es b a l d danach geschah, ist aber eine offene Frage, die wir erst nach der Besprechung des Inhalts behandeln.

Ein Sprecher beginnt mit Prolog und Einführung; er erwähnt (v. 6ff.) einen Jüngling, den die Minne besiegt hatte (v. 29f.): *daz was von Ouwe Hartman der ouch dirre klage began*, „das war Hartmann von Aue, der auch diese Klage/Beschwerde begonnen/erhoben hat (hatte)" (v. 1–32). Sein Leib beginnt eine Klage gegen das Herz, dem er vorwirft, ihm durch die Minne zu einer hochgeborenen Herrin endloses Leid verursacht zu haben (v. 33–484). Das Herz erhebt eine Gegenklage, schildert die eigenen Minnequalen und geht zu einer Verteidigung über, in der die für das Werben nötigen Tugenden dargestellt werden; der Ton wird aber versöhnlicher, und die Gegenklage endet mit einem Appell zur Zusammenarbeit, damit Leib und Herz zusammen die Minne der Herrin „verdienen" (v. 485–972). Der Leib verteidigt sich, betont aber die Zusammengehörigkeit von Leib und Herz, denen Gott "eine einzige Seele" gegeben hat (v. 1034f.), und erklärt sich bereit, demütig der einzigen Herrin zu dienen (v. 973–1125). Das Herz begrüßt die neue Einstellung und will guten Rat erteilen, soweit der Leib ihn begreifen kann; die wiederhergestellte korporative Einheit kommt physisch-symbolisch in den sprachlichen Verstrickungen einer ausgedehnten Stichomythie von über hundert Versen zum Ausdruck, mit der der Abschnitt endet (v. 1126–1268). Das Herz empfiehlt dem Leib als Erfolgsrezept einen *zouberlist [...] von Karlingen* (v. 1275ff.) („Zauber aus Frankreich"), für den drei Kräuter notwendig sind, die sich – nach einer Hartmann eigentümlichen Irreführung der Zuhörer – als die höfischen Tugenden der *milte, zuht, demuot* („Freigebigkeit, innere Bildung, Demut") entpuppen – nebst weiteren Eigenschaften (v. 1269–1375). Der Leib erklärt sich zu solchem Minnezauber bereit, d. h. in der Minne höfisch und aufrichtig zu handeln, und endet mit dem Entschluß, der Herrin in Zukunft ewig treu zu dienen (v. 1376–1535). Das Herz sieht sich wieder mit dem Leib vereint; das Herz klagt über die früheren Minnequalen anderer, und jetzt erteilt der Leib die Zurechtweisung, bis sie sich einigen, daß der Leib durch beständige Treue im Namen beider versuchen soll, die Liebe der Dame zu gewinnen (v. 1536–1644). Der narrative Standpunkt ändert sich: Ein neues Ich wendet sich direkt an die Herrin, ein Ich, das Leib und Herz vereinigt und den wieder hergestellten ganzheitlichen Dichter darstellt, obwohl Angst, Verzweiflung, Treue, Hoffnung, die die beiden früheren Akteure bewegt hatten, nachdrücklicher wiederholt werden. In inständigen Bitten an die Herrin verkündet der Redende, er habe ihr Seele und Leib hingegeben, die von nun an für sie allein leben (v. 1645–1914).

Die frühe Datierung bald nach 1180 verlangt, daß Hartmann n o c h ein „Jüngling" ist. Aber deutet schon das „a u c h diese Klage begann" (v. 30) an, daß am Anfang des Gedichts die Zeit, in der die Minne den Jüngling „bezwang", zurückliegt? Seine Werbung wurde damals abgelehnt, obwohl er stets weiterstrebte. Der Dialog zwischen Leib und Herz findet nach dem vergeblichen Minnedienst zu einem Zeitpunkt statt, an dem der Leib endlich meutert – auch die Reaktion des Herzens spricht für eine Zeit des Lernens und der Einsicht. Wir halten den Dialogteil für einen Rückblick nach einem solchen Ringen. Die Worte des Dichters im strophischen Schluß stellen die narrative Gegenwart dar und stammen von dem reiferen, auf den künftigen Minnedienst gefaßt blickenden Dichter. Nichts gibt Anlaß, an Hartmanns Lehrzeit zu denken. (Anspielungen auf andere Werke fehlen: Der Kräuterzauber aus Frankreich [v. 1275ff.] spielt kaum auf Isolds Minnetrank an – er stammte aus Irland.)

Der Schlußteil setzt sich durch den Redner und in der Form von der vorigen Disputation ab. Die Reimpaare weichen strophenartigen Strukturen, in denen Verse durch Häufung der gleichen Reime in einer inständigen Bitte an die Herrin zu Gruppen gebündelt werden. Sechzehnmal hintereinander erscheinen die Kreuzreime *-eit : -unde*, darauf fünfzehnmal *-ant : -ende*, vierzehnmal *-anc :-aere* usw., bis das Gedicht bei zweifacher Reimwiederholung mit dem Vierzeiler endet:

> *Ich han in din gewalt ergeben*
> *die sele zuo dem libe.*
> *dienphach: ja müezen si dir leben*
> *und me deheinem wibe.* (v. 1911 ff.)

(„Ich habe Leib und Seele in deine Gewalt gegeben. Empfange sie: sie müssen ja für dich allein leben und für keine andere Frau.")

Die Häufung der Reimklänge erinnert an die okzitanische Lyrik. Während sich dort jedoch solche Häufungen aufgrund der extensiven Reimmöglichkeiten der romanischen Sprachen mühelos ergeben, bedeutet die größere Anstrengung, sie im Deutschen zusammenzubringen, daß Hartmanns erste, längere Reimreihen eher dringend als zwingend wirken, die späteren, vor allem der letzte inständige Vierzeiler, aber eine feierliche Intensität gewinnen.

Die mittellateinische und die volkssprachige romanische Literatur bot Modelle für die Komponenten der ‚Klage' an, z. B. die Dialogstruktur und den Gebrauch von personifizierten Eigenschaften oder Körperteilen als Redner. Kein Werk käme aber als Quelle für Hartmanns gelungene Verbindung von Minnelehre und Minneklage in Frage. Der eine Typ besteht aus Dialogen, die als *disputationes* zu bezeichnen sind. Hier erweckt der Wortwechsel zwischen den Protagonisten den Eindruck eines Gleichgewichts, obwohl am Schluß einer der beiden recht behält. Ein Beispiel, das wie die ‚Klage' die Liebe zum Thema hat, wäre das scherzhafte Streitgespräch ‚Phyllis und Flora' (Carmina Burana 92), in dem über die relativen Vorzüge des Ritters und des Geistlichen als Liebhaber debattiert wird. ‚Phyllis und Flora' unterscheidet sich aber durch Zutaten der klassischen Ekloge – Inszenierung (*locus amoenus*) und Rahmenhandlung (Amors Gericht und Rechtsspruch) – von Hartmanns innerem Schauplatz. Unter den Formen der Rede erscheint ein anderer Typus des literarischen Dialogs, in dem es wie bei Platon auf den Unterricht ankommt, obwohl den mittelalterlichen Beispielen Platons Raffinesse in der vorgetäuschten, pädagogischspielerischen Egalität der Redner fehlt. Hartmanns ‚Klage' verbindet ein Charakteristikum des ersten Typus, daß die Argumente des Leibs und des Herzens relativ ausgewogen sind, mit einem des zweiten, daß das Ziel ein lehrhaftes und der Ausgang voraussehbar ist.

Die lateinischen Texte kennen weitere Gesprächspaare, z. B. Leib und Seele, Herz und Auge. Die Besetzung der Rollen kann von vornherein den Typus des Dialogs bestimmen: wenn die Akteure z. B. Seele und Leib sind, erlaubt die geistlich-lehrhafte Einstellung am Ende nur eine Entscheidung zugunsten der Seele. Die Thematik kann wiederum die Akteure bestimmen: zur Liebe braucht man das Herz, das im Mittelalter mehr als metaphorisch das geistige Organ, das gegenüber dem Leib höhere Prinzip, ist. Dagegen sind für den Kreuzzug Arme und Beine sehr gefragt, und als Vorkämpfer in Gottes Krieg stehen sie als „Leibteile" dem Herzen, Organ der Minne, hier dem niederen Prinzip, gegenüber (Conon de Béthune/Hausen: s. S. 124). Als es in Hartmanns ‚Klage' zum Ausgleich kommt, muß der Leib, die nun wieder vereinigte höhere Instanz, als Fürsprecher für beide Dialogpartner als Werber eintreten. Auch hierin schafft Hartmann ein in der künstlerischen Zusammensetzung und rhetorischen Handhabung eigenes, unikales Werk.

## *Allgemeine Sittenlehre*

Mit dem einzigen erhaltenen Beispiel einer allgemeinen Verhaltenslehre aus unserem Zeitraum, dem ‚Welschen Gast' Thomasins von Zerklaere, betreten wir eine neue Welt. Selbst im Rahmen der Literatur der Blütezeit bildet Thomasin einen sonderlichen und ganz besonderen Ausnahmefall. Wie der Titel seines Gedichts sagt, ist der Autor ein „welscher", ein romanisch sprechender Fremder. Allerdings einer, der im Territorium und am Hof des Patriarchen Wolfger im Umgang mit den Oberen der Region deutsch sprechen mußte. Wohl von daher hat sein geschriebenes Deutsch regionale, grob als Südostdeutsch zu bezeichnende Züge. Über Thomasins Dienst –

Verwaltung, Unterricht, Seelsorge? – wissen wir nichts. Als Dichter hatte er bereits in einer seiner Muttersprache nahen Sprache, wohl dem Okzitanischen, ein *buoch von der hüffscheit* (v. 1174) gedichtet, ein Handbuch des exemplarischen Benehmens am Hof. Er erzählt auf eine für die deutsche Literatur der Zeit ungewöhnliche Weise über seine Arbeit: Er schreibt im Patriarchat von Aquileia (damals das norditalienische Friaul und die Marken Krain und Istrien umfassend); er entschuldigt seine mangelhaften Deutschkenntnisse, nimmt sich aber trotzdem vor, eine Mischung von romanischen und deutschen Wörtern zu vermeiden. (Kein Ausfall gegen die mhd. Dichtersprache, denn er fügt hinzu, daß er nichts gegen die Benutzung romanischer Wörter in deutschen Texten hat.) Ihm liegt bloß daran, daß das Publikum, das er erziehen will, seine Lehre richtig versteht (vv. 33ff.; 6037ff.). Das Werk ist u. a. deshalb interessant, weil es das literarische und kulturelle Ambiente, das Verständnis eines norditalienischen Fürstentums in einer deutschsprachigen Dichtung artikuliert. Ein Beispiel hierfür ist Thomasins Klage, daß in alten Zeiten alle adligen Kinder lesen konnten (v. 9197ff.). In einer Gegend, in der allenthalben Denkmäler an die Kontinuität mit der Antike mahnten, war diese Behauptung historische Realität, mehr als nur *laudatio temporis acti*. Besonders wichtig für uns ist, daß Thomasins Gesprächigkeit ihn nebenbei von Sachen erzählen läßt, die den Hintergrund der Geschichte der Literatur bilden und Einsichten in Gebiete gewähren, die anderswo kaum berührt werden.

Thomasin dichtete die 14742 Verse des ‚Welschen Gastes' (Rückerts Ausgabe zählt 10 Verse zuviel) in zehn Monaten schwerer Arbeit, die sich über den Winter 1215–16 erstreckten, denn es sind 28 Jahre vergangen, seit die Christen das heilige Grab verloren haben (vv. 12227ff.; 11717f. – Übergabe Jerusalems an Saladin im Oktober 1187). Er schrieb wohl als angehender Dreißiger (v. 2445) und wurde demnach um 1185 geboren, nach v. 71 als Friulaner. Da in seinem Angriff auf Walthers Spruch (34,4) gegen Innocenz III. (s. S. 205) der Tod des Papstes (Juli 1216) nicht erwähnt wird (v. 11191ff.), ging ‚Der Welsche Gast' dem wohl voraus.

Die Überlieferung ist gut: 14 vollständige und 9 fragmentarische Handschriften, vornehmlich aus dem bairisch-österreichischen Raum. Die große Mehrzahl der Handschriften enthält Miniaturen oder Raum dafür. Sie bilden ein eng am Text ausgerichtetes, extensives Bildprogramm, das wohl in die Zeit Thomasins zurückreicht und vielleicht auf ihn selbst zurückgeht. In der ältesten Handschrift A, die bald nach der Mitte des 13. Jahrhunderts geschrieben wurde, umfaßt es 106 farbige Federzeichnungen (vgl. Abb. 16).

Einzig in der mhd. Literatur der Zeit sind ein Vorwort, das die Struktur des Werks erläutert, und eine eingehende Inhaltsangabe: Thomasin erklärt in einer Reihe kurzer, paralleler Prosasätze, wie das Werk aus zehn Teilen besteht, alle „in zehn oder mehr oder weniger Kapitel geteilt" und durchmustert dann in ca. 600 knappen Aussagen die thematischen Einheiten.

Einem Streitgespräch Thomasins mit seiner Feder (v. 12223ff.), in dem sich diese über die Arbeit – den Winter hindurch, zehn Stunden am Tage – beschwert, verdanken wir die einmalige Kenntnis der genauen Entstehung eines deutschen Werks der Zeit. Die reizende Darstellung, bei der die Feder als Diener spricht, ist als dichterisch-rhetorischer Kunstgriff auch eine Seltenheit in der damaligen deutschen Literatur. (Die plötzliche, imperativische Anrede an den Dichter von Seiten eines vorerst unerkannten leblosen Objekts – *lâ mich ruowen* – läßt allenfalls den Anfang des IX. Buchs von Wolframs ‚Parzival' anklingen.) Die Einsicht in die dichterische Arbeitsweise ist ebenso einmalig. Leider wissen wir nicht, ob die gedrängten zehn Monate etwas über den Ehrgeiz des Dichters oder über die Details eines strengen Gönnerauftrags verraten. Ein Sonderfall ist es auch, daß wir etwas über den Schreibprozeß erfahren: hier war mindestens beim Verfassen kein Schreiber nötig. (Das Ende des 2. Buches hatte die Situation schon angedeutet [v. 2528]: „Mein Griffel [keine Feder! Konzeptstadium?] macht sich an das dritte [Buch]."\)

Die Grenzen der Deutschkenntnisse Thomasins – am auffallendsten der beschränkte Wortschatz – zeigen sich im Ausdruck der Gedanken und in der Metrik und Reimkunst. Besonders spürbar ist ein Mangel an Variation. Gelegentliche Sprachfehler kommen vor. Er bittet um Verzeihung, wenn seine Reime nicht völlig stimmten, und begrüßt wohlwollende Sprachverbesserungen (v. 55ff.). Man meinte, in späteren Teilen des Gedichts die Hilfe Deutschsprachiger zu bemerken. Wir können darüber nur spekulieren, inwieweit es zu Interferenzen zwischen seiner Muttersprache und dem Deutschen gekommen ist.

Ein Beispiel: Thomasin redet „Deutschland" an: *Tiusche lant, enpfähe wol, als ein guot hûsvrouwe sol, disen dînen welhschen Gast* (v. 87ff.) („Deutsche Länder [Neutrum Pluralis!], empfang gnädig diesen deinen welschen Gast, wie es sich der guten Herrin einer Haushaltung geziemt" – wie die Illustrationen bestätigen, handelt es sich um eine edle Herrin: vgl. Abb. 16). Er benutzt also die übliche Pluralbezeichnung „deutsche Länder" für Deutschland, fährt aber – mit dem Imperativ der zweiten Person Singular und der Possessivform *dîn* – fort, als handle es sich um einen Singular. Ob er den Plural als Singular, und zwar – durch die vielen romanischen Ländernamen, die Feminina sind, beeinflußt? – als Femininum aufgefaßt hat? Und war der Fehler Anlaß für die Personifizierung des rezipierenden Deutschland als Hofherrin? Möglicherweise spiegeln einige Handschriften der Redaktion S\*\*, die an Stelle von *lant* ein echtes Femininum, nämlich *zunge*, aufweisen, unser Unbehagen wider.

Trotz Thomasins Beschreibung der Unterteilung des Werks in Bücher und Kapitel legt er keine systematische Abhandlung vor. Dafür verfährt er zu assoziativ. Dies bezeugen Stellen, wo er gesteht, er habe zuviel über das gegenwärtige Thema geschrieben und sich von seinem Vorhaben ablenken lassen (vv. 1163ff.; 1687ff.). Er nennt sich „Zimmermann", redet selbstbewußt-entschuldigend von der eigenen Kompositionsweise und zitiert „einen Weisen", der behauptet habe, daß der, der Versatzstücke geschickt in sein Gedicht einsetzt, ebensoviel leistet wie ihr Erfinder (v. 115ff.). Angesichts der eklektischen Verfahrensweise überrascht es nicht, daß

Thomasins Quellen selten festlegbar sind. Zu den mittelbar oder unmittelbar identifizierbaren gehören Denker der Antike und Moralisten und Theologen des Frühchristentums und Hochmittelalters, Seneca, Gregor der Große und Alanus ab Insulis. Wir wissen nicht, ob Thomasin – als Lehrer? – die Quellen direkt kannte oder aus Florilegien, Auswahlsammlungen für den Unterricht, geschöpft hat. In seinem kulturellen Ambiente überraschte es nicht, wenn er direkt mit vielen seiner Autoritäten vertraut war.

Thomasin redet von seinem früheren „welschen" Gedicht als einem *buoch von der hüffscheit* und berichtet so ausführlich über den der Minne gewidmeten Teil, daß der Rückblick im ‚Welschen Gast' selbst zu einer ausgedehnten Minnelehre wird (vv. 1173–1685). Das deutsche Werk ist aber eine breiter angelegte Verhaltenslehre, ein Handbuch der Religion, der Sittlichkeit, der Gesellschaftslehre. Daß es auch für ungelehrte Laien gedacht ist, selbst Analphabeten (v. 9187ff.), hat Folgen für den Inhalt und die Vortragsweise und erklärt nicht zuletzt die Neigung, in homiletisch anmutende Passagen überzugehen. Während die Predigt mit akustischer Rezeption rechnet, versucht Thomasin, a u c h die höheren Ansprüche des L e s e r s zu befriedigen. Der ‚Welsche Gast' nimmt also die rezeptionsgeschichtliche Zwischenstellung ein, der wir beim höfischen Roman begegneten.

Besondere Lehren und das Werk als ganzes richten sich an die oberen Stände. Aber nicht ausschließlich, denn Thomasins auf Gott bezogenes feudal-politisches Gesellschaftsmodell, die hierarchische Sehweise vom Adel, den *fürsten* und *herren*, führt schon hinauf zu ihren höchsten Vorgesetzten, zum Papst und zum Kaiser (Innozenz II.: v. 11091ff.; Otto IV.: v. 10471ff.; Friedrich II.: v. 10569ff.). Die Tugenden und Laster des Fürsten, der als Muster gilt, färben auf sein Land und seine Untertanen ab (v. 1720ff.); so geht der Blick auch hinunter zu den Untergebenen des Adels, selbst zu den Dienern, Handwerkern usw. (z.B. läßt Thomasin v. 8159ff. einen hypothetischen Armen auf seine Ermahnung, Reichtum zu verachten, höhnisch reagieren). Es entsteht eine Standeslehre, die faktisch, stellenweise sogar ausdrücklich über den Adel hinausgeht, aber primär ihn allein angeht.

Bücher und Unterabteilungen werden besonderen Tugenden, exemplarischen Verhaltensnormen gewidmet, oft neben den ihnen entgegengesetzten Lastern. Neben der Minne wären zu nennen: *hüffscheit* („höfisches Benehmen"), *mâze* („Maßhalten, sittliche Mäßigung"), *zuht* („Wohlerzogenheit"), *milte* („Freigebigkeit"), *sin* („Weisheit, Besinnung"), *bescheidenheit* („Verstand"), *reht* („Recht/Pflicht"). Wiederholt mißt Thomasin der *staete(keit)* („Beständigkeit") ein Sondergewicht bei. Dies unterstreicht seine praktische Zielsetzung und empirische Darlegung, denn die Beständigkeit als modifizierende Kraft gehört auf eine Ebene, die zu der der Tugenden und Laster quer bzw. über ihr liegt.

Die Wirkungen der behandelten Verhaltensweisen werden im privaten und im öffentlichen Umgang, im religiösen Leben, in Politik und Wirtschaft verfolgt. Es fehlen aber konkrete Details des zeitgenössischen Lebens, wie wir sie von einer Sittenlehre erhofft hätten. Zu den wenigen vorkommenden gehört der Vorwurf von Thomasins Feder, der Dichter halte den ganzen Winter hindurch die Tür auch tagsüber zugeriegelt (v. 12258): normalerweise hat man also nur nachts das Haus abgeschlossen. Wir haben keinen Grund zu bezweifeln, daß der weitere Vorwurf, Thomasin habe es aufgegeben, „zusammen mit Rittern und höfischen Damen bei Ritterspielen und beim Tanz zuzusehen" (v. 12241f.), die Unterhaltungen auch eines Klerikers verrät. Neben den wenigen Einzelheiten dieser Art registrieren wir wichtige Hinweise auf politische Ereignisse und eine Fülle literarischer Anspielungen, die uns Einblick in die Literaturgeschichte der Zeit gewähren.

Thomasin setzt das aristokratische Hofleben bedenkenlos als Wert voraus. Es bedurfte einer Lehre, die die Mitglieder des Hofs unterwies, wie diese Lebensweise würdig und ethisch zu führen war. Sind Thomasin und der ‚Welsche Gast' die Exemplifizierung der Mischung von Geistlichem und Weltlichem, die idealisiert zum Wesen der höfischen Literatur an sich gehört?

Zu Thomasins wenigen konkreten Aussagen gehören Anspielungen auf politische Ereignisse und Persönlichkeiten. Am auffälligsten ist die Diskussion von Ottos IV. Aufenthalt in Rom (ab August 1209, Kaiserkrönung am 4. September), bei dem Thomasin acht Wochen lang zugegen war (v. 10471ff.).

In einer Passage, die die *unmâze* behandelt – besonders ihre Gewohnheit, sich in übertriebenen Wappen kundzutun –, schildert Thomasin den Haupteindruck, den Ottos Wappen gemacht hatte. Otto, „dem jetzt übel mißlungen sei" – Thomasin schreibt nach der Niederlage bei Bouvines am 27. September 1214 –, führte drei Löwen und einen halben Adler. Thomasin legt einen Löwen als Mut aus, drei aber als Übermut und bezweifelt, daß ein halber Adler Höheres erreichen kann. Er fährt aber auf charakteristische Weise fort (v. 10497ff.): „Wer die Herzen von drei Löwen hat, folgt dem Rat der Arroganz [...] Einige möchten sagen, Herr Otto sei wegen seiner Arroganz um das Reich gekommen [...]." Thomasin behauptet, er wolle den ehemaligen Kaiser aber nicht der Arroganz zeihen, es stehe ihm nicht zu, sich so danebenzubenehmen. Bezeichnenderweise ist Thomasins Ausdrucksweise zweideutig. So lautet der Anfang der Passage: *swer drîer lewen herze hât*, das „Der, der [...] hat" heißt, aber das rein hypothetische: „Gesetzt den Fall, daß einer [...] haben sollte" wäre ebenso passend. Er fährt ähnlich fort (v. 10551ff.): „Wer auf die Ehre dieser Welt sein Vertrauen setzt, wird übel betrogen [...] Wem es einmal mißlungen ist, der soll sich das nächste Mal vorsehen. Wer zweimal in die Falle geht, ist närrisch." Auch hier sind die Aussagen generell formuliert, aber kurz vorher war davon die Rede, daß Otto das Reich an Philipp und dann zum zweiten Mal an Friedrich II. verloren habe. Daraus sei die Moral zu ziehen, daß man sein Vertrauen auf Gott setzen soll, wofür *unser kint*, der einundzwanzigjährige Friedrich II., als glänzendes Beispiel gelte.

Als Element des lehrhaften Ziels fällt neben dem geistlichen, moralischen, weltlichen, gesellschaftlichen, politischen Rat die besonnene Ausgewogenheit auf. Die Versuchung liegt nahe, dahinter Wolfger, den weltlichen Herrscher und Kirchenfürsten, den gefragten Schlichter und Richter zu erahnen. Die moralischen Maßstäbe stellen eine Lebensphilosophie dar, an der Wolfger nichts auszusetzen gehabt hätte und hinter der er als Auftraggeber vielleicht gestanden hat. Eine ähnliche Verkettung von Lehre und Persönlichem zeichnet Thomasins Einstellung zu Walther von der Vogelweide aus. Das führt zu Zeugnissen seiner Kenntnisse der weltlichen Literatur neben dem gelehrten Schrifttum.

Thomasin beginnt (v. 11097ff.) mit der Kritik an einem Menschen, der den Papst ungerecht und ungebührlich angriffen habe: jener, der behauptete, daß das Haupt der Christenheit nicht gut sei, habe eine zu lange, kürzungsbedürftige Zunge – Thomasins Pronomina könnten generell oder präzis gemeint sein. Später wird im selben Passus (v. 11191ff.) der *guote kneht* („Ehrenmann") gerügt, der behauptet habe, der Papst wolle „seinen welschen Kasten mit deutschem Gut füllen", ohne den Redenden zu nennen. Das Zitat aus Walthers papstfeindlichem Opferstock-Spruch (34,9ff.) ermöglicht aber die Identifizierung. Thomasins *guoter kneht* entpuppt sich als identisch mit dem mit der langen Zunge und mit Walther. Thomasins Moral lautet (v. 11201ff.), daß Edelmänner, Richter (in Handschriften auch: „Dichter") und Prediger die Verantwortung tragen, sich nicht unbedacht zu äußern. Wegen ihres großen Einflusses warnt Thomasin Dichter vor Arroganz (v. 11212ff.) und behauptet (v. 11219ff.), einer von ihnen habe *tûsent man betoeret* („tausend Männer genarrt"), so daß sie die Befehle Gottes und des Papstes überhörten. Die sprachlichen Anklänge – u. a. die Reimwörter – weisen deutlich auf Walther hin. Haben wir einen für unsere Periode einmaligen Hinweis auf die Wirkung und Rezeption der politischen Lyrik oder geht es um parteiliche Übertreibung für propagandistische Zwecke? Es ist auch denkbar, daß Thomasin aus fachmännischem Stolz die Bedeutung des gemeinsamen Berufs überschätzt.

Die Stelle charakterisiert Thomasins eindringliche Beschäftigung mit der Frage, wie jeder sich mit Blick auf das Jenseits zu verhalten habe, und sein reges Interesse an der lateinschen, romanischen und deutschen Literatur. Außer mit den Werken, auf die wir eingehen, war er z. B. mit dem ‚Eraclius' – die Namensformen sprechen nicht gegen Ottes Bearbeitung – und mit dem Stoff des ‚Reinhart Fuchs' vertraut (vv. 10681ff.; 13261ff.). Literarische Anspielungen ziehen sich durch das ganze Werk, aber häufen sich in dem Abschnitt, in dem Thomasin Literatur empfiehlt, aus der junge Leute Lehre und Beispiele beziehen können (v. 1026ff.). Für literarhistorische Zwecke ist leider nicht überall zu ermitteln, welche höfische Romane Thomasin in welcher Sprache kannte.

Als Muster für Mädchen werden Heldinnen der Antike wie *Pênelopê* neben solchen der Artuswelt wie *Sôrdâmôr* und *Enît* erwähnt. Letztere ist aus Chrestien oder Hartmann bekannt, aber bei den anderen ist nicht zu bestimmen, auf welche deutsche Lektüre Thomasin anspielen könnte. Wir kennen *Soredamors* und ihren

Sohn *Clíes* (v. 1042) aus Chrestiens ‚Cligés', wissen aber nichts von einer deutschen Bearbeitung, die zur Zeit Thomasins greifbar gewesen wäre. Unter den Musterhelden für Jünglinge erscheinen *Gâwein, Erec, Iwein, Tristan, Parzivâl*. Diese sind unproblematisch, andere aber nicht. *Seigrimos* und *Kâlogrîant* sind in erhaltenen Werken Nebenfiguren und gelten von dorther allenfalls als Vorbilder in der Kunst des glimpflichen Stürzens beim Zweikampf; die Namensformen *Clíes* und *Kâlogrîant* müßten deutschen Werken entstammen, im zweiten Fall Hartmanns ‚Iwein'. Mit dem Erzählverlauf bei Chrestien und Wolfram läßt sich Thomasins Erklärung nicht vereinbaren, daß er Keie „noch eine Rippe brechen" würde, wenn er Parzival wäre (v. 1072ff.). Es geht nicht an, bei jeder solchen Diskrepanz eine verlorene Quelle anzusetzen. Denkbar ist, daß Thomasin aus französischen und deutschen Romanen schöpfte, ohne immer Details zur Hand zu haben.

Thomasins Billigung des Romans wird durch das pädagogische Ziel relativiert. Er schildert die höfische Literatur als geeignet für die adlige Jugend, während reife, verständige Menschen anders zu belehren sind (v. 1081 ff.). Er will trotzdem keinem, der die Kunstfertigkeit besitzt, *âventiure* zu dichten, etwas vorwerfen, denn an Abenteuergeschichten wie an Bildern sollen sich Jugendliche und ungelehrte Bauern erfreuen, die nicht imstande sind, in die Tiefe profunderer Schriften einzudringen (v. 1104 ff.). Für Thomasin haben die Romane eine tiefere Sinnschicht, aus der diejenigen ohne Bildung lernen können. Selbst wenn die *âventiuren* nicht wahr sind, sind sie mehr als Lügen, denn sie bekleiden eine innere Wahrheit mit „Lügen" und erzeugen damit Sinnbilder der Wahrheit und Muster der Wohlerzogenheit (v. 1122 ff.). Daher dankt Thomasin denen, die Abenteuergeschichten ins Deutsche übersetzt haben (v. 1135 ff.). Er hat die Technik des sog. Integumentums im Auge, der Einhüllung des inneren geistigen Sinnes in eine physische Gestalt. Der ‚Welsche Gast' ist kein solches Gedicht, aber eine derartige gegenseitige Durchdringung von Sinn und Gestalt entspräche seinen verschiedenen Ebenen und Zielen. In ihm entsteht an der kulturellen Grenze deutscher Länder und der Welt des Mittelmeers ein für seine Zeit einmaliges Dokument der Denkweise, der gesellschaftlichen, politischen, moralischen, religiösen Anliegen am Hof eines humanen, weltlichen und geistlichen Herrschers – freilich in die Lehre eingehüllt.

## Wissenschaft

Das einzige hier in Frage kommende Werk, der in deutscher Prosa verfaßte ‚Lucidarius', ließe sich als Lehrbuch oder als gelehrtes Werk einreihen. Die Dialogform und das Personal, ein *meister* und ein *junger* („Jünger"), eignen sich für die Lehre. Wir ordnen es trotzdem als gelehrtes Buch unter dem Rubrum Wissenschaft ein, weil das enzyklopädische Wissen und die systematische Gruppierung des Stoffes in Kosmographie, Erd- und Naturkunde trotz der Symbolhaftigkeit der trinitarisch auszulegenden Dreiteilung nach den Maßstäben der Zeit naturwissenschaftlich sind. Dies verhinderte nicht, daß sich der ‚Lucidarius' in breiten Kreisen über Jahrhunderte hin großer

Beliebtheit erfreute, in bearbeiteter Form bis ins 17. Jahrhundert hinein. Unter dem Aspekt des populären Wissens hat er sogar den außergewöhnlichen Status eines Volksbuches erlangt. Die Beliebtheit spiegelt sich in der reichen Überlieferung: es gibt ungefähr achtzig Handschriften und siebzig Drucke, dazu Übersetzungen ins Dänische, Niederländische, Tschechische und Russische. Wir versuchen, die Problematik der Entstehung und Überlieferung des deutschen Originals in groben Zügen zu umreißen.

Die Untersuchungen von Gottschall und Steer zeigten, daß sich der anonyme Autor des deutschen ‚Lucidarius' durch seinen eigenen Beitrag mehr als den Titel eines Kompilators und Übersetzers verdient hat. Hauptquellen waren das ‚Elucidarium' des Honorius Augustodunensis (erste Hälfte des 12. Jahrhunderts) und für die Erdkunde seine ‚Imago mundi', ferner die ‚Philosophia' Wilhelms von Conches. Weitere Quellen sind vorauszusetzen, aber die verästelten Beziehungen zwischen den lateinischen Kompendien des hohen Mittelalters zueinander und zu ihren antiken und frühmittelalterlichen Quellen vereiteln eine genaue Identifizierung. Nehmen wir die Angabe des ‚Lucidarius'-Prologs A (s. u.) wörtlich, daß „ein Teil des Werks in manchen Schriften zu finden ist" (v. 34f.), ist ohnehin die Benutzung anthologieartiger Sammlungen lateinischer Exzerpte zu erwägen.

Der ‚Lucidarius' ist in einer Fassung A mit zwei und in einer Fassung B mit drei Büchern überliefert. Die beiden Fassungen sind offenbar früh entstanden. Welche von ihnen die ursprüngliche ist, muß heute als eine offene Frage gelten, nachdem man lange Zeit Fassung A für sekundär gehalten hat. Zu beiden gehört ein jeweils eigener gereimter (!) Prolog. Der B-Prolog befaßt sich mit Natur, Struktur und Absicht des Werks, der A-Prolog spricht auch von der Entstehung und Beauftragung des Werks, was ihm ein außerordentliches historisches Gewicht verleiht, falls seine Angaben wahr sind: der ‚Lucidarius' wäre demnach das früheste belegbare Beispiel eines mhd. Literaturwerks in Prosa.

Das Vertrauen in die Glaubwürdigkeit dieser Angaben ist neuerdings durch Steer erschüttert worden, der meint nachweisen zu können, daß der A-Prolog eine „Fälschung" des 13. Jahrhunderts ist. Die Diskussion über Steers These hält an, doch zeigt sich immer deutlicher, daß sie nicht haltbar ist.

Beide Prologe nennen das Werk: Es heißt *Lucidarius* (A *Elucidarius*), was als „(Er-)Leuchter" interpretiert wird. Vor einer Bewertung des A-Prologs gehen wir knapp auf den B-Prolog ein, der keine konkreten literarhistorischen Angaben macht. Es war – in der Nachfolge Edward Schröders – üblich, den Verfasser des B-Prologs als Stümper abzuqualifizieren. Steer nimmt ihn in Schutz. Nach ihm liegt dem B-Prolog ein sinnvoller Bau zugrunde, der mit der Drei-Bücher-Struktur des Gesamtwerks zusammenhängt: er berge „in sich eine feine Sinnstruktur, die sich als eine trinitarische verstehen läßt". Vor allem sei der B-Prolog in seiner spirituellen Auslegung des Stoffes tiefsinniger als der A-Prolog: Er empfiehlt das Buch, weil darin viele Geheimnisse enthüllt werden und die Suche daraus auch den „geistlichen Sinn" (v. 8) gewinnen läßt, während A eher die Seltenheit des Wunderlichen rühmt, das geboten wird. Nach dem B-Autor drückt sich die Kostbarkeit darin aus, daß das Werk auch den Namen *Aurea Gemma*, „Goldenes Juwel", trägt.

Der längere A-Prolog berichtet, wie Gott den Herzog Heinrich inspirierte, das Buch schreiben zu lassen. Der wies seine Kapläne an, den Stoff aus den lateinischen Texten zusammenzusuchen, und befahl ihnen, nicht in Versen zu dichten, denn sie sollten nichts schreiben außer der Wahrheit, wie sie dort stand. Dies taten sie bereitwillig und verfaßten das Werk in der Stadt Braunschweig (v. 11ff.). Der Herzog wollte es *Aurea Gemma* nennen (v. 26ff.), aber der *meister* hielt *Lucidarius* für besser, denn es ist ein „(Er-)Leuchter". Der Heilige Geist verlieh dem *meister* die Kunst. Er war der Lehrer und auch der Fragende, der das Buch dichtete. Wer beharrlich auf den Inhalt achtet, ist imstande, einschlägige Fragen zu beantworten. Der, der mit seiner göttlichen Kraft Himmel und Erde schuf, möge die Seele des Herrn in seinen Schutz nehmen.

Das traditionelle Verständnis des A-Prologs hat große literarhistorische Implikationen. Es läuft darauf hinaus, daß mit *dem herzogen heinriche* Heinrich der Löwe († 6.8.1195) gemeint ist, den wir als Auftraggeber kennen (vgl. S. 12f. und S. 262). Daraus ergibt sich ein Terminus ante quem für diesen bedeutsamen Schritt in Richtung Prosa und eine seltene Einsicht in die Entstehungsweise eines Literaturwerks der Zeit.

Wenn Steer recht hätte, träfe das nicht zu. Daß wir seine Argumente nicht überzeugend finden, hat seinen Grund nicht nur in der (zugegebenen) Unwilligkeit, eine einst geglaubte und für den Literarhistoriker einmalige „Tatsache" zu verwerfen, sondern auch in dem Glauben, daß in der Literaturgeschichte des Mittelalters recht wenig völlig überzeugend ist.

Für uns liegt die größte Schwäche von Steers Argumentation darin, daß er nicht plausibel machen kann, wann, wo und wozu ein verfälschter A-Prolog gedichtet wurde. Wenn der A-Prolog, wie Steer annimmt, gedichtet wurde, um dem ‚Lucidarius' mit der Schilderung der Entstehungsumstände eine besondere Legitimation zu geben, dann würde das ohne Abstriche auch gelten, wenn er unmittelbar nach Heinrichs Tod als Bearbeitung von B gedichtet worden wäre.

Die Struktur des B-Prologs zeigt, daß sein Autor kein „Stümper" gewesen ist, aber seine Verskunst war stumpf. Der Stand der Dichtkunst und Sprache berechtigt aber nicht dazu, einen großen zeitlichen Abstand zwischen den beiden Prologen anzunehmen. Der B-Prolog hätte um 1195 die Kenner ebensowenig zum Hochziehen der Augenbrauen veranlaßt wie der A-Prolog zu spontanem Beifall. Der Autor von A erklärt in Versen, der Meister habe das Werk in Versform dichten wollen, sei dazu auch in der Lage gewesen, und gibt ein Beispiel davon. Der Autor von B rührt nicht an das ihm vielleicht uninteressante Thema, und der Rest ist Schweigen. Aber warum benutzt der B-Autor überhaupt Verse für den Prolog eines Prosawerks? Wir können die Frage nicht beantworten, aber wir verstehen, warum der Autor von A, vor diese Tatsache und diese Verse gestellt, etwas unternehmen mußte. Er hat es auch getan. Die Frage bleibt offen, doch neigen wir zu der Ansicht, daß der A-Prolog eher Wahrheit denn Fiktion ist.

Der trinitarische Gedanke, der dem ‚Lucidarius' zugrunde liegt, tritt am deutlichsten in der Fassung mit drei Büchern hervor, er fehlt aber in der kürzeren nicht. Da im Hinter- oder Vordergrund immer die Heilsgeschichte anwesend ist, hat die Anordnung auch eine chronologische Struktur.

Buch I befaßt sich mit Gott und der Schöpfung und behandelt die Erde zusammen mit dem „Weltraum", d. h. Himmel und Hölle. Die erdkundliche Beschreibung – Kontinente, Meteorologie usw. – ist mit weiterführenden Fragen verbunden: nach der Natur des Hagels, wie Kinder empfangen werden, Nägel wachsen usw. Es liegt wohl an dem wissenschaftlichen Ziel, daß selbst die Schilderung der Hölle vorerst nicht wie sonst zu disproportionierten Ausmalungen führt. Buch II widmet sich der Christenheit, besonders der Erlösung, über die Kirche und ihre Rolle zu speziellen Fragen der Liturgie, des Kirchenamts, der Glocken und der Priestergewänder führend. Buch III wendet sich der Eschatologie zu und gleicht mit dem Weltende und den Qualen der Hölle die frühere Zurückhaltung aus. Das Werk endet mit dem rührenden Dank des Jüngers an den Meister und dem Gebet für ihn und sein Seelenheil.

Obwohl die Fragen des Jüngers, die das Fortschreiten von Thema zu Thema bewirken, manchmal ohne zwingende Anknüpfungspunkte sind, bewährt sich überraschend die Dialogform, die gut durchgehalten wird und nur an einer Stelle auffallend hinter die Kulissen blicken läßt, wo der Meister erklärt (77,11 ff.): „Das will ich gern tun, so daß alle, die dieses Buch lesen oder lesen hören, dadurch gebessert werden."

Daß wir uns vorwiegend mit der Problematik der Prologe beschäftigt haben, soll den Wert des Werkes nicht schmälern. Es spiegelt seine potentielle Bedeutung und die Lage wider, in die es uns versetzt: daß es für einen Augenblick den Anschein hat, wir könnten mhd. Literaturgeschichte mit Händen greifen.

# Literaturhinweise

Die Literaturhinweise erheben nicht den Anspruch einer repräsentativen Bibliographie. Sie verfolgen lediglich das Ziel, dem Benutzer einen ersten Zugang zur Forschung zu eröffnen. Deshalb wurden bevorzugt neuere Titel aufgenommen, die das jeweilige Gebiet bibliographisch aufschließen. Eine erste Abteilung nennt einige Arbeiten zur allgemeinen Geschichte und zur Literaturgeschichte, die von grundlegender Bedeutung für die gesamte Darstellung sind. Eine zweite Abteilung stellt Arbeiten zu einzelnen Abschnitten der Darstellung zusammen, nicht jedoch Spezialliteratur zu den dort behandelten Autoren und Werken; sie ist, da viele von ihnen in mehr als nur einem Abschnitt vorkommen, einer eigenen dritten Abteilung vorbehalten. Die Angaben in dieser Abteilung orientieren sich, soweit möglich und angebracht, jeweils an dem Schema: Edition(en) – Artikel der 2. Auflage des Verfasserlexikons – übergreifende Untersuchungen – Untersuchungen zu einzelnen Werken. Kursivsatz kennzeichnet Editionen. Für das Literaturverzeichnis gelten wie schon für die Darstellung die folgenden bibliographischen Abkürzungen:

| | |
|---|---|
| Archiv | Archiv für das Studium der neueren Sprachen und Literaturen. |
| DVjs | Deutsche Vierteljahrsschrift für Literaturwissenschaft und Geistesgeschichte. |
| Eos | Eos. An enquiry into the theme of lovers' meetings and partings at dawn in poetry, 1965. |
| Frank | I. Frank, Trouvères et Minnesänger, 1951. |
| GRM | Germanisch-Romanische Monatsschrift. |
| KDG | Deutsche Gedichte des 12. Jahrhunderts, hg. von C. von Kraus, 1894. |
| KLD | Deutsche Liederdichter des 13. Jahrhunderts, hg. von C. von Kraus, I. II, ²1978 (durchges. von G. Kornrumpf). |
| MF | Des Minnesangs Frühling, ³⁷1982 (bearb. von H. Moser und H. Tervooren). |
| Mohr | W. Mohr, Wolfram von Eschenbach, 1979. |
| PBB | Beiträge zur Geschichte der deutschen Sprache und Literatur. |
| Schweikle | G. Schweikle, Die mittelhochdeutsche Minnelyrik, I, 1977, Neuausgabe 1993. |
| VL | Die deutsche Literatur des Mittelalters. Verfasserlexikon, I–X/1, ²1978–1996. |
| VL¹ | Die deutsche Literatur des Mittelalters. Verfasserlexikon, I–V, 1933–55. |
| Wolfger | Wolfger von Erla, Heidelberg 1994. |
| ZfdA | Zeitschrift für deutsches Altertum und deutsche Literatur. |
| ZfdPh | Zeitschrift für deutsche Philologie. |

# Allgemeines

Datenüberblick: Das Mittelalter in Daten. Literatur, Kunst, Geschichte. 750–1520, hg. von J. Heinzle, 1993.

Darstellungen zur allgemeinen Geschichte: H. Keller, Zwischen regionaler Begrenzung und universalem Horizont. Deutschland im Imperium der Salier und Staufer 1024–1250, 1986. – H. Boockmann, Stauferzeit und spätes Mittelalter. Deutschland 1125–1517, 1987.

Darstellungen und Untersuchungen zur Literaturgeschichte: J. Bumke, Die romanisch-deutschen Literaturbeziehungen im Mittelalter, 1967. – K. Bertau, Deutsche Literatur im europäischen Mittelalter, I. II, 1972.73. – J. Heinzle, Wie schreibt man eine Geschichte der deutschen Literatur des Mittelalters?, Der Deutschunterricht 41/1 (1989) 27–40. – J. Bumke, Geschichte der deutschen Literatur im hohen Mittelalter, 1990. – J. Bumke, Geschichte der mittelalterlichen Literatur als Aufgabe, 1991. – F. P. Knapp, Die Literatur des Früh- und Hochmittelalters in den Bistümern Passau, Salzburg, Brixen und Trient von den Anfängen bis zum Jahre 1273, 1994.

## Zu einzelnen Abschnitten

Einleitung: P. Ganz, Der Begriff des ‚Höfischen' bei den Germanisten, Wolfram-Studien 4 (1977) 16–32. – J. Bumke, Studien zum Ritterbegriff im 12. und 13. Jahrhundert, ²1977. – J. Bumke, Mäzene im Mittelalter, 1979. – C. St. Jaeger, The Origins of Courtliness, 1985. – J. Bumke, Höfische Kultur, I. II, 1986. – P. F. Ganz, ‚hövesch'/‚hövescheit' im Mhd., in: Curialitas, 1990, S. 39–54. – J. Bumke, Höfische Kultur, PBB 114 (1992) 414–492. – L. P. Johnson, Die Blütezeit und der neue Status der Literatur, in: Literarische Interessenbildung im Mittelalter, 1993, S. 235–256. – J. Bumke, Höfischer Körper – Höfische Kultur, in: Modernes Mittelalter, 1994, S. 67–102. – D. H. Green, Medieval listening and reading: the primary reception of German literature 800–1300, 1994. – C. St. Jaeger, The Envy of Angels. Cathedral Schools and Social Ideals in Medieval Europe, 950–1200, 1994. – H. Wenzel, Hören und Sehen. Schrift und Bild. Kultur und Gedächtnis im Mittelalter, 1995.

Deutsche Literatur im Umkreis Landgraf Hermanns von Thüringen: W. Mohr, Landgraf Kingrimursel, in: Philologia Deutsch, 1965, S. 21–38 (wieder in: Mohr, S. 120–137). – M. Lemmer, ‚der Dürnge bluome schînet dur den snê'. Thüringen und die deutsche Literatur des hohen Mittelalters, 1981. – U. Peters, Fürstenhof und höfische Dichtung. Der Hof Hermanns von Thüringen als literarisches Zentrum, 1981. – A. Kerdelhué, Economie, politique et culture dans la Thuringe d'Hermann 1ᵉʳ (1155–1217), in: Economie, politique et culture au Moyen Age, 1991, S. 103–118.

Deutsche Literatur im Umkreis Bischof Wolfgers von Erla: H. Waddell, The Wandering Scholars, ⁶1954. – H. Heger, Das Lebenszeugnis Walthers von der Vogelweide. Die Reiserechnungen des Passauer Bischofs Wolfger von Erla, 1970.– Wolfger. – W. Goez, Gestalten des Hochmittelalters, 1983.

Formen der Lyrik: J. Bumke, Ministerialität und Ritterdichtung, 1976. – U. Liebertz-Grün, Zur Soziologie des ‚amour courtois', 1977; L. P. Johnson, Down with ‚Hohe Minne', Oxford German Studies 13 (1982) 36–48. – O. Sayce, The Medieval German Lyric 1150–1300, 1982. – R. Schnell, Causa amoris, 1985. – I. Kasten, Frauendienst bei Trobadors und Minnesängern im 12. Jahrhundert, 1986. – U. Peters, Höfische Liebe. Ein Problem der Mentalitätsgeschichte, in: Liebe in der deutschen Literatur des Mittelalters, 1987, S. 1–13. – E. Willms, Liebesleid und Sangeslust, 1990. – R. Schnell, Unterwerfung und Herrschaft. Zum Liebesdiskurs im Hochmittelalter, in: Modernes Mittelalter, 1994, S. 103–133. – F.-J. Holznagel, Wege in die Schriftlichkeit. Untersuchungen und Materialien zur Überlieferung der mhd. Lyrik, 1995 (ergänzend zur Überlieferung: A. Vizkelety/K.-A. Wirth, Funde zum Minnesang: Blätter aus einer bebilderten Liederhandschrift, PBB 107 [1985] 366–375). – G. Schweikle, Minnesang, ²1995. - H. Tervooren, Sangspruchdichtung, 1995.

Formen der Epik: K. Ruh, Höfische Epik des deutschen Mittelalters, I. II, ²1977. 1980. – Th. Klein, Ermittlung, Darstellung und Deutung von Verbreitungstypen in der Handschriftenüberlieferung mittelhochdeutscher Epik, in: Deutsche Handschriften 1100–1400, 1988, S. 110–167. – A. Masser, Bibel- und Legendenepik des deutschen Mittelalters, 1989. – W. Haug, Literaturtheorie im deutschen Mittelalter, ²1992 (zuerst 1985, dazu: J. Heinzle, Die Entdeckung der Fiktionalität, PBB 112 [1990] 55–80). – E. Feistner, Historische Typologie der deutschen Heiligenlegende des Mittelalters von der Mitte des 12. Jahrhunderts bis zur Reformation, 1995. – J. Bumke, Der unfeste Text. Überlegungen zur Überlieferungsgeschichte und Textkritik der höfischen Epik im 13. Jahrhundert, in: „Aufführung' und „Schrift' in Mittelalter und Früher Neuzeit, 1996, S. 118–129.

Formen der Rede: B. Sowinski, Lehrhafte Dichtung des Mittelalters, 1971. - I. Glier, Artes amandi, 1971.

## Zu einzelnen Autoren und Werken

„Albanus': *Die religiösen Dichtungen des 11. und 12. Jahrhunderts, hg. von F. Maurer, III, 1970.* – VL I (K. Morvay).

Alber: *Visio Tnugdali, hg. von A. Wagner, 1882.* – VL I (W. Freytag).

Albert von Augsburg: *K.-E. Geith, A. v. A., 1971.* – VL I (K. E. Geith).

Albrecht von Halberstadt: *A. Lübben, Neues Bruchstück von A. v. H., Germania 10 (1865) 237–245; W. Leverkus, Aus A.s v. H. Übersetzung der Metamorphosen Ovids, ZfdA 11 (1859) 358–375; M. Last, Neue Oldenburger Fragmente der Metamorphosen-Übertragung des A. v. H., Oldenburger Jahrbuch 65 (1966) 41–60.* – VL I (K. Stackmann).

Albrecht von Johansdorf: *MF; Schweikle.* – VL I (K.-H. Schirmer). – S. Ranawake, A. v. J., ein Wegbereiter Walthers von der Vogelweide?, in: Wolfger, S. 249–280.

„Alexius' (I): *W. Toischer, Sanct Alexius, ZfdA 28 (1884) 69–72.* – VL I (H.-F. Rosenfeld).

„Andreas': *KDG.* – VL I (K.-E. Geith).

Bernger von Horheim: *MF; Schweikle.* – VL I (G. Schweikle).

Bligger von Steinach: *MF; Schweikle.* – VL I (H. Kolb).

Dietmar von Aist: *MF; Schweikle.* – VL II (H. Tervooren).

Eilhart von Oberg: *E. v. O., hg. von F. Lichtenstein, 1877; E. v. O., Tristrant. Synoptischer Druck der ergänzten Fragmente mit der gesamten Parallelüberlieferung, hg. von H. Bußmann, 1969; E. v. O., Tristrant, hg. von D. Buschinger, 1976.* – VL II (L. Wolff/W. Schröder). – V. Mertens, E., der Herzog und der Truchseß: der Tristrant am Welfenhof, in: Tristan et Iseut, 1987, S. 262–281;

P. Strohschneider, Herrschaft und Liebe. Strukturprobleme des Tristanromans bei E. v. O., ZfdA 122 (1993) 36–61.

Fleck, Konrad: *Flore und Blanscheflur, hg. von E. Sommer, 1846.* – VL II (P. Ganz). – A. Ebenbauer, Beaflor-Blanscheflur, in: Sammlung – Deutung – Wertung, 1988, S. 73–90; W. Röcke, Liebe und Schrift, in: Mündlichkeit – Schriftlichkeit – Weltbildwandel, 1996, S. 85–108; P. E. Grieve, *Floire and Blancheflor and the European Romance,* 1997.

Friedrich von Hausen: *MF; Schweikle.* – VL II (G. Schweikle).

Gottfried von Straßburg: *G. v. Str., Tristan und Isold, hg. von F. Ranke, 1930; G. v. Str., nach der Ausgabe von R. Bechstein hg. von P. Ganz, I. II, 1978.* – KLD; MF. – VL III (H. Kuhn). – H.-H. Steinhoff, Bibliographie zu G. v. Str., [I.] II, 1971. 1986; A. Wolf, G. v. Str. und die Mythe von Tristan und Isolde, 1989; R. Schnell, Suche nach Wahrheit. G.s ‚Tristan und Isold' als erkenntniskritischer Roman, 1992; C. Marchello-Nizia (Hrg.): *Tristan et Yseut: Les premières versions européennes* [mit Text u. Übers. des Carlisle-Fragments von Thomas] 1995; L. Okken, Kommentar zum Tristan-Roman G.s v. St., $^2$1996; M. Chinca, History, Fiction, Verisimilitude. Studies in the Poetics of G.s ‚Tristan', 1993.

‚Graf Rudolf': *G. R., hg. von P. F. Ganz, 1964.* – VL III (P. Ganz). – H. Beckers, Wandel vor sine missetat. Schuldverstrickung und Schulderkenntnis im G. R.-Roman, in: Von wyßheit würt der mensch geert, 1993, S. 17–37.

Hartmann von Aue: *H. v. A., Erec, hg. von A. Leitzmann, $^6$1985 (besorgt von Ch. Cormeau/ K. Gärtner).* – *H. v. A., Gregorius, hg. von H. Paul, $^{14}$1992 (neu bearb. von B. Wachinger).* – *H. v. A., Der arme Heinrich, hg. von H. Paul, 1882, $^{16}$1996 (bes. von K. Gärtner).*– *H. v. A., Iwein, hg. von G. F. Benecke/K. Lachmann, I. II, $^7$1968 (neu bearb. von L. Wolff).* – MF. – *H. v. A., Die Klage. Das (zweite) Büchlein, hg. von H. Zutt, 1968.* – VL III (Ch. Cormeau). – Ch. Cormeau/W. Störmer, H. v. A., $^2$1993; L. Okken, Kommentar zur Artusepik H.s v. A., 1993; W. H. Jackson, Chivalry in twelfth-century German. The works of H. v. A., 1994.

Hartwig von Rute: *MF; Schweikle.* – VL III (G. Schweikle).

‚Der heimliche Bote': *Mhd. Übungsbuch, hg. von H. Meyer-Benfey, $^2$1920.* – VL III (D. Huschenbett).

Heinrich (Verfasser des ‚Reinhart Fuchs'): *Der R. F. des Elsässers H., hg. von K. Düwel, 1984.* – VL III (K. Düwel). – I. S. Kuehnel, An Annotated bibliography of R. F. Literature, 1994; K. F. Werner, Reineke Fuchs. Burgundischer Ursprung eines europäischen Tierepos, ZfdA 124 (1995) 375–435.

Kaiser Heinrich: *MF; Schweikle.* – VL III (G. Schweikle).

Heinrich von Morungen: *MF.* – VL III (H. Tervooren).

Heinrich von Rugge: *MF.* – VL III (G. Schweikle).

Heinrich von Veldeke: *H. v. V., Eneasroman, hg. von D. Kartschoke, 1986; H. v. V., Eneasroman, hg. von H. Fromm, 1992.* – MF; Schweikle.– *H. v. V., Sente Servas, hg. von Th. Frings/G. Schieb, 1956.* – VL III (L. Wolff/W. Schröder). – Th. Klein/C. Minis, Zwei Studien zu V. und zum

Straßburger Alexander, 1985; J. Goossens, Die Servatiusbruchstücke, ZfdA 120 (1991) 1–65; B. Bastert, Dô si der lantgrâve nam. Zur „Klever Hochzeit" und der Genese des Eneas-Romans, ZfdA 123 (1994) 253–273; P. Kern, Beobachtungen zum Adaptationsprozeß von Vergils Aeneis im Mittelalter, Wolfram-Studien 14 (1996) 109–133; K. Opitz, Geschichte im höfischen Roman. Historiographisches Erzählen im Eneas H.s v. V., Diss. Marburg 1996; B. Bastert, Möglichkeiten der Minnelyrik. Das Beispiel H. v. V., ZfdPh 113 (1994) 321–344.

Herbort von Fritzlar: *H. v. F., Liet von Troye, hg. von G. K. Frommann, 1837.* – VL III (H.-H. Steinhoff). – U. Meves, Der graue von Liningen als Vermittler der französischen Vorlage des Troja-Romans H.s v. F., in: Begegnung mit dem Fremden, VI, 1991, S. 173–182; V. Mertens, H.s v. F. L. v. T. – ein Anti-Heldenlied?, Jahrbuch der Reineke-Gesellschaft 2 (1992) 151–171; H. Fromm, H. v. F., PBB 115 (1993) 244–278.

Herger: *MF.* – VL III (V. Honemann). – U. Müller, ‚Herger': Ein Sangspruch-Sänger aus ‚Minnesangs Frühling', aus ‚Minnesangs Winter' oder aus ‚Minnesangs Zweitem Frühling'?, in: ‚Dâ hoeret ouch geloube zuo', 1995, S. 139–154.

‚Karl und Galie': *Karl und Galie. Karlmeinet, Teil I, hg. von D. Helm, 1986.* – VL IV (H. Bekkers – unter: ‚Karlmeinet' Kompilation). – H. Beckers, Der Aachener K. u. G.-Roman, Wolfram-Studien 11 (1989) 128–146; H. Beckers, Karls erster Zweikampf. Literaturgeschichtliche Bemerkungen zu einer zentralen Episode des K. u. G.-Romans samt Textabdruck und textkritischem Kommentar, in: Festschrift für Hans-Friedrich Rosenfeld zum 90. Geburtstag, 1989, S. 185–206; H. Beckers, Zwene grove gebure. Zum Handlungsbeginn des K. u. G.-Romans, in: Architectura poetica, 1990, S. 207–221.

Priester Konrad: *V. Mertens, Das Predigtbuch des P.s K., 1971.* – VL V (V. Mertens).

Konrad von Fußesbrunnen: *K. v. F., Die Kindheit Jesu, hg. von H. Fromm/K. Grubmüller, 1973.* – VL V (H. Fromm).

Kürenberg: *MF; Schweikle.* – VL V (G. Schweikle).

‚Lucidarius': *Lucidarius, hg. von F. Heidlauf, 1915. – Der deutsche Lucidarius, hg. von D. Gottschall und G. Steer, I, 1994.* – VL V (G. Steer). – J. Bumke, Heinrich der Löwe und der deutsche Lucidarius-Prolog, DVjs 69 (1995) 603–633, dazu: G. Steer, Der A-Prolog des deutschen Lucidarius – das Werk eines mitteldeutschen Bearbeiters des 13. Jahrhunderts, ibid. 634–665; W. Schröder, Textkritisch oder überlieferungskritisch. Zur Edition des deutschen Lucidarius, 1995.

Meinloh von Sevelingen: *MF; Schweikle.* – VL VI (G. Schweikle).

‚Moriz von Craûn': *M. v. C., hg. von U. Pretzel, ⁴1973.* – VL VI (H.-J. Ziegeler). – H. Thomas, Ordo equestris – ornamentum Imperii. Zur Geschichte der Ritterschaft im M. v. C., ZfdPh 106 (1987) 345–379; W. Fritsch-Rößler, M. v. C., in: Uf der mâze pfat, 1991, S. 227–254; E. Willms, Der M. v. C. als politische Satire, GRM 44 (1994) 129–153.

Nibelungenlied und Nibelungenklage: *Diu Klage, hg. von K. Bartsch, 1875. – Das N., nach der Ausgabe von K. Bartsch hg. von H. de Boor, ²²1987.* – VL VI (M. Curschmann). – W. Hoffmann, Das N., Stuttgart ⁶1992; J. Heinzle, Das N., ²1996; A. Wolf, Heldensage und Epos, 1995; J. Bumke, Die vier Fassungen der Nibelungenklage, 1996.

,Niederrheinischer Tundalus': *KDG.* – VL VI (N. F. Palmer).

,Oberdeutscher Servatius': *F. Wilhelm, Sanct Servatius oder wie das erste Reis in deutscher Zunge geimpft wurde, 1910.* – VL VII (K. Gärtner). – H. Burmeister, Prager Fragment des O. S., ZfdA 125 (1996) 322–329.

Otte: *O., Eraclius, hg. von W. Frey, 1983.* – VL VII (W. Walliczek – unter Otte I).

Otto von Botenlauben: *KLD.* – VL VII (S. Ranawake).

Otto II. von Freising: *A. Perdisch, Der Laubacher Barlaam. Eine Dichtung des Bischofs O. II. v. F., 1913.* – VL VII (U. Wyss).

,Pilatus': *K. Weinhold, Zu dem deutschen Pilatusgedicht, ZfdPh 8 (1877) 253–288.* – VL VII (J. Knape).

Burggraf von Regensburg: *MF; Schweikle.* – VL VII (G. Schweikle).

Reinmar der Alte: *MF.* – VL VII (G. Schweikle). – U. Müller, Was wäre, wenn R. doch Hofsänger zu Wien gewesen wäre?, in: Ist zwivel herzen nâchgebûr, 1989, S. 255–272; H. Tervooren, R.-Studien, 1991.

Burggraf von Rietenburg (Riedenburg): *MF; Schweikle.* – VL VIII (G. Schweikle).

Rudolf von Fenis-Neuenburg: *MF; R. v. F. hg. von O. Sayce, 1996; Schweikle.* – VL VIII (H. Tervooren).

Spervogel: *MF.* – VL IX (H. Tervooren).

,Straßburger Alexander': *K. Kinzel, Lamprechts Alexander, 1884.* – VL V (W. Schröder – unter Pfaffe Lambrecht). – Th. Klein/C. Minis, Zwei Studien zu Veldeke und zum Str. A., 1985; P. Strohschneider/H. Vögel, Flußübergänge. Zur Konzeption des Str. A., ZfdA 118 (1989) 85–108.

Thomasin von Zerklaere: *Th. v. Z., Der Wälsche Gast, hg. von H. Rückert, 1852.* – VL IX (Ch. Cormeau). – D. Rocher, Th. v. Z.: ein Dichter ... oder ein Propagandist im Auftrag?, in: Wolfger, S. 325–343.

,Trierer Floyris': *M. Gysseling, Corpus van mndl. teksten, II/1, 1980.* – VL IX (G. A. de Smet).

Ulrich von Gutenburg: *MF; Schweikle.* – VL IX (H. Tervooren).

Ulrich von Zatzikhoven: *U. v. Z., Lanzelet, hg. von K. A. Hahn, 1845.* – VL X (I. Neugart). – B. Thoran, Zur Struktur des Lanzelet U.s v.Z., ZfdPh 103 (1984) 52–77; M. Bärmann, U.v.Z. und die Entstehung des mhd. *Lanzelet*-Romans, Das Markgräflerland 2 (1989) 62–84.

Walther von der Vogelweide: *W. v. d. V., Leich, Lieder, Sangsprüche, hg. von Ch. Cormeau, 1996; W. v. d. V., auf der Grundlage der Ausgabe von H. Paul hg. von S. Ranawake, I: Der Spruchdichter, [11]1997.* – H. Brunner/G. Hahn/U. Müller/F. V. Spechtler, W. v. d. V., 1996.

Priester Wernher: *P. W., Maria, hg. von C. Wesle, ²1969 (besorgt von H. Fromm)*. – H. Fromm, Untersuchungen zum Marienleben des Priesters W., 1955.

‚Winsbecke' und ‚Winsbeckin': *Winsbeckische Gedichte nebst Tirol und Fridebrant, hg. von A. Leitzmann, ³1962 (von I. Reiffenstein)*. – VL¹ IV (H. Kuhn).

Wirnt von Grafenberg: *W. v. G., Wigalois, hg. von J. M. N. Kapteyn, 1926*. – J. Heinzle, Über den Aufbau des Wigalois, Euphorion 67 (1973) 261–271; P. Kern, Die Auseinandersetzung mit der Gattungstradition im Wigalois W.s v. G., in: Artusroman und Intertextualität, 1990, 73–83; H.-J. Schiewer, Prädestination und Fiktionalität im Wigalois des W. v. G., in: Fiktionalität im Artusroman, 1993, S. 146–159.

Wolfram von Eschenbach: *W. v. E., Parzival, hg. von E. Nellmann, I. II., 1994*. – *J. Heinzle, Stellenkommentar zu W.s Titurel, 1972*. – *W. v. E., Willehalm, hg. von J. Heinzle, 1991, Studienausgabe 1994*. – KLD; MF; *P. Wapnewski, Die Lyrik W.s v. E., 1972*. – J. Bumke, W. v. E., ⁷1997. – Mohr. – U. Meves, Die Herren von Durne und die höfische Literatur, 1984.

# Register
(Autoren, sonstige historische Personen, Werke)

‚Aachener Buch von Karl' 372
Adilbertus
  ‚Prologus in conversionem et passionem S. Afrae' 402
  ‚Vita Simperti' 402
‚Ägidius' 395
Äsop 381
Agnes von Loon 93, 232, 234, 395, 400
Alanus ab Insulis 444
‚Albanus' 395, 412
Alber
  ‚Tnugdalus' 395, 415–419, 425
Albert von Augsburg
  ‚Ulrichsleben' 13, 394, 402f.
Albrecht
  ‚Jüngerer Titurel' 325f., 348f.
Albrecht von Halberstadt
  ‚Metamorphosen' 14, 31–33, 36f., 279f.
Albrecht von Johansdorf 42f., 60, 98, 101–103, 121, 132f., 135–141, 143, 153–157, 178
Alexander der Große 12
‚Alexius' 395
‚Aliscans' 352–356, 359f., 363
Alram von Gresten 54
‚Amicus und Amelius' 388
‚Andreas' 395
Andreas Capellanus
  ‚De amore' 61–63
Archipoeta 51
Arnold von Lübeck
  ‚Gregorius peccator' 13, 405
‚Atlakviða' 293f., 302
Attila 293
Atze, Gerhart 33, 109, 207f., 210, 224
Augustinus 422
Augustus 236
Ausonius 51

‚Basler Alexander' 240f.
‚Bataille d'Aliscans' s. ‚Aliscans'
Beatrix (Tochter Joscelins von Courtenay) 133
Beatrix von Burgund 26, 94f., 105, 115, 117

Beckett, Thomas 285
Benoit de Sainte-Maure
  ‚Roman de Troie' 228–230, 256, 281–283, 285, 430
Bernger von Horheim 60, 98, 107, 115f., 119, 125, 129
Bernhard von Clairvaux 318
(Pseudo-)Bernhard 406
Bernhard II. von Kärnten 199
Berno
  ‚Vita sancti Ulrici' 402
Béroul
  ‚Roman de Tristan' 241, 243, 276–279, 287, 309, 311, 314, 316
Bertha (Gattin Ulrichs von Neuenburg) 105
Berthold von Andechs 41
Berthold von Herbolzheim 255
Berthold IV. von Meran 367
Berthold von Regensburg 433
Berthold IV. von Zähringen 253–255
Berthold V. von Zähringen 254f.
Bertran de Born 96
Bleda 293
Bligger von Steinach 106, 108, 114f., 125–128, 130, 142, 148, 273
  ‚Umbehanc' 106
Bodel, Jean
  ‚Saisnes' 373
Boncompagno da Signa 44
Boniface de Montferrat 155
‚Brandans Meerfahrt' 418
‚Brief des Priesterkönigs Johannes' (‚Presbyterbrief') 332, 362
Brunichildis 293
‚Buch der Könige alter und niuwer ê' 375
‚Das Büchlein' 439

Cadenets 175
‚Carmina Burana' 48, 51–54, 64f., 68, 176, 210, 441
Catull 58
‚Chanson de Guillaume' 353, 359
‚Chanson de Roland' 96, 352
‚Le chevalier qui recovra l'amor de sa dame' 390

Chrestien de Troyes 18, 62, 147, 227,
  230, 247–251, 253, 256f., 272, 310,
  333, 349, 361
  ‚Cligés' 34, 38, 248f., 256, 268, 447
  ‚Erec' 34f., 37f., 229f., 248–250, 255,
    257, 259–268, 271–273, 289, 333
  ‚Lancelot' 34, 38, 62, 229, 248f., 256,
    275, 286f., 289
  ‚Perceval' 34f., 38, 248–250, 255f.,
    275, 308, 324, 328, 330–334,
    337–343, 355, 362
  ‚Yvain' 34f., 37f., 248f., 251, 256, 267,
    269–272, 289
Christian von Mainz 106f.
Clementia von Auxonne 255
Clementia de Namur 253
Comtessa de Dia 75
Conon de Béthune 117, 124, 154, 441
Cornelius Nepos 281
Craon, Herren von 390

Dante 45, 316
  ‚Paradiso' 353
Dares Phrygius 281
  ‚De Excidio Trojae Historia' 281
Dictys Cretensis
  ‚Ephemeres Belli Trojani' 281
Diepold von Passau 42
Diether I. von Katzenelnbogen 199
Diether II. von Katzenelnbogen 199
Dietmar von Aist 49, 51, 60, 64, 74–78,
  85–92, 135, 176, 185, 191, 298
Dietrich von Meißen 39, 114, 133, 143,
  198–200, 204
Drust (König) 275

Eberhard von Blaubeuren 132
‚Ecbasis cuiusdam captivi per tropologiam' 378
‚Edda' 293, s. auch ‚Atlakviða', ‚Fáfnismál', ‚Sigurðarkviða'
Eilhart von Oberg
  ‚Tristrant' 37, 62, 96, 240–243, 245,
    260, 268, 272–279, 289f., 306, 308f.,
    311, 313f., 316, 321, 323
Eleonore von Aquitanien 9, 62, 96, 229,
  255, 281f., 309
Engelbert von Köln 199, 202
‚Erexsaga' 271
Etzel 293
‚Evangelium Nicodemi' 420f., 428f.

‚Facetus moribus et vita' 436
‚Fáfnismál' 296
Fleck, Konrad
  ‚Cligés' 377f.
  ‚Flore und Blanschflur' 365, 377f.
‚Floire et Blancheflor' 243
‚Folie Tristan' 274
Folquet de Marseille 122, 126
Friedrich I. (Kaiser) 26, 30f., 94f.,
  105–107, 115, 119, 141, 144, 146,
  178, 232, 238, 255, 328, 380
Friedrich II. (Kaiser) 25, 30, 40, 199,
  203f., 223, 373, 444f.
Friedrich (Bruder Heinrichs VI.) 105
Friedrich von Hausen 26, 28f., 59–61, 65,
  85, 95, 98, 101, 103, 105–111,
  114–117, 119–130, 134, 139, 142f.,
  147, 153–155, 163, 177, 189, 193,
  196, 200, 417, 441
Friedrich I. von Leiningen 281f.
Friedrich I. von Österreich 167f.,
  199–201
Füetrer, Ulrich
  ‚Buch der Abenteuer' 367f.

Gace Brulé 126
Gaucelm Faidit 126
Gautier d'Arras
  ‚Eracle' 365, 375
  ‚Ille et Galeron' 94
Gebehart 193
Gedrut 54, 64
Geltar 54
Geoffrey of Monmouth
  ‚Historia Regum Britanniae' 230,
    246–248
Geoffrey Plantagenet 96
‚Gereint' 271
‚Gesta Pilati' 421, 428
‚Gesta Sancti Servatii' 400
Gisela (Äbtissin) 416
Gislebert von Mons
  Chronik 106
Der von Gliers 105f., 132
Godefroy de Claire 93
Gottfried von Straßburg 4, 62, 200, 258,
  390
  ‚Tristan' 6, 16, 25, 35, 37f., 62, 106, 113,
    130, 134, 143, 147, 166, 168f., 175,
    225, 231, 239–241, 243, 252f., 274,
    276f., 279, 282, 284, 287, 289,
    305–323, 325, 349, 368f., 401, 403,
    413f., 424

Gottfried von Vaihingen 107, 115
Gottfried von Viterbo
‚Memoria seculorum' 26
‚Graf Rudolf' 240f., 244f., 278, 372
Gregor der Große 444
Guiot de Provins 94f., 123, 126
Guiraut de Borneil 66, 217, 219
Gundahar (König) 293

Hadlaub, Johannes 64
Hakon von Norwegen 309
Hartmann von Aue 4, 28, 35, 132f.,
　　250–255, 257, 306f., 316, 324, 366,
　　368
　‚Der arme Heinrich' 252–254, 256,
　　385–389
　‚Erec' 35, 37, 253f., 256–268, 270f.,
　　273f., 279, 288f., 295, 346, 366f.,
　　370, 385, 389, 404, 406f., 413
　‚Gregorius' 13f., 253f., 256, 385, 394f.,
　　400, 403–414, 424–426, 428, 438
　‚Iwein' 246, 248, 252–254, 256–258,
　　260, 262, 264, 267–272, 289, 366f.,
　　385, 389, 426, 447
　‚Die Klage' 251, 253f., 257, 385, 390,
　　432, 435, 437, 439–441
　Lieder 60, 102, 111, 121, 138–144,
　　146–153, 155, 157, 216, 225, 251,
　　253
Hartwig von Rute 107, 115, 125f., 128f.
‚Der Heiligen Leben' 405
‚Der heimliche Bote' 432, 435f., 438
Heinrich (Graf) 31f.
Heinrich (Sohn Heinrichs des Löwen)
　262, 273
Meister Heinrich 426
Heinrich
　‚Reinhart Fuchs' 378–384, 446
Heinrich II. (Kaiser) 238
Heinrich III. (Kaiser) 238
Heinrich VI. (Kaiser) 25f., 59, 98,
　　105–107, 110, 114–116, 119,
　　128–130, 133, 142f., 146, 167, 178,
　　196, 202, 206, 281, 285, 328f., 380
Heinrich VII. (König) 199
Heinrich II. von England 9, 12, 96, 227,
　　230, 249, 255, 309, 390
Heinrich von Freiberg
　‚Tristan' 241, 274, 306, 322
Heinrich II. Jasomirgott von Österreich
　7, 74f.
Heinrich von Klingenberg 64

Heinrich der Löwe 7, 12, 30, 96, 255,
　　262, 273, 329, 405
Heinrich von Melk
　‚Erinnerung an den Tod' 48, 53
Heinrich von Mödling 41
Heinrich von Morungen 39, 51, 55, 60,
　　64, 66, 68, 86, 98, 100f., 111, 113f.,
　　116, 121, 129, 132–134, 138, 143,
　　147, 152, 154, 157–166, 171, 177,
　　179, 189, 213, 216
Heinrich von München
　‚Weltchronik' 324, 375
Heinrich Raspe 30
Heinrich von Rugge 50, 60, 65, 70, 98,
　　115, 121, 132, 135–139, 141,
　　143–147, 150, 157, 168f.
Heinrich von dem Türlin 106
　‚Crône' 74, 105, 132, 144, 157, 260,
　　368
　‚Der Mantel' 257
Heinrich von Veldeke 14, 49, 86, 89, 93,
　　104f., 200, 258, 267, 273, 306, 423,
　　431
　‚Eneas' 16, 19, 31–33, 35, 37, 82, 95,
　　231–242, 252, 256, 272, 278,
　　281–284, 295, 390, 398, 423
　Lieder 49, 60, 66, 86, 98, 107–114,
　　119, 121, 128–132, 143, 148, 158,
　　179, 189, 233, 235, 243, 417
　‚Servatius' 93, 232–234, 393–400, 418,
　　423f.
(Pseudo-)Veldeke 109
Heinrich II. von Veringen 309
‚Heldenbuch-Prosa' 295
Herbort von Fritzlar 394, 430
　‚Liet von Troye' 14, 31–33, 37, 256,
　　272, 279–286, 290, 355, 430
Herger 33, 71, 105, 110, 113, 131, 150,
　　165, 189, 191–196, 201, 206, 379
Hermann von Salza 133
Hermann I. von Thüringen 7, 27, 30–42,
　　44, 109, 114, 144, 158, 198f., 202,
　　204, 210, 232, 256, 279–282, 324,
　　329, 332
‚Herzog Ernst' 13, 239, 244, 378
Hessel 93, 395
‚Hildebrandslied' 291f.
Hohenburg, Markgraf von 175f., 180–182
Homer 285
　‚Ilias' 281
Honorius Augustodunensis
　‚Elucidarium' 448

‚Imago mundi' 448
‚Speculum ecclesiae' 432
Horaz 262
Hoyer von Mansfeld 366
Huc de Morville/Hugh of Morville 27, 285f.
‚Hürnen Seyfrid' 295
Hugo von Dachsburg 380
Hugo von Salza 157
Hugo von Trimberg
 ‚Renner' 133
‚Hystori von Trystrant und Ysalden' 274

Ida de Boulogne 255
Ida von Österreich 81
Innozenz II. (Papst) 444
Innozenz III. (Papst) 205, 309, 442

Johannes von Damaskus
 ‚Barlaamroman' 414
Johannes von Oberg 273
Johannes von Salisbury 227
Jordan von Blankenburg 273
Joscelin de Courtenay 133, 180
‚Juliana' 395
Der junge Spervogel 49, 86, 189, 191f.

‚Kaiserchronik' 19, 82, 226, 375
Karl der Große 48, 373, 390
‚Karl und Galie' 226, 352, 365, 372–374
‚Karlmeinet'-Kompilation 226, 372
Katzenelnbogen, Grafen von 199
‚Klage' s. ‚Nibelungenlied' und ‚Klage'
‚König Rother' 244, 255
Meister Konrad 43, 290
Konrad (Stiefbruder Kaiser Friedrichs I.) 115
Pfaffe Konrad
 ‚Rolandslied' 12f., 19, 96, 226f., 239, 244, 273, 282, 298, 352, 372f., 423, 431
Priester Konrad
 ‚Predigtbuch' 432–434
Konrad I. (Abt) 418
Konrad II. von Franken 115
Konrad III. (Kaiser) 25, 74, 81
Konrad von Fußesbrunnen
 ‚Kindheit Jesu' 14, 394, 421f., 424–428
Konrad von Heimesfurt 421
 ‚Himmelfahrt Mariae' 425
 ‚Urstende' 425

Konrad zu Windberg 417f.
Konrad von Winterstetten 306, 322
Konrad von Würzburg 306, 368
 ‚Engelhart' 388
 ‚Der Welt Lohn' 366
Konrad von Zollern 366
Konstantin I. (Kaiser) 206
Konstanze (Gemahlin Kaiser Heinrichs VI.) 105
Der von Kürenberg 19, 45, 49, 53, 55f., 60, 64–67, 74, 76–86, 88, 91f., 150, 189, 194, 223, 298f.

Pfaffe Lamprecht
 ‚Alexander' 12f., 19, 226f., 239–241, 243, 431
*‚Lancelet' (afrz.) 286f.
‚Prosa-Lancelot' 62
‚Lancelot-Graal-Roman' 248, 275, 287
‚Laubacher Barlaam' 414
Layamon
 ‚Brut' 246
Leiningen, Graf von 31
‚Leipziger Predigtsammlung' 432
Leopold V. von Österreich 40, 94, 168, 201
Leopold VI. von Österreich 41, 167f., 198–200, 206
Leuthold von Seven 49, 54, 86, 144
‚Lex Burgundionum' 293
Loon, Grafen von 232, 234
‚Lucidarius' 273, 432, 447–450
Ludwig I. von Bayern 199
Ludwig I. von Loon 395
Ludwig III. von Thüringen 7, 30f., 157, 244
Ludwig IV. von Thüringen 199
Ludwig VII. von Frankreich 81
Ludwig von Saarwerden 107

‚Mabinogion' 230, 250
Manegold 421
Manesse 53
 Johannes 64
 Rüdiger 64
Manuel I. Komnenos (Kaiser) 332
Marcabru 219
Marcus
 ‚Visio Tnugdali' 395, 415f.
Margarete von Kleve 31f.
Marie de Champagne 34, 62, 249, 286
Marie de France 226

‚Lai du Chèvrefeuil' 274
Marner 132, 379
Mathilde (Gemahlin Heinrichs des Löwen) 96, 255
‚(Pseudo-)Matthäus-Evangelium' 420, 422, 427
Maurice II. von Craon 390
Maximilian (Kaiser) 257
Medici 31
Meinloh von Sevelingen 49, 60, 74, 77, 82–85, 87, 90f., 101, 135, 191, 298
‚Millstätter Sündenklage' 260
‚Morant und Galie' 226
‚Moriz von Craûn' 62, 385–387, 389–392

Neidhart 37, 51, 55, 64, 68, 100, 103, 131, 134, 140, 157, 168, 170, 190, 214, 222
Nennius
 ‚Historia Brittonum' 245f.
‚Nibelungenlied' und ‚Klage' 4, 43, 193, 223, 226, 242, 284, 290–305, 350f., 370
‚Niederrheinischer Tundalus' 416f.
Niune 54, 64
Nivardus 378

‚Oberaltaicher Predigtsammlung' 432
‚Oberdeutscher Servatius' 400–403, 425
Ortenburg, Grafen von 40
Otfrid von Weißenburg 53
Otte
 ‚Eraclius' 61f., 365, 374–377, 446
Otto (Sohn Heinrichs des Löwen) 262, 273
Otto II. von Freising
 ‚Barlaam und Josaphat' 414
Otto IV. (Kaiser) 30, 40, 106, 117, 198f., 203f., 209, 444f.
Otto V. von Scheyern-Wittelsbach 400
Otto von Botenlauben 51, 64, 70, 132f., 138f., 143, 176, 178–182, 187
Otto von Braunschweig 30
Ovid 31, 51, 54, 58, 234f., 248f., 280, 366, 436

‚Patricius' 395
Peire Cardenal 72
Peire Vidal 126
Petrarca 45
Petrus von Blois 51
Philipp von Flandern 34f., 249, 255, 329

Philipp von Schwaben (Kaiser) 7f., 30, 40, 94, 107, 115, 117, 167, 198–200, 202–204, 208f., 252, 328
‚Phyllis und Flora' 441
Pierre de Saint-Cloud
 ‚Roman de Renard' 378–380, 382
‚Pilatus' 281, 394, 418, 421, 428–430
Pilgrim von Passau 43, 290f., 304
‚Piramus et Tisbé' 228f., 235
Platon 282
Poppo I. von Wertheim 328f.
Poppo II. von Wertheim 328f.
Poppo VI. von Henneberg 133, 178
‚Presbyterbrief' s. ‚Brief des Priesterkönigs Johannes'
‚Proto-Evangelium Jakobi' 419f.

Raimbaut d'Aurenga 66
Raimbaut de Vaqueiras 175
Regensburg/Rietenburg, Burggraf von 49, 60 65, 74f., 77f., 83f., 91, 105, 112, 329
‚Reinhardsbrunner Chronik' 31, 42
Reinmar der Alte 37, 51, 55, 60, 64f., 72f., 83, 86, 98, 101, 103, 116f., 121, 130–139, 143f., 153, 157, 159, 163, 166–173, 177, 179, 186, 197, 200f., 210–214, 216, 306
(Pseudo-)Reinmar 86, 169
Reinmar von Brennenberg 105f., 132, 134
Reinmar von Zweter 55, 190f.
Renaut de Beaujeu
 ‚Le Bel Inconnu' 368, 371
‚Reynke de Vos' 379
Richard de Beaumont 390
Richard Löwenherz 27, 40, 94, 96, 201, 262, 281f., 285
Ried, Hans 257
Rietenburg, Burggraf von s. Regensburg, Burggraf von
Robert
 ‚Tristrams saga ok Isondar' 309, 313
Robert de Boron
 ‚Roman de l'Estoire dou Graal' 343
Roger II. von Sizilien 105
‚Roman d'Eneas' 35, 228–230, 234–239, 242, 268, 272, 398
‚Roman de Thèbes' 228–230, 406
Rudolf von Ems 306
 ‚Alexander' 106, 255, 286, 368, 377
 ‚Barlaam und Josaphat' 414
 ‚Willehalm von Orlens' 106, 286, 377, 425

Rudolf von Fenis 55, 58, 60, 98, 105, 116, 119, 125–130, 167
Rudolf von Rotenburg 64f.
‚Ruodlieb' 19
Rupert I. von Durne 328f.

‚Sächsische Weltchronik' 240
Saladin 125, 140, 142, 241, 442
Sallust 281
Saxo Grammaticus
 ‚Gesta Danorum' 193
‚Schwabenspiegel' 375, 406
Seifried
 ‚Alexander' 406
‚Seifrit Helbling' 133
Seneca 444
Sigibert I. (König) 293
‚Sigurðarkviða' (‚Sigurdlied') 297
‚Speculum ecclesiae' 432
Spervogel 49, 71, 110, 150, 189, 191–196, 201, 206, 379
Steinmar 181
‚Straßburger Alexander' 239–243, 278
Stricker 38
 ‚Frauenehre' 385
 ‚Karl der Große' 38, 239, 298, 372f., 406

Talorc (König) 275
Tankred von Sizilen 115
Tannhäuser 37, 179, 255
‚Tertia vita Patricii' 418
Theoderich der Große 293
‚Thidrekssaga' 293, 296f.
‚Thomas-Evangelium' 420
Thomas von Britannien 247, 276f., 309, 313f., 320, 323
Thomasin von Zerklaere
 ‚Der Welsche Gast' 13, 43f., 205, 432, 435, 441–447
‚Trierer Floyris' 240f., 243, 377
‚Tristan als Mönch' 306
‚Tristram' 241, 274
Tübingen, Pfalzgrafen von 132

Ulrich von Durne 328
Ulrich von Fenis 105
Ulrich von Gutenburg 55, 70, 106f., 114f., 127, 129, 141, 179, 243
Ulrich von Lichtenstein 66, 149, 157
 ‚Frauendienst' 118, 181
Ulrich von Neuenburg 105

Ulrich von Singenberg 212
Ulrich von Türheim
 ‚Rennewart' 365
 ‚Tristan' 306, 322
Ulrich von dem Türlin
 ‚Arabel' 365
Ulrich von Zatzikhoven
 ‚Lanzelet' 27, 35, 38, 94, 247, 256, 260, 272, 280f., 285–290

Vergil
 ‚Aeneis' 229, 234–239, 416
‚Vie du pape sant Grégoire' 403f., 406, 409–411, 413
‚Vita Sancti Servatii' 397, 399f.
‚Vita Sancti Wilhelmi' 353
‚Völsungasaga' 296
‚Vorauer Alexander' 241, 243

Wace
 ‚Roman de Brut' 96, 230, 246f.
‚Wallersteiner Margarethe' 255
‚Waltharius' 13, 19, 291
Walter, Erzdiakon von Oxford 246
Walther von Châtillon 51
Walther von Hausen 105f., 193
‚Walther und Hildegund' 221
Walther von Horburg 380
Walther von der Vogelweide 4, 25, 28f., 31–34, 37f., 41–44, 50f., 55, 61, 64, 66, 68, 70–73, 88, 94, 97–100, 103f., 109–111, 113f., 116f., 120f., 128–132, 134, 136, 138–140, 142f., 146f., 150– 154, 157f., 160, 163, 165–171, 173, 176f., 179, 182, 188–191, 195–225, 255, 306, 408f., 437, 442, 446
Waltram von Gresten 54
Welf VI. 255
Welf von Bayern 81
Bruder Wernher 190
Priester Wernher
 ‚Driu liet von der maget' 13, 408, 421–425, 427f.
Wernher von Elmendorf
 ‚Moralium dogma philosophorum' 435
Wertheim, Grafen von 144, 181, 327f.
Wickram, Jörg 279
Wilhelm IX. von Aquitanien 45, 58f., 81, 95
Wilhelm von Braunschweig 405
Wilhelm von Conches
 ‚Philosophia' 448

Wilhelm II. von Sizilien 115
Willem
 ‚Van den Vos Reynaerde' 379
‚Winsbecke' und ‚Winsbeckin' 432, 435, 437–439
Wiprecht von Groitzsch 366
Wireker (Whiteacre), Nigellus
 ‚Brunellus'-Fabel 379
Wirnt von Grafenberg
 ‚Wigalois' 38, 252, 260, 262, 286f., 289, 355, 365–372, 406
Wolfger von Erla 39–44, 75, 106, 132, 141, 143, 154, 196–199, 202, 205, 290f., 329
Wolfram von Eschenbach 4, 28, 31, 143f., 225, 250, 258, 270, 286, 310, 324–366, 368, 390, 405, 437

Lieder 55f., 66, 100, 132–134, 138, 160, 173–188, 351
‚Parzival' 28, 32–34, 38, 133, 144, 178–181, 184, 187f., 197, 232, 243, 248, 252–254, 256, 258, 260, 262, 271f., 287, 289f., 305–308, 324–352, 354, 356, 358f., 361f., 364, 367–369, 379, 443, 447
‚Titurel' 25, 32, 324f., 329, 332, 343, 346–352, 358, 373, 403
‚Willehalm' 14, 25, 32f., 35–38, 184, 187f., 197, 226, 232, 243f., 283, 305, 324, 326f., 329, 332, 334, 352–365, 367, 372f., 403, 424

‚Ysengrimus' 378

‚Zweites Büchlein' 257, 439

www.ingramcontent.com/pod-product-compliance
Lightning Source LLC
Chambersburg PA
CBHW070409100426
42812CB00005B/1677